Abt D. Columba Marmion OSB

CHRISTUS
DAS LEBEN DER SEELE

AF277429

Abt D. Columba Marmion OSB

Christus
das Leben der Seele

ÜBERTRAGEN VON
M. BENEDICTA V. SPIEGEL OSB

MIT EINEM GELEITWORT
VON PRÄLAT DR. M. GRABMANN (1875–1949)

MIT EINEM VORWORT ZUR NEUAUFLAGE
VON + ATHANASIUS SCHNEIDER,
WEIHBISCHOF DER ERZDIÖZESE DER HEILIGEN MARIA
IN ASTANA

PATRIMONIUM-VERLAG 2016

IMPRESSUM

1. Auflage 1937
© Verlag Ferdinand Schöningh, Paderborn, unter dem Titel:
Abt D. Columba Marmion OSB
»Christus – das Leben der Seele«
Übertragen von M. Benedicta v. Spiegel OSB
Mit einem Geleitwort von Prälat Dr. M. Grabmann

 9., überarbeitete Auflage 2016
© PATRIMONIUM-VERLAG
In der Verlagsgruppe Mainz
Mit einem Vorwort zur Neuauflage von + Athanasius Schneider,
Weihbischof der Erzdiözese der Heiligen Maria in Astana
Alle Rechte vorbehalten
Printed in Germany

Erschienen in der Edition »PATRIMONIUM THEOLOGICUM«

Patrimonium-Verlag
Abtei Mariawald
52396 Heimbach/Eifel
www.patrimonium-verlag.de

Herstellung und Vertrieb:
Druck & Verlagshaus Mainz GmbH
Süsterfeldstraße 83
52072 Aachen

www.verlag-mainz.de

Abbildungsnachweis (Umschlag):
Les Très Riches Heures du duc de Berry, Folio 31r - David Foresees the Mystic Marriage
of Christ and the Church the Musée Condé, Chantilly.
https://commons.wikimedia.org/w/index.php?curid=108866

ISBN-10: 3-86417-074-5
ISBN-13: 978-3-86417-074-4

Vorwort zur Neuauflage

Der Patrimonium-Verlag hat das große Verdienst, das ursprünglich in Französisch im Jahre 1917 geschriebene Buch »Christus, das Leben der Seele« des Seligen Columba Marmion OSB für deutschsprachige Leser neu herauszugeben. Bei diesem Buch handelt es sich um einen kostbaren Edelstein der katholischen Lehre über unseren Herrn Jesus Christus mit konkreten Anleitungen zu einem Leben in tiefer Einheit und Verbundenheit mit Christus.

Jeder wahre Christ müsste sich folgende Aussagen des heiligen Apostels Paulus in gläubiger Überzeugung zu Eigen machen und selber sagen können: »Christus ist mein Leben« (Phil. 1, 21), »Ich habe alles aufgegeben und halte es für Unrat, um Christus zu gewinnen und in Ihm zu sein« (Phil. 3, 8–9), »Nicht mehr ich lebe, sondern Christus lebt in mir« (Gal 2, 20), »Ich will nichts anderes wissen als Christus, und Ihn als Gekreuzigten« (1 Kor. 2, 2), »Alles und in allem Christus« (Kol. 3, 11), »Alles unter Christus als das eine Haupt bringen« (Eph. 1, 10: *instaurare/recapitulare omnia in Christo*).

Die absolute und unersetzbare Grundlage eines solchen Lebens und Wirkens in und mit Christus ist der übernatürlich geschenkte Glaube an die Menschwerdung des Ewigen WORTES, des Sohnes Gottes, der Zweiten Person der Heiligsten Dreifaltigkeit. Es gab kaum einen Lehrer der Kirche, der so hervorragend die Wahrheit von der Menschwerdung Gottes und der Gottheit Christi darlegte wie der heilige Athanasius, der auch als Lehrer und Verteidiger der Gottheit Christi schlechthin gilt. Die folgenden Ausführungen dieses wahrhaft großen Kirchenvaters aus seinem Erstlingswerk »De incarnatione Verbi« stellen gleichsam einen Kurzkatechismus über die Menschwerdung und die Erlösung dar:

Warum und wie ist Gott Mensch geworden: »Die Menschen waren nach geschehener Sünde dem natürlichen Tode preisgegeben und der Gnade ihrer Gottebenbildlichkeit verlustig gegangen, was musste da geschehen? Oder wessen Hilfe war dann zu solcher Gnade und Wiederherstellung nötig, wenn nicht die des WORTES Gottes, das auch im Anfange alles aus nichts gemacht hat? Ihm stand es ja wieder zu, sowohl das Verwesliche zur Unverweslichkeit zurückzuführen, als auch für alle die Ehrenschuld beim Vater einzulösen. Denn als WORT des

Vaters und über alle erhaben, war Es eben damit allein nur imstande, alles zu erneuern und für alle zu leiden, und fähig, für alle beim Vater Vermittler zu sein. Deshalb also kommt das körperlose und unverwesliche WORT Gottes in unsere Heimat, obschon Es auch vorher uns nicht ferne stand. Denn kein Teil der Schöpfung ist von ihm leer gelassen; vielmehr hat Es alles in allem erfüllt, indes Es selbst bei Seinem Vater blieb. Aber jetzt erscheint Es und lässt sich zu uns herab aus Liebe zu uns Menschen, und zwar in sichtbarer Gestalt. Das ewige WORT des Vaters wollte nicht einfach in einem Leibe Wohnung nehmen, und Es wollte nicht bloß äußerlich erscheinen. Hätte Es nur das wollen, so hätte Es in einem anderen besseren Leibe als Gott erscheinen können. Aber nein! Der Sohn Gottes nimmt unseren Leib an, und zwar nicht auf einem beliebigen Wege, sondern von einer unbefleckten, makellosen und mit keinem Mann bekannten Jungfrau einen reinen, vom Verkehr mit Männern wahrhaft unberührten Leib. In seiner Macht und als Schöpfer aller Dinge bereitet er sich in der Jungfrau den Leib zum Tempel und eignet sich ihn als Werkzeug an, gibt sich in ihm zu erkennen und wohnt darin. Und so nahm er einen Leib an, dem unsrigen gleich, überantwortete ihn, da alle unter der Macht des Todes standen, anstatt aller dem Tode und brachte ihn dem Vater dar. Und das tat er aus Liebe zu den Menschen.« (*De Incarnatione Verbi*, 7–8).

Die Erlösung der Menschen von der Sünde ist das Ziel der Menschwerdung: »Das WORT des Vaters wusste nämlich, dass das Verderben unter den Menschen nicht anders behoben werden könnte als durch seinen unbedingten Tod. Nun aber konnte das WORT, weil unsterblich und Sohn des Vaters, nicht sterben. Daher hat er den Leib, den er angenommen, als eine Weihegabe und als ganz makelloses Schlachtopfer in den Tod gegeben und verscheuchte also bald von allen seinesgleichen den Tod durch das stellvertretende Opfer.« (*De Incarnatione Verbi*, 9).

Die Wirkung der Menschwerdung und Erlösung ist die Wiederherstellung des Ebenbildes Gottes im Menschen: »Was hatte nun Gott zu tun? Oder was anders hatte zu geschehen, als wieder eine Erneuerung nach dem Ebenbilde vorzunehmen, damit die Menschen ihn darin wieder erkennen könnten? Wie hätte aber dies geschehen können, wenn nicht das Ebenbild Gottes selbst, unser Heiland Jesus Christus, erschien? Durch Menschen war dies unmöglich, da ja auch sie nach dem Bilde geschaffen sind, aber auch nicht durch Engel, – sie sind ja keine Ebenbilder. Deshalb kam der Logos persönlich zu uns, um als

6

Bild des Vaters den ebenbildlich erschaffenen Menschen wiederherzustellen. Dies hätte aber wieder nicht anders vor sich gehen können, wenn nicht Tod und Verwesung beseitigt wurden. Daher nahm er natürlich einen sterblichen Leib an, damit nunmehr der Tod in ihm vernichtet werden könnte und die ebenbildlich erschaffenen Menschen wieder erneuert würden. So war also niemand anders dieser Aufgabe gewachsen als nur das Bild des Vaters. Er sagte auch zu den Juden: „Wenn jemand nicht wiedergeboren wird" (Joh. 3, 5). Er verstand das nicht von der Geburt aus einer Frau, wie jene vermuteten, sondern meinte die Seele, die in der Verähnlichung mit ihm eine Wiedergeburt und Erneuerung erfährt.« (*De Incarnatione Verbi*, 13–14).

Nur der menschgewordene Sohn Gottes ist fähig, die volle und wirksame Wahrheit über Gott zu lehren: »Wenn nun der Götzenwahn und der Atheismus den Erdkreis im Banne hielt und die Erkenntnis Gottes verschwunden war, wer hätte da die Welt über den Vater belehren sollen? Ein Mensch – könnte etwa einer sagen. Doch Menschen waren nicht imstande, den ganzen Erdkreis zu durchwandern, noch hatten sie von Natur die Kraft zu solchem Laufe. Auch hätten sie nicht mit der nötigen Autorität für ihre Lehre einstehen können, noch auch hätten sie von sich aus dem Trug- und Gaukelspiel der Dämonen zu widerstehen vermocht. Wenn doch alle vom teuflischen Trug und Götzenwahn beschlagnahmt und verwirrt waren, – wie hätte da ein Mensch Herz und Sinn der Menschen umstimmen können, wo sie doch diese nicht einmal sehen konnten? Was man aber nicht sieht, wie vermag man das umzubilden? Doch vielleicht möchte einer sagen, die Schöpfung hätte dazu genügt. Doch wenn die Schöpfung genügt hätte, wären keine solchen Übel eingetreten. Die Schöpfung war ja wirklich da; und doch blieben die Menschen in demselben Irrwahn über Gott befangen. Wer also hätte helfen können, außer dem WORT Gottes, Das Weg und Sinn durchschaut, allen Dingen in der Schöpfung Bewegung gibt und durch sie den Vater offenbart. Denn dem, der durch seine Vorsehung und Anordnung aller Dinge über den Vater Aufschluss gibt, dem allein kam es auch zu, eben die Lehre über Gott wiederherzustellen.« (*De Incarnatione Verbi*, 14).

Die Menschwerdung ist die volle Offenbarung Gottes: »Zwei Liebesdienste erwies uns der Heiland durch seine Menschwerdung, einmal, dass er den Tod von uns hinwegnahm und uns erneuerte, und dass er, an sich nicht wahrnehmbar noch sichtbar, durch seine Werke sich

7

kundgab und sich als das WORT des Vaters, als den Lenker und König des Alls zu erkennen gab. Kein anderer sollte die Menschen nach dem Ebenbilde wieder erneuern als das Ebenbild des Vaters, und kein anderer das Sterbliche unsterblich machen als unser Herr Jesus Christus, der das Leben selbst ist; kein anderer sollte über den Vater Aufschluss bringen und den Götzenkult beseitigen als nur der Logos, der alles regiert und allein der wahre eingeborene Sohn des Vaters ist.« (*De Incarnatione Verbi*, 16–20). »Wer ist also dieser Christus und wie groß ist er, wenn er schon mit seinem Namen und seiner Gegenwart überall alles in Schatten stellt und beseitigt und allein mächtiger ist als alle und den ganzen Erdkreis mit seiner Lehre erfüllt?« (*De Incarnatione Verbi*, 48).

Christus allein vermag die Menschheit zu einem Leben der Jungfräulichkeit und der Gottesverehrung zu führen: »Wo wäre auch der Mensch, der nach seinem Tode oder schon zu Lebzeiten die Jungfräulichkeit gelehrt und diese Tugend unter Menschen für wohl möglich gefunden hätte? Aber Christus, unser Heiland und König aller Dinge, fand mit seiner diesbezüglichen Lehre solchen Anklang, dass selbst Kinder, die das gesetzliche Alter noch nicht erreicht haben, die über das Gebot hinausgehende Jungfräulichkeit geloben. Welcher Sterbliche vermochte zu den Ägyptern und Chaldäern zu gelangen, die der Magie zugetan und außergewöhnlich abergläubisch und sittenroh sind, und dort von Tugend und Keuschheit und gegen den Götzenkult zu predigen, wie der Herr aller, die Kraft Gottes, unser Herr Jesus Christus getan hat?« (*De Incarnatione Verbi*, 51).

Leben und Werk Christi sind unergründlich, sie allein geben dem Menschen Anteil an der Gottheit: »Das Göttliche ist uns durch eine so geringfügige Sache wie den Leib des WORTES geworden und durch Seinen Tod wurde allen die Unsterblichkeit zuteil. In der Menschwerdung des WORTES wurde die allwaltende Vorsehung und ihr Urheber und Schöpfer, das WORT Gottes, erkennbar. Denn Gott wurde Mensch, damit wir vergöttlicht würden. Er offenbarte sich im Leibe, damit wir zur Erkenntnis des unsichtbaren Vaters gelangten; er ließ sich den Frevelmut seitens der Menschen gefallen, damit wir die Unsterblichkeit erbten. Er erlitt ja für seine Person keinen Schaden, da er leidensunfähig und unverweslich, das WORT selbst und Gott war. Die leidende Menschheit aber, derentwegen er das auf sich nahm, hat er in seiner Leidensunfähigkeit bewahrt und gerettet. Überhaupt sind die Großtaten des Heilandes, die er in seiner Menschwerdung vollbrachte, derart und so groß, dass man beim Versuch, sie aufzuzählen, denen gliche, die auf das unermesslich weite Meer hinausschauen und dessen Wogen zählen wollen. Denn wie man mit dem Auge nicht alle Wellen erreichen kann, da immer neue folgen, die dem zählenden Auge entschwinden, so wäre es auch dem, der alle Großtaten Christi, die er im Leibe vollbracht hat, zusammenfassen wollte, unmöglich, sie in ihrer Gesamtheit auch nur in seinem Geiste aufzunehmen.« (*De Incarnatione Verbi*, 54).

Eine fruchtbare Kenntnis der wahren Lehre Christi verlangt die Nachahmung Christi in einem reinen Lebenswandel: Zum wahren Verständnis über Christus, der Gott ist und das WORT, »bedarf es noch eines guten Lebenswandels, eines reinen Herzens und der christlichen Tugend, damit der Geist auf diesem Weg erlangen und erfassen kann, wonach er strebt. Denn ohne reinen Sinn und Nachahmung des Lebens der Heiligen kann wohl niemand die Sprache der Heiligen verstehen. Es muss der, welcher die Gedanken der Gotteslehre verstehen will, seine Seele im Leben zuvor abwaschen und reinigen und durch gleichartige Handlungen den Heiligen selbst nahekommen, damit er durch einen gleichen Lebenswandel mit ihnen verbunden auch das verstehe, was diesen von Gott geoffenbart worden, und, von nun an gleichsam mit diesen vereint, der den Sündern drohenden Gefahr und ihrem Feuer am Tage des Gerichtes entrinne und das erlange, was den Heiligen im Himmelreich hinterlegt ist, was kein Auge gesehen, kein Ohr gehört hat und in keines Menschen Herz gedrungen ist« (1 Kor. 2, 9), »was alles denen bereitet ist, die tugendhaft leben und Gott und den Vater lieben in Christus Jesus, unserem Herrn, durch den und mit dem dem Vater selbst mit dem Sohne im Heiligen Geiste Ehre, Macht und Herrlichkeit sei von Ewigkeit zu Ewigkeit. Amen!« (*De Incarnatione Verbi*, 57).

Das Werk des Seligen Columba Marmion ist eine meisterhafte Entfaltung der Lehre des heiligen Paulus und der Kirchenväter, namentlich des hl. Athanasius, über die Gotteskindschaft durch Christus und seine Zentralität im Leben der Gläubigen. So wird Columba Marmion auch Lehrer der Gotteskindschaft genannt. Er sieht in der getauften Seele einen anderen »vielgeliebten Sohn«, in welchem der Vater die vom Hl. Geist hervorgebrachten Züge des Antlitzes Seines Einziggeborenen Sohnes erkennt.

Das vorzügliche Mittel, um in und mit Christus zu leben und Ihn im Leben nachzunahmen, stellt die heilige Liturgie dar, weil sie ja grundlegend ein Werk Gottes und nicht ein Werk der Menschen ist. Um alles in Christus zu erneuern und alle Geschöpfe unter Ihn als das Haupt zu bringen, muss die Kirche die Liturgie als Gottesanbetung mit besonderer Sorgfalt pflegen und verteidigen und die Gläubigen zu einer innerlichen und fruchtbaren Teilnahme an der Liturgie führen. So schrieb der Selige Columba Marmion im Jahre 1917 diese Worte: »Papst Pius X. hat sein Programm der ›Erneuerung aller Dinge in Christus‹ (instaurare omnia in Christo) mit der Liturgie begonnen. Das Gute, das ich fähig war für die Seelen zu tun, – Männern, Frauen, Kindern, Reichen, Armen, allen – bestand darin, dass ich ihnen die Schätze des geistlichen Lebens und die Hilfe, die die Liturgie für das Leben mit Gott darstellt, aufzeigte. Das ist ein Beweis dafür, wie bedeutsam es für jeden Priester, jeden Pfarrer und alle ist, die Liturgie als die sichere und kirchliche Quelle des geistlichen Lebens zu pflegen und zu fördern« (Brief vom 9. Mai 1917).

Im Jahre 1914 schrieb der Selige Marmion: »Das Göttliche Offizium hat als seinen Mittelpunkt das Heilige Opfer der Messe. Es stellt die reinste Form der Verherrlichung Gottes dar, zu der der Mensch fähig ist. Denn sie stellt die innigste Verbindung der Seele mit jenem Gesang dar, welchen das Menschgewordene WORT der anbetungswürdigen Dreifaltigkeit singt«.

Die heutige Zeit ist weitgehend geprägt von einer Neo-Gnosis der Leugnung der Menschwerdung Gottes, von einem Neo-Arianismus der Leugnung der wahren Gottheit Christi, von einem Neo-Pelagianismus der Leugnung der Notwendigkeit der Erlösergnaden Christi, von einem Neuheidentum der Verherrlichung der Natur (Anbetung der Erde). Unsere Zeit ist also letzlich geprägt von einer Entthronung Christi und eine Thronerhebung des Menschen. Diese Phänomene haben inzwischen keinen geringen Einfluss auf das Leben der Kirche genommen, und das vor allem bis in den Bereich von Ehe, Familie und Liturgie. Möge das Buch »Christus, das Leben der Seele« eine weite Verbreitung finden und ein Gegengift gegen Neuheidentum, Neo-Arianismus, Neo-Pelagianismus und Naturalismus sein.

Der in der Seele lebende Christus, das ist die treffendste Beschreibung dessen, was ein wahrer Christ ist. Das ist auch die Kernbotschaft des vorliegenden Werkes des Seligen Columba Marmion. Möge es den Geist der Leser über die wahre Lehre von der Menschwerdung, der Gottheit Christi und Seinem Erlösungswerk erleuchten, in ihren Herzen die Sehnsucht nach einem Leben mit Christus entflammen und sie mit dem übernatürlichen Mut stärken, Christus in Wort und Tat zu bekennen, selbst um den Preis des eigenen Lebens.

Das folgende Gebet, das der Selige Columba Marmion verfasst hat, sei allen Lesern ein Ansporn und eine geistliche Hilfe: »Ewiger Vater, in demütiger Anbetung werfen wir uns zu Deinen Füßen nieder und weihen Dir unser ganzes Sein zu Verherrlichung Deines Sohnes Jesus, des Menschgewordenen WORTES. Du hast Ihn zum König unserer Seelen gemacht. Unterwerfe Ihm unsere Seelen, unsere Herzen, unsere Körper. Möge nichts in uns sich bewegen ohne Seine Befehle und Seine Eingebungen. Gib, dass wir vereint mit Ihm an Dein Herz gebracht und in der Einheit der Liebe verzehrt werden. Amen.«

15. August 2016

+ *Athanasius Schneider,*

WEIHBISCHOF DER
ERZDIÖZESE DER HEILIGEN MARIA
IN ASTANA

11

BRIEF SEINER HEILIGKEIT PAPST BENEDIKT XV. AN DEN VERFASSER.

Dilecto Filio Columbae Marmion O. S. B.
Abbati Maredsolensi

BENEDICTUS PP. XV.

Dilecte Fili, salutem et apostolicam benedictionem.

Binos tuos illos libros, quos Nobis perhumaniter obtuleras, quorum alter. »Le Christ, Vie de l'âme«, *alter* »Le Christ dans ses Mystère« *inscribitur, cum his proximis diebus, quantum per occupationes licuit, volveremus, facile, cognovimus iure sane ac merito eos laudari, utpote ad excitandam alendamque in animis divinae caritatis flammam valde accommodatos. Etsi enim non hic omnia exponuntur quae in tuis ad sodales sermonibus de Iesu Christo, omnis sanctitatis et exemplari et effectore, explicaveris, his tamen eorum tamquam commentariis idonee foveri studium videtur Eius imitandi, de Ipsoque vivendi,* »qui factus est nobis sàpientia a Deo, et justitia, et sanctificatio et redemptio«:

Optimum igitur consilium fuit haec in lucem dari volumina, unde non modo sodales tui sed multo plures ad omnem virtutem proficerent: lateque iam, ut audimus, vel laicorum manibus versantur. Itaque cum gratias tibi agimus, tum etiam gratulamur: atque auspicem coelestium munerum, apostolicam benedictionem tibi, dilecte Fili, paterna cum benevolentia impertimus.

Datum Romae apud Sanctum Petrum die X. mensis octobris MC-MXIX, Pontificatus Nostri anno sexto.

(s) BENEDICTUS PP. XV.

13

Unserm geliebten Sohn Columba Marmion, ABT VON MAREDSOUS.

BENEDIKT XV. PAPST.

Geliebter Sohn, Gruß und Apostolischen Segen.

Wir haben, soweit es uns möglich war, Einsicht genommen in die beiden von Dir verfassten und uns freundlich überreichten Bücher, deren eines den Titel führt *»Le Christ, Vie de l' âme«*, das andere *»Le Christ dans ses Mystères«* und haben sie des größten Lobes würdig und für sehr geeignet befunden, die Flammen heiliger Gottesliebe zu entzünden und zu nähren. Wenn auch diese Seiten nicht alles umfassen, was Du Deine geistlichen Söhne lehrst über die Person unsers Herrn Jesu Christi, Vorbild und Ursache aller Heiligkeit, so ist ihr Inhalt doch außerordentlich geeignet, anzueifern zur Nachfolge Christi, zum Bestreben, nur dem zu leben, der »uns nach Gottes Anordnung zur Weisheit geworden ist, zur Rechtfertigung, zur Heiligung und Erlösung«.

Es war daher ein sehr glücklicher Gedanke, dieses Werk erscheinen zu lassen, um damit dem geistlichen Fortschritt nicht nur Deiner klösterlichen Familie, sondern eines weit größeren Kreises zu dienen, hat es ja, wie wir hören, auch in der Laienwelt sehr großen Anklang gefunden.

Mit dem Dank verbinden wir darum auch unsere Glückwünsche und erteilen Dir, geliebter Sohn, als Unterpfand der himmlischen Güter aus väterlichem Herzen den apostolischen Segen.

Gegeben zu Rom beim hl. Petrus am 10. Oktober 1919, im sechsten Jahre unseres Pontifikates.

BENEDICTUS P. P. XV.

GELEITWORT

Der tiefe Blick in die großen, in unendliche Perspektiven sich verlierenden Wahrheitszusammenhänge unseres heiligen Glaubens hat zu allen Zeiten die christliche Frömmigkeit geklärt, erwärmt und befruchtet und eine aszetisch-mystische Literatur hervorgebracht, welche Licht- und Wärmestrahlen der ewigen göttlichen Wahrheit und Liebe in die Gott suchende und Gott liebende Seele eingießt. In dieser Verbindung von tiefster Wahrheitserkenntnis mit praktischer christlicher Lebensgestaltung gründet die unvergängliche Wirkkraft der augustinischen Religiosität und Frömmigkeit. Bei Anselm, den Viktorinern und Bonaventura nimmt die Glaubenserkenntnis von selbst die Gestalt lebendiger, inniger Frömmigkeit an, wird die Dogmatik zur Mystik. Und auch bei dem so verstandesklaren, ganz objektiv gerichteten Fürsten der Scholastik, Thomas von Aquin, kommt ganz ungesucht und unaufdringlich der Lebenswert der Dogmen zur Geltung, wächst Gottesliebe und Gottesdienst so organisch aus tiefster theologischer Versenkung in die Wahrheiten und Tatsachen der übernatürlichen Offenbarung hervor, dass die spätere, vor allem die spanische Mystik, sich auf der thomistischen Theologie aufbauen und der Dominikaner Vinzenz Contenson die Gedankenwelt des Aquinaten als *Theologia mentis et cordis* zusammenfassen konnte. In neuerer Zeit stellen Theologen wie Gardeil, Garrigou-Lagrange, Ioret, Arintero u. a. diese lebendigen Beziehungen zwischen thomistischer Theologie und Frömmigkeit eindrucksvoll dar.

Es lässt sich nicht leugnen, dass in unseren Tagen eine große Zahl von aszetischen Schriften erscheint und leider nicht selten auch große Verbreitung findet, denen die Fühlung mit der Theologie der Kirche in hohem Maße gebricht. Es wird hier oft eine Frömmigkeit verbreitet, die mit ganz peripherischen Dingen sich befasst und die nicht von den großen, ewigen Zentralwahrheiten des katholischen Glaubens getragen ist. Es ist nicht bloß zu beanstanden, wenn solcherlei Machwerk in unklaren und übertriebenen Ausdrücken gegen die richtige dogmatische Formulierung verstösst, sondern auch wenn die dogmatische Vertiefung und Fundamentierung fehlt. Es liegt in der Natur der Sache, dass die Lehrbücher der Dogmatik in ihrer meist schulmäßigen Form und Terminologie die Bedeutung der religiösen

Wahrheit für das christliche Leben namentlich auch für akademische Laienkreise nicht vermitteln können. Es haben deshalb Werke, in welchen dogmatische Tiefe und Klarheit mit religiöser Innigkeit und Innerlichkeit sich vermählen, einen hohen, Jahrhunderte überdauernden Wert. Ich erinnere hier nur an die Blumenlese aus den deutschen Mystikern, die der große Denifle in seinem reizenden Buche über das Geistliche Leben veröffentlicht hat. Es ist auch ein erfreuliches Zeichen religiöser Vertiefung, dass die Werke von Scheeben: »Die Herrlichkeiten der göttlichen Gnade, Natur und Gnade und die Mysterien des Christentums« in neuen Auflagen dankbare und begeisterte Leser auch außerhalb der Theologenkreise finden.

In den Zusammenhang der religiösen Literatur, aus der die Weihe tiefer Theologie und die Innigkeit und Salbung echter und solider Frömmigkeit erhebend und ergreifend auf uns wirkt, fügen sich auch die Werke des verstorbenen Abtes D. Columba Marmion von Maredsous ein, die aus aszetischen Vorträgen an die Mönche entstanden sind. Das schönste derselben: »*Le Christ, vie de l'âme*« ist durch die Frau Äbtissin des altehrwürdigen Benediktinerinnenklosters St. Walburg in Eichstätt, Benedikta von Spiegel, in deutscher Sprache nunmehr zugänglich geworden. Ich freue mich, dieser vortrefflichen, theologisch exakten und sprachlich schönen Übersetzung dieses herrlichen Buches dieses kurze Geleitwort mit auf den Weg geben zu können. Mich haben wenige Werke der neuesten religiösen Literatur so gepackt wie dieser Band, der mit ebenso viel Tiefe, Klarheit und Wärme zeigt, was der Gottmensch Jesus Christus für die Begründung, Entfaltung und Vollendung des geistlichen, übernatürlichen Lebens für den einzelnen und für die Gesamtkirche wirkt und bedeutet. Man wird selten eine solche Zusammenschau der Dogmen des Christentums in ihrer Beziehung zum christlichen Leben finden. Als die charakteristischen Züge dieses Werkes möchte ich hervorheben: Größte Vertrautheit mit den Texten und Gedanken der Hl. Schrift, tiefes Eindringen in die thomistische Dogmatik und in deren Eigenart, vor allem in der Christologie und Sakramentenlehre, benediktinische Auffassung und Verwertung der Liturgie und eine gesunde, auf dem Felsengrund der katholischen Wahrheit ruhende Aszese und Frömmigkeit, und dies alles in schönster, ungezwungener Harmonie. Wir haben hier eine christozentrische Dogmatik der katholischen Frömmigkeit vor uns. Die biblischen Texte sind hier nicht

16

bloß, wie dies in aszetischen Schriften so häufig der Fall ist, Ornament, sondern Fundament. Lebendig werden wir bei der achtsamen Lektüre des Werkes uns bewusst, dass unser katholisches, dogmatisches Christusbild aus den Büchern der Offenbarung heraus geformt ist. Namentlich hat Abt Marmion aus den unerschöpflichen Quellen der johanneischen und paulinischen Theologie geschöpft. Meisterhaft ist die Verbindung und Zusammenstimmung zwischen biblischer und thomistischer Theologie, eine aus langjährigen Studien hervorgewachsene Einfühlung in die so organisch ausgebaute Dogmatik des Doctor Angelicus. Der Satz C. v. Schäzlers: »In die geheimnisvolle Ökonomie der theandrischen Konstitution und in den ganzen charismatischen Reichtum des Gottmenschen ist in der Tat kein anderer Theologe so tief wie der heilige Thomas eingedrungen« (Die Lehre von der Wirksamkeit der Sakramente *ex opere operato*, München 1860, 100) wird bei der Lektüre dieser Konferenzen Marmions als volle Wahrheit empfunden. Sehr dankbar müssen wir dem Verfasser für die ausgiebige Verwendung der Liturgie sein, deren dogmatischer Wahrheitsgehalt und deren Bedeutung für die christliche Frömmigkeit und Lebensgestaltung uns allenthalben so anschaulich und wirksam vor die Seele tritt. Wie die Blume aus der Wurzel, so wächst das geistliche Leben gesund und frisch aus der tief erfassten Glaubenslehre, genährt durch den liturgischen Gottesdienst hervor.

Ich möchte dieses Buch als Betrachtungsbuch in den Händen möglichst vieler Theologiestudierender und Priester sehen. Es wird gute Dienste für die Verbindung von tiefer Theologie, echter Frömmigkeit und Seelsorge leisten und ein tiefes, liebendes, sich hingebendes Verstehen für den göttlichen Heiland, worin schließlich zuhöchst das Geheimnis und das Glück des priesterlichen Lebens besteht, vermitteln können. Für die unmittelbaren Zwecke der Ordensleute ist ohnehin das Werk gemeint und geschrieben. Auch katholische Laien werden mit großem Interesse und reichstem seelischen Gewinn dieses Buch lesen und vor allem, ohne den formalen Schwierigkeiten der Dogmatiklehrbücher zu begegnen, einen tiefen Einblick in den Sinn und Zusammenhang der katholischen Dogmen sich verschaffen können.

München, Christi Himmelfahrt 1926.
Prälat Dr. MARTIN GRABMANN,
o. Professor der Dogmatik.

17

VORWORT DES VERFASSERS
ZUR ERSTEN AUFLAGE

Die Vorträge, die vorliegendes Buch bilden, sind das Ergebnis vieler Jahre des Nachdenkens und des Gebetes. Sie wurden bei verschiedenen Anlässen gehalten. Da der Verfasser nicht die Absicht hatte, sie zu veröffentlichen, hat er sie auch niemals zu Papier gebracht. Einige seiner Zuhörer jedoch haben in der Überzeugung, dass sie den Seelen nützen könnten, vieles davon aufgezeichnet und den Verfasser um Veröffentlichung gebeten. So wie diese Vorträge gehalten worden sind, mit allen Mängeln einer Stegreifrede, noch dazu in einer anderen als des Redners Muttersprache, hätte man sie der Öffentlichkeit nicht übergeben können. Ein treu ergebener Mitarbeiter unterzog sich daher der schwierigen Aufgabe, das so Aufgeschriebene zu ordnen und in einer der Herausgabe nicht allzu unwürdigen Form zusammenzustellen. Er bemühte sich, durchgehends die Eigenart des Verfassers zu wahren. Das Streben nach möglichster Treue bewog ihn auch, die direkte Sprechweise und den einfachen Ton, in dem die Vorträge gehalten wurden, so viel als möglich beizubehalten. Seiner hingebenden Arbeit – wie auch allen jenen, die ihn dabei unterstützt haben – sei an dieser Stelle die Anerkennung und der Dank des Verfassers zum Ausdruck gebracht.

Die Anordnung der verschiedenen Vorträge ist das Werk dieses Mitarbeiters. Ein Blick auf das Inhaltsverzeichnis zeigt die Einfachheit der Disposition.

Der erste Teil enthält die Darstellung des göttlichen Heilsplanes. Es soll gezeigt werden, wie Gott der Vater, der Sohn und der Hl. Geist uns durch Jesus Christus am göttlichen Leben teilnehmen lässt. Im zweiten Teil wird gezeigt, wie die Seele sich dem göttlichen Plan anpassen kann und muss, um sich das durch Christus gebrachte göttliche Leben anzueignen. Der Glaube an die Gottheit Jesu ist die erste Stellungnahme der Seele und die Taufe das erste Sakrament. Der hl. Paulus gibt uns die grundlegende Lehre, dass dieses Sakrament der Einführung ins christliche Leben dem ganzen Leben des Christusjüngers einen zweifachen Stempel aufdrückt: »Tod der Sünde« und »Leben für Gott«. Danach wird ins einzelne gehend dargelegt, wie dieser Doppelcharakter in der ganzen Entfaltung des christlichen Lebens sich wiederfinden soll.

Die meisten Kapitel enthalten den Stoff mehrerer Vorträge – daher der größere Umfang einiger aus ihnen. Die Häufung von einzelnen Kapiteln wurde vermieden und alles, was sich auf einen Gegenstand bezieht, zusammengenommen, damit die Einheitlichkeit des Gedankenganges gewahrt blieb.

Um den Gebrauch des Buches bei der Betrachtung zu erleichtern, stehen zu Anfang jedes Vortrages kurze Inhaltsübersichten, in denen die verschiedenen Abschnitte durch Ziffern, die im Text wiederkehren, bezeichnet sind. Sperrdruck deutet auf besonders wichtige Gedanken hin. Der Leser, der eine eingehende Darstellung des Inhaltes wünscht, sei auf die Inhaltsübersicht am Schluss des Buches verwiesen.

Mögen diese Blätter allen nach innerlichem Leben verlangenden Seelen helfen. Sie sind nur geschrieben als Erläuterung zu Jesu Wort: »Kommet zu mir, ich bin das Leben eurer Seelen«. Nur in mir findet ihr das Leben – in mir aber die Überfülle desselben. *Ut vitam habeant et abundantius habeant.*

D. C. M.

VORWORT ZUR DEUTSCHEN AUSGABE

Vorliegendes Werk von Dom Columba Marmion, Abt von Maredsous in Belgien, das wir heute dem deutschen Publikum darbieten, erschien zuerst im Jahre 1918 und ist im französischen Original schon in sechzigtausend Exemplaren verbreitet. Auch wurde es bereits in sechs andere Sprachen übersetzt. Mit Recht. Nach dem herrlichen Schreiben, das der hochselige Papst Benedikt XV. an den Verfasser richtete, und den feinsinnigen Einführungsworten erübrigt es sich, näher auf die Vorzüge dieses Werkes hinzuweisen, das in der aszetischen Literatur unserer Tage gewiss einen hervorragenden Platz einnimmt. Doch sei es mir gestattet, mit einigen Zügen das Bild des Autors zu zeichnen. Eine Reihe von Jahren hindurch habe ich allwöchentlich seinen gehaltvollen Vorträgen gelauscht, wie auch aus dem persönlichen Verkehr mit diesem Geistesmanne reiche Anregung geschöpft. – Abt Columba Marmion O. S. B., gestorben am 30. Januar 1920, war ein Apostel. Irländer von Geburt, hatte er nicht nur die glühende Heimatliebe seines Volkes, sondern auch dessen tiefe Glaubensinnigkeit geerbt. Gleich den Glaubensboten, die in längst vergangenen Jahrhunderten die Insel der Heiligen entsandte, hat auch er ungezählte Seelen der heiligen Kirche zugeführt. In meisterhafter Weise verstand er es, die Theologie des hl. Thomas, in dessen Lehre er so tief eingedrungen war, wie auch seine reichen Kenntnisse der Patristik in leicht fasslicher Form vorzutragen. Sein Ideal, den hl. Paulus, hatte er so tief erfasst, dass er gleich ihm im Verkehr mit den Seelen allen alles wurde. Wer ihn im Feuer heiliger Begeisterung von unserm Herrn und Heiland reden hörte, musste unwillkürlich auch auf ihn das Wort des Apostels anwenden: *mihi vivere Christus est.*

Was Abt Columba lebte, das lehrte er. Aus jedem seiner Worte klang die beseligende Grundwahrheit des Christentums: wir sind Kinder Gottes, Miterben Jesu Christi. So war auch mein Zweck bei Übersetzung vorliegenden Werkes kein anderer als der, in möglichst vielen Seelen das beglückende Bewusstsein der Gotteskindschaft neu zu beleben durch die Gnade des Heiligen Geistes, der da ist das Band der Liebe zwischen Vater und Sohn, und in dem wir rufen: *Abba*, Vater!

Abtei St. Walburg, Eichstätt, am hochheiligen Pfingstfeste 1926.

M. B.

20

INHALT

I. ANORDNUNG DES GÖTTLICHEN HEILSPLANES

DER GÖTTLICHE PLAN UNSERER VORHERBESTIMMUNG ZUR GOTTESKINDSCHAFT IN JESUS CHRISTUS

INHALTSÜBERSICHT: *Die Kenntnis des göttlichen Heilsplanes ist wichtig für das geistliche Loben. – I. Grundgedanke dieses Heilsplanes: Die Heiligkeit, zu der uns Gott durch übernatürliche Annahme an Kindes Statt beruft, ist eine Teilnahme an dem von Jesus Christus uns gebrachten göttlichen Leben. – II. Gott will uns teilnehmen lassen an seinem eigenen Leben, um uns heilig und ewig selig zu machen; Begriff der Heiligkeit Gottes. – III. Die Heiligkeit in dem Geheimnis der allerheiligsten Dreifaltigkeit. Fülle des Lebens, zu der Gott uns berufen hat. – IV. Diesen Willensentschluss verwirklicht er in der Annahme zur Gotteskindschaft durch die Gnade: übernatürlicher Charakter des geistlichen Lebens. – V. Der Plan Gottes durch die Sünde durchkreuzt, durch die Menschwerdung Christi wiederhergestellt. – VI. Die Annahme zur Kindschaft Gottes ist eine allgemeine; sie offenbart eine unendliche Liebe. – VII. Das Endziel des göttlichen Heilsplanes ist: Die Verherrlichung Jesu Christi und seines göttlichen Vaters in der Einheit des Hl. Geistes.*

»In Jesus Christus hat Gott uns auserwählt vor Grundlegung der Welt, auf dass wir heilig und makellos seien vor ihm. In seiner Liebe, nach dem Wohlgefallen seines Willens hat er uns vorherbestimmt, seine angenommenen Kinder zu sein durch Jesus Christus zum Lobpreis der Herrlichkeit seiner Gnade, durch die er uns in seinen Augen wohlgefällig macht in seinem geliebten Sohne.«[1] – Mit diesen Worten zeichnet der hl. Apostel Paulus den Heilsplan Gottes, jener Apostel, der in den dritten Himmel entrückt und vor allen von Gott auserwählt war, um, wie er selbst sagt, »ans Licht zu stellen«, wie das Geheimnis sich verwirklicht hat, »das von Urzeiten her in Gott verborgen war«. Unermüdlich arbeitet der Apostel daran, diesen ewigen Heilsplan zur Kenntnis zu bringen, den Gott selbst zur Heiligung unserer Seelen entworfen hat. Warum drängt es nun den Apostel mit solcher Gewalt, wie er selbst gesteht, »diese Heilsordnung Gottes recht an das Licht zu setzen«?[2]

---

1   Eph. 1, 46.
2   Mihi data est gratia haec ... illuminare omnes, quae sit dispensatio sacramenti absconditi a saeculis in Deo, Eph. 3, 8–9.

Weil nur Gott, der Urheber unseres Heiles und die Urquelle unserer Heiligkeit, uns kund tun konnte, was er von uns verlangt, damit wir zu ihm gelangen.

Unter den Seelen, die Gott suchen, finden sich manche, die nur mit großer Mühe zu ihm gelangen.

Die einen haben keinen bestimmten Begriff davon, worin eigentlich der Heilsplan besteht. Sie kennen den Heilsplan nicht, den Gottes Weisheit entworfen hat, oder sie lassen ihn beiseite und sehen die Heiligkeit in dieser oder jener ihrem eigenen Geiste entsprungenen Auffassung. Sie klammern sich an rein menschliche, selbst erdachte Vorstellungen, wollen ihre eigenen Führer sein und verirren sich. Wenn sie auch große Schritte machen, so doch nur außerhalb des wahren, von Gott gezeichneten Weges. Sie sind Opfer jener Täuschungen, vor denen schon Paulus die ersten Christen warnen musste.[3]

Andere besitzen eine klare Erkenntnis über Einzelheiten, aber es fehlt ihnen die große Linie, der Überblick; sie verlieren sich in Kleinigkeiten, haben keine einheitliche Auffassung und kommen darum oft nicht von der Stelle. Ihr geistliches Leben wird zur Plage; sie leiden an bestimmten Schwierigkeiten, arbeiten ohne Freudigkeit, ohne Eifer und oft ohne Erfolg; denn sie legen ihren Handlungen eine größere Wichtigkeit oder aber einen geringeren Wert bei, als sie in Wirklichkeit haben.

Es ist also eine äußerst wichtige Sache »zu laufen auf dem Wege,« wie Paulus sagt, , »aber nicht ins Ungewisse, sondern so, dass man das Ziel erreiche.«[4] »Sic currite ut comprehendatis«;[5] es ist notwendig, so vollkommen als möglich den Gedanken Gottes kennenzulernen und mit größter Sorgfalt und Anpassungswilligkeit den Plan zu betrachten, den Gott selbst gezeichnet hat, damit wir zu ihm gelangen; denn nur so werden wir uns heiligen und unser ewiges Heil wirken.

In einer so wichtigen Sache, einer solchen Lebensfrage müssen wir die Dinge schauen und abwägen, wie Gott sie schaut und wägt. – Gott beurteilt alles in seinem ewigen Lichte, und sein Urteil ist die letzte Norm aller Wahrheit. »Wir sollen die Dinge nicht nach unserem Geschmack beurteilen«, sagt Franz v. Sales, »sondern im Lichte Gottes; das ist die größte Rätsellösung. Wenn wir heilig sein wol-

---

3   Col. 2, 8.
4   1. Cor. 9, 26.
5   Ibid. 24.

26

len nach unserem Sinn, werden wir es wohl nie sein; wir müssen es nach dem Willen Gottes sein. *»Il ne faut juger des choses selon notre goût, mais selon celui de Dieu; c'est le grand mot. Si nous sommes saints suivant notre volonté, nous ne le serons jamais bien; il faut que nous le soyons selon la volonté de Dieu.«*[6] Die Weisheit Gottes steht unendlich hoch über Menschenweisheit. Gottes Gedanken sind fruchtbar wie kein geschaffener Gedanke. Deswegen ist auch der Plan, den Gott gemacht hat, von einer solchen Weisheit, dass er keineswegs durch einen ihm anhaftenden Mangel, sondern nur durch unsere Schuld sein Ziel nicht erreichen könnte. Wenn wir dem Plan Gottes volle Wirksamkeit in uns lassen, wenn wir uns ihm mit Liebe und Vertrauen anpassen, dann kann er all seine Fruchtbarkeit entfalten und uns zur größten Heiligkeit führen.

Wir wollen also im Lichte der Offenbarung den Heilsplan Gottes über uns betrachten; diese Betrachtung wird für unsere Seele eine Quelle des Lichtes, der Kraft und der Freude sein.

Fassen wir zunächst den Heilsplan Gottes in allgemeiner Übersicht zusammen, um hernach den eingangs erwähnten Worten des hl. Paulus folgend, die Ausführung im Einzelnen aufzugreifen.

1

Die menschliche Vernunft kann erweisen, dass es ein höchstes Wesen gibt als Erstursache alles Geschaffenen, als Weltvorsehung, höchster Vergelter, Endziel aller Dinge. Aber so scharfsinnig unser natürlicher Verstand ist, so hat er doch über das Innenleben dieses höchsten Wesens nichts mit Sicherheit bestimmen können. – Das göttliche Leben zeigt sich ihm in einer unendlichen Ferne, in einer undurchdringlichen Unnahbarkeit: *Lucem inhabitat inaccessibilem.*[7] Er wohnt im unzugänglichen Lichte.

Da kam die Offenbarung und brachte uns Licht. Sie belehrte uns, dass es in Gott eine unbegreifliche Vaterschaft gibt. Gott ist Vater: Das ist der grundlegende Glaubenssatz, den alle anderen voraussetzen, herrliche Wahrheit, die den Verstand zwar beschämt, aber den Glauben begeistert und die heiligen Seelen entzückt.

---

6 Lettre à la présidente Brulart, mi-septembre 1606. Œuvres (Edition des religieuses de la Visitation d'Annecy) t. XIII. p. 213.
7 1. Tim. 6, 16.

Gott ist Vater. Von Ewigkeit, ehedenn das geschaffene Licht über der Welt aufstieg, zeugt Gott einen Sohn, dem er seine Natur, seine Vollkommenheiten, seine Seligkeit, sein Leben mitteilt, denn zeugen heißt jemandem durch Mitteilung der gleichen Natur Dasein und Leben geben: *Filius meus es tu, ego hodie genui te;* mein Sohn bist du, heute habe ich dich gezeugt;[8] *ex utero, ante luciferum, genui te.*[9] In Gott ist also das Leben, der Vater gibt es, und der Sohn empfängt es. – Dieser Sohn, ganz gleich dem Vater, ist nur einer: *Unigenitus Dei filius qui est in sinu Patris;*[10] er ist der einzige Sohn, weil er mit dem Vater eine und dieselbe unteilbare göttliche Natur hat[11] – und beide Personen, obwohl voneinander verschieden (auf Grund ihrer Personeneigenschaften als »Vater« und als »Sohn«), sind vereint in einer Umarmung gewaltiger und wesenhafter Liebe, aus der die dritte Person hervorgeht, welche die Offenbarung mit einem geheimnisvollen Namen bezeichnet: Der Heilige Geist. Das ist das Geheimnis des innergöttlichen Lebens, soweit es der Glaube erkennen kann. Die Fülle und Fruchtbarkeit dieses Lebens ist die Quelle der unermesslichen Seligkeit im Schoße der allerheiligsten Dreifaltigkeit.

Und siehe! Gott will, nicht um seiner Fülle hinzuzufügen, sondern um durch sie andere Wesen zu bereichern, seine Vaterschaft sozusagen erweitern. An diesem göttlichen Leben, das alles Geschaffene überragt – das der Vater seinem einzigen Sohne gibt und beide ihrem gemeinsamen Hl. Geiste mitteilen – will Gott auch Geschöpfe teilhaben lassen, wie es Ihm allein mit Recht zukommt. Durch ein Übermaß von Liebe, das jener Fülle des Seins und der Güte entquillt, die Gott selbst ist, strömt dieses Leben aus dem Schoße Gottes weiter zu Wesen, die aus dem Nichts gezogen wurden, um sie über ihre eigene Natur zu erheben und ewig zu beseligen. Diesen Wesen, bloßen Geschöpfen, gibt Gott die Fähigkeit und den süßen Namen seiner Kinder. – Von Natur aus hat Gott nur einen Sohn, aus der Gnade eine unzählbare Schar von Kindern. Das ist die G n a d e   d e r   ü b e r - n a t ü r l i c h e n   G o t t e s k i n d s c h a f t.

---

8   Ps. 2, 7; Hebr. 1 , 5; 5, 5.
9   Ps. 109, 3.
10   Joan. 1, 18.
11   Wir müssten genauer sagen, dass er mit dem Vater und dem Heil. Geiste eine und dieselbe göttliche Natur ist. Unsere Menschenlippen können eben bei einem solchen Geheimnis nur stammeln.

28

Dieser Gnadenentschluss Gottes wurde am Schöpfungsmorgen Wirklichkeit in Adam. Durch die Sünde unseres Stammvaters, die seine ganze Nachkommenschaft in die gleiche Ungnade verwickelte, wurde er durchkreuzt, sollte aber durch ein wunderbares Geheimnis von Gerechtigkeit und Barmherzigkeit, Weisheit und Güte wiederhergestellt werden. – Der Sohn Gottes, einzig und ewig im Schoße des Vaters, nimmt in der Zeit die menschliche Natur an und vereinigt sich so innig mit ihr, dass diese Natur, obwohl als solche vollkommen, doch ganz und gar der göttlichen Person gehört, mit der sie vereinigt wurde. Das göttliche Leben teilt sich in seiner Fülle dieser menschlichen Natur mit und macht sie zur wahren Menschheit des Sohnes Gottes: Das ist das Wunder der Menschwerdung. Von diesem Menschen Jesus Christus kann man in Wahrheit sagen: Er ist der Sohn Gottes.

Aber dieser Sohn, des Vaters einziger Sohn der Natur nach: *Unigenitus Dei Filius*, ist auf Erden erschienen, nur um der Erstgeborene all jener zu werden, die ihn aufnehmen, nachdem er sie zuvor erlöst hat: *Primogenitus in multis fratribus*.[12] Eingeborener des Vaters im Glanze der Ewigkeit, einziger eigentlicher Sohn, ist er bestimmt zum Haupte vieler Brüder, denen er durch seine Erlösungstat die Gnade des göttlichen Lebens zurückbringt. – So fließt ein und dasselbe göttliche Leben vom Vater auf den Sohn, auf dessen Menschheit und durch den Gottmenschen Christus auf alle jene, die bereit sind, es aufzunehmen. Und dieses Leben geleitet sie bis zur Seligkeit im Schoße des Vaters. Dorthin ist uns Christus vorausgegangen, nachdem er für uns auf Erden in seinem Blute den Preis für ein solches Gnadengeschenk bezahlt hat.[13]

Alle Heiligkeit besteht somit darin, das göttliche Leben von Jesus Christus und durch Jesus Christus zu empfangen, der es in Fülle besitzt und als einziger Vermittler für dasselbe gesetzt ist, es dann zu bewahren, und stetig zu vermehren durch eine immer vollkommenere Verbindung und eine immer engere Vereinigung mit dem, der seine Quelle ist.

Die Heiligkeit ist also eine geheimnisvolle Mitteilung und Aufnahme des göttlichen Lebens: eine Mitteilung in Gott vom Vater

---

12 Rom. 8, 29.
13 Ascendo ad Patrem meum et Patrem vestrum . . . In domo Patris mei mansiones multae sunt ... Vado parare vobis locum. Ich fahre auf zu meinem Vater und eurem Vater ... Im Hause meines Vaters sind viele Wohnungen . . . Ich gehe euch die Wohnung zu bereiten... Joan. 20, 17. 14, 2.

an den Sohn »in einer unbegreiflichen Zeugung«[14] eine Mitteilung aus Gott, durch den Sohn an die menschliche Natur, die er in der Menschwerdung persönlich mit sich vereinigt hat; endlich durch die Menschwerdung Christi an die Seelen, von denen jede es aufnimmt, je nach dem Maße ihrer Vorherbestimmung: *secundum mensuram donationis,*[15] so dass Jesus Christus in Wahrheit das Leben der Seele, nämlich dessen Quelle und Ausspender, ist.

Diese Mitteilung an die Menschen setzt sich fort bis zu jenem Tage, den Gott in seinem ewigen Ratschlusse als Vollendung seines Werkes auf Erden bestimmt hat. An jenem Tage wird die Zahl der Kinder Gottes, der Brüder Jesu, vollzählig sein. Von Christus dem Vater dargestellt[16] wird dann die ungezählte Schar der Auserwählten den Thron Gottes umgeben, um aus lebendigen Quellen unendliche Seligkeit zu schöpfen und die Größe der Güte und des Ruhmes Gottes zu erhöhen, dann wird die Vereinigung ewig vollendet und »Gott alles in allem« sein.

Das ist in ganz allgemeinen Strichen der Plan Gottes; das ist in gedrängter Kürze der Weg, den das übernatürliche Heilswerk beschreibt. Wer könnte in Andacht diese freigebige und zuvorkommende Gnadenwahl Gottes erwägen, ohne anbetend niederzusinken und einen Dankhymnus anzustimmen zum Lobpreise des unendlichen Gottes, der sich herniederneigt zur Menschenseele, um ihr den Kindesnamen zu geben! »O Gott, wer ist dir gleich! Du hast deine Wunder und deine heiligen Absichten über uns vervielfältigt; nichts lässt sich mit dir vergleichen![17] Wie groß sind deine Werke, o Herr, und wie tief deine Gedanken! *Nimis profundae factae sunt cogitationes tuae!* Du erfreust mich, o Herr, durch dein Tun, und ich juble vor Freude über die Werke deiner Hände.[18] Deswegen will ich dir singen, solange ich lebe, ich will dich preisen, solange in mir ein Hauch von Leben ist.[19] Mein Mund sei voll deines Lobes, auf dass ich von deinem Ruhme singe. *Repleatur os meum laude ut cantem gloriam tuam.«*[20]

---

14   Isaias 53, 8.
15   Eph. 4, 7.
16   1. Cor. 15, 24–28.
17   Ps. 39, 6.
18   Ps. 91, 5–6.
19   Ps. 103, 33.
20   Ps. 70, 8.

30

2

Gehen wir indes im Anschluss an den Text des Apostels näher auf unsere Ausführung ein. Diese Ausführung wird unvermeidlich zu einigen Wiederholungen führen, die jedoch im Hinblick auf die Erhabenheit und Wichtigkeit dieser Lebensfragen nicht in die Wagschale fallen dürften. Wir können nur dann die erhabene Größe dieser Wahrheiten und ihre Fruchtbarkeit für unsere Seelen erkennen, wenn wir sie ein wenig eingehender betrachten.

In jeder Wissenschaft gibt es erste Prinzipien, Grundwahrheiten, die man zuallererst kennenlernen muss, weil auf ihnen alle weiteren Ausführungen und Schlussfolgerungen beruhen. Diese Grundelemente müssen um so tiefer erfasst sein und verlangen um so größere Aufmerksamkeit, je wichtiger und weittragender die Folgerungen sind, die sich daraus ergeben. Unser Geist lässt sich allerdings leicht von der längeren Betrachtung der Grundbegriffe abschrecken: jeder Anfang in einer Wissenschaft, wie etwa der Mathematik, einer Kunst, wie der Musik, einer Unterweisung, z.B. über das innere Leben, verlangt eine besondere Aufmerksamkeit, der sich unser Geist gern entziehen möchte. In seiner natürlichen Lebhaftigkeit würde er am liebsten gleich zu den Folgerungen kommen, um ihre Reihenfolge zu sehen, zu den praktischen Anwendungen, um deren Früchte einzuheimsen und zu verkosten. Aber wenn man sich nicht mit Sorgfalt in die Anfangsgründe vertieft, so steht zu befürchten, dass die Festigkeit in den Folgerungen, die man darausziehen kann fehlt, so glänzend sie auch sonst erscheinen möchten. Die Schlüsse werden oft unsicher und die Anwendungen gewagt sein.

Deswegen müssen wir diese Grundwahrheiten näher betrachten, selbst auf die Gefahr mancher Wiederholung hin. Ist es übrigens nicht von selbst einleuchtend, dass wir nur in eingehender Betrachtung der Quelle unseres Glaubens Leben, Fruchtbarkeit und Seelenfreude aus diesem schöpfen werden.

Nach dem anfangs erwähnten Gedanken des hl. Paulus lässt sich der Heilsplan Gottes auf die drei Hauptlinien zurückführen: Gott will uns seine eigene Heiligkeit mitteilen, denn »Gott hat uns auserwählt, damit wir heilig und ohne Tadel seien vor ihm«, – diese Heiligkeit besteht im Leben als seine angenommenen Kinder; Quelle und übernatürliches Merkmal derselben ist die Gnade: »Gott hat uns vorherbestimmt, seine angenommenen Kinder zu sein«. – Dieses unbegreifliche Geheimnis endlich kommt zustande »durch Jesus Christus«.

Gott will, dass wir heilig seien. Das ist sein ewiger Wille. Deswegen hat er uns auserwählt. »*Elegit nos ... ut essemus sancti et immaculati in conspectu eius.*«[21] »Das ist der Wille Gottes, eure Heiligung,« sagt ebenfalls der hl. Paulus, »*Haec est voluntas Dei, sanctificatio vestra.*«[22]

Gott verlangt mit unendlichem Verlangen, dass wir heilig seien. Er will es, weil er selbst heilig ist,[23] weil er in diese Heiligkeit die Ehre gesetzt hat, die er von uns erwartet,[24] und die Freude, mit der er uns sättigen will.[25]

Aber was heißt dies: heilig sein? – Wir sind Geschöpfe, unsere Heiligkeit kann nicht anders sein als eine Anteilnahme an der Heiligkeit Gottes. Wir müssen also bis zu Gott emporsteigen, um zu verstehen, was Heiligkeit ist. Er allein ist heilig dem Wesen nach, er ist die Heiligkeit selbst.

Die Heiligkeit ist jene göttliche Vollkommenheit, welche den Gegenstand der ewigen Anschauung der Engel bildet. Schlagen wir die Hl. Schrift auf. Zweimal nur finden wir, dass sich der Himmel vor zwei großen Propheten geöffnet hat, deren einer dem Alten, der andere dem Neuen Bunde angehört: Jesaja und Johannes. Und was haben sie gesehen? Was haben sie gehört? Beide haben Gott in seiner Herrlichkeit geschaut, beide haben die himmlischen Geister um seinen Thron gesehen, beide haben vernommen, wie diese ohne Ende besingen – nicht die Schönheit Gottes, nicht seine Barmherzigkeit, seine Gerechtigkeit oder seine Herrlichkeit, sondern seine Heiligkeit: *Sanctus, Sanctus, Sanctus, Dominus Deus exercituum, plena est omnis terra gloria eius.*[26]

Worin aber besteht die Heiligkeit Gottes?

In Gott ist alles einfach, in ihm sind seine Vollkommenheiten in Wirklichkeit ein und dasselbe wie er selbst. Auch kommt ihm der Begriff der Heiligkeit in einem Sinne zu, der alle geschaffene Erkenntnis unendlich überragt. Wir haben keinen Ausdruck, der vollständig

---

21 Eph. 1, 4.
22 Thessal. 4, 3.
23 Levit. 11, 44; 1. Petr. 1, 16.
24 Joan, 15, 8.
25 Ibid. 16, 22.
26 Is. 6, 3; Apoc. 4, 8.

wiedergäbe, was diese Vollkommenheit in Gott eigentlich ist. Doch dürfen wir versuchen, uns in etwa einen Begriff davon zu bilden. Was ist also die Heiligkeit in Gott?

Nach unserer Sprachweise schließt sie ein doppeltes Moment in sich: Zunächst den unendlich vollständigen Ausschluss von allem, was Unvollkommenheit, Geschöpflichkeit, kurz von allem, was nicht Gott selbst ist.

Das ist aber nur die negative Seite. Das andere Moment besteht darin, dass Gott mit einem unveränderlichen, ewigen Willensakte das höchste Gut, das er selbst ist, liebt, so dass er ganz und gar das nur will, was mit diesem höchsten Gute übereinstimmt. Gott erkennt sich selbst vollkommen. Seine Allweisheit zeigt ihm aber sein eigenes Wesen als die oberste Richtlinie für alle Tätigkeit, und so kann Gott nichts wollen, tun oder gutheißen, als was seine göttliche Weisheit im Einklang findet mit seinem Wesen selbst, mit diesem letzten Maße für alles Gute.

Diese unwandelbare Einheit und höchste Gleichförmigkeit zwischen dem Willen und dem Wesen Gottes als der obersten Norm aller Tätigkeit ist die denkbar innigste, ja in Gott ist der Wille in Wirklichkeit ein und dasselbe mit dem Wesen.

Die Heiligkeit Gottes ist demnach nichts anderes als die vollkommenste unwandelbare Liebe Gottes zu sich selbst.[27]

Und wie Gott in seiner unendlichen Weisheit sich selbst als die höchste Vollkommenheit, das einzig Notwendige erkennt, so muss er auch alles auf sich und seine Ehre beziehen. Deswegen lassen die heiligen Bücher uns als Gesang der Engel vernehmen: »Heilig, Heilig, Heilig ... Himmel und Erde sind deiner Herrlichkeit voll«. Als ob die Engel künden wollten: »Du bist der dreimal Heilige, o Gott, du bist die Heiligkeit selbst, weil du in unendlicher Weisheit würdig und vollkommen dich selbst verherrlichst.«

Daraus folgt nun, dass die göttliche Heiligkeit die Grundlage und das Urbild, wie auch die einzige Quelle aller geschöpflichen Heiligkeit ist. Wir begreifen in der Tat, dass Gott, der sich notwendig mit unendlicher Vollkommenheit liebt, ebenso notwendig will, dass jedes Geschöpf nur zur Offenbarung seiner Herrlichkeit diene und, seiner geschöpflichen Rangordnung entsprechend, nur tätig sei in Abhän-

---

27   Cf. D. L. Janssens, Praelectiones de Deo Uno, t. 11, S.238 u. 366 ff.

gigkeit und nach dem Zwecke, den die ewige Weisheit in der göttlichen Wesenheit sieht.

Je mehr Liebesabhängigkeit also von Gott, je mehr Einklang unseres freien Willens mit unserem Endzweck, der Verkündigung der göttlichen Herrlichkeit, desto mehr sind wir mit Gott verbunden. Das ist aber nur so weit möglich, als wir uns von allem, was nicht Gott ist, befreien. Je mehr endlich diese Abhängigkeit, dieser Einklang, diese Verbindung und Befreiung sich stärken und festigen – desto größer ist unsere Heiligkeit.[28]

3

Die menschliche Vernunft kann zur Feststellung dieser Heiligkeit des göttlichen Wesens gelangen, die eine Eigenschaft und Vollkommenheit der göttlichen Natur in sich ist. Die Offenbarung aber hat uns neues Licht über sie gebracht.

Wir wollen nun voll scheuer Ehrfurcht unser geistiges Auge bis zum Heiligtum der anbetungswürdigen Dreifaltigkeit selbst erheben; wir wollen hören, was Jesus Christus, um unsere Ehrfurcht zu nähren, wie unsern Glauben zu erproben, über das innere Leben Gottes uns selbst offenbart und durch seine Kirche zu glauben vorstellt.

In Gott sind drei Personen, der Vater, der Sohn und der Hl. Geist. Alle drei haben nur eine und dieselbe Natur oder Wesenheit. Der Vater, die unendliche göttliche Intelligenz, erkennt seine Vollkommenheiten voll und ganz und drückt diese Erkenntnis in einem einzigen Worte aus: Das ist das Wort, *Verbum*, das lebendige, wesenhafte Wort, der vollinhaltliche Ausdruck der Wesenheit des Vaters. Der Vater spricht dieses Wort und zeugt damit den Sohn, dem er seine ganze Wesenheit, seine Natur, seine Vollkommenheiten, sein Leben mitteilt. *»Sicut Pater habet vitam in semetipso sic dedit et Filio habere vitam in semetipso.«*[29] Der Sohn seinerseits ist in gleicher Weise ganz im

---

28 S. th. II. II, q. LXXXI, a. 8 nennt als Grundelemente unserer Heiligkeit die Reinheit (Entfernung jeder Sünde, jeder Unvollkommenheit, Loslösung von allem Geschöpflichen) und die Beständigkeit in der Verbindung mit Gott. Diesen zwei Grundelementen entsprechen in Gott die unendliche Vollkommenheit seines allerhöchsten unbegreiflichen Wesens und die unveränderliche Gleichförmigkeit seines Willens mit diesem göttlichen Wesen.

29 Joan. 5, 26.

Vater, schenkt sich ihm vollständig durch seine rückhaltlose Hingabe, wie sie aus seiner Natur als Sohn hervorquillt. Und aus diesem gegenseitigen Sichschenken in einer und derselben Liebe geht als aus einem einzigen Ursprunge der Heilige Geist hervor, der die Einheit zwischen Vater und Sohn als ihre wesenhafte, lebendige Liebe besiegelt.

Diese wechselseitige Mitteilung der drei Personen, diese unendliche, liebeerfüllte Verbindung der göttlichen Personen unter sich, bildet naturgemäß eine neue Offenbarung der göttlichen Heiligkeit, nämlich die unaussprechliche Verbindung Gottes mit sich selbst in der Einheit seiner Natur und der Dreiheit der Personen.[30]

Gott findet in der unaussprechlichen Einheit und Fruchtbarkeit dieses Lebens seine ganze wesenhafte Seligkeit. Gott genügt sich selbst. Da er in der Vollkommenheit seiner Natur und in der unbeschreiblichen Vereinigung der göttlichen Personen seine ganze Glückseligkeit findet, bedarf er keines Geschöpfes. Auf ihn selbst und zu ihm im Geheimnis der göttlichen Dreieinigkeit fließt alle Verherrlichung zurück, die aus seinen unendlichen Vollkommenheiten entspringt.

Gott hat nun, wie oben gezeigt wurde, auch uns zur Teilnahme an diesem innergöttlichen Leben, das ihm allein von Natur aus eigen

---

30 Für Seelen, die in die theologischen Fragen mehr eingeweiht sind, möchten wir dazu erklären, dass jede der drei göttlichen Personen eins ist mit der g ö t t l i c h e n W e s e n h e i t und deswegen auch heilig in wesenhafter Heiligkeit, weil jede Person nur handelt im Einklang mit der göttlichen Natur als der höchsten Norm des Lebens und der Tätigkeit. – Man kann ferner sagen, dass die göttlichen Personen heilig sind, weil jede von ihnen sich der anderen hingibt und sich mit ihr in unauflöslicher Wesenseinheit verbindet. – Endlich wird die dritte Person in besonderer Weise heilig genannt, weil sie d u r c h d i e L i e b e aus den beiden andern hervorgeht. Die Liebe ist die Haupttätigkeit, mit welcher der Wille zu seinem Ziele strebt und sich mit ihm vereinigt; sie bezeichnet den höchsten Grad der Gleichförmigkeit mit der Norm aller Güte und damit aller Heiligkeit und darum führt der Hl. Geist, der in Gott durch die Liebe hervorgeht, mit Vorzug den Namen »heilig«. Der hl. Thomas erklärt dies mit folgenden Worten: Cum bonum amatum habeat rationem finis, ex fine autem motus voluntarius bonus vel malus redditur, necesse est quod amor quo ipsum bonum amatur, quod Deus est, eminentem quandam obtineat bonitatem, *quae nomine sanctitatis exprimitur* ... igitur Spiritus Sanctus quo nobis insinuatur amor quo Deus se amat, Spiritus Sanctus nominatur. Compend. theol. c. XLVII. Aus all dem ist ersichtlich, dass man aus der Betrachtung der allerheiligsten Dreifaltigkeit einen tieferen Einblick in das Wesen der Heiligkeit Gottes gewinnt.

ist, zulassen wollen. Er will uns jene unergründliche Seligkeit mitteilen, die in der Fülle und Unendlichkeit seines Wesens ihren Ursprung hat. Und nun – das ist der erste Punkt in der Ausführung des hl. Paulus über den Plan Gottes – besteht unsere Heiligkeit darin, dass wir mit Gott verbunden seien, nicht bloß wie wir ihn kennen und lieben als Schöpfer, sondern wie er sich selbst kennt und liebt in der Seligkeit seiner Dreieinigkeit, dass wir also mit Gott verbunden sind, um teilzunehmen an seinem innergöttlichen Leben. – Wir werden alsbald sehen, wie wunderbar Gott seinen Plan verwirklicht; einstweilen bleiben wir einen Augenblick stehen und erwägen die Größe des Geschenkes, das Gott uns macht. Wir werden in etwa einen Begriff davon bekommen, wenn wir die Vorgänge aus der Naturordnung zum Vergleich herbeiziehen.

Betrachten wir einen Stein; er ist ohne Leben, ohne inneres Prinzip, aus dem eine Tätigkeit fließen könnte. Der Stein hat eine Natur erhalten mit den ihr eigenen Besonderheiten, aber das ist nur eine niedere Stufe des Seins. Nehmen wir sodann die Pflanze; sie hat Leben, sie strebt harmonisch und gleichmäßig nach bestimmten Gesetzen der Vervollkommnung ihres Wesens zu, aber dieses Leben steht noch auf untergeordneter Stufe; denn die Pflanze entbehrt des Bewusstseins. Das Leben des Tieres erhebt sich höher als das der Pflanze, aber es beschränkt sich noch auf Empfindung und Selbsterhaltungstrieb. Mit dem Menschen treten wir in ein höheres Gebiet ein: Vernunft und freier Wille sind die charakteristischen Vorzüge des menschlichen Seins, aber auch der Mensch ist noch ein stoffliches, leibliches Wesen. Über ihm steht der Engel, ein reiner Geist. Sein Leben bezeichnet den höchsten Grad im Gebiete der geschaffenen Welt. – Über all diese Arten von geschaffenem Leben, die nur einen beschränkten Lebensanteil empfangen haben, erhebt sich in unerreichbare Unendlichkeit das ungeschaffene göttliche Leben, das alles Geschaffene übersteigt, notwendiges Leben, das aus sich selbst besteht. Gott, unbegrenzte Erkenntnis, umfasst in einem einzigen, ewigen Akte sowohl das Unendliche als auch alle geschaffenen Wesen, deren Urbild er selbst ist; absolut freier Wille, schließt er sich in unwandelbarer Treue dem höchsten Gute an, das er selbst ist. Dies ist die Fülle göttlichen Lebens, dem alle Vollkommenheit, alle Seligkeit entquillt.

Von diesem Leben nun will Gott uns mitteilen, und die Anteilnahme an diesem Leben bildet unsere Heiligkeit. Und da diese Teilhabe

36

Grade hat, so ist unsere Heiligkeit um so größer, je höher diese Teilhabe am Leben Gottes ist.

Vergessen wir aber nicht: Einzig und allein die Liebe hat Gott bewogen, dass er beschloss, proposuit sibi Deus, sich uns also zu geben. In Gott sind nur die geheimnisvollen, gegenseitigen Mitteilungen der göttlichen Personen notwendig.[31] Diese gegenseitigen Beziehungen gehören zum Wesen Gottes selbst; denn das ist ja das Leben Gottes. Jede andere Mitteilung seiner selbst aber, die Gott macht, ist die Frucht einer durchaus freien Liebe. Doch wie die Liebe, so ist auch ihr Geschenk göttlich. Gott liebt göttlich. Er gibt sich selbst. Wir sind berufen, diese göttliche Mitteilung in unaussprechlichem Maße zu erhalten. Gott will sich uns nicht nur als ewige Schönheit zum Gegenstand der Anschauung geben, sondern sich mit uns vereinigen, um so weit als möglich sich eins zu machen mit uns: »Vater«, so betete Jesus Christus beim letzten Abendmahl »lass meine Jünger eins sein in uns, wie du und ich eins sind, damit sie in dieser Einheit den unendlichen Genuss unserer eigenen Seligkeit haben, *ut habeant gaudium meum completum in semetipsis.«*[32]

4

Wie verwirklicht nun Gott seinen herrlichen Plan, dem zufolge er uns Anteil geben will an einem Leben, das alles Maß unserer Natur übersteigt und in keiner Forderung derselben begründet liegt, das trotzdem, ohne diese Natur zu vernichten, das Menschenherz mit ungeahnter Seligkeit erfüllt? Wie will Gott uns eintreten lassen »in die unaussprechliche Gemeinschaft« seines göttlichen Lebens und uns daran teilnehmen lassen?[33]

Er nimmt uns an Kindes Statt an. Durch unendlich freien, liebeerfüllten Willensentschluss: *secundum propositum voluntatis suae*[34] bestimmt uns Gott nicht bloß zu seinen Geschöpfen, sondern zu seinen Kindern: *Praedestinavit nos in adoptionem filiorum*[35] und somit zur

---

31 Notwendig in dem Sinne, dass sie nicht auch nicht sein könnten, s. S. Thom. 1. q. XLI a. 2 ad 5.
32 Joan. 17, 13; cfr. 15, 11.
33 1 Joan. 1, 3.
34 Eph. 1, 5.
35 Ibid. 1, 5.

Teilhabe an seiner göttlichen Natur, *divinae consortes naturae*.[36] Gott nimmt uns als seine Kinder an. Was will denn der hl. Paulus damit sagen? Was bedeutet bei den Menschen Annahme an Kindes Statt?

Es ist die Aufnahme eines fremden Kindes in die Familie. Durch die Annahme an Kindes Statt wird das fremde Kind ein Glied der Familie, erhält deren Namen, Titel und Erbrecht. Aber um an Kindes Statt angenommen werden zu können, muss man der gleichen Natur angehören; nur Menschen können von Menschen als Kinder angenommen werden. Wie können nun wir, die nicht von göttlichem Geschlecht sind, sondern arme Geschöpfe, die von Natur aus weiter von Gott abstehen als das Tier vom Menschen, wie können wir, die unendlich fern von Gott sind, *hospites et advenae*[37], von Gott als Kinder angenommen werden?

Hier zeigt sich das Wunder göttlicher Weisheit, Macht und Güte. Gott gibt uns eine geheimnisvolle Teilnahme an seiner Natur, die wir »Gnade« nennen. *Efficiamini divinae consortes naturae*.[38]

Die Gnade ist eine von Gott in uns bewirkte innere Eigenschaft, die unserer Seele anhaftet, sie schmückt und Gott wohlgefällig macht – ganz wie auf natürlichem Gebiete Schönheit und Kraft körperliche Eigenschaften, Talent und Wissen geistige Eigenschaften, Rechtlichkeit und Mut Eigenschaften des Herzens sind.

Nach dem hl. Thomas ist die Gnade eine uns mitgeteilte Ähnlichkeit mit der göttlichen Natur... »*Participata similitudo divinae naturae.*«[39] Die Gnade macht uns auf eine uns im Grunde unbekannte Weise der göttlichen Natur teilhaftig. Wir werden durch die Gnade über unsere Natur erhoben, sozusagen vergöttlicht. Wir werden zwar nicht gottgleich, aber gottähnlich. Deswegen sagte der Herr zu den Juden: »Steht nicht in euern Büchern geschrieben: Ich habe gesagt, ihr seid Götter?«[40]

---

36 2. Petr. 1, 4.

37 Eph. 2, 19.

38 2. Petr. 1 , 4. Der hl. Petrus sagt nicht, dass wir des göttlichen W e s e n s teilhaftig werden, sondern der göttlichen N a t u r, d. h. des Prinzips jener Tätigkeit, die das Leben Gottes bildet und die in der befruchtenden und beseligenden Erkenntnis und Liebe der göttlichen Person besteht.

39 S. Thom. III, q. LXII a. I. Deshalb heißt es in der Theologie: Die Gnade ist deiformis, eine göttliche Form, um die Gottähnlichkeit auszudrücken, die sie in uns hervorbringt ...

40 Joan. 10, 34.

Die Teilnahme am göttlichen Leben erhalten wir also durch die Gnade, kraft welcher unsere Seele befähigt wird, Gott zu erkennen, gleichwie er sich selbst erkennt, Gott zu lieben, gleichwie er sich selbst liebt, Gott zu genießen, gleichwie er von seiner eigenen Seligkeit erfüllt ist und so vom Leben Gottes selbst zu leben.

Das ist das unaussprechliche Geheimnis unserer Gotteskindschaft. Es besteht ein wesentlicher Unterschied zwischen der göttlichen und der menschlichen Kindesannahme. Diese ist nur äußerlich, nur scheinbar – gewiss ist sie gesetzlich fest begründet, aber in die Natur des Angenommenen dringt sie nicht ein. Wenn aber Gott uns als Kinder annimmt, indem er uns die Gnade mitteilt, dann dringt er ein bis auf den Grund unserer Natur. Ohne ihr Wesen zu ändern, erhebt er sie innerlich durch die Gnade, so dass wir in Wahrheit Kinder Gottes werden. Und diese Kindesannahme bewirkt in uns, dass wir durch die Gnade der göttlichen Natur teilhaftig sind. Da aber diese Teilnahme an dem göttlichen Leben das Wesensmerkmal unserer Heiligkeit bildet, nennt man diese Gnade die h e i l i g m a c h e n d e Gnade.

Durch den Willensentschluss Gottes, uns als Kinder anzunehmen, und durch die überaus liebevolle Vorherbestimmung zu Gotteskindern, erhält unsere Heiligkeit ein ganz eigenes Merkmal, ist ü b e r - n a t ü r l i c h. Das Leben, zu dem Gott uns emporhebt, ist übernatürlich, sowohl für uns als für jedes geschaffene Wesen. Wir müssen heilig sein nicht mehr nach Art von Menschen, die nur Geschöpfe sind, sondern wie K i n d e r G o t t e s d u r c h e i n e T ä t i g k e i t, d i e v o n d e r G n a d e b e s e e l t u n d b e l e b t i s t. Die Gnade wird in uns das Prinzip eines göttlichen Lebens. Was heißt denn l e - b e n? Leben heißt für uns, sich selbst kraft eines inneren Prinzips bewegen zur Vervollkommnung des eigenen Seins. Auf das natürliche Leben wird ein anderes Leben sozusagen aufgepfropft, dessen Tätigkeitsprinzip die Gnade ist. Die Gnade wird in uns Quelle von Handlungen und Tätigkeiten, die übernatürlich sind und zu göttlichem Ziele hinstreben; denn unser Ziel ist kein anderes, als einmal Gott zu besitzen und sich seiner zu erfreuen, wie er sich selbst erkennt und sich seiner Vollkommenheit erfreut.

Das eben Ausgeführte ist von grundlegender Bedeutung und es wäre zu wünschen, dass man es nie aus dem Auge verlöre. Gott hätte sich begnügen können, von uns die Verehrung einer natürlichen Religion zu erhalten. Diese wäre dann die Quelle einer natürlichen, menschlichen Sittlichkeit gewesen, einer Vereinigung mit Gott, wie sie unserer vernünftigen Natur entspräche, aufgebaut auf unsere Beziehungen als Geschöpf zum Schöpfer und unsere Beziehungen zu den Mitgeschöpfen.

Aber Gott wollte sich nicht auf eine solche Naturreligion beschränken. Wir haben vielleicht schon Menschen kennengelernt, die nicht getauft, aber doch rechtschaffen, gut, rein, gerecht und barmherzig sind. Es kann sich hier nur um eine natürliche Tugendhaftigkeit handeln.[41] Wir wollen diese natürliche Tugendhaftigkeit keineswegs verurteilen, aber mit ihr allein ist Gott nicht zufrieden. Weil er beschlossen hat, uns an seinem unendlichen Leben, seiner eigenen Seligkeit teilnehmen zu lassen, was für uns ein übernatürliches Ziel bedeutet, weil er uns seine Gnade gegeben hat, will Gott, dass unsere Vereinigung mit ihm eine übernatürliche Vereinigung, eine Heiligkeit sei, die aus der Gnade Gottes entspringt.

Außerhalb dieser Heilsordnung gibt es für uns nur ewige Verdammnis. Gott ist Herr über seine Gaben, und er hat von Ewigkeit her bestimmt, dass wir vor ihm nur heilig sein werden, wenn wir leben als Kinder Gottes durch die Gnade. O himmlischer Vater, gib, dass ich die Gnade, die mich zu deinem Kinde macht, stets in mir bewahre! Bewahre mich vor allem, was mich von dir entfernen könnte!

5

Von der Erschaffung des ersten Menschen an hat Gott seinen Plan verwirklicht. Adam hatte für sich und seine Nachkommen die Gnade erhalten, die ihn zum Kinde Gottes machte, aber durch seine Sünde hat er für sich und sein Geschlecht die Gottesgabe verloren. Seit dieser Empörung kommen wir alle als Sünder zur Welt, beraubt der Gnade, die uns zu Gotteskindern machte. Wir sind nun im Gegenteil Kinder des Zornes, *filii irae*,[42] Feinde Gottes. Die Sünde hat den Plan Gottes durchkreuzt.

Aber Gott hat sich, wie die Kirche freudig betet, wunderbarer gezeigt in der Wiederherstellung seiner Absichten, als er in der Schöp-

---

41 Man muss aber beifügen, dass diese rein natürliche Tugendhaftigkeit der schlimmen Neigungen wegen, die aus der Erbsünde kommen, selten vollkommen ist.

42 Eph. 2, 3.

40

fung war: *Deus qui humanae substantiae dignitate mirabiliter condidisti et mirabilius reformasti*[43]. Inwiefern? Welches ist das Wunder Gottes? Das Geheimnis der Menschwerdung. Durch das menschgewordene Wort will Gott alles wiederherstellen. Das ist »das Geheimnis, das von Ewigkeit her in den Gedanken Gottes verborgen ist«,[44] und das der hl. Paulus uns offenbart: Christus, der Gottmensch, wird unser Mittler sein; er wird uns mit Gott versöhnen und uns die verlorene Gnade wiederbringen. Und da dieser Heilsplan von Ewigkeit her vorgesehen war, redet der hl. Paulus mit Recht von einem Geheimnis, das immer gegenwärtig ist. Mit diesem letzten Kennzeichen schließt der Apostel die Darlegung des göttlichen Heilsplanes. Wir aber müssen gläubigen Herzens seine Lehre erwägen, denn sie umfasst den Kernpunkt des Gotteswerkes.

Nach Gottes Plan ist Christus das Haupt aller Erlösten, ja über jegliches Wesen, das es in dieser und der zukünftigen Welt gibt: *Quod nominatur non solum in hoc saeculo, sed etiam in futuro,*[45] damit durch ihn, mit ihm und in ihm wir alle zur Vereinigung mit Gott gelangen und die übernatürliche Heiligkeit verwirklichen, die Gott von uns verlangt. Kein Gedanke ist so unverkennbar deutlich in den Briefen des hl. Paulus ausgedrückt; von keinem anderen ist er selbst so überzeugt, keinen anderen hebt er so nachdrücklich hervor. Lesen wir all seine Briefe, und wir werden sehen, dass er stets darauf zurückkommt, ja dass er ihn fast zum einzigen Grundgedanken seiner Lehre macht. Was sagt er denn an jener Stelle des Briefes an die Epheser, die ich eingangs erwähnt habe? »In Jesus Christus hat Gott uns auserwählt, damit wir heilig seien; er hat uns vorherbestimmt, seine Kinder durch Jesus Christus zu sein ... wir sind seinen Augen wohlgefällig in seinem geliebten Sohne.« In seinem Sohne Jesus Christus hat Gott alles zu erneuern beschlossen, *omnia instaurare in Christo*, oder vielmehr nach dem griechischen Texte, »alles Christo, dem alleinigen Haupte wieder zu unterwerfen«.[46] Im Ratschlusse Gottes steht Christus immer an erster Stelle.

Wie wird nun der Plan Gottes verwirklicht? Das Wort, dessen ewige Geburt im Schoße des Vaters, *in sinu Patris*, wir anbeten, ist Fleisch

---

43 Gebet bei der Opferung der hl. Messe.
44 Eph. 3, 9.
45 Eph. 1, 21.
46 Eph. 1, 10.

geworden: *Et verbum caro factum est.*[47] Die allerheiligste Dreifaltigkeit hat eine menschliche Natur geschaffen gleich der unseren und hat sie vom ersten Augenblick ihrer Erschaffung an in wunderbarer und unauflöslicher Weise mit der Person des Wortes, des Sohnes, der zweiten Person der allerheiligsten Dreifaltigkeit vereinigt. Und dieser Gottmensch ist Jesus Christus. Diese Vereinigung der beiden Naturen ist so innig, dass nur eine einzige Person vorhanden ist, die des Wortes. Vollkommener Gott, *perfectus Deus,* durch seine göttliche Natur, wird nun das Wort durch seine Menschwerdung vollkommener Mensch, *perfectus homo.* Er macht sich zum Menschen und bleibt Gott, *quod fuit permansit, quod non erat assumpsit.*[48] Dadurch, dass er eine Menschennatur annahm, um sie in seiner Person mit sich zu vereinigen, hat er seiner Gottheit keinen Abbruch getan.

In Jesus Christus, dem menschgewordenen Worte, sind die beiden Naturen ohne Vermischung oder Verschmelzung miteinander vereinigt; sie bleiben voneinander verschieden, obwohl sie in der Einheit der Person ganz verbunden sind. Infolge dieser Einheit der Person ist Christus der wirkliche Sohn Gottes, der das Leben Gottes in sich hat: *Sicut Pater habet vitam in semetipso, sic dedit et filio habere vitam in semetipso.*[49] Ein und dasselbe göttliche Leben ist es, das Gott gehört und auch die Menschheit Christi erfüllt. Der Vater teilt sein Leben dem Worte, dem Sohne mit und das Wort teilt es der Menschheit mit, die mit ihm persönlich vereinigt ist. Deswegen anerkennt der ewige Vater unsern Herrn und Heiland als seinen wahren Sohn: *Filius meus es tu, ego hodie genui te.*[50] Und weil es sein Sohn ist, weil seine Menschheit die Menschheit seines Sohnes ist, wird ihr die volle und gänzliche Mitteilung aller Vollkommenheiten Gottes zuteil. Die Seele Christi ist erfüllt mit allen Schätzen der Weisheit und Wissenschaft Gottes: *In quo sunt omnes thesauri sapientiae et scientiae.*[51] In Jesus Christus, sagt der hl. Paulus, wohnt die Fülle der Gottheit leibhaftig: *In ipso inhabitat omnis plenitudo divinitatis corporaliter.*[52] Die göttliche Menschheit ist voll der Gnade und Wahrheit.[53]

47　Joan. 1, 14.
48　Antiphon aus dem Offizium vom Feste der Beschneidung.
49　Joan. 5, 26.
50　Ps. 2, 7 – Hebr. 5, 5.
51　Col. 2, 3.
52　Col. 2, 9.
53　Joan. 1, 14.

Das menschgewordene Wort ist also anbetungswürdig in seiner Menschheit wie in seiner Gottheit; denn in seine Menschheit flutet das göttliche Leben hinüber. »Jesus Christus, menschgewordenes Wort, ich werfe mich vor dir nieder; denn du bist der Sohn Gottes, gleicher Gott mit dem Vater! In dir erkenne ich wahrhaft den Sohn Gottes, *Deum de Deo, lumen de lumine, Deum verum de Deo vero!* Du bist der einziggeliebte Sohn des Vaters, an dem er sein Wohlgefallen hat. Ich liebe dich und ich bete dich an!« *Venite adoremus!*

Und nun – o wunderbares Geheimnis, das uns vor Freude erzittern läßt! – Diese Fülle des göttlichen Lebens in Christo Jesu soll sich von ihm auch auf uns, auf das ganze Menschengeschlecht ergießen. Die göttliche Kindschaft, die Christus infolge seiner Natur besitzt und die ihn zum eigentlichen und einzigen Sohn Gottes macht, *Unigenitus qui est in sinu Patris*, erweitert sich durch die Gnade bis zu uns, so dass Jesus Christus nach dem Plane Gottes nur der Erstgeborene von vielen Brüdern ist, welche aus Gnade Kinder Gottes sind, wie er von Natur: *Praedestinavit nos conformes fieri imaginis Filii sui, ut sit ipse primogenitus in multis fratribus.*[54]

Hier stehen wir am Mittelpunkt des göttlichen Planes: Wir empfangen die Kindschaft Gottes von Jesus Christus und durch Jesus Christus. Der hl. Paulus sagt: Gott hat seinen Sohn gesandt, um uns zu seinen Kindern zu machen, *Deus misit filium suum factum ex muliere, ut ... adoptionem filiorum reciperemus.*[55] Durch die Gnade Christi, des Sohnes Gottes, werden wir Kinder Gottes; aus der Fülle seines göttlichen Lebens und seiner göttlichen Gnade müssen wir alle schöpfen. Bald nachdem der hl. Paulus gesagt hat, dass in Christus die Fülle der Gottheit leibhaftig wohnt, folgert er in seinem Schlusse weiter: *Et estis in illo repleti, qui est caput omnis principatus et potestatis*[56] – *Qui est caput Christus.*[57] »Und ihr seid in ihm dieser Fülle teilhaftig geworden, weil er euer Haupt ist.« Der hl. Johannes sagt gleichfalls, nachdem er uns das menschgewordene Wort voll der Gnade und Wahrheit gezeigt hat: Und wir alle haben von seiner Fülle empfangen, *et de plenitudine eius nos omnes accepimus.*[58]

---

54 Rom. 8, 29.
55 Gal. 4, 5.
56 Col. 2, 10.
57 Eph. 4, 15.
58 Joan. 1, 16.

Der Vater hat uns also nicht bloß von Ewigkeit her in Christus auserwählt, *elegit nos in ipso* – beherzigen wir das Wort *in ipso*, nämlich in Christo hat er uns auserwählt, alles, was außerhalb Christi wäre, ist sozusagen nicht im Gedanken Gottes enthalten, sondern wir empfangen auch die Gnade, die er als Mittel zur Erlangung der Kindschaft für uns bestimmt hat, nicht anders als durch Christus: *Qui praedestinavit nos in adoptionem filiorum per Iesum Christum.*[59] Wir sind Kinder Gottes wie Jesus Christus, aber aus Gnade – er von Natur aus. Er ist der wahre Sohn, wir sind Adoptivkinder: *Et ipse filius et nos filii; ille proprius, nos adoptivi; sed ille salvat et nos salvamur.*[60] Durch Jesus erlangen wir Zutritt zur Familie Gottes; von ihm und durch ihn erlangen wir die Gnade und damit das ewige Leben: *Ego sum vita ... ego veni, ut vitam habeant et abundantius habeant.*[61]

Hier stehen wir also an der Quelle unserer Heiligkeit. Wie das Geheimnis der Person Jesu Christi kurz und vollinhaltlich ausgedrückt ist in dem Worte: Sohn Gottes, so bedeutet der Name Christ seinem Wesensinhalte nach kurz: Teilhabe an Jesus Christus, an dieser göttlichen Sohnschaft durch Jesus Christus. Unsere Heiligkeit kann darum auch nichts anderes sein, sondern je mehr das göttliche Leben in uns pulsiert durch die Gnade, die Jesus uns mitteilt und deren Fülle er selbst von Ewigkeit her besitzt, desto höher ist unsere Heiligkeit. Jesus Christus ist nicht nur selbst heilig, er ist auch unsere Heiligkeit. Alle Heiligkeit, die Gott den Seelen zugedacht hat, ist in der Menschheit Christi niedergelegt, und aus dieser Quelle müssen wir schöpfen.

Mit der Kirche im Gloria der hl. Messe wollen wir deshalb singen: Du allein bist heilig, Jesus Christus, *Tu solus sanctus, Jesu Christe.* Allein heilig, weil du die Fülle göttlichen Lebens besitzest, allein heilig, weil wir von dir allein auch unsere Heiligkeit erwarten. Du bist, wie dein großer Apostel sagt, unsere Gerechtigkeit geworden, unsere Weisheit, unsere Erlösung, unsere Heiligkeit: *Vos estis in Christo Jesu, qui factus est nobis sapientia a Deo et iustitia et sanctificatio et redemptio.*[62] In dir finden wir alles, in und mit dir empfangen wir alles; indem nämlich dein Vater, der nach deinen eigenen Worten auch unser

---

59   Eph. 1, 5.
60   Migne Patr. lat. 18, 701.
61   Joan. 10, 10.
62   1. Cor. 1, 30.

44

Vater ist,[63] uns dich gibt, hat er uns alles gegeben: *Quomodo cum illo non omnia nobis donavit.*[64] Alle Gnaden der Erlösung und der Verzeihung, alle geistlichen Reichtümer, alle übernatürliche Fruchtbarkeit, von der die Welt der Seelen im Überfluss lebt, kommt uns von dir allein. *In Christo habemus redemptionem ... secundum divitias gratiae eius quae superabundavit in nobis.*[65] Dir gebührt darum alles Lob, Christus Jesus! Und durch dich steige aller Lobpreis zum Vater empor für das »unaussprechliche Geschenk«, das er uns in dir gegeben.

6

Wir alle müssen Anteil haben an der Heiligkeit Christi Jesu. Christus hat von dem Leben, das er uns gebracht und durch das er uns zu Kindern Gottes macht, niemanden ausgeschlossen. *Pro omnibus mortuus est Christus.*[66] Der Menschheit insgesamt hat Christus die Pforten des ewigen Lebens wieder geöffnet. Er ist, wie Paulus sagt, der Erstgeborene, aber unter vielen Brüdern: *in multis fratribus.*[67] Der ewige Vater hat Christus, seinen Sohn, gesetzt zum Haupte seines Reiches, des Reiches seiner Kinder. Der Plan Gottes wäre nicht erfüllt, wenn Christus allein bliebe. Es ist seine Ehre, wie auch die Ehre seines Vaters, *in laudem gloriae gratiae suae,*[68] dass er an der Spitze einer ungezählten Schar stehe, die gleichsam seine Vollendung ($\pi\lambda\acute{\eta}\rho\omega\mu\alpha$) darstellt und ohne die er sozusagen nicht vollkommen wäre.

Der hl. Paulus sagt dies so klar in seinem Brief an die Epheser, wo er den Plan Gottes behandelt: Gott ließ Christus zu seiner Rechten sitzen, hoch über alle Herrschaften und Mächte, Fürstentümer und Gewalten, wie über jegliches Wesen, das es in dieser und der zukünftigen Welt gibt. Alles hat er ihm zu Füßen gelegt und ihn zu dem alles überragenden Haupte der Kirche gemacht, die sein Leib ist.[69] Diese Kirche hat Christus sich erworben nach den Worten des gleichen Apostels, damit sie am Jüngsten Tage sei »ohne Flecken, ohne Runzeln, ganz heilig und unbefleckt«, *ut exhiberet ipse sibi gloriosam Ec-*

---

63 Joan. 20, 17.
64 Rom. 8, 32.
65 Eph. 1, 8.
66 2. Cor. 5, 15.
67 Rom. 8, 29.
68 Eph. 1, 6.
69 Eph. 1, 20–23.

clesiam, non habentem maculam, aut rugam, aut aliquid huiusmodi, sed ut sit sancta et immaculata.[70] Diese Kirche, dieses Reich, wird schon auf Erden begründet. Wir treten ein in dasselbe durch die Taufe, hier auf Erden leben wir in ihm durch die Gnade in Glaube, Hoffnung und Liebe, und einmal werden wir seine Vollendung im Himmel sehen. Dort wird es das Reich der Glorie sein in der Klarheit der Anschauung, des Genusses, des Besitzes und der Vereinigung ohne Ende. Darum sagt der hl. Paulus: Die Gnade Gottes ist das ewige Leben selbst, das Jesus Christus uns gebracht hat.[71]

Dies ist das große Geheimnis der Gedanken Gottes: *Si scires donum Dei!* O, dass wir die Gabe Gottes erkännten! Eine Gabe, unaussprechlich groß in sich selbst, unaussprechlich schon in ihrem Ursprung, der Liebe. Weil Gott uns liebt, darum will er uns als seinen Kindern seine eigene Glückseligkeit mitteilen: *Videte qualem caritatem dedit nobis Pater ut filii Dei nominemur et simus.*[72] Das ist eine unendliche Liebe, die uns ein solches Geschenk macht. »Es ist ein Geschenk, das alle Gaben übersteigt,« sagt der hl. Leo »dass Gott den Menschen sein Kind und der Mensch Gott seinen Vater nennt.«[73] Jeder von uns kann in voller Wahrheit sagen: Nur durch einen Akt besonderer Liebe und Güte hat Gott mich erschaffen und durch die Taufe zur Gotteskindschaft berufen; denn Gott in seiner Fülle und seinem unendlichen Reichtum bedarf keines Geschöpfes: *Genuit nos voluntarie verbo veritatis suae.*[74] Durch einen besonderen Akt der Liebe und des Wohlgefallens hat Gott mich auserwählt – *elegit nos* – und unendlich über meine Natur erhoben, um ewig seine eigene Glückseligkeit zu genießen, um einen seiner göttlichen Gedanken zu verwirklichen, eine Stimme im Chore der Auserwählten zu sein, einer unter jenen, die Jesus ähnlich sind und ohne Ende an seinem himmlischen Erbe teilnehmen.

Die Art und Weise, wie Gott seinen Heilsplan verwirklichte, nämlich in Christo Jesu, lässt seine unendliche Liebe noch in einem besonderen Glanze erstrahlen. »Gott hat seine Liebe zu uns geoffen-

---

70 Eph. 5, 27.
71 Rom. 6, 23.
72 1. Joan. 3, 1.
73 Omnia dona excedit hoc donum ut Deus hominem vocet filium et homo Deum nominet Patrem. Sermo VI de Nativ.
74 Jac. 1, 18.

46

bart, indem er seinen eingeborenen Sohn in die Welt gesandt, damit wir durch ihn leben.[75] Ja, Gott liebt uns so sehr, dass er, um uns diese Liebe zu zeigen, uns seinen eingeborenen Sohn geschenkt hat, *sic Deus dilexit mundum, ut filium suum unigenitum daret,*[76] damit dieser Sohn unser Bruder werde und wir einst seine Miterben seien, dass wir teilhaben an den Reichtümern seiner Gnade und seiner Herrlichkeit: *Ut ostenderet ... abundantes divitias gratiae suae in bonitate super nos in Christo Iesu.*«[77]

Das ist also der alles umfassende, und dennoch in seiner majestätischen Größe so einfache Heilsplan Gottes. G o t t w i l l u n s e r e H e i l i g k e i t, er will sie, weil er uns unendlich liebt, und wir müssen dieselbe mit ihm wollen. Gott will uns heilig machen durch Teilhabe a n s e i n e m e i g e n e n L e b e n. Zu diesem Zwecke nimmt er u n s a l s s e i n e K i n d e r an und als Erben seiner unendlichen Herrlichkeit und ewigen Seligkeit. Diese Heiligkeit geht von der Gnade aus, die ü b e r n a t ü r l i c h ist in ihrem Ursprung, in ihrem Wirken und in ihren Früchten. Doch Gott gibt uns diese Kindschaft nur durch seinen Sohn J e s u s C h r i s t u s. Nur in ihm und durch ihn will Gott sich mit uns und können wir uns mit ihm verbinden. *Nemo venit ad Patrem nisi per me.*[78] Christus ist der Weg, und zwar der einzige Weg, der uns zu Gott führt, und »ohne ihn können wir nichts tun«, *sine me nihil potestis facere.*[79] Es gibt für unsere Heiligkeit keine andere Grundlage als jene, die Gott gelegt hat, nämlich Jesus Christus. *Fundamentum aliud nemo potest ponere, praeter id quod positum est, quod est Christus Iesus.*[80]

Gott teilt also die Fülle seines Lebens der Menschheit Christi mit und durch diese allen Seelen, »nach dem Maße ihrer Vorherbestimmung in Christus«, *secundum mensuram donationis Christi.*[81] Wir müssen verstehen, dass wir nur in dem Maße heilig sind, als Christus in uns lebt; nur eine solche Heiligkeit will Gott von uns und keine andere. Wir sind entweder heilig in Jesus Christus oder überhaupt nicht. In der ganzen Schöpfung als solcher findet sich kein Tröpflein

---

75 1. Joan. 4, 9.
76 Joan. 3, 16.
77 Eph. 2, 7.
78 Joan. 14, 6.
79 Joan. 15, 5.
80 1. Cor. 3, 11.
81 Eph. 4, 7.

dieser Heiligkeit; sie fließt allein aus der Gottheit durch einen freien Akt allmächtigen Willens, und darum ist sie übernatürlich.

Der hl. Paulus betont mehr als einmal sowohl die Unverdientheit dieses Geschenkes der göttlichen Kindschaft und die ewige unaussprechliche Liebe, die uns an ihr hat teilnehmen lassen wollen, als auch das bewunderungswürdige Mittel dazu, nämlich die Gnade Jesu Christi. Er schreibt an seinen Schüler Timotheus: »Erinnere dich daran, dass uns Gott durch seine heilige Berufung auserwählt hat nicht unserer Werke wegen, sondern nach seinem Ratschlusse und der Gnade, die uns in Christus Jesus verliehen ward vor ewigen Zeiten.«[82] »Durch die Gnade«, schreibt er den Gläubigen von Ephesus, »und nicht durch eigene Kraft, damit sich niemand in sich selbst rühme.«[83]

7

Gott allein muss in allem verherrlicht werden. Diese Verherrlichung ist der letzte Endzweck der Werke Gottes. Das zeigt uns der hl. Paulus, wenn er seine Ausführung über den Plan Gottes schließt mit den Worten: *In laudem gloriae gratiae suae,* zum Lobpreise der Herrlichkeit seiner Gnade. Wenn Gott uns zu seinen Kindern annimmt, wenn er diese Kindschaft bewirkt durch die Gnade, deren Fülle in seinem Sohne Jesus wohnt, wenn er uns Anteil geben will an der ewigen, glückseligen Erbschaft Jesu Christi, so geschieht das zu seiner größeren Verherrlichung. Dabei ist zu beachten, dass der hl. Paulus bei der Entwicklung des göttlichen Planes in den eingangs erwähnten Worten mit besonderem Nachdruck betont: »Gott hat uns auserwählt ... zum Lobpreise der Herrlichkeit seiner Gnade« *in laudem gloriae gratiae suae.*[84] Er kommt später zweimal darauf zurück: »Gott hat uns auserwählt, damit wir da seien zum Lobpreise seiner Herrlichkeit,« *ut simus in laudem gloriae eius.*[85]

Der erste Ausdruck des Apostels ist besonders bemerkenswert. Er sagt nicht »zum Lobpreise seiner Gnade«, sondern »zum Lobpreise der

82 2. Tim. 1, 9.

83 Gratia enim estis salvati per fidem et hoc non ex vobis; Dei enim donum est, non ex operibus, ut ne quis glorietur. Eph. 2, 8–9.

84 Eph. 1, 6. Bemerkenswert steht im griechischen Texte die Präposition εἰς, die den Zweck ausdrückte, zu dem jemand bei seinen Handlungen hinstrebt.

85 Eph. I. 12, 14; cf. Phil. 2, 11.

48

Herrlichkeit seiner Gnade«, Das will besagen, dass die Gnade von sieghaftem Glanze umgeben ist. Warum drückt der hl. Paulus sich in dieser Weise aus? – Um uns die Gotteskindschaft zu erwerben, hat Christus Hindernisse überwinden müssen, die aus der Sünde stammten, aber diese Hindernisse dienten nur dazu, die Wunder Gottes im Werke unserer übernatürlichen Wiedergeburt umso glänzender zu gestalten. *Mirabiliter condidisti et mirabilius reformasti.* Jeder Auserwählte ist eine Frucht von Christi Blut und von der wunderbaren Wirksamkeit seiner Gnade; alle Auserwählten sind ebensoviele mit seinem Blute erkaufte Siegestrophäen, und darum sind sie alle ein Ruhmesgesang für Christus und den Vater: *ut simus in laudem gloriae eius.*

Ich habe anfangs gesagt, dass die von den Engeln vorzüglich gepriesene Vollkommenheit Gottes seine Heiligkeit ist: *Sanctus, sanctus, sanctus.* Welches aber ist der Lobgesang der Auserwählten im Himmel? Was singen jene ungezählten Scharen des Gottesreiches, deren Haupt Christus ist? »O göttliches Lamm, das geschlachtet ward, du hast uns erlöst, du hast uns das Erbrecht erworben, hast uns Anteil daran gegeben. Dir und dem, der auf dem Throne sitzet, sei Lob, Ehre, Herrlichkeit und Macht!«[86] Das ist der Lobgesang, der zum Preise der Gnade Christi durch den Himmel hallt: *In laudem gloriae gratiae eius.*

Wir werden den Ratschluss Gottes in uns verwirklichen, wenn wir schon hienieden in diesen Gesang einstimmen. Schauen wir auf Paulus: Den wunderbaren Brief an die Epheser schrieb er als Gefangener. Aber in dem Augenblick, da er sich anschickt, ihnen das Geheimnis zu enthüllen, das seit Anbeginn verborgen ist, wird er so hingerissen von der Größe des Geheimnisses unserer Gotteskindschaft in Jesus Christus, ist er so geblendet von den »unerschöpflichen Reichtümern«, die Christus uns gebracht, dass er trotz seiner Fesseln und Entbehrungen sich nicht enthalten kann, seinen Brief mit einem jubelnden Ausruf des Lobes und Dankes zu beginnen: »Gepriesen sei Gott und der Vater unseres Herrn Jesu Christi, der uns durch Christus mit allem geistlichen Segen im Himmel gesegnet.«[87] Ja, gelobt sei der ewige Vater, der uns von aller Ewigkeit zu sich gerufen hat, um uns zu seinen Kindern zu machen und uns sein eigenes Leben, seine eigene Seligkeit mitzuteilen; der uns, um seine Absichten zu verwirklichen, in Jesus Christus

---

86   Apoc. 5, 9 und 14.
87   Eph. 1, 3.

alle Güter, alle Reichtümer und alle Schätze geschenkt hat, so dass uns in ihm nichts mangelt: *Ita ut nihil nobis desit in ulla gratia.*[88]

Wir wiederholen nochmals den Plan Gottes: Unsere Heiligkeit beruht darin, dass wir im Lichte des Glaubens das »*sacramentum absconditum*«, den geheimnisvollen Ratschluss Gottes erfassen und in den Gedanken Gottes eingehen, damit wir in uns den ewigen Heilsplan verwirklichen. Gott, der uns retten und heilig machen wollte, hat den Plan entworfen mit einer Weisheit, der nur seine Güte gleichkommt. Wir müssen uns diesem Gottesplane anpassen, demzufolge wir unsere Heiligkeit durch die Gleichförmigkeit mit Jesus Christus erlangen. Denn noch einmal: Es gibt keine andere Heiligkeit, und wir werden dem ewigen Vater nicht wohlgefällig sein – und »Gott wohlgefällig sein« ist doch der letzte Grund der Heiligkeit – wenn er in uns nicht die Züge seines Sohnes findet. Wir müssen durch die Gnade und unsere Mitwirkung so innig mit Christus vereinigt werden, dass der Vater, wenn er auf unsere Seele schaut, uns als seine wahren Kinder erkenne, dass er an uns sein Wohlgefallen finde, wie einstens an seinem Sohne, da dieser auf Erden wandelte. Christus ist sein geliebter Sohn, und in ihm werden wir all jener Segnungen teilhaftig, aus denen einst in der ewigen Seligkeit die ganze Fülle unserer Gotteskindschaft erblühen wird.

Wie tröstlich und beglückend ist es, im Lichte dieser erhabenen Wahrheit jenes Gebet zu wiederholen, das Jesus Christus selbst, der vielgeliebte Sohn des Vaters, uns auf die Lippen gelegt hat und das, weil es von ihm kommt, das vorzüglichste Gebet der Gotteskinder ist: Heiliger Vater, der du bist im Himmel, wir sind deine Kinder, du willst von uns Vater genannt werden! Geheiligt, gepriesen, verherrlicht werde dein Name, gelobt und gepriesen sei stets mehr und mehr deine Vollkommenheit auf Erden! Wir wollen durch unsere Werke den Glanz deiner Gnade in uns offenbaren. Möge dein Reich sich ausbreiten; ohne Ende soll es wachsen, dieses Reich, das du deinem Sohne gegeben! Dein ewiger Sohn sei in Wahrheit der König unserer Seelen! Seine Herrschaft in uns wollen wir zeigen durch vollkommene Erfüllung deines Willens, so dass wir ohne Unterlass dir anzugehören suchen wie er, indem wir tun, was dir wohlgefällig ist,[89] was du von Ewigkeit von uns gewollt hast, damit wir deinem Sohne Jesus in allem ähnlich und durch ihn würdige Kinder deiner Liebe seien!

---

88   1. Cor. 1, 7.
89   Quae placita sunt ei, facio semper. Joan. 8, 29.

JESUS CHRISTUS, VORBILD ALLER HEILIGKEIT
(causa exemplaris)

GESAMTÜBERSICHT: *Das Geheimnis Christi ist ebenso fruchtbar als vielgestaltig. I. Zur Vereinigung mit Gott gelangt man nur durch G o t t e s e r k e n n t - n i s. Gott offenbart sich uns in seinem Sohne:* »*Wer ihn sieht, sieht den Vater*« *– II. Jesus Christus unser Vorbild s e i n e r P e r s o n n a c h : vollkommen Gott und vollkommener Mensch. Die Gnade ist das grundlegende Kennzeichen unserer Ähnlichkeit mit Christus in seiner E i g e n s c h a f t a l s S o h n G o t t e s. – III. Jesus Christus unser Vorbild in seinen Werken und in seinen Tugenden. – IV. Wir werden Christus ähnlich zunächst durch die Gnade, sodann durch die tiefinnerlich wurzelnde Gewohnheit, alles auf die Verherrlichung des himmlischen Vaters zu beziehen* »*Christianus alter Christus*«.

Jedem, der die Briefe des hl. Paulus an die Christen seiner Zeit liest, muss es auffallen, mit welchem Nachdruck der Apostel von unserm Herrn Jesus Christus spricht. Immer wieder kommt er auf dieses Thema zurück; er ist so erfüllt davon, dass in Wahrheit Christus sein Lebensinhalt wird: *Mihi vivere Christus est.*[90] Selbstlos opfert er sich für Christus und seine Glieder: *Ego autem libentissime impendam et superimpendar ipse pro animabus vestris.*[91]

Von Jesus Christus selbst erwählt und belehrt, soll er der Verkünder seines Geheimnisses auf der ganzen Welt werden.[92] Zu tiefst eingedrungen in die Größe dieses Geheimnisses ist er einzig und allein vom Wunsche beseelt, es zu enthüllen, die anbetungswürdige Person Jesu Christi allen kund zu tun und ihre Liebenswürdigkeit zu zeigen. Den Kolossern schreibt er, dass inmitten aller Trübsale und Widerwärtigkeiten sein Herz vor Freude überströmt im Gedanken, »dass er beauftragt worden, das Geheimnis zu verkünden, das seit Jahrhunderten durch alle Geschlechter verborgen geblieben, jetzt aber seinen Heiligen geoffenbart worden ist, das Geheimnis der Reichtümer Christi«[93] – Man meldet ihm ins Gefängnis, dass auch andere Jesum Christum predigen, die einen aus Streitsucht, um ihm zu widersprechen, die andern aber in reiner Absicht. Empfindet er nun Herzeleid

---

90 Phil. 1, 21.
91 2. Cor. 12, 15.
92 Eph. 3, 8–9.
93 Col. 1, 26–27.

oder Eifersucht darüber? Im Gegenteil. Was liegt daran, wenn nur auf alle Weise Christus gepredigt wird, sei es mit, sei es ohne Nebenabsicht, ich freue mich daran und werde mich immer daran freuen! *Et in hoc gaudeo, sed et gaudebo.*[94] Sein Wissen, seine Predigt, seine Liebe, kurz sein ganzes Leben bezieht sich einzig und allein auf Jesus Christus. *Non enim iudicavi me scire aliquid inter vos nisi Iesum Christum.*[95] In den Mühen und Kämpfen seiner apostolischen Tätigkeit ist der Gedanke seine größte Freude, dass durch seine Predigt Christus in den Seelen geboren wird.[96]

Die Christen der ersten Zeiten verstanden diese Lehre des großen Apostels; sie verstanden, dass Gott uns seinen eingebornen Sohn Jesus Christus gegeben hat, damit er uns alles sei, »unsere Weisheit, unsere Gerechtigkeit, unsere Heiligkeit und unsere Erlösung«.[97] Sie verstanden den Heilsplan Gottes: Gott hat seinem eingebornen Sohne die Fülle der Gnaden gegeben, damit wir alles hätten in ihm. Sie lebten von dieser Lehre: *Christus … vestra vita*[98], und darum war auch ihr geistliches Leben ebenso einfach wie fruchtbar. Aber auch wir dürfen uns immer wieder sagen, dass in unseren Tagen Gottes Herz nicht weniger liebreich, sein Arm nicht weniger mächtig ist. Gott will auch über uns seine Gnade ausgießen, die, wenn auch nicht mehr so außergewöhnlich in ihren Erscheinungen wie in den ersten Zeiten, doch nicht minder überfließend und wirksam ist. Er liebt uns nicht weniger, als er die ersten Christen liebte. Auch wir besitzen alle Heiligungsmittel, die jenen zu Gebote standen, ja, wir haben noch außerdem die ermutigenden Beispiele der Heiligen, die im Laufe der Jahrhunderte Christo nachgefolgt sind. Zu oft aber gleichen wir dem Aussätzigen, der beim Propheten Heilung sucht, diese aber beinahe verfehlt hätte, weil ihm das Mittel zu einfach schien.[99]

94 Phil. 1, 15–18.
95 1. Cor. 2, 2.
96 Gal. 4, 19.
97 1. Cor. 1, 30.
98 Col. 3, 4.
99 4. Kön. 5, 1.
    Das hl. Evangelium berichtet uns, dass der göttliche Heiland selbst diese Begebenheit erwähnte. Cf. Luc. IV, 27. Naaman, der Oberbefehlshaber des syrischen Heeres, war von schrecklichem Aussatz befallen. Auf die Kunde von den Wundern, die der Prophet Elisäus in Samaria wirkte, begab er sich dorthin, um Heilung zu erbitten. ,»Wasche dich 7 mal im

So ergeht es vielen, die das geistliche Leben beginnen. Es gibt Seelen, die in ihre eigenen Meinungen so verstrickt sind, dass sie an der Einfachheit des göttlichen Heilsplanes Anstoß nehmen. Und dies zu ihrem eigenen Schaden. Weil sie das Geheimnis Christi nicht verstanden haben, verlieren sie sich in tausend Kleinigkeiten und mühen sich ab in freudloser Arbeit. Und warum? Weil alles, was unser menschlicher Scharfsinn an Hilfsmitteln für das innere Leben ersinnen kann, nur dann von Wert ist, wenn wir unseren Bau auf Christus gründen: *Fundamentum aliud Nemo potest ponere praeter id, quod positum est, quod est Christus Iesus.*[100]

Das ist der Grund der Umgestaltung, die sich manchmal in den Seelen vollzieht – Jahrelang waren sie im geistlichen Leben beengt, oft gedrückt, fast nie zufrieden, und stets gab es für sie neue Schwierigkeiten. Aber dann hat Gottes Gnade ihnen gezeigt, dass Christus uns alles sein muss, unser Alpha und Omega,[101] dass wir ohne ihn nichts, in ihm aber alles haben; denn in ihm ist alles beschlossen. Und von da an ist sozusagen alles anders geworden für diese Seelen: Ihre Schwierigkeiten sind geschwunden wie der Schatten der Nacht vor dem anbrechenden Lichte. Sobald der Heiland, die wahre Sonne unseres Lebens, *Sol iustitiae,*[102] solche Seelen vollständig erleuchtet, macht er sie auch fruchtbar. Sie blühen auf, nehmen zu und bringen viele Früchte der Heiligkeit. Gewiss werden auch solchen Seelen Prüfungen nicht erspart bleiben, sind diese doch sehr oft die Vorbedingung des geistlichen Fortschrittes. Auch wird die Mitwirkung mit der Gnade nicht geringere Aufmerksamkeit und Großmut von ihnen

---

Jordan, und du wirst geheilt sein,« ließ Elisäus ihm sagen. Diese Antwort verdross den Naaman. ,»Ich dachte,« so äußerte er sich zu seiner Begleitung, ,»der Prophet werde selbst zu mir kommen und durch Anrufung seines Gottes mich heilen. Glaubt er denn etwa, dass die Ströme Syriens weniger heilkräftig seien als der Jordanfluss? Könnte ich mich nicht ebenso gut in jenen baden?« Enttäuscht und voll Ingrimm schickt er sich zum Heimweg an. Seine Diener aber halten ihn zurück. »Sollte der Prophet nicht doch vielleicht im Rechte sein, Herr? Wenn er ein schwieriges Werk von dir verlangt hätte, würdest du es nicht getan haben? Um wie vielmehr musst du ihm gehorchen, wenn er etwas so Einfaches verlangt?« Naaman pflichtet dieser vernünftigen Ansicht bei, badet 7 mal im Jordan und wird geheilt, wie der Mann Gottes ihm vorhergesagt.

100 1. Cor. 3, 11.
101 Apoc. 22, 13.
102 Malach. 4,2.

fordern. Aber alles, was die Seele beengt, ihren Aufschwung hindert und sie entmutigen könnte, ist verschwunden. Sie lebt nun im Lichte, »sie wird weit«. *Viam mandatorum tuorum cucurri cum dilatasti cor meum.*[103] Das geistliche Leben wird einfach; die Seele begreift, wie armselig die Mittel waren, die sie sich selbst geschaffen hatte, die sie ständig wechselte und von denen sie eine Stütze des eigenen geistlichen Gebäudes verlangte. Sie versteht nun die Wahrheit der Worte: *Nisi Dominus aedificaverit domum, in vanum laboraverunt qui aedificant eam.*[104] »Wenn du, o Herr, nicht selbst dein Haus in uns erbaust, so können wir dir keine würdige Wohnung bereiten«. Sie sucht die Quelle der Heiligkeit nicht mehr in sich selbst, sondern in Christus. Sie weiß, dass diese Heiligkeit übernatürlich in ihrem Anfang, ihrem Wesen und ihrem Ziele ist, und dass in Jesus Christus die Schätze der Heiligkeit aufgehäuft sind, nur damit wir daran teilnehmen. Sie versteht nun, dass sie reich ist nur vom Reichtum Christi.

Dieser Reichtum ist nach den Worten des hl. Paulus unergründlich, *investigabiles divitiae.*[105] Niemals werden wir ihn erschöpfen, und alles, was wir darüber sagen können, bleibt immer unendlich weit unter dem ihm gebührenden Lobpreis.

Wollen wir nun vom Heilande als der Quelle unserer Heiligkeit reden, so müssen wir das Geheimnis Christi nach drei Gesichtspunkten betrachten. Wir folgen dabei dem hl. Thomas, dem Fürsten der Theologie in seiner Lehre über Christus als Ursache der Heiligkeit.[106] Christus ist zugleich die vorbildliche, verdienstliche und bewirkende Ursache unserer Heiligkeit (*causa exemplaris, meritoria, efficiens*). Christus ist das einzige Vorbild unserer Vollkommenheit – der Bildner des Werkes unserer Erlösung und der unendliche Schatz aller Gnaden – der wirkliche (wirkende) Grund unserer Heiligung.

Diese drei Gedanken umfassen vollkommen alles, was wir von C h r i s t u s als vom Leben unserer Seele sagen können. Die Gnade ist wirklich die Wurzel dieses übernatürlichen Lebens der Gotteskinder, aus der alle Heiligkeit fließt. Aber diese Gnade findet sich in ihrer ganzen Fülle in Christus, und alle Werke, die wir mit Hilfe der Gnade wirken, haben ihr Vorbild in Christus. Durch diese Genugtuungen

---

103 Ps. 118, 32.
104 Ps. 126, 1.
105 Eph. 3, 8.
106 3, q. 24 a. 3 u. 4; q. 48 a. 6; q. 50 a. 6; q. 56 a. 1 ad 3 u. 4.

seines Lebens, Leidens und Sterbens hat er uns die Gnade verdient. Christus selbst erzeugt die Gnade in uns durch die Sakramente und in der Verbindung mit ihm, die uns der Glaube sichert.

Aber diese Wahrheiten sind so reich, dass wir jede einzeln behandeln müssen. In dieser Betrachtung wollen wir unsern Heiland als unser göttliches Vorbild in allen Dingen anschauen als das Beispiel der Heiligkeit, an dem wir uns bilden müssen. Zuerst müssen wir das Ziel genau kennen, das wir erreichen sollen. Haben wir dieses einmal gut erkannt, dann ergibt sich die Anwendung der nötigen Mittel von selbst.

1

Wir haben gesehen, dass unsere Heiligkeit nur eine Anteilnahme an der göttlichen Heiligkeit ist. Wir sind heilig, wenn wir Kinder Gottes sind und als wahre Kinder des himmlischen Vaters, würdig unserer übernatürlichen Gotteskindschaft, leben. »Seid also Nachahmer Gottes als vielgeliebte Kinder«, sagt der hl. Paulus.[107] Jesus selbst verlangt: *Estote perfecti,* »seid vollkommen« – und der Herr wendet sich hier an alle seine Jünger – nicht vollkommen auf die eine oder andere Art, sondern: *sicut Pater vester coelestis perfectus est,*[108] »wie euer himmlischer Vater vollkommen ist.« Und warum dies? Nun, das verlangt unser Stand, *noblesse oblige:* Gott hat uns zu seinen Kindern angenommen, und Kinder müssen ihrem Vater ähnlich sein. Um Gott nachahmen zu können, müssen wir ihn kennen. Wie aber sollen wir ihn kennenlernen? Sagt doch der hl. Paulus: *Lucem inhabitat inaccessibilem,*[109] »Gott wohnt in unzugänglichem Lichte«. Und der hl. Johannes versichert uns: *Deum nemo vidit unquam.*[110] »Niemand hat Gott gesehen«. Wie können wir also die Vollkommenheiten dessen, den wir gar nicht sehen, in uns verwirklichen und nachahmen?

Ein Wort des hl. Paulus gibt uns Antwort: *Illuxit nobis in facie Christi Iesu,*[111] »Gott hat sich uns durch seinen Sohn und in seinem Sohn Jesus Christus geoffenbart«. Jesus Christus »der Abglanz der Herrlich-

---

107   Eph. 5, 1.
108   Matth. 5, 48.
109   1. Tim. 6, 16.
110   1. Joh. 4, 12.
111   2. Kor. 4, 6.

keit des Vaters«,[112] »das Abbild des unsichtbaren Gottes«,[113] ganz gleich dem Vater, ist allein imstande, ihn den Menschen zu offenbaren; denn er erkennt ihn, so wie er von ihm gekannt ist. »Niemand kennt den Vater,« sagt der Heiland, »als der Sohn und wem es der Sohn offenbaren will«.[114] Jesus Christus von Ewigkeit her im Schoße des Vaters, *in sinu Patris,* verkündet uns: »Ich kenne meinen Vater«, *ego cognosco Patrem;*[115] aber er kennt ihn, »um ihn uns zu offenbaren«. *Ipse enarravit.*[116] Christus ist die Offenbarung des Vaters.

Und wie offenbart der Sohn uns den Vater? Durch seine Menschwerdung. – Das Wort, der Sohn Gottes, ist Mensch geworden, hat Fleisch angenommen, und in ihm und durch ihn lernen wir Gott kennen. Jesus Christus ist Gott, der sich in menschlicher Gestalt zu uns herabgelassen hat. Die Vollkommenheit Gottes hat sich uns in Formen geoffenbart, die aus dieser Welt genommen sind; ja die Heiligkeit selbst ist 33 Jahre lang sichtbar vor unseren Augen erschienen, damit sie unser Vorbild sei und uns zur Nachahmung ansporne.[117] Wir können uns nie genug in dieses Geheimnis vertiefen: Christus ist Gott und wird Mensch; er lebt unter Menschen, damit er durch sein Wort und besonders durch sein Leben den Menschen offenbare, wie sie leben müssen, um Gott ähnlich und dadurch ihm wohlgefällig zu werden. Wir müssen also nur in Glaube und Liebe die Augen öffnen und in Jesus Christus Gott selbst anschauen. Dann werden wir als wahre Kinder Gottes leben.

Das Evangelium erzählt uns eine in ihrer Schlichtheit ergreifende Episode. Es war am Vorabend des Leidens unseres Herrn. Der Heiland hatte den Aposteln vom Vater gesprochen, so wie nur er es konnte, und diese, tief ergriffen, wünschten den Vater zu kennen und zu sehen. Philippus ruft aus: »Herr, zeige uns den Vater, und es genügt uns«, *Ostende nobis Patrem et sufficit nobis.*[118] Und Christus erwidert ihm: »Wie? Solange Zeit bin ich bei euch, und ihr kennt mich noch nicht? Philippus, wer mich sieht, sieht auch den Vater«, *qui videt me, videt et Patrem.* – Also, Christus ist die Offenbarung Gottes,

---

112 Hebr. 1, 3.
113 Kol. 1, 15.
114 Matth. 11, 27.
115 Joan. 10, 15.
116 Joan. 1, 18.
117 Zur vorbildlichen Ursache, causa exemplaris, gehören zwei Eigenschaften, nämlich: Vorbildlichkeit und Nachbildungsmöglichkeit.
118 Joan. 16, 8.

56

seines Vaters; Gott ist eines mit ihm, und wer ihn anschaut, schaut Gottes Offenbarung.

Wenn wir das Jesukindlein in der armseligen Krippe sehen, dürfen wir nicht vergessen: *Qui videt me, videt et Patrem.* – Wenn der Jüngling in Nazareth seinen Eltern untertan, bis zum 30. Jahre in der bescheidenen Werkstatt arbeitet, sollen wir des Wortes gedenken: »Wer mich sieht, sieht den Vater«. Wer ihn schaut, schaut Gott selbst. Wenn der Heiland durch die Flecken Galiläas zieht, überall Wohltaten spendet, die Kranken heilt, die frohe Botschaft verkündet, wenn er aus Liebe zu den Menschen am Kreuze stirbt, ein Gegenstand des Spottes für seine Feinde, so ist es derselbe, der uns sagt: *Qui videt me, videt et Patrem.* »Wer mich sieht, sieht Gott selbst«.

Und diese Offenbarungen Gottes sind ebensoviele Offenbarungen seiner göttlichen Vollkommenheiten. Die Vollkommenheiten Gottes sind in sich selbst ebenso unbegreiflich wie das Wesen Gottes. Wer von uns kann z. B. erfassen, was die göttliche Liebe ist? Da tut sich vor uns ein Abgrund auf, unendlich tiefer als alles, was wir begreifen können. Aber wenn wir Christus sehen, der in seiner Gottheit eins ist mit dem Vater, *Ego et Pater unum sumus,*[119] der das gleiche göttliche Leben in sich hat wie der Vater. *Sicut Pater habet vitam in semetipso,*[120] wenn wir ihn sehen, wie er die Menschen lehrt, am Kreuze stirbt, sein Leben aus Liebe zu uns hingibt, wenn wir ihn das heiligste Altarssakrament einsetzen sehen, dann begreifen wir in etwa die Größe der Liebe Gottes.

So ist es mit jeder anderen Eigenschaft Gottes, mit jeder göttlichen Vollkommenheit: In Jesus Christus wird sie uns offenbar. Je mehr wir in seiner Liebe fortschreiten, um so tiefer lässt er uns eindringen in sein Geheimnis. *Qui autem diligit me, diligetur a patre ... ego diligam eum et manifestabo ei meipsum.*[121] Das will besagen: Wer mich liebt, mich in meiner Menschheit aufnimmt, den wird auch mein Vater lieben, und auch ich werde ihn lieben und mich ihm in meiner Gottheit offenbaren; ich werde ihm meine Geheimnisse kundtun.

»Das Leben hat sich uns geoffenbart«, schreibt der hl. Johannes,[122] »und wir haben es gesehen und bezeugen und verkünden euch das ewi-

---

119 Joan. 10, 30.
120 Joan. 5, 26.
121 Joan. 14, 21.
122 1. Joan. 1, 2.

ge Leben, das beim Vater war und uns erschienen ist in Christo Jesu«. Um Gott kennernzulernen und nachzuahmen müssen wir nur seinen Sohn, unsern Herrn Jesus Christus betrachten und nachahmen; denn dieser ist der zugleich menschliche und göttliche Ausdruck der unendlichen Vollkommenheit des Vaters: *Qui videt me, videt et Patrem.*

2

Inwiefern und worin ist nun Jesus Christus, das menschgewordene Wort, unser Vorbild? – Vorbild ist uns Christus in doppelter Hinsicht: in seiner Person und in seinen Werken; in seiner Eigenschaft als Sohn Gottes und in seiner menschlichen T ä t i g k e i t ; denn er ist zugleich Gottessohn und Menschensohn, vollkommener Gott und vollkommener Mensch.

Christus ist Gott, Gott in Wahrheit, *perfectus Deus.* – Versetzen wir uns im Geiste nach Judäa zu Christi Zeiten. Christus hat bereits einen Teil seiner Sendung erfüllt, lehrend und die »Werke Gottes« wirkend[123] durchwanderte er Palästina. Und so finden wir ihn einstmals nach solch einer apostolischen Tagesarbeit fern von der Menge, nur von seinen Jüngern umgeben, wie er sie fragt: »Was sagen die Leute vom Menschensohn?«[124] Die Jünger machen sich zum Echo all der Volksmeinungen. »Meister, die einen halten dich für Johannes den Täufer, die andern für Elias oder Jeremias oder einen andern Propheten«. Und Jesus fragt weiter: »Ihr aber, für wen haltet ihr mich?« Da nahm Petrus das Wort und sprach: »Du bist Christus, der Sohn des lebendigen Gottes«. Und der Herr bestätigt dieses Bekenntnis seines Apostels mit den Worten: »Selig bist du; denn nicht deine natürliche Erkenntnis hat dir dies geoffenbart, sondern mein Vater, der im Himmel ist.«[125]

Christus ist also Gottes Sohn, »Gott von Gott, Licht vom Lichte, wahrer Gott vom wahren Gotte«, wie unser Credo sich ausdrückt. Und Paulus: »Christus hat es nicht für eine Anmaßung erachtet, Gott gleich zu sein: *Non rapinam arbitratus est esse se aequalem Deo«.*[126]

Dreimal während des irdischen Daseins Jesu hat sich die Stimme des ewigen Vaters vernehmen lassen, und jedesmal, um den Sohn zu

---

123   Joan. 9, 4.
124   Matth. 16, 13.
125   Matth. 16, 17.
126   Phil. 2, 6.

58

verherrlichen, indem er ihn der Menschheit darstellt als seinen Sohn, den Sohn seines Wohlgefallens, den Verkünder seiner Offenbarungen: *Hic est Filius meus dilectus in quo mihi complacui, ipsum audite.*[127] Gleich den Jüngern, als sie die Stimme des himmlischen Vaters auf Tabor hörten, wollen auch wir uns anbetend niederwerfen, und mit Petrus wollen wir die vom Hl. Geiste ihm eingegebenen Worte wiederholen: »Ja, du bist Christus, das menschgewordene Wort Gottes, wahrer Gott gleich dem Vater, Gott von unendlicher Vollkommenheit. Du bist mit dem Vater und dem Hl. Geiste der Allmächtige; du bist der Ewige. Du bist die unendliche Liebe, o Jesus! Ich glaube an dich, ich bete dich an, mein Herr und mein Gott«.

Christus ist Gottessohn, er ist aber auch Menschensohn, er ist wahrer Mensch, *perfectus homo* – der Sohn Gottes ist Fleisch geworden, er bleibt, was er ist, wahrer Gott; aber er nimmt eine menschliche Natur an, ganz so, wie wir sie haben, mit all ihren wesentlichen Bestandteilen, mit all ihren natürlichen Eigenschaften. Christus ist wie wir »geboren vom Weibe«;[128] er gehört unleugbar unserem Geschlechte an. Oft nennt er sich im Evangelium den »Menschensohn«; leibliche Augen haben ihn gesehen, menschliche Hände haben ihn berührt.[129] Selbst nach seiner glorreichen Auferstehung lässt er den ungläubigen Apostel sich überzeugen, dass er wirklich Fleisch und Blut besitzt: *Palpate et videte quia spiritus carnem et ossa non habet sicut me videtis habere.*[130] Gleich einem jeden aus uns hat er eine Seele, die Gott unmittelbar erschaffen. Er hat einen aus dem Schoße der Jungfrau gebildeten Leib, einen denkenden Verstand, einen liebenden freien Willen, Gedächtnis, Vorstellungskraft, kurz alle Fähigkeiten, die wir haben. Ja, er hat auch Leidenschaften wie wir, aber frei von aller Unordnung und Schwäche in jenem höheren und edleren Sinne, den die Philosophie diesem Worte beigelegt. In Christo sind diese Leidenschaften vollkommen der Vernunft unterworfen und treten nur auf Anregung des freien Willens in Tätigkeit.[131] Die menschliche Natur Christi ist also ganz der unseren ähnlich, der Natur sei-

---

127 Matth. 17, 5; cf. 3, 17; Joan. 12, 28.
128 Gal. 4, 4.
129 1. Joan. 1, 1.
130 Luc. 24, 30.
131 Die Theologie nennt diese Leidenschaften propassiones, uneigentliche Leidenschaften, um die übertragene und gereinigte Bedeutung des Wortes auszudrücken.

ner Brüder. *Debuit per omnia fratribus similari*, sagt Paulus,[132] »die Sünde ausgenommen«, *absque peccato*.[133] Jesus hat die Sünde nicht gekannt, auch nicht die Quellen und Folgen der Sünde, wie Unwissenheit, Irrtum, Krankheit und alles, was sich mit seiner Vollkommenheit, Weisheit, Würde und Göttlichkeit nicht verträgt.

Gleichwohl hat unser Erlöser während seines irdischen Lebens unsere Schwachheiten tragen wollen, all jene Schwachheiten, die mit seiner Heiligkeit vereinbar sind. Dafür bietet das Evangelium zahlreiche Beweise. Es gibt nichts in der menschlichen Natur, was Jesus nicht geheiligt hätte: unsere Arbeiten, unsere Leiden, unsere Tränen hat er zu den seinigen gemacht. Sehen wir ihn in Nazareth: 30 Jahre lang lebt er sein verborgenes Leben als Zimmermann, so dass seine Landsleute bei Beginn seiner Lehrtätigkeit sich über ihn wundern, haben sie ihn doch bisher nur als Zimmermannssohn gekannt: *Unde huic omnia ista? Nonne hic est fabri filius?*[134] Der Erlöser hat den Hunger gefühlt wie wir; als er in der Wüste gefastet, hungerte ihn: *Postea esuriit*,[135] er hat Durst gelitten; bat er nicht die Samariterin um einen Trunk Wasser? *Da mihi bibere*,[136] und hat er nicht am Kreuze gerufen: Mich dürstet, *Sitio*? – Er hat Müdigkeit empfunden wie wir. Die langen Wanderungen durch Palästina haben seine Glieder ermüdet; als er am Jakobsbrunnen um Wasser bat, seinen Durst zu stillen, da weiß Johannes uns zu berichten, dass er müde war. Es war zur Mittagszeit, ermattet von der langen Reise unter den sengenden Sonnenstrahlen setzte der Herr sich auf dem Brunnenrande nieder: *Fatigatus ex itinere, sedebat sic supra fontem. Hora erat quasi sexta*.[137] Der hl. Augustinus bemerkt in seiner wundervollen Erklärung dieser biblischen Szene, die Kraft Gottes wird von Müdigkeit heimgesucht: *Fatigatur virtus Dei*.[138] Schlummer hat auch seine Augen umfangen; er schlief im Nachen, als sich der Sturm erhob: *Ipse vero dormiebat*:[139] er schlief wirklich, so dass seine Apostel in Furcht, von den rasenden Wogen verschlungen zu werden, ihn wecken mussten. – Er hat ge-

---

132 Hebr. 2, 17.
133 Hebr. 4, 15.
134 Matth. 13, 55–56.
135 Matth. 4, 2.
136 Joan. 4, 7
137 Joan. 4, 6.
138 Tract. in Joan. 15.
139 Matth. 8, 24.

60

weint. Wirkliche Tränen hat er vergossen über das undankbare und trotzdem so sehr geliebte Jerusalem. Der Gedanke an die Greuel der Verwüstung, die nach seinem Tode über die gottesmörderische Stadt hereinbrechen sollten, entreißt dem Erlöser Tränen und mitleidsvolle Klagen: Wenn du es doch erkenntest, was dir zum Frieden dient! *Flevit super illam.*[140] Er hat über den Tod des Lazarus geweint, wie wir unsere Lieben beweinen, so dass die Juden, die dies sahen, sagten: »Sehet, wie sehr er ihn liebte!«[141] Nicht zum Schein, nein aus tiefinnerlicher Bewegung hat Christus diese Tränen vergossen, er hat seinen Freund beweint. Mehrfach heißt es im Evangelium, dass Jesu Herz von Mitleid bewegt war.[142] Wir sehen ihn auch von Gefühlen der Traurigkeit, des Überdrusses und der Furcht bewegt. *Coepit pavere et taedere et maestus esse.*[143] In seiner Todesangst auf dem Ölberge ist seine Seele von Betrübnis erfüllt: *Tristis est anima mea usque ad mortem,*[144] so sehr hat die Angst seine Seele durchdrungen, dass sie ihn aufschreien lässt.[145] Die Unbilden, Misshandlungen, Schläge und Peinen, mit denen er in seinem Leiden gesättigt wurde, haben ihm unermessliche Qual bereitet. Spott und Hohn haben ihn nicht gleichgültig gelassen, sondern ihn um so mehr getroffen, als seine Natur ihrer höchsten Vollkommenheit wegen ein besonders tiefes und zartes Empfinden besaß. Er war in einen Abgrund von Leiden versenkt. Und zuletzt, nachdem er all unsere Schwächen auf sich genommen, nachdem er sich ganz und gar als Mensch gezeigt, in allem uns gleich geworden, hat er auch wie alle Adamskinder den Tod erleiden wollen. *Et inclinato capite tradidit spiritum.*[146]

Jesus Christus ist unser Vorbild sowohl seiner göttlichen, wie seiner menschlichen Natur nach, an erster Stelle, aber als Gottessohn; denn die Tatsache der göttlichen Sohnschaft ist von grundlegender

---

140 Luc. 19, 41.
141 Joan. 11, 36.
142 Misericordia motus, Luc. 7, 13; Misereor super turbam, Marc 8, 2. cf. Mt. 15, 32.
143 Marc. 14, 33; Mt. 26, 37.
144 Mt. 26, 38.
145 In diebus carnis suae, preces supplicationesque ad eum qui posset illum salvum facere a morte cum clamore valido et lacrymis offerens. Hebr. 5, 7.
146 Joan. 19, 30.

Bedeutung für das Wesen Christi. Wir müssen ihm zunächst hierin ähnlich werden.

Wie aber ist es möglich, dass wir ihm hierin ähnlich werden? Die göttliche Sohnschaft Jesu Christi ist das Vorbild unserer eigenen übernatürlichen Gotteskindschaft. In seiner Eigenschaft als Sohn Gottes ist er das Vorbild unserer Seele als Trägerin der heiligmachenden Gnade. Christus ist Gottessohn der Natur nach und von Rechts wegen kraft der persönlichen Einheit des ewigen Wortes mit der menschlichen Natur.[147] Wir hingegen sind zwar wirkliche und rechtlich anerkannte, aber aus Gnade angenommene Kinder. Christus besitzt außerdem die heiligmachende Gnade, und zwar in ihrer ganzen Fülle. Uns hingegen wird sie mehr oder weniger reichlich aus seinem Überflusse mitgeteilt. Ihrem Wesen nach aber ist es dieselbe Gnade, welche die menschliche Seele Jesu erfüllt und uns Gott ähnlich macht. Der hl. Thomas sagt: Unsere Gotteskindschaft ist ein Abbild der ewigen Zeugung des Wortes. *Quaedam similitudo filiationis aeternae.*[148]

Hier ist also Jesus Christus im ursprünglichsten und erhabensten Sinne unser Vorbild; in der Menschwerdung steht er vor uns als der eingeborene Sohn Gottes. Wir aber müssen Kinder Gottes werden durch Teilhabe an der Gnade, die von Christo kommt, unsere Seele Gott ähnlich macht und uns so in den S t a n d d e r K i n d e r G o t t e s erhebt. Diese erste und grundlegende Ähnlichkeit mit dem menschgewordenen Gottessohne ist die notwendige Voraussetzung jeder übernatürlichen Tätigkeit unserer Seele. Der ewige Vater wird uns nicht als seine Kinder anerkennen, wenn wir nicht zuerst und vor allem die h e i l i g m a c h e n d e G n a d e, die das bestimmende Kennzeichen unserer Ähnlichkeit mit Jesus ist, besitzen. Was immer wir ohne diese Gnade hier auf Erden tun, kann uns in keiner Weise zur Erreichung unseres ewigen Erbes nützen. Christi Miterben werden wir nur, wenn wir durch die Gnade seine Brüder sind.[149]

---

147 Dies wird in der Theologie als »gratia unionis« bezeichnet, als Gnade der Vereinigung, durch welche eine menschliche Natur erwählt wurde, um in unbegreiflicher Weise mit einer göttlichen Person, dem Worte Gottes vereinigt und somit zur Menschheit eines Gottes zu werden. Diese Gnade ist ohnegleichen und findet sich nur in Jesus Christus.

148 1. q. 22, a. 3.

149 Si cognovisses Dei gratiam per Iesum Christum Dominum nostrurn ipsamque eius Incarnationem, qua hominis animam corpusque suscepit,

3

Vorbild ist uns Christus aber auch in seinen Werken. Wir haben gesehen, wie er das ganze Sein und Wesen des Menschen auf sich genommen; wir müssen ferner erwägen, wie er auch in seiner Tätigkeit sich wahrhaft als Mensch kundgibt.

Auch hierin ist der Heiland für uns das vollendete Vorbild aller Heiligkeit, dem wir nacheifern können und sollen. In unvergleichlichem Maße hat er alle jene Tugenden geübt, die die menschliche Natur veredeln, wenigstens all jene, die mit seiner göttlichen Natur vereinbar waren.

Mit der heiligmachenden Gnade hatte die Seele Christi zugleich die Fülle aller Tugenden und die Gaben des Hl. Geistes empfangen. Diese Tugenden entströmten der Gnade wie ihrer Quelle und offenbarten sich während seines Erdenlebens in ihrer ganzen Vollkommenheit.

Die Tugend des Glaubens konnte in der Seele Christi sich nicht finden. Diese göttliche Tugend kommt nur jenen Seelen zu, die noch nicht die Anschauung Gottes genießen. Die Seele Jesu aber schaute Gott von Angesicht zu Angesicht. Sie konnte nicht durch den Glauben der Gottheit huldigen, die sie schaute. Doch war die Seele Christi in unvergleichlich höherem Grade als jede andere geschaffene Seele durchdrungen von jener Unterwürfigkeit des Willens, jener Ehrfurcht vor Gott und Bereitwilligkeit des Verstandes, Gott der höchsten, unfehlbaren Wahrheit sich zu unterwerfen, die zur Vollkommenheit des Glaubens gehören. – Jesus Christus besaß auch nicht die Tugend der Hoffnung im strengsten Sinne des Wortes. Man kann nicht erhoffen, was man bereits besitzt. Die göttliche Tugend der Hoffnung strebt nach dem Besitze Gottes, indem sie mit Vertrauen alle Gnaden erwartet, die notwendig sind, um zu Gott zu gelangen. Durch ihre Vereinigung mit dem Worte Gottes, war die Seele Christi von der Gottheit erfüllt und konnte daher die Tugend der Hoffnung im eigentlichen Sinne nicht besitzen. Die Hoffnung wohnte in der Seele Christi nur, soweit sie die Verherrlichung der heiligsten Menschheit erhoffen konnte und auch wirklich jenen Zuwachs an äußerer Herrlichkeit erhoffte, die ihrer nach der Auferstehung wartete: *Clarifica me, Pater.*[150] Den Keim, die

summum esse exemplum gratiae videre potuisses! S. Aug., De Civitate Dei 10, 29.

150 Joan. 17, 5.

Wurzel jener Herrlichkeit trug er seit dem Augenblick der Menschwerdung in sich. Bei der Verklärung auf Tabor hat er sie für einen Augenblick durchscheinen lassen, im übrigen aber zwang ihn seine Aufgabe hier auf Erden bis zum Tode ihren Glanz zu verhüllen. Auch erbat sich Christus vertrauensvoll die eine oder andere Gnade von seinem Vater. Bei der Erweckung des Lazarus wendet er sich mit unbedingtem Vertrauen an den Vater: *Pater, ego sciebam quia semper me audis.*[151]

Die Tugend der Liebe aber hat der Heiland im höchsten Maße geübt. Das Herz Jesu ist ein glühender Feuerofen der Liebe. Die große Liebe des Herzens Jesu ist die Liebe zu seinem himmlischen Vater. Sein ganzes Leben lässt sich zusammenfassen in die Worte: »Ich suche nur meinem Vater zu gefallen«.

Wir müssen dieses Wort betend betrachten, um nur ein wenig in dieses Geheimnis einzudringen. Diese unaussprechliche Liebe Christi zum Vater, diese völlige Seelenhingabe an ihn ist die notwendige Folge der hypostatischen Vereinigung beider Naturen in Christo. »Der Sohn ist ganz des Vaters«, *ad Patrem*, wie die Theologen sagen. Darin besteht, wenn ich so sagen darf, sein Wesen. Die heiligste Menschheit Christi nun ist in diesen göttlichen Ring hineingefügt. Da sie durch die Menschwerdung dem Gottessohne eigen geworden ist, ist sie auch ganz »des Vaters«. Der Grundzug, die beständige innerste Seelenstimmung Christi ist naturnotwendig der Gedanke: »Ich lebe für meinen Vater, ich liebe meinen Vater«.[152] Weil Jesus seinen Vater liebt, überlässt er sich ganz seinem Willen. Seine erste Regung beim Eintritt in diese Welt ist ein Liebesakt gegen den Vater: »Siehe, Vater, ich komme deinen Willen zu erfüllen«.[153] Sein ganzes Erdenleben war nur eine Ausführung dieses ersten Gedankens. Mit Vorliebe betonte er im Laufe seines Lebens, dass es seine »Speise sei, den Willen des Vaters zu tun«.[154] Darum handelt er nur nach dem Wohlgefallen des Vaters: *Quae placita sunt ei, facio semper.*[155] Alles, was der Vater ihm aufgetragen hat, hat er »bis zum letzten Jota« erfüllt.[156] Und so ist er aus Liebe zum Vater gehorsam gewesen bis zum Tode am Kreuze: *Ut cognoscat*

---

151 Joan. 11, 42.
152 Joan. 14, 31.
153 Hebr. 10, 7.
154 Joan. 4, 34.
155 Joan. 8, 29.
156 Matth. 5, 18.

64

mundus quia diligo Patrem, sic facio.[157] Wir dürfen dies nicht vergessen. Wenn Christus auch gesagt hat: »Eine größere Liebe hat niemand, als dass er sein Leben hingibt für seine Freunde«,[158] und wenn es auch ein Glaubenssatz ist, dass er für uns und unser Heil gestorben ist, *propter nos et propter nostram salutem*, so bleibt doch wahr, dass unser Herr und Heiland vor allem aus Liebe zu seinem Vater sein Leben hingegeben hat. In uns liebt er den Vater, uns sieht, uns findet er im Vater: *Ego pro eis rogo ... quia tui sunt;*[159] dies sind seine eigenen Worte: »Ich bitte für sie, weil sie dein sind«. Ja, Christus liebt uns, weil wir die Kinder seines Vaters sind, weil wir ihm gehören. Er liebt uns in unaussprechlicher Liebe, die jeden Begriff übersteigt, so dass jeder von uns mit dem hl. Paulus sagen kann: *Dilexit me et tradidit semetipsum pro me.*[160] »Weil er mich geliebt, darum hat er sich für mich hingegeben«.

Der Heiland besaß auch alle anderen Tugenden. Die Sanftmut und Demut: »Lernet von mir, denn ich bin sanftmütig und demütig von Herzen!«[161] Er, der Herr Himmels und der Erde, vor dem sich alle Knie beugen müssen, wirft sich vor seinen Jüngern nieder, um ihnen die Füße zu waschen – Gehorsam hat er geübt in allem. Seiner Mutter und dem hl. Joseph war er untertan. Dieses eine Wort im Evangelium fasst sein ganzes verborgenes Leben zusammen: *Et erat subditus illis.*[162] Er gehorchte dem mosaischen Gesetze. Nach jüdischer Vorschrift findet er sich zu den Festen im Tempel ein, er unterwirft sich der rechtmäßigen Obrigkeit und erklärt, dass man dem Kaiser geben solle, was des Kaisers sei.[163] Er zahlt auch selbst die Abgaben – Die Geduld: wie viele Beweise unvergleichlicher Geduld hat der Heiland zumal in seinem bitteren Leiden gegeben! – Seine Barmherzigkeit gegen die Sünder ist grenzenlos. Wie gütig nimmt er die Samariterin und Maria Magdalena auf! Als guter Hirt geht er suchend dem verlorenen Schafe nach und führt es zur Herde zurück – Sein Herz brennt von Eifer für die Ehre und die Interessen seines Vaters. In diesem Gotteseifer jagt er die Verkäufer aus dem Tempel und schleudert den Fluch auf die Heuchelei der Pharisäer – Sein Ge-

---

157 Joan. 14, 31.
158 Joan. 15, 13.
159 Joan. 15, 13.
160 Gal. 2, 20.
161 Matth. 11, 29.
162 Luc. 2, 51.
163 Matth. 22, 21.

bet war ununterbrochen: *Erat pernoctans in oratione Dei.*[164] O hocherhabenes Geheimnis des Gebetsverkehrs zwischen dem menschgewordenen Wort und seinem himmlischen Vater! O Glut der Andacht, tiefe Anbetung der Seele Christi!

Der göttliche Heiland hatte alle Tugenden in seiner Seele vereinigt und zur Entfaltung gebracht je nach den Umständen, wie es die Ehre des Vaters und unser Heil erfordert.

Die alten Patriarchen gaben vor ihrem Tode den Erstgebornen einen feierlichen Segen, gleichsam als Unterpfand der Verheißungen für ihre Nachkommen. – Da heißt es nun im Buche Genesis, dass der Patriarch Isaak seinen Sohn Jakob vor diesem feierlichen Segen umarmte, und als er den Wohlgeruch einsog, der seinen Kleidern entströmte, rief er in einem Ausbruch der Freude: Siehe der Wohlgeruch meines Sohnes ist gleich dem Wohlgeruch eines vollen Ackers, den der Herr gesegnet hat: *Ecce odor filii mei sicut odor agri pleni, cui benedixit Dominus.* Von Begeisterung hingerissen, ruft er den reichsten Segen von oben auf das Haupt seines Sohnes herab: »Gebe Gott dir vom Tau des Himmels! Bereichere dich Gott mit der Erde Fruchtbarkeit! Er gebe dir Überfluss von Korn und Wein! Völker sollen dir dienen und Nationen sich vor dir niederwerfen. Sei Herr über deine Brüder! ... Verflucht sei, wer dir flucht, gebenedeit sei, wer dich segnet!«[165]

Diese biblische Szene versinnbildet die Freude, mit welcher der himmlische Vater die Menschheit seines göttlichen Sohnes schaut und mit übernatürlichem Segen all jene überschüttet, die ihm geeint sind. Einem blühenden fruchtbaren Acker gleich ist die Seele Christi mit allen Tugenden, die je die Menschennatur schmückten, geziert – Gott ist unendlich. Nur Unendliches genügt ihm. Und gleichwohl hat der Vater an jeder, auch der geringsten Handlung Jesu Christi sein Wohlgefallen. Wenn der liebe Heiland in der armen Werkstätte zu Nazareth arbeitete, wenn er mit den Menschen verkehrte oder mit seinen Jüngern Ruhe suchte – scheinbar lauter Geringfügigkeiten – da sah der Vater auf ihn und sprach: »Das ist mein geliebter Sohn, an dem ich mein Wohlgefallen habe«. *Hic est Filius meus dilectus in quo mihi complacui.*[166] Und dann fügt er bei: »Ihn sollt ihr hören«. *Ipsum audite*, d. h., schaut hin auf ihn, und ahmt ihn nach; er ist euer

---

164 Luc. 6, 12.
165 Gen. 27, 27.
166 Matth. 3, 17.

66

Vorbild, folgt ihm; er ist der Weg, und niemand kommt zu mir außer durch ihn; niemand hat teil an meinen Segnungen außer in ihm.[167] Ihm habe ich deren Fülle gegeben, ganz wie ich ihm auch alle Völker der Erde zum Erbe bestimmt habe.[168] Warum hat der himmlische Vater solch unendliches Wohlgefallen an seinem Sohne? Weil Christus alles auf die vollkommenste Weise verrichtete, so dass alle seine Handlungen das Ergebnis erhabenster Tugenden waren. Vor allem aber, weil Christi Handlungen, obwohl an und für sich menschliche Handlungen, in ihrem Ursprung göttlich waren.

»Jesus Christus, du bist voll der Gnade und Vorbild aller Tugenden, innigst geliebter Sohn des himmlischen Vaters, an dem er sein Wohlgefallen hat, du sollst der einzige Gegenstand meiner Gedanken und meiner Liebe sein. Alles Vergängliche will ich für nichts erachten,[169] um in dir allein meine Freude zu finden. Ich will dir nachfolgen, um durch dich und mit dir deinem himmlischen Vater in allem wohlgefällig zu sein«.

4

Wenn man das Evangelium des hl. Johannes durchliest, bemerkt man die immer erneute Versicherung des Herrn: »Meine Lehre ist nicht die meinige«[170]. »Der Sohn kann aus sich nichts tun«,[171] »ich kann nichts aus mir selbst tun«,[172] »ich tue nichts aus mir selbst«.[173]

Will dies nun etwa besagen, dass Christus nicht Verstand, Willen oder Tätigkeit gehabt habe wie alle Menschen? Durchaus nicht. Es wäre eine Irrlehre, so zu denken; die menschliche Natur Christi war hypostatisch[174] mit dem Worte Gottes vereinigt, und darum gab es in Christus keine menschliche Person, mit der seine menschlichen Fähigkeiten verbunden sein könnten. In ihm gab es nur eine Person, die

---

167 Pater Domini nostri Iesu Christ Benedixit nos in omni benedictione spirituali in Christo. Eph. 3.
168 Ps. 2, 8.
169 Phil. 3, 8.
170 Joan. 7, 16.
171 Joan. 5, 19.
172 ibid. 5, 30.
173 ibid. 8, 28.
174 »hypostatisch« von einem griechischen Worte, das bedeutet: in der Einheit der Person.

des ewigen Wortes, das alles in Verbindung mit dem Vater vollbringt. In seiner gottmenschlichen Person war alles in vollster Abhängigkeit von der Gottheit. Die ganze Tätigkeit Christi ging von der einen gottmenschlichen Person aus und war daher, wenn auch unmittelbar von seiner menschlichen Natur herrührend, göttlich in ihrer Wurzel, in ihrem Ursprunge. Darum empfing der himmlische Vater durch sie eine unendliche Verherrlichung und fand solches Wohlgefallen an ihr.

Können wir auch hierin Christus nachahmen? – Ja, durch die heiligmachende Gnade nehmen wir teil an der göttlichen Sohnschaft Christi, und dadurch wird unsere Tätigkeit über unsere Natur erhoben, gleichsam vergöttlicht in ihrem Ursprung. Was unser Sein anbelangt, so bewahren wir unsere Persönlichkeit, wir bleiben immer unserer Natur nach schwache menschliche Geschöpfe. Mag unsere Vereinigung mit Gott durch die Gnade auch noch so tief und innig sein, sie bleibt doch immer nur akzidentelle, zufällige Vereinigung und wird nie zur Wesenseinheit mit Gott. Diese unsere Vereinigung mit Gott aber wird umso höher und inniger, je mehr unser persönliches Selbst sich in seiner Betätigung der göttlichen Einwirkung hingibt. Wenn wir also wünschen, dass zwischen Gott und uns nichts Fremdes eindringe, dass nichts unsere Vereinigung mit ihm hindere, dass die Segnungen Gottes in unsere Seele überfließen, dann müssen wir nicht bloß der Sünde entsagen und der Unvollkommenheit absterben, wir müssen auch unsere eigene Persönlichkeit opfern, soweit sie ein Hindernis für die vollkommene Vereinigung mit Gott bildet. Das ist der Fall, wenn unser eigenes Urteil, unser Eigenwille, unsere Eigenliebe, unsere Empfindlichkeit uns zu Gedanken und Handlungen führen, die nicht nach dem Willen unseres Vaters im Himmel sind. Wir dürfen überzeugt sein, dass alle unsere Fehler und Schwachheiten, unser Elend, unsere menschliche Gebrechlichkeit ein unvergleichlich geringeres Hindernis zur Vereinigung mit Gott sind, als die unserer Seele zur zweiten Natur gewordene Gewohnheit, sich das Eigentumsrecht über ihr persönliches Sein und Tun zu wahren. Nicht als ob wir unsere Persönlichkeit vernichten sollten – das ist nicht möglich und Gott will es auch nicht – aber wir müssen sie sozusagen zum gänzlichen Verzicht vor Gott zwingen; wir müssen sie zu Gottes Füßen niederlegen und Gott bitten, er möge ganz wie bei der heiligsten Menschheit Christi durch seinen Hl. Geist der erste Urheber aller unserer Gedanken, Gefühle, Worte und Werke, all unserer Lebenstätigkeit sein.[175]

Wenn nun eine Seele dazu gelangt, dass sie frei ist von aller Sünde, aller Anhänglichkeit an das eigene Ich und die Geschöpfe, dass sie so weit als möglich alle rein natürlichen und menschlichen Beweggründe unterdrückt, um sich völlig dem Wirken Gottes zu überlassen, ganz und gar von Gott abhängig zu sein, abhängig von seinem Willen, seinen Befehlen, von den Lehren des Evangeliums, wenn sie alles auf den Vater im Himmel zu beziehen versteht, dann kann sie sagen, *Dominus regit me,*[176] »der Herr leitet mich, alles in mir kommt von ihm, ich bin in seiner Hand«. Eine solche Seele ist zur vollkommenen Nachfolge Christi gelangt, so dass ihr Leben wirklich ein Abbild des Lebens Christi ist: *Vivo ego, iam non ego, vivit vero in me Christus.*[177] Ich lebe, doch nicht ich, sondern Christus lebt in mir. Gott leitet und führt sie; ihr ganzes Inneres steht unter der bewegenden Kraft Gottes: das ist die Heiligkeit, die vollkommenste Nachfolge Christi in seinem Wesen, in seiner Stellung als Sohn Gottes, in seiner innersten Beziehung und Zugehörigkeit zum Vater, kurz in seiner Person und Tätigkeit.

Wir dürfen ja nicht glauben, dass es eine Anmaßung unsererseits sei, ein so erhabenes Ideal anzustreben. Nein, Gott selbst will es so, von Ewigkeit her hat er dieses für uns bestimmt. *Praedestinavit nos conformes fieri imaginis Filii sui.*[178] Je mehr wir seinem Sohne ähnlich werden, um so mehr liebt uns der Vater, weil wir ihm inniger vereint, sind.[179] Eine Seele, die seinem Sohne nachgebildet, in ihn umgestaltet ist, umgibt er mit seinem ganz besonderen Schutze, mit der zärtlichsten Vatersorge; er überhäuft sie mit seinen Segnungen, setzt seinen Gnadenmitteilungen an sie keine Schranken. Hier enthüllt sich uns das Geheimnis der überreichen Gnadenerweise Gottes.

---

175 Omnis cogitatio nostra et intellectus, et omnis sermo et omnis actus nostram quidem denegationem spirat, Christi autem testimonium atque confessionem. Origen. Hom. 2 in 16 Matth. – In all unserm Denken und Sinnen, unserm Reden und Tun sollen wir unser eigenes Ich verneinen und unsere Zugehörigkeit zu Christo bekennen.

176 Ps. 22, 1.

177 Gal. 2, 20.

178 Rom. 8, 29.

179 Si imitatorem te praebeas Christi, appropinquasti Christo et per Christum Deo. S. Ambros. in Ps. 118, sermo 22.

Dank sei dem Vater im Himmel, weil er uns seinen Sohn Jesus Christus als Vorbild gegeben, so dass wir immer wissen, wie wir uns zu verhalten haben, wenn wir nur auf ihn schauen: *Ipsum audite*. Christus hat gesagt, ich habe euch ein Beispiel gegeben, damit ihr tuet, wie ich getan habe. *Exemplum dedi vobis ut quemadmodum ego feci vobis, ita et vos faciatis.*[180] Er hat uns ein Beispiel hinterlassen, damit wir in seinen Fußstapfen wandeln: *Vobis relinquens exemplum, ut sequamini vestigia eius.*[181] Er ist die einzige Spur, der zu folgen nötig ist. *Ego sum via.*[182] Wer ihm folgt, wandelt nicht in Finsternis, sondern kommt zum Lichte des ewigen Lebens. Dies ist das Vorbild, das der Glaube uns enthüllt. Unnahbar und doch so erreichbar unserer Liebe. *Inspice et fac secundum exemplar.*[183]

Die Seele Christi schaute ununterbrochen das Wesen Gottes. In ihm schaut sie gleichzeitig das Ideal, das Gott für die Menschheit erdacht hat, und jede ihrer Handlungen wurde zum Ausdruck dieses Ideals. So erheben denn auch wir unser Auge und trachten wir immer mehr und mehr Christum kennenzulernen, an der Hand des Evangeliums sein Leben zu betrachten und seinen Geheimnissen in der wunderbaren Reihenfolge nachzugehen, wie die hl. Kirche sie uns in ihrem liturgischen Festkreise von Advent bis Pfingsten vorführt. Öffnen wir das Auge des Glaubens und leben wir so, dass wir die Züge dieses göttlichen Vorbildes widerspiegeln und unser ganzes Dasein Christi Worte und Handlungen nachbilde. Er ist das sichtbare göttliche Vorbild, das uns Gott den Herrn zeigt, wie er mitten unter uns wirkt und in seiner heiligsten Menschheit all unsere Handlungen, auch die allergeringsten, all unsere tiefinnersten Gefühle, all unsere Leiden, selbst die verborgensten heiligt.

Ja, betrachten wir dieses göttliche Vorbild, aber betrachten wir es im Geiste des Glaubens – Gar manchmal möchten wir versucht sein, die Zeitgenossen des Herrn zu beneiden, die ihn sehen, begleiten, hören konnten. Aber der Glaube bringt uns Christus ebenso nahe und versetzt unsere Seele in eine nicht weniger wirksame Gegenwart Christi. Hat doch Jesus selbst gesagt: *Beati qui non viderunt et crediderunt.*

---

180 Joan. 13, 15.
181 1. Petr. 2, 21.
182 Joan. 14, 6.
183 Exod. 25, 40.

70

Selig sind, die nicht sehen und doch glauben.[184] Damit will er uns zu verstehen geben, dass es für uns nicht weniger von Vorteil ist, wenn wir durch den Glauben mit Christus verbunden sind, als wenn wir ihn im Fleisch geschaut hätten. Es ist wahrhaftig der Sohn Gottes, den wir vor uns leben und handeln sehen, wenn wir das Evangelium lesen oder die hl. Geheimnisse feiern. Alles, was wir von ihm sagen können, liegt in dem einen Worte begriffen: »Du bist Christus, der Sohn des lebendigen Gottes«. Das ist aber auch der Inbegriff alles dessen, was unsere Seele im göttlichen Vorbild schauen kann. Wir sollten dieses gottmenschliche Ideal unausgesetzt betrachten, aber nicht in abstrakter, rein äußerlicher Betrachtung ohne Wärme und Teilnahme, sondern mit liebevoller Aufmerksamkeit, um jeden, auch den unscheinbarsten Zug dieses göttlichen Vorbildes in unserem Leben wiederzugeben, besonders aber den grundlegenden und wesentlichen Charakterzug der Persönlichkeit Christi, sein »nur für den Vater leben«. Das irdische Dasein Christi trägt durchaus dieses Gepräge, alle seine Tugenden sind das Ergebnis dieser Hinwendung seiner Seele zum Vater, und diese Hinwendung ist nur der Ausfluss jener unaussprechlichen persönlichen Einigung, welche die Menschheit Christi völlig in den Bann Gottes, in das Sehnen des Sohnes zum Vater mit fortzieht.

Das ist es, was den wahren Christen ausmacht: Zunächst die Teilhabe an der göttlichen Sohnschaft Christi d u r c h d i e h e i l i g m a c h e n d e G n a d e, die sozusagen eine Nachbildung Christi in seiner Eigenschaft als Sohn Gottes darstellt. Sodann die Nachahmung dieses einzigen Vorbildes aller Vollkommenheit Zug um Zug d u r c h u n s e r e T u g e n d e n, d. h. die Nachahmung Christi in s e i n e n W e r k e n. Das ist es, was der hl. Paulus von uns verlangt, indem er sagt, dass »wir Christus in uns gestalten«,[185] »Christus anziehen«,[186] »Christi Ebenbild in uns tragen«[187] sollen.

Christianus, alter Christus: Der Christ ist ein zweiter Christus. Diese ausdrucksvolle Bezeichnung ist uns, wenn auch nicht wörtlich, so doch dem Sinne nach von der christlichen Überlieferung mitgeteilt worden – »Ein zweiter Christus«, weil der Christ durch die Gnade Kind des ewigen Vaters im Himmel, Bruder Christi hier auf Erden

---

184 Joan. 20, 29.
185 Gal. 4, 19; Eph. 4, 13.
186 Rom. 13, 14.
187 1. Cor. 15, 49.

71

und sein Miterbe im Himmel sein soll; »ein zweiter Christus«, weil sein ganzes Leben, sein Denken, Wollen und Handeln in der Gnade wurzelt, aber dann sich betätigen soll nach dem Denken, Fühlen und Wünschen Jesu Christi, eine getreue Wiedergabe des Lebens Jesu Christi. *Hoc enim sentite in vobis quod et in Christo Iesu.*[188]

---

188   Phil. 2, 5.

JESUS CHRISTUS UNSER ERLÖSER, DER UNERSCHÖPFLICHE BORN ALLER GNADEN
(causa satisfactoria et meritoria)

GESAMTÜBERSICHT: *Christus hat durch seine Genugtuung uns die Gnade der Gotteskindschaft verdient. – I. Das ganze Menschengeschlecht, als Nachkomme des sündigen Adam, hätte nie und nimmer das ewige Erbe wiedererlangen können; nur ein Gottmensch konnte v o l l w e r t i g e   G e - n u g t u u n g leisten. – II. Jesus, u n s e r   E r l ö s e r. Alle Werke des menschgewordenen Wortes haben u n e n d l i c h e n   W e r t. Gleichwohl ist die Erlösung nur durch das Kreuzopfer verwirklicht worden. – III. Jesus Christus verdient nicht bloß für sich, sondern auch für uns. Diese Verdienste. gründen auf jener Gnade Christi, kraft der er als H a u p t   d e s   M e n s c h e n - g e s c h l e c h t e s   a u f g e s t e l l t ist; auf der unumschränkten Freiheit und übergroßen Liebe, mit der Christus sein Leiden für alle Menschen auf sich genommen hat. – IV. Die u n e n d l i c h e   W i r k s a m k e i t   d e r   G e n u g - t u u n g und der Verdienste Christi soll in uns ein unbegrenztes Vertrauen erwecken. – V. Auch jetzt noch ist Christus unser ständiger Fürsprecher beim Vater. Unsere Schwäche erwirbt uns ein Recht auf die göttliche Barmherzigkeit; ja wir verherrlichen Gott, wenn wir die Verdienste seines Sohnes für uns in Anspruch nehmen.*

Die Nachfolge Christi in seiner Gnade und in seinen Tugenden bildet den Wesensinhalt unserer Heiligkeit, wie wir im Vorhergehenden gesehen haben. Um nun besser zeigen zu können, was wir nachahmen sollen, haben wir uns das göttliche Urbild selbst vor Augen gestellt, Jesum Christum, der da ist wahrer Gott und wahrer Mensch. Zweifellos wird der Blick auf unseren Herrn und Heiland, anbetungswürdig in seiner Person, wunderbar in seinem Leben und in seinen Werken, in unsern Herzen ein glühendes Verlangen entfacht haben, ihm ähnlich und mit ihm vereint zu werden.

Aber darf ein Geschöpf sich erkühnen, die Züge des fleischgewordenen Wortes Gottes in sich nachzubilden, an seinem Leben teilnehmen zu wollen? Hat es Kraft genug, diesen einzigen Weg einzuhalten, der zum Vater führt? Ja! Die Offenbarung sagt uns, dass wir diese Kraft aus der Gnade schöpfen, welche uns die Genugtuung Christi verdient hat.

Gott hat alles weise geordnet. Ist er doch die ewige Weisheit. Da

73

es nun sein Plan ist, uns dem Bilde seines Sohnes ähnlich zu machen, so dürfen wir überzeugt sein, dass er zur Verwirklichung dieser unaussprechlich gnadenvollen Absicht auch Mittel von nie versagender Wirksamkeit vorgesehen hat. Es ist uns nicht bloß gestattet, die Verwirklichung des göttlichen Bildes in uns anzustreben, Gott selbst fordert uns dazu auf: *Praedestinavit nos conformes fieri imaginis Filii sui!* »Er hat uns vorherbestimmt, dem Bilde seines Sohnes ähnlich zu werden«. Er will also, dass wir in uns, soweit es geschaffenen Wesen möglich ist, die Züge seines geliebten Sohnes nachbilden. Nicht Überhebung oder Anmaßung ist es, wenn wir dieses Ideal anstreben. Es ist die Antwort auf den Befehl Gottes: *Ipsum audite.* »Ihn sollt ihr hören«. Wir müssen dazu nur Mittel anwenden, die er selbst angeordnet hat.

Christus ist nicht nur das Urbild aller Vollkommenheit, er ist auch die Wirkursache unserer Heiligkeit, deren verdienstliche und genugtuende Ursache. Christus ist für uns Quelle der Gnade, weil er durch sein Leben, Leiden und Sterben der göttlichen Gerechtigkeit all unsere Schuld bezahlt und dadurch das Recht erworben hat, uns alle Gnaden mitzuteilen: *Causa satisfactoria et meritoria.*

Wir wollen versuchen, diese beglückende Wahrheit tiefer zu ergründen, und im Folgenden sehen, inwiefern Jesus Christus Wirkursache unserer Heiligkeit geworden ist.

1

Was verstehen wir unter den Worten: Jesus Christus ist die genugtuende und verdienstliche Ursache unseres Heiles und unserer Heiligkeit?

Bei der Erschaffung hat Gott den ersten Menschen in den Stand der Gerechtigkeit und Gnade versetzt, ihn zu seinem Kind und Erben gemacht. Aber der Plan Gottes wurde durch die Sünde durchkreuzt. Adam, der Stammvater des ganzen Menschengeschlechtes, hat gesündigt. – Infolgedessen hat er für sich und seine Nachkommen alles Recht auf das göttliche Leben und Erbe verloren. Alle Adamskinder sind Sklaven des Teufels geworden[189] und nehmen teil an seiner Ungnade. Deswegen kommen sie nach den Worten des hl. Paulus als

---

189   Act. 26, 18. Joh. 12, 31. Kol. 1, 14.

74

»Feinde Gottes«[190] zur Welt, als »Gegenstand seines Zornes«,[191] ausgeschlossen von der ewigen Seligkeit.[192]

Wird sich nun unter den Kindern Adams niemand finden, der seine Brüder befreien und den Fluch wegnehmen könnte, der auf ihnen lastet? Nein, denn alle haben in Adam gesündigt, und keiner kann für sich selbst, noch für die andern eine vollwertige Genugtuung leisten.

Die Sünde ist eine Beleidigung Gottes, die Sühne heischt. Der Mensch als bloßes, Geschöpf ist unfähig, der heiligsten Majestät Gottes vollgültig die Schuld der Sünde zu bezahlen, deren Bosheit unendlich ist. Eine vollwertige Genugtuung kann nur derjenige leisten, der an Würde dem Beleidigten gleichsteht. Die Schwere einer Schuld bemisst sich nach der Würde des Beleidigten. Dem Könige zugefügt, ist eine Unbill weit größer, als wenn es sich um einen bloßen Untertan handelt.[193] – Bei der Genugtuung gilt das Umgekehrte. Die Größe der Genugtuung richtet sich nicht nach der Würde des Empfängers, sondern nach der des Gebers. Wenn der König die Huldigung eines Fürsten und eines Bettlers empfängt, so ist es klar, dass erstere mehr ins Gewicht fällt als letztere.

Zwischen Gott und uns liegt ein unendlicher Abstand. – Muss darob die Menschheit verzweifeln? Kann die Unbill, die dem großen Gotte zugefügt wurde, niemals gesühnt werden? Wird der Mensch nie mehr in den Besitz des ewigen Erbes gelangen? Gott allein konnte Antwort geben auf diese Fragen, Gott allein diese qualvolle Ungewissheit beseitigen.

Wir alle kennen die Antwort, die Gott gegeben, die ebenso barmherzige als gerechte Lösung dieser Frage. In seinem unerforschlichen Ratschlusse war es gelegen, dass die Erlösung des Menschengeschlechtes sich vollziehen sollte in einer der unendlichen Gerechtigkeit Gottes gleichkommenden Genugtuung. Diese Genugtuung musste geleistet werden durch den blutigen Tod eines freiwillig für die sündige Menschheit sich darbringenden Sühnopfers. Wer wird dieses Sühnopfer, dieser Heiland sein? *Tu es qui venturus es?*[194] Gott hat ihn

---

190 Rom. 5, 10; 11, 28.
191 1. Thess. 1, 10; Rom. 2, 5. 9; Eph. 2, 3.
192 Rom. 2, 2; 5, 15–18.
193 Peccatum contra Deum commissum infinitatem habet ex infinitate divinae maiestatis; tanto enim offensa est maior quanto maior est ille in quem delinquitur. S. th. III q. I, a. 2, ad 2; cf. I–II, q. 87, a. 4.
194 Matth. 11, 3.

schon gleich nach dem Sündenfalle verheißen, aber Tausende von Jahren vergingen, ehe er kam; Tausende von Jahren, während welcher die Menschheit die Hände ausstreckte aus einem Abgrund grenzenlosen Elends, unfähig sich daraus zu erheben; Tausende von Jahren, während welcher sie Opfer an Opfer reihte, Sühnung an Sühnung, um sich aus der Knechtschaft zu befreien.

»Als dann die Fülle der Zeit gekommen«, sandte Gott den verheißenen Erlöser, der die Schöpfung befreien, die Sünde tilgen und die Menschheit mit Gott versöhnen sollte: – Seinen eingeborenen menschgewordenen Sohn.

Wahrer Mensch, dem Geschlechte Adams entsprossen, konnte er sich freiwillig an Stelle all seiner Brüder anbieten, konnte sich sozusagen für ihre Sünden verantwortlich machen. Durch sein freiwillig übernommenes Leiden, durch das Sühnopfer seines leidensfähigen Fleisches war er imstande, sich Verdienste zu erwerben. Diese Verdienste der gottmenschlichen Person waren von unendlichem Werte und daher vollkommene Sühne, überreiche Genugtuung. Es gibt keine vollwertige Genugtuung, sagt der hl. Thomas, außer in einem Werke von unendlichem Werte, d. h. in einer Tat, die Gott allein vollbringen konnte.[195] Die Gerechtigkeit verlangt, dass die Strafe der Schuld entspreche; ebenso erheischt sie, dass derjenige für die Sünde genugtue, der sie begangen hat. Es musste somit jene Natur, die durch die Sünde entstellt war, das Lösegeld bieten, zur Genugtuung für das ganze Geschlecht.[196]

Diese Lösung hat Gott selbst gegeben. Gewiss hätte er auch andere Mittel und Wege gehabt. Seiner Weisheit, Allmacht und Güte aber hat es gefallen, diese wunderbare, ewig zu preisende Lösung zu wählen. »Die Annahme der menschlichen Natur«, sagt der hl. Gregor, »machte es dem Sohne Gottes möglich für uns zu sterben und genugzutun; vermöge seiner Gottheit konnte er uns die heiligmachende Gnade zurückgeben«.[197] Die sündenbefleckte Menschennatur war dem Tode verfallen; eine mit Gott verbundene menschliche Natur ist die Quelle der Gnade und des Lebens geworden: *Ut unde mors oriebatur inde vita resurgeret.*[198]

---

195 S. th. III, q. 1, a. 2, ad 2.
196 Ibid. q. 4, a. 6.
197 Moralia XVII, c. 30, n. 46.
198 Präfation in der Passionszeit

76

2

»Als die Fülle der Zeiten gekommen war, sandte Gott seinen Sohn, geboren vom Weibe, geboren unter dem Gesetze, damit er die erlöse, die unter dem Gesetze waren, damit wir die Annahme an Sohnes Statt erhielten«. *At ubi venit plenitudo temporis misit Deus Filium suum ut eos qui sub lege erant redimeret ut adoptionem filiorum reciperemus.*[199] Die Menschheit von der Sünde zu befreien und ihr mit der Gnade die Gotteskindschaft wiederzugeben, dazu ward das menschgewordene Wort gesandt, das war die Aufgabe, die den Gottessohn auf die Erde herabzog.

Schon sein Name, der Name Jesus, den Gott selbst ihm gegeben, ist nicht ohne Bedeutung und Wichtigkeit. *Iesus nomen vanum aut inane non portat.*[200] Er bezeichnet seine besondere Sendung zu unserem Heile und drückt sein Lebenswerk aus: die Welterlösung. »Du sollst ihm den Namen Jesus geben«, sagte der Engel zu Josef, »denn er wird sein Volk erlösen, von allen seinen Sünden«.[201]

Und er kam in diese Welt. Was tut der Menschensohn in diesem einzig dastehenden Augenblick der Weltgeschichte? Was sagt er? *Ingrediens mundum dicit: Hostiam et oblationem noluisti, corpus autem aptasti mihi, holocautomata pro peccato non tibi placuerunt; tunc dixi: ecce venio.*[202] Beim Eintritt in die Welt sprach Christus zu seinem himmlischen Vater: »Schlachtopfer und Gaben verlangst Du nicht, aber einen Leib hast Du mir geschaffen. An Brand- und Sühnopfern hast Du kein Wohlgefallen. Da sprach ich: Siehe, ich komme!« Diese Worte der Schrift zeigen uns den ersten Herzschlag Christi im Augenblick der Menschwerdung. Nachdem er mit dieser völligen Lebenshingabe begonnen, frohlockt der Erlöser, wie ein Riese den Weg zu laufen, der vor ihm liegt: *Exsultavit ut gigas ad currendam viam.*[203]

Ja, ein Riese ist er, der Gottmensch, unfassbar seine Größe. All seine Handlungen, all seine Werke sind die eines Gottes und darum würdig, der Huldigung Gottes zu dienen.

---

199 Gal. 4, 4–5.
200 S. Bernard. Sermo I de Circumcis.
201 Matth. 1, 21.
202 Hebr. 10, 5–7; cfr. Ps. 39, 7–8.
203 Ps. 18, 6.

Die Handlungen gehen von der Person aus, sagen die Philosophen: *actiones sunt suppositorum.* Die verschiedenen Handlungen, die wir verrichten, entspringen unserer menschlichen Natur und deren Fähigkeiten; doch in letzter Linie teilen wir sie der Person zu, der ja auch die Natur angehört. So denken wir z. B. mit dem Verstande, hören mit den Ohren, sehen mit den Augen; sehen, hören, denken sind Tätigkeiten unserer menschlichen Natur; im Grunde aber legen wir sie der Person bei und sagen: ich höre, ich sehe, ich denke. Obwohl jede dieser Tätigkeiten unmittelbar aus einer anderen natürlichen Fähigkeit hervorgeht, das Denken aus dem Verstande, das Sehen aus der Sehkraft und das Hören aus dem Gehör, so ist es doch ein und dasselbe Ich, eine und dieselbe Person, der jene Natur angehört, auf welche obige Tätigkeiten zurückgehen. – In Jesus Christus ist die menschliche Natur, eine ganz und gar in sich vollendete Menschennatur, mit der Person des Sohnes Gottes, des ewigen Wortes vereinigt. Viele Handlungen konnte Jesus Christus nur seiner menschlichen Natur nach verrichten: arbeiten, gehen, schlafen, essen, lehren, leiden und sterben kann er nur als Mensch, durch seine menschliche Natur; aber alle diese Handlungen gehören der göttlichen Person an, weil mit ihr die menschliche Natur vereinigt ist: eine göttliche Person betätigt sich und wirkt durch die menschliche Natur. – Somit sind alle menschlichen Handlungen Jesu Christi, mögen sie der Natur und Zeit nach noch so niedrig und gewöhnlich, einfach und begrenzt gewesen sein, der göttlichen Person eigen, die mit der allerheiligsten Menschheit Christi verbunden ist. Es sind also Handlungen Gottes.[204] Daher ihre überirdische Schönheit und Herrlichkeit, daher ihr unermesslicher sittlicher Wert, ihre unbegrenzte Wirksamkeit. Der sittliche Wert der menschlichen Handlungen Christi bemisst sich nach der unendlichen Würde der göttlichen Person, von welcher die menschliche Natur getragen und zum Handeln angeregt wird.

Gilt dies nun schon von den unscheinbarsten Handlungen Christi, wieviel mehr dann von jenen, die den eigentlichen Zweck seines irdischen Daseins bilden, und die er im Hinblick auf seine hohe Aufgabe vollbrachte: sein freiwilliger Opfertod für unsere Sünde, um durch Sühne und Genugtuung uns das ewige Leben zurückzugeben.

Das war die Aufgabe, die er zu erfüllen hatte; das Ziel, das er erreichen sollte. Gott hat auf ihn, der Mensch war gleich uns, aus dem

---

204 Die Theologie nennt sie theandrische, gottmenschliche Handlungen.

78

Geschlechte Adams, jedoch gerecht, unschuldig und ohne Sünde, unser aller Schuld gelegt: *Posuit in eo iniquitatem omnium nostrum.*[205] Weil er mit unserer Natur für uns auch unsere Schuld auf sich genommen, hat er auch für uns verdient, dass wir seiner Gerechtigkeit und Heiligkeit teilhaftig werden. Gott hat nach der kraftvollen Ausdrucksweise des hl. Paulus »seinen eigenen Sohn um der Sünde willen und in der Gestalt des Fleisches der Sünde gesandt und in seinem Fleische die Sünde verurteilt«. *Deus Filium suum mittens in similitudinem carnis peccati, et de peccato damnavit peccatum in carne;*[206] und mit noch größerem Nachdruck sagt er: »Den, der die Sünde nicht kannte, hat er für uns zur Sünde gemacht«: *Eum qui non noverat peccatum pro nobis peccatum fecit.*[207] Welch eindrucksvolles Wort: *Peccatum fecit*: er hat ihn zur Sünde gemacht! Der Apostel sagt nicht: *peccator*, zum Sünder – sondern *peccatum*, zur Sünde.

Christus hat sich gewürdigt, unsere Sündenlast auf sich zu nehmen, so dass er sozusagen am Kreuze hängt als die große Weltsünde, die große lebende Sünde. Er ist freiwillig an unsere Stelle getreten und muss darum den Tod erleiden. »In seinem Blut hat er das Lösegeld für uns bezahlt.«[208] Die Menschheit ist erlöst »nicht mit vergänglichen Dingen, Gold oder Silber, sondern mit dem kostbaren Blute des Lammes ohne Fehl und Makel, mit dem Blute Christi, der vor Grundlegung der Welt im voraus dazu bestimmt war«.[209]

Vergessen wir es niemals! »Wir sind um einen teuren Preis erkauft.«[210] Jesus Christus hat sein Blut bis zum letzten Tropfen für uns vergossen. Ein einziger Tropfen des göttlichen Blutes hätte genügt zu unserer Erlösung, das geringste Leiden, die leichteste Verdemütigung Christi, ja nur ein einziger Seufzer aus seinem Herzen wäre hinreichend gewesen, all unsere Sünden, überhaupt alle Sünden, die je begangen werden könnten, zu sühnen; denn jede Handlung Christi ist eine göttliche Handlung und darum von unendlichem Werte. – Der ewige Vater aber wollte vor aller Welt die unergründliche Liebe seines Sohnes erstrahlen lassen: *Ut cognoscat mundus quia diligo*

---

205 Is. 53, 6.
206 Rom. 8, 3.
207 2. Cor. 5, 21.
208 Act. 20, 28.
209 1. Petr. 1, 18–20.
210 1. Cor. 4, 20.

Patrem[211] und zugleich die unaussprechliche Liebe des Gottessohnes zu uns armen Menschenkindern: *Maiorem hac dilectionem nemo habet.*[212] Er wollte uns die göttliche Heiligkeit und die abgründliche Bosheit der Sünde zeigen. Aus diesen und anderen uns unerforschlichen Gründen[213] forderte die Gerechtigkeit des Vaters zur Sühne für die Sünden der Menschen alle Mühen, Leiden und den, Tod seines göttlichen Sohnes. Und diese Sühne war erst vollendet, als vom Kreuze aus der Herr mit erlöschender Stimme sein *Consummatum est:* »es ist vollbracht«, gesprochen. Damit war erst die persönliche Erlösungsaufgabe des Gottessohnes hier auf Erden vollendet, sein Werk zu unserem Heile erfüllt.

3

Jesus Christus hat durch diese Genugtuung, wie überhaupt durch alle Bandlungen seines Lebens, alle Gnaden verdient, welche zur Verzeihung, Erlösung und Heiligung der Menschheit notwendig waren.

Was verstehen wir aber unter Verdienst?

Verdienst ist ein Recht auf Belohnung. Wenn wir sagen, die Werke Christi sind für uns verdienstlich, so bedeutet dieses: Jesus Christus hat durch sie das Recht erworben, dass uns das ewige Leben und alle dazu notwendigen Gnaden gegeben werden.[214] Dies meint auch der hl. Paulus mit dem Worte: »Wir sind gerechtfertigt«, d. h. gerecht in den Augen Gottes nicht durch unsere Werke, sondern unverdient durch freies Geschenk Gottes, nämlich durch die Gnade, die uns aus der Erlösung durch Jesus Christus zukommt.[215] Der Apostel will uns damit zu verstehen geben, dass Christi Leiden als die Vollendung und Krönung seines ganzen irdischen Lebenswerkes für uns die Quelle des ewige Lebens geworden ist. Christus ist also die V e r d i e n s t u r - s a c h e, *causa meritoria,* unserer Heiligung.

Wo liegt nun der tiefste Grund für diesen Verdienst? Jeder Verdienst ist persönlich. Wenn wir im Stande der Gnade sind, können

---

211 Joh. 14, 31.
212 Joh. 15, 13.
213 Joh. 15, 13.
214 Wir sprechen hier vom Verdienst im eigentlichen Sinne, von einem Rechte streng und genau genommen, das die Theologie »meritum de condigno« nennt.
215 Rom. 3, 24.

wir für uns selbst eine Vermehrung dieser Gnade verdienen; aber dieser Verdienst bleibt auf unsere Person beschränkt. Für andere können wir keine Gnade verdienen, wir können sie höchstens von Gott erbitten, sie durch Fürbitte erlangen. Wie kann nun Jesus Christus für uns verdienen? Wo liegt der letzte Grund dafür, dass Jesus Christus nicht bloß für sich Verdienste erwerben kann, etwa die Verherrlichung seiner menschlichen Natur, sondern dass er auch für andere, für uns, für das ganze Menschengeschlecht das ewige Leben verdienen konnte?

Verdienst ist Frucht und Folge der Gnade und erstreckt sich, wenn wir so sagen sollen, so weit wie die Gnade, auf der sie beruht. – Jesus Christus ist voll der Gnade, kraft welcher er persönliche Verdienste erwerben kann. In Jesus aber macht diese Gnade nicht halt bei seiner Person; sie trägt nicht bloß einen persönlichen Charakter, sondern sie erfreut sich eines besonderen Vorrechtes: sie gilt für die ganze Menschheit. Christus ist bestimmt zu unserem Haupte und Stellvertreter. Der ewige Vater hat ihn gesetzt zum Erstling der ganzen Schöpfung, *Primogenitus omnis creaturae*. Infolge dieser ewigen Vorausbestimmung des Erlösers als Haupt aller Auserwählten erhält die Gnade Christi den ihr eigenen Charakter der Allgemeinheit. Sie soll nicht allein die menschliche Seele des Heilandes heiligen, sondern ihn auch im Gebiete des Übernatürlichen zum Haupte der Menschheit machen.[216] Alle Handlungen Jesu erhalten durch ihre Beziehung zum Menschengeschlecht einen sozialen Charakter. Alles, was der Heiland tut, geschieht nicht bloß für uns, sondern auch an unser Statt, in unserm Namen. Darum ruft uns der hl. Paulus zu: »Durch den Ungehorsam eines Menschen, Adams, ist die Sünde in die Welt gekommen und mit der Sünde der Tod; aber durch den Gehorsam – und welchen Gehorsam! – eines anderen, eines Gottmenschen, sind wir alle wieder in den Stand der Gnade zurückversetzt worden.«[217] Jesus Christus, als unser Haupt, hat für uns alle Verdienste erworben, ganz wie er an unserer Stelle Genugtuung geleistet hat. Weil Christus Gott ist, sind seine Verdienste von unendlichem Wert und unerschöpflicher Kraft.[218]

---

216 In der Theologie nennt man diese Gnade »gratia capitis«, Gnade des Hauptes, s. S. th. III, q. 48, a 1.
217 Rom. 5, 19.
218 Es versteht sich von selbst, dass die Verdienste Christi uns zugewendet werden müssen, damit sie sich an uns wirksam erzeigen können. Mit der

Was aber den Genugtuungen und Verdiensten Christi ihre höchste Schönheit und Fülle verleiht, ist der Umstand, dass der Heiland seine Leiden freiwillig und aus Liebe auf sich genommen hat. Die Freiheit gehört wesentlich zum Verdienst; eine Handlung ist nur dann des Lohnes wert, wenn sie aus der Freiheit hervorgeht. *Ubi non est libertas nec meritum,* sagt der hl. Bernhard.[219]

Von dieser Freiheit ist das ganze Erlösungswerk Christi getragen. Der Gottmensch Jesus hat frei und ungezwungen Leiden und Tod auf sich genommen. – Als er bei seinem Eintritt in diese Welt zu seinem Vater sprach: »Siehe, o Gott, ich komme, Deinen Willen zu erfüllen«,[220] da hat er alle Demütigungen, alle Schmerzen seines Leidens und Todes bereits geschaut und hat frei aus tiefstem Herzensgrunde, aus Liebe zum Vater und zu uns alles auf sich genommen: *Volui,* ja, ich will, Dein Gesetz ruht in meines Herzens Mitte.[221]

Der göttliche Heiland hat diesen Willen sein ganzes Leben lang unerschütterlich bewahrt. Die Stunde seines Opfers steht beständig vor seinem Auge; er erwartet sie mit Ungeduld; er nennt sie »seine Stunde«,[222] gleich als ob in seinem Erdendasein nur sie Bedeutung für ihn hätte. Seinen Jüngern kündet er seinen Tod an, er zeigt ihnen im voraus die Einzelheiten desselben in Worten, die nicht missverstanden werden konnten. Und da Petrus, erschüttert von dem Gedanken, dass sein Meister sterben solle, sich seinem Entschluss zu leiden entgegenstellen will, antwortet ihm Jesus: »Du hast nicht Sinn für das, was Gottes ist.«[223] Jesus aber kennt den Vater, aus Liebe zum Vater und aus Erbarmen mit uns verlangt er nach dem Leiden mit der vollen Inbrunst seiner heiligsten Seele und mit der ganzen Hoheit seines freien ungezwungenen Willens. Sein liebendes Leidensverlangen ist so glühend, dass es wie Feuer in ihm brennt: »Ich verlange getauft zu werden«[224] – mit einer blutigen Taufe, – und doch hat niemand

---

Taufe beginnt diese Zuwendung; durch dieselbe sind wir Christo einverleibt, werden wir Glieder seines geheimnisvollen, mystischen Leibes: das Band zwischen Haupt und Gliedern ist geschlungen; einmal gerechtfertigt durch die Taufe, können wir nun auch unsererseits verdienen.

219 Serm. I in Cant.
220 Ps. 39, 7–8. Hebr. 10, 7–9.
221 Ps. 39, 8–9. Hebr. 10, 9.
222 Joh. 13, 1.
223 Marc. 8, 33.
224 Luc. 12, 50.

82

Macht, ihm das Leben zu nehmen; freiwillig nur will er es lassen.[225] Ein Beispiel, wo diese Wahrheit hell aufleuchtet: Eines Tages wollen die Einwohner von Nazareth ihn von einem Felsen herabstürzen.[226] Jesus aber geht in hoheitsvoller Ruhe aus ihrer Mitte. Ein andermal – es war zu Jerusalem – wollen ihn die Juden steinigen, weil er für seine Gottheit Zeugnis gegeben, wiederum geht er verborgen aus dem Tempel, denn seine Stunde ist noch nicht gekommen.[227]

Als sie jedoch gekommen, liefert er sich aus. Da sehen wir ihn am Ölberg, die Nacht vor seinem Tod; die bewaffnete Horde naht, um ihn zu ergreifen und zur Verurteilung zu führen. »Wen suchet ihr?« fragt der Herr. Und auf ihre Antwort: »Jesus von Nazareth«, entgegnete er schlicht: »Ich bin es.« Dieses einzige Wort aus seinem göttlichen Munde wirft seine Häscher zu Boden. Er hätte sie dort bannen, er hätte, wie er selbst sagte, »den Vater bitten können, und er würde Legionen seiner Engel gesandt haben, ihn zu befreien«.[228] Und dann weist er darauf hin, dass er jeden Tag im Tempel geweilt und doch niemand Hand an ihn gelegt habe. Seine Stunde war eben damals noch nicht gekommen. Deswegen durften sie ihn noch nicht ergreifen. Jetzt aber ist die Stunde angebrochen, in der er zum Heile der Welt sich seinen Henkern als den Werkzeugen für die Mächte der Hölle übergeben wird. *Haec est hora vestra et potestas tenebrarum.*[229] Die Soldaten schleppen ihn von Gericht zu Gericht. Er lässt es geschehen. Vor dem Synedrium, dem obersten jüdischen Gerichtshof jedoch, verkündet er seine Rechte als Sohn Gottes. Dann überlässt er sich der Wut seiner Feinde, bis zur Vollendung seines Opfers am Kreuze.

Wahrlich, er ist hingeopfert worden, weil er selbst wollte: »*Oblatus est quia ipse voluit.*«[230] Durch diese freiwillige, liebentflammte Selbsthingabe am Kreuze, durch den Tod des Gottmenschen, durch das Opferlamm ohne Makel, das sich aus Liebe in voller Freiheit schlachten lässt, – ist der göttlichen Gerechtigkeit[231] an unserer Statt unendliche Genugtuung geleistet. Jesus Christus hat unerschöpfliche

---

225 Joan. 10, 18.
226 Luc. 4, 29–30.
227 Joan. 8, 59.
228 Matth. 26, 53.
229 Luc. 22, 53.
230 Is. 53, 7.
231 In morte Christi facta est consummatio eorum quae exigebantur ad satisfactionem. S. Thom. 3. Sent. dist. 21, q. 2, a. 1, ad 3 et 4.

Verdienste erworben für uns, und der Menschheit ist das ewige Leben wiedergegeben worden. *Et consummatus, factus est omnibus obtemperantibus sibi causa salutis aeternae.*[232] »Und da Christus sein Mittlerwerk vollbracht, wurde er allen, die ihm folgen, V e r d i e n s t u r s a c h e   d e s   e w i g e n   L e b e n s.« Darum kann Paulus mit Recht sagen: »In diesem Willen sind wir ein für allemal durch das Opfer des Leibes Jesu Christi geheiligt.« *In qua voluntate sanctificati sumus per oblationem corporis Iesu Christi semet.*[233]

»Denn für uns alle und für jeden einzelnen von uns ist unser Herr und Heiland gestorben«. *Pro omnibus mortuus est Christus.*[234] – »Christus ist die Versöhnung für unsere Sünden und nicht allein für unsere, sondern auch für die der ganzen Welt«: *Ipse est propitiatio pro peccatis nostris; non pro nostris autem tantum, sed etiam pro totius mundi.*[235] Darum ist auch er »der einzige Vermittler zwischen Gott und den Menschen«, *Unus mediator Dei et hominum, homo Christus Iesus.*[236]

Wenn man den Heilsplan Gottes, besonders nach des hl. Paulus Briefen, erforscht, so findet man, dass Gott uns Heil und Heiligkeit nur im Blute seines Sohnes verleihen will; es gibt keinen anderen Erlöser; »es gibt keinen anderen Namen unter dem Himmel, in dem wir selig werden könnten«[237]; sein Tod allein hat alles bewirkt: *Una oblatione consummavit in sempiternum sanctificatos.*[238] »Durch ein einziges Opfer hat er für immer die Geheiligten zur Vollendung gebracht«. Nach dem Willen des ewigen Vaters sollte sein Sohn Jesus, nachdem er sich im bittern Leiden für die ganze Menschheit dargebracht hat, auch zum Haupte aller Auserwählten werden, die er durch sein Opfer und durch seinen Tod erlöst hat.

Darum ist auch der Preisgesang der erlösten Menschheit im Himmel ein Lob- und Dankgebet an Christus. *Redemisti nos in sanguine tuo ex omni tribu et lingua et populo et natione.*[239] »Du hast uns aus deinem Blute erkauft aus allen Geschlechtern und Sprachen und Völkern und Stämmen.« Wenn wir einmal in der glückseligen Ewigkeit

---

232   Hebr. 5, 9.
233   Hebr. 10, 10.
234   2. Cor. 5, 15.
235   1. Joan. 2, 2.
236   1. Tim. 2, 5.
237   Act. 4, 12.
238   Hebr. 10, 14.
239   Apoc. 5, 9.

84

mit den Scharen der Seligen vereint sind, werden wir in der Anschauung unseres Erlösers ausrufen: »Du bist es, der durch sein kostbares Blut uns erlöst hat, Dank sei dir, deinem heiligen Leiden, deinem Opfer am Kreuze, deiner großen Sühne, deinen Verdiensten, dass wir aus Tod und ewiger Verdammnis errettet wurden: Jesus Christus, unschuldiges Opferlamm, dir sei Preis, Ehre, Herrlichkeit und Macht in Ewigkeit.«[240]

4

Das Leiden und der Tod unseres Erlösers offenbaren ihre Wirksamkeit vorzüglich in den Früchten, die sie hervorbringen.

Unermüdlich weist der hl. Paulus immer wieder auf die Schätze hin, die uns der Gottmensch durch sein Leben und Leiden erworben hat. Wenn der große Apostel hiervon spricht, wird er von Begeisterung fortgerissen und findet kaum den entsprechenden Ausdruck für seine Gedanken. Er redet von »Überfluss, Überschwenglichkeit, unerschöpflichen Reichtümern«[241], »Christi Tod ist unsere Erlösung«[242], »bringt uns zu Gott«[243], »versöhnt uns mit ihm« – »macht uns gerecht«[244], »bringt uns die Heiligkeit und das neue Leben in Christus«;[245] kurz, der Apostel stellt Christus jenem Adam gegenüber dessen Werk zu sühnen er gekommen ist. Adam hat uns Sünde, Verderbnis und Tod gebracht; Christus, der zweite Adam, gibt uns Gerechtigkeit, Gnade und Leben:[246] *Translati de morte ad vitam*,[247] »Wir sind vom Tode zum Leben übergegangen«; »seine Erlösung ist überfließend«: *copiosa apud eum redemptio*.[248] Denn mit der Gnade verhält es sich nicht wie mit dem Sündenfalle ... und wenn durch die Übertretung des einen Menschen der Tod auf Erden geherrscht hat, dann werden um soviel mehr die, welche die Fülle der Gnade und der Gerechtigkeit empfangen, im Leben herrschen durch den Einen, Jesus Christus; »da, wo die Sünde

---

240 Apoc. 5, 11–12.
241 Rom. 5, 17 ff.; 1. Cor. 1, 6–7; Ephes. 1, 7–8; 18, 19; 2, 17; 3, 18; Col. 1, 27; 2, 2; Phil. 4, 19; 1 Tim. 1, 14; Tit. 3, 6.
242 1. Cor. 6, 20.
243 Ephes. 2, 11–18; Col. 1, 14.
244 Rom. 3, 24–27.
245 Tit. 2, 14; Ephes. 5, 27.
246 1. Cor. 15, 22.
247 1. Joan. 3, 14.
248 Ps. 129, 7

überschwenglich war, war die Gnade noch überschwenglicher«.[249] Darum gibt es jetzt »keine Verdammnis für die, welche in Christo sind,« die mit ihm verbunden leben wollen.[250]

Der liebe Heiland hat durch seine stellvertretende, unendlich wertvolle Genugtuung das Hindernis beseitigt, das zwischen uns und Gott lag. Der himmlische Vater blickt nun mit Liebe auf das im Blute seines Sohnes erlöste Menschengeschlecht; um seines Sohnes willen gibt er uns alle Gnaden, deren wir bedürfen, um zu ihm zu gelangen – »um nur für ihn zu leben«: *Ad serviendum Deo viventi.*[251]

Alle übernatürlichen Güter, alles Licht, das Gott uns schenkt, alle Hilfe für unser geistiges Leben wird uns zuteil in Kraft des Lebens, Leidens und Sterbens Christi. Alle Gnaden der Verzeihung, Rechtfertigung und Beharrlichkeit, die Gott den Menschen aller Zeiten je gibt und geben wird, haben ihre Quelle einzig und allein im Kreuze Christi.

Fürwahr! Wenn Gott die Welt so sehr geliebt hat, dass er seinen Sohn für sie dahingegeben,[252] »wenn er uns der Gewalt der Finsternis entrissen und in das Reich seines Sohnes versetzt hat, in dem wir die Erlösung durch sein Blut, die Vergebung der Sünden haben«;[253] wenn Christus nach dem Worte des hl. Paulus »jeden von uns geliebt und sich für jeden einzelnen dahingegeben« hat,[254] um seine Liebe zu seinen Brüdern zu zeigen, wenn er sich geopfert hat, um »uns von aller Ungerechtigkeit zu erlösen und sich zu eigen zu machen als ein Volk, das ihm wohlgefällig sei«;[255] sollte nach all dem unser Glaube und unsere Zuversicht auf den Herrn Jesum noch wanken können? Er hat alles gesühnt, alles bezahlt, alles verdient für uns. Seine Verdienste gehören uns, »wir sind reich geworden in allem durch ihn«, so dass, wenn wir nur wollen, »uns nichts mehr mangelt zu unserer Heiligung.« *Divites facti estis in illo, ita ut nihil vobis desit in ulla gratia.*[256]

Warum gibt es dann doch noch kleinmütige Seelen, die glauben, die Heiligkeit sei nicht für sie, sie könnten nicht heilig werden, die Vollkommenheit sei für sie unerreichbar? Wenn man mit ihnen von der

---

249 Rom. 5, 15–21.
250 Rom. 8, 1.
251 Hebr. 9, 14.
252 Joan. 3, 16.
253 Col. 1, 13–14.
254 Ephes. 5, 2.
255 Tit. 2, 14.
256 1. Cor. 1, 5–7.

Vollkommenheit spricht, sagen sie: »Das ist nichts für mich; ich werde niemals zur Heiligkeit gelangen.« Woher kommt diese Redeweise? Von ihrem geringen Glauben an die Kraft der Verdienste Christi. Es ist der Wille Gottes, dass alle heilig werden: *haec est voluntas Dei, sanctificatio vestra*,[257] und das Gebot des Heilandes lautet: »Seid vollkommen, wie euer Vater im Himmel vollkommen ist.«[258] – Wir lassen den Heilsplan Gottes zu leicht außer Acht. Wir vergessen, dass unsere Heiligkeit nur eine übernatürliche Heiligkeit sein kann, deren einzige Quelle Christus ist, unser Herr und unser Haupt. Wir vergessen ganz die unendlichen Verdienste und unerschöpflichen Reichtümer der Genugtuung Jesu Christi. Aus uns selbst können wir freilich auf dem Wege der Gnade und Vollkommenheit nichts fertigbringen; der liebe Heiland sagt ausdrücklich: *Sine me nihil potestis facere*,[259] »Ohne mich könnt ihr nichts tun«; und der hl. Augustin fügt die Erklärung bei: *Sive parvum sive multum, sine illo fieri non potest sine qua nihil fieri potest*.[260] »Sei es klein, sei es groß, nichts kann getan werden ohne Hilfe dessen, durch den alles geschieht.« Durch seinen Tod aber hat Christus uns ungehinderten, vertrauensvollen Zugang zum Vater[261] verschafft. Durch ihn und in ihm können wir nun jede Gnade erhoffen. – Kleingläubige Seelen, warum zweifeln wir an Gott, an unserm Gott?

5

Jetzt kann Christus allerdings nichts mehr verdienen, (mit dem Tode hört jedes Verdienst auf), aber seine Verdienste sind uns aufbewahrt ebenso wie seine Genugtuungen. Denn »er hat ein ewiges Priestertum, weil er in Ewigkeit bleibt. Daher kann er auch ewig die retten, die durch ihn Gott nahen«.[262]

Der hl. Paulus betont wiederholt mit Nachdruck, dass Jesus Christus als oberster Hoherpriester ständig unser Fürsprecher ist im Himmel. »Jesus ist in den Himmel aufgefahren als unser Vorläufer.« *Praecursor pro nobis introivit Iesus*;[263] er sitzet nun zur Rechten des

---

257 1. Thess. 4, 3.
258 Matth. 5, 48.
259 Joan. 15, 5.
260 Tract. in Joan. 81, 3.
261 Ephes. 2, 18; 3, 12.
262 Hebr. 7, 24–25.
263 Hebr. 6, 20.

Vaters, »damit er ständig für uns bitte«: *Ut appareat nunc vultui Dei pro nobis;*[264] »er lebt allezeit, um für uns zu bitten«: *semper vivens ad interpellandum pro nobis.*[265]

Als unser Haupt zeigt Jesus seinem Vater nun unablässig die verklärten Male seiner Wunden. Für uns macht er seine Verdienste geltend, und weil er stets verdient, von seinem Vater erhört zu werden, so wird seinen Bitten immer Erfüllung zuteil: *Pater, sciebam quia semper me audis.*[266] Welches Vertrauen sollten wir nicht auf einen solchen Hohenpriester setzen, der als Gottes eingeborner Sohn, als unser König und unser Haupt bestimmt ist, der uns Anteil gibt an all seinen Verdiensten, all seinen genugtuenden Werken.[267]

Wenn wir unter der Last unserer Armseligkeit, unseres Elendes und unserer Sünden seufzen, möchten wir gar manchmal mit dem Apostel klagen: »Ich unglückseliger Mensch, ich fühle ein doppeltes Gesetz in mir: das Gesetz der Begierlichkeit, das mich zum Bösen hinzieht, das Gesetz Gottes, das mich zum Guten antreibt; wer wird mich von diesem Kampfe befreien, wer mir den Sieg verleihen?« Und die Antwort des hl. Paulus lautet: *Gratia Dei per Iesum Christum Dominum nostrum* »Die Gnade Gottes, die Jesus Christus uns verdient und geschenkt hat.«[268] In Christus Jesus finden wir alles, was wir brauchen, um hier auf Erden zum Siege zu gelangen in Erwartung des Endtriumphes der ewigen Herrlichkeit.

Wären wir doch tief durchdrungen von der Überzeugung, dass wir ohne Christus nichts, mit ihm aber alles können. *Quomodo non etiam cum illo omnia nobis donavit?*[269] Hat er uns in ihm nicht alles geschenkt? – Aus uns selbst sind wir schwach, sehr schwach sogar. Im Reiche der Seelen gibt es Armseligkeiten, Schwächen aller Art; doch dürfen wir uns darum nicht entmutigen lassen; denn diese Schwächen, solange sie nicht freiwillig sind, ziehen im Gegenteil Christi

---

264 Hebr. 9, 24.
265 Hebr. 7, 25. Der hl. Paulus gebraucht denselben Ausdruck im Römerbrief (8, 32) und folgert daraus, dass unser Vertrauen ohne Grenzen sein soll; denn in seinem Sohne hat uns Gott alles geschenkt.
266 Joan. 11, 42.
267 Caput et membra sunt quasi una persona mystica et ideo satisfactio Christi ad omnes fideles pertinet sicut ad sua membra. S. th. III, q. 48, a. 2, ad 1.
268 Rom. 7, 25.
269 Rom. 8, 32.

Erbarmen auf uns herab. Wie machen es die Unglücklichen, die das Mitleid barmherziger Seelen erregen wollen? Sie verbergen ihre Armut nicht, nein, sie zeigen ihre Lumpen, sie weisen auf ihre Gebrechen. Auf Grund derselben beanspruchen sie ja die Mildtätigkeit der Vorübergehenden. Wie bei den Kranken, die man einst in Judäa dem Heiland zuführte, so erreicht auch unser Elend, wenn wir es anerkennen und eingestehen, es seinen Augen bloßlegen, ebenso wie dort die Barmherzigkeit des Erlösers. Der hl. Paulus sagt, dass Christus unsere Schwachheiten – die Sünde ausgenommen – auf sich nehmen wollte, damit er fühlen könne mit uns. Und wirklich lesen wir oft im Evangelium, dass der Herr »von Mitleid gerührt ward« beim Anblikke der vielen Leiden, deren Zeuge er war: *misericordia notus*.[270] Der hl. Paulus fügt ausdrücklich bei, dass Christus dieses Mitgefühl auch im Himmel noch bewahrt, und schließt darum: »Lasset uns mit Zuversicht (*cum fiducia*) hintreten zum Throne dessen, der die Quelle der Gnade ist; denn wenn wir in solcher Gesinnung kommen, werden wir Barmherzigkeit erlangen.«[271]

Ja, wenn wir so handeln, verherrlichen wir Gott und bringen ihm eine ihm wohlgefällige Huldigung dar. Weil Gott will, dass wir alles in Christo finden sollen. Wenn wir daher demütig unsere Schwachheiten anerkennen und uns auf die Verdienste, auf die Kraft Christi stützen, so blickt der Vater auf uns mit Wohlgefallen und voll Freude, weil wir dadurch seinen Sohn Jesus als den einzigen Mittler bekennen, den er uns Menschenkindern hat geben wollen.

Wie war doch der große Apostel so durchdrungen von dieser Wahrheit! In einem seiner Briefe offenbart er all sein Elend, alle Kämpfe, die seine Seele zu bestehen hat, dann aber ruft er aus: *Libenter gloriabor in infirmitatibus meis*. »Ich will mich gerne meiner Schwachheit rühmen.« Statt zu klagen über sein Elend, seine Armseligkeiten und seine Kämpfe, will er sich derselben »rühmen«. Das scheint uns unverständlich. Aber der Apostel gibt uns eine tiefgründige Erklärung. Er fügt hinzu »*ut inhabitet in me virtus Christi*«[272] – damit nicht eigene Kraft, sondern »Christi Kraft, Christi Gnade, die in mir wohnt, mich siegreich mache«, und so alle Ehre ihm allein zukomme.

---

270 Luc. 7, 13; Marc. 8, 2; cf. Matth. 15, 32.
271 Hebr. 4, 14–16.
272 2. Cor. 12, 9.

89

Und der hl. Paulus gibt unserer Armseligkeit weiten Raum. *Non quod sufficientes simus cogitare aliquid a nobis quasi ex nobis.*[273] »Wir sind nicht fähig, etwas zu denken aus uns, wie wenn es von uns wäre«; wir können nicht einmal einen guten, für den Himmel verdienstlichen Gedanken aus uns selbst schöpfen; *quasi ex nobis;* wie wenn er von uns wäre; der hl. Apostel aber war von Gott erleuchtet, als er dieses schrieb: wir sind alle nicht fähig, aus uns selbst heraus einen guten Gedanken zu schöpfen; alles Gute in uns, alles für den Himmel Verdienstliche kommt uns von Gott durch Jesus Christus: *Sufficientia nostra ex Deo est,* »unser Vermögen kommt von Gott.«[274] Gott gibt uns nicht bloß das übernatürliche Handeln, sondern auch das Wollen desselben: *Deus est enim qui operatur in nobis et velle et perficere pro sua bona voluntate.*[275] Wir können aus uns selbst nichts wollen, nichts denken, nichts handeln, nichts bitten für unser Heil, kurz, wir können nichts: *Sine me nihil potestis facere,* »ohne mich könnt ihr nichts tun«.[276]

Sind wir darum zu beklagen? Durchaus nicht. Der hl. Paulus fügt dem Bekenntnis seiner Schwäche das Wort bei: *Omnia possum in eo qui me confortat* »ich vermag alles«, *omnia,* nicht aus mir, sondern »in dem, der mich stärkt«,[277] damit alle Ehre Christo zukomme, der uns alles erwirkt hat und in dem wir alles haben. Dank der Gnade, die Christus uns verdient hat, gibt es keine unübersteigbaren Hindernisse, keine unlösbaren Schwierigkeiten, keine unerfüllbaren Aufgaben, keine unbesieglichen Versuchungen mehr. In ihm, durch ihn kann ich alles; denn sein Ruhm ist es, das Schwache stark zu machen: *sufficit tibi gratia mea, nam virtus in infirmitate perficitur:* »meine Gnade genügt dir; denn die Kraft kommt in der Schwachheit zur Vollendung«.[278] Gott will, dass alle Ehre auf ihn zurückstrahle durch Christus, dessen Gnade den Sieg davonträgt über unsere Schwäche: *in laudem gloriae gratiae suae,* »zum Lobpreis der Herrlichkeit seiner Gnade«.[279]

Wenn wir darum einmal im Gericht vor Gott erscheinen müssen, können wir nicht einwenden: »Mein Gott, ich hatte mit so vielen

273   2. Cor. 3, 5.
274   2. Cor, 3, 5.
275   Phil. 2, 13.
276   Joan. 15, 5.
277   Phil. 4, 13.
278   2. Cor. 12, 9.
279   Eph. 1, 6.

Schwierigkeiten zu kämpfen, dass mir der Sieg unmöglich war; meine vielen Schwächen haben mich entmutigt.« Gott würde uns nur erwidern: »Wenn du auf eigene Kraft beschränkt gewesen, so wäre das richtig; aber ich habe dir Jesus, meinen Sohn, gegeben; er hat alles gesühnt, alles bezahlt. Sein Opfer barg alle Genugtuung in sich, die ich von Rechts wegen für die Sünden der ganzen Welt beanspruchen konnte. Durch seinen Tod hat er dir alle Verdienste und Gnaden erworben. Er ist der Erlöser der Menschheit, der ihr Gerechtigkeit, Weisheit und Heiligkeit verdient hat. Auf ihn hättest du dich stützen sollen. Meinem göttlichen Heilsplan gemäß ist er nicht bloß dein Heiland, sondern auch die einzige Quelle deiner Kraft; denn seit der Taufe gehörten dir alle seine Genugtuungen, alle seine Verdienste und alle seine Reichtümer; und sie sind unerschöpflich. – Seit er zu meiner Rechten im Himmel sitzt, opferte er unaufhörlich die Früchte seiner Erlösung für dich auf: darum hättest auch du dich stützen sollen auf ihn, denn in ihm hätte ich dir überreiche Kraft gegeben, alles Böse zu besiegen, wie er selbst einst mich gebeten hat: *Rogo ut serves eos a malo* – »ich bitte dich, bewahre sie vor dem Bösen.«[280] Du hättest alles Gute im Übermaß erhalten; denn für dich, nicht für sich selbst betet er in beständiger Fürbitte.«[281]

Wenn wir doch den unendlichen Wert der Gaben Gottes erkennen würden; *Si scires donum Dei!* – Wenn wir doch vor allem Glauben hätten an die unendlichen Verdienste Christi, einen lebendigen, wirksamen Glauben, der uns mit unerschütterlichem Vertrauen in unserem Gebete und mit voller Hingabe in allen Seelennöten erfüllte! Mit unserer heiligen Kirche, die in ihrer Liturgie jedes Gebet, das sie an Gott richtet, mit dieser Wendung schließt, wollen auch wir nie um etwas bitten außer im Namen Jesu: *Per Dominum nostrum Iesum Christum qui tecum vivit et regnat*, der als unser Mittler lebt und regiert als Gott mit dem Vater und dem Heiligen Geiste. In ihm sind wir ja sicher, alle Gnaden zu erhalten. Der hl. Paulus sagt über den göttlichen Heilsplan: »In Christus haben wir die Erlösung durch sein Blut, die Vergebung der Sünden nach dem Reichtum seiner Gnade, die uns überreichlich zuteil wurde.«[282] Uns stehen alle Reichtümer offen, die Jesus erworben hat. Durch die Taufe sind sie unser

---

280 Joan. 17, 15.
281 Hebr. 7, 25.
282 Eph. 1, 7.

91

geworden; damit wir aus ihnen schöpfen und uns schmücken gleich der Braut, »die hervorkommt aus der Wüste« ihrer Armut, »überfließend von Wonnen, denn sie stützt sich auf den Geliebten«: *Quae est ista quae ascendit de deserto deliciis affluenes, innixa super dilectum suum?*[283]

Ach! wenn wir in dieser Wahrheit lebten! Unser Leben würde ein ununterbrochenes Jubellied, ein Dankeshymnus an Gott für das unaussprechliche Geschenk, das er uns in seinem Sohne Jesus Christus gegeben: *Gratias Deo super inenarrabili dono eius.*[284] Wir würden dann zum größten Segen und zur wahren Freude unserer Seele voll und ganz eingehen in den Heilsplan Gottes, der da will, dass wir alles finden sollen in seinem Sohne Jesus, um dann ihm, dem Sohne und dem Vater mit dem Heiligen Geiste allen Lobpreis, alle Ehre und Herrlichkeit darzubringen: *Sedenti in throno et Agno, benedictio et honor et gloria et potestas in saecula saeculorum.*[285]

---

283   Cant. 8, 5.
284   2. Cor. 9, 15.
285   Apoc. 5, 13.

JESUS CHRISTUS, DER URHEBER ALLER GNADE
(causa efficiens)

I. Zur Zeit des Erdenlebens Christi war seine heilige Menschheit, als Werkzeug des göttlichen Wortes, die Quelle der Gnade und des Lebens. – II. Auch nach seiner Himmelfahrt wirkt der Herr in dieser Art weiter. Die dazu bestimmten Mittel sind die Sakramente, sie bringen die Gnade von selbst hervor, ex opere operato, jedoch in kraft der Verdienste Christi. – III. Der Bereich der Sakramente erstreckt sich auf unser ganzes übernatürliches Leben; wir sollten unbegrenztes Vertrauen haben auf diese wahrhaft echten Gnadenquellen. – IV. Die heilige Menschheit Christi übt ihre heiligende Kraft aus auch außerhalb der Sakramente, wenn wir uns geistig mit ihr verbinden im Glauben. Große Wichtigkeit dieser Wahrheit.

Es ist noch immer die anbetungswürdige Person unseres Erlösers, die uns beschäftigen wird. Wir sollen nie müde werden, von unserm lieben Heiland zu sprechen; von ihm zu hören, soll uns niemals zuviel werden. Nichts soll uns teurer, nichts aber kann uns auch nützlicher sein; denn in Christus besitzen wir alles, und ohne ihn ist kein Heil und keine Heiligkeit möglich. Je mehr wir an Hand der heiligen Bücher in den Heilsplan Gottes eindringen, desto klarer enthüllt sich uns der eine, alles durchdringende und beherrschende Gedanke: Jesus Christus, wahrer Gott und wahrer Mensch, ist der Mittelpunkt der Schöpfung und Erlösung, auf den sich alles bezieht, von dem uns alle, Gnade und dem Vater alle Ehre zukommt.

Die Betrachtung unseres göttlichen Heilandes ist nicht bloß eine heilige, sondern auch eine heiligende Beschäftigung. An ihn denken, ihn anschauen in Glaube und Liebe heiligt uns. Für manche Seelen ist das Leben Jesu ein Stoff zur Betrachtung wie viele andere; aber das genügt nicht. Jesus Christus ist nicht eines aus vielen Hilfsmitteln für das geistliche Leben. Er ist ganz und gar der Inhalt unseres geistlichen Lebens. Der Vater erkennt alles in seinem ewigen Worte, in seinem Sohne Jesus; in ihm findet er alles. In seinem Sohne, ja schon in den unscheinbarsten Handlungen seines Sohnes, findet der Vater all seine Forderungen unendlichen Lobpreises erfüllt. Christus ist sein vielgeliebter Sohn, an dem er sein Wohlgefallen hat. Warum also sollte Christus nicht auch unser Alles sein, unser Vorbild, unsere Genugtuung, unsere Hoffnung, unser Ersatz, unser Licht, unsere

Stärke und unsere Freude? Diese Wahrheit ist so wichtig, dass wir sie eingehend betrachten müssen.

Das geistliche Leben besteht vor allem darin, dass wir Christum anschauen, um dann seine Gotteskindschaft und seine Tugenden in uns nachzubilden. Eine Seele, die beständig ihre Augen auf Christum richtet, erkennt in seinem Lichte all das, was sich der Entfaltung des göttlichen Lebens in ihr entgegenstellt. Sie sucht dann in Christo die Kraft: alle Hindernisse zu beseitigen, um ihm wohlzugefallen, bittet ihn, dass er die Stütze ihrer Schwäche sei, dass er ihr immerdar diese Grundgesinnung gebe oder vermehre, auf die sich alle Heiligkeit aufbaut, allzeit nach dem zu streben, was dem Vater wohlgefällig ist.

Solche Seelen dringen tief in den Heilsplan Gottes ein; sie schreiten ungehemmt und sicher voran auf dem Wege der Vollkommenheit und der Heiligkeit. Es kommt ihnen keine Versuchung zur Mutlosigkeit, wenn sie Fehler begehen – sie wissen ja zu gut, dass sie aus sich nichts tun können: *Sine me nihil potestis facere*[286] – aber auch keine Versuchung zur Eitelkeit über ihre Fortschritte; denn sie sind überzeugt, dass ihre eigene Mitwirkung mit der Gnade zwar notwendig ist, dass sie aber all ihre Vollkommenheit Christo verdanken, der in ihnen wohnt, lebt und wirkt. Wenn sie viele Früchte bringen, so beruht dies nicht allein darauf, dass sie durch die Gnade und die Treue ihrer Liebe in Christus wohnen, sondern auch darauf, dass Christus in ihnen wohnt: *Qui manet in me et ego in eo, hic fert fructum multum,* »Wer in mir bleibt und ich in ihm, der bringt viele Frucht«.[287]

Jesus Christus ist also nicht bloß ein Vorbild, etwa wie jenes, das ein Maler vor sich hat, wenn er ein Gemälde herstellt. Ebensowenig können wir seine Nachahmung mit jener vergleichen, die minderbegabte Menschen durch Nachbildung der Taten und Gebärden eines großen Mannes verwirklichen wollen; denn eine solche Nachahmung ist nur gekünstelt und oberflächlich; sie dringt nicht in das Innere der Seele ein.

Ganz anders ist es mit unserer Nachahmung des Erlösers. Jesus Christus ist mehr als ein Vorbild, mehr als ein Hoherpriester, der uns die Gnade erwirkt hat, dass wir ihm nachfolgen dürfen; er ist es selbst, der durch seinen Heiligen Geist im Innersten unserer Seele uns hilft, ihn nachzubilden. Und wozu dieses? Weil unsere Heiligkeit,

---

286 Joan. 15, 5.
287 Joan. 15, 5.

94

wie wir schon bei der Darlegung des göttlichen Heilsplanes gesehen haben, wesentlich übernatürlicher Art ist.

Nachdem Gott seinem ewigen Ratschlusse gemäß uns an Kindes Statt angenommen hat, wird er sich nie und nimmer mit einer bloß natürlichen Gottesverehrung, einer rein natürlichen Sittenordnung begnügen, sondern er will, dass wir als Kinder seines Geschlechtes leben. Dieses neue, heilige Leben soll uns nur durch seinen Sohn und in seinem Sohn gegeben werden in Kraft der Gnade, die uns sein Sohn Jesus Christus verdient hat. Alle Heiligkeit, die Gott je einer Seele bestimmt hat, hat er in Jesus Christus niedergelegt, und von seiner Fülle müssen wir alle jene Gnaden empfangen, die uns heilig machen. *Christus factus est nobis sapientia a Deo, et iustitia et sanctificatio et redemptio.* »Christus ist uns von Gott zur Weisheit geworden, zur Gerechtigkeit, Heiligkeit und Erlösung.«[288] Christus besitzt »alle Schätze der Weisheit und Wissenschaft«[289] und der Heiligkeit nur, um uns daran teilnehmen zu lassen. Er ist gekommen, damit wir das göttliche Leben in uns haben und damit wir es in Überfülle haben: *Veni ut vitam habeant et abundantius habeant.*[290] Die Quelle dieses Lebens hat er uns durch sein Leiden und seinen Tod neu eröffnet; aber – wir dürfen es nie vergessen – diese Quelle ist nur in ihm und nicht außer ihm; er allein lässt sie auch auf uns weiterströmen; die Gnade, Prinzip unseres übernatürlichen Lebens, kommt uns nur durch Jesus Christus zu. Darum schreibt der hl. Johannes: »Wer den Sohn hat, hat das Leben; wer den Sohn nicht hat, hat das Leben nicht«, *qui habet Filium habet vitam, qui non habet Filium vitam non habet.*[291]

1

Wenn wir nun den Herrn betrachten in seinem irdischen Dasein, werden wir sehen, wie er der Urheber aller Gnaden und die Quelle des Lebens für uns ist. Diese Betrachtung ist für uns ungemein wohltuend, denn sie zeigt uns, wie wir alles von Jesus Christus erwarten dürfen.

Wir werden sehen, wie seine heiligste Menschheit das Werkzeug ist, dessen sich die Gottheit bedient, um Gnade und Leben um sich zu verbreiten, zunächst leibliches Leben und körperliche Gesundheit:

---

288 1. Cor. 1, 30.
289 Col. 2, 3.
290 Joan. 10, 10.
291 1. Joan. 5, 12.

Ein Aussätziger kommt zu Jesus und bittet um Heilung. Christus streckt die Hand aus, berührt ihn und spricht: »Ich will, sei rein!« und sofort ist der Aussatz verschwunden.[292] – Man führt zwei Blinde zu ihm hin. Jesus berührt mit der Hand ihre Augen und spricht die Worte: »Es geschehe, wie ihr geglaubt,« und ihre Augen öffnen sich dem Lichte.[293] – Ein anderes Mal bringt man einen Taubstummen zu ihm und bittet ihn, dass er ihm die Hand auflege. Der Heiland führt ihn abseits von der Menge, legt, den Finger in sein Ohr, berührt seine Zunge mit Speichel, hebt die Augen gen Himmel, seufzt und spricht: »Öffne dich«, und sogleich hört der Mann, seine Zunge ist gelöst, und er redet richtig.[294]

Endlich sehen wir Jesus am Grabe des Lazarus; sein Wort erweckt die Toten zum Leben.

Bei all diesen Begebenheiten sehen wir die heiligste Menschheit als Werkzeug der Gottheit. Es ist die zweite göttliche Person, welche Kranke heilt und Tote erweckt; aber um diese Wunder zu wirken, bedient sich der Sohn Gottes seiner menschlichen Natur; durch sie spricht er die Worte, und mit seinen menschlichen Händen berührt er die Kranken: das Leben entströmte der Gottheit, aber durch die Menschheit Christi geht es auf die kranken Leiber und auf die Seelen über.[295] Wir verstehen daher, wenn der Evangelist uns berichtet: Das Volk suchte den Herrn zu berühren; denn von ihm ging eine Heilkraft aus. *Virtus de illo exibat.*[296]

Den gleichen Weg geht der Heiland auch auf dem übernatürlichen Gebiete, im Reiche der Gnade: durch eine Handlung, ein Wort oder ein Zeichen seiner Menschennatur lässt das Wort Gottes die Sünden nach und rechtfertigt die Sünder.

Maria Magdalena kommt während eines Festes und benetzt mit ihren Tränen die Füße des Herrn. Jesus ruft ihr zu: Deine Sünden sind dir nachgelassen, dein Glaube hat dir geholfen, geh hin im Frieden.[297] Die Gottheit lässt die Sünden nach; denn sie allein vermag dies zu tun; aber der Heiland spricht es aus mit einem menschlichen

292 Matth. 8, 2–3.
293 Matth. 9, 27–29.
294 Marc. 7, 32–35.
295 Die Theologie sagt: Die menschliche Natur ist hier Heilkraft als mit dem Worte verbundenes Werkzeug: ut instrumentum coniunctum.
296 Luc. 6, 19.
297 Luc 7, 48–50.

96

Worte: seine Menschheit ist zum Werkzeug der Gnade geworden. – Eine andere Begebenheit im Evangelium zeigt dieses noch klarer. Eines Tages bringt man einen Gelähmten auf einem Bette zum Herrn: »Deine Sünden sind dir vergeben«, sagt Jesus. Aber die Pharisäer hören es, und da sie nicht an die Gottheit Christi glauben, beginnen sie zu murren: »Wer ist dieser, dass er Sünden nachlassen will? Gott allein kann Sünden nachlassen.« Der Herr will ihnen zeigen, dass er Gott ist, und erwidert ihnen: »Was ist leichter zu sagen: Deine Sünden sind dir nachgelassen oder: Steh auf und geh? Aber damit ihr erkennet, dass der Menschensohn – beachten wir den Ausdruck »Menschensohn«; der Heiland gebraucht ihn absichtlich statt des Wortes: »Sohn Gottes« – also dass der Menschensohn auf Erden die Gewalt hat, Sünden nachzulassen, so sage ich dir, – er meint damit den Gelähmten – steh auf, nimm dein Bett und geh nach Hause.« Und zugleich erhebt sich der Kranke vor aller Augen, nimmt das Bett, auf dem man ihn gebracht hat, und kehrt laut Gott preisend in sein Haus zurück.[298]

Der Heiland wirkt Wunder, lässt Sünden nach und verteilt Gnaden mit unbeschränkter Freiheit und Gewalt; denn als Gott ist er die Quelle aller Gnade und allen Lebens; aber er bedient sich dabei seiner menschlichen Natur; die Menschheit Christi ist »lebendigmachend« infolge ihrer Verbindung mit der zweiten göttlichen Person.[299]

Das gleiche zeigt sich auch im Leiden und im Tode des Herrn. – Jesus leidet, sühnt und verdient in seiner menschlichen Natur; die Menschheit wird zum Werkzeug des Gottessohnes, und die Leiden dieser heiligsten Menschheit bewirken unsere Erlösung, sind die Ursache unseres Heiles und bringen uns das verlorene Leben zurück.[300] Wir waren einst tot in den Sünden, aber Gott hat uns mitbelebt in Christo, indem er uns alle Sünden vergab.[301] Der hl. Thomas sagt dies so schön: Das Wort, das im Anfang bei Gott war, macht die Seelen lebendig, es ist die letzte Wirkursache; das Fleisch des Gottessohnes dagegen und die Geheimnisse, die es vollbringt, sind die Werkzeuge für

---

298 Luc. 5, 18–25.
299 Carnem Domini vivificatricem esse dicimus quia facta est propria Verbi cuncta vivificare praevalentis. Conc. Eph. can. 11.
300 Actiones humanitatis ex virtute divinitatis fuerunt nobis salutiferae, utpote gratiam in nobis causantes et per meritum et per efficientiam quamdam. S. th. III, q. 8, a. I, ad 1.
301 Col. 2, 13.

dieses Leben der Seele. *Verbum prout in principio erat apud Deum vivificat animas sicut agens principale; caro tamen eius et mysteria in ea patrata operantur instrumentaliter ad animae vitam.*[302] In dem Augenblick, da Christus aus Liebe zum Vater und zu uns in die Hände der Sünder sich überliefern wollte, um allen Menschen das ewige Leben wiederzuerwerben, bittet er den Vater, dass er »den Sohn verherrliche, weil er ihm Macht gegeben über alles Fleisch«, und fügt hinzu: damit ich, wie er wörtlich sagt, allen, »die du mir gegeben hast, das ewige Leben gebe«.[303] Jesus bittet den Vater, dass er nun seinen ewigen Plan erfülle. Der Vater hat Christus zum Haupte des ganzen Menschengeschlechtes bestimmt; in Christus allein soll die ganze Menschheit das Heil erlangen, und Jesus Christus bittet nun, dass dieses sich erfülle, da er daran gehe, sich für uns zu opfern, durch sein Leiden und Sterben die ganze große Schuld der Menschen zu sühnen und für sie Gnade und ewiges Leben zu verdienen.

Die Bitte des göttlichen Heilandes ist erhört worden. Weil er durch sein Leiden und seine Verdienste das Heil der Menschheit erwirkt hat, ist er auch zum großen universellen Gnadenausteiler bestellt worden. »Er hat sich selbst vernichtet, und darum hat ihn Gott (am Tage der Himmelfahrt) erhöht und ihm einen Namen gegeben, der da ist über alle Namen«; *exinanivit semetipsum: propter quod et Deus exaltavit illum et donavit illi nomen quod est super omne nomen;*[304] er hat ihn »zum Erben über alles gesetzt«, *quem constituit haeredem universorum.*[305]

Der Vater hat dem Sohn als Erbe die Völker gegeben, die er in seinem Blute erworben hat. *Postula a me et dabo tibi gentes haereditatem tuam.*[306] Für sie hat Christus alle Gewalt der Gnade und des Lebens im Himmel und auf Erden erhalten. *Data est mihi omnis potestas in coelo et in terra;*[307] weil der Vater den Sohn liebt, hat er alles in seine Hand gegeben. *Pater diligit Filium et omnia dedit in manu eius.*[308]

Einziges Vorbild, höchster Hoherpriester, Erlöser der Welt und Mittler für alle ist Christus auch bestellt zum Austeiler aller Gnade.

302 S. th. III, q. 62, a. 5, ad 1. Cf. III, q. 48, a. 6; q. 49, a. 1; q. 27 de Veritate a. 4.
303 Joan. 17, 1–2.
304 Phil. 2, 7–9
305 Hebr. 1, 2.
306 Ps. 2, 8.
307 Matth. 28, 18.
308 Joan. 3, 35.

98

»Die Gnadenausteilung,« sagt der hl. Thomas, »steht nur Christus zu, und diese Heilswirkung kommt von der innigen Vereinigung der Gottheit und Menschheit in Jesus Christus«.[309] »Die Seele Christi«, sagt er ferner, »hat die Gnade im höchsten Grade ihrer Fülle erhalten; von dieser seiner Gnadenfülle teilt Christus den Seelen mit; so erfüllt er seine Aufgabe als Haupt der Kirche. Darum ist auch die Gnade, welche Christi Seele schmückt, ihrem Wesen nach dieselbe wie jene, die uns rechtfertigt.«[310]

2

Man wird nun vielleicht fragen, auf welche Weise diese geheimnisvolle Lebens- und Gnadenkraft Christi uns zuteil wird, jetzt, da Christus in den Himmel aufgefahren ist, so dass wir Menschen ihn nicht mehr sehen, ihn nicht mehr hören noch berühren können? Auf welche Weise wirkt Christus in uns und für uns? Wie ist er jetzt die wirkende Ursache unserer Heiligkeit und bringt in uns die Gnade hervor, die Quelle unseres übernatürlichen Lebens? Als Gott ist Christus unbeschränkter Herr seiner Gaben, wie auch der Art ihrer Austeilung. Wir können ebensowenig die Art und Weise seiner Wirksamkeit bestimmen, als wir seiner Macht Grenzen setzen können. Jesus Christus kann nach freiestem Ermessen seine Gnade einer Seele unmittelbar eingießen. Das Leben der Heiligen ist voll von Beispielen dieser göttlichen Freiheit und Freigebigkeit.

Der gewöhnliche und normale Weg jedoch, auf dem Christi Gnade uns zufließt, geht nach dem Heilsplan Gottes zunächst und vor allem über die Sakramente, die Christus eingesetzt hat. Er hätte uns auch auf andere Weise rechtfertigen können, aber nachdem er, der große Gott, selbst diese Heilsmittel verordnet hat, die zu bestimmen er allein als Herr der übernatürlichen Ordnung das Recht hatte, müssen wir uns die Benutzung dieser Heilsmittel vor allem angelegen sein lassen. Alle geistlichen Hilfsmittel, die wir zur Weckung und Förderung des göttlichen Lebens in uns gebrauchen mögen, haben nur Wert, insofern sie uns lehren, reichlicher aus diesen Lebensquellen zu

---

309 Interior autem influxus gratiae non est ab aliquo nisi a solo Christo, cuius humanitas ex hoc quod est divinitati coniuncta habet virtutem iustificandi. S. th. III. q. 8, a. 6.

310 III, q. 8, a. 5.

schöpfen; hier sind die wahren, reinen und unerschöpflichen Quellen, wo wir unfehlbar das göttliche Leben finden, dessen Fülle Christus besitzt und woran er uns teil geben will: *Veni ut vitam habeant.*

Wir wollen nun auf diese Gnadenmittel etwas näher eingehen. Es soll hier nicht eine theologische Abhandlung über die Sakramente folgen, sondern nur in etwa gezeigt werden, wie die Güte und Weisheit des Erlösers hervorleuchtet in diesen Erfindungen seiner Liebe.

Was ist ein Sakrament? - Das Konzil von Trient, das die katholische Lehre mit bewundernswerter Klarheit darlegt, sagt: Das Sakrament ist das sichtbare Zeichen einer unsichtbaren Gnade: es ist ein Sinnbild, das eine göttliche Gnade in sich birgt und uns überträgt. Es ist ein äußeres, sichtbares, greifbares Zeichen. Wir sind zugleich Stoff und Geist, und Jesus Christus wollte auch den Stoff benützen, – Wasser, Öl, Getreide, Wein, Worte, Handauflegung, – um die Gnade anzudeuten, die er in uns hervorbringen will. Jesus Christus, die ewige Weisheit, hat unserer geistig-leiblichen Natur auch die sichtbaren Mittel angepasst, um uns seine Gnade mitzuteilen.[311] Ich sage »mitteilen«; denn diese Zeichen deuten und versinnbilden nicht bloß die Gnade, sondern sie enthalten die Gnade und teilen sie mit. Gemäß dem Willen und der Anordnung Christi, dem der Vater alle Gewalt gegeben hat und der Gott ist mit dem Vater und dem Heiligen Geiste, sind diese Zeichen und heiligen Riten wirksame Mittel und bringen in Wahrheit die Gnade hervor. Das Ergebnis der Sakramente ist die Gnade, die sie im Innern der Seele bewirken.

Hören wir unseren göttlichen Erlöser selbst. Er lehrt uns, dass das Taufwasser uns von Sünden reinigt, uns wiedergeboren werden lässt zum Leben der Gnade und uns zu Kindern Gottes und Erben seines Reiches macht. *Nisi quis renatus fuerit ex aqua et Spiritu Sancto, non potest introire in regnum Dei,*[312] »Wenn jemand nicht wiedergeboren wird aus dem Wasser und dem Heiligen Geiste, so kann er in das Reich Gottes nicht eingehen.« Er lehrt uns ferner, dass das Wort der Lossprechung seines Dieners unsere Sünden tilgt: »welchen ihr die Sünden nachlasset, denen sind sie nachgelassen«; dass unter den Gestalten von Brot und Wein wirklich sein Leib und sein Blut ent-

---

311 Si incorporeus esses, nuda et incorporea tibi dedisset ipse dona; sed quia anima corpori coniuncta est, sensibilibus intelligibilia tibi praestat. S. Joh. Chrysost. Hom. 82 in Matth. et Hom. 60 ad popul. Antioch.
312 Joan. 3, 5.

100

halten ist, uns zur Nahrung für das ewige Leben. Er lehrt uns über die Ehe, dass der Mensch nicht trennen darf, was Gott verbunden; die kirchliche Überlieferung, Widerhall der Heilandsworte, verkündet uns, dass die Handauflegung den Dienern des Altares den Heiligen Geist und seine Gaben mitteilt.[313]

Ein kennzeichnendes Merkmal der heiligen Sakramente lässt uns die gütige Herablassung unseres Erlösers bei der Einsetzung dieser Gnadenmittel erkennen, dass nämlich diese Zeichen, welche die Gnade in sich enthalten, sie auch aus sich selbst in uns hervorbringen, sie wirken *ex opere operato*. – Der sakramentale Akt selbst, das vollbrachte Werk, einzig die vorgeschriebene Anwendung der symbolischen Handlungen auf die Seele genügen, um die Gnade hervorzubringen, und dies unabhängig, zwar nicht von der Absicht, wohl aber von der persönlichen Würdigkeit dessen, der das Sakrament spendet. Die Unwürdigkeit eines abgefallenen oder sündhaften Priesters kann die Wirksamkeit eines Sakramentes nicht verhindern, sobald der Spender des Sakramentes sich der Absicht der Kirche anschließt und tun will, was die Kirche tut. Die Taufe, welche ein Irrgläubiger spendet, ist gültig. Warum? Weil der Gottmensch Jesus Christus die Mitteilung der Gnade über jede Beziehung zum Verdienste oder zur Tugend jener, die ihm als Werkzeuge seiner Gnade dienen sollten, erheben wollte. Die Gültigkeit eines Sakramentes hängt nicht von der menschlichen Würde oder Gerechtigkeit ab; sie kommt von der Anordnung Jesu Christi. Dieses Bewusstsein erzeugt in der Seele das Gefühl unendlichen Vertrauens auf die göttliche Hilfe.[314]

Will das nun besagen, dass wir uns dieser Gnadenmittel ohne alle Vorbereitung bedienen dürfen, dass wir ohne jede eigene Vorarbeit

---

313 Von geringerem Belang ist die Untersuchung, ob alle Sakramente unmittelbar und in allen ihren Bestandteilen von Jesus Christus selbst eingesetzt worden sind; mehrere Sakramente tragen dies Merkmal an sich; wir finden jedoch im Evangelium nicht, dass dies für alle der Fall sei. Aber selbst wenn Jesus Christus den Aposteln die nähere Bestimmung hierfür überlassen hat, so ist das ohne Bedeutung; denn es bleibt trotzdem wahr, dass der Herr selbst die Gnade an alle diese Symbole geknüpft hat, deren einziger Urheber und Quell er selbst ist.

314 Secura Ecclesia spem non posuit in homine ... sed spem suam posuit in Christo, qui sic accepit formam servi ut non amitteret formam Dei. S. Augustin. Epistola 89, 5.

zu ihnen herantreten sollen? Nein, gewiss nicht! Aber was ist unserseits notwendig?

Zunächst ist die allgemeine Seelenverfassung von größter Wichtigkeit, da sie die Hervorbringung der Gnade selbst beeinflusst, dass nämlich der Empfänger eines Sakramentes dessen Wirksamkeit kein Hindernis entgegenstelle, *non ponentibus obicem*. – Wenn einem Bergstrom ein Wehr entgegengestellt wird, so sind seine Wasser aufgehalten. Wird die Wehr zerstört und das Hindernis beseitigt, dann stürzen sich die Wasser widerstandslos hinab und erfüllen die Ebene. Ähnlich verhält es sich mit der Gnade der Sakramente. Das Sakrament trägt seine Wirksamkeit in sich, aber wir dürfen dieser Gnade kein Hindernis entgegensetzen. Diese Hindernisse sind verschiedener Art, je nach dem Charakter, den die sakramentalen Zeichen andeuten, und nach der Gnade, die sie verleihen. Wir können die Sakramentsgnade nur empfangen, wenn wir wollen. Ein Erwachsener kann der Taufgnade nicht teilhaftig werden, wenn sein Wille sich weigert, die Taufe zu empfangen. Ebenso verhindert der Mangel an Reue den Empfang der Beichtgnade; die schwere Sünde endlich ist ein Hindernis für den Empfang der Kommuniongnade. Ist aber das Hindernis beseitigt, dann strömt mit dem Sakramente auch die betreffende Gnade in die Seele, sobald das Sakrament gespendet wird.

Von größter Wichtigkeit aber ist es, durch Glaube, Hoffnung und Liebe die Fassungskraft der Seele zu erweitern, damit die Gnade sich um so reicher in sie ergieße. Wenn auch die Sakramentsgnade wesentlich für alle die gleiche ist, so, unterscheidet sie sich doch dem Grade und der Kraft nach entsprechend der Vorbereitung des Empfängers, auch noch nach Beseitigung der entgegenstehenden Hindernisse. Sie bemisst sich nach dem Seelenzustande, wenn auch nicht in ihrem Wesen, so doch in ihrer Fruchtbarkeit und Wirksamkeit. Wir sollen darum der göttlichen Gnade die Zugänge unserer Seele soweit als möglich öffnen, sie bereiten mit aller wünschenswerten Reinheit und Liebe, damit Jesus sein göttliches Leben in uns überfließen lasse.

Denn wer anders als Jesus, das menschgewordene Gotteswort, ist als ewiger Gott die erste und hauptsächliche Wirkursache der Gnade, welche die Sakramente hervorbringen? Wie ist das zu verstehen? Weil eben jener allein die Gnade geben kann, der ihr Urheber und ihre Quelle ist. Die Sakramente jedoch, sichtbare Zeichen, die er bestimmt hat, die Gnade in der Seele hervorzubringen, wirken nur als Werkzeuge, sie sind also Ursache der Gnade, wahre und wirkliche Ursache, aber nur werkzeugliche Ursache. Gehen wir zum Vergleich in die Werkstätte eines Künstlers; mit seinem Meißel bearbeitet und feilt er den Marmor, um das Bild zu schaffen, das in seinem Geiste lebt. Ist das Werk vollendet, so ist gewiss der Künstler als der Urheber desselben anzusprechen, aber der Meißel war das Instrument, das ihm diente, um seinen Gedanken zu verwirklichen. Das Werk hat der Meißel zustande gebracht, aber der Meißel geführt und belebt durch die Hand des Meisters, die selbst wieder geleitet war von dem Geiste, der das Werk ersann.

Ähnlich ist es mit den Sakramenten: sie sind Zeichen, die in uns die Gnade hervorbringen, aber sie sind nicht die letzte Ursache derselben. Diese ist Christus selbst; von ihm fließt als von ihrer alleinigen Quelle die heiligmachende Gnade. Die Sakramente sind daher Werkzeuge und wirken kraft der Bewegung, die sie von der Menschheit Christi erhalten, die ihrerseits mit dem Worte Gottes vereinigt, voll göttlichen Lebens ist.[315] Christus selbst ist es, der in der Person des Priesters tauft und Sünden nachlässt. »Petrus tauft?« fragt der hl. Augustin, »nein, Christus tauft; Judas tauft? Nein, Christus tauft«, *Petrus baptizet, Christus baptizat; Judas baptizet, Christus baptizat.*[316]

Gleichviel, wer der Spender ist, er handelt nur in der Kraft Christi.[317] In den Sakramenten, werden die Verdienste Christi uns zugewendet; seine Genugtuung wird uns mitgeteilt, und Christi Leben fließt durch diese Kanäle in unsere Seele.

Alle Kraft zur Mitteilung göttlichen Lebens kommt den Sakramenten durch Jesus Christus, der durch sein Leben und seinen Tod am Kreuze uns alle Gnade verdient und diese äußeren Zeichen ein-

---

315 Sacramenta corporalia per propriam operationem quam exercent circa corpus quod tangunt, efficiunt operationem instrumentalem ex virtute divina circa animam; sicut aqua baptismi abluendo corpus secundum propriam virtutem, abluit animam in quantum est instrumentum virtutis divinae; nam ex anima et corpore unum fit. Et hoc est quod Augustinus dicit quod »corpus tangit et cor abluit«. S. th. III, q. 62, a. 1, ad 2. – Vis spiritualis est in sacramentis in quantum ordinantur a Deo ad effectum spiritualem. S. th. III. q. 67, a. 4, ad 1. – Cfr. q. 64 a. 4.

316 Tract, in Joan. 6.

317 In der Erklärung der Worte: Dominus baptizabat plures quam Ioannes quamvis ipse non baptizaret sed discipuli eius, sagt der hl. Augustin: Ipse et non ipse, ipse potestate, illi ministerio; servitutem ad baptizandum illi admovebant, potestas baptizandi in Christo permanebat. – Tract. in Joan. 5, 1.

gesetzt hat, um diese Gnade uns zukommen zu lassen. Hätten wir doch Glauben, um zu begreifen, dass uns hier göttliche Mittel angeboten werden, doppelt göttlich – zunächst in ihrem ersten und eigentlichen Ursprung und dann in ihrem Endzweck – mit welchem Eifer und welchem Fleiß würden wir dann diese Heilsmittel gebrauchen, die des Erlösers Güte uns so überreich bereitet hat!

3

Was nun vollends die wunderbare Weisheit des göttlichen Wortes auf diesem Gebiete erstrahlen lässt, ist die Tatsache, dass die heiligende Kraft der Sakramente sich auf unser ganzes Leben erstreckt.

Es besteht, wie der hl. Thomas sagt, eine Ähnlichkeit zwischen dem natürlichen und übernatürlichen Leben,[318] durch die Taufe werden wir zum übernatürlichen Leben geboren; dieses Leben aber muss gefestigt werden. Das geschieht durch die heilige Firmung. Nur einmal wird der Mensch geboren, nur einmal steht er in der Vollkraft des Lebens, deshalb können diese beiden Sakramente nicht wiederholt werden. Wie der Leib, so bedarf auch die Seele der Speise. Ihre Nahrung ist die heilige Kommunion, die zu unserer täglichen Speise werden kann. Sind wir der Sünde unterlegen, so bringt die Buße uns die Gnade wieder, so oft dies notwendig ist, und reinigt uns von unsern Sünden. Naht die Todeskrankheit, dann bereitet die letzte Ölung uns für den Ewigkeitsgang oder gibt uns sogar, wenn es in Gottes heiligen Absichten gelegen ist, die leibliche Gesundheit zurück, und so haben all die verschiedenen Sakramente zum Zweck, in jeder einzelnen Seele die heiligmachende Gnade zu begründen, zu vermehren, zu festigen, zu sichern und wiederherzustellen. Aber der Mensch ist kein alleinstehendes Wesen, sondern Glied einer Gesellschaft, darum heiligt die Ehe die Familie und segnet die Fortpflanzung der Menschheit, während die Priesterweihe durch geistliche Vaterschaft den Fortbestand der Kirche sichert.

Alle diese Sakramente ohne Ausnahme spenden die Gnade, d. h. sie teilen der Seele das Leben Jesu Christi mit oder mehren in ihr dieses Streben, das da besteht in der heiligmachenden Gnade, den eingegossenen Tugenden, den Gaben des Heiligen Geistes, diesem heiligen Seelenschmuck, der unter dem Namen »Gnadenstand« unsere Seele schmückt und ihre Fähigkeiten übernatürlich befruchtet, um sie Jesu

---

318 S. th. III. q. 65, a. 1.

104

Christo ähnlich zu machen und sie des göttlichen Wohlgefallens zu würdigen.

In allen Sakramenten wird uns die heiligmachende Gnade mitgeteilt oder vermehrt; aber in jedem der Sakramente nimmt diese Gnade eine besondere Form an, enthält in jedem eine nur ihm eigene Kraft und bringt bestimmte Wirkungen hervor, entsprechend dem besonderen Einsetzungszweck des betreffenden Sakramentes, der weiter oben näher bezeichnet wurde. Außerdem drücken, wie bekannt, die Taufe, die Firmung und die Priesterweihe der Seele ein unauslöschliches Merkmal ein, nämlich das Merkmal des Christen, des christlichen Streiters und des Priesters Gottes.

Obiger Vergleich, den wir aber nicht bis zum äußersten durchführen dürfen,[319] soll uns vor allem über die Heiligung des christlichen Lebens in seinen wichtigsten Momenten belehren und uns die liebreiche Fürsorge des Herrn für alle unsere übernatürlichen Bedürfnisse zeigen. An jedem bedeutenderen Abschnitt unseres Lebens hält er uns eine besonders entsprechende wirksame Gnade bereit. Während unseres ganzen irdischen Lebens begleitet uns die Gnade Jesu Christi; er selbst ist mit uns »auf allen Wegen«. Dass wir doch Glauben hätten, lebendigen, werktätigen Glauben an diese Heiligungsmittel. Christus hat sie gewollt und durch seine Verdienste erreicht, dass ihre Wirksamkeit unbeschränkt, ihre Würde überragend, ihre Fruchtbarkeit unerschöpflich sei; sie sind von göttlichem Leben beseelte Zeichen. In den Sakramenten wollte der Heiland alle seine Verdienste und Genugtuungen aufhäufen, damit sie durch diese uns mitgeteilt würden: nichts kann und darf sie ersetzen. Sie sind nach der jetzigen Heilsordnung zum ewigen Leben notwendig.[320]

Wir müssen es nochmals sagen, denn die Erfahrung belehrt uns, wie vielfach selbst bei Seelen, die Gott suchen, die Wertschätzung dieser Heilsmittel in der praktischen Anwendung zu wünschen lässt. Die Sakramente sind nach kirchlicher Lehre die wirksamen Heilsmittel, die unser Herr und Heiland selbst eingesetzt hat, damit wir

---

319 Dies gilt besonders bei der Buße, die unsere Seele zum göttlichen Leben wiedererweckt; denn im natürlichen Leben stirbt man nur einmal.

320 Gleichwohl muss man beifügen, dass diese Notwendigkeit nicht die gleiche für alle Sakramente ist; so ist z. B. die Taufe unerlässlich notwendig für alle; dagegen ist das nicht auf gleiche Weise bei der Ehe oder der Priesterweihe der Fall, wenn man jeden einzelnen Menschen für sich betrachtet.

zum Vater gelangen. Es hieße ihn selbst verachten, wollten wir ihren übernatürlichen Wert, ihren Reichtum und ihre unerschöpfliche Fülle nicht überaus hochschätzen. Wir verherrlichen hingegen den Herrn, wenn wir aus diesen Quellen schöpfen, die seine Verdienste uns erschlossen haben. Wir bekennen damit, dass uns alle Heiligung nur von ihm allein kommen kann, und dies ist die höchste und ihm wohlgefälligste Huldigung.

Es gibt Seelen, welche diesen Heilsmitteln nur einen geringen Glauben entgegenbringen und sie daher nur wenig benützen, sie schätzen die Gnade, welche die Sakramente in ihnen hervorbringen, zu gering und bereiten sich nur sehr mangelhaft auf dieselben vor, legen aber anderen außerordentlichen Mitteln großen Wert bei. – Gewiss bleibt Jesus Christus immer unbeschränkter Herr seiner Gaben, die er nach Belieben zuteilt, wem er will. Wir sehen unter den Heiligen Wunder göttlicher Freigebigkeit, angefangen mit den außerordentlichen Gnadengaben der ersten Christen bis zu den unerhörten Gunstbezeugungen, die noch heutzutage so manche Seele überfluten: *Mirabilis Deus in Sanctis eius.* Wunderbar ist Gott in seinen Heiligen. – Gleichwohl hat Jesus Christus uns hierin kein bindendes Versprechen gegeben. Nirgends hat er diese außerordentlichen Gnadengaben als den gewöhnlichen Heilsweg bezeichnet, nicht einmal als den Weg der Heiligkeit. Die Sakramente aber mit all der ihnen eigenen Kraft und Wirksamkeit hat er dazu bestimmt; sie bilden in ihrer harmonischen Mannigfaltigkeit die unfehlbar sicheren Mittel, zum ewigen Heile zu gelangen. Hier ist keine Täuschung möglich, und wir wissen genug, wie gefährlich gerade auf dem Gebiete der Frömmigkeit und Heiligkeit die Täuschungen des bösen Feindes sind.

Gott will unsere Heiligkeit: *Haec est voluntas Dei, sanctificatio vestra;*[321] der Heiland sagt uns: »Seid vollkommen, wie euer Vater im Himmel vollkommen ist«;[322] es handelt sich bei diesen Worten nicht um unser Heil schlechthin, sondern um unsere Vollkommenheit, um unsere Heiligkeit. – Aber es sind nicht außerordentliche Mittel, wie Verzückungen und Ekstasen, die unser Erlöser als den Weg der Heiligung für alle bestimmt hat. Heilig und Gott wohlgefällig will er uns zunächst durch die Sakramente machen. Dieser sein heiliger Wille sollte genügen, damit unsere heilsverlangende Seele mit festem

---

321 1. Thess. 4, 3.
322 Matth. 5, 48.

Glauben, mit vollem Vertrauen sich auf ihn stütze. Hier also sind die wahren Quellen des Lebens und der Heiligkeit, überreich fließende Quellen. »Vergebens würden wir«, nach der kräftigen Sprache der Heiligen Schrift, »die Quelle lebendigen Wassers verlassen und uns Brunnen graben, Brunnen, die durchlöchert sind und kein Wasser halten«.[323] All unser geistiges Leben und Streben sollte zum Ziel haben, uns zu befähigen, mit immer innigerem Glauben und größerer Herzensreinheit reichlich und tief aus diesen sakramentalen Quellen zu schöpfen, damit die jedem Sakramente eigene Gnade frei und ungehindert, kraftvoll und mächtig sich entfalten könne.

O, möchten doch alle kommen und mit Freuden schöpfen aus den Quellen des Heiles: *Haurietis aquas in gaudio de fontibus Salvatoris*.[324] Ja, lasset uns schöpfen von diesen heilbringenden Wassern; erweitern wir in Reue, Demut, Vertrauen und vor allem in der Liebe die Fassungskraft unserer Seelen, damit die Sakramente um so tiefer, durchdringender und nachhaltiger wirken können! Jedesmal, wenn wir uns ihnen nahen, sollen wir unsern Glauben an die Gnadenschätze Christi erneuern. Dieser lebendige Glaube verhindert, dass beim häufigen Empfange der heiligen Sakramente infolge der Gewöhnung Lauheit die Seele beschleiche. Vor allem aus der heiligen Kommunion, dem Sakramente des Lebens, sollen wir Leben im vollsten Sinne schöpfen. Da sind jene Quellen, die unser Erlöser durch seine unendlichen Verdienste dem Stamme des Kreuzes hat entströmen lassen.

In seiner Erklärung zum Evangelium über den Tod Christi bei den Worten: *Unus militum lancea latus eius aperuit* »ein Soldat öffnete mit einem Lanzenstich seine Seite«, sagt der hl. Augustin:[325] »Der Evangelist bedient sich hier absichtlich einer die Aufmerksamkeit weckenden Redeweise, er sagt bei der Erwähnung des Lanzenstiches, den der Soldat dem Herrn am Kreuze gab, nicht: er stieß oder verwundete seine Seite oder dergleichen, sondern er öffnete seine Seite, um uns zu zeigen, dass uns hier die Pforte des Lebens eröffnet wurde, aus der die Sakramente entsprungen sind, ohne welche niemand zum

---

323 Jerem. 2, 13.
324 Is. 12, 3.
325 Vigilanti verbo Evangelista usus est ut non diceret: latus eius percussit aut vulneravit, aut quid aliud, sed aperuit, ut illic quodammodo vitae ostium panderetur unde sacramenta manaverunt sine quibus ad vitam, quae vita vera est, non intratur. Tract. in Joan. 120.

wahren Leben gelangen kann.« Alle diese Quellen entströmten dem Kreuze, der Liebe Jesu Christi; alle teilen sie uns die Früchte des Todes unseres Erlösers in Kraft des Blutes Christi mit.

Wenn wir demnach christlich leben wollen, wenn wir nach Vollkommenheit streben und zur Heiligkeit gelangen wollen, dann müssen wir mit Freuden, *in gaudio*, schöpfen, denn es sind die Quellen des Lebens auf Erden und der Seligkeit im Himmel. – »Wer dürstet, der komme zu mir und trinke«.[326] »Wer von dem Wasser trinkt, das ich ihm gebe, den wird nicht mehr dürsten, und das Wasser, das ich ihm gebe, wird ihm eine lebendige Quelle werden, die fortströmt ins ewige Leben«.[327] »Kommet, Geliebte,« ruft der Erlöser uns zu, »kommet, berauschet euch.« *Inebriamini carissimi.*[328] Kommt und trinkt von diesen Quellen, durch die ich euch noch verhüllt vom Schleier des Glaubens mein eigenes Leben hier auf Erden mitteile, – bis zu jenem Tage, an dem die Schleier fallen und ich selbst euch werde zu trinken geben vom Strome meiner Seligkeit: *Et torrente voluptatis tuae potabis eos.*[329]

4

Die Reichtümer der Gnade Christi sind so groß – der hl. Paulus nennt sie unerforschlich, also unerschöpflich; *investigabiles divitiae Christi* – dass auch die Sakramente sie nicht erschöpfen. Auch außerhalb der Sakramente lebt und wirkt Christus in uns und zwar durch unsere Verbindung mit ihm im Glauben.

Eine Szene, welche uns der hl. Lukas berichtet, möge diesen Gedanken besser erklären. Auf einer seiner apostolischen Reisen wird der Herr vom Volke umdrängt. Da nähert sich ihm eine kranke Frau, um Heilung zu erbitten. Voll Vertrauen berührt sie den Saum seines Kleides. Und sogleich fragt der Herr die Umstehenden: »Wer hat mich angerührt?« – Petrus erwidert ihm: »Herr, das Volk drängt von allen Seiten heran und du fragst: wer hat mich angerührt?« Aber der Herr besteht darauf: »Jemand hat mich berührt; denn eine Kraft ist ausgegangen von mir.« – In der Tat war in eben diesem Augenblick

---

326 Joan. 7, 38.
327 Joan. 4, 13.
328 Cant. 5, 1.
329 Ps. 35, 9.

108

die kranke Frau geheilt worden und das auf Grund ihres Glaubens: *Fides tua te salvam fecit.*[330]

Ähnlich ergeht es auch uns. So oft wir, auch außerhalb der heiligen Sakramente, uns Christo nähern, geht eine Kraft, eine göttliche Macht von ihm aus und durchdringt unsere Seele, um sie zu erleuchten und ihr Hilfe zu spenden. Wir kennen das Mittel, mit dem wir uns ihm nähern können. Es ist der Glaube. Durch den Glauben treten wir mit Christus in Berührung und durch diese göttliche Berührung wird unsere Seele allmählich umgewandelt.

Christus ist, wie schon gesagt, unter uns erschienen, um uns Anteil nehmen zu lassen an all seinen Schätzen, all seinen Vollkommenheiten. Alles, was sein ist, gehört auch uns; alles seinige ist für uns. Jede Handlung unseres Erlösers ist nicht bloß ein Vorbild, sondern auch eine Quelle von Gnaden für uns. Indem er alle Tugenden übte, hat er uns die Gnade verdient, dass auch wir die gleichen Tugenden üben können, die wir an ihm bewundern, und jedes seiner Geheimnisse birgt eine besondere Gnade, an der wir wirklich teilnehmen sollen.

Gewiss haben jene, die zu des Herrn Zeit in Judäa lebten und an ihn glaubten, ein überfließendes Maß all dieser Gnaden erhalten, die er für alle Menschen verdient hat; dafür zeugt das Evangelium. Der Heiland hatte nicht bloß, wie schon gezeigt, Gewalt, die Krankheiten des Leibes zu heilen, sondern auch jene, die Seelen zu heiligen, wie die Samariterin, die nach ihrem Gespräch mit ihm ihn als den Messias erkannte, oder Magdalena, die Sünderin, die zu ihm als dem Propheten, dem von Gott Gesandten, kam und seine heiligen Füße salbte. Die Berührung mit dem Gottessohne wurde den gläubigen Seelen zur Quelle des Lebens: *Fides tua te salvam fecit.* Ein Blick des Heilandes gibt dem Petrus, der ihn verleugnet hat, die Gnade der Reue. Der Schächer am Kreuze erkennt Jesus als Sohn Gottes an, bittet um einen Platz in seinem Reiche und der sterbende Erlöser gewährt ihm Verzeihung seiner Sünden: »Heute noch wirst du mit mir im Paradiese sein.«

Wir alle wissen das: ja, wir sind so überzeugt davon, dass wir manchmal sagen möchten: »O, hätte ich doch zu Lebzeiten des Herrn mit ihm in Judäa weilen, ihm wie die Apostel nachfolgen, mit ihm reden und bei seinem Tode zugegen sein dürfen, ich wäre gewiss heilig geworden!« Und doch sagt der Herr: »Selig, die mich nicht gesehen

---

330 Luc. 8, 43–48.

haben und doch an mich glauben.« *Beati qui non viderunt et crediderunt.*[331]

Gibt er damit nicht zu verstehen, dass die Verbindung mit ihm durch den Glauben allein viel wirksamer und besser für uns ist? Wir wollen dem Worte unseres göttlichen Meisters glauben, denn seine Worte sind »Geist und Leben«;[332] wir wollen daran festhalten, dass die wirkende Kraft seiner heiligsten Menschheit für uns die gleiche ist, wie für seine Zeitgenossen, denn Jesus lebt in Ewigkeit: *Christus heri et hodie, ipse et in saecula.*[333]

Es kann nicht genug betont werden, wie unermesslich wichtig es für die Seele ist, dass sie in innigster Glaubensverbindung mit dem Herrn bleibe. – Die Israeliten murrten einst auf ihrem Wege durch die Wüste gegen Moses; zur Strafe dafür sandte der Herr Schlangen unter sie, deren Biss sehr schmerzhaft war. Von ihrer Reue gerührt, befahl der Herr dem Moses, eine eherne Schlange aufzurichten, deren Anblick genügte, die Wunden der Kinder Israels zu heilen.[334] Nach den eigenen Worten des Herrn[335] war diese eherne Schlange ein Vorbild des am Kreuze erhöhten Erlösers. Der Heiland sagt: »Wenn ich werde von der Erde erhöht sein, werde ich alles an mich ziehen«.[336] Weil Jesus Christus durch sein Kreuzesopfer uns alle Gnaden verdient hat, ist er uns Quelle alles Lichtes und aller Kraft geworden. – Darum ist ein demütiger, liebender Blick unserer Seele auf die heiligste Menschheit des Herrn für uns so überaus fruchtbringend und wirksam.

Wir denken allzu wenig an die heiligende Kraft, welche die allerheiligste Menschheit Jesu Christi auch außerhalb der Sakramente und unabhängig von ihnen besitzt.[337]

Das Mittel unserer Verbindung mit Christus ist der Glaube an seine Gottheit, an seine Allmacht, an den unendlichen Wert seiner

---

331 Joan. 20, 29.
332 Joan. 6, 64.
333 Hebr. 13, 8.
334 Num. 21, 9.
335 Joan. 3, 14.
336 Joan. 12, 32.
337 Man lese darüber in den geistlichen Übungen des Bischofs von Newport, Mgr. Hedley. Dort kann man aus dem Munde eines der besten aszetischen Schriftsteller hören von der erstaunlichen, ja fast wunderbaren Umwandlungskraft, welche die heiligste Menschheit des Herrn auf die Seelen übt, die sie gläubig betrachten.

110

Genugtuung, an die unerschöpfliche Wirksamkeit seiner Verdienste. Augustin wirft in einer Rede an das Volk von Hippo die Frage auf, wie es möglich sei, dass wir »Christum berühren« können, da er doch in den Himmel aufgefahren ist. *In caelo sedentem quis mortalium potest tangere?* und er antwortet: »Durch den Glauben; wer an Christus glaubt, berührt ihn.« *Sed ille tactus fidem significat; tangit Christum qui credit in Christum.* Der heilige Lehrer erinnert dabei an den Glauben jener Frau, die den Herrn berührte, um geheilt zu werden: *Fide tetigit et sanitas subsecuta est.* Es gab auch damals, sagt er, viele fleischliche Menschen, die in Jesus Christus nur einen Menschen sahen und die Gottheit nicht fanden, der die Menschheit als Schleier diente. Diese haben nicht verstanden, ihn im rechten Sinne zu berühren, weil sie es nicht im Glauben taten. Wer mit Nutzen Jesum Christum berühren will, der glaube an seine Gottheit, die er als Wort Gottes von Ewigkeit her mit dem Vater teilt. *Vis bene tangere? Intellige Christum ubi est Patri coaeternus – et tetigisti.*[338]

Der Glaube an die Gottheit Christi ist das Mittel, das uns mit Jesus Christus in Verbindung bringt; er ist unsere Gnaden- und Lebensquelle – Wenn wir beim Lesen des Evangeliums in unserem Geiste die Worte und Werke des Heilandes erwägen; wenn wir in Gebet und Betrachtung seine Tugenden betrachten; besonders aber wenn wir uns mit der Kirche zur Feier seiner heiligen Geheimnisse verbinden (wie wir es später noch erklären werden); wenn wir uns mit ihm vereinen in irgendeiner unserer Handlungen, sei es dass wir essen oder arbeiten, oder sonst etwas Geziemendes tun im Verein mit den gleichen Handlungen, die der Heiland auf Erden verrichtete; – wenn dies geschieht in Glaube und Liebe, in Demut und Vertrauen, dann geht sozusagen von Christus eine geheimnisvolle Gewalt, eine göttliche Kraft aus, um uns zu erleuchten und zu helfen, dass wir die Hindernisse beseitigen, die seiner göttlichen Wirksamkeit in uns entgegenstehen, und um die Gnade in uns hervorzubringen.

Man wird mir erwidern: Ich fühle aber nichts davon. – Es ist auch nicht notwendig, das zu fühlen. Unser Heiland hat selbst gesagt, dass sein geistiges Reich nicht mit den Sinnen wahrgenommen werden kann.[339] Das übernatürliche Leben beruht nicht in Gefühlen. Wenn Gott uns die Süßigkeit seines Dienstes fühlbar kosten lässt, so müs-

---

338 Sermo 248, c. 2.
339 Luc. 17, 20 ff.

111

sen wir ihm dankbar sein, müssen uns aber dieser niederen Gnade als einer Leiter bedienen, um höher zu steigen, – als eines Mittels zur Hebung unseres Vertrauens. Wir dürfen uns jedoch nicht an diese fühlbaren Tröstungen hängen und besonders nicht unser inneres Leben auf solch fühlbare Frömmigkeit aufbauen, denn diese bildet keine feste Grundlage. Wir irren ebensowohl, wenn wir uns auf dem Wege der Vollkommenheit besonders fortgeschritten wähnen, weil wir fühlbare Andacht haben, als es falsch ist zu glauben, es sei kein geistiger Fortschritt möglich, wenn die Seele in Trockenheit sich befindet. Welches ist denn die wahre, sichere Grundlage des inneren Lebens? Der Glaube, und die Tugend des Glaubens ist eine Tätigkeit unserer höheren Seelenfähigkeiten, des Verstandes und Willens. Was sagt uns der Glaube? Dass Jesus Christus Gott und Mensch zugleich ist, dass seine Menschheit die menschliche Natur eines Gottes ist, die Menschheit jenes unendlichen Wesens, das die ewige Weisheit, die persönliche Liebe und Allmacht ist. Wenn wir daher im Glauben, auch außerhalb der Sakramente, demütig und vertrauensvoll ihm nahen, wie könnten wir dann zweifeln, dass dann eine Gotteskraft von ihm ausgeht, um uns zu erleuchten, zu stärken, zu helfen und zu unterstützen? Niemand hat sich dem Herrn im Glauben genaht, ohne von den Strahlen göttlichen Wohlwollens, die unaufhörlich aus diesem göttlichen Feuerherd des Lichtes und der Wärme strömen, getroffen worden zu sein: *Virtus de illo exibat …*

Jesus Christus, der ins ewige Leben eingegangen ist, *semper vivens*, und dessen Menschheit unauflöslich mit dem ewigen Worte Gottes vereinigt bleibt, wird daher für uns nach dem Maße unseres Glaubens und unseres Eifers, ihm nachzufolgen, eine Licht- und Lebensquelle.

Wenn wir ihn treulich im Leben betrachten, wird er nach und nach sein Bild uns eindrücken, indem er immer klarer sich uns offenbart, uns teilnehmen lässt an den Empfindungen[340] seines göttlichen Herzens und uns die Kraft verleiht, unser Leben mit diesen Empfindungen in Einklang zu bringen. Es unterliegt hier keinem Zweifel, sagt die hl. Theresia, dass wir, um Gott zu gefallen und große Gnaden von ihm zu erhalten, diese seinem heiligsten Willen gemäß durch die allerheiligste Menschheit Jesu Christi suchen sollen, weil der Vater, wie er selbst erklärt hat, an ihr sein größtes Wohlgefallen findet.

---

340 Empfindung ist hier im geistigen Sinne zu nehmen als Willenseigenschaft.

Ich habe dieses unzählige Male erfahren und der Herr selbst hat es mich gelehrt. Ich habe ganz klar erkannt, dass die heiligste Menschheit Christi die Türe ist, durch welche wir eintreten müssen, damit die göttliche Majestät uns ihre hohen Geheimnisse eröffne ... Das ist der Weg, auf dem man ganz sicher geht.[341]

Wir werden dann die Wahrheit des Wortes Jesu an uns erfahren: *Ego sum vitis, vos palmites; qui manet in me et ego in eo, hic fert fructum:*[342] »Ich bin der Weinstock, ihr seid die Reben; wer in mir bleibt und ich in ihm, der bringt viele Frucht.« – Nach der schönen Erklärung des hl. Augustin ist Christus als Mensch dieser Weinstock; als Gott ist er eins mit dem Vater, und daher der Gärtner, der am Weinstock arbeitet, nicht wie der Gärtner auf Erden, äußerlich, sondern innerlich, um das Wachstum der Gnade und des Lebens zu geben. Mit dem hl. Paulus fügt der große Kirchenlehrer bei: derjenige, der pflanzt, ist nichts, noch der begießt, sondern Gott, der das Gedeihen gibt. *Nec tales quales sunt qui extrinsecus operando exhibent ministerium, sed talis ut det etiam intrinsecus incrementum.*[343]

Vom Weinstock, d. h. von Christus, steigt der Saft der Gnade in die Reben, nämlich in unsere Seelen: wenn wir nur mit dem Weinstock verbunden bleiben. Und wie geschieht das?

Durch die Sakramente, besonders durch die heiligste Eucharistie, dem eigentlichsten Sakramente der Vereinigung: *Qui manducat meam carnem et bibit meum sanguinem, in me manet et ego in illo.*[344] »Wer mein Fleisch isst und mein Blut trinkt, der bleibt in mir und ich in ihm.« – Sodann durch den Glauben; der heilige Paulus sagt: *Christum habitare perfidem in cordibus vestris:*[345] durch den liebebeseelten Glauben, d. h. den vollkommenen Glauben, der den Gnadenstand begleitet, wohnt Christus in uns; und so oft wir uns in diesem Glauben mit Christus verbinden, übt Christus auf uns seine heiligende Gewalt aus.[346]

Aber zu diesem Zwecke müssen wir alles fernhalten, was seine Tätigkeit hindert, die Sünde, die freiwilligen Unvollkommenheiten,

341 Vgl. Leben von ihr selbst beschrieben, Kap. 22.
342 Joan. 15, 5.
343 Tract. in Joan. 80.
344 Joan. 6, 57.
345 Ephes. 3, 17.
346 Christus per fidem habitat in nobis, ut dicitur Ephes. 3, et ideo virtus Christi copulatur nobis per fidem. S. th. III, q. 62, a. 5. ad 2.

die Anhänglichkeit an die Geschöpfe und an uns selbst; wir müssen ein lebhaftes Verlangen haben, ihm ähnlich zu werden; unser Glaube muss lebendig und tätig sein: lebendig, d. h. voll unerschütterlichen Vertrauens auf die unendlichen Schätze der Heiligkeit, die in Christo verborgen sind, der unser Alles ist; tätig und wachsam, immer gewillt, uns niederzuwerfen zu Jesu Füßen, um alles zu tun, was er zur Verherrlichung seines Vaters von uns fordert.

Dann lässt, wie das Konzil von Trient erklärt, Christus unaufhörlich seine heiligende Kraft sich in uns ergießen, wie das Blut vom Haupte in die Glieder, der Saft vom Weinstock in die Reben fließt; denn diese heiligende Kraft geht allen unseren guten Handlungen voraus, begleitet sie und folgt ihnen nach: *Ille ipse Christus tamquam caput in membra, et tamquam vitis in palmites, in ipsos iustificatos iugiter virtutem influit: quae virtus bona eorum opera semper antecedit, et comitatur et subsequitur.*[347] Durch die Gnade Christi allein werden wir heilig und Gott, dem Vater, wohlgefällig, so dass durch ihn und in ihm alle Verherrlichung dem Vater zukommt. Weil der Vater seinen Sohn liebt, hat er ihn zum Haupte aller Auserwählten gesetzt und ihm alles in die Hand gegeben: *Pater amat Filium et omnia dedit in manu eius.*[348]

Bemerkung

Es folge hier eine Stelle aus dem hl. Thomas (Qu. 27. De veritate, a. 4. corp.) zur Veranschaulichung der im Vorhergehenden dargelegten Anschauung. Der hl. Thomas sagt: »Die menschliche Natur unseres Erlösers ist das Werkzeug der Gottheit, und darum nimmt sie teil an der göttlichen Macht; z. B. als Christus den Aussätzigen durch Berührung heilte, da bewirkte diese Berührung nach Weise eines Werkzeuges die Heilung. Die Menschheit Christi übt aber diese Kraft eines Werkzeuges, die sie über den Körper besaß, auch in der geistigen Ordnung aus; sein Blut, das er für uns vergoss, hat heilende Kraft zur Vergebung der Sünden. Die Menschheit Christi ist also werkzeugliche Ursache unserer Heiligung und diese erlangen wir geistigerweise durch den Glauben, physischerweise durch die Sakramente, da die Menschheit Jesu Christi Geist und Körper ist. Auf solche Weise müssen wir in uns die Wirkung jener Heiligkeit, die in Christus wohnt, aufnehmen. Das größ-

---

347 Concil. Trid. Sess. VI, c. 16.
348 Joan. 3, 35.

114

te unter den Sakramenten ist darum auch jenes, das wirklich und wahrhaft den Leib unseres Erlösers enthält, nämlich das heiligste Altarssakrament, welches das Ziel und die Krönung aller anderen Sakramente ist. Diese alle erhalten etwas von jener großen heiligenden Kraft, in der die Menschheit Christi Werkzeug unserer Rechtfertigung ist, so dass nach des hl. Paulus Worten (Hebr. 10) der Christ durch die Taufe geheiligt wird, wie er geheiligt wird durch Christi Blut. Das Leiden des Herrn wird also in den Sakramenten des Neuen Bundes wirksam; und letztere sind gleich Werkzeugen behilflich, die Gnade hervorzubringen.«

DIE KIRCHE,
DER MYSTISCHE LEIB CHRISTI

INHALTSÜBERSICHT: *Die Kirche, ein Geheimnis, das untrennbar mit dem Geheimnisse Christi verbunden ist; beide sind eins. – I. Die Kirche ist eine auf die Apostel gegründete Gemeinschaft: in ihren Händen ruht die Bewahrung der Lehre und der Gewalt Christi, die Austeilung seiner Sakramente, die Fortführung seines Gottesdienstes. Nur durch die Kirche kommt man zu Christus. – II. Die Notwendigkeit des sichtbaren Charakters der Kirche kennen wir aus der Tatsache, dass Gott uns durch Menschen leiten lassen will. Diese übernatürliche Heilsordnung ergibt sich folgerichtig aus der Menschwerdung Christi; sie dient zur Verherrlichung Jesu und ist eine Prüfung unseres Glaubens. Unsere Pflichten gegen die Kirche. – III. Die Kirche der mystische Leib Christi; Christus ist infolge seiner alles überragenden Stellung das Haupt. Die tiefe Folgerung aus dieser Einheit: »Wir bilden zusammen Christus«, wir sind alle eins in Christus. Bleiben wir eins mit Christus und miteinander durch die Liebe.*

Die vorhergehenden Betrachtungen haben uns in der Überzeugung befestigt: Der Heiland muss uns alles sein. Er ist von seinem himmlischen Vater bestimmt worden, in seiner Eigenschaft als Sohn Gottes und in seinem Tugendleben das einzige Idealbild unserer Heiligkeit zu sein. Durch sein Leben, Leiden und Sterben hat er verdient, für immer zum alleinigen Ausspender aller Gnaden bestellt zu werden. Von ihm kommt jede Gnade, strömt alles göttliche Leben in unsere Seelen. Der hl. Paulus erklärt, dass Gott alles zu den Füßen Christi gelegt und ihn zum Haupte gesetzt habe über die ganze Kirche, die sein Leib ist und die Erfüllung dessen, der alles in allem erfüllt. *Omnia subiecit sub pedibus eius (Christi), et ipsum dedit caput supra omnem Ecclesiam, quae est corpus ipsius et plenitudo eius.*[349]

Mit diesen Worten, die sich auf die heilige Kirche beziehen, schließt der Apostel seine Ausführungen über das Heilsgeheimnis Jesu Christi. Wir werden dieses Geheimnis nur dann verstehen, wenn wir dem heiligen Paulus in seinen Ausführungen folgen.

Christus kann ohne die Kirche nicht gedacht werden. In seinem ganzen Leben, bei all seinen Handlungen hatte Jesus kein anderes Ziel als die Ehre seines Vaters. Sein vorzüglichstes Werk aber zur Erreichung dieses Zweckes ist die Gründung der heiligen Kirche. Der

---

349 Ephes. 1, 22–23.

Heiland kommt auf die Erde herab, um die Kirche zu gründen und einzurichten. Dieses Werk ist das Ziel seines ganzen Lebens, das er mit seinem Leiden und Tode erreicht. Die Liebe zum Vater hat den Heiland bis Golgotha geführt, um dort die Kirche zu stiften und sie zu seiner makellosen Braut zu machen, indem er sie in unendlicher Liebe in seinem eigenen Blute heiligte: *Dilexit Ecclesiam et seipsum tradidit pro ea ut illam sanctificaret.*[350]

So der hl. Paulus. Wir wollen nun zu erforschen suchen, was für den hl. Paulus jene Kirche bedeutet, deren Name untrennbar mit dem des Herrn selbst verbunden, uns in seinen Briefen so oft begegnet.

Wir können die Kirche unter zwei Gesichtspunkten betrachten; als sichtbare, von hierarchisch geordneten Vorstehern geleitete Gemeinde, die Jesus Christus gegründet hat, um sein Heilswerk auf Erden fortzusetzen; dieser sichtbare Organismus wird vom Heiligen Geiste beseelt; so betrachtet, kann die Kirche der mystische Leib Christi genannt werden. Wir können auch die Seele der Kirche betrachten, d. h. den Heiligen Geist in seiner Vereinigung mit den Seelen durch die Gnade und die Liebe.

Gewiss ist die Vereinigung mit der Seele der Kirche, d. h. die Vereinigung mit dem Heiligen Geist durch die heiligmachende Gnade und die Liebe wichtiger, als die Zugehörigkeit zum Leib der Kirche, d. h. die Einverleibung in den sichtbaren Organismus; aber der normalen Heilsordnung des Christentums nach nehmen die Seelen nur durch die Zugehörigkeit zur sichtbaren Gemeinschaft teil an den Gütern und Vorrechten, die der Vereinigung mit der Seele der Kirche entfließen.

1

Wir haben weiter oben schon das Zeugnis des hl. Petrus erwähnt, das er im Namen der übrigen Apostel für die Gottheit Jesu Christi ablegte: »Du bist Christus, der Sohn des lebendigen Gottes.« Und der Heiland erwidert ihm: »Selig bist du, Petrus, denn Fleisch und Blut haben dir dies nicht geoffenbart, sondern mein Vater, der im Himmel ist. Ich aber sage dir: Du bist Petrus, und auf diesem Felsen will ich meine Kirche bauen, und die Pforten der Hölle werden sie nicht überwältigen. Und dir will ich die Schlüssel des Himmelreiches geben.«[351]

---

350 Ephes. 5, 25–26.
351 Matth. 16, 16–19.

Das ist zunächst nur eine Verheißung als Lohn für das Bekenntnis des hl. Petrus über die Gottheit seines Meisters. Nach der Auferstehung,[352] da der Herr noch inmitten seiner Jünger weilt, spricht er zu Petrus:

»Liebst du mich?« Und der Apostel antwortet ihm: »Ja, Herr, ich liebe dich.« – Der Herr erwidert ihm: »Weide meine Lämmer!« Dreimal wiederholt der Heiland seine Frage, und bei jeder Beteuerung des hl. Petrus setzt er ihn und seine Nachfolger zum sichtbaren Hirten seiner Herde ein, sowohl der Lämmer wie der Schafe. Diese Einsetzung erfolgt erst, nachdem Petrus durch eine dreimalige Beteuerung seiner Liebe die dreimalige Verleugnung gesühnt hat. Der Heiland verlangt also von seinem Apostel ein Bekenntnis seiner Gottheit, ehe er sein Versprechen erfüllt, auf ihn seine Kirche zu gründen.

Es bedarf hier keiner genaueren Darlegung, wie diese zur Erhaltung des übernatürlichen Lebens in den Seelen von Christus auf Petrus und die übrigen Apostel gegründete Kirche, sich entwickelt, geordnet und auf der ganzen Welt verbreitet hat.

Wir müssen nur festhalten, dass die Kirche hienieden den Zweck hat, das Erlösungswerk Jesu Christi fortzusetzen durch ihre Lehr- und Schlüsselgewalt, durch die Sakramente und den Gottesdienst. Durch ihre Lehre, welche sie in lebendiger und ununterbrochener Überlieferung rein und unversehrt erhält – durch ihre Schlüsselgewalt, kraft derer sie befähigt ist, uns im Namen Christi zu leiten – durch die Sakramente, indem sie es uns ermöglicht, aus den Gnadenquellen zu schöpfen, die der Erlöser hervorbrechen ließ; durch den Gottesdienst, den sie näher bestimmt und hinordnet auf den einen Zweck, Jesu Christo und dem Vater alle Ehre und alle Verherrlichung darzubringen.

Auf welche Weise setzt die Kirche in ihrer Lehre und ihrer Schlüsselgewalt das Erlösungswerk Christi fort?

Als der Sohn Gottes auf die Erde herabgekommen war, bestand die einzige Möglichkeit zum Vater zu kommen, in der völligen Unterwerfung unter seinen Sohn Jesus: *Hic est filius meus dilectus, ipsum audite;* »dieses ist mein geliebter Sohn; ihn sollt ihr hören«.[353] Am Anfang der öffentlichen Tätigkeit des Erlösers stellte der Vater den Juden seinen Sohn dar mit den Worten: »Höret ihn, denn er ist mein geliebter Sohn; ich sende ihn, damit er euch die Geheimnisse meines

---

352 Joan. 21, 15–17.
353 Matth. 17, 5.

118

göttlichen Lebens und meinen Willen enthülle«: *Ipse enarravit – ipsum audite.* Seit seiner Himmelfahrt aber hat Christus seine Kirche auf Erden zurückgelassen, und diese Kirche bildet gleichsam die Fortdauer seiner Menschwerdung unter uns. Die Kirche spricht zu uns durch ihr Oberhaupt, den Papst und die Bischöfe samt den ihnen unterstellten Priestern mit, der Lehrgewalt Christi selbst.

Während seines Erdenlebens trug der Erlöser die Unfehlbarkeit in sich: *Ego sum veritas:* »Ich bin die Wahrheit; ich bin das Licht; wer mir nachfolgt, wandelt nicht in Finsternis, sondern er komm zum unvergänglichen Lichte«.[354] – Bevor er aber von uns ging, hat er der Kirche seine Gewalt übergeben: *Sicut misit me Pater, et ego mitto vos:* »Wie mich der Vater gesandt hat, so sende ich euch;[355] wer euch hört, der hört mich; wer euch verachtet, der verachtet mich; wer aber mich verachtet, der verachtet den, der mich gesandt hat.« *Qui vos audit, me audit; et qui vos spernit, me spernit; qui autem me spernit, spernit eum, qui misit me.*[356]

»Wie ich meine Lehre vom Vater habe, so ist die Lehre, welche ihr verkündet, von mir; wer diese Lehre aufnimmt, nimmt meine Lehre auf, die wieder die Lehre des Vaters ist; wer sie zurückweist, gleich viel auf welche Art und in welchem Maße, der weist meine Lehre zurück, verachtet mich, verachtet den Vater.« – Wir sehen also, dass der Kirche von Christus alle Gewalt und die Unfehlbarkeit ihrer Lehre zuteil wird, und verstehen daher, dass wir unser ganzes Sein, Denken und Können der Kirche unterwerfen müssen, wenn wir zum Vater kommen wollen. Das Christentum in seinem wahrsten Sinne besteht eigentlich nur in der völligen Unterwerfung unter die Lehre und die Gesetze der Kirche.

Diese Unterwürfigkeit unterscheidet in letzter Linie Katholik und Protestant voneinander. Der Protestant z. B. glaubt an die wirkliche Gegenwart des Herrn im heiligsten Sakrament, etwa weil er durch eigene Forschung und Schlussfolgerung diese Lehre in der Heiligen Schrift und der Überlieferung findet; der Katholik aber glaubt daran, weil die Kirche, die Christi Stelle vertritt, es ihn so lehrt. Beide glauben dieselbe Wahrheit, aber sie glauben sie aus verschiedenen Gründen. Der Protestant unterwirft sich keiner Autorität, er stützt sich nur auf sich selbst; der Katholik aber nimmt Christus an mit allem,

---

354   Joan. 14, 6; 8, 12.
355   Joan. 20, 21.
356   Luc. 10, 16.

was er gelehrt und angeordnet hat. Das Christentum ist, praktisch aufgefasst, die Unterwerfung unter Christus in der Person des Papstes und der mit ihm vereinten Bischöfe: Die Unterwerfung des Verstandes unter ihre Lehren, die Unterwerfung des Willens unter ihre Anordnungen. Das ist ein sicherer Weg, denn der Herr ist »mit seinen Aposteln bis zum Ende der Welt« und er hat »gebetet für Petrus und seine Nachfolger, damit ihr Glaube nicht abnehme«.[357]

Von der Kirche erhalten wir die Lehre Christi; in der Kirche setzt sich auch die Mittlertätigkeit Christi weiter fort.

Christus kann, wie schon oben gesagt,[358] seit seinem Tode keine Verdienste mehr erwerben; aber er lebt immerdar, um beim Vater für uns einzutreten.[359] Wie ebenfalls schon weiter oben gesagt wurde, hat Christus die Sakramente eingesetzt und sie als Mittel bestimmt, um nach seiner Himmelfahrt uns seine Verdienste zuzuwenden und seine Gnade uns zu verleihen. Diese Sakramente aber finden wir in der Kirche. Ihr hat Christus diese Gnadenmittel anvertraut. Vor seiner Himmelfahrt sprach er zu den Aposteln und in ihnen zu ihren Nachfolgern: »Gehet hin und lehret alle Völker und taufet sie im Namen des Vaters und des Sohnes und des Heiligen Geistes«.[360] Er teilte ihnen seine Gewalt mit, die Sünden nachzulassen oder sie zu behalten: »Welchen ihr die Sünden nachlassen werdet, denen sind sie nachgelassen; welchen ihr sie behaltet, denen sind sie behalten«.[361] Er gab ihnen den Auftrag, in seinem Namen und zu seinem Andenken das Opfer seines Leibes und Blutes zu erneuern.

Wer also in die Familie Gottes eintreten, seinen Kindern beigezählt und ein Glied Christi werden will, der muss sich an die Kirche wenden. Ihre Taufe allein ist die Tür, durch die wir eintreten müssen. Auch um Vergebung der Sünden zu erlangen, müssen wir uns an die Kirche und nur an sie wenden.[362] Wenn wir nach der Nahrung unse-

---

357 Luc. 22, 32.
358 Siehe weiter oben Vortrag S. 108 ff.
359 Hebr. 7, 25.
360 Matth. 28, 19.
361 Joan. 20, 23.
362 Der Fall der Unmöglichkeit bleibt hier natürlich außer Betracht; in diesem Falle genügt die vollkommene Reue. – Wir sprechen hier von der Regel, nicht von den Ausnahmen, die sehr zahlreich sein können. Übrigens umfasst die vollkommene Reue wenigstens implicite oder einschlussweise auch den Entschluss und die ernstliche Absicht, sich an die Kirche zu wenden.

rer Seelen verlangen, können wir sie nur von den Dienern der Kirche erwarten, die im Sakramente der Weihe die Gewalt erhalten haben, uns das Brot des Lebens zu spenden. Jede eheliche Verbindung zwischen Getauften ist Sünde, wenn sie nicht von der Kirche gesegnet wurde. Alle Heilsmittel, die der Herr verordnet, alle Gnadenquellen, die er für uns hat entspringen lassen, sind der Kirche übergeben; bei ihr nur können wir sie finden; ihr hat Jesus Christus sie anvertraut.

Endlich hat der Herr seiner Kirche die Aufgabe zugewiesen, sein Werk des Gebetes hienieden fortzusetzen. Während seines Lebens hat Jesus seinem Vater ein vollkommenes Lobopfer dargebracht. Seine Seele war ununterbrochen in die Betrachtung der Vollkommenheiten Gottes versenkt, und dieser Betrachtung entquoll eine ununterbrochene Anbetung, ein beständiger Lobpreis des Vaters. Durch die Menschwerdung vereinigte der Heiland die ganze Menschheit mit sich zu diesem Lobgebete. Als er die Erde verließ, übergab er seiner Kirche die Pflicht, in seinem Namen dem Vater den schuldigen Lobpreis darzubringen. Die Kirche umkleidet daher den Mittelpunkt unserer öffentlichen Gottesverehrung, die heilige Messe, mit einer Reihe gottesdienstlicher Handlungen, die sie allein im Namen Christi, ihres Bräutigams bestimmen darf. Sie setzt eine wunderbar einheitliche Gesamtheit von Gebeten, Zeremonien und Gesängen fest, die das hehre Opfer umranken. Sie verteilt auf den Lauf des Kirchenjahres die Feier der Geheimnisse ihres göttlichen Bräutigams, so dass ihre Kinder diese Geheimnisse alljährlich neu erleben, dafür Dank sagen und aus ihnen das göttliche Leben schöpfen können, das diese Geheimnisse für uns enthalten, weil Christus sie gelebt hat. Der gesamte kirchliche Gottesdienst gründet sich auf Christus. Die Kirche stützt sich auf die unendlichen Verdienste Jesu, auf seine Eigenschaft als unser gemeinsamer ewig lebender Mittler beim Vater und darum beschließt sie alle ihre Gebete mit den Worten: *Per dominum nostrum Iesum Christum qui tecum vivit et regnat.* In gleicher Weise steigt auch alle Anbetung und aller Lobpreis der Kirche durch Christus zum Vater im Himmel empor, um wohlgefällig aufgenommen zu werden im Heiligtum der göttlichen Dreifaltigkeit. *Per ipsum et cum ipso et in ipso, est tibi Deo Patri omnipotenti in unitate Spiritus Sancti, omnis honor et gloria*: »Durch ihn und mit ihm und in ihm gebührt dir, allmächtiger Vater, in der Einigkeit des Heiligen Geistes alle Ehre und Herrlichkeit«. (Messkanon.)

Solcherart setzt die Kirche auf Erden das Gotteslob Christi fort. – Die Kirche ist die rechtmäßige Hüterin der Lehre und des Gesetzes Christi; sie ist die Austeilerin seiner Gnaden unter den Menschen, sie ist endlich seine Braut, die in seinem Namen Gott dem Vater für alle seine Kinder das vollkommene Lobopfer darbringt.

Somit ist die Kirche innigst mit Christus verbunden, sie besitzt seine Reichtümer in einem solchen Maße, dass man mit Recht sagen könnte, sie sei der durch die Jahrhunderte unter uns lebende Christus selbst. Jesus Christus ist auf die Erde gekommen nicht nur für jene, die zu seiner Zeit in Palästina lebten, sondern für die Menschen aller Zeiten. Nachdem er den Menschen seine sichtbare Gegenwart entzogen, hat er ihnen die Kirche gegeben mit seiner Lehre, seiner Gewalt, seinen Sakramenten, seiner Gottesverehrung, gleichsam als sein anderes Selbst. In der Kirche, nur in ihr, finden wir Jesus Christus selbst. Niemand kommt zum Vater – und darunter ist alles zu verstehen, was sich auf unser Heil und unsere Heiligung bezieht – niemand kommt zum Vater außer durch Christum: *Nemo venit ad Patrem nisi per me.*[363] Doch dürfen wir dabei jene andere ebenso wichtige Wahrheit nicht vergessen: niemand kommt zu Christus, außer durch die Kirche. Wir gehören Christus nicht an, wenn wir nicht der Kirche angehören, sei es der Tat oder wenigstens dem Willen nach; nur in der Einheit der Kirche leben wir vom Leben Christi.

2

Die Kirche ist eine sichtbare Gemeinschaft. Sie besteht in ihrer Hierarchie aus dem Papste, dem Nachfolger des hl. Petrus, den Bischöfen und den Priestern, die unter dem Papste und den Bischöfen im Namen Christi die Gläubigen regieren und leiten. Jesus Christus wollte die Menschen durch Menschen leiten und heiligen. Es ist dieses eine tiefe Wahrheit, bei der wir etwas verweilen müssen. Seit der Menschwerdung bedient sich Gott der Menschen, um mit uns in Verbindung zu treten. Dies versteht sich von der gewöhnlichen Ordnung der Dinge, nicht von Ausnahmen, durch welche Gott hier wie überall seine unbeschränkte Freiheit zur Geltung bringt. So könnte Gott uns unmittelbar kundtun, was wir tun müssen, um selig zu werden; aber er tut dies nicht, denn es wäre nicht seiner Anordnung entsprechend. Er

---

363 Joan. 14, 6.

122

weist uns an einen Menschen, der zwar in Glaubenssachen unfehlbar, aber im übrigen ein Mensch ist wie wir und von dem wir dennoch alle Wahrheit der Lehre empfangen sollen. – Oder: es hat jemand eine Sünde begangen. Mag er sich nun vor Gott niederwerfen, mag er alle Arten von Buße auf sich nehmen: Gott sagt dennoch: »Wenn du Verzeihung erlangen willst, musst du dich demütigen vor einem Menschen, den mein Sohn als seinen Stellvertreter aufgestellt hat, und musst ihm deine Sünde bekennen.« Ohne dieses Bekenntnis einem Menschen gegenüber gibt es bei mir keine Verzeihung. Die innigste und tiefste Reue, die schrecklichsten Bußübungen genügen nicht zur Tilgung einer einzigen schweren Sünde, wenn man nicht gewillt ist, diesen Akt der Demut auf sich zu nehmen und dem menschlichen Stellvertreter Christi die Schuld zu bekennen.

Dieses ist der ewige Heilsplan Gottes: Von Ewigkeit her hat Gott die Menschwerdung seines Sohnes beschlossen; nachdem aber sein Sohn die menschliche Natur angenommen und in dieser die Welt erlöst hat, soll nach Gottes heiligstem Willen die Gnade weitervermittelt werden durch schwache Menschen. Es ist eine Ausdehnung, eine Fortsetzung der Menschwerdung Christi. In der Person seines menschgewordenen Sohnes hat Gott sich uns genähert, und durch die Glieder dieses seines Sohnes setzt er diese Annäherung an die Menschenseelen fort. Dadurch will Gott seinen Sohn erhöhen; er will alles in Beziehung setzen zu seiner Menschwerdung, indem er bis zum Ende der Zeiten das ganze Heil und die Heiligung der Menschheit an dieselbe bindet.

Gott hat diese Heilsordnung aber auch dazu eingesetzt, dass unser Glaubensleben sich betätige. In der Kirche ist nämlich ein Doppeltes zu unterscheiden: ein menschliches und ein göttliches Element.

Das erstere besteht in der menschlichen Schwäche jener, die von Christus die Gewalt erhalten haben, uns zu regieren – Wie schwach war Petrus! Auf das Wort einer Magd hin verleugnet er den Herrn und zwar am Tage seiner Priesterweihe! Der Heiland kannte diese Schwäche sehr wohl, denn nach seiner Auferstehung verlangt er von seinem Apostel eine dreimalige Beteuerung seiner Liebe in Erinnerung an die dreimalige Verleugnung. Und gleichwohl baut der Heiland auf ihn seine Kirche: »Weide meine Lämmer, weide meine Schafe!« Auch Petri Nachfolger sind schwache Menschen. Die Unfehlbarkeit in Sachen des Glaubens verleiht ihnen keineswegs das

Vorrecht der Sündenlosigkeit. Gewiss hätte der Herr ihnen auch dieses geben können; aber er hat es nicht gewollt, damit wir um so mehr Gelegenheit hätten, unseren Glauben zu betätigen.

Die gläubige Seele weiß unter der menschlichen Schwäche das göttliche Element zu finden: Die Irrtumslosigkeit der Lehre, die stets rein bewahrt wurde trotz allen Ansturmes von Häresie und Schisma; die Einheit dieser Lehre, die durch das unfehlbare Lehramt erhalten blieb; das nie fehlende Merkmal heldenmütiger Heiligkeit, die sich im Laufe der Zeit unter den mannigfaltigsten Formen in der Kirche offenbart; die ununterbrochene Aufeinanderfolge, in der die Kirche unserer Tage Glied an Glied bis zu den Zeiten der Apostel zurückreicht; ihre unaufhaltsame Ausbreitung über die ganze Erde; das sind die sicheren Zeichen, an denen wir erkennen, dass der Herr mit seiner Kirche ist »bis zum Ende der Zeiten«.[364]

Wir dürfen also großes Vertrauen haben zu der Kirche, die Christus uns zurückgelassen hat: sie ist sein zweites Selbst. Wir haben das große Glück, Christo anzugehören, wenn wir seiner einen, römisch-katholischen und apostolischen Kirche angehören. Wir sollen uns darüber freuen und Gott unaufhörlich danken, dass er uns hat eintreten lassen »in das Reich seines vielgeliebten Sohnes«;[365] bietet es uns ja doch eine ungemein große Sicherheit, dass wir durch die Eingliederung in seine Kirche Gnade und Leben aus ihren ureigensten göttlichen Quellen schöpfen können.

Wir sollen aber auch den kirchlichen Obern den Gehorsam leisten, den Christus von uns verlangt. Diese Unterwerfung unseres Verstandes und unseres Willens muss Christo geleistet werden in der Person unserer Oberen, sonst ist sie Gott nicht wohlgefällig.

Diesen Gehorsam müssen wir allen geistlichen Obern leisten, an erster Stelle dem Stellvertreter Christi auf Erden, dem Papste, dann den Bischöfen, die mit ihm vereint sind und die zu unserer Leitung und Regierung vom Heiligen Geiste erleuchtet werden. Diese innere Unterwürfigkeit, kindliche Ehrfurcht und praktisch tätiger Gehorsam machen uns zu wahren Kindern der Kirche.

Die Kirche ist die Braut Christi und unsere Mutter. Wir müssen sie lieben, weil sie uns zu Christus führt und uns mit Christus verbindet. Wir müssen ihre Lehre lieben und ehren, weil sie die Lehre

---

364 Matth. 28, 20.
365 Col. 1, 13.

124

Christi ist. Wir müssen ihren Gottesdienst lieben und unsere Gebete mit den ihren vereinen; denn es ist das Gebet der Braut Christi, und wir haben keines, das uns heilsamer und Christo angenehmer wäre. Mit einem Worte also: wir müssen uns der Kirche anschließen und allem, was von ihr kommt, die gleiche Liebe und Ehrfurcht entgegenbringen, die wir der Person des göttlichen Erlösers und den von ihm selbst gespendeten Gaben entgegengebracht hätten, wenn wir ihm während seines Erdenlebens begegnet wären.

So stellt sich uns die Kirche dar als sichtbare Gemeinschaft. Der hl. Paulus vergleicht sie »mit einem Gebäude, das erbaut ist auf dem Grunde der Apostel und dessen Eckstein Christus selbst ist«. *Ipso summo angulari lapide Christo Iesu.*[366] Wir leben in diesem Hause Gottes »nicht wie Fremde oder flüchtige Gäste, sondern als Mitbürger der Heiligen, als Glieder der Gottesfamilie. Und auf Christus stützt und erhebt sich das ganze, wohlgefügte Gebäude, damit es ein heiliger Tempel sei im Herrn«.

3

Ein anderes Bild begegnet uns noch häufiger in den Briefen des hl. Paulus, ein Bild, das noch bezeichnender, weil dem Leben selbst entnommen ist, besonders aber weil es uns eine noch tiefere Auffassung von der Kirche vermittelt, indem es die innersten Beziehungen zwischen Christus und der Kirche aufdeckt. Diese Beziehungen drückt der Apostel aus mit den Worten: Die Kirche ist ein Leib, dessen Haupt Christus ist.[367]

Wenn der hl. Paulus die Kirche als sichtbare und nach Rangordnung gegliederte Vereinigung kennzeichnet, so sagt er auch, dass Christus, der Stifter der Kirche, in ihr »die einen zu Aposteln bestimmt hat, die andern zu Propheten, wieder andere zu Predigern, zu Lehrern oder Hirten«. Zu welchem Zwecke? »Damit sie arbeiten zur Vollendung der Heiligen, zur Ausübung des Dienstes und zur Erbauung des Leibes Christi« und zwar so lange, »bis wir alle gelangen zur

---

366 Eph. 2, 19–21.
367 1. Cor. 12, 12. Der Apostel bringt auch noch andere Wendungen. Er sagt: Wir sind mit Christus vereint, wie die Zweige mit dem Stamme (Rom. 6, 5). Wie Bausteine im Gebäude (Eph. 2, 21–22); doch besonders gern gebraucht er das Bild vom Haupte und den Gliedern.

Einheit des Glaubens und der Erkenntnis des Sohnes Gottes, zur vollen Mannesreife, zum Altersmaße der Fülle Christi«.[368]

Was besagen diese Worte?

Wir bilden mit Christus einen Leib, der sich immer mehr entfalten und seine ganze Vollkommenheit erreichen soll. Es handelt sich hier selbstverständlich nicht um den natürlichen, physischen Leib Christi, der geboren ist aus Maria der Jungfrau; dieser Leib hat ja schon längst seine volle Entwicklung erreicht. Von dem Augenblicke an, da Christus lebend und glorreich aus dem Grabe hervorging, ist sein verklärter Leib keiner Änderung mehr fähig; er besitzt die Fülle der Vollkommenheit, die ihm gebührt.

Aber nach dem hl. Paulas gibt es noch einen anderen Leib, den sich Christus im Laufe der Zeiten bildet, und dieser Leib ist die Kirche; es sind die Seelen, die durch die Gnade das Leben Christi in sich tragen. Sie alle bilden mit Christus vereint einen einzigen Leib, einen geheimnisvollen mystischen[369] Leib, dessen Haupt Christus ist. »Christus nimmt in uns Gestalt an«.[370] »Wir müssen in ihm zunehmen.«[371] Es ist das ein Lieblingsgedanke des großen Apostels, den er nachdrücklich hervorhebt, wenn er die Verbindung Christi und der Kirche mit jener vergleicht, die im menschlichen Körper zwischen dem Leibe und dem Haupte besteht.[372] Er schreibt: »Wie wir an einem Leibe viele Glieder haben, so sind wir, die vielen, ein Leib in Christo«.[373] »Die Kirche ist der Leib, Christus das Haupt.«[374] Zudem nennt er die Kirche die Fülle, die Vollendung Christi,[375] wie die Glieder die Voll-

---

368 Eph. 4, 11–13.

369 Mystisch (geistig) steht hier nicht im Gegensatz zu wirklich, sondern zu natürlich, physisch, wie wir noch sehen werden. Es heißt mystisch (geistig), nicht allein um ihn von dem natürlichen Leibe Christi zu unterscheiden, sondern auch um die übernatürliche und zugleich innige Verbindung zwischen Christus und der Kirche auszudrücken, jene Verbindung, welche durch Geheimnisse, die allein der Glaube kennt, begründet und genährt wird. Die Kirche ist ein lebendiger Leib; sie lebt durch den Heiligen, Geist von der Gnade Christi.

370 Gal. 4, 19.

371 Eph. 4, 15.

372 Besonders im 1. Korintherbrief (12, 12–30) ist dieser Gedanke mit Nachdruck entwickelt.

373 Rom. 12, 4–5.

374 1. Cor. 12, 12.

375 Eph. 1, 23.

126

endung des Körpers sind. Und er zieht daraus den Schluss: »Ihr seid alle eins in Christo.«[376]

Die Kirche bildet also mit Christus einen Leib. Nach den Worten des hl. Augustin, in denen wir den Widerhall der Worte Pauli finden, kann Christus ohne die Kirche nicht voll und ganz gedacht werden: beide sind untrennbar voneinander, wie das Haupt nicht getrennt werden kann vom Körper. Christus und seine Kirche bilden ein einziges Wesen, den ganzen Christus: *Totus Christus caput et corpus est: caput Unigenitus Dei filius, et corpus eius Ecclesia.*[377]

Inwiefern ist nun Christus das Haupt, der Herr der Kirche? Weil er den Vorrang einnimmt. Zunächst den Vorrang in der Ehre: *Deus exaltavit illum et donavit illi nomen quod est super omne nomen.* »Gott hat seinem Sohn einen Namen gegeben, der da ist über alle Namen, damit sich vor ihm beugen die Knie aller.«[378] Dann aber auch den Vorrang in der Macht. *Data est mihi omnis potestas.* »Mir ist alle Gewalt gegeben vom Vater.«[379] Doch vor allem hat Christus den Vorrang an Leben und innerem Einfluss auf seinen Leib. *Deus omnia subiecit sub pedibus eius et ipsum dedit caput super omnem Ecclesiam.* »Gott hat ihm alles unterworfen und ihn zum Haupte der Kirche gemacht.«[380]

Wir alle sind berufen, vom Leben Christi zu leben; aber wir müssen dieses Leben von Christus empfangen. Jesus Christus hat, wie schon oben gesagt, durch seinen Tod das Vorrecht und die Gewalt erhalten, alle Gnaden zu spenden und zwar »jedem Menschen, der in diese Welt kommt«. Er hat aber auch das einzige Vorrecht göttlicher Einwirkung und wird für alle Seelen, allerdings für jede in verschiedenem Maße, die einzige Quelle lebenspendender Gnade.[381] Der hl.

---

376 Gal. 3, 28.

377 De unitate Eccles. 4. Keiner weiß diesen Gedanken besser zu geben als Augustin, er hat ihn besonders entwickelt in seinen: Enarrationes in Psalmos.

378 Phil. 2, 9.

379 Matth. 28, 18.

380 Eph. 1, 22.

381 Diese göttliche und tief innere Tätigkeit Christi in den Seelen, die seinen mystischen Leib bilden, unterscheidet seine Verbindung von jener moralischen Verbindung, die zwischen dem Haupte einer menschlichen Gesellschaft und ihren Gliedern besteht. In diesem letzteren Falle hat die Obrigkeit nur einen äußeren Einfluss und erstreckt sich nur darauf, die verschiedenen Strebungen der einzelnen Glieder zu ordnen und zu einem bestimmten Ziele hinzulenken; die Tätigkeit Christi in seiner Kirche

Thomas sagt: »Christus hat die Fülle der Gnade erhalten nicht bloß für sich, sondern auch als Haupt der Kirche«.[382] Gewiss, Christus verteilt die Schätze seiner Gnade an die Seelen auf ungleiche Weise, und zwar deswegen, fügt der heilige Thomas bei, damit aus dieser Abstufung die Schönheit und Vollkommenheit seiner Kirche, seines mystischen Leibes, um so schöner hervorstrahle. Das ist auch der Gedanke des hl. Paulus. Nachdem er hervorgehoben hat, dass die Gnade einem jeden erteilt wird »nach dem Maße, wie sie Christus schenkt«, *secundum mensuram donationis Christi*,[383] zählt er die verschiedenen Gnaden auf, welche unsere Seele schmücken, und schließt mit der Erklärung, dass dieselben gegeben sind, »um den Leib Christi zu bilden«. Die Glieder sind verschieden, aber diese Verschiedenheit bildet die Harmonie und Schönheit des einen Körpers.[384]

Christus ist also unser Haupt und die Kirche bildet mit ihm nur einen einzigen geheimnisvollen Leib, dessen Haupt Christus ist.[385] Und die Verbindung zwischen Christus und seinen Gliedern geht bis zur vollen Einigkeit und Lebenseinheit. Wer die Kirche, wer die Seelen, die durch die Taufe und das Leben aus der Gnade Glieder der Kirche sind, anrührt, der rührt Christus selbst an. Das lehrt uns die Geschichte Pauli. Als er die Kirche verfolgte und nach Damaskus ritt, um die Christen einzukerkern, ward er auf dem Wege vom Pferde geworfen, und er hörte eine Stimme, die ihm zurief: »Saulus, warum verfolgst du mich?« – Und er fragt: »Herr, wer bist du?« – Der Herr aber spricht zu ihm: »Ich bin Jesus, den du verfolgst«.[386] Wir sehen, dass der Heiland nicht sagt: Warum verfolgst du meine Jünger? Was er doch scheinbar mit mehr Berechtigung hätte sagen können, da er selbst bereits in den Himmel aufgefahren war; zudem suchte Saulus

---

jedoch ist viel tiefer und eindringlicher; sie dringt hinein bis in das Leben der Seele; und schon deswegen und aus diesem Grunde ist der Gedanke von dem »mystischen Leibe« nicht eine Erfindung unseres Gehirnes, sondern die reinste Wirklichkeit.

382 S. th. III, q. 48. a. 1.
383 Eph. 4, 7.
384 S. th. III, q. 48. a. 1.
385 Wie ein natürlicher Körper in seiner Einheit die Verschiedenheit seiner Glieder zusammenfasst, so muss man auch die Kirche, die der mystische Leib Christi ist, betrachten, als mit ihrem Haupte nur eine einzige moralische oder geistige Person bildend. S. th. III, q. 49, a. I.
386 Act 9, 4–5

nur die Christen; aber der Herr ruft: »Warum verfolgst du mich?« ... Ich bin es, den du verfolgst. – Warum spricht er in solchen Ausdrükken? Eben weil die Jünger sein eigen sind, weil ihre Vereinigung seinen mystischen Leib bildet; wer die Seelen verfolgt, die an Christus glauben, der verfolgt Christus selbst.

Paulus hat diese Lehre bis in ihre Tiefen erfasst. Wie wuchtig weiß er sie darzulegen, wie ausdrucksvoll ist seine Sprache! »Noch nie hat jemand sein eigen Fleisch gehasst, sondern er nährt es und pflegt es, wie Christus seine Kirche; denn wir sind Glieder seines Leibes, von seinem Fleisch und von seinem Gebein.«[387] Und gerade deswegen, weil wir so innig mit Christus verbunden sind und mit ihm einen einzigen geheimnisvollen Leib bilden, wollte Christus auch, dass sein Werk das unsere werde.

Wir haben hier eine tiefe Wahrheit, die wir uns oft vor Augen stellen sollten. Durch Jesus Christus, das menschgewordene Wort, hat, wie schon gesagt, die ganze Menschheit in ihm, als dem Haupt unseres Geschlechtes, die göttliche Huld wiedergewonnen. Der hl. Thomas sagt: Infolge der Einheit, die seit der Menschwerdung zwischen Christus und uns besteht, ist die Tatsache, dass Christus freiwillig an unser Statt und in unserem Namen gelitten hat, ein Gut von solch hoher Bedeutung in den Augen Gottes; dass er um dieses Gutes willen die Sünden all jener verzeiht, die in Verbindung mit Christus sind.[388] Die Genugtuung und die Verdienste Christi sind die unsrigen geworden.[389]

Von diesem Augenblicke an sind wir untrennbar mit Jesus Christus verbunden.[390] Wir sind in den Augen des himmlischen Vaters eins

---

387 Eph. 5, 29–30.
388 S. th. III, q. 49, a. 4.
389 Caput et membra sunt quasi una persona mystica et ideo satisfactio Christi ad omnes fideles pertinet sicut ad sua membra. S. th. III, q. 48, a. 2. ad 1.
390 Pater F. Prat S. J. weist in seinem tiefgründigen Buch: La Theologie de St. Paul, Paris, Beauchesne (t. II, p. 52) auf eine lange Reihe fremdartiger Ausdrücke Pauli hin, die sich in einer anderen Sprache meist nur recht hart und in Umschreibungen geben lassen. Der Apostel hat sie erfunden oder angewendet, um einen treffenden Ausdruck zu finden für die unaussprechliche Vereinigung zwischen Christus und den Christen. So sagt er: leiden mit Christus, mit ihm gekreuzigt sein, sterben mit ihm, leben mit ihm, wiederbelebt sein mit ihm; an seiner Gestalt, an seiner Ehre teilnehmen, mit ihm sitzen, mit ihm herrschen usw. Man könnte noch die Ausdrücke beifügen: Mitteilnehmer, einverleibt, mitauferbaut u. a.,

mit Christus. Der hl. Paulus schreibt: »Gott ist reich an Erbarmungen; denn als wir noch tot waren durch unsere Sünden, hat er uns lebendig gemacht mit Christus, hat uns in ihm mitauferweckt und mitversetzt in den Himmel, um in den kommenden Zeiten den unermesslichen Reichtum seiner Gnade zu zeigen in Jesus Christus«;[391] mit einem Wort: Gott macht uns in und mit Christus lebendig: *Convivificavit nos in Christo*, damit wir Christi Miterben werden. Der ewige Vater unterscheidet uns nicht von seinem Sohn. Der hl. Thomas erklärt: »In einem und demselben ewigen Ratschlusse der göttlichen Weisheit sind wir zugleich mit Christus vorherbestimmt worden«.[392]

Dem Vater im Himmel sind alle Jünger Christi, die an ihn glauben und in seiner Gnade leben, der eine und gleiche Gegenstand seines Wohlgefallens. Hat ja der Heiland selbst gesagt: »Mein Vater liebt euch, weil ihr mich liebt und geglaubt habt, dass ich sein Sohn bin.« *Pater amat vos, quia vos me amastis et credidistis.*[393] Darum hat auch, nach den Worten des hl. Paulus, Christus, dessen Wille auf das innigste mit dem Willen des Vaters vereinigt war, sich für seine Kirche hingegeben: *Dilexit Ecclesiam et seipsum tradidit pro ea.*[394] Weil die Kirche mit ihm einen einzigen mystischen Leib bilden soll, gibt er sich hin für sie, damit dieser Leib glorreich sei, ohne Makel und ohne Runzeln, heilig und makellos: *Non habens neque rugam, neque maculam, aut aliquid huiusmodi, sed ut sit sancta et immaculata.*[395] Und nachdem er sie erlöst hat, hat er ihr alles gegeben.

Ach, wenn wir doch an diese Wahrheiten inniger glauben würden! Wenn wir verstehen lernten, was es für uns bedeutet, dass wir durch die Taufe in die Kirche eingetreten, durch die Gnade Glieder des geheimnisvollen Leibes Christi sind! »Wünschen wir uns Glück und erschöpfen wir uns in Dankesworten«, schreibt der hl. Augustin,[396] »weil

---

die jedoch weniger die Vereinigung der Christen mit Christus als die Vereinigung der Christen untereinander in Christus besagen.

391 Eph. 2, 4–7; cf. Rom. 6, 4; Col. 2, 12–13.
392 … Cum uno et eodem actu Deus praedestinavit ipsum nos. S. th. III, q. 24, a. 4.
393 Joan. 16, 27.
394 Eph. 5, 25.
395 Eph. 5, 27.
396 Tract. in Joan. 21, 8–9. Oder: Secum nos faciens unum hominem caput et corpus. (Enarrat. in Ps. 85, c. 1.) Endlich: Unus homo caput et corpus, unus homo Christus et Ecclesia, vir perfectus. (Enarrat. in Ps. 18, c. 10.)

wir nicht bloß Christen, sondern Christus geworden sind. Könnt ihr, Brüder, diese Gnade Gottes fassen? Staunen muss uns ergreifen und Freudenschauer uns durchzittern beim Gedanken: wir sind Christus geworden; er ist das Haupt, wir die Glieder; der ganze Mensch setzt sich aus ihm und uns zusammen«: *Christus facti sumus; si enim caput ille, nos membra; totus homo ille et nos ...* Wer ist das Haupt und wer die Glieder? Christus und die Kirche. Es wäre die Anmaßung eines ehrgeizigen Toren, fährt der Heilige weiter, wenn nicht Christus selbst uns diese Ehre zugesagt hätte, da er durch den Mund seines Apostels Paulus uns gesagt hat: »Ihr seid der Leib Christi und seine Glieder.«

Ja, wir wollen Jesus Christus danken, dass er uns so innig an seinem Leben Anteil nehmen lässt; wir haben alles mit ihm gemein: Verdienste, Anliegen, Güter, Seligkeit und Verherrlichung. Und trachten wollen wir, dass wir uns nicht selbst durch die Sünde verurteilen, tote Glieder Christi zu sein. Nein, wir wollen durch seine Gnade und unsere Tugenden, die den seinen nachgebildet sind, durch unsere Heiligkeit, die nur in der Teilnahme an der Heiligkeit Christi besteht, Glieder voll der Gnade und übernatürlichen Schönheit sein, Glieder, deren Christus sich rühmen kann, die würdig sind, einen Teil jener Gemeinde zu bilden, von der er gewollt hat, dass sie sei »ohne Runzel und Falte, heilig und unbefleckt«.

Und da »wir alle eins sind in Christo«, da wir alle unter ein und demselben Haupte, Christus, und von der gleichen Gnade unter dem Beistand desselben Heiligen Geistes leben, wenn auch die einzelnen Glieder verschiedene Aufgaben haben, so wollen wir auch alle untereinander eins sein, innig verbunden mit allen heiligen Seelen – die, ob triumphierend im Himmel oder leidend im Fegfeuer, alle nur einen Leib bilden mit uns: *Unum sint.* Das ist die tröstliche Glaubenswahrheit von der Gemeinschaft der Heiligen.

Dem hl. Paulus gelten alle jene als »Heilige«, die Christo angehören, sei es, dass sie bereits die Krone erlangt haben und ihren Platz im ewigen Gottesreiche einnehmen, oder dass sie noch hier auf Erden streiten. Sie alle gehören als Glieder einem einzigen Leibe an; denn die Kirche ist nur eine, und alle bilden miteinander ein Ganzes; sie haben alles miteinander gemein; »wenn ein Glied leidet, leiden alle Glieder mit ihm; wenn ein Glied geehrt wird, freuen sich alle andern mit«;[397] von dem Reichtum eines Gliedes hat der ganze Leib

---

397   1. Cor. 12, 26.

den Nutzen, und die Verherrlichung des ganzen Leibes kommt jedem einzelnen Gliede zustatten. Welch ungeahnte Tiefen der Verantwortung eröffnet dieser Gedanke! Wie regt er uns an zu eifrigem apostolischen Wirken! ...[398] Darum mahnt der hl. Paulus einen jeden von uns, zu wirken, bis »wir alle zur einen Vollkommenheit des mystischen Leibes Christi gelangen«: *Donec occurramus omnes in virum perfectum, in mensuram aetatis plenitudinis Christi.*[399]

Zu diesem Zwecke müssen wir aber nicht bloß mit dem Haupte, welches Christus ist, vereinigt bleiben; sondern wir müssen auch sorgfältig darauf Bedacht nehmen, dass wir untereinander die Einheit jenes Geistes bewahren, der da ist der Geist der Liebe; wir müssen verbunden bleiben im Bande des Friedens: *Soliciti servare unitatem Spiritus in vinculo pacis.*[400]

Dieses war der letzte Wunsch des Erlösers am Ende seiner Erdenlaufbahn: »Vater, gib, daß sie eins seien, wie du und ich eins sind; daß sie vollkommen eins seien.«[401] »Ihr seid alle durch den Glauben an Jesus Christus Kinder Gottes«, sagt der hl. Paulus, »nicht gibt es mehr Juden oder Griechen, Freie oder Sklaven ... ihr seid alle eins in Christus Jesus«.[402] Die Einheit mit Gott in und durch Christus ist das Endziel: »Und Gott wird alles in allem sein.«[403]

Der hl. Paulus, der uns die innige Verbindung Christi mit seiner Kirche in solch anschaulichem Bilde vorgeführt hat, wollte uns auch die glorreiche Verklärung des mystischen Leibes Christi nach Vollendung der Zeiten zeigen. Er sagt uns daher, dass an jenem Tage, der in Gottes Vorsehungsplane bestimmt ist,[404] wenn nämlich der mystische Leib Christi »sein Vollalter erreicht hat, nach dem Altersmaße der Fülle Christi«,[405] dass dann der glorreiche Triumph anbrechen werde, der für immer die Vereinigung der Kirche mit ihrem gött-

---

398 Sicut in corpore naturali operatio unius membri cedit in bonum totius corporis, ita et in corpore spirituali, scilicet Ecclesia, quia omnes fideles sunt unum corpus, bonum unius alteri communicatur. S. Thom. Opusc. VII, Expositio Symboli. c. XIII. Cf. S. th. I–II, q. 21, a. 3.
399 Eph. 4, 13.
400 Eph. 4, 3.
401 Joan. 17, 21–23.
402 Gal. 3, 26; Col. 3, 11.
403 1. Cor. 15, 28.
404 1. Cor. 15, 24–28.
405 Eph. 4, 13.

lichen Haupte krönt. Bis dahin war die Kirche innigst mit dem Leben des Herrn verbunden, jetzt aber wird sie zur Vollendung gelangen, »teilnehmen an seiner Herrlichkeit«.[406] Wenn die Auferstehung den Tod, den letzten Feind, bezwungen hat, wenn die Auserwählten endlich ganz geeinigt sind unter ihrem göttlichen Haupte, dann wird Christus nach den Worten des hl. Paulus seine Kirche dem Vater huldigend darstellen, nicht mehr eine unvollkommene Kirche voll Elend, Versuchung, Kampf und Niederlage in den Prüfungen dieser Welt, nicht mehr eine in den Peinen des Fegfeuers leidende Kirche, sondern fortan eine verklärte, in allen ihren Gliedern glorreiche Kirche.

Welch erhabenes Schauspiel wird es sein, wenn Christus dem Vater die zahlreichen Siegestrophäen darreicht, welche die Allmacht seiner Gnade verkünden, das Reich, das er mit seinem Blute erworben hat und das in unbeflecktem Glanze erstrahlt als Frucht jenes göttlichen Lebens, das überreich und berauschend die Seele jedes Heiligen durchströmt.

Wir verstehen nun, dass der hl. Johannes in seiner Geheimen Offenbarung, nachdem er weniges von den Wundern und Freuden dieser Kirche erschaut hat, diese nach dem Vorgange des Herrn selbst mit einer Hochzeit vergleicht, »mit der Hochzeit des Lammes«.[407]

Wir begreifen aber auch den glühenden Sehnsuchtsruf, den der Apostel zum würdigen Abschlusse seiner geheimnisvollen Beschreibung des himmlischen Jerusalem uns hören lässt, den Sehnsuchtsruf, den Christus und seine Kirche, Bräutigam und Braut, sich jetzt ohne Ende zurufen, bis die Stunde der endlichen Vereinigung kommt, den Sehnsuchtsruf: »*Veni*, Komm!«[408]

406 2. Tim. 2, 12; Rom. 8, 17.
407 Apoc. 19, 9.
408 Apoc. 22, 16–17.

DER HL. GEIST, DER GEIST JESU CHRISTI

GESAMTÜBERSICHT: *Die Lehre über den Heiligen Geist bildet den Abschluss der Ausführungen über den Heilsplan Gottes; sie ist von weittragendster Bedeutung. – I. Der Heilige Geist und seine Stellung in der allerheiligsten Dreifaltigkeit: er geht vom Vater und vom Sohne aus durch die Liebe; ihm wird die Heiligung der Seelen zugeschrieben, weil sie ein Werk der Liebe, der Vollendung und Vereinigung ist. – II. Wirken des Heiligen Geistes in Christo: Jesus wurde vom Heiligen Geiste empfangen, durch den Heiligen Geist wurden die heiligmachende Gnade, die Tugenden und Gaben der Seele Christi mitgeteilt. Die ganze menschliche Tätigkeit Christi wurde vom Heiligen Geiste geleitet. – III. Die Tätigkeit des Heiligen Geistes in der Kirche; der Heilige Geist, die Seele der Kirche. – IV. Die Tätigkeit des Heiligen Geistes in den Seelen, in denen er wohnt. – V. Lehre über die Gaben des Heiligen Geistes. – VI. Unsere Andacht zum Heiligen Geist; wir sollen ihn anrufen und seinen Eingebungen folgen.*

Unter den heiligen Büchern besitzen wir eines, das uns aus den ersten Anfängen der Kirche berichtet, die Apostelgeschichte. Der hl. Lukas, als Augenzeuge der meisten von ihm geschilderten Tatsachen, entwirft uns hier ein lebensvolles Bild der ersten Christenheit. Er erzählt uns von den Uranfängen der Kirche, die, vom Herrn auf die Apostel gegründet, sich zunächst in Jerusalem, dann allmählich über Judäa hinaus verbreitete vor allem infolge der Predigten des hl. Paulus. Der größte Teil des Werkes beschäftigt sich mit den Reisen, Arbeiten und Kämpfen des großen Apostels. Wir begleiten ihn auf all seinen Missionsreisen. In anschaulicher Frische und Lebendigkeit erzählt uns Lukas von den Unannehmlichkeiten, welche der hl. Paulus zu ertragen hatte, von den Schwierigkeiten und Gefahren, die er zu überwinden, den Leiden, die er um des Namens Jesu willen zu erdulden hatte.

Und einmal erzählt uns die Apostelgeschichte, wie der hl. Paulus auf seinen Missionsreisen nach Ephesus kam, dort einige Jünger fand und sie fragte: »Habt ihr, da ihr gläubig geworden seid, den Heiligen Geist empfangen?« Sie aber erwiderten: »Wir wissen nicht einmal, dass es einen Heiligen Geist gibt.«[409] Das brauchen wir nun gerade nicht zu sagen. Wie viele Christen von heute aber kennen ihn nur dem Namen nach und ahnen kaum etwas von seinem Wirken in den Seelen! Und doch ist es zum Verständnis des göttlichen Heilsplanes

---

409   Act. 19, 2.

134

unerlässlich, dass man möglichst klar erfasse, was der Heilige Geist für uns bedeutet. Wenn der hl. Paulus vom göttlichen Heilsplan unter Annahme an Kindes Statt, von der Gnadenlehre oder der Kirche handelt, spricht er auch vom »Geist Gottes«, vom »Geist Christi« oder dem »Geist Jesu«. »Wir haben empfangen den Geist der Kindschaft, in dem wir rufen: *Abba*, Vater!«[410] »Gott hat in unser Herz den Geist seines Sohnes gesandt, damit auch wir Gott unsern Vater nennen.«[411] »Wisset ihr nicht, dass ihr durch die Gnade Tempel Gottes seid, und dass der Heilige Geist in euch wohnt?«[412] »Ihr seid Tempel des Heiligen Geistes: der in euch wohnt.« *An nescitis quoniam membra vestra templum sunt Spiritus Saveti, qui in vobis est.*[413] In Jesu Christo fügt sich das ganze Gebäude zusammen und wächst empor zu einem Tempel, heilig im Herrn; in ihm werdet auch ihr mit aufgebaut zu einer Wohnung Gottes im Geiste.[414] »Wie ihr daher nur einen Leib bildet in Christo, so seid ihr auch alle von einem Geiste beseelt.« *Unum corpus et unus Spiritus.*[415] Die Gegenwart des Heiligen Geistes ist dem Leben unserer Seele so vonnöten, dass der hl. Paulus sagen kann: »Wer den Geist Christi nicht hat, gehört ihm nicht an.« *Si quis Spiritum Christi non habet hic non est eius.*[416]

Es ist daher begreiflich, dass der Apostel, dem nichts mehr am Herzen lag, als Christus in den Seelen der Neubekehrten wachsen zu sehen, sie fragte, ob sie den Heiligen Geist empfangen hätten. Sind ja nur jene Kinder Gottes in Christo Jesu, die vom Heiligen Geiste geführt werden. *Quicumque enim Spiritu Dei aguntur, hi sunt filii Dei.*

Wir werden also das Geheimnis und die Anordnung unseres Heilswerkes nur dann vollkommen erfassen, wenn wir unsere Blicke hinlenken auf den Heiligen Geist und seine Tätigkeit in uns. Unser Lebenszweck besteht darin, dass wir voll tiefster Demut auf den Plan Gottes einzugehen und uns demselben so vollkommen als möglich mit Kindeseinfalt anzupassen suchen. Dieser Plan aber ist ein Gedanke Gottes und daher in sich unfehlbar wirksam. Wenn wir diesen Gedanken Gottes in Glaube und Liebe aufnehmen, so wird dessen

410 Gal. 4, 6.
411 1. Cor. 3, 16.
412 1. Cor. 3, 16.
413 1. Cor. 6, 19.
414 Eph. 2, 21, 22.
415 Eph. 4, 4.
416 Rom. 8, 9.

Frucht unfehlbar unsere Heiligung sein. Auf den Plan Gottes eingehen heißt aber nicht nur, Christum in uns aufnehmen.[417] Wir müssen auch, wie Paulus sagt, »den Heiligen Geist empfangen und uns seiner Einwirkung hingeben, damit wir eins werden mit Christo«. In der herrlichen Abschiedsrede beim letzten Abendmahle, wo Christus jenen, die er seine »Freunde« nennt, die Geheimnisse des ewigen, von ihm uns mitgeteilten Lebens enthüllt, redet er zu wiederholten Malen vom Heiligen Geiste wie vom Vater. Er sagt ihnen, dass der Heilige Geist »seine Stelle bei ihnen vertreten werde«, wenn er selbst zum Himmel zurückgekehrt sei. Der Heilige Geist wird sie innerlich lehren und ihnen so unentbehrlich sein, dass Jesus selbst den Vater bittet, »er möge ihnen gegeben werden und bei ihnen bleiben«.

Sollten nun diese Worte, die unser Erlöser in einer so feierlichen Stunde und in so eindringlicher Weise gesprochen hat, für uns nur toter Buchstabe bleiben? Wäre es nicht eine grobe Verachtung des Herrn, ein unersetzlicher Verlust für unsere Seele, wenn wir unachtsam an diesem für uns so bedeutungsvollen Geheimnis vorübergingen?[418]

Wir wollen daher zu erforschen suchen, welche Stellung der Heilige Geist in der allerheiligsten Dreifaltigkeit einnimmt; – seine Beziehungen zur Menschheit Jesu Christi – endlich die Gaben, die er der Kirche und den einzelnen Seelen unaufhörlich spendet.

So werden wir unsere Ausführungen über den Heilsplan Gottes zum Abschluss bringen, soweit er an sich zu betrachten ist.

---

417 Joan. 1, 12.
418 Leo XIII. hat in seiner Enzyklika über den Heiligen Geist (Divinum illud munus 9. Mai 1897) tief bedauert, dass Christen oft nur eine so armselige Kenntnis vom Heiligen Geist haben. Sein Name ist so oft auf ihren Lippen in ihren frommen Übungen, aber der Glaube an ihn ist in dichtes Dunkel gehüllt! Der große Papst betont daher aufs nachdrücklichste, dass alle Prediger und Seelenhirten es sich zur Pflicht rechnen, das Volk mit Eifer und Nachdruck »diligentius et uberius« über den Heiligen Geist zu belehren. Gewiss soll man sich hierbei nicht in spitzfindigen Streitigkeiten ergehen, noch mit gefährlicher Neugierde das tiefste Wesen dieses Geheimnisses zu erforschen suchen. Hingegen sollte man die Gläubigen immer wieder an die ungezählten und erhabenen Gaben erinnern, welche der göttliche Tröster uns schon gebracht hat und noch unaufhörlich spendet. Irrtum und Unwissenheit in Bezug auf dieses große und fruchtbare Geheimnis ziemen sich nicht für die Kinder des Lichtes und sollten ganz und gar verschwinden: prorsus depellatur.

Die Erhabenheit des Gegenstandes, den wir nur mit größter Ehrfurcht behandeln dürfen, soll uns nicht abschrecken. Der göttliche Heiland selbst hat uns dieses Geheimnis geoffenbart, damit wir es mit Liebe und Vertrauen gläubig erwägen. Bitten wir voll Demut den Heiligen Geist, dass er einen Strahl seines göttlichen Lichtes in unsere Seele sende. Er wird unsere Bitte gewähren.

1

Über den Heiligen Geist hat uns nur Gottes Offenbarung belehrt. Was sagt sie uns? Zum Wesen des unendlichen Gottes gehört die Einheit in drei Personen, Vater, Sohn und Heiliger Geist. Das ist das Geheimnis der allerheiligsten Dreifaltigkeit. Die Glaubenslehre wahrt einerseits die Einheit Gottes in der Natur und anderseits die Verschiedenheit der Personen.

Der Vater erkennt sich selbst und drückt diese Selbsterkenntnis aus in einem unendlichen Worte, dem *Verbum Dei*. Ein unendlich einfacher ewiger Akt. Der vom Vater erzeugte Sohn, das Wort Gottes ist dem Vater ganz gleich. Der Vater gibt ihm seine eigene Natur, sein Leben, seine Vollkommenheit.

Der Vater und der Sohn sind miteinander verbunden in einer gemeinschaftlichen, gegenseitigen Liebe. Der Vater ist ja die unendliche Vollkommenheit und Schönheit, der Sohn das vollendete Ebenbild des Vaters. Sie geben sich einander hin in unendlicher Liebe. Diese Liebe, die vom Vater und Sohne zugleich sich ergießt wie aus einem einzigen Ursprung, ist in Gott eine eigene, von den beiden anderen verschiedene Person. Das ist der Heilige Geist. Geheimnisvoller Name, den die Offenbarung uns gelehrt.

Der Heilige Geist ist das letzte Ziel der innergöttlichen Tätigkeit. Er vollendet – soweit unsere schwache Erkenntnis von diesem hocherhabenen Geheimnisse stammeln darf – den Kreislauf göttlicher Tätigkeit. Gott wie der Vater und der Sohn, besitzt er wie sie und mit ihnen ein und dieselbe göttliche Natur, ein und dieselbe Weisheit, Macht, Majestät und Güte.

Dieser Geist Gottes heißt der Heilige Geist.[419] Er ist der Geist der

---

419 Siehe oben (S. 34 u. 35, Fußnote 30), was wir gesagt haben in Bezug auf die Heiligkeit Gottes und aus welchem Grunde nach dem hl. Thomas der Heilige Geist diesen Namen trägt.

Heiligkeit, heilig in sich und heiligmachend. Als der Engel das Geheimnis der Menschwerdung verkündigte, sprach er zu Maria: »Der Heilige Geist wird über dich kommen, darum wird auch das Heilige, das aus dir geboren wird, Sohn Gottes genannt werden.« *Ideoque et quod nascetur ex te sanctum, vocabitur Filius Dei.*[420] Die Werke der Heiligung werden in besonderer Weise dem Heiligen Geist zugeschrieben. Um dieses und alles, was im Folgenden über den Heiligen Geist gesagt wird, zu verstehen, müssen wir zunächst den in der Theologie gebräuchlichen Ausdruck der »Appropriation« erklären.

In Gott gibt es nur eine Erkenntnis, einen Willen, eine Allmacht, weil es nur eine einzige göttliche Natur gibt. Daneben aber gibt es in Gott einen Unterschied der Personen. Dieser Unterschied gründet sich auf die geheimnisvollen Tätigkeiten, die im innergöttlichen Leben vor sich gehen, sowie auf die gegenseitigen Beziehungen, die aus diesen Tätigkeiten sich ergeben. Der Vater zeugt den Sohn, der Heilige Geist geht vom Vater und Sohne aus. »Zeugen oder Vater sein« ist eine Eigenschaft, die einzig und allein der ersten Person zukommt. »Sohn sein« ist jene Eigenschaft, die dem Sohn Gottes allein eignet, und »aus dem Vater und dem Sohne durch gegenseitige Liebe hervorgehen«, ist das eigentümliche Merkmal des Heiligen Geistes. Diese drei persönlichen Eigenschaften erzeugen zwischen Vater, Sohn und Heiligem Geist gegenseitige Beziehungen, auf denen der Unterschied der Personen beruht.

Außer den genannten Eigenschaften und gegenseitigen Beziehungen ist den drei Personen in Gott alles untrennbar gemeinsam: Erkenntnis, Wille, Weisheit, Macht und Gerechtigkeit, weil die gleiche, unteilbare göttliche Natur allen drei Personen gemeinsam ist. – Das ist alles, was wir auf Grund der Offenbarung vom innergöttlichen Leben erkennen können.

Die äußeren Werke hingegen, die Tätigkeit Gottes nach außen hin, sei es in der materiellen Welt, wie etwa die Leitung aller Geschöpfe zu ihrem Ziele, sei es in der Welt der Seelen, wie die Austeilung der Gnaden, sind allen drei göttlichen Personen gemeinsam. Die Quelle dieser Tätigkeiten und Werke ist ja die eine göttliche Natur, die allen drei Personen unteilbar eigen ist. Die heiligste Dreifaltigkeit ist darum in der Welt nur als eine einzige einheitliche Ursächlichkeit tätig. Gott will aber, dass die Menschen nicht nur die Einheit der göttlichen

---

420 Luc. 1, 35.

138

Natur, sondern auch die Dreifaltigkeit in den Personen erkennen und anbeten. Darum schreibt die heilige Kirche manchmal, z. B. in ihrer Liturgie, einer der göttlichen Personen eine Wirksamkeit in der Welt zu, die, obwohl allen drei Personen gemeinsam, doch eine besonders innige Beziehung zu der Stellung hat, die jene göttliche Person im Geheimnis der allerheiligsten Dreifaltigkeit einnimmt, zu der Eigentümlichkeit, die dieser Person allein und ausschließlich zukommt.

Weil der Vater Quell und Ursprung der beiden anderen Personen ist, – ohne irgendeinen Vorrang der Macht oder der Zeit nach – werden ihm jene Werke zugeschrieben, in denen vor allem die Macht oder der Charakter des Ursprunges sich zeigt, so z. B. die Erschaffung der Welt, die Gott aus nichts hervorgebracht. Wir beten im Glaubensbekenntnis: »Ich glaube an Gott, den allmächtigen Vater, Schöpfer Himmels und der Erde.« Soll das heißen, dass der Vater an diesem Schöpfungswerke mehr Anteil habe, dass er größere Machtfülle besitze als der Sohn und der Heilige Geist? Nein, das wäre eine Irrlehre. Der Sohn und der Heilige Geist sind ebenso daran beteiligt wie der Vater, denn Gott wirkt nach außen nur durch die allen drei Personen gemeinsame Allmacht. – Warum aber bedient sich die heilige Kirche einer solchen Redewendung? Weil der Vater die erste Person der allerheiligsten Dreifaltigkeit ist, der ursprunglose Ursprung, von dem die beiden anderen Personen ausgehen. Dieses eben ist die persönliche Eigentümlichkeit, die ihm allein zukommt und ihn vom Sohn und Heiligen Geist unterscheidet. Um uns dieses persönliche Merkmal des Vaters zu Bewusstsein zu bringen, wird die Tätigkeit nach außen hin, die ihrer Natur nach auf den Vater hinweist, diesem zugeschrieben.

So auch vom Heiligen Geiste. – Er bildet in der allerheiligsten Dreifaltigkeit den Abschluss der Tätigkeit des innergöttlichen Lebens. Er schließt sozusagen den Kreislauf göttlichen Innenlebens. Er ist dessen Krönung in der Liebe. Sein persönliches Merkmal ist sein Ausgang vom Vater und Sohne zugleich durch die Liebe. Daher wird ihm alles zugeschrieben, was ein Werk der Vollendung, der Vervollkommnung, alles, was ein Werk der Liebe, der Vereinigung und folglich der Heiligkeit ist. – Unsere Heiligkeit bemisst sich ja nach dem Grade unserer Vereinigung mit Gott. Soll das nun etwa heißen, dass der Heilige Geist unsere Heiligung in höherem Grade bewirke als der Vater oder der Sohn? Keineswegs. Das Werk unserer Heiligung ist allen drei Personen gemeinsam. Weil aber – um es noch einmal zu sagen – das Werk der Heiligung unserer Seele ein Werk der Vervollkommnung, Vollendung und Vereinigung ist, wird dieses Werk dem Heiligen Geist zugeeignet. Wir sollen dadurch der persönlichen Eigenschaft des Heiligen Geistes bewusst und aufgefordert werden, ihn in seinem persönlichen Merkmal zu ehren und anzubeten.

Gott will eben, dass wir seine Dreipersönlichkeit ebenso verherrlichen wie die Einheit der göttlichen Natur. Deswegen hat er gewollt, dass die Kirche selbst durch ihre Sprachweise ihre Kinder daran erinnere, dass ein Gott ist in drei Personen.

Das ist der Sinn des theologischen Ausdruckes: Appropriation, Zueignung. Er ist in der Offenbarung begründet und von der Kirche aufgenommen.[421] Er dient dazu, die jeder Person eigens zukommenden Merkmale hervorzuheben. Diese nähere Kenntnis der Eigentümlichkeit jeder einzelnen Person mehrt unsere Liebe. Der hl. Thomas bemerkt, dass die Kirche, gestützt auf die Offenbarung, die Lehre von der Appropriation mit ihren Folgerungen anwendet, um unseren Glauben zu fördern. *Ad manifestationem fidei.*[422] Die ganze Ewigkeit hindurch wird es unser Leben und unsere Seligkeit sein, Gott zu betrachten, ihn zu lieben und seiner zu genießen; so wie er ist in der Einheit der Natur und der Dreiheit der Personen. Ist es da zu verwundern, wenn Gott, der uns dieses Leben bestimmt, uns solche Seligkeit bereitet, auch verlangt, dass wir schon hier auf Erden nicht nur der Vollkommenheiten Gottes seiner Natur nach, sondern auch der unterscheidenden Merkmale der einzelnen Personen eingedenk seien? Gott ist unendlich lobwürdig in seiner Einheit; er ist es ebenso in seiner Dreipersönlichkeit. Die drei göttlichen Personen sind ebenso bewunderungswürdig in der unteilbaren Einheit der Natur, als in den Beziehungen, die sie zueinander haben und die ihrer Unterscheidung zugrunde liegt.

Allmächtiger, ewiger, glückseliger Gott, ich freue mich deiner Macht, deiner Ewigkeit, deiner Seligkeit. Wann werde ich dich erschauen, o ursprungloser Quell? Wann werde ich hervorgehen sehen aus deinem Schoße deinen dir wesensgleichen Sohn? Wann werde ich sehen den Ausgang des Geistes vom Vater und Sohn als Geschenk ihrer Vereinigung, Ziel ihrer ewig erneuten Tätigkeit?[423]

---

421 In seiner Enzyklika vom 9. Mai 1897 sagt Leo XIII., dass die Kirche »aptissime« d. h. in bezeichnendster Weise so handle.
422 S. th. I, q. 39, a. 7.
423 Bossuet, 4. Gebet zur Vorbereitung auf den Tod.

140

2

Nach dieser Erklärung werden wir unschwer verstehen, was uns die Heilige Schrift und die Kirche über das Wirken des Heiligen Geistes sagen.

Zuerst wollen wir dieses Wirken an unserem göttlichen Heiland selbst betrachten. Ehrfurchtsvoll nahen wir uns der göttlichen Person Jesu Christi, um in etwa den Schleier der wunderbaren Geheimnisse zu heben, die sich in ihm während und nach der Menschwerdung vollzogen haben.

Wir haben schon bei der früheren Erwägung über dieses Geheimnis gesagt, dass die allerheiligste Dreifaltigkeit eine Seele geschaffen und dieselbe mit einem menschlichen Leib zur Bildung einer Menschennatur verbunden, letztere dann mit der zweiten göttlichen Person vereinigt hat. Die drei göttlichen Personen zusammen haben dieses unergründliche Geheimnis bewirkt, jedoch so, dass nur die zweite Person der Gottheit Ziel dieses Wirkens war; denn nur der Sohn ist Mensch geworden.[424] Die Menschwerdung ist ein Werk der allerheiligsten Dreifaltigkeit. Gleichwohl wird sie dem Heiligen Geiste in besonderer Weise zugeschrieben. Wir beten im Glaubensbekenntnis: »Ich glaube ... an Jesum Christum, seinen eingeborenen Sohn, unsern Herrn, der empfangen ist vom Heiligen Geiste.« Das ist nur eine Wiederholung der Worte, die der Engel zu Maria sprach: »Der Heilige Geist wird über dich herabkommen, und das Heilige, das aus dir geboren werden soll, wird Sohn Gottes genannt werden.«

Vielleicht drängt sich hier die Frage auf, warum die Menschwerdung dem Heiligen Geiste zugeschrieben wird. Außer anderen Gründen, die der hl. Thomas[425] näher erörtert, zunächst deshalb, weil der Heilige Geist die wesenhafte Liebe ist, die Liebe des Vaters und des Sohnes. Wohl ist die Erlösung mittels der Menschwerdung ein Werk, dessen Verwirklichung unendliche Weisheit verlangt, aber ihre erste Ursache ist doch die Liebe Gottes zu uns Menschen. »So sehr hat

---

424 Einige Kirchenväter geben folgenden Vergleich: Jemand will ein Kleid anlegen und wird dabei von zwei Personen unterstützt. Alle drei Personen wirken mit zum Werke und zum Zwecke der Tätigkeit und doch wird nur eine mit dem Kleide geschmückt. Dieses Bild ist aber nur ein sehr unvollkommener Vergleich.

425 S. th. III, q. 32, a. 1.

Gott die Welt geliebt, dass er seinen eingeborenen Sohn dahingab«, sagt der Heiland selbst: *Sic Deus dilexit mundum ut Filium suum unigenitum daret.*[426]

Wie wundervoll und fruchtbar ist die Kraft des Heiligen Geistes in Christo Jesu! Sie bewirkt die Vereinigung der menschlichen Natur mit dem Sohne Gottes. Sie gießt der Seele Jesu die heiligmachende Gnade ein.

In Jesu Christo sind zwei verschiedene Naturen, jede in sich vollkommen, aber in einer Person vereinigt, im Worte Gottes. Eine besondere Gnade; die »Gnade der Vereinigung«, bewirkt, dass eine menschliche Natur unversehrt bestehen bleibt in der Vereinigung mit der Person des Wortes Gottes. Diese überragende, unmittelbare Gnade gehört einer ganz einzigartigen Ordnung an. Durch sie wird die Menschheit Christi dem Worte Gottes zu eigen, sie wird die Menschheit des wahren Sohnes Gottes und Gegenstand des unendlichen Wohlgefallens seines ewigen Vaters. – Doch ist diese menschliche Natur Christi, wenn auch ganz und gar mit der zweiten Person Gottes vereinigt, keineswegs zerstört und ohne Eigenleben. Sie wahrt ihre Eigenheit, ihre Unversehrtheit, all ihre Fähigkeiten und Kräfte. Sie kann handeln. Dass sie übernatürlich handeln könne, bewirkt in ihr wie in uns die heiligmachende Gnade, mit andern Worten: die Gnade der hypostatischen Vereinigung verbindet die menschliche Natur mit der zweiten Person Gottes, legt sozusagen dem Wesen Christi die Gottesnatur zugrunde. Durch sie ist Christus Gott. Damit ist die Aufgabe der »Gnade der Vereinigung«, die einzige ihrer Art, erschöpft. – Die menschliche Natur Christi aber muss auch mit der »heiligmachenden Gnade« geschmückt werden, damit all ihre Fähigkeiten göttliche Wirksamkeit entfalten können. Diese heiligmachende Gnade, die der Gnade der Vereinigung »*connaturalis*« ist (d. h. so, dass sie aus der Gnade der Vereinigung sozusagen naturgemäß hervorfließt), führt die menschliche Seele Christi zur Höhe ihrer Vereinigung mit dem Worte Gottes.[427] Sie bewirkt, dass die menschliche Natur Christi, die in Kraft der »*gratia unionis*« mit dem Worte Gottes vereinigt ist, handeln könne, wie es dieser zur denkbar höchsten Ehre erhobenen Seele geziemt, dass sie göttliche Frucht bringen könne.

---

426 Joan. 3, 16.
427 Gratia habitualis Christ intelligitur ut consequens unionem hypostaticam sicut splendor solem. S. th. III. q. 7, a. 13.

142

Und diese heiligmachende Gnade hat sich in die Seele Christi ergossen nicht nach dem mehr oder minder reichen Maße der Auserwählten, sondern in ungemessener Fülle. *Et vidimus eum plenum gratiae.* – Diese Ausgießung der heiligmachenden Gnade in die Seele Christi aber wird dem Heiligen Geiste zugeschrieben.[428]

Zugleich aber hat der Heilige Geist der Seele Jesu die Fülle aller Tugenden und die Fülle seiner Gaben eingegossen.[429] *Et requiescet super eum Spiritus Domini.*[430]

So singt der Prophet Jesaja von der Jungfrau und dem aus ihrem Schoße Geborenen: Ein Reis wird hervorsprießen aus der Wurzel Jesse (der Jungfrau), und eine Blüte wird aufsteigen aus seinem Stamme (Christus). Der Geist des Herrn wird auf ihm ruhen, der Geist der Weisheit und des Verstandes, der Geist des Rates und der Stärke, der Geist der Wissenschaft und der Frömmigkeit, und er wird erfüllt sein vom Geist der Furcht des Herrn.

Bei einem bemerkenswerten Anlass, den uns Lukas berichtet, hat der göttliche Heiland diese Worte des Propheten auf sich selbst angewendet. – Zur Zeit Christi versammelten sich die Juden am Sabbat in den Synagogen. Einer der Anwesenden, ein Gesetzesgelehrter, ergriff

---

428 In Christus ist also die Wirkung der »Gnade der Vereinigung«, welche besteht, sobald die Verbindung der menschlichen Natur mit der zweiten göttlichen Person vollzogen ist, verschieden von der Wirkung der »heiligmachenden Gnade«, welche der menschlichen Natur (die auch in vollendeter Verbindung mit dem Worte Gottes in ihrem Wesen und in ihren Kräften unversehrt bestehen bleibt) die Fähigkeit zu übernatürlichen Handlungen verleiht. Es handelt sich hier also nicht, wie dies auf den ersten Blick scheinen mag, um eine Doppelwirkung. Die heiligmachende Gnade ist in Christo keineswegs überflüssig (S. th. III. q. 7, a. 1 und 13). Die »Gnade der Vereinigung« findet sich also nur in Christo, die heiligmachende Gnade hingegen auch in den Seelen der Gerechten. Christus aber besitzt die heiligmachende Gnade in ihrer Fülle, und wir empfangen von dieser Fülle in mehr oder minder großem Maße. Christus ist ja nicht der Adoptivsohn Gottes, wie wir es durch die heiligmachende Gnade werden. Er ist Sohn Gottes von Natur. In unseren Seelen legt die heiligmachende Gnade den Grund zur Gotteskindschaft. In Christo hingegen soll die heiligmachende Gnade seiner menschlichen Natur (die durch die Gnade der Vereinigung der zweiten göttlichen Person geeint und eben durch diese Gnade zur Menschheit des wahren Gottessohnes wurde) das übernatürliche Wirken ermöglichen.

429 Siehe oben S. 63 ff.

430 Is. 11, 2.

143

dann die Schriftrolle, um die für den betreffenden Tag bestimmte Stelle vorzulesen. Lukas erzählt nun, dass eines Sabbats, zu Beginn seiner öffentlichen Wirksamkeit, der Heiland in die Synagoge von Nazareth eintrat. Man reichte ihm das Buch des Propheten Jesajas und als er es aufschlug, traf er jene Stelle, in der es heißt: »Der Geist des Herrn ist über mir, darum hat er mich gesalbt und mich gesendet den Armen das Evangelium zu predigen, zu heilen die gebrochenen Herzens sind, den Gefangenen Befreiung zu verkünden und kundzutun die Gnadenzeit des Herrn.« Und da er das Buch geschlossen, gab er es zurück und setzte sich. Die Augen aller in der Synagoge aber waren auf ihn gerichtet. Und er sprach zu ihnen: »Heute ist diese Weissagung vor euren Augen in Erfüllung gegangen.«[431] Der Erlöser wendet die Worte des Propheten Jesaja der die Wirkung des Hl. Geistes mit einer Salbung vergleicht,[432] auf sich an. Die Gnade des Hl. Geistes hat sich auf Christus ergossen gleich einem Freudenöle, hat ihn zum Sohne Gottes und zum Messias gesalbt und dann die Fülle seiner Gaben und den Überfluss seiner göttlichen Reichtümer über ihn ausgegossen. *Unxit te Deus oleo laetitiae prae consortibus tuis.*[433] Im Augenblicke der Menschwerdung erfolgte diese heilige Salbung. Um sie anzudeuten und vor den Juden kundzutun, um zu verkünden, dass Jesus der Messias, d. h. der Gesalbte des Herrn ist, kam der Hl. Geist in sichtbarer Gestalt einer Taube über Jesus in jenem Augenblicke, da mit der Taufe im Jordan sein öffentliches Leben begann. An diesem Zeichen sollte der Messias erkannt werden, wie Johannes der Vorläufer es verkündete: »Jener ist der Messias, auf den der Hl. Geist herabsteigen wird.«[434]

Wir sehen, dass die Evangelisten von diesem Ereignis an mit besonderem Nachdruck betonen, wie die Seele Christi vom Hl. Geiste geleitet und all ihr Tun von ihm eingegeben ist. Der Hl. Geist führt ihn hinaus in die Wüste, damit er vom Teufel versucht werde: *Ductus est in desertum a Spiritu ut tentaretur a diabolo.* Nach seinem Aufenthalte in der Wüste kehrt er auf Anregung des Hl. Geistes nach Galiläa zurück,[435] durch Wirkung des Hl. Geistes treibt er von den Be-

---

431 Luc. 4, 16 ff.
432 Auch in der kirchlichen Liturgie (im Hymnus Veni creator Spiritus) wird der Heilige Geist genannt: Spiritalis unctio.
433 Ps. 44, 8. Vgl. Act. 10, 38: Jesum a Nazareth quomodo unxit eum Deus Spiritu Sancto. Siehe auch Matth. 12, 18.
434 Joan. 1, 33.
435 Luc. 4, 14.

sessenen den Teufel aus;[436] unter dem Antriebe des Hl. Geistes zittert er vor Freude und dankt dem Vater, der seine ewigen Geheimnisse den Kleinen geoffenbart hat: *In ipsa hora exultavit Spiritu Sancto.*[437] Und endlich sagt uns auch der hl. Paulus, dass der Herr den Abschluss seines Lebenswerkes, in dem seine Liebe zum Vater und zu uns armen Sündern am hellsten erstrahlt, sein blutiges Kreuzesopfer zur Erlösung der Welt, unter Einwirkung des Hl. Geistes dargebracht hat: *Qui per Spiritum Sanctum semetipsum obtulit immaculatum Deo.*[438]

Was wollen all diese Offenbarungsberichte uns sagen? Dass in Christo die menschliche Tätigkeit vom Geiste der Liebe geleitet ward. Es ist Jesus Christus, der menschgewordene Gottessohn, der handelt. All seine Werke sind ausschließlich Werke der zweiten göttlichen Person, die eine menschliche Natur mit sich vereinigt hat. Diese Werke Christi aber vollziehen sich unter Anregung und Wirkung des Hl. Geistes. Durch die Gnade der persönlichen Vereinigung ist die menschliche Seele Christi zur Seele des Gottessohnes geworden. Außerdem aber wurde sie mit der heiligmachenden Gnade erfüllt und handelte unter dem Einflusse des Hl. Geistes.

Daher die Heiligkeit aller Handlungen des Herrn. Seine Seele war geschaffen, wie alle Menschenseelen sind. Sie aber ist ganz heilig, zunächst deshalb, weil sie mit dem Worte Gottes verbunden ist. Dadurch ist sie vom ersten Augenblick der Menschwerdung an einer göttlichen Person geeint und darum nicht bloß heilig, sondern der einzig wahrhaft Heilige selbst, der Sohn Gottes: *Quod nascetur ex te sanctum vocabitur filius Dei.* Das Heilige, das aus dir geboren werden soll, wird Sohn Gottes genannt werden.[439] – Sodann ist sie heilig deswegen, weil sie mit der heiligmachenden Gnade geschmückt und dadurch zu übernatürlichen Handlungen befähigt ist, wie sie jener erhabenen Vereinigung entsprechen, die Christi unveräußerliches Vorrecht bildet. – Endlich ist Christi Seele heilig, weil all ihre Werke und Handlungen, wenn sie gleich einzig und allein Werke des Sohnes Gottes sind und bleiben, doch nur geschehen unter Wirkung und Einfluss des Hl. Geistes, des Geistes der Liebe und der Heiligkeit.

---

436 Matth. 12, 28.
437 Luc. 10, 21.
438 Hebr. 9, 14.
439 Luc. 1, 35.

Anbetungswürdige Wunder wahrlich, die sich in Christo vollziehen! Der Hl. Geist heiligt das Wesen Jesu und seine Tätigkeit. Und weil in Christo diese Heiligkeit den höchsten Grad erreicht und alle menschliche Heiligkeit von ihr stammt und ihr nachgebildet sein muss, darum singt die Kirche jeden Tag: *Tu solus sanctus, Iesu Christe!* Du allein bist heilig, Jesus Christus! Ja, allein heilig! Denn du allein bist durch deine Menschwerdung der wahre Sohn Gottes! Allein heilig! Denn du besitzest die heiligmachende Gnade in ihrer Fülle, um sie uns mitzuteilen. – Allein heilig, weil deine Seele dem Geist der Liebe, der all deine Handlungen und Bewegungen leitete und ordnete und sie dem Vater wohlgefällig machte, sich allen Eingebungen dieses Geistes rückhaltlos hingab: *Et requiescet super, eum Spiritus Domini* »der Geist Gottes ruht auf ihm.«

3

Diese Wunder, welche sich unter dem Wirken des Hl. Geistes in Christo vollzogen, wiederholen sich, wenn auch in beschränkterem Maße in uns, wenn wir uns von diesem Geiste leiten lassen. Auch wir besitzen ja den Hl. Geist.

Vor der Himmelfahrt versprach Jesus seinen Jüngern, er werde den Vater bitten, dass er ihnen den Hl. Geist sende. In einem besonderen Gebete hat er diese Sendung des Geistes in unsere Seelen erfleht: *Rogabo Patrem et alium Paraclitum dabit vobis, Spiritum veritatis.* »Ich will den Vater bitten, und er wird euch einen anderen Tröster geben, den Geist der Wahrheit.«[440] Wir alle wissen, wie herrlich diese Heilandsbitte in Erfüllung gegangen ist, mit welcher Fülle der Hl. Geist am Pfingstfeste den Aposteln gegeben ward. Das war gleichsam des Hl. Geistes Besitzergreifung von der Kirche, dem mystischen Leibe Christi. Wie Christus das Haupt, so ist der Hl. Geist die Seele der Kirche. Er führt und leitet die Kirche, indem er sie dem Wunsche Jesu gemäß in der Wahrheit Christi und dem Lichte erhält, das er uns gebracht hat: *Docebit vos omnem veritatem et, suggeret vobis omnia quaecumque dixero vobis.*[441]

Die Tätigkeit des Hl. Geistes in der Kirche ist eine vielfältige und verschiedene. – Wir haben oben gesehen, dass Christus durch die un-

---

440 Joan. 14, 16–17.
441 Joan. 14, 26.

aussprechliche Salbung des Hl. Geistes zum Messias und Hohenpriester geweiht ward, so auch alle, denen Christus Anteil gibt an seiner priesterlichen Würde, damit sie auf Erden seine Aufgabe, die Heiligung der Menschen, fortsetzen. Auch sie erhalten diese Anteilnahme durch Salbung des Hl. Geistes: *Accipite Spiritum Sanctum ... Spiritus Sanctus posuit episcopos regere Ecclesiam Dei.*[442] »Empfanget den Hl. Geist . . . der Hl. Geist hat euch zu Bischöfen gesetzt, um die Kirche zu regieren.« Der Hl. Geist spricht durch ihren Mund und gibt ihrem Zeugnisse Kraft.[443] Auch die Gnadenmittel, welche Christus seinen Dienern zurückgelassen hat, um den Seelen das Leben zu geben, die Sakramente, werden niemals ohne Anrufung des Hl. Geistes erteilt. Der Hl. Geist befruchtet das Taufwasser. »Wer nicht wiedergeboren ist aus dem Wasser und dem Hl. Geiste, kann in das Reich Gottes nicht eingehen.«[444] Paulus sagt: »Gott rettet uns durch das Bad der Wiedergeburt und die Erneuerung des Hl. Geistes.«[445] In der hl. Firmung wird der Hl. Geist gegeben als Salbung, die den Christen zum Streiter Christ machen soll. Er gibt uns in diesem Sakramente das Vollalter und die Kraft Christi. Dem Hl. Geist wird, wie dies besonders in der orientalischen Messliturgie hervortritt, die Wandlung des Brotes und Weines in den Leib und das Blut Christi zugeschrieben. In dem Bußsakrament werden die Sünden durch den Hl. Geist nachgelassen.[446]

Bei der letzten Ölung bitten wir den Hl. Geist, dass »seine Gnade den Kranken von seinen Leiden und Sünden heile«. Bei Spendung des Sakramentes der Ehe wird ebenfalls der Hl. Geist angerufen, damit er den christlichen Brautleuten verleihe, in ihrem Leben die innige Vereinigung Christi mit seiner Kirche nachzubilden.

Wie lebendig, allseitig und unaufhörlich ist die Wirksamkeit des Hl. Geistes in der Kirche! Er ist in Wahrheit, wie Paulus sagt, der »Geist des Lebens«.[447] Diesem Gedanken gibt die Kirche im *Credo* der

---

442 Joan. 20, 22; Act. 20, 28.
443 Joan. 15, 26; Act. 15, 28; 20, 22–28.
444 Joan. 3, 5.
445 Tit. 3, 5.
446 Joan. 20, 22–23. Spiritus Sanctus est remissio omnium peccatorum (Miss. Fer. III, p. Pent.). Vergleiche auch die Postcommunio der Oratio pro petitione lacrymarum (Missale). Spiritus Sancti proprium est quod sit donum Patris et Filii; remissio autem peccatorum fit per Spiritum Sanctum tamquam per donum Dei. S. th. III, q. 3, a. 8, ad 3.
447 Röm. 8, 2.

hl. Messe Ausdruck: *Credo … in Spiritum Sanctum … Vivificantem,* ich glaube an den Hl. Geist, den Lebendigmacher. Er ist die Seele der Kirche, wodurch der Braut Christi die Quelle des Lebens, ihre übernatürliche Kraft und Schönheit kommt.[448]

In den ersten Tagen der Kirche trat diese Wirksamkeit des Hl. Geistes nach außen mehr hervor als heutzutage. Das lag im Plane der Vorsehung. Die Kirche musste die Göttlichkeit ihres Gründers, ihres Ursprungs und ihrer Aufgabe vor aller Welt offenbaren. Die sichtbaren Zeichen dieser Göttlichkeit, die Früchte der Ausgießung des Hl. Geistes, waren staunenswert. Noch jetzt sind wir zu tiefst ergriffen, wenn wir den Bericht über die ersten Zeiten der Kirche lesen. Der Hl. Geist kam herab über jene, die durch die Taufe Jünger des Herrn geworden waren, und erfüllte sie mit überreichen und staunenswerten Gnadenvorzügen. Die Gabe der Wunder, der Weissagung, der Sprachen und viele andere außerordentliche Gnadenerweisungen erhielten die ersten Christen, um auch äußerlich zu bezeugen, dass die mit so hohen Gnadenvorzügen geschmückte Kirche wirklich die Kirche Jesu Christi sei. Mit welch freudigem Stolze zählt der hl. Paulus im ersten Korintherbriefe diese Gnadenwunder auf, die er selbst miterlebte. Und bei Auf-

---

448 Wenn wir sagen, der Heilige Geist sei die Seele der Kirche, so wollen wir damit keineswegs zum Ausdruck bringen, dass er die Wesensform der Kirche sei, etwa wie die Seele Wesensform unseres Leibes ist. In diesem Sinne wäre es theologisch richtiger, die heiligmachende Gnade (mit ihrem Gefolge, den eingegossenen Tugenden) als die Seele der Kirche zu bezeichnen; denn die Gnade ist Quelle unseres übernatürlichen Lebens. Sie erfüllt die Glieder der Kirche mit göttlichem Leben; doch ist auch in diesem Sinne die Ähnlichkeit zwischen Gnade und Seele nur unvollkommen. Wenn wir gesagt haben, dass der Heilige Geist und nicht die Gnade die Seele der Kirche sei, so nehmen wir hier die Ursache an Stelle der Wirkung, insofern nämlich der Heilige Geist die Gnade hervorbringt. Wir wollen also mit diesem Satze (der Heilige Geist ist die Seele der Kirche) nur den inneren, belebenden, und wenn man so sagen kann, »einigenden« Einfluss bezeichnen, den der Heilige Geist in der Kirche ausübt. – Eine solche Redeweise ist durchaus zulässig. Sie hat manche Kirchenväter auf ihrer Seite; so sagt z. B. der hl. Augustin: Quod est in corpore nostro anima, id est Spiritus Sanctus in corpore Christi quod est Ecclesia (Sermo 187 de tempore). Viele neuzeitliche Theologen bedienen sich der gleichen Sprachweise, und Leo XIII. hat diese Ausdrucksform in seiner Enzyklika über den Heiligen Geist gutgeheißen. – Interessant ist auch, dass der hl. Thomas ebenfalls das innere Wirken des Heiligen Geistes in der Kirche mit dem Herzen im menschlichen Leibe vergleicht (S. th. III, q. 8, a. 1, ad 3).

148

zählung all dieser Wundergaben fügt er immer wieder bei: »Sie stammen alle von ein und demselben Geiste.« Denn er ist die Liebe, und die Liebe ist die Quelle aller Gaben. *In eodem Spiritu.*[449] Der Hl. Geist befruchtet die Kirche mit Gnaden über Gnaden, »die Kirche, welche Jesus mit seinem Blute erkauft hat, damit sie heilig sei und unbefleckt.«[450]

4

Die außerordentlichen und sichtbaren Wirkungen des Hl. Geistes sind in unseren Tagen großenteils verschwunden. Seine Wirksamkeit in den Seelen aber dauert fort und ist gewiss nicht weniger bewundernswert, weil sie innerlicher ist.

Unsere Heiligkeit ist nichts anderes als die völlige Entwicklung, die strahlende Entfaltung jener ersten Gnade unserer Annahme zur Gotteskindschaft, eine Gnade, die uns, wie wir weiter unten sehen werden, die Taufe verleiht und durch die wir Kinder Gottes und Brüder Christi werden.

Das Wesen aller Heiligkeit besteht nun darin, alle Schätze und Reichtümer zu verwerten, die in dieser Anfangsgnade der Gotteskindschaft enthalten sind und die Gott zu unserem Besten in sie hineinlegt. Jesus Christus ist das Vorbild unserer Gotteskindschaft. Er ist es aber auch, der uns dieselbe verdient und selbst die Mittel bestimmt hat, durch welche sie uns zukommt. Die allerheiligste Dreifaltigkeit verwirklicht diese durch Jesus Christus zugänglich gemachte Gnade in uns. Im Besonderen aber wird diese Verwirklichung dem Hl. Geiste zugeschrieben, aus dem oben angeführten Grunde. Die Gnade der Gotteskindschaft ist ein ganz freies Geschenk der göttlichen Liebe. *Videte qualem caritatem dedit nobis Pater ut filii Dei nominemur et simus.* »Sehet, welche Liebe uns der Vater erwiesen hat, dass wir Kinder Gottes heißen und sind.«[451] Der Hl. Geist aber ist die persönliche Liebe der allerheiligsten Dreifaltigkeit. Darum sagt der hl. Paulus, dass »die Liebe Gottes« – er meint die Gnade, die uns zu Kindern Gottes macht –»in unsere Herzen ausgegossen ist durch den Hl. Geist«. *Caritas Dei diffusa est in cordibus nostris per Spiritum Sanctum qui datus est nobis.*[452]

449 1. Cor. 12, 9.
450 Eph. 5, 27.
451 1. Joan. 3, 1.
452 1. Joan. 3, 1.

Von dem Augenblicke an, da uns in der hl. Taufe die Gnade eingegossen ward, wohnt der Hl. Geist in unserer Seele mit dem Vater und dem Sohne. »Wenn jemand mich liebt«, sagt der Heiland, »so wird mein Vater ihn lieben, und wir werden zu ihm kommen und Wohnung bei ihm nehmen«, *ad eum veniemus et mansionem apud eum faciemus.*[453] Durch die Gnade wird unsere Seele zum Tempel der allerheiligsten Dreifaltigkeit; mit der Gnade geschmückt, ist sie in Wahrheit die Wohnung Gottes. Gott aber wohnt in uns nicht bloß mit seinem Wesen und seiner Macht, wie er in allen Geschöpfen wohnt, die er im Dasein erhält und trägt, sondern auf eine ganz besondere, tief innere Weise als Gegenstand übernatürlicher Erkenntnis und Liebe. Und weil die Gnade uns so innig mit Gott vereinigt, weil sie Quelle und Maß unserer Liebe ist, so wird vom Hl. Geiste in besonderer Weise gesagt, dass er »in uns wohnt«, nicht etwa in einer nur ihm persönlich eignenden Weise ohne den Vater und den Sohn, sondern weil er durch die Liebe vom Vater und Sohne ausgeht und beide miteinander verbindet: *Apud vos manebit et in vobis erit*: »Er wird bei euch bleiben und in euch wohnen«, sagt der Erlöser.[454] Jeder Mensch, auch der Sünder, trägt die Spuren der göttlichen Macht und Weisheit in sich. Aber nur die Gerechten, die im Stande der Gnade sind, nehmen teil an der übernatürlichen Liebe, die das unterscheidende Merkmal des Hl. Geistes ist. Darum stellt Paulus die Frage: »Wisset ihr nicht, dass eure Glieder Tempel des Hl. Geistes sind, der in euch wohnt, den ihr von Gott empfangen habt?« *An nescitis quoniam membra vestra templum sunt Spiritus Sancti qui in vobis est, quem habetis a Deo?*[455]
Und welches ist die Wirksamkeit des Hl. Geistes in unserer Seele? Er, der ewige Gott, die persönliche Liebe, bleibt gewiss nicht untätig. Zunächst gibt er uns Zeugnis, dass wir Kinder Gottes sind. *Ipse Spiritus testimonium reddit spiritui nostro quod sumus filii Dei.*[456] Geist der Liebe und Heiligkeit, will er uns, die er liebt, teilnehmen lassen an dieser Heiligkeit, damit wir in Wahrheit würdige Kinder Gottes seien. Zugleich mit der heiligmachenden Gnade; die unsere Natur vergöttlicht und zu übernatürlichem Tun befähigt, gibt der Hl. Geist unserer Seele Fähigkeiten »*habitus*«, die deren Kräfte und Vermögen

---

453 Joan. 14, 23.
454 Joan. 14, 23.
455 1. Cor. 6, 19.
456 Röm. 8, 16.

sozusagen zu göttlicher Höhe erheben. Es sind dies die übernatürlichen Tugenden, vor allem die göttlichen Tugenden des Glaubens, der Hoffnung und der Liebe, welche die vorzugsweise charakteristischen, nur den Kindern Gottes als solchen eigenen Tugenden sind, sodann die eingegossenen sittlichen Tugenden, welche uns zur Stärkung im Kampfe gegen alle Hindernisse gegeben werden, die sich dem göttlichen Leben in uns entgegenstellen.

Außerdem müssen wir noch die Gaben des Hl. Geistes betrachten: *Dona Spiritus Sancti.* Der göttliche Heiland, unser Vorbild, hat sie in überragendem, unerreichbarem Maße empfangen. In uns ist das Maß der Gaben beschränkt, gleichwohl ist es noch so reich, dass es Wunder der Heiligkeit in den Seelen hervorbringt. Durch diese Gaben nämlich erhält unsere Annahme an Kindes Statt ihre letzte Vervollkommnung, wie wir im Folgenden sehen werden.

Was sind denn die Gaben des Hl. Geistes? Sie sind, wie der Name besagt, freie Geschenke, die der Hl. Geist uns zugleich mit der heiligmachenden Gnade und den eingegossenen Tugenden verleiht. In ihren liturgischen Gebeten sagt uns die hl. Kirche, dass der Hl. Geist selbst die erste und höchste Gabe Gottes ist: *Donum Dei altissimi.*[457] Er kommt zu uns in der hl. Taufe, um sich uns als Gegenstand der Liebe zu schenken. Er kommt als lebendige, göttliche Gabe, als Gast, der in freigebigster Weise jede Seele bereichert, die ihn aufnimmt. Er selbst, die unerschaffene Gabe, ist die Quelle aller geschaffenen Gaben, die mit der heiligmachenden Gnade und den eingegossenen Tugenden unsere Seele zur Vollkommenheit des übernatürlichen Lebens befähigten.

Selbst durch die heiligmachende Gnade und die Tugenden ist unsere Seele noch nicht in ursprüngliche Unversehrtheit zurückversetzt, in der sich Adam vor der Sünde befand. Unsere Vernunft, selbst an sich schon dem Irrtum unterworfen, sieht noch dazu ihre Herrschergewalt von der niederen Sinnenlust angegriffen. Der Wille ist beklagenswerter Schwäche ausgesetzt. Daraus folgt, dass wir in dem mächtigen Werke unserer Heiligung der beständigen und unmittelbaren Hilfe des Hl. Geistes bedürfen. Er gibt sie uns in seinen Einsprechungen, die alle nur den einen Zweck haben, unsere Heiligung zu ergänzen, zu vervollkommnen und zu vollenden. Damit wir nun diese Einsprechungen willig aufnehmen, verleiht er unserer Seele Fä-

---

457 Im Hymnus Veni creator.

higkeiten, die uns dazu geneigt und bereit machen. Das sind die Gaben des Hl. Geistes.[458]

Diese Gaben sind also nicht Einsprechungen des Hl. Geistes, sondern vielmehr Anlagen, die uns geneigt machen, den Eingebungen schnell und leicht zu gehorchen.

Durch diese Gaben wird die Seele befähigt; zum Ziele ihrer übernatürlichen Vervollkommnung, ihres Fortschrittes in der Gotteskindschaft bewegt und geleitet zu werden.

Sie besitzt dadurch gewissermaßen ein übernatürliches Feingefühl für göttliche Dinge. Eine Seele, die sich Kraft dieser Gaben vom Hl. Geist leiten lässt, wird immer und überall so handeln, wie es einem Gotteskinde geziemt. Sie wird in all ihrem geistlichen Leben sozusagen übernatürlich richtig denken und handeln.[459] Eine Seele, die den Eingebungen des Hl. Geistes treulich folgt, wird von einem übernatürlichen Taktgefühl geleitet, so dass sie wie von selbst denkt und handelt als Kind Gottes. Der Besitz dieser Gaben versetzt die Seele in eine andere Welt und lehrt sie, sich dort frei zu bewegen, wo alles übernatürlich ist, wo sozusagen nichts Natürliches mehr sich einmischen kann. Durch diese seine Gaben sichert der Hl. Geist sich die Oberhoheit über unsere übernatürliche Führung.

Es ist von großer Wichtigkeit für unsere Seele, dies zu erfassen, weil unsere Heiligkeit einer wesentlich übernatürlichen Ordnung angehört.

Durch die Tugenden handelt die im Stande der Gnade befindliche Seele gewiss übernatürlich. Aber sie handelt in der ihrem vernunftbegabten, menschlichen Wesen entsprechenden Weise, nach eigenem Impuls. Durch die Gaben jedoch wird sie geneigt, einzig und unmittelbar unter göttlicher Einwirkung sich zu betätigen (natürlich bewahrt sie dabei ihre Freiheit, was sich darin zeigt, dass sie der Einwirkung von oben beistimmt), und zwar in einer Art und Weise, die sich nicht immer mit ihrer natürlich vernünftigen Anschauungs-

---

458 Jesus Christus besaß die Gaben des Heiligen Geistes nicht etwa deshalb, weil bei ihm Verstand oder Wille einer Hilfe bedurft hätten; denn Christus war keines Irrtums, keiner Schwäche fähig. Die Seele Jesu hat diese Gaben des Heiligen Geistes empfangen, weil sie eine Vollkommenheit darstellen, und in Christus sollte alle und jede Vollkommenheit sich finden. Wir haben weiter oben betrachtet, welchen Einfluss der Heilige Geist mit diesen Gaben in der Seele Jesu übte.

459 Dona sunt quaedam perfectiones hominis quibus homo disponitur ad hoc quod bene sequatur instinctum Spiritus Sancti: S. th. I–II, q. 68, a. 3.

weise deckt. Die Wirksamkeit der Gaben ist darum wesentlich höher als die der Tugenden,[460] die sie zwar nicht ersetzen, aber deren Tätigkeit sie in wunderbarer Weise ergänzen. – Z. B. die Gabe der Wissenschaft und des Verstandes vervollkommnen die Übung der Tugend des Glaubens. Daher kommt es, dass einfache Seelen, jeglicher Geistesbildung bar, aber gelehrig für die Anregungen des Hl. Geistes, oft eine Sicherheit der Auffassung, ein erstaunliches Verständnis für übernatürliche Dinge haben. Solche Seelen bekunden oft ein ungemein feines, geistiges Taktgefühl, das sie vor Irrtum bewahrt und die geoffenbarten Wahrheiten mit einer Sicherheit, die jeden Zweifel bannt, festhalten lässt. Diese Kenntnis ist keineswegs das Ergebnis eingehender Studien, tiefen Forschens in den Wahrheiten des Glaubens. Nein, sie ist Wirkung des Hl. Geistes, des Geistes der Wahrheit, der durch die Gabe des Verstandes und der Weisheit in solchen Seelen die Tugend des Glaubens zu den Höhen der Vollendung führt.

Die Gaben des Hl. Geistes bedeuten also wegen ihres rein übernatürlichen Charakters für die christliche Seele eine Vollkommenheit von großem Werte. Sie vollenden jenen wunderbaren übernatürlichen Organismus, durch den Gott unsere Seelen zum göttlichen Leben beruft. Sie sind in größerem oder geringerem Maße der Anteil jeder Seele, die sich im Stande der Gnade befindet und verbleiben ihr so lange, als sie den Gottesgast, den göttlichen Spender dieser Gaben, nicht durch eine schwere Sünde vertreibt. Und wenn sich ihrem Wachstum kein Hindernis entgegenstellt, breiten sie sich immer mehr aus und befruchten das ganze übernatürliche Leben, weil ja durch sie die Seele dem persönlichen Wirken, dem unmittelbaren Einfluss des Hl. Geistes sich hingibt. – Der Hl. Geist aber, Gott mit dem Vater und dem Sohne, liebt uns mit unaussprechlicher Liebe und will, dass wir heilig werden. Seine Einsprechungen, die nur aus Güte und Liebe hervorgehen, haben kein anderes Ziel, als uns zur größtmöglichen Ähnlichkeit mit dem Heiland zu führen. Darum befähigen diese Gaben – ohne dass jedoch darin ihre eigentliche und ausschließliche Aufgabe besteht – zu jenen heroischen Taten, in welchen die Heiligkeit des Lebens sich so mächtig offenbart.

---

460 Dona a virtutibus distinguuntur in hoc quod virtutes perficiunt ad actus humano modo, sed dona ultra humanum modum. S. Thom. Sent. III, dist. 34, q. 1, a. 1. – Donorum ratio propria est ut per ea quis super humanum modum operetur. Sent. III, dist, 35, q. 2, a. 3.

Wie unbegreiflich gut ist doch unser Gott, dass er so besorgt auf das reichlichste mit allem uns umgibt, dessen wir zum Heile bedürfen! Wäre es nicht eine große Undankbarkeit gegen den göttlichen Gast unserer Seele, wenn wir an seiner Güte und Liebe zweifelten, seiner Freigebigkeit mit Misstrauen begegneten oder uns diesen Reichtum sorglos entgleiten ließen? ...

5

Nun noch ein Wort über jede Gabe im Einzelnen. – Die Zahl derselben besagt nicht etwa eine Beschränkung, da Gottes Wirken unendlich ist. Sie bezeichnet, wie so manche andere biblische Zahlenangabe, eine Überfülle. Wir gehen hier vor nach der Reihenfolge, wie sie in der messianischen Weissagung bei Jesaja festgelegt ist. Wir wollen auch nicht eine Steigerung oder andere bemerkenswerte Beziehungen unter den Gaben aufzudecken suchen, sondern nur, so gut wir können, das jeder Gabe Eigentümliche zeigen.

Als erste wird die Gabe der Weisheit genannt. Das Wort Weisheit besagt hier eine »sapientia cognitio rerum spiritualium«, eine übernatürliche Gabe zur Kenntnis und Hochschätzung göttlicher Dinge infolge des geistigen Wohlgeschmackes, den der Hl. Geist einflößt. Sie ist eine süße tiefinnerliche Kenntnis der göttlichen Dinge. Wir erbitten diese Gabe im kirchlichen Gebete am Pfingstfeste: Da nobis in eodem Spiritu recta sapere. Dieses »sapere« heißt hier nicht bloß erkennen, sondern Wohlgeschmack, Freude finden an geistlichen, göttlichen Dingen. Damit soll aber durchaus nicht etwa eine sogenannte fühlbare Andacht gemeint sein, sondern ein geistiges, tiefinnerliches Erleben des Göttlichen, das der Hl. Geist in der Seele wecken will. Es ist die Antwort auf das »gustate et videte quoniam suavis est Dominus«, »kommet und sehet, wie süß der Herr ist«.[461] Dies Gabe treibt uns an, ohne Zaudern die Seligkeit des Dienstes Gottes allen Erdenfreuden vorzuziehen. Von ihr belehrt, jubelt die Seele: »Wie lieblich sind deine Wohnungen, o Herr! Ein Tag in deinem Hause ist besser als viele Jahre fern von dir.«[462] Um diese Süßigkeit der göttlichen Dinge zu verkosten, müssen wir auf das sorgfältigste alles vermeiden, was zu unerlaubten sinnlichen Genüssen führt; denn der hl.

---

461 Ps. 33, 9.
462 Ps. 83, 2 und 11.

Paulus sagt: »Der sinnliche Mensch fasst nicht, was des Geistes Gottes ist.«[463]

Die Gabe des Verstandes bewirkt eine Vertiefung der Glaubenswahrheiten. Paulus sagt: »Der Geist erforscht alles, auch die Tiefen der Gottheit.«[464] Diese Gabe vermindert keineswegs die Unbegreiflichkeit der Geheimnisse Gottes und enthebt uns nicht des Glaubens; aber sie führt uns tiefer ein in die göttlichen Geheimnisse als die einfach gläubige Hingabe. Sie zeigt uns die Erhabenheit und zugleich Folgerichtigkeit der Geheimnisse, ihre gegenseitigen Beziehungen, ihre Rolle in unserm übernatürlichen Leben. Gegenstand dieser Gabe sind alle geoffenbarten Wahrheiten der Hl. Schrift. Sie scheint daher in besonderem Maße all jenen verliehen worden zu sein, die in der Kirche Gottes durch Tiefe der Lehre geglänzt haben und die wir mit dem Titel »Kirchenlehrer« auszeichnen. Doch besitzt auch die Seele eines jeden Getauften diese kostbare Gabe. Da geschieht es z. B., dass wir eine Stelle aus der Hl. Schrift lesen; oft und oft ist sie uns schon begegnet, ohne auf uns besonderen Eindruck zu machen. Eines Tages aber scheint unserer Seele ein Licht aufzuleuchten, das die gelesene Schriftstelle bis in ihre Tiefen uns klarlegt. Die in ihr enthaltene Wahrheit wird zu einer Quelle reinsten Lichtes. Sind wir durch eigenes Nachdenken zu diesem Ziele gelangt? Durchaus nicht. Der Hl. Geist hat durch die Gabe der Wissenschaft uns eine innere Erleuchtung, eine übernatürliche Erkenntnis verliehen und uns tiefer eingeführt in den hohen und verborgenen Sinn der Offenbarungswahrheiten, um unser Herz mehr und mehr mit deren Liebe zu entflammen.

Durch die Gabe des Rates wird der Seele Antwort auf ihr Gebet: »Herr, was willst du, dass ich tun soll?«[465] – Durch sie bewahrt der Hl. Geist uns vor Überstürzung und Leichtsinn, besonders aber vor jeglicher Art von Überhebung, die ja im geistlichen Leben so gefährlich ist. Eine Seele, die sich nur auf ihre eigene Weisheit stützt und ihre Persönlichkeit zur Geltung bringen will, wendet sich nicht in demütigem Gebete zu Gott. Sie handelt so, als ob für sie Gott nicht der Vater im Himmel wäre, von dem alles Licht kommt: *Omne donum perfectum desursum est, descendens a Patre luminum.*[466] »Jede gute

---

463 1. Cor. 2, 14.
464 1. Cor. 2, 10.
465 Act. 9, 6.
466 Jac. 1, 17.

155

Gabe kommt von oben, vom Vater des Lichtes.« Ganz anders ist das Beispiel unseres Erlösers. Er sagt: »Der Sohn, d. h. er selbst, tut nur, was er den Vater tun sieht.« *Non potest Filius a se facere quidquam nisi quod viderit Patrem facientem.*[467] Jesu Seele schaute also ständig zum Vater hin und suchte dort das Vorbild für ihr eigenes Tun. Der Geist des Rates aber machte ihm den Willen des Vaters kund. Darum waren alle Worte des Erlösers dem Vater so wohlgefällig: *Quae placita sunt ei facio semper.*[468] Die Gabe des Rates macht das Kind Gottes geneigt, alle Dinge nach Grundsätzen zu beurteilen, die hoch über menschliche Weisheit hinausragen. Die natürliche Klugheit, die in ihrem Urteil immer beschränkt ist, mag dieses oder jenes anraten. Der Hl. Geist aber gibt durch die Gabe des Rates höhere Verhaltungsmaßregeln, von denen ein Kind Gottes sich leiten lassen muss.

Doch genügt es nicht immer, dass wir den Willen Gottes erkennen. Unserer durch die Sünde geschwächten Natur fehlt nur zu oft die Kraft, das zu vollbringen, was Gott verlangt. Hier nun ist es wieder der Hl. Geist, der mit der Gabe der Stärke in besonders schwierigen Lagen uns aufrecht hält. – Es gibt kleinmütige Seelen, die sich vor den Prüfungen des geistlichen Lebens fürchten. Solche Prüfungen aber müssen kommen und sie erfassen uns um so tiefer, je höher Gott uns rufen will. Fürchten wir nichts: der Geist der Stärke ist bei uns: *Apud vos manebit et in vobis erit.*[469] Wie die Apostel am Pfingstfeste, werden auch wir vom Hl. Geiste mit Kraft von oben umkleidet: *Virtute ex alto,*[470] um selbstlos den Willen Gottes zu erfüllen und, wenn es nötig ist, »Gott mehr zu gehorchen als den Menschen«,[471] um mutig den Widerwärtigkeiten entgegenzugehen, die uns um so häufiger begegnen, je mehr wir uns Gott nähern. Daher das innige Gebet des hl. Paulus für seine gläubigen Kinder von Ephesus, dass ihnen der Hl. Geist die Kraft und Festigkeit des inneren Menschen verleihe, deren sie zum Fortschritte in der Vollkommenheit bedurften.[472] Wenn der Hl. Geist einer Seele die Gabe der Stärke verleiht, so spricht er zu ihr wie einst zu Moses, da dieser sich der ihm vom

---

467 Joan. 5, 19.
468 Joan. 8, 29.
469 Joan. 14, 17.
470 Luc. 24, 49.
471 Act. 4, 19.
472 Eph. 3, 16.

Herrn anvertrauten Mission, sein Volk vom Joche der Ägypter zu befreien, entziehen wollte: *Ego ero tecum*; fürchte dich nicht; »ich werde mit dir sein«.[473] Gott selbst ist die stärkende Kraft der Seele, die Stärke, die Martyrer zeugt und Jungfrauen zu mutigem Kampfe begeistert. Die Welt wundert sich über solche Stärke, weil sie deren Geheimnis im Menschen sucht; aber sie gründet allein in Gott.

Die Gabe der Wissenschaft lässt uns die Glaubenswahrheiten in übernatürlichem Lichte sehen, wie nur ein Kind Gottes sie sieht. Wir können das, was in und um uns ist, auf verschiedenste Weise betrachten. Anders schaut der Ungläubige, anders die gottliebende Seele Natur und Schöpfung an. Der Ungläubige hat nur ein natürliches Wissen, mag es noch so weit und tief sein; das Gotteskind hingegen sieht die Schöpfung im Lichte des Hl. Geistes. Sie erscheint ihm als Werk Gottes, dessen Vollkommenheiten es widerspiegelt. Die Gabe der Wissenschaft lässt uns die Dinge dieser Welt und unsere eigenen Angelegenheiten vom Standpunkte Gottes aus betrachten. Sie lässt uns unser eigenes Ziel und die Mittel, es zu erreichen, mit übernatürlichem Scharfblick erkennen, der uns vor den falschen Anschauungen der Welt und den Einflüsterungen des Teufels sicherstellt.

Die Gaben der Frömmigkeit und der Gottesfurcht ergänzen einander. Die Gabe der Frömmigkeit ist eine der kostbarsten, weil sie unmittelbar dazu dient, unser Verhalten Gott gegenüber zu regeln, indem sie uns einerseits jene Gefühle der Anbetung, Unterwürfigkeit und Ehrfurcht einflößt, die die göttliche Majestät fordert und unsere Herzen anderseits mit Liebe, Vertrauen, völliger Hingabe und heiliger Freiheit durchdringt, weil Gott unser Vater ist. Weit entfernt, sich auszuschließen, können diese verschiedenen Seelenstimmungen sehr wohl miteinander verbunden sein. Der Hl. Geist aber muss uns darüber belehren. Wie in Gott die Liebe und die Gerechtigkeit sich nicht ausschließen, so muss auch unsere Haltung als Gotteskinder tiefste Ehrfurcht, die uns vor Gottes heiligster Majestät in die Knie zwingt, und zärtlichste Liebe, die uns voll Begeisterung zur unaussprechlichen Vatergüte Gottes emporzieht, miteinander verbinden. Der Hl. Geist wird uns das rechte Gleichgewicht beider lehren. – Die Gabe der Frömmigkeit trägt noch eine andere Frucht. Sie beruhigt jene ängstlichen Seelen – es gibt auch solche – die da fürchten, im Verkehr mit Gott, in ihren Gebeten nicht das Richtige zu treffen. Solche Äng-

---

473   Exod. 3, 12.

ste verscheucht der Hl. Geist, wenn die Seele seinen Einsprechungen folgt. Er ist »der Geist der Wahrheit«, und wenn wir nicht wissen, wie wir beten sollen, so »tritt der Hl. Geist selbst für uns ein mit unaussprechlichen Seufzern.«[474]

Endlich die Gabe der Furcht des Herrn. Es möchte uns fast wundern, das Jesaja in seiner Weissagung über die dem Erlöser verliehenen Gaben des Hl. Geistes also spricht: *Et replebit eum spiritus timoris Domini*, »es wird ihn der Geist der Furcht des Herrn erfüllen«. Ist solches möglich? Kann Christus, der Sohn Gottes, mit dem Geiste der Gottesfurcht erfüllt werden? Es gibt zwei Arten der Furcht Gottes: die eine hat lediglich die Strafe für die Sünden im Auge. Das ist die knechtische Furcht; die zwar in ihrem Beweggrund nicht edel, häufig aber sehr nützlich ist. Die andere Art von Furcht meidet die Sünde, weil sie eine Beleidigung Gottes ist. Das ist die kindliche Furcht – unvollkommen, solange sie mit der Furcht vor Strafe verbunden ist. In der allerheiligsten Seele Jesu Christi konnte natürlich weder diese unvollkommene, noch die knechtische Furcht sich finden. Sie kannte nur die vollkommene Furcht Gottes, die ehrerbietige Furcht, von der auch die himmlischen Mächte vor dem Angesichte des unendlich vollkommenen Gottes erfüllt sind: Tremunt potestates,[475] Furcht, die in Anbetung sich offenbart, eine heilige Furcht Gottes: *Timor Domini sanctus, permanens in saeculum saeculi.*[476] Wäre es uns vergönnt, die Menschheit des Heilandes zu betrachten, so würden wir sie schauen in Ehrfurcht versenkt vor dem Worte Gottes, dem sie verbunden ist. Eine Ehrfurcht solcher Art legt der Hl. Geist auch in unsere Seele und bewahrt sie darin. Durch die Gabe der Frömmigkeit aber gibt er ihr die kindliche Liebe und das Vertrauen, die unsrer Gotteskindschaft entstammen und durch die wir zu Gott rufen: »Vater!« Die Gabe der Frömmigkeit drückt unsern Seelen gleich der des Heilandes das Streben ein, alles mit unserm Vater im Himmel in Beziehung zu bringen.

Das sind die Gaben des Hl. Geistes. Sie vervollkommnen unsere Tugenden, indem sie all unserm Handeln übernatürliche Sicherheit verleihen, uns, wie wir schon oben gesagt, ein übernatürliches Feingefühl für göttliche Dinge geben. Der Hl. Geist legt diese Gaben in unsere Seelen, um sie gelehrig zu machen für sein Wirken, und damit

---

474 Rom. 8, 26–27.
475 Präfation der heiligen Messe.
476 Ps. 18, 10.

158

unsere Eigenschaft als Kinder Gottes in ihrer Vollendung erstrahle: *Quicumque enim Spiritu Dei aguntur, ii sunt filii Dei.*[477]

Wenn wir uns nun von den Anregungen des Hl. Geistes leiten lassen, wenn wir nach Maßgabe unserer Schwachheit seinen heiligen Einsprechungen, die uns zu Gott führen und zu dem, was ihm wohlgefällig ist, treulich nachkommen, so wird unsere Seele voll und ganz im Geiste der Gotteskindschaft handeln. Sie bringt dann jene Früchte hervor, die das Wirken des Hl. Geistes in uns krönen und ihrer Lieblichkeit wegen schon hienieden den Lohn für unser getreues Mitwirken in sich tragen. Diese Früchte sind nach den Worten des hl. Paulus: Liebe, Freude, Friede, Geduld, Milde, Güte, Langmut, Sanftmut, Treue, Bescheidenheit, Enthaltsamkeit, Keuschheit.[478] Dieses sind die würdigen Früchte des Geistes der Liebe und Heiligkeit, in denen der Vater im Himmel seine Freude und Verherrlichung findet: *In hoc clarificatus est Pater meus, ut fructum plurimum afferatis.*[479] Sie sind die würdige Huldigung unseres Herrn Jesu Christi, der sie uns verdient hat und mit dem wir eins sind im Hl. Geiste: *Qui manet in me et ego in eo hic fert fructum multum.*[480]

Als unser Heiland einst, es war am Laubhüttenfest, einem der höchsten Feiertage der Juden, im Tempel zu Jerusalem sich befand, rief er inmitten des Volkes: »Wer dürstet, der komme zu mir und trinke; wer an mich glaubt, aus dem werden, wie die Schrift sagt, Ströme lebendigen Wassers fließen«. «Er sprach aber« wie der hl. Johannes anfügt, »vom Hl. Geiste, den jene empfangen sollten, die an ihn glaubten.«[481] Urheber und Quelle dieser Ströme lebendigen Wassers, der Gnade nämlich, die unsern Durst stillt bis zum ewigen Leben,[482] indem sie Früchte des ewigen Lebens in uns hervorbringt, ist der Hl. Geist, dessen Sendung Christus uns verdient hat und den er selbst, das ewige Wort des Vaters, uns sendet. Die Fülle dieses Stromes erfreut die Gottesstadt der von ihm getränkten Seelen, bis sie in des Himmels Seligkeit eingehen dürfen: »*Fluminis impetus laetificat*

---

477 Rom. 8, 14.
478 Gal. 5, 22–23.
479 Joan. 15, 8.
480 Joan. 15, 5.
481 Joan. 7, 37–39.
482 Huiusmodi autem flumina sunt aquae vivae quia sunt continuatae suo principio, scilicet Spiritui Sancto inhabitanti. S. Thom. In Joan. 7, Lect. 5.

civitatem Dei«.[483] Daher sagt auch der hl. Paulus, dass alle Seelen, die an Christus glauben, »getränkt sind mit einem Geiste«.[484] Und die hl. Kirche, die uns die Lehre des Herrn und der Apostel übermittelt, lehrt uns in ihrer Liturgie den Hl. Geist, der ja auch der Geist Jesu ist, anrufen als »Quell des Lebens« *Fons vivus*. (Hymnus *Veni Creator*.)

6

Solches also ist das Wirken des Hl. Geistes in der Kirche, in unseren Seelen. Heilig, wie die göttliche Quelle, aus der es kommt, will es auch uns heilig machen. Wie aber sollen wir dem Hl. Geist, der seit der Taufe unser Seelengast ist, der so tiefgreifend und geheimnisvoll in uns wirkt, unsere Ehrfurcht bezeugen? Vor allem müssen wir ihn oft anrufen. Gott gleich dem Vater und dem Sohne, will er, dass wir heilig seien. Es entspricht den geheimnisvollen Absichten Gottes, dass wir uns an den Hl. Geist ebenso wenden wie an den Vater und den Sohn, denen er an Macht und Güte gleich ist. Die Kirche ist hierin unsere Führerin. Sie schließt den Jahresfestkreis der Geheimnisse des Heilandes mit Pfingsten, dem Feste der Sendung des Hl. Geistes. In wunderbaren Gebeten, innigen Anrufungen, wie im *Veni Sancte Spiritus*, erfleht sie die Gnade des Hl. Geistes. Oft und oft sollen wir um seine Gnade bitten. »O unendliche Liebe, die du ausgehst vom Vater und vom Sohne, gib mir den Geist der wahren Gotteskinder, lehre mich handeln in diesem Geiste! Wohne in mir und gib, dass ich in dir bleibe, damit ich liebe, wie du liebst. Ohne dich bin ich nichts: *Sine tuo numine nihil est in homine* ... aus mir selbst vermag ich nichts, darum lass mich dir geeint bleiben. Erfülle mich mit deiner Liebe, damit ich durch dich verbunden bleibe mit dem Vater und dem Sohne!« Wir sollen ihn immer wieder bitten um reichlichere Mitteilung seiner Gaben des »*Sacrum Septenarium*«. – Aber auch danken müssen wir ihm in demutsvoller Dankbarkeit. Hat Jesus Christus uns alles verdient, so führt und leitet er uns durch seinen Hl. Geist.[485]

483 Ps. 45, 5.
484 Cor. 12, 13.
485 Wenn wir sagen, dass Christus uns durch den Heiligen Geist führt, so wollen wir damit nicht den Heiligen Geist zum Werkzeug machen. Er ist Gott und somit Urheber der Gnade. Wir wollen damit nur sagen, dass der Heilige Geist, der selbst wieder von einem Prinzip, nämlich dem Vater und dem Sohne hervorgeht, (für uns) Urheber der Gnade ist. Jesus

Durch die überreiche Freigebigkeit seines Geistes erhalten wir jene Fülle von Gnaden, die unsere Seele immer mehr und mehr dem Bilde Christi ähnlich gestalten. Wie sollten wir daher diesem hl. Seelengaste, dessen liebende und wirksame Gegenwart uns mit so reichen Gnaden erfüllt, nicht unendlich dankbar sein? – Das ist die erste Huldigung, die wir dem Hl. Geiste schulden, praktischer Glaube an ihn, der Gott ist wie Vater und Sohn, der uns antreibt, zu ihm hinzueilen in demütiger Hingabe an seine Gottheit, seine Macht und Güte.

Sodann müssen wir uns sorgfältig hüten, seinem Wirken in uns zu widerstreben. *Spiritum nolite exstinguere*, sagt der hl. Paulus: »Löschet den Geist nicht aus«;[486] und ein andermal: *Nolite contristare Spiritum*, »Habet Acht, dass ihr den Hl. Geist nicht betrübet«.[487] Das Wirken des Hl. Geistes in der Seele ist, wie gesagt, ein geheimnisvolles Arbeiten an der Vollendung und Vervollkommnung und daher von unendlicher Zartheit. Es muss uns daher sehr am Herzen liegen, sein Wirken in uns nicht zu hemmen durch Leichtsinn, freiwillige Ausgegossenheit, bewusste und gewollte Gleichgültigkeit oder gar Widersetzlichkeit, durch ungeordnetes Festhalten an der eigenen Meinung: *Nolite esse prudentes apud vosmetipsos*, »haltet euch nicht selbst für klug«.[488] Stützet euch in geistlichen Dingen nicht auf Menschenweisheit, sonst würde der Hl. Geist euch dieser natürlichen Weisheit überlassen. Diese aber ist, nach den Worten des hl. Paulus, in den Augen Gottes nur Torheit: *stultitia apud Deum*.[489] Das Wirken des Hl. Geistes aber verträgt sich ganz gut mit den Fehlern, die uns so leicht unversehens überraschen und die wir herzlich bereuen, mit unseren Schwächen, mit unseren menschlichen Gebrechen, Schwierigkeiten und Versuchungen. Unsere natürliche Armseligkeit schreckt den Geist der Liebe nicht zurück, ist er doch der »Vater der Armen« *Pater pauperum*,[490] wie die Kirche ihn nennt. Unvereinbar aber mit seinem Wirken ist der freiwillige, überlegte Widerstand gegen seine Einsprechungen. Der Hl. Geist ist der Geist der Liebe, der persönlichen Liebe Gottes. Aber wenn auch seine Liebe zu uns un-

---

Christus als Wort Gottes sendet uns den Heiligen Geist. (S. th. I.– II, q. 45, a. 6 ad 2.)
486   1. Thess. 5, 19.
487   Eph. 4, 30.
488   Rom. 12, 16.
489   1. Cor. 3, 19.
490   Sequenz: Veni Sancte Spiritus.

begrenzt und sein Wirken allmächtig ist, so lässt er uns doch unbeschränkte Freiheit und zwingt unser Wollen in keiner Weise. Wir besitzen das traurige Vorrecht, ihm widerstehen zu können; nichts aber ist der Liebe mehr entgegengesetzt, als der hartnäckige Widerstand gegen ihre Anregungen.

So leitet der Hl. Geist uns also vornehmlich durch seine sieben Gaben auf dem Weg der Heiligung; so ordnet er unser Leben als Gotteskinder. In diesen Gaben ist es eben der Hl. Geist selbst, der die Seele zum Handeln drängt und bestimmt. *In donis Spiritus Sancti mens humana non se habet ut movens sed magis ut mota*[491] Nicht als ob die Seele ganz unbeteiligt bliebe. Sie muss sich der göttlichen Einsprechungen würdig machen, auf sie hören und getreu mitwirken. Nichts ist dem Wirken des Hl. Geistes so sehr entgegen, als der Widerstand gegen seine inneren Anregungen, die uns Gott näher bringen, zur Beobachtung seiner Gebote, zur Erfüllung seines göttlichen Willens, zu Liebe, Demut und Vertrauen antreiben sollten. Ein freiwillig gesprochenes.»Nein«, ein überlegtes »Nein«, selbst wenn es sich nur um Kleinigkeiten handelt, widersteht dem Wirken des Hl. Geistes in uns. Seine Anregungen werden seltener, weniger dringend, und die Seele bleibt auf dem gewöhnlichen Wege, begnügt sich mit dem Mittelmaße. Ihr übernatürliches Leben entbehrt aller Frische und Tiefe. Darum »betrübet den Hl. Geist nicht«, *Spiritum nolite contristare!*

Und wenn nun dieser freiwillig überlegte Widerstand sich wiederholt, wenn er gar zur Gewohnheit wird, dann verstummt der Hl. Geist in uns. Die Seele bleibt sich selbst überlassen, ist ohne Führung und inneren Halt auf dem Wege des Heiles und der christlichen Vollkommenheit, in Gefahr, eine Beute des Fürsten der Finsternis zu werden. Dann stirbt die Liebe: *Spiritum nolite exstinguere.* »Löschet den Hl. Geist nicht aus«, er ist das Liebesfeuer unserer Seele.[492]

Nein, wir wollen trachten, unserer Armseligkeit bewusst, aber doch mit großmütigem Herzen, dem »Geiste der Wahrheit« die Treue zu halten. Er ist der Geist der Heiligkeit. Seien wir daher schnell bereit für die Gnadeneinsprechungen des Hl. Geistes. – Wenn wir uns von ihm leiten lassen, wird er die Gnade der Gotteskindschaft in uns zur vollen Entfaltung bringen, wie der Vater sie für uns gewollt und

---

491 S. th. II–II, q. 52, a. 2 ad 1.
492 Ignis »Feuer« (im Hymnus Veni Creator). – Et tui amoris ignem in eis accende (s. Pfingstmesse).

162

der Sohn sie uns verdient hat. Welch tiefe Freude, welch wahre innere Freiheit kostet eine Seele, die sich ganz dem Wirken des Hl. Geistes überlässt. Der Geist Gottes wird Früchte wahrer Heiligkeit in uns hervorbringen, in den Augen Gottes wohlgefällige Früchte. Als göttlicher Künstler – *Digitus paternae dexterae* – wird er mit unendlich zarten Strichen das Bild Christi in uns vollenden, Christus selbst in uns gestalten, wie er einst die heiligste Menschheit Christi gebildet hat, damit wir unter seiner Einwirkung und zur Verherrlichung des himmlischen Vaters unserer Seele die Züge jener Gotteskindschaft einprägen, die wir in Christo Jesu erhalten haben: *Christus per Spiritum Sanctum est in sanctitate conceptus, ut esset Filius Dei naturalis; alii per Spiritum Sanctum sanctificantur, ut sint filii Dei adoptivi.*[493]

493 S. th. III, q. 32, a. 1.

II. GRUNDLAGE UND DOPPELBETRACHT DES CHRISTLICHEN LEBENS

DER GLAUBE AN JESUS CHRISTUS, DIE GRUNDLAGE DES CHRISTLICHEN LEBENS

INHALTSÜBERSICHT: *Der Glaube ist die Grundlage und erste Stellungnahme der Seele im übernatürlichen Leben. – I. Christus verlangt den Glauben als unerlässliche Vorbedingung der Vereinigung mit ihm. – II. Worin der Glaube besteht: er ist die Zustimmung zum Zeugnis Gottes, dass Jesus Gottes Sohn ist. – III. Der Glaube an Christi Gottheit ist die Grundlage unseres inneren Lebens, das Christentum die gläubige Annahme der Gottheit Christi in der Menschwerdung. – IV. Übung der Tugend des Glaubens. Fruchtbarkeit des auf den Glauben gegründeten innerlichen Lebens. – V. Warum vor allem unser Glaube an den unendlichen Wert der Verdienste Jesu Christi lebendig sein muss. Der Glaube, die Quelle der Freude.*

Die vorausgehenden Abhandlungen sollten eine zusammenhängende Darstellung des göttlichen Heilsplanes an sich bieten. Sie zeigten daher zunächst unsere Vorherbestimmung zur Gotteskindschaft in Jesus Christus, die Verwirklichung dieses Planes durch die Menschwerdung, indem Christus, der Sohn des ewigen Vaters; unser Vorbild, unsere Erlösung und unser Leben wurde. Endlich haben wir die Aufgabe der Kirche, unter Leitung des Hl. Geistes das Erlösungswerk Christi auf Erden fortzusetzen, betrachtet.

Christi göttliche Gestalt beherrscht diesen ganzen Plan. Bei ihm machen Gottes ewige Gedanken halt. – Er ist das *Alpha* und das *Omega*. Vor seiner Ankunft weisen Vorbilder, Symbole, Riten und Prophezeiungen auf ihn hin. Nach seiner Ankunft knüpft alles an ihn an und führt zu ihm zurück. Er steht in Wahrheit im Mittelpunkt des göttlichen Heilsplanes.

Er steht also auch im Mittelpunkt des übernatürlichen Lebens. Er ist dessen Quelle und besitzt es in Fülle. Gottmensch, durch die Vereinigung einer vollkommenen menschlichen Natur mit einer göttlichen Person, besitzt er die Fülle aller Gnade und himmlischen Schätze, und hat sich durch sein Leiden und Tod das Recht erworben, frei darüber zu verfügen.

Er ist der einzige Weg, der zum Vater führt. Wer nicht auf ihm wandelt, geht in die Irre: *nemo venit ad Patrem nisi per me.*[494] Was nicht auf diesem von Gott gelegten Fundament beruht, hat keinen Be-

494 Joan. 14, 6.

stand: *Fundamentum enim aliud nemo potest ponere, praeter id quod positum est, quod est Christus Jesus.*[495] Fern vom Erlöser und vom Glauben an seine Verdienste gibt es weder Heil, noch Heiligkeit: *Non est in alio aliquo salus. Nec enim aliud nomen est sub coelo datum hominibus in quo oporteat nos salvos fieri.*[496] Christus Jesus ist der einzige Weg, die einzige Wahrheit, das einzige Leben. Wer diesem Weg nicht folgt, irrt ab von der Wahrheit und findet das Leben nicht: *Qui habet Filium, habet vitam; qui non habet Filium, vitam non habet.*[497]

Für uns alle besteht das übernatürliche Leben in der Teilnahme am göttlichen Leben Jesu Christi: *Ego veni ut vitam habeant: Et de plenitudine eius nos omnes accepimus.* Ihm verdanken wir unsere Gotteskindschaft. Wir sind Kinder Gottes nur in dem Maße unserer Gleichförmigkeit mit ihm, der allein und von Rechtswegen der einzige Sohn des Vaters ist, neben sich aber viele, aus der heiligmachenden Gnade geborene, Brüder haben will. Hierin ist das gesamte übernatürliche Wirken von Seiten Gottes begriffen.

Zu diesem Werk ist Christus auf die Welt gekommen und hat sich hingeopfert: *Ut adoptionem filiorum reciperemus.*[498] Dazu hat er der Kirche alle seine Schätze, all seine Vollmacht gegeben. Dazu hat er ihr den Geist der Wahrheit und Heiligkeit gesandt und sendet ihn auch heute noch, damit er sie leite und führe, und die Seelen heilige bis zur Vollendung des mystischen Leibes Christi in der Fülle der Zeiten. Selbst die ewige Glückseligkeit, höchste Entfaltung unserer übernatürlichen Gotteskindschaft, ist nur ein Erbteil, den Christus mit uns teilt. *Heredes Dei, coheredes Christi.*[499]

So ist und bleibt Christus der einzige Gegenstand göttlichen Wohlgefallens. Nur in ihm und durch ihn sind die Auserwählten, die sein Reich bilden, in die gleiche ewige Liebe Gottes eingeschlossen: *Christus heri et hodie, ipse et in saecula.*[500]

Dies alles haben wir im Vorhergehenden betrachtet. Es würde uns jedoch wenig nützen, wollten wir uns mit einer abstrakten, rein verstandesmäßigen Betrachtung des göttlichen Heilsplanes voll Weis-

---

495 1. Cor. 3, 11.
496 Act. 4, 12.
497 1. Joan. 5, 12.
498 Gal. 4, 5.
499 Rom. 8, 17.
500 Hebr. 13, 8.

heit und Liebe begnügen. Vielmehr müssen wir unser Leben in der Tat diesem Plane entsprechend gestalten, wenn wir am Reiche Christi teilhaben wollen. Das sollen die folgenden Betrachtungen uns lehren. Wir werden zunächst sehen, wie die Taufgnade von unserer Seele Besitz ergreift, wie dann Gottes Wirken sich in uns vollzieht und wie wir als freie Geschöpfe persönlich mitwirken müssen, um in möglichst reichem Maße des göttlichen Lebens teilhaft zu werden.

Es wird gezeigt werden, wie das ganze geistige Gebäude auf dem Glauben an die Gottheit Jesu Christi beruht und die Taufe als erstes der Sakramente unserem irdischen Dasein den Doppelcharakter von Tod und Leben aufdrückt, »Tod der Sünde« und »Leben für Gott«. In seiner wundervollen Abschiedsrede beim letzten Abendmahle hebt unser Heiland ein klein wenig den Schleier, der über den Geheimnissen des göttlichen Lebens liegt, da er zu seinen Aposteln sagt: »Darin wird der Vater verherrlicht, wenn ihr viele Früchte bringt.« *In hoc clarificatus est Pater meus, ut fructum plurimum afferatis.*[501] Die Gotteskindschaft in uns zur höchsten Entfaltung zu bringen suchen, heißt eingehen auf die ewigen Gedanken Gottes.

Bitten wir Jesum Christum, den einzigen Sohn des Vaters und unser Vorbild, uns zu lehren, wie wir den Glauben an sein Inunswohnen und unser Wohnen in ihm betätigen sollen. Denn nur so können wir reiche Früchte bringen. Und dies ist das Merkmal, an dem der himmlische Vater seine vielgeliebten Kinder erkennt: *Qui manet in me et ego in eo, hic fert fructum multum.*[502]

Unsere Heiligkeit besteht in der Teilhabe an der Heiligkeit Jesu Christi, des Sohnes Gottes. Diese Wahrheit sollte unseren Seelen tief eingegraben sein. Wie vollzieht sich diese Teilnahme?

Durch die willige Aufnahme Jesu Christi, der einzigen Quelle aller Heiligkeit. Allen, die ihn aufnahmen, sagt der hl. Johannes, da er von der Menschwerdung spricht, gab er Macht, Kinder Gottes zu werden: *Quotquot autem receperunt eum dedit eis potestatem filios Dei fieri.* Wie aber können wir Christum, das fleischgewordene Wort, aufnehmen? Vor allem durch den Glauben: *His qui credunt in nomine eius.*[503]

Nach dem hl. Johannes also ist es der Glaube an Jesus Christus,

---

501 Joan. 15, 8.
502 Ibid. 5.
503 Joan. 1, 12.

der uns zu Kindern Gottes macht. Auch Paulus sagt: »Ihr seid Kinder Gottes durch den Glauben an Jesus Christus.« *Omnes filii Dei estis per fidem, quae est in Christo Jesu.*[504] Denn durch den Glauben werden wir eins mit ihm; wir erkennen ihn an als den Sohn Gottes, das fleischgewordene Wort. Im Glauben geben wir uns Christo hin. Christus führt uns ein in das übernatürliche Leben, hin zum Vater. Je vollkommener, tiefer, lebendiger und fester unser Glaube an die Gottheit Christi ist, desto größer unser Anrecht als Kinder Gottes auf die Mitteilung göttlichen Lebens. Indem wir Christus durch den Glauben aufnehmen, werden wir durch die Gnade das, was er von Natur ist: Kinder Gottes. Als solchen strömt uns vom himmlischen Vater göttliches Leben zu. Unsere Eigenschaft als Kinder Gottes ist vor ihm eine ständige Bitte: »Himmlischer Vater, gib uns unser tägliches Brot, d. i. das göttliche Leben, dessen Fülle dein Sohn besitzt«.

Diesen Glauben wollen wir betrachten. Durch den Glauben tritt unsere Seele zuerst in Beziehung mit Gott: *Prima coniunctio hominis ad Deum est per fidem.*[505] Ebenso sagt der hl. Augustin: Der Glaube ist es, der die Seele Gott unterwirft. »*Fides est prima quae subiungat animam Deo.*«[506] Und der hl. Paulus sagt: »Die zu Gott kommen wollen, müssen glauben; denn ohne Glauben ist es unmöglich, Gott zu gefallen«: *Sine fide impossibile est placere Deo,*[507] noch viel weniger seiner Freundschaft teilhaftig zu werden und sein Kind zu bleiben: *Impossibile est ad filiorum eius consortium pervenire.*[508] Es handelt sich hier also um eine Lebensfrage. Wir werden vom über- natürlichen, von dem unseren Seelen mitgeteilten göttlichen Leben nichts verstehen, wenn wir nicht von der Wahrheit durchdrungen sind, dass es sich einzig und allein auf diesen Glauben gründet (*in fide fundati*),[509] auf die tiefinnerste Überzeugung von der Gottheit Jesu Christi. So sagt auch das Konzil von Trient: »Der Glaube ist Wurzel und Fundament aller

---

504 Gal. 3, 26; cf. Rom. 3, 22–26.
505 S. Thom. IV. Sent. dist. 39, a. 6, ad 2. Est aliquid primum in virtutibus directe per quod scilicet iam ad Deum acceditur. Primus autem accessus ad Deum est per fidem. S. th. II. II, q. 161, a. 5, ad 2. Cf. II. II, q. 4, a. 7, et q. 23, a. 8.
506 De agone christiano, 14.
507 Hebr. 11, 6.
508 Concil. Trid. Sess. VI, cap. 8.
509 Col. 1, 23.

170

Rechtfertigung«, somit auch aller Heiligkeit: *Fides est humanae salutis initium, fundamentum et radix omnis iustificationis.*[510]

Betrachten wir nun das Wesen des Glaubens, seinen Gegenstand und wie er sich kundgibt.

1

Die Evangelienberichte zeigen uns, welchen Wert der Heiland während seines öffentlichen Lebens dem Glauben beilegte. Glaube war stets das Erste, was er von denen forderte, die Hilfe bei ihm suchten.

Zwei Blinde folgen ihm und rufen: »Sohn Davids, erbarme dich unser.« Jesus lässt sie herankommen und fragt sie: »Glaubt ihr, dass ich euch heilen kann?« Und sie antworten: »Ja, Herr.« Da berührt er ihre Augen und spricht: »Nach euerm Glauben geschehe euch.« Und ihre Augen wurden aufgetan.[511]

Es ist nach der Verklärung am Fuße des Tabor. Ein unglücklicher Vater bittet den Heiland um die Heilung seines vom Dämon besessenen Kindes. Eine Bedingung stellt der Heiland. »Wenn du glauben kannst. Alles ist dem möglich, der glaubt.« Sogleich ruft der Vater des Knaben: »Ich glaube, Herr! Hilf meinem Unglauben.« Und Jesus heilt sein Kind.[512] Dem Vorsteher der Synagoge, der ihn bittet, seine Tochter zu erwecken, gibt er die gleiche Antwort: »Glaube nur, und sie wird leben«.[513] Gar oft kommt dieses Wort über seine Lippen: »Geh' hin, dein Glaube hat dir geholfen; dein Glaube hat dich geheilt.« So spricht er zum Lahmgeborenen, so zur Frau, die seit 12 Jahren krank war und die geheilt wurde, da sie voll Glauben seinen Mantel berührte.[514]

Den Glauben an ihn macht er zur unerlässlichen Vorbedingung seiner Wunder; auch von seinen Freunden verlangt er ihn. Martha, die Schwester seines Freundes Lazarus, den er von den Toten erwecken will, gibt ihm zu verstehen, dass er den Tod ihres Bruders hätte verhindern können, Jesus verspricht ihr, dass Lazarus auferstehen werde. Zuvor jedoch verlangt er von Martha einen Akt des Glaubens

---

510 Sess. 6, cap. 8.
511 Matth. 9, 27–30.
512 Matth. 17 14–19; Marc. 9, 16. 26; Luc, 9, 38–43.
513 Luc. 8, 50.
514 Marc. 5, 25–34.

171

an seine Person: »Ich bin die Auferstehung und das Leben; glaubst du das?«[515]

Jesus beschränkt absichtlich die Wirkungen seiner Macht, wo er keinen Glauben findet. Das Evangelium erwähnt ausdrücklich, dass er in Nazareth nicht viele Wunder wirkte wegen des Unglaubens seiner Bewohner: *Et non fecit ibi virtutes multas propter incredulitatem eorum.*[516] Der Unglaube scheint die Tätigkeit Christi lahmzulegen.

Dem Glauben jedoch kann er nichts versagen.

Mit Vorliebe spendet er ihm öffentlich warmes Lob. – Eines Tages weilte der Herr in Kapharnaum. Da nähert sich ihm ein heidnischer Hauptmann und bittet ihn, seinen kranken Knecht gesund zu machen. Jesus spricht zu ihm: »Ich will kommen und ihn heilen.« Der Hauptmann aber antwortet sogleich: »Bemühe dich nicht, Herr, denn ich bin nicht würdig, dass du eingehst unter mein Dach, aber sprich nur ein Wort, so wird mein Knecht gesund. Auch ich habe Soldaten unter mir, und sage ich zu diesem: Geh! so geht er, zu einem anderen: Komm! so kommt er; und zu meinem Knechte: Tu das! so tut er es. So musst auch du nur der Krankheit befehlen, und sie wird weichen.« Welch großer Glaube bei einem Heiden! Auch der Heiland gibt, noch bevor er das erlösende Wort spricht, seiner Freude über diesen Glauben Ausdruck: »Wahrlich, so großen Glauben habe ich in Israel nicht gefunden. Ich sage euch, viele werden von Aufgang und Niedergang kommen und im Himmelreiche zu Tisch sitzen. Die Kinder des Reiches aber werden in die Finsternis hinausgeworfen werden.« Zum Hauptmann aber sprach er: »Gehe hin, und dir geschehe, wie du geglaubt hast.«[517]

An solchem Glauben hat Jesus so großes Wohlgefallen, dass er ihm gewährt, was verweigern zu wollen er anfangs sich den Anschein gab. Ein treffendes Beispiel hierfür ist das kananäische Weib, das um Heilung ihrer Tochter bittet. Der Herr war in das Gebiet der Heiden, an die Grenzen von Tyrus und Sidon gekommen. Und siehe, ein kananäisches Weib aus jenen Grenzstrichen kam hervor und rief: Erbarme dich meiner, Herr, du Sohn Davids! Meine Tochter wird von einem bösen Geiste arg geplagt. Er aber antwortete ihr nicht ein Wort. Seine Jünger traten hinzu und baten ihn: »Entlasse sie« – nach Gewährung ihrer Bitte nämlich – »denn sie schreit hinter uns her.«

---

515 Joan. II, 25–27. Cf. 10, 40 und 42.
516 Matth. 13, 58.
517 Matth. 8, 1–13; Luc. 7, 1–10.

172

Der Herr aber antwortete: »Ich bin nur gesandt zu den verlorenen Schafen des Hauses Israel.« Die Bekehrung der Heiden hatte er seinen Aposteln vorbehalten. Und als die Frau sich ihm zu Füßen wirft, ihn anbetet und spricht: »Herr, hilf mir«, wird ihr die gleiche Antwort. »Es ist nicht recht,« sagt der Herr gemäß einer zur Unterscheidung der Juden und Heiden damals gebräuchlichen Redensart, »das Brot der Kinder zu nehmen und es den Hündlein vorzuwerfen.« Die Frau aber entgegnet voll gläubigen Vertrauens: »Ja, Herr, aber auch die Hündlein essen von den Brotsamen, die von der Herren Tische fallen.« Tiefgerührt und voll Bewunderung dieses Glaubens widersteht der Heiland nicht länger ihrer inständigen Bitte: »O Weib, dein Glaube ist groß; dir geschehe, wie du willst.« Und zur selben Stunde war ihre Tochter gesund.[518]

In all den angeführten Beispielen handelt es sich um körperliche Heilungen. Um des Glaubens willen verleiht der Heiland jedoch auch Nachlassung der Sünden und das ewige Leben. »Deine Sünden sind dir vergeben,« spricht er zu Magdalena, deren Reuetränen seine Füße benetzen. Die Nachlassung der Sünden ist sicherlich eine rein geistige Gnade. Was veranlasste den Heiland, Magdalena das Leben der Gnade wiederzugeben? Es war ihr Glaube; denn auch zu ihr sagt er: »Geh hin, dein Glaube hat dir geholfen.«[519] – Und wie herrlich belohnt er am Kreuze den Glauben des guten Schächers! Früher mag dieser Schächer wohl ein Straßenräuber gewesen sein. Nun da gottlose Feinde den Gekreuzigten mit Spott und Hohn überschütten: »Wenn er der Sohn Gottes ist, wie er gesagt hat, so steige er herab vom Kreuze, und wir wollen an ihn glauben«[520], da bekennt er die Gottheit dessen, der einsam, von allen seinen Jüngern verlassen, am schmachvollen Kreuzespfahl stirbt. Er bittet um einen Platz im Reiche des sterbenden Heilandes. Welch ein Glaube an die Macht des hinscheidenden Herrn! Und der Herr, gerührt von solchem Glauben, wendet sich zu ihm: »Wahrlich, heute noch wirst du mit mir im Paradiese sein.« Seines Glaubens wegen vergibt ihm der Herr all seine Sünden und sichert ihm einen Platz im Himmelreich.

Der Glaube ist also die erste Tugend, die der Herr von denen verlangt, die sich ihm nahen. Dies gilt auch für uns.

---

518 Matth. 15, 22–28.
519 Luc. 7, 50.
520 Matth. 27, 42.

Als Christus vor seiner Himmelfahrt die Apostel aussandte, sein Werk in der Welt fortzusetzen, verlangte er wiederum Glauben. Im Glauben fasst er sozusagen den Inhalt des christlichen Lebens zusammen:»Gehet hin, lehret alle Völker … wer glaubt und sich taufen lässt, wird selig werden; wer nicht glaubt, wird verdammt werden.« Genügt denn der Glaube allein? Nein, die Sakramente und die Beobachtung der Gebote sind auch erforderlich. Aber wer nicht an Jesum Christum glaubt, der beachtet auch dessen Gebote und Sakramente nicht. Anderseits folgen wir Jesu Vorschriften, benützen die hl. Sakramente, weil wir an seine Gottheit glauben. Demnach ist der Glaube die Grundlage unseres ganzen übernatürlichen Lebens.

Gott will, dass wir ihm während unseres Erdenlebens im Glauben dienen; so verlangt es seine Ehre. Das ist die Huldigung, die er von uns erwartet, die Prüfung, die uns zum ewigen Ziel führt. Dereinst werden wir Gott ohne Hülle schauen. Dann wird sein Ruhm darin bestehen, sich uns im Glanze und in der Klarheit seiner ewigen Glückseligkeit voll und ganz mitzuteilen. Aber solange wir hier auf Erden weilen, ist Gott nach seinem Ratschluss für uns ein verborgener Gott. Im Glauben müssen wir Gott hienieden erkennen, anbeten und dienen; und je größer, lebendiger und tätiger dieser Glaube ist, desto wohlgefälliger sind wir in den Augen Gottes.

2

Nun wird man fragen, was ist denn dieser Glaube? Allgemein gesagt, ist der Glaube die Zustimmung unseres Verstandes zum Worte eines andern. Einem rechtschaffenen und glaubwürdigen Menschen glauben wir auf sein Wort hin. Jemandem sein Wort geben, heißt ja, sich selbst geben.

Der übernatürliche Glaube ist die Zustimmung unseres Intellektes nicht etwa zum Worte eines Menschen, sondern zum Worte Gottes. Gott kann weder sich noch uns täuschen. Der Glaube ist eine Huldigung Gottes als der höchsten Wahrheit und Autorität. Damit diese Huldigung Gottes würdig sei, müssen wir uns der Autorität seines Wortes beugen, wie groß auch die Schwierigkeiten seien, die sich unserer Vernunft entgegenstellen. Dies göttliche Wort spricht uns von Geheimnissen, die unsere Vernunft übersteigen. Es verlangt Glauben, auch wenn unsere Sinne, unsere eigene Wahrnehmung das Gegenteil sagen. Gott fordert diese unbedingte Überzeugtheit von der Wahrheit seiner Offenbarung, so dass, selbst wenn die ganze Schöpfung uns das Gegenteil sagte, wir dennoch bekennen müssten: »Mein Gott, ich glaube, weil du es gesagt hast.«[521] Der Glaube, sagt der hl. Thomas, ist die Zustimmung des Verstandes, der auf Geheiß des Willens unter dem Antrieb der Gnade sich der göttlichen Wahrheit unterwirft: *Ipsum autem credere est actus intellectus assentientis veritati divinae ex imperio voluntatis sub motu gratiae.*[522] Der Intellekt vollzieht den Glaubensakt. Das Herz jedoch ist auch dabei beteiligt. Um uns zu einem Glaubensakt zu befähigen, gibt uns Gott in der hl. Taufe eine innere Kraft, eine »Geneigtheit« (*habitus*): die Tugend des Glaubens, kraft deren unser Verstand aus Liebe zur Wahrhaftigkeit Gottes sich dessen Wort bereitwillig unterwirft. Darin liegt das Wesen des Glaubens. Der Grad dieser liebenden Hingabe und Unterwerfung kann jedoch bei den einzelnen Seelen ganz verschieden sein. Ist unsere Liebe so stark, dass wir uns schließlich mit unserm ganzen Wesen, in Denken und Handeln voll und ganz dem Worte Gottes gläubig unterwerfen, dann ist unser Glaube vollkommen, ein Glaube, der sich in der Liebe betätigt.[523]

Welches ist nun aber das Zeugnis Gottes, dem wir uns gläubig beugen müssen? Es lässt sich kurz dahin zusammenfassen, dass Jesus Christus der Sohn Gottes ist, und zu unserer Erlösung und Heiligung auf die Welt geschickt und hingeopfert, wurde.

Dreimal durften die Menschen die Stimme des himmlischen Vaters vernehmen.[524] Jedesmal verkündete sie ihnen, dass Christus sein Sohn, sein einziger Sohn sei, würdig alles Wohlgefallens und aller Ehre: *Hic est Filius meus dilectus ... ipsum audite ...* »Ihn sollt ihr hören.« Dies ist nach den Worten des Heilandes selbst das Zeugnis Gottes für die Welt, da er ihr seinen Sohn geschenkt. *Qui misit me Pater, ipse testimonium perhibuit de me.*[525] – Zur Bekräftigung dieses Zeugnisses hat Gott seinem Sohne Wunderkraft verliehen, hat ihn von den Toten auferweckt.

---

521 Es ist hier nicht der Ort, auf die vielen psychologischen und theologischen Fragen über die Natur des Glaubensaktes einzugeben. Wir verweisen den Leser, der sich eingehender damit befassen will, auf: Bainvel S. J., La foi et l'acte de foi.

522 S. th. II–II, q. 2, a. 9.

523 Fides nisi ad eam spes accedat et caritas neque unit perfecte cum Christo, neque corporis eius vivum membrum efficit. Concil. Trid. Sess. 6, cap. 7.

524 Matth. 3, 17; 17, 5; Joan. 12, 28.

525 Joan. 5, 37. Vergl. von Vers 31 an.

Und der Herr selber verleiht denen, die dieses Zeugnis annehmen, das ewige Leben: *Haec est autem voluntas Patris mei qui misit me, ut omnis qui videt Filium et credit in eum, habeat vitam aeternam.*[526]

Der Heiland betont zu wiederholten Malen: »Wahrlich, ich sage euch, wer an den glaubt, der mich gesandt hat, der hat das ewige Leben: der ist vom Tode zum Leben gelangt.«[527]

Bei Johannes findet sich ein Wort, das wir nicht genug beherzigen können: »So sehr hat Gott die Welt geliebt, dass er seinen einzigen Sohn dahingab.« Wozu hat er ihn hingegeben? »Damit alle, die an ihn glauben, nicht verloren gehen, sondern das ewige Leben haben.« Und wie zur Erklärung fügt der Evangelist bei: »Gott hat seinen Sohn nicht in die Welt gesandt, dass er die Welt richte, sondern damit die Welt durch ihn selig werde. Wer an ihn glaubt, der wird nicht gerichtet, wer aber nicht an ihn glaubt, der ist schon gerichtet, weil er nicht an den Sohn Gottes geglaubt hat.«[528] »Richten« bedeutet hier »verdammen«. Nach dem hl. Johannes ist also jener, der nicht an Jesus Christus glaubt, schon verdammt. Beachten wir wohl: er ist schon verdammt, d. h. vergebens wird er suchen, sich zu retten. Sein Urteil ist bereits gefällt. Quelle unseres Heiles ist nach Gottes Ratschluss der Glaube an seinen eingeborenen Sohn.

Qui credit in Filium habet vitam aeternam; qui autem incredulus est Filio non videbit vitam sed ira Dei manet super eum.[529] Wohl zu beachten ist hier die Verwendung des Präsens »*manet*«. Gottes Zorn bleibt von heute an über dem, der nicht an seinen Sohn glaubt. So hoch steht in seinen Augen der Glaube an seinen eingeborenen Sohn. Daraus folgt, dass nach dem Ratschluss des himmlischen Vaters der Glaube an Jesus Christus die erste Voraussetzung ist, um am göttlichen Leben teil zu haben. Der Glaube an die Gottheit Jesu Christi umfasst gleichzeitig alle andern geoffenbarten Wahrheiten.

Man darf wohl behaupten: die gesamte Offenbarungswahrheit ist in diesem höchsten Zeugnis Gottes enthalten: »Dieser ist mein vielgeliebter Sohn.« Ebenso ist unser ganzer Glaube in der Annahme dieses einzigen Zeugnisses enthalten: Wenn wir an die Gottheit Christi glauben, dann glauben wir gleichzeitig an die ganze Offenbarung des

---

526 Joan. 6, 40; cf. 17, 21.
527 Joan. 5, 24.
528 Joan. 3, 16–18.
529 Joan. 3, 36.

176

Alten Testamentes, dessen Erfüllung Christus ist: Desgleichen glauben wir an die Offenbarung des Neuen Testamentes; denn die ganze Lehre der Apostel und der Kirche ist nichts anderes, als die Entfaltung der Offenbarung Christi. Wer also die Gottheit Christi gläubig anerkennt, der erfasst gleichzeitig die ganze übrige Offenbarung. Jesus, das fleischgewordene Wort, enthält und enthüllt Gottes Wesen und Weisheit. Das Wort wird Fleisch und offenbart den Menschen Gottes Herrlichkeit: *Unigenitus qui est in sinu Patris ipse enarravit.*[530] Wer Christum im Glauben aufnimmt, der nimmt die ganze Offenbarung auf.

Die tiefinnerste Überzeugung von der Gottheit Jesu Christi bildet also die erste Grundlage unseres übernatürlichen Lebens. Wenn wir diese Wahrheit erfasst haben und sie in unserem Leben verwirklichen, dann wird unser inneres Leben reich, lichtvoll und fruchtbar sein.

3

Diese Wahrheit ist so grundlegend, dass wir etwas länger dabei verweilen müssen.

Während seines sterblichen Lebens war die Gottheit Jesu unter seiner menschlichen Gestalt verborgen. Selbst für seine Zeitgenossen war sie Gegenstand des Glaubens.

Die Juden erkannten ohne Zweifel die Erhabenheit seiner Lehre. »Niemals hat ein Mensch geredet wie dieser Mensch,«[531] sagten sie. Sie waren Zeugen seiner Werke, die, wie sie gestanden, »Gott allein tun kann«.[532] Aber sie sahen auch, dass Christus Mensch war, und selbst seine Verwandten, die ihn nur von der Werkstätte in Nazareth her kannten, glaubten nicht an ihn trotz seiner Wunder.[533]

Auch seine vertrauten Zuhörer, die Apostel, erkennen seine Gottheit nicht. In der bereits erwähnten Episode, da der Heiland seine Jünger fragt, für wen sie ihn halten, antwortet Petrus: »Du bist Christus, der Sohn des lebendigen Gottes.« Sofort aber hebt der Meister hervor, dass Petrus nicht aus natürlicher Erkenntnis so gesprochen, sondern infolge einer Offenbarung des Vaters im Himmel. Darum

---

530 Joan. 1, 18.
531 Joan. 7, 46.
532 Joan. 3, 2.
533 Joan. 7, 5.

auch preist er ihn selig: *Beatus es, Simon Bar Iona, quia caro et sanguis non revelavit tibi, sed Pater meus qui in coelis est.*

Mehr als einmal berichten uns die Evangelien, wie die Juden unter sich über die Person Christi stritten. Nachdem er ihnen das Gleichnis vom guten Hirten, der freiwillig sein Leben für seine Schafe opfert, vorgetragen hatte, entstand ein Streit unter seinen Zuhörern. Die einen sagten: »Er hat einen bösen Geist und ist von Sinnen; was höret ihr ihn an?« Andere erwiderten: »Das sind nicht die Reden eines Besessenen.« Und anspielend auf die wunderbare Heilung des Blindgeborenen, fügen sie bei: »Kann denn ein böser Geist Blinden die Augen öffnen?« Um schließlich volle Klarheit zu haben, fragen sie Jesus selbst: »Wie lange hältst du unsere Seele in Ungewissheit? Wenn du Christus bist, so sage es uns frei heraus!« Und Jesus antwortet ihnen: »Ich sage es euch, ihr aber glaubet mir nicht. Die Werke, welche ich im Namen meines Vaters tue, diese geben Zeugnis von mir.« Und er fügt bei: »Aber ihr glaubet nicht, weil ihr nicht zu meinen Schafen gehört. Meine Schafe hören meine Stimme: ich kenne sie und sie folgen mir. Ich gebe ihnen das ewige Leben; sie werden in Ewigkeit nicht verloren gehen und niemand wird sie meiner Hand entreißen; niemand vermag sie der Hand meines Vaters zu entreißen; denn ich und der Vater sind eins.« Er stellt sich dem Vater gleich. Darum halten ihn die Juden für einen Gotteslästerer und heben Steine auf, um ihn zu töten. Auf Jesu Frage, warum sie dies tun, antworten sie: »Wir steinigen dich wegen der Gotteslästerung, weil du, der du ein Mensch bist, dich Gott gleich machst.« Jesus leugnet jetzt nicht etwa, was sie ihm vorwerfen. Im Gegenteil, er bekräftigt es; er ist das, wofür sie ihn halten: Gott. Die Juden haben seine Worte wohl verstanden, noch einmal jedoch will er ihnen versichern, dass er der Sohn Gottes ist, »weil ich«, so sagt er, »die Werke meines Vaters tue, der mich gesandt hat, und weil« – durch die göttliche Natur – »ich im Vater bin und er in mir ist«.[534]

Es ist also klar, dass der Glaube an die Gottheit Jesu Christi unser erster Schritt zum göttlichen Leben ist, so wie er es auch für die Juden seiner Zeit war. Der Glaube, dass Jesus Christus Sohn Gottes, Gott selber ist, ist die erste Bedingung, um zu seiner Herde gezählt zu werden und seinem Vater wohlgefällig zu sein. Denn dies verlangt der Vater von uns. *Hoc est opus Dei ut credatis in eum quem misit il-*

---

534 Joan. 10, 37–38.

178

le.[535] Das Christentum ist die gläubige Annahme der Gottheit Christi in seiner Menschheit und die Anerkennung aller Schlussfolgerungen, die sich daraus für unser Denken und Handeln ergeben. Je mehr wir durchdrungen sind von einem reinen, lebendigen Glauben an Jesus Christus, desto fester wird das Reich Christi und damit die Heiligkeit in uns begründet sein. Inwiefern? Heilig sein, heißt wachsen in der Kindschaft Gottes. Nun aber erweckt uns zunächst der Glaube zu diesem Leben der Gnade, die uns zu Kindern Gottes macht: *Omnis qui credit quoniam Jesus est Christus ex Deo natus est*.[536] Nur dann sind wir wahre Kinder Gottes, wenn unser Leben sich auf den Glauben gründet. Der Vater gibt uns seinen Sohn, um uns alles zu sein: Vorbild, Sühne, Leben. »Nehmt auf meinen Sohn, er ist euer alles: *Quomodo non etiam cum illo omnia nobis donavit*.[537] In ihm nehmt ihr mich auf und werdet durch ihn und in ihm meine vielgeliebten Kinder.« Jesus Christus selbst sagt uns: »Wer an mich glaubt, der glaubt nicht an mich, sondern an den, der mich gesandt hat.«[538]

Der hl. Johannes sagt: »Wenn wir gleich das Zeugnis der Menschen annehmen« – d. h. wenn wir vernünftigerweise glauben, was uns die Menschen sagen – »das Zeugnis Gottes ist größer.« Fragen wir uns noch einmal, welches dieses Zeugnis ist. Gott hat bezeugt, dass Christus sein Sohn ist. »Wer an den Sohn Gottes glaubt, hat das Zeugnis Gottes in sich. Wer dem Sohne nicht glaubt, macht ihn zum Lügner, weil er an das Zeugnis nicht glaubt, welches Gott über seinen Sohn gegeben hat«[539] *Qui credit in Filium Dei habet testimonium Dei in se.* Diese Worte enthalten eine tiefe Wahrheit. Denn das Zeugnis besteht nach dem hl. Johannes darin, »dass uns Gott das ewige Leben gegeben hat; und dieses Leben ist in seinem Sohne. Wer den Sohn hat, hat das Leben; wer den Sohn nicht hat, hat das Leben nicht«.[540] Um diese Worte zu verstehen, müssen wir im Lichte der Offenbarung in das Geheimnis des göttlichen Lebens uns versenken. Das Leben des Vaters in der heiligsten Dreifaltigkeit besteht darin, dass er das Wort, den Sohn, »spricht«, dass er in einem einzigen, einfachen, ewigen Akt

---

535 Joan. 6, 29.
536 1. Joan. 5, 1.
537 Rom. 8, 32.
538 Joan. 12, 44.
539 1. Joan. 5, 9–10.
540 1. Joan. 5, 11–12.

179

einen Sohn zeugt, der ihm wesensgleich ist und dem er die Fülle seines Seins und seiner Vollkommenheiten mitteilt. In diesem einzigen, ewigen Wort, unendlich wie der Vater selbst, erkennt er unaufhörlich seinen Sohn, sein Abbild, »den Abglanz seiner Herrlichkeit«. Und jedes Zeugnis, das Gott der Welt über Christi Gottheit gibt, wie z. B. die Stimme Gottes bei der Taufe Jesu: »Dieser ist mein vielgeliebter Sohn«, ist nur der hörbare Widerhall des Zeugnisses, das der Vater sich selbst im geheimnisvollen Sein seiner Gottheit gibt und dem er Ausdruck verleiht durch ein Wort, das sein ganzes Sein, sein innerstes Leben kennzeichnet: *Filius meus es tu, ego hodie genui te.*

Wenn wir also das Zeugnis des ewigen Vaters annehmen und gläubigen Sinnes zu Gott sprechen: Das Kindlein in der Krippe ist dein Sohn; ich bete es an und schenke mich ihm. Der Jüngling, der in der Werkstätte von Nazareth arbeitet, ist dein Sohn; ich bete ihn an. Der Mann am Kreuze auf Kalvaria ist dein Sohn; ich bete ihn an. Das Teilchen Brot ist die Hülle, die deinen Sohn birgt. Dort bete ich ihn an. Wenn wir zu Jesus selber sagen: »Du bist Christus, der Sohn des lebendigen Gottes,« wenn wir uns anbetend vor ihm niederwerfen, seinem Dienste unsere Kräfte schenken; wenn alle unsere Handlungen mit dem Glauben in Einklang stehen und aus der Liebe, der Vollendung des Glaubens, hervorquellen – dann wird unser Leben zum Widerklang des Lebens des Vaters, der von Ewigkeit her seinen Sohn in einem ewigen Worte »spricht«; und da das Leben in Gott nie aufhört, alle Zeiten umspannt, eine ewige Gegenwart ist, vereinigen wir uns mit dem Leben Gottes selbst. Darum sagt der hl. Johannes: »Wer glaubt, dass Christus der Sohn Gottes ist, hat das Zeugnis Gottes in sich«, das Zeugnis, durch das der Vater seinen Sohn »spricht«.

4

Wir können nicht oft genug Akte des Glaubens an die Gottheit Christi erwecken. In der Taufe wurde uns der Glaube gegeben. O, dass wir diesen Schatz nicht in unserem Herzen vergraben! Bitten wir Gott, ihn in uns zu vermehren: *Domine, adauge nobis fidem.* Bemühen wir uns, ihn zu stärken, indem wir den Glaubensakt oft wiederholen. Je reiner und lebendiger unser Glaube ist, je mehr unser ganzes Dasein von ihm getragen wird, um so fester und wahrer, lichtvoller, sicherer und fruchtbringender wird auch unser geistiges Leben sein. Denn die tiefinnerste Überzeugung, dass Christus Gott ist und dass er uns geschenkt ward, enthält in sich unser ganzes geistliches Leben: aus ihr entquillt unsere Heiligkeit. – Der lebendige Glaube dringt durch den Schleier der Menschheit, der Christi Gottheit unseren Augen verbirgt. Zeigt er sich uns als kleines Kind in der Krippe oder als Arbeiter in der Werkstätte, als Prophet, der unausgesetzt dem Widerspruch seiner Feinde preisgegeben ist, oder in der Schmach eines ehrlosen Todes, oder unter den Gestalten von Brot und Wein – der Glaube sagt uns mit immer gleicher Sicherheit: es ist Christus, zugleich in Wahrheit Gott und Mensch, an Majestät, Macht, Weisheit und Liebe dem Vater und dem Hl. Geist wesensgleich. Und diese tiefe Überzeugung versenkt uns in innigste Anbetung und Hingabe an den Willen dessen, der, obgleich Mensch, dennoch das bleibt, was er ist: der allmächtige Gott, die unendliche Vollkommenheit.

Werfen wir uns Jesu zu Füßen und sagen wir ihm: Mein Heiland, fleischgewordenes Wort, ich glaube, dass du Gott bist. Wahrer Gott vom wahren Gott: *Deus verus de Deo vero.* Deine Gottheit sehe ich nicht; aber weil dein Vater mir gesagt hat: »Dieser ist mein vielgeliebter Sohn«, glaube ich es. Und weil ich es glaube, will ich mich dir unterwerfen, ganz und gar, Leib und Seele, Verstand und Willen, Herz und Sinne, Phantasie und alle meine Kräfte. Möchten sich an mir die Worte des Psalmisten erfüllen: »Alles hast du als Huldigung ihm zu Füßen gelegt.« *Omnia subiecisti sub pedibus eius.*[541] Sei du mein Haupt, dein Evangelium mein Licht, dein Wille meine Lenkung. Nur deine Gedanken will ich denken; denn du bist die untrügliche Wahrheit. Nur in dir will ich handeln; denn du bist der einzige Weg zum Vater. Nur in deinem Willen will ich mich freuen, denn du bist die Quelle des Lebens. Nimm mich ganz in Besitz durch deinen Hl. Geist und zur Ehre deines Vaters! Durch solchen Glaubensakt legen wir den Grund zum geistlichen Leben in uns. *Fundamentum aliud nemo potest ponere, praeter id quod positum est, quod est Christus Jesus.*[542] Wenn wir diesen Glaubensakt häufig wiederholen, dann »wohnt«, wie der hl. Paulus sagt, »Christus in unseren Herzen«: *Christum habitare per fidem in cordibus nostris,*[543] d. h. er ist Herr und König unserer Seele. Sein Geist ist in uns der Urquell göttlichen Lebens.

---

541 Ps. 8, 8. Die Anwendung auf Christus siehe Hebr. 2, 8.
542 1. Cor. 3, II; cf. Col. 2, 6.
543 Eph. 3, 17.

Wir sollten darum oft und oft den Glaubensakt an die Gottheit Jesu erneuern. Dadurch sichern und befestigen wir unser geistiges Leben und machen es nach und nach unerschütterlich.

Wenn du eine Kirche betrittst und das ewige Licht vor dem Tabernakel dir die Gegenwart Jesu Christi, des Sohnes Gottes ankündet, dann sei deine Kniebeugung nicht eine leere, gewohnheitsmäßige Verrichtung, sondern eine Huldigung innersten Glaubens und tiefster Anbetung vor deinem Heiland, als sähest du ihn im Glanze seiner ewigen Herrlichkeit. Und wenn du dich im Gloria der hl. Messe in Lob- und Bittgebeten an den Heiland wendest: »Herr und Gott, Sohn Gottes, Lamm Gottes, der du sitzest zur Rechten des Vaters, du allein bist heilig, du allein der Herr, der Allerhöchste, mit dem Heiligen Geiste in der Herrlichkeit des Vaters«, dann soll dieses Lob mehr noch aus deinem Herzen als von deinen Lippen kommen. Und wenn du das Evangelium liest, tu es in der Überzeugung, dass es das Wort Gottes, Licht und unfehlbare Wahrheit ist, die zu dir spricht und dir die Geheimnisse der Gottheit offenbart. Wenn du im Credo von der ewigen Geburt des Wortes hörst: *Deum de Deo, lumen de lumine, Deum verum de Deo vero*, dann achte nicht nur auf den Sinn der Worte und auf die Schönheit des Gesanges. Sprich sie still nach, und sie seien dir gleich dem Widerhall der Stimme des Vaters, der seinen Sohn schaut und bezeugt, dass er ihm gleich ist: *Filius meus es u, ego hodie genui te*. Und bei den Worten: *Et incarnatus est*, »Er ist Fleisch geworden« gib dich in vollständiger Vernichtung deiner selbst dem menschgewordenen Gottessohne hin, an dem der Vater sein Wohlgefallen hat. Wenn Jesus in der hl. Eucharistie zu dir kommt, empfange ihn mit einer solch tiefen Ehrfurcht, als wenn du ihn von Angesicht zu Angesicht sähest.

Solche Glaubensakte sind dem himmlischen Vater ungemein wohlgefällig, denn alle seine Forderungen wollen in ihrer Unbegrenztheit nur das eine: die Ehre seines Sohnes.

Je mehr Christus seine Gottheit verhüllt, je mehr er sich aus Liebe zu uns erniedrigt, desto tiefer sei unsere Anbetung, desto inniger unsere Hochschätzung und Verehrung. – Gottes sehnlichster Wunsch ist, seinen Sohn verherrlicht zu sehen: *Clarificavi et adhuc clarificabo*,[544] das ist eines von den drei Worten des himmlischen Vaters, die der Welt hörbar erklungen sind. Er will Jesus verherrlichen, weil dieser als sein Sohn ihm wesensgleich ist. Auch darum, weil er

---

544 Joan. 12, 28.

182

sich erniedrigt hat. *Semetipsum exinanivit ... propter quod et Deus exaltavit illum*,[545] »er erniedrigte sich selbst, ... darum hat ihn Gott erhöht und ihm einen Namen gegeben, der über alle Namen ist, auf dass im Namen Jesu sich alle Knie beugen im Himmel, auf Erden und unter der Erde, und jede Zunge bekenne, dass dem Herrn Jesu Christo gleiche Ehre gebührt wie dem Vater«.

Je mehr der Heiland sich erniedrigt, indem er sich zum kleinen Kinde macht, sich in Nazareth verbirgt alle mit seiner Würde sich vereinbarenden Schwächen erträgt, gleich einem Verbrecher, *cum sceleratis*[546], den Kreuzestod stirbt, in der hl. Eucharistie sich verhüllt und den Angriffen der Ungläubigen sich überlässt, um so mehr sollen wir ihn erheben in der Herrlichkeit des Vaters und ihn in unseren Herzen erhöhen und uns in innigster Anbetung und gänzlicher Hingabe ihm schenken.

Dies ist der wahre und vollkommene Glaube an die Gottheit Jesu Christi, der sich in hingebender Liebe vollendet, der alle Handlungen und Werke unseres geistlichen Lebens trägt und somit das Fundament unserer ganzen Heiligkeit ist. Damit der Glaube ein wirkliches Fundament sei, muss er unsere Werke tragen und zur Quelle all unserer Fortschritte im geistlichen Leben werden.[547] »Gemäß der Gnade Gottes, die mir gegeben ist,« sagt Paulus, »habe ich wie ein weiser Baumeister den Grund gelegt – indem ich euch das Evangelium Christi verkündete, das ihr gläubig annahmt – ein jeder aber sehe zu, wie er darauf baue.«[548]

Unsere Werke bauen dieses geistliche Gebäude. – Der hl. Paulus sagt, dass »der Gerechte aus dem Glauben lebe«: *Justus ex fide vivit*.[549] »Der Gerechte«, d. h. der durch die Rechtfertigung in der Taufe zur Gerechtigkeit geboren ist und Christi Gnade besitzt und mit ihr die eingegossenen Tugenden des Glaubens, der Hoffnung und der Liebe. Dieser Gerechte lebt aus dem Glauben. Leben heißt das Vermögen sich zu bewegen und zu handeln in sich tragen. Der Quell, aus dem unseren Handlungen übernatürliches Leben zuströmt und sie

---

545 Phil. 2, 7–9.
546 Is. 53, 12.
547 Iustificati ... in ipsa iustitia per Christi gratiam accepta, cooperante fide bonis operibus crescunt ac magis sanctificantur. Concil. Trid Sess. 6, c. 10.
548 Cor. 3, 10.
549 Rom. 1, 17. Dreimal spricht der hl. Paulus von dieser Wahrheit. cf. Gal. 3, 11: Hebr. 10, 38.

wertvoll macht für den Himmel, ist zwar die heiligmachende Gnade. Der Glaube aber ist es, der jede Seele zuerst in die Welt des Übernatürlichen einführt. Nur insoweit haben wir teil an der Gotteskindschaft, als wir Christus aufnehmen. Dieses aber geschieht durch den Glauben: *Quodquot autem receperunt eum, dedit eis potestatem filios Dei fieri, his qui credunt in nomine eius.* Der Glaube an Jesus Christus führt uns zum Leben, zur Rechtfertigung durch die Gnade. Darum sagt der hl. Paulus, dass der Gerechte durch den Glauben lebe.

Der Glaube an Jesus ist um so wirksamer in unserem übernatürlichen Leben, je fester er in unserer Seele verankert ist. – Der wahre Glaubenseifer umfasst mit glühender Liebe seinen Gegenstand. Da er alles auf Christus zurückführt, sieht er alles im göttlichen Lichte Christi. Und von der Person Christi geht er über auf das, was der Gottmensch gesagt und getan hat; auf seine Einrichtungen: Kirche und Sakramente, und auf alles, was Christus zur Vermittlung göttlichen Gnadenlebens an die Seelen eingesetzt hat.

Die tiefinnerste Überzeugung von der Gottheit Jesu regt uns an, großmütig alles zu tun, was er verlangt, unerschütterlich festzustehen in den Versuchungen: *fortes in fide,*[550] und unsere Hoffnung und Liebe durch alle Stürme hindurch zu bewähren.

Mit welcher Kraft übernatürlichen Lebens ist die Seele erfüllt, die im tiefsten Innern den Glauben an die Gottheit Christi trägt, Welch überfließende Quelle innerlichen Lebens ist die täglich zunehmende Überzeugung, dass Christus alle Heiligkeit, alle Weisheit, alle Macht und Güte ist. »Mein Jesus, ich glaube, dass du bist der Sohn des lebendigen Gottes. Ich glaube es, du aber vermehre meinen Glauben!«

5

Ein Punkt muss uns etwas länger beschäftigen, der vor allem der ausdrückliche Gegenstand unseres Glaubens sein muss, wenn wir voll und ganz am göttlichen Leben teilhaben wollen: es ist der Glaube an den unendlichen Wert der Verdienste Jesu Christi. Schon einmal wurde diese Wahrheit berührt und gezeigt, wie Christus der unendliche Kaufpreis für unsere Heiligung ward. Bei dieser Abhandlung über den Glauben müssen wir darauf zurückkommen, denn der Glaube ermöglicht uns aus den unergründlichen Reichtümern zu schöpfen,

---

550 1. Petr. 5, 9.

die der liebe Gott uns in seinem Sohn schenkt: *Investigabiles divitiae Christi.*

Gott hat uns in seinem Sohn ein Geschenk von unendlichem Werte gegeben. Christus ist der Schrein, in dem die göttliche Weisheit und Wissenschaft ihre Schätze für uns hinterlegt hat. Durch sein Leiden und seinen Tod hat er verdient, Vermittler dieser Schätze zu werden, und er lebt ja immerdar, um beim Vater für uns einzutreten.

Wir müssen aber den Wert dieses Geschenkes erkennen und es zu gebrauchen wissen: *Si scires donum Dei!* Christus mit der Fülle seiner Heiligkeit, mit dem unendlichen Wert seiner Verdienste ist das Geschenk, das uns aber nur nach dem Maße unseres Glaubens fruchtbar wird. Ist unser Glaube allumfassend, lebendig, tief, entspricht er, soweit dies einem Geschöpf überhaupt möglich ist, der Größe des Geschenkes, so sind den göttlichen Mittelungen an unsere Seelen keine Grenzen gesetzt. Wem aber die unendlichen Verdienste Jesu nicht unendlich wertvoll sind, dessen Glaube an Jesu Gottheit ist nicht stark genug. Und wer etwa an dieser göttlichen Wirkungskraft zweifelt, der erfasst nicht, was es heißt: Ein Gott ist Mensch geworden.

Wir müssen häufig Akte des Glaubens an die Genugtuungen und Verdienste erwecken, die Jesus zu unserer Heiligung erworben hat. Mit einem unerschütterlichen Vertrauen auf die Verdienste seines Sohnes sollen wir im Gebete zu unserm himmlischen Vater kommen. Der Heiland hat alle Schuld bezahlt und getilgt, alles für uns erworben und unaufhörlich bittet er seinen Vater für uns: *Semper vivens ad interpellandum pro nobis.*[551] Beten wir daher: »Ich weiß, o mein Gott, dass ich ganz elend bin; dass ich täglich tiefer in Sünden falle. Ich weiß, dass ich vor deiner unendlichen Heiligkeit aus mir selbst nichts anders bin als Erdenkot vor der Sonne. In tiefster Ehrfurcht werfe ich mich vor dir nieder. Durch die Gnade bin ich ein Glied des mystischen Leibes deines Sohnes. Ihm, der mich mit seinem Blut erkauft hat, verdanke ich diese Gnade. Nun, da ich Jesu gehöre, bitte ich dich, verstoße mich nicht von deinem göttlichen Angesicht.« Nein, Gott kann uns nicht verwerfen, wenn wir uns so auf das Ansehen seines Sohnes berufen; denn der Sohn ist ihm wesensgleich.

Wenn wir erkennen, dass wir aus uns selbst schwach und elend sind und nichts vermögen, – *Sine me nihil potestis facere,* – wenn wir dagegen alles, dessen wir zum übernatürlichen Leben bedürfen, von

---

551 Hebr. 7, 25.

Christus erwarten, *Omnia possum in eo qui me confortat*, so wird es uns auch klar, dass Christus uns alles ist, Haupt und Hoherpriester. Dieser Glaube ist nach dem hl. Johannes eine dem himmlischen Vater besonders wohlgefällige Huldigung, »denn er liebt seinen Sohn« und wünscht, dass alles uns durch ihn zuteil werde, »weil er ihm alle Gewalt über die Seelen gegeben hat.« Eine Seele, der dieses unbedingte Vertrauen auf Jesus fehlt, erkennt ihn nicht wirklich so an, wie er ist: der vielgeliebte Sohn des Vaters. Infolgedessen versagt sie auch dem Vater die Ehre, die er unbedingt beansprucht: *Pater enim diligit Filium, ut ommes honorificent Filium sicut honorificant Patrem. Qui non honorificat Filium, non honorificat Patrem qui misit illum.*[552]

Auch beim Empfang des hl. Bußsakramentes soll uns ein fester Glaube an die göttliche Kraft des Blutes Jesu beseelen: Jesu Blut reinigt im Augenblick der Absolution unsere Seelen von allen Fehlern, erneuert ihre Kräfte und gibt ihnen ihre frühere Schönheit wieder. Christi eigen Blut mit allen seinen Verdiensten wird uns in diesem Augenblick zugeteilt, das Blut, das der Heiland in unvergleichlicher Liebe für uns vergossen hat, seine Verdienste, die unendlich sind, die er aber auch in unsagbarem Leid und großer Schmach erworben hat. Dass wir doch Gottes Geschenk begreifen könnten!

In der hl. Messe wohnen wir der Erneuerung des Kreuzopfers bei. Wie ehedem auf dem Kalvarienberg opfert sich der Gottmensch nun auf dem Altare, wenn auch die Opferweise eine andere ist. Dennoch ist es der gleiche Christus, wahrer Gott und wahrer Mensch, der sich auf dem Altare hinopfert, damit wir an seinen unerschöpflichen Genugtuungen teilhaben. Wäre unser Glaube doch lebendig und tief! Mit welcher Ehrfurcht würden wir dann dem hl. Opfer beiwohnen, mit welch hl. Begierde würden wir täglich, dem Wunsch der Kirche gemäß, zum Tische des Herrn gehen, um uns mit Christus zu vereinen. Mit welch unerschütterlichem Gottvertrauen würden wir Jesum aufnehmen, der sich uns schenkt mit seiner Gottheit und Menschheit, seinen Reichtümern und Verdiensten, er, das Lösegeld der Welt, der Gottessohn, an dem der Vater sein Wohlgefallen hat! *Si scires donum Dei!* ...

Durch solch häufige Akte des Glaubens an die Macht Jesu Christi, an den Wert seiner Verdienste wird unser Leben zum fortwährenden Lobgesang auf den ewigen Hohenpriester, den Welterlöser, dem wir alle Gnade verdanken. Dadurch dringen wir tief in die ewigen Gedan-

---

552 Joan. 5, 20–24.

ken und Pläne Gottes ein; unsere Seele passt sich den Heilsgedanken Gottes an, und wir verbinden uns mit Gottes Willen, seinen vielgeliebten Sohn zu preisen: »Ich habe ihn verherrlicht und werde ihn wieder verherrlichen«[553]

Gehen wir darum zu unserem Heiland. Er allein hat Worte ewigen Lebens. Empfangen wir ihn mit lebendigem Glauben überall, wo er sich uns zeigt: in den Sakramenten, in der Kirche, in seinem mystischen Leibe, im Nächsten, in seiner Vorsehung, die alles lenkt und zulässt, auch das Leid. Welches auch immer die Gestalt sei, die er annimmt, der Augenblick, den er wählt, wir müssen ihm entgegengehen mit rückhaltloser Annahme seines göttlichen Wortes, mit gänzlicher Hingabe an seinen Dienst. Darin besteht die Heiligkeit.

Wir alle kennen die vom hl. Johannes mit so vielen bezeichnenden Einzelheiten erzählte Heilung des Blindgeborenen.[554] Nachdem der Heiland ihn am Sabbat geheilt hat, wird er wiederholt durch die Feinde Jesu, die Pharisäer, verhört. Sie möchten ihm das Geständnis abnötigen, dass Christus kein Prophet sei, weil er den im Gesetze Moses vorgeschriebenen Sabbat nicht halte. Der arme Blindgeborene jedoch weiß nicht viel zu sagen. Er bleibt bei seiner Aussage, ein Mann namens Jesus habe ihn geheilt, indem er ihn hieß, sich in einer Quelle zu waschen. Das ist alles, was er weiß und was er vorerst antwortet. Den Pharisäern bietet seine Aussage keinen Anhaltspunkt zur Anklage Jesu, und da er schließlich behauptet, Jesus müsse wohl ein Gesandter Gottes sein, denn noch nie habe man gehört, dass ein Mensch einem Blindgeborenen die Augen geöffnet habe, da stoßen sie ihn aus der Synagoge. Der Herr hört davon, und da er ihm begegnet, fragt er ihn: »Glaubst du an den Sohn Gottes?« Da antwortet der Blinde: »Wer ist es, Herr, dass ich an ihn glaube?« Welch bewunderungswürdige Bereitwilligkeit der Seele! Und Jesus spricht zu ihm: »Der ist es, der zu dir spricht.« Ohne Zögern glaubte er dem Wort des Heilandes. »Ich glaube, Herr«, und »er fällt nieder und betet ihn an«. *Credo, Domine. Et procidens, adoravit eum.* Gläubig umfasst er des Heilandes Füße und damit sein ganzes Werk. Der Blindgeborene ist ein Bild unserer Seele. Durch die Gnade des menschgewordenen Wortes ist sie geheilt, der ewigen Finsternis entrissen und dem Lichte wiedergeschenkt worden.[555]

---

553 Joan. 12, 28.
554 Joan. 9, 11–38.
555 Cf. S. Augustin. In Joan. 44, I.

Wo immer der Herr sich ihr zeigt, soll auch sie fragen: *Quis est, Domine, ut credam in eum?* Und ohne Zögern soll auch sie sich ganz und gar dem Herrn hingeben, seinem Dienste, der Förderung seiner Ehre, die gleichzeitig die Ehre seines Vaters ist. Dann lebt sie aus dem Glauben; dann wohnt und herrscht Christus in ihr, weil der Glaube an seine Gottheit ihr ganzes Leben beseelt.

Schließlich wird dieser Glaube, dessen höchste Vollendung in der Liebe gipfelt, uns auch eine Quelle der Freuden. Nicht seiner Jünger, sondern unsertwegen sagte der Heiland: *Beati qui non viderunt et crediderunt*: »Selig, die nicht sehen und doch glauben.«[556] Warum wohl der Heiland jene selig preist, die an ihn glauben? Weil der Glaube eine Quelle reinster Freuden ist, indem er uns am Wissen Christi teilnehmen lässt. Christus ist das ewige Wort, das uns die göttlichen Geheimnisse mitgeteilt hat: *Unigenitus Filius qui est in sinu Patris ipse enarravit.*[557] Wenn wir seinen Worten glauben, besitzen wir Christi Wissen. Als Quelle solchen Lichtes ist der Glaube auch Freudenquelle. – Doch noch aus einem anderen Grunde. Der Glaube sichert uns den Besitz der zukünftigen Güter, er ist *sperandarum substantia rerum*,[558] die »Wesenheit dessen, was wir erhoffen.« Jesus selbst sagt es uns: »Wer an den Sohn Gottes glaubt, der hat das ewige Leben« *Qui credit in Filium Dei habet vitam aeternam.*[559] Hier ist die Verwendung des Präsens beachtenswert: »*habet*«, er hat es schon. Christus sagt nicht etwa »er wird es bekommen«, sondern es ist schon jetzt sein eigen,[560] so wie auch der Ungläubige schon jetzt gerichtet ist. Der Glaube ist ein Samenkorn. Jedes Samenkorn enthält im Keime die künftige Ernte. Bewahren wir daher unseren Glauben sorgfältig vor allem, was ihn trüben und beeinträchtigen könnte. Stärken wir ihn durch Gebet und Übung, betätigen wir ihn beharrlich in Akten der Liebe, dann gibt er uns die Sicherheit zukünftiger Güter und eine unerschütterliche Hoffnung: *Qui credit in eum non confundetur.*[561]

---

556 Joan. 20, 29.
557 Joan. 1, 18.
558 Hebr. 11, 1.
559 Joan. 3, 36.
560 Dicitur aliquis iam finem habere propter spem finis obtinendi. S. th. I–II, q. 69, a. 2: dazu fügt er bei: Unde et apostolus dicit: Spe salvi facti sumus. Vgl. den ganzen Artikel.
561 Rom. 9, 33.

Bleiben wir festgegründet im Glauben: *In fide fundati,*[562] fest im Glauben an Christus. *Sicut ergo accepistis Iesum Christum Dominum in ipso ambulate, radicati et superaedificati in ipso et confirmati fide, sicut et didicistis.*[563] »Ihr habt Christus Jesus, den Herrn, überkommen, wandelt in ihm. In ihm fasst Wurzel, auf ihn baut euch auf; festigt euch im Glauben, wie man euch gelehrt hat.« Bleiben wir fest im Glauben auch inmitten des Unglaubens, der Gotteslästerung, des Zweifels, des Naturalismus und der Menschenfurcht unserer Zeit. Nach dem Ausspruch des Apostelfürsten, auf den der Herr seine Kirche gründete, nachdem er den Glauben an den Gottessohn bekannt hatte, gereicht der standhaft bewährte Glaube »zum Lobe und zur Herrlichkeit, und zur Ehre bei der Offenbarung Jesu Christi, welchen ihr,« so fährt er fort, »ohne ihn gesehen zu haben, liebt, an welchen ihr, obwohl ihr ihn nicht schaut, glaubt. Weil ihr aber glaubt, werdet ihr frohlocken mit unaussprechlicher und verklärter Freude, indem ihr das Ziel eures Glaubens erlangen werdet, das Heil der Seelen.«[564]

---

562 Col. 1, 23.
563 Col. 2, 6–7.
564 1. Petr. 1, 7–9.

DIE TAUFE,
DAS SAKRAMENT DER ANNAHME AN KINDES STATT
UND DER »EINWEIHUNG«
TOD UND LEBEN

INHALTSÜBERSICHT: *Die Taufe, das erste in der Reihe der Sakramente. – I. Das Sakrament der Gotteskindschaft. – II. Das Sakrament der Einführung ins christliche Leben, der Weihe zum Christentum. – III. Inwiefern das irdische Dasein Christi den doppelten Charakter von Tod und Leben an sich trägt, den die Taufe auch in uns zum Ausdruck bringt. – IV. Das christliche Leben ist nichts anderes als die praktische Entfaltung der durch die Taufe bewirkten doppelten Anfangsgnade:»Tod der Sünde«,»Leben für Gott«. Gefühle, die der Gedanke an die Taufe in uns wecken soll: Dankbarkeit, Freude und Vertrauen.*

Die erste Stellungnahme der Seele gegenüber der Offenbarung des Heilsplanes unserer Kindesannahme in Christo Jesu ist, wie gezeigt wurde, der Glaube. Der Glaube ist die Wurzel aller Rechtfertigung und die Grundlage des christlichen Lebens. Der Ausgangspunkt, auf den er sich gründet, ist die Gottheit Jesu, den der Ewige Vater zu unserer Erlösung auf die Welt geschickt hat: *Haec est vita aeterna ut cognoscant te solum Deum verum et quem misisti Iesum Christum!*[565] – Von diesem seinem Hauptgegenstand aus beleuchtet der Glaube alles, was mit Christus zusammenhängt: die Sakramente, die Kirche, die Seelen, die ganze Offenbarung, und erreicht seine höchste Vollendung in der Liebe, Anbetung und rückhaltlosen Hingabe unseres ganzen Seins an den Willen Jesu und seines Vaters. Der Glaube allein genügt jedoch nicht.

Bei der Sendung der Apostel, die sein Heilswerk auf Erden fortsetzen sollten, sprach der Herr: »Wer nicht glaubt, wird verdammt werden.« Für die, die nicht glauben wollen, fügt er nichts weiter bei; denn da der Glaube die Wurzel und Grundlage aller Rechtfertigung ist, bleibt alles, was ohne ihn geschieht, wertlos in Gottes Augen: *Sine fide impossibile est placere Deo.*[566] Den Glaubenswilligen jedoch nennt er die Aufnahmebedingung für sein Reich, den Empfang der Taufe: »Wer glaubt und sich taufen lässt, der wird selig werden,«[567]

---

565 Joan. 17, 3.
566 Hebr. 11, 6.
567 Marc. 16, 16.

190

Ebenso sagt der hl. Paulus, dass derjenige, der sich taufen lässt, Jesum Christum anzieht.[568] Die Taufe ist also die Vorbedingung unserer Vereinigung mit Christus. Sie ist das erste in der Reihe der Sakramente. Die erste Durchdringung unseres Seins mit göttlichem Leben geschieht durch sie. Alle übernatürlichen Mitteilungen Gottes an die Seele führen auf dies Sakrament zurück oder setzen es naturgemäß voraus; darin liegt sein großer Wert.

Verweilen wir etwas bei der Betrachtung der Taufe. In ihr finden wir den Ursprung unseres übernatürlichen Adelstitels; denn durch sie beginnt unsere Gotteskindschaft und unser christliches Leben. Und wie im Keim birgt sie das Doppelbild »Tod der Sünde« und »Leben für Gott«, durch welches sich das ganze Dasein eines Jüngers Christi kennzeichnen soll. Bitten wir den Hl. Geist, dessen göttliche Kraft das Wasser unserer Wiedergeburt heiligte, er möge uns die Größe dieses Sakramentes und die Verpflichtungen, die es mit sich bringt, erkennen lassen. Der Empfang der hl. Taufe bedeutete für uns den ewig gesegneten Augenblick, der uns zu Kindern des himmlischen Vaters, zu Brüdern Jesu Christi, unsere Seelen zu geweihten Tempeln des Hl. Geistes machte.

I

Die Taufe ist das Sakrament, das uns zu Kindern Gottes macht.

Sie ist gleichsam eine geistige Geburt, die uns das Leben der Gnade vermittelt. Zunächst besitzen wir das natürliche Leben, das wir dem Fleische nach von unsern Eltern erhalten. Durch dasselbe treten wir in die menschliche Familie ein.

Dieses Leben währt einige Jahre, dann erlischt es mit dem Tode. Hätten wir nur dieses Leben, wir würden niemals Gottes Antlitz schauen. Als Kinder Adams sind wir vom ersten Augenblick unseres Daseins an mit der Erbsünde behaftet. Wir haben ein schon in seiner Quelle vergiftetes Leben erhalten und teilen die Ungnade unseres Stammvaters; wir werden, sagt der hl. Paulus, als *filii irae*, als »Kinder des Zornes« geboren: *Quisquis nascitur, Adam nascitur, damnatus de damnato.*[569] Dieses natürliche Leben, das tief in der Sünde wurzelt, ist aus sich selbst unfruchtbar für den Himmel: *Caro non prodest quidquam.*[570]

---

568 Gal. 3, 27.
569 S. Augustin. Enarr. in Ps. 132.
570 Joan. 6, 64.

Aber dieses natürliche Leben, *ex voluntate viri, ex voluntate carnis*, ist nicht das einzige, das wir besitzen. Gott will uns ein höheres Leben geben, das unser natürliches Leben überragt, erhebt, vergöttlicht, ohne das natürlich Gute in ihm zu vernichten. Gott will uns sein eigenes Leben mitteilen.

Dieses göttliche Leben empfangen wir durch eine neue, geistige Geburt, durch die wir aus Gott geboren werden: *Ex Deo nati sunt.*[571] Dieses Leben ist Teilhabe am Leben Gottes. Es ist von Natur unsterblich.[572] Sein Besitz ist für uns das Unterpfand ewiger Seligkeit, *heredes Dei*; besitzen wir es nicht, dann sind wir auf immer von der göttlichen Gemeinschaft ausgeschlossen. Das gewöhnliche, von Christus eingesetzte Mittel, zu diesem Leben geboren zu werden, ist die Taufe.

Bekannt ist die von Johannes berichtete Unterredung des Herrn mit Nikodemus.[573] Jüdischer Gesetzeslehrer und Mitglied des Hohen Rates, besucht er Jesus, den er für einen Propheten hält, in der Absicht, sein Schüler zu werden. Auf seine Frage antwortet der Heiland: »Wahrlich, wahrlich, ich sage dir, wenn jemand nicht von neuem geboren wird, so kann er das Reich Gottes nicht sehen.« – Nikodemus, der dies nicht versteht, fragt: »Wie kann ein Mensch geboren werden, wenn er alt ist? Kann er etwa in seiner Mutter Schoß noch einmal eingehen und wieder geboren werden?« Und der Herr wiederholt ausführlicher: »Wahrlich, wahrlich, ich sage dir, wenn jemand nicht wiedergeboren wird aus dem Wasser und dem Hl. Geiste, so kann er in das Reich Gottes nicht eingehen.«[574] Darauf stellt er das natürliche Leben dem übernatürlichen gegenüber. »Was aus dem Fleische geboren ist, ist Fleisch; und was aus dem Geiste geboren ist, ist Geist. Wundere dich also nicht, dass ich dir sagte: Ihr müsst von neuem geboren werden.«

Auf dem Konzil von Trient[575] hat die Kirche diese Stelle in ihrer Beziehung auf die Taufe erklärt. Das Wasser erneuert die Seele durch

---

571 Joan. 1, 13.
572 Renati non ex semine corruptibili sed incorruptibili per Verbum Dei vivi et permanentis in aeternum. 1. Petr. 1, 23.
573 Joan. 3, 1 sq.
574 »Getauft, d. h. zum Zwecke der Reinigung in Wasser getaucht werden, war bei den Juden wohl bekannt. Es bedurfte nur noch der Erklärung, dass es eine Taufe gäbe, in welcher der Heilige Geist, der sich dem Wasser mitteilte, den Geist des Menschen erneuere.« Bossuet, Méditations sur l'Evangile, la Cène, XXXVIe jour.
575 Sess. 7, De baptismo, can. 2.

die Kraft des Hl. Geistes. Die Reinigung mit Wasser, das sinnfällige Zeichen und die Ausgießung des Hl. Geistes, das göttliche Element, vereinigen sich zur übernatürlichen Geburt. Dies sagt uns schon der hl. Paulus: »Als aber die Güte und Menschenfreundlichkeit Gottes, unseres Heilandes, erschien, hat er uns nicht wegen der Werke, die wir in Gerechtigkeit getan, sondern nach seiner Erbarmung gerettet durch das Bad der Wiedergeburt und der Erneuerung des Hl. Geistes, welchen er überreichlich auf uns ausgegossen hat durch Jesum Christum unsern Heiland, damit wir, gerechtfertigt durch seine Gnade, der Hoffnung gemäß Erben würden des ewigen Lebens.«[576]

So ist die Taufe das Sakrament der Gotteskindschaft. Aus dem geheiligten Wasser werden wir zum göttlichen Leben geboren. Deshalb nennt der hl. Paulus den Getauften »einen neuen Menschen«.[577] Gott schafft uns sozusagen von neuem, indem er durch ein Geschenk, das unsere Ansprüche unendlich übersteigt, uns teilhaben lässt an seiner Natur. Wir sind nach den Worten des Apostels »ein neues Geschöpf« *nova creatura*.[578] Und weil dieses Leben ein göttliches ist, so verdanken wir es der ganzen allerheiligsten Dreifaltigkeit. Am Anfang der Zeiten schuf die heiligste Dreifaltigkeit den Menschen: *Faciamus hominem ad imaginem et similitudinem nostram;*[579] auch unsere Wiedergeburt vollzieht sich im Namen des Vaters und des Sohnes und des Hl. Geistes. Jedoch wird diese nach den Worten Jesu und des hl. Paulus in besonderer Weise dem Hl. Geist zugeschrieben, weil unsere Gotteskindschaft vor allem ein Werk der Liebe Gottes zu uns ist: *Videte qualem caritatem dedit nobis Pater ut filii Dei nominemur et simus.*[580]

Dieser Gedanke tritt deutlich in den Weihegebeten hervor, die der Bischof am Karsamstag über das Taufwasser spricht. In einem der sehr bedeutungsvollen Gebete heißt es: »Allmächtiger, ewiger Gott, sende den Geist deiner Kindschaft, um neue Völker zu erschaffen, die das Wasser der Taufe dir gebiert.« »Herr, wirf einen Blick auf deine Kirche und vermehre in ihr die Zahl ihrer neuen Kinder.« Darauf bittet der Bischof den Hl. Geist, das Wasser zu heiligen. »Möge der Hl. Geist durch die geheimnisvolle Wirkung seiner Gottheit dieses Was-

---

576 Tit. 3, 4–7.
577 Eph. 3, 15; 4, 24.
578 2. Cor. 5, 17; Gal. 6, 15.
579 Gen. 1, 26.
580 1. Joan. 3, 1.

ser, das zur Wiedergeburt der Menschen bestimmt ist, fruchtbar machen, damit aus dem reinen Schoße dieses göttlichen Brunnens, ein neues Geschöpf, ein himmlisches Geschlecht hervorgehe.«

Alle geheimnisvollen Zeremonien, die die Kirche bei dieser Weihe anscheinend mit Absicht vervielfältigt, alle Anrufungen dieser herrlichen, symbolischen Weihe sind von dem einen Gedanken erfüllt: der Hl. Geist ist es, der das Wasser heiligt, damit alle, die in dasselbe getaucht wurden, von ihren Sünden gereinigt und zu einem göttlichen Leben geboren werden.

Descendat in hanc plenitudinem fontis virtus Spiritus Sancti, regenerandi faecundet effectu, »in diesen Quellreichtum steige die Kraft des Hl. Geistes herab und befruchte sie mit wiedererzeugender Wirkung, damit jeder, der dies Geheimnis der Wiedergeburt empfängt, zur vollkommenen Unschuld einer neuen Kindheit wiedergeboren werde.«

Darin besteht die Größe dieses Sakramentes: es ist das wirksame Zeichen unserer Gotteskindschaft. Durch dasselbe werden wir in Wahrheit Kinder Gottes und Glieder Christi. Allen himmlischen Gnaden öffnet es die Pforten. Vergessen wir nie: alle Barmherzigkeit und Herablassung Gottes gegen uns verdanken wir unserer Gotteskindschaft. Wenn wir den Blick unserer Seele in die Geheimnisse der Gottheit versenken, so entschleiert sich uns als erster Ratschluss im göttlichen Heilsplan unsere Gotteskindschaft in Christo Jesu. Und die ganze Kette von Gnaden, mit denen Gott eine Seele bis zur endgültigen glückseligen Vereinigung mit ihm überhäufen kann, hat als Anfangsglied die Taufgnade. Seit jenem gesegneten Augenblick gehören wir zur Familie Gottes, sind göttlicher Herkunft und im Prinzip des ewigen Erbes sicher. Bei unserer Taufe, in welcher Christus unserer Seele ein unauslöschliches Merkmal aufdrückt, empfangen wir »das Unterpfand des Hl. Geistes« *pignus Spiritus Sancti,*[581] das uns Gott wohlgefällig macht und, wenn wir es getreulich bewahren, uns aller Gnaden versichert, die Gott seinen Kindern zugedacht hat. Deshalb hatten die Heiligen in ihrer klaren Erkenntnis übernatürlicher Tatsachen stets eine solch große Wertschätzung für die Taufgnade. Unser Tauftag war für uns die Morgenröte göttlichen Gnadensegens und zukünftiger Herrlichkeit.

---

581 2. Cor. 1, 22; 5, 5.

2

Noch größer erscheint uns die Taufe, wenn wir sie als das Sakrament betrachten, das uns ins christliche Leben einführt.

An der Gotteskindschaft nehmen wir teil durch Jesus Christus. Sie hat nur den einen Zweck, uns mit Hilfe der Gnade dem eingeborenen Sohn des Vaters gleichförmig zu machen. – Vergessen wir nie: *Praedestinavit nos in adoptionem filiorum per Iesum Christum . . . ut esset ipse primogenitus in multis fratribus.*[582] Nur in seinem vielgeliebten Sohn hat Gott uns als seine Kinder angenommen. Christi Genugtuungen haben uns diese Gnade verdient, und Christus bleibt unser Vorbild, wenn wir als Kinder des himmlischen Vaters leben wollen. Wir werden dies vollkommen verstehen, wenn wir uns vergegenwärtigen, wie sich ursprünglich die Aufnahme in die Kirche vollzog.

Bekanntlich wurde die Taufe in den ersten christlichen Jahrhunderten gewöhnlich nur Erwachsenen gespendet, nachdem diese in einer ziemlich langen Vorbereitungszeit in den notwendigen Glaubenswahrheiten unterrichtet worden waren. Die Spendung des Sakramentes vollzog sich am Karsamstag, genauer gesagt in der Osternacht im Baptisterium, einem von der Kirche abgesonderten Bau, wie er sich in den italienischen Kathedralen heute noch findet. Nach der Weihe des Taufwassers durch den Bischof steigt der Katechumene, d. h. der Taufkandidat, in den Taufbrunnen. Dort wird er im Wasser »untergetaucht« (βαπτίζειν), während der Bischof die Taufformel spricht: »Ich taufe dich im Namen des Vaters und des Sohnes und des Hl. Geistes.«

Der Katechumene wird also gleichsam begraben im Wasserbronn, den er auf den Stufen der entgegengesetzten Seite wieder verlässt. Dort erwartet ihn der Taufpate, trocknet und bekleidet ihn. Nach der Taufe erhalten sämtliche Katechumenen vom Bischof ein weißes Kleid als Symbol ihrer Herzensreinheit. Darauf salbt er ihre Stirne mit hl. Öle, indem er betet: »Der allmächtige Gott, der dich im Wasser und im Hl. Geist erneuert und dir alle deine Sünden nachgelassen hat, heilige dich zum ewigen Leben.« Nach Beendigung der Zeremonien geht die Prozession in die Basilika zurück, voran die Neugetauften in weißen Kleidern, brennende Kerzen in Händen. Dann beginnt die Auferstehungsmesse. Sie feiert den Triumph des glorreich aus dem Grabe erstandenen Heilandes, der sein neues Leben all seinen Auserwählten

---

582 Rom. 8, 29.

mitteilt. So sehr freut sich die Kirche über den Zuwachs der Herde Christi, dass sie den Neugetauften während acht Tagen einen Ehrenplatz in der Kirche einräumt und dass die Liturgie der ganzen Osteroktav vom Gedanken an diese neugeborenen Kinder getragen ist.[583]

Die Zeremonien haben zunächst symbolische Bedeutung. Nach dem hl. Paulus erinnern sie an den Tod, das Begräbnis und die Auferstehung des Heilandes, woran jeder Christ in geheimnisvoller Weise teilnimmt. Doch wichtiger als das Symbol ist die Gnadenwirkung. Wenn daher seit Einführung der Kindertaufe die alten Riten sich vereinfacht haben, so bleibt doch die Kraft des Sakramentes die gleiche. Der Symbolismus der Taufhandlung ist nur äußere Hülle; die wesentlichen Formen und mit ihnen die innere Sakramentsgnade sind geblieben.

Der hl. Paulus erklärt uns mit der ihm eigenen Tiefe den ursprünglichen Symbolismus und die Taufgnade.

Zum besseren Verständnis seiner Worte seien zunächst seine Gedanken kurz wiedergegeben. Das Untertauchen in den Taufbrunnen bedeutet Tod und Begräbnis Christi. Wir nehmen daran teil, indem wir der Sünde und aller Anhänglichkeit an sie entsagen, sie im heiligen Wasser begraben. Der durch Adams Schuld befleckte »alte Mensch«[584] verschwindet unter dem Wasser, er wird begraben, er gleicht einem Toten – denn nur Tote begräbt man – er ist wie im Grabe.

Das Hervorgehen aus dem Taufbrunnen bedeutet die Geburt des neuen, von der Sünde gereinigten und im Wasser durch die Kraft des Hl. Geistes erneuerten Menschen. Die Seele ist geschmückt mit der Gnade, dem Prinzip des göttlichen Lebens; geschmückt mit eingegossenen Tugenden und Gaben des Hl. Geistes. Ein Sünder wird in das

---

583 Die Katechumenen, die, sei es wegen Abwesenheit oder mangelhafter Vorbereitung verhindert waren, in der Osternacht getauft zu werden, empfingen das heilige Sakrament in der Pfingstnacht, dem Feste, das an die sichtbare Herabkunft des Heiligen Geistes auf die Apostel erinnert und das die österliche Zeit abschließt. Man wiederholte dabei die gleichen Zeremonien der Wasserweihe und der Spendung des Sakramentes. Zum österlichen Symbolismus, der ganz erhalten blieb, fügte man noch ausführlicher den Gedanken der Wiedergeburt der Seele im Taufwasser durch die Kraft des Heiligen Geistes. Gleich den Messformularien der Osteroktav enthalten auch die der Pfingstoktav viele Anspielungen auf die Neugetauften.

584 Der »alte Mensch« ist nach dem hl. Paulus der natürliche, im Zustand der Sünde geborene und lebende Nachkomme Adams, der noch nicht durch Christi Gnade in der Taufe wiedergeboren ist.

Wasser getaucht und lässt dort seine Sünden; ein Gerechter geht daraus hervor, gleich dem aus dem Grabe auferstehenden Heiland: im göttlichen Leben erstehend.[585]

Dies ist die Taufgnade, wie sie durch die Taufzeremonien versinnbildet wird, besonders klar und bedeutungsvoll bei der Spendung der Taufe in der Osternacht.

Hören wir nun den hl. Paulus selbst: »Wisset ihr nicht, dass wir alle, die wir auf Christus Jesus getauft sind, auf seinen Tod getauft sind?« d. h. wenn wir in der Taufe der Sünde sterben, so geschieht es nach dem Vorbild und durch den Verdienst des Todes Christi.

Warum sterben? Weil Christus, unser Vorbild, gestorben ist: *complantati facti sumus similitudini mortis eius.* Und was stirbt? Unsere sündhafte, verdorbene Natur, der »alte Mensch«. *Vetus homo noster simul crucifixus est.* Warum dies? Damit wir frei von Sünde werden: *ut destruatur corpus peccati et ultra non serviamus peccato.* Wir wurden also, fährt der hl. Paulus in seiner Erklärung fort, in der Taufe mit Christus und in seinem Tode begraben, damit auch wir gleich ihm, der durch die Herrlichkeit seines Vaters von den Toten auferstanden ist, in einem neuen Leben wandeln.[586]

Daraus ersehen wir nun auch die Verpflichtung, die uns die Taufgnade auferlegt: »in einem neuen Leben zu wandeln«, in dem Leben, das uns Christus, unser Vorbild, in seiner Auferstehung zeigt. So wie wir durch unsere Vereinigung mit Christus das Bild seines Todes erzeugt haben, sollen wir auch durch ein ganz geistiges Leben das Bild seines Lebens nach der Auferstehung hervorbringen; unser »alter Mensch ist wirklich mit ihm gekreuzigt, d. h. durch Christi Tod vernichtet worden, damit wir fernerhin nicht mehr Sklaven der Sünde seien; denn wer tot ist, ist von der Sünde befreit«.[587] Durch die Taufe haben wir also auf immer der Sünde entsagt.

---

585 Ut unius eiusdemque elementi mysterio et finis esset vitiis et origo virtutibus. »So dass durch das Geheimnis ein und desselben Elementes sowohl das Ende der Laster als der Anfang der Tugenden gesetzt wird.« (Feierliche Weihe des Taufwassers am Karsamstag.)

586 Rom. 6, 3–13. Sicut ille qui sepelitur sub terra, ita qui baptizatur immergitur sub aqua. Unde et in baptismo fit trina immersio non solum propter fidem Trinitatis sed etiam ad repraesentandum triduum sepulturae Christi et inde est quod in sabbato sancto solemnis baptismus in Ecclesia celebratur, S. Thom. In Epist. ad Rom. c. 6, 1, 1.

587 Der hl. Thomas sagt: »Der sündige Mensch wird durch die heilige Taufe

197

Dies genügt jedoch nicht. Wir haben auch den Keim göttlichen Lebens erhalten, den wir ständig in uns zur Entfaltung bringen müssen. Darum fügt der hl. Paulus bei: »Wenn wir mit Christus gestorben sind, dann glauben wir, dass wir auch mit ihm leben werden«, – und zwar auf ewig, denn Christus, der uns nicht allein Vorbild, sondern auch Gnadenvermittler ist, »stirbt nicht mehr, nachdem er von den Toten auferstanden ist; der Tod hat keine Gewalt mehr über ihn. Da er der Sünde gestorben; ist er ein für allemal gestorben; da er aber lebt, lebt er für Gott.« Zum Schluss wendet Paulus seine Ausführungen auf die an, die durch die Taufe am Tode und Leben Christi, ihres Vorbildes, teilhaben: »So haltet auch ihr dafür, dass ihr zwar der Sünde abgestorben seid, dass ihr aber Gott lebt in Christus Jesus, unserm Herrn«, dem ihr durch die Taufgnade einverleibt seid: *Ita et vos existimate, vos mortuos quidem esse peccato, viventes autem Deo in Christo Jesu.*[588] Nach den Worten des großen Apostels stellt also die Taufe Tod und Auferstehung des Herrn dar; und was sie vorstellt, das bewirkt sie auch. Sie lässt uns der Sünde sterben und in Jesus Christus leben.

3

Zum klareren Verständnis dieser tiefen Lehre müssen wir zunächst die zwei Seiten des Lebens Christi näher beleuchten, wie es sich seit der Taufe in uns erneuert und unserem ganzen Dasein den Stempel aufdrückt. Wie schon gesagt, wurde der göttliche Plan unserer übernatürlichen Gotteskindschaft, die unserem Stammvater Adam verliehen war, durch die Sünde vereitelt. Die Sünde Adams ging auf das ganze Menschengeschlecht über und schloss es vom ewigen Reiche aus. Nur durch eine Sühne der göttlichen Beleidigung, durch eine gleichwertige, vollständige, die Bosheit der Sünde tilgende Genugtuung konnte der Himmel wieder erschlossen werden. Der Mensch als bloßes Geschöpf war dazu nicht fähig. Das fleischgewordene Wort, der menschgewordene Gott übernahm die große Aufgabe. Deshalb trug sein ganzes Leben

---

im Leiden und im Tode Christi begraben; es ist, als ob er selbst die Leiden und den Tod des Heilandes erduldete. Da nun Christi Leiden und Tod die Macht haben, für die Sünde und deren Schuld Genugtuung zu leisten, so wird die Seele, die durch die Taufe an der Genugtuung teilnimmt, dadurch frei von jeder Schuld gegenüber Gottes Gerechtigkeit.« S. th. III, q. 69, a. 2.
588   Rom. 6, 3–13.

bis zur Vollendung seines Opfers den Stempel des Todes. Fürwahr, unser göttlicher Erlöser hat weder die Erbsünde geteilt, noch persönliche Sünden begangen, noch die mit seiner göttlichen Natur unvereinbaren Folgen der Sünde getragen wie Irrtum, Unwissenheit, Krankheit. In allem ist er seinen Brüdern ähnlich geworden; die Sünde jedoch hat er nicht gekannt. Er ist vielmehr das Lamm, das die Sünden der Welt tilgt, er kommt, die Sünder zu erlösen. Gott hat alle Sündenschuld auf ihn gelegt, und da der Heiland mit seiner Menschwerdung in das von seinem Vater geforderte Opfer eingewilligt hat, trägt sein ganzes Dasein, von der Krippe bis zum Kreuz, den Stempel des Opfers.[589] Sein ganzes Leben, die Erniedrigung von Bethlehem, die Flucht vor dem Zorn des Herodes, die Arbeit in der Zimmermannswerkstätte, sein öffentliches Leben mit dem Hass seiner Feinde, sein bitteres Leiden von der quälenden Todesangst bis zur gänzlichen Gottverlassenheit am Kreuze – alles zeigt ihn uns als das Opferlamm, das zur Schlachtbank geführt wird,[590] als den verachteten, zertretenen Wurm.[591] In der Ähnlichkeit des Fleisches der Sünde[592] gekommen als Sühnopfer für die Verbrechen einer ganzen Welt, konnte er die allgemeine Schuld nur durch seinen schmachvollen Tod am Kreuze tilgen. Dieser Tod hat uns das ewige Leben erworben. Jesus Christus vernichtet und tötet die Sünde in dem Augenblick, da der Tod ihn trifft, ihn, den Unschuldigen, das Opfer für die Sünden der Menschen.

Mors et vita duello conflixere mirando
Dux vitae mortuus regnat vivus.[593]

»Tod und Leben kämpften einen wunderbaren Kampf, der Lebensspender stirbt und herrscht in neuem Leben.«

Der Prophet hatte schon im voraus Christi Sieg gefeiert: »Tod, ich werde dein Tod sein; Tod, wo ist dein Sieg?« Der hl. Paulus gibt uns Antwort auf diese Frage: »Verschlungen ist der Tod im Siege«[594]

---

589 Christus kann nicht im strengen Wortsinn »Büßer« genannt werden. Ein Büßer sühnt persönliche Schuld. Christus dagegen ist der heilige und unbefleckte Hohepriester. Die Schuld, die er sühnt, ist die des ganzen Menschengeschlechtes, dessen Stellvertretung er in seiner Liebe zu uns übernahm.
590 Jerem. 11, 19.
591 Ps. 21, 7.
592 Rom. 8, 3.
593 Sequenz vom Ostersonntag.
594 1. Cor. 15, 54–55; cf. Osee 13, 14.

Christi des Auferstandenen. *Mortem nostram moriendo destruxit et vitam resurgendo reparavit.*[595]

Von den Toten auferstanden, hat Christus ein neues Leben begonnen. Er stirbt nicht mehr, »der Tod hat keine Macht mehr über ihn«. Ein für allemal hat er die Sünde vernichtet, sein Leben ist künftighin ein Leben für Gott, ein glorreiches Leben, das am Tage der Himmelfahrt gekrönt wird.

Man wird vielleicht einwenden: war das Leben Jesu nicht stets ein Leben für Gott? Gewiss hat Christus nur für seinen Vater gelebt. Mit seinem Eintritt in die Welt hat er sich ganz und gar der Erfüllung des göttlichen Willens hingegeben: *ecce venio ut faciam, Deus, volantatem tuam;*[596] es ist dies seine Nahrung: *meus cibus est ut faciam voluntatem eius qui misit me.*[597] Auch dem Leiden unterwirft er sich aus Liebe zu seinem Vater: *Ut cognoscat mundus quia diligo Patrem.*[598] Trotz des Sträubens seiner Natur nimmt er den Kelch, der ihm in seiner Todesangst dargereicht wird, und stirbt nicht, bevor er nicht alles vollendet hat. Er kann in Wahrheit sein ganzes Leben in die Worte zusammenfassen: *Quae placita sunt ei facio semper,*[599] »ich tue allezeit, was ihm wohlgefällig ist«; denn nichts anderes sucht er als die Ehre seines Vaters: *Non quaero gloriam meam, sed honorifico Patrem meum.*[600] Es ist also klar, dass der Heiland auch vor seiner Auferstehung nur für Gott gelebt, dass sein ganzes Leben nur den Absichten und der Ehre seines Vaters gewidmet war. Aber bis zu seiner Auferstehung trug das ganze Leben Christi den Charakter des Opfers. Nach seiner Auferstehung jedoch, frei von jeder Schuld gegenüber der göttlichen Gerechtigkeit, lebt Christus nur noch für Gott. Künftighin ist es ein vollkommenes Leben, ein Leben in seiner ganzen Fülle und Schönheit ohne jegliche Schwäche, ohne Ausblick auf Sühne, Tod, ja nicht einmal auf Leiden: *Mors illi ultra non dominabitur.* Beim auferstandenen Heiland trägt alles den Charakter des Lebens; eines glorreichen Lebens, dessen wunderbare Vorrechte, Freiheit und Unverweslichkeit sich in seinem von allem Irdischen befreiten Körper den erstaunten Blicken seiner Jünger

---

595 Präfation v. Ostern.
596 Hebr. 10, 9.
597 Joan. 4, 34.
598 Joan. 14, 31.
599 Joan. 8, 29.
600 Joan. 8, 49–50.

offenbaren; eines Lebens ununterbrochenen Dankes und Lobes, das mit der Himmelfahrt, der endgültigen Verherrlichung Jesu, gekrönt wird.

Dieser Doppelcharakter, Tod und Leben, der das Dasein des fleischgewordenen Wortes kennzeichnet, und dessen Kraft und Glanz in Passion und Auferstehung seinen Höhepunkt erreicht, muss von jedem Christen, von allen, die durch die Taufe Glieder Christi geworden sind, nachgebildet werden.

Jünger Christi geworden im hl. Taufwasser und durch eine seinen Tod und seine Auferstehung darstellende Handlung müssen wir Tod und Auferstehung während unseres Lebens hier auf Erden nachbilden. Schön sagt dies der hl. Augustinus: »Christus ist unser Weg; schauen wir auf ihn. Er litt, um Ruhm zu erwirken; suchte die Verachtung, um erhöht zu werden; ist gestorben, aber auch auferstanden.«[601] Diese Worte sind der Nachklang des Paulinischen Gedankens: *Ita et vos existimate,* »betrachtet euch als der Sünde gestorben,[602] da ihr der Sünde entsagt habt, um nur noch Gott zu leben.«

Tod und Leben ist das Geheimnis des Lebens Jesu: *Traditus est propter delicta nostra et resurrexit propter iustificationem nostram.*[603] Der Christ wiederholt in seinem Leben dieses Geheimnis, das ihn mit Jesus vereint. Darüber sagt der hl. Paulus sehr ausführlich: »Indem ihr mit ihm in der Taufe begraben wurdet, seid ihr mit ihm in der gleichen Taufe auferstanden. Euch, die ihr tot waret in der Sünde, hat er lebendig gemacht mit ihm, indem er euch alle Vergebungen vergab.«[604] Gleich wie Christus das Leintuch, Sinnbild seines Todes und seiner Leidensfähigkeit, im Grabe zurückließ, haben wir alle unsere Sünden im Taufwasser zurückgelassen, und wie Christus lebend und frei aus dem Grabe hervorging, so war unsere Seele, als sie dem hl. Taufwasser entstieg, nicht nur von allen Sünden gereinigt, sondern auch durch die Wirkung des Hl. Geistes geschmückt mit der heiligmachenden Gnade, dem Prinzip göttlichen Lebens, und mit allen Tugenden und Gaben, die sie begleiten. Die Seele ist die Wohnung der allerheiligsten Dreifaltigkeit, Gegenstand göttlichen Wohlgefallens geworden.

---

601 Sermo 62, c. 2.
602 »Der Sünde leben«, »der Sünde sterben« sind dem hl. Paulus geläufige Wendungen. Sie bedeuten »im Zustand der Sünde sein«, »der Sünde entsagen«.
603 Rom. 4, 25.
604 Col. 2, 12–13.

4

Eine Wahrheit, die schon der hl. Paulus andeutet, dürfen wir nicht aus dem Auge verlieren: Gott legt dieses göttliche Leben nur als Keim in uns nieder. Es muss sich entfalten und wachsen, wie auch unsere Entsagung und unser »Tod der Sünde« fortwährend sich erneuern und befestigen sollen. Durch eine einzige Sünde Adams haben wir auf einen Schlag alles verloren, und Gott gibt uns keineswegs das göttliche Geschenk in der hl. Taufe auf einmal unversehrt zurück. In uns bleibt die Begierlichkeit, jene Quelle der Sünde, die das göttliche Leben in uns zu vermindern und zu zerstören trachtet, zugleich aber auch durch die Kämpfe, die sie hervorruft, zu einer Quelle von Verdiensten wird. Unser ganzes Leben soll also nichts anderes sein als die Verwirklichung dessen, was in der Taufe begonnen wurde: die Verbindung mit dem Geheimnis und der göttlichen Kraft des Todes und auferstandenen Lebens unseres Heilandes. Der »Tod der Sünde« ist bewirkt; aber wegen der Begierlichkeit, die zurückbleibt, muss das Sterben fortdauern im beharrlichen Widerstand gegen Satan, im Verzicht auf seine Einsprechungen und Werke, auf die Lockungen der Welt und des Fleisches.

Die Gnade, der Urgrund des übernatürlichen Lebens in uns, ist ein Keim, der der Entfaltung bedarf. Sie ist das Gottesreich in uns, dem Senfkörnlein gleich, das zum großen Baume wird. So auch das göttliche Leben in uns. Hören wir wieder den hl. Paulus: »Durch die Taufe habt ihr den alten Menschen (der von Adam abstammt) mit seinen Werken ausgezogen, ihr habt den neuen Menschen angezogen, (die durch Jesus Christus und den Hl. Geist wiedergeborene Seele), der da erneuert wird zur Erkenntnis nach dem Ebenbilde dessen, der ihn erschaffen hat.«[605] Das Gleiche sagt er seinen geliebten Gläubigen von Ephesus: »Ihr habt in der Schule des Herrn gelernt, dass ihr den alten Menschen nach dem früheren Wandel ablegen sollt, welcher verderbt wird infolge der Lüste des Truges. Erneuert euch aber im Geiste eures Sinnes und ziehet den neuen Menschen an, der nach Gott geschaffen ist in Gerechtigkeit und Heiligkeit der Wahrheit.«[606] Die Doppelaufgabe für die Zeit unserer Erdenpilgerschaft ist also: der Sünde sterben und Gott leben: *Ita et vos existimate.*

Im Ratschlusse Gottes ist dieser Tod endgültig und dieses Leben

---

605 Col. 3, 9–10.
606 Eph. 4, 20–24.

seiner Natur nach unsterblich. Jedoch können wir das Leben verlieren und wieder in den Tod der Sünde zurückfallen. Daher ist unsere Aufgabe, auszuharren, den göttlichen Keim in uns zu bewahren und zu entfalten, bis wir mit unserem Tode zur Vollreife des Alters Christi gelangen. Alle christliche Askese kommt aus der Taufgnade und hat nur einen Zweck, den durch die Kirche in die Herzen ihrer Kinder gelegten göttlichen Keim hemmungslos zur Entfaltung zu bringen. Das christliche Leben ist nichts anderes als die ständig fortschreitende Entfaltung und praktische Anwendung der durch die Taufe grundgelegten Doppelhandlung und der durch sie hervorgebrachten übernatürlichen Doppelwirkung: »Tod« und »Leben«. Darin liegt das ganze Programm des Christentums. Auch unsere ewige Glückseligkeit ist nichts anderes als die vollständige und endgültige Befreiung von Sünde, Tod und Leid und die glorreiche Entfaltung des durch die Taufe in uns grundgelegten göttlichen Lebens.

Tod und Leben Christi erneuern sich also in unseren Seelen seit der Taufe – der Tod um des Lebens willen. O, würden wir voll und ganz des hl. Paulus Worte verstehen: *Quicumque in Christo baptizati estis, Christum induistis*, »Ihr alle, die ihr in Christus getauft seid, habt Christum angezogen!«[607] Nicht äußerlich wie ein Kleid, sondern innerlich.[608] Wir sind auf ihn in ihn »gepfropft«, sagt der hl. Paulus, »denn er ist der Weinstock und wir die Reben«, und sein göttlicher Saft fließt in uns,[609] um uns in ihn umzuwandeln: *In eamdem imagi-*

---

607 Gal. 3, 27.

608 Dies ist durch das weiße Kleid versinnbildet, womit die Neugetauften beim Verlassen des Taubrunnens bekleidet wurden. Bei der Kindertaufe unserer Zeit legt der Priester nach der erneuernden Abwaschung ein weißes Tüchlein auf des Täuflings Haupt.

609 Si radix sancta et rami ... Tu autem cum oleaster esses ... socius radicis et pinguedinis olivae factus es. Rom. 11, 16 sq. Wir finden diese Lehre in einem herrlichen Gebete der Kirche, das am Pfingstsamstag kurz vor der feierlichen Weihe des Taufwassers und vor der Spendung der Taufe gebetet wurde: »Allmächtiger, ewiger Gott, du hast deiner Kirche durch deinen eingeborenen Sohn gezeigt, dass du der himmlische Winzer bist. Du sorgst liebevoll, auf dass die Zweige, die durch ihre Vereinigung mit Christus, dem wahren Weinstock, fruchtbar gemacht wurden, überreichliche Früchte tragen. Mögen die Herzen deiner Gläubigen, die du gleich einer aus Ägypten verpflanzten Rebe durch den Taufbrunnen geführt, niemals von den Dornen der Sünde überwuchert werden, damit sie, durch den Geist der Heiligung bewahrt, überreiche Früchte für die Ewigkeit bringen.«

nem transformamur.[610] Durch den Glauben an ihn haben wir ihn in der Taute empfangen: sein Tod wird unser Tod für den Teufel, für seine Werke, für die Sünde; sein Leben wird unser Leben. Dieser erste Akt, durch den wir Kinder Gottes wurden, hat uns auch zu Brüdern Christi gemacht, hat uns ihm einverleibt, hat uns mit Jesu Geist beseelt und zu Gliedern seiner Kirche gemacht. In Christo getauft, sind wir durch die Gnade zum göttlichen Leben in Christo geboren. Lasst uns daher wandeln, wie Paulus sagt, *in novitate vitae.*[611] Nicht mehr in der Sünde, der wir entsagt, sondern im Lichte des Glaubens, in der Wirkung des Hl. Geistes, der uns durch unsere guten Werke reichliche Früchte der Heiligkeit hervorbringen lässt.

Erneuern wir oft die Kraft dieses Sakramentes unserer Gotteskindschaft und des Lebensanfanges durch Wiederholung der Taufgelübde, damit Christus, der am Tauftage durch den Glauben in uns geboren wurde, immer mehr und mehr in uns wachse »*ad gloriam Patris*«. Dies ist eine sehr nützliche Übung der Frömmigkeit. Der hl. Paulus bittet in dem Briefe an seinen Schüler Timotheus diesen, die Gnade der Priesterweihe in seiner Seele zu erwecken. Das Gleiche gilt von der Taufgnade. Wir sollten sie immer wieder in uns aufleben lassen durch Erneuerung der Gelübde, die wir bei der Taufe abgelegt. Wenn wir z.B. nach der hl. Kommunion, da der Heiland in unserm Herzen weilt, in Glaube und Liebe die Gefühle der Reue erneuern, von neuem dem Satan der Welt und der Sünde entsagen, um uns Christo und seiner Kirche anzugliedern, dann quillt erneut die Taufgnade aus den Tiefen unserer Seele, der das Merkmal der Taufe unauslöschlich eingeprägt ist. Und diese Gnade bringt uns durch die Kraft Christi, der mit seinem Geiste in uns wohnt, ein wirksameres Sterben der Sünde, ein neues Einströmen göttlichen Lebens, eine innigere Vereinigung mit Jesus Christus. So stirbt nach den Worten des hl. Paulus der irdische, natürliche Mensch immer mehr und mehr. Der innere Mensch hingegen, der durch die übernatürliche Geburt

---

Omnipotens sempiterne Deus qui per Unicum Filium tuum Ecclesiae tuae demonstrasti te esse cultorem, omnem palmitem, fructum in eodem Christo tuo qui vera vitis est, afferentem, clementer excolens ut fructus afferat ampliores; fidelibus tuis quos velut vineam ex Egypto per fontem baptismi transtulisti, nullae peccatorum spinae praevaleant, ut Spiritus tui sanctificatione muniti perpetua fruge ditentur.

610 2. Cor. 3, 18.
611 Rom. 6, 4.

in der Taufe göttliches Leben erhalten hat, der in der Gerechtigkeit Christi wiedererschaffene, der neue Mensch verjüngt sich von Tag zu Tag: *Licet is, qui foris est, noster homo corrumpatur, tamen is, qui intus est, renovatur de die in diem.* »Wenn auch unser äußerer Mensch zugrunde geht, der innere wird Tag für Tag neu.«[612]

Und diese durch die Taufe begonnene Erneuerung dauert unser ganzes Leben hindurch, bis wir dereinst zur glorreichen Vollendung in die ewige Unsterblichkeit eingehen. *Quae enim videntur, temporalia sunt, quae autem non videntur, aeterna sunt.* »Das Sichtbare währt nur kurze Zeit, das Unsichtbare dagegen ewig.«[613] Hier auf Erden, sagt der Apostel weiter, ist das Leben in der Tiefe unserer Seele verborgen. Gewiss zeigt es sich nach außen in den Werken – aber der eigentliche Lebensgrund ist in uns verborgen. Erst am jüngsten Tag, wenn Christus, unser Leben, erscheint, werden auch wir mit ihm erscheinen in Herrlichkeit. *Mortui estis et vita vestra abscondita est cum Christo in Deo; cum Christus apparuerit vita vestra, tunc et vos apparebitis cum ipso in gloria.*[614]

In Erwartung des glückseligen Tages, an dem unser inneres Leben in seiner ewigen Schönheit leuchten wird, wollen wir Gott oft aus dem Grund unseres Herzens danken, dass er uns in der Taufe zu seinen Kindern gemacht hat. Das ist die Anfangsgnade, auf der alle anderen beruhen.

All unsere Größe hat ihre Quelle in der Taufe, die uns göttliches Leben geschenkt hat. Ohne dieses ist das menschliche Leben, so glänzend und reich es nach außen auch scheinen mag, wertlos für die Ewigkeit. Die Taufe erst legt in unser Leben den Grund wahrer Fruchtbarkeit. Unsere Dankbarkeit für solch unschätzbare Gnade zeige sich in einer großmütigen und beharrlichen Treue gegenüber den Gelübden der Taufe. Wir sollten so sehr vom Gefühle unserer übernatürlichen Würde als Christen durchdrungen sein, dass wir alles verwerfen, was sie trüben könnte, und alles suchen; was ihr angemessen ist.[615]

---

612 2. Cor. 4, 16.
613 2. Cor. 4, 18.
614 Col. 3, 3–4.
615 Deus … da cunctis qui christiana professione censentur et illa respuere quae huic inimica sunt nomini et ea quae sunt apta sectari. Oration des dritten Sonntags nach Ostern.

Dankbarkeit ist das erste Gefühl, das die Taufe in uns hervorrufen soll – Freude das zweite. Niemals sollten wir an unsere Taufe denken ohne tiefe innere Freude. Am Tage unserer Taufe sind wir im Prinzip zur ewigen Seligkeit geboren worden, deren Unterpfand wir in der uns verliehenen heiligmachenden Gnade besitzen. Zur Familie Gottes gehörend, haben wir teil am Erbe seines eingeborenen Sohnes. Gibt es für eine Seele hier auf Erden eine größere Freude als der Gedanke, dass am Tage ihrer Taufe Gottes Vaterblick liebevoll auf ihr geruht, dass der ewige Vater sie als sein Kind zur Teilnahme an den überreichen Verdiensten Christi berufen hat?

Ganz besonders aber muss sich unsere Seele einem großen Vertrauen überlassen. In unseren Beziehungen zu unserem himmlischen Vater dürfen wir nie vergessen, dass wir durch die Teilnahme an der Kindschaft Jesu Christi, unseres ältesten Bruders, auch seine Kinder sind. An unserer Gotteskindschaft und an ihren Vorrechten zweifeln, hieße an Christus selbst zweifeln. Vergessen wir doch niemals: Christum haben wir angezogen am Tage unserer Taufe, *Christum induistis*, – mehr noch, wir sind ihm einverleibt worden. Wir dürfen also mit vollem Recht vor unseren himmlischen Vater hintreten und ihm sagen: *Ego sum primogenitus tuus*, wir dürfen im Namen seines Sohnes zu ihm sprechen und alles, dessen wir bedürfen, mit unbedingtem Vertrauen von ihm erbitten.

Unsere Erschaffung geschah nach »Bild und Gleichnis« der allerheiligsten Dreifaltigkeit. Unsere Erhebung zum Gotteskind in der hl. Taufe prägt unserer Seele Christi Züge selber ein. Wenn daher der ewige Vater uns mit der heiligmachenden Gnade bekleidet und seinem göttlichen Sohne ähnlich sieht, dann muss er uns gewähren, worum wir ihn bitten, gestützt nicht auf uns, sondern auf den, an dem der himmlische Vater sein Wohlgefallen hat.

Dies ist die Gnade und die Macht, die uns die Taufe gibt: sie macht uns durch die übernatürliche Gotteskindschaft zu Brüdern Christi, die in aller Wahrheit fähig sind, teilzunehmen an seinem göttlichen Leben und ewigem Erbe: *Christum induistis*.

Christ, wann wirst du deine Größe und Würde erkennen? Wann durch deine Werke bekennen, dass du göttlichen Geschlechtes bist? Wann wirst du als würdiger Jünger Christi leben?

DER SÜNDE ABSTERBEN

DELICTA QUIS INTELLIGIT? DAS WESEN DER SÜNDE

INHALTSÜBERSICHT: *Wir sind der Sünde abgestorben. Das ist die erste Gnade der Taufe, die eine Seite des übernatürlichen Christenlebens. – I. Die Todsünde ist die tatsächliche Verachtung der Rechte und Vollkommenheiten Gottes; sie ist die Ursache des Leidens Christi. – II. Die Todsünde zerstört die Gnade, die Quelle unseres übernatürlichen Lebens. – III. Sie setzt die Seele der ewigen Trennung von Gott aus. – IV. Die Gefahren der lässlichen Sünden. – V. Durch Wachsamkeit, Gebet und Vertrauen auf Jesus Christus die Versuchungen überwinden.*

Der hl. Paulus zeigt uns, wie die Taufe in ihrem sinnbildlichen Merkmal sowohl wie auch in der Gnade, die sie hervorbringt, dem ganzen christlichen Leben ein doppeltes Gepräge gibt, nämlich der Sünde absterben und ein neues Leben für Gott beginnen. *Ita et vos existimate.* So soll es auch bei uns sein. Das Christentum ist Leben im eigentlichen Sinne: *veni ut vitam habeant;* »ich bin gekommen, damit sie das Leben haben,« sagt der Erlöser; es ist jenes göttliche Leben, das von der Menschheit Christi, die es in seiner Fülle trägt, auf jede einzelne Seele überströmt. Aber dieses göttliche Leben entfaltet sich in uns nicht ohne Schwierigkeit; seine Entwicklung ist bedingt durch die Vernichtung alles dessen, was ihm entgegensteht, nämlich der Sünde. Diese ist das eigentliche Hindernis, das die Entfaltung des göttlichen Lebens in uns und seinen Bestand bedroht. Aber, wird man einwenden, hat denn die Taufe die Sünde in uns nicht getilgt? Gewiss, sie tilgt die Erbsünde und beim Erwachsenen auch die persönlichen Sünden; sie lässt auch die Sündenstrafen nach und bewirkt in uns eben »den Tod der Sünde«, der nach den Absichten Gottes ein endgültiger ist. Wir sollten nicht mehr in die Sünde zurückfallen: *et ultra non serviamus peccato.*

Aber durch die Taufe ist die Begierlichkeit nicht beseitigt worden, der Stachel der Sünde bleibt in uns. Gott hat es so gewollt, damit unsere Freiheit sich im Kampfe betätige und uns, wie das Konzil von Trient sagt, eine reiche Ernte von Verdiensten bereite.[616] Der in der Taufe begonnene »Tod der Sünde« wird für uns die Bedingung neu-

616 Römischer Katechismus, cap. 16.

en Lebens. Wir müssen die Macht der Begierlichkeit in uns soweit als möglich eindämmen. Nur um diesen Preis wird das göttliche Leben in unserer Seele sich entfalten, und zwar in dem Grade, als wir der Sünde, ihren Gewohnheiten und Verstrickungen entsagen.

Eines der Mittel, um zu dieser notwendigen Vernichtung der Sünde zu gelangen, besteht darin, dass wir sie hassen: mit einem Feinde, den man hasst, schließt man keinen Vertrag. Um wahren Hass gegen die Sünde zu empfinden, müssten wir sie in ihrer tiefen Bosheit, ihrer teuflischen Hässlichkeit erkennen. Doch wer wird die Bosheit der Sünde fassen? Um diese zu ermessen, müssten wir Gott selbst erkennen, den sie beleidigt. Darum ruft der Psalmist aus: »Wer erkennt die Sünde?« *Delicta quis intelligit?*[617]

Trotzdem wollen wir im Lichte der Vernunft und vor allem der Offenbarung versuchen, uns in etwa einen Begriff von ihr zu machen. Nehmen wir an, eine Seele, die getauft ist, begeht wissentlich und freiwillig eine schwere Sünde, was tut eine solche Seele? Was wird aus ihr? Wir wissen, dass sie Gott verachtet; dass sie sich mit den Feinden Christi verbindet, um ihn zu töten; – dass sie endlich das Gnadenleben in sich vernichtet: das ist das Werk der Sünde.

1

Man hat die Sünde das Weh, das Leid Gottes genannt. – Es versteht sich von selbst, dass dieser Ausdruck nicht wörtlich zu nehmen, sondern nur menschlicher Auffassungsweise angepasst ist. Weh und Leid sind mit der Gottheit unvereinbar. Wir müssen also sagen, die Sünde ist insofern das Leid Gottes, als durch sie ein Geschöpf das Dasein Gottes, seine Wahrheit, Macht, Heiligkeit und Güte leugnet. Denn was tut eine Seele, wenn sie eine schwere Sünde gegen Gottes Gesetz begeht? Sie leugnet tatsächlich, dass Gott die ewige Weisheit ist, der es zusteht, Gesetze zu geben; sie leugnet Gottes Heiligkeit und verweigert ihm die schuldige Anbetung: sie leugnet Gottes Allmacht, die ihm das Recht gibt, Gehorsam zu fordern von den schwachen Geschöpfen, denen er Dasein und Leben gegeben. Sie leugnet endlich auch Gottes unendliche Güte, die mehr als irgendein Geschöpf unsere volle Liebe verdient; Sie erniedrigt den Schöpfer unter das Geschöpf. *Non serviam*, ich will dir nicht dienen; ich kenne dich nicht,

---

617 Ps. 18, 13.

sagt eine solche Seele, gleich dem Teufel am Tage seiner Empörung. – Sie ruft es nicht mit den Lippen, wenigstens nicht immer, sie würde das gar nicht einmal wollen. Aber sie spricht es aus durch ihr Werk. Die Sünde ist die tatsächliche Leugnung der göttlichen Vollkommenheiten, die durch die Tat bezeugte Verachtung der göttlichen Hoheitsrechte. Ja, wenn ein derartiger Frevel gegen die göttliche Natur nicht unmöglich wäre, so würde eine solche Seele der Majestät und Güte Gottes wirklich ein Leid zufügen; sie würde Gott vernichten.

Und ist das nicht in der Tat schon einmal geschehen? Als Gott Menschengestalt annahm, ist die Sünde soweit gegangen, dass sie ihn tötete. Wir haben schon gesehen, dass Christi Leiden und Sterben die herrlichste Offenbarung der Gottesliebe bedeutet. *Maiorem hac dilectionem nemo habet,* »eine größere Liebe als diese hat niemand.«[618] Zugleich aber ist es uns auch die tiefste Offenbarung von der unendlichen Bosheit der Sünde. – Betrachten wir ganz kurz mit gläubigem Sinn die Schmerzen, die das menschgewordene Wort Gottes auf sich nahm, als für ihn die Stunde gekommen war, die Sünde zu tilgen; wir können es kaum ahnen, in welch ein Meer von Leiden und Erniedrigungen die Sünde ihn tauchte.

Christus ist der eingeborene Sohn Gottes, der Gegenstand höchsten göttlichen Wohlgefallens. Der Wunsch und das Ziel des Vaters ist seine Verherrlichung. *Clarificavi et adhuc clarificabo,* »ich habe verherrlicht und werde noch weiter verherrlichen«,[619] denn er ist voll der Gnade, die Gnade erfüllt ihn in überreichem Maße. Er ist der Hohepriester ohne Makel. Wenn er auch in allem uns gleich geworden, kennt er doch weder Sünde noch Schwäche und kann zu den Juden sagen: »Wer von euch vermag mich einer Sünde zu beschuldigen?«[620] »Der Fürst dieser Welt, d. h. der Teufel hat keinen Teil an mir.«[621] Das ist so wahr, dass seine bittersten Feinde, die Pharisäer, vergebens sein Leben durchforscht, seine Lehre, all seine Worte und Werke geprüft und gesichtet haben, wie nur der Hass es kann, und dennoch haben sie nichts gefunden, warum sie ihn verurteilen könnten. Als Vorwand dazu mussten falsche Zeugen dienen. Jesus ist die Unschuld selbst; »der Abglanz aller Herrlichkeiten seines Vaters und das Eben-

---

618 Joan. 15, 13.
619 Joan. 12, 28.
620 Joan. 8, 46.
621 Joan. 14, 30.

bild seines Wesens.«[622] Wie aber hat der Vater gleichwohl diesen seinen Sohn behandelt, als der Augenblick gekommen war, da Jesus an unser Statt die Sündenschuld bei der göttlichen Gerechtigkeit abzahlen sollte; wie ist »das Lamm Gottes« zerschlagen worden für uns Sünder! Nach unabänderlichem Ratschlusse wollte der ewige Vater seinen Sohn »durch Leiden zermalmen«: *Voluit conterere eum in infirmitate.*[623] In Jesu heiligster Seele häuften sich Wogen von Traurigkeit, Überdruss, Furcht und Schwäche, so dass sein sündeloser Leib in Blutschweiß gebadet und durch die Wucht unserer Sünden derart niedergebeugt und verwirrt ist, dass er in dem natürlichen Widerstreben seiner Menschennatur den Vater bittet, er möge den Kelch, wenn möglich, an ihm vorübergehen lassen: *Pater mi, si possibile est, transeat a me calix iste.*[624] Zuvor, beim letzten Abendmahle noch, hatte er nicht so gesprochen: *Volo Pater,* »Vater, ich will,« sprach er damals als wesensgleicher Sohn zum Vater, jetzt aber, da seine Seele wie erdrückt ist von der Sündenlast der ganzen Menschheit, bittet er einem Schuldigen gleich: *Pater, si possibile est* »Vater, wenn es möglich ist ...« Aber der Vater will ihn nicht hören, jetzt ist die Stunde der Gerechtigkeit gekommen, die Stunde, da er seinen eigenen Sohn überliefern will gleich einem Spielball für die Mächte der Finsternis: *Haec est hora vestra et potestas tenebrarum.* »Das ist eure Stunde und die Macht der Finsternis.«[625] Der Heiland, von einem seiner Apostel verraten, von den andern verlassen, von Petrus sogar verleugnet, wird unter den Händen einer rohen Soldateska zum Gegenstand des Spottes und der Schmach. Er, der allmächtige Gott, wird ins Gesicht geschlagen, sein heiligstes Angesicht, die Freude der Engel, ist mit Unflat bedeckt, er wird gegeißelt, mit Dornen gekrönt, zum Hohn mit einem Purpurmantel umhüllt, man gibt ihm ein Rohr in die Hand und unter Spott- und Lästerreden beugen die Knechte das Knie. Welch ein Abgrund von Schmach für ihn, vor dem die Engel zittern! Schaut ihn an, den Herrn des Alls, wie er gleich einem Übeltäter behandelt, einem berüchtigten Räuber gleichgestellt, ja dieser ihm noch vorgezogen wird. Für ihn gilt kein Gesetz, ungerecht wird er verurteilt, zwischen zwei Mördern ans Kreuz genagelt! Sehet ihn,

---

622 Hebr. 1, 3.
623 Is. 53, 10.
624 Matth. 26, 39.
625 Luc. 22, 53.

wie er wimmernd die herzzerreißenden Qualen der Kreuzigung erträgt, wie er vom Durste gepeinigt um ein Tröpflein Wasser fleht! Die Menge, die er einst mit Guttaten überhäuft hat, spottet seiner; er sieht, wie sie alle zum Zeichen der Verachtung das Haupt schütteln, und hört dazu den Hohn seiner hasserfüllten Feinde: »Andern hat er geholfen, sich selbst kann er nicht helfen; er steige vom Kreuze herab, dann werden wir ihm glauben.« Welche Unsumme von Schmach und Erniedrigung!

Schon Jahrhunderte im voraus hat der Prophet Jesaja dies jammervolle Leidensbild des Herrn geschaut. Es fehlt kein Zug darin, man muss die ganze Stelle in ihrem Wortlaut lesen, weil jedes Wort tiefe Bedeutung hat: »Wir sahen ihn – welch ein Anblick! – Es war nicht Schönheit an ihm noch Anmut, nicht die Gestalt eines Menschen, haben wir an ihm gefunden, so dass wir uns an ihm erfreuen könnten. Verachtet ist er und von den Menschen zertreten, ein Mann der Schmerzen, erfahren im Leid. Sie verhüllten das Antlitz aus Abscheu vor ihm, der elend und verspottet war, so dass wir sein nicht achteten. Wahrlich, er hat unsere Leiden getragen und unserer Schmerzen auf sich genommen. Wir aber hielten ihn für einen Aussätzigen, einen von Gott Geschlagenen und Gebeugten. Er aber ist verwundet worden um unserer Frevel willen, zerschlagen wegen unserer Missetaten; die Züchtigung liegt auf ihm, damit wir Frieden finden; denn durch seine Wunden sind wir geheilt worden. Der Herr hat auf ihn unser aller Missetat gelegt, er ward geopfert, weil er selbst es wollte, und er tat seinen Mund nicht auf, wie ein Schaf zur Schlachtung geführt wird und wie ein Lamm vor seinem Scherer verstummt und seinen Mund nicht öffnet. Durch ungerechten Richterspruch ward er hingerafft, und wer von seinen Zeitgenossen bedenkt es, dass er hinweggerafft ward aus dem Lande der Lebendigen, dass er um der Sünden seines Volkes willen mit Leid geschlagen war? Denn es hat dem Herrn gefallen, ihn durch Leiden zu zermalmen«.[626] Und das ist noch nicht alles. Noch hat der Erlöser den Kelch nicht bis zur Neige geleert. – Schau ihn an, christliche Seele, schau deinen Gott am Kreuze, ihn, den Schönsten der Menschenkinder! Nichts Menschliches ist mehr an ihm. Zum „Auswurf der Menschheit" ist er geworden, ein Wurm und kein Mensch, der Leute Spott und die Verachtung des Volkes; *ego sum vermis et non homo, opprobrium*

---

626   Is. 53, 2 ff.

hominum et abiectio plebis.[627] Sein Leib ist eine einzige Wunde; seine Seele zermalmt von Leid. Aus dieser Tiefe des Elendes, so berichtet uns der Evangelist, stößt der Heiland einen Schrei aus: »Mein Gott, mein Gott, warum hast du mich verlassen?« Jesus ist von seinem Vater verlassen. Wir werden niemals auch nur im entferntesten erfassen können, welchen Leidensabgrund für Jesus diese Verlassenheit von seinem Vater bedeutet. Das ist ein Geheimnis, dessen Tiefe keine Menschenseele ergründen kann; Jesus vom Vater verlassen! Hat er nicht sein ganzes Leben lang den Willen des Vaters getan? Hat er nicht die »Aufgabe, die ihm gegeben war, erfüllt und seinen Namen der Welt verkündet?« *Manifestavi nomen tuum hominibus.*[628] Hat er nicht aus Liebe sich hingegeben, auf »dass die Menschen sehen, dass ich den Vater liebe« *ut cognoscat mundus quia diligo Patrem?*[629] Gewiss! Die ewige Wahrheit bezeugt es selbst. Warum also, ewiger Vater, schlägst du deinen Eingeborenen in solcher Weise? »Um der Sünde meines Volkes willen«, *propter scelus populi mei percussi eum.*[630] Weil Christus für uns Menschen sich hingegeben hat, damit er voll und ganz für die Sünde Genugtuung leiste, darum sieht der ewige Vater in seinem Sohne jetzt nur die Sünde, die er so ganz auf sich genommen hatte, dass sie in ihm selbst zu sein schien: *Eum qui non noverat peccatum, pro nobis peccatum fecit,* »er hat für uns zur Sünde gemacht den, der sündelos war.«[631] Damals ist er »für uns zum Fluch geworden« *factus pro nobis maledictum.*[632]

Der Vater zieht sich von ihm zurück, und obwohl er im tiefsten Grunde seines Wesens die beglückende Seligkeit der Anschauung Gottes genießt, so taucht gleichwohl diese Gottverlassenheit die allerheiligste Seele Jesu in einen solchen Abgrund des Leidens, dass es ihm diesen Ausruf unermesslicher Angst entreißt: »Mein Gott, mein Gott, warum hast du mich verlassen?« Gott hat seiner Gerechtigkeit freien Lauf gelassen, um die Sünde der Menschen zu strafen und diese Gerechtigkeit wirft sich »gleich einem reißenden Strome« auf den eigenen Sohn! *Proprio Filio suo non pepercit Deus, sed pro nobis*

---

627 Ps. 21, 7.
628 Joan. 17, 6.
629 Joan. 14, 31.
630 Is. 53, 8.
631 2. Cor. 5, 21.
632 Gal. 3, 13.

omnibus tradidit illum, »er hat seinen eigenen Sohn nicht geschont, sondern für uns alle ihn dahingegeben.«[633] Wenn wir wissen wollen, was Gott von der Sünde denkt, dann müssen wir den Heiland in seinem Leiden betrachten. Wir werden in etwa verstehen, was die Sünde in den Augen Gottes bedeutet, wenn wir sehen, wie Gott seinen unendlich geliebten Sohn mit dem Kreuzestode straft. Oft und oft sollten wir im Gebete erwägen, wie der Herr drei Stunden lang zum Vater flehte: »Vater, wenn es möglich ist, so gehe dieser Kelch an mir vorüber,« *si possibile est, transeat a me calix iste*, und wie der Vater nur ein »Nein« zur Antwort gab. Wie Jesus mit dem letzten Blutströpflein unsere Schuld bezahlen musste, so dass der Vater ihn nicht verschonte »trotz seiner Tränen und Bitten« *cum clamore valido et lacrymis*.[634] Könnten wir dieses verstehen, es würde uns mit heiligem Abscheu vor der Sünde erfüllen. Welche erschütternde Offenbarung über die Sünde liegt in dem Übermaß von Schmach, Schande und Erniedrigung, das auf den Herrn gehäuft wurde! Wie gewaltig musste Gottes Hass gegen die Sünde sein, dass er über den Erlöser solch maßlose Züchtigung verhängte, dass er ihn mit Leid und Schmach gesättigt hat!

Eine Seele, die überlegt sündigt, ist mitschuldig des Leidens und der Schmach, die auf Christus gelegt wurden. Sie hat ihren Teil an Bitterkeit hineingegossen in den Kelch, der dem Heiland am Ölberg gereicht wurde, mit Judas hat sie ihn verraten, mit den Soldaten ihn angespieen, seine Augen verhüllt und ihn verspottet. Sie hat ihn verleugnet wie Petrus, ihn mit dem Spottgewande bekleidet wie Herodes, sie mischte ihre Stimme unter jene, die den Tod des Herrn verlangten. Mit dem feigen Pilatus fällt sie das ungerechte Todesurteil; sie gesellt sich den Pharisäern zu, die den Heiland noch im Sterben mit giftigem Hasse verfolgen, den Juden, die ihn verlachen und mit Spottreden überhäufen. Galle und Essig reicht sie dem sterbenden, in brennendem Durste seufzenden Erlöser. So handelt eine Seele, die dem Gesetze Gottes nicht gehorchen will. Sie verursacht der Tod Jesu Christi, des eingeborenen Gottessohnes. Hätten wir je einmal das Unglück gehabt, auch nur eine einzige freiwillige Todsünde zu begehen, so müssen wir sagen: »Ich habe Christi Leiden verschuldet! O Jesus Christus, der Sünde wegen ans Kreuz genagelt! Du bist der

---

633 Rom. 8, 32.
634 Hebr. 5, 7.

heilige, unbefleckte Hohepriester, das unschuldige makellose Lamm – und ich, ich bin der Sünder!« ...

2

Die Sünde tötet aber auch das übernatürliche Gottesleben in der Seele, zerstört den Bund, den Gott mit uns schließen will. Gott will sich uns in einer Weise mitteilen, die alle Forderungen unserer Natur übersteigt.

Er selbst will sich uns geben nicht nur als Gegenstand unserer Beschauung, sondern um eins mit uns zu sein. Schon auf Erden verwirklicht Gott diese Vereinigung im Glauben durch die Gnade, Gott ist die Liebe; die Liebe strebt nach der Vereinigung mit dem Geliebten, sie will eins sein mit ihm. So ist es auch bei der göttlichen Liebe. So ist auch die Liebe Christi zu uns; sein Vater hat ihn in die Welt gesandt »damit er sich hingebe.« *Sic Deus dilexit mundum ut Filium suum Unigenitum daret*, »so sehr hat Gott die Welt geliebt, dass er seinen eingeborenen Sohn hingab.«[635] Christus kommt, um sich uns hinzugeben, hinzugeben in einem Maße, wie nur Gott es kann. *Veni ut vitam habeant et abundantius habeant*, »ich bin gekommen, damit sie das Leben haben und es im Überflusse haben«,[636] er bittet seine Jünger, dass sie »in ihm bleiben«: *Manete in me et ego in vobis.*[637] Nichts ist ihm zu schwer um dieser Vereinigung willen, nicht die Armseligkeit der Krippe, die Zurückgezogenheit und Erniedrigung seines verborgenen Lebens, nicht alle Ermüdungen seines öffentlichen Lebens, auch nicht die Leiden des Kreuzes. Um dieser Vereinigung die Krone zu geben, setzt er die Sakramente ein, gründet er seine Kirche, gibt er uns seinen Hl. Geist. – Wie sollte eine Seele bei Erwägung solch göttlichen Entgegenkommens nicht auch ihrerseits aus allen Kräften streben, sich mit dem höchsten Gute zu vereinen?

Die Sünde nun stellt ihrem Wesen nach dieser Vereinigung ein unüberwindliches Hindernis entgegen.[638] Nach der Erklärung des hl. Thomas besteht die Sünde in der Abkehr von Gott und der Hinkehr

---

635 Joan. 3, 16.
636 Joan. 10, 10.
637 Joan.15, 4.
638 Iniquitates vestrae diviserunt inter vos et Deum vestrum. Is. 59, 2.

214

zum Geschöpf. *Aversio a Deo et conversio ad creaturam.*[639] Der Sünder wendet sich bewusst und frei um irgendeines Geschöpfes willen von Gott ab, von seinem Schöpfer und Erlöser, seinem Vater und Freund, seinem Ziel und Ende. Das schließt jedesmal notwendig, wenn auch nicht immer ausdrücklich eine Wahl in sich. Der Mensch wählt in diesem Augenblick, soweit es von ihm abhängt, jenes Geschöpf, zu dem er sich hinwendet – und der Tod würde ihn für die ganze Ewigkeit an das Gewählte fesseln.

Das ist die freiwillige schwere Sünde: eine mit voller Überlegung vollzogene Wahl. Es ist, als würde man zu Gott sagen: »Ich weiß zwar, dass es dir missfällt, wenn ich dieses tue, ich verliere dadurch deine Liebe und Freundschaft, aber ich tue es gleichwohl.« Danach ist sofort klar, dass die Todsünde ihrer Natur nach der Vereinigung mit Gott entgegensteht; denn wie könnte man zu gleicher Zeit mit jemandem sich verbinden und von ihm sich abwenden? »Niemand kann zwei Herren dienen,« sagt der Heiland. *Nemo servus potest duobus dominis servire.*[640] »Man wird den einen lieben und den anderen hassen.« Die Seele, welche eine schwere Sünde begeht, zieht das Geschöpf und die eigene Befriedigung Gott und seinem Gebote vor; die Vereinigung mit Gott ist damit völlig gebrochen, das göttliche Leben in der Seele zerstört. Eine solche Seele wird Sklavin der Sünde: *Omnis qui facit peccatum servus est peccati.*[641] Ein Sklave der Sünde kann aber nicht zugleich Diener Gottes sein; zwischen Jesus und Belial, zwischen Christus und Luzifer kann es ganz und gar keine Gemeinschaft geben.[642]

Jesus Christus ist die Quelle unserer Heiligkeit; wenn daher eine Seele durch die Todsünde von ihm sich trennt, so wendet sie sich auch von der Lebensquelle ab. Nur durch die Gnade Christi strömte ihr das übernatürliche Leben zu, durch die Sünde aber wird sie zum dürren Rebzweig, in dem kein Saft göttlichen Lebens mehr fließt. Die Sünde, welche die durch die Gnade begründete Vereinigung gänzlich zerreißt, wird daher Todsünde genannt. Die Sünde ist also ein Übel für uns, und zwar das Übel, das unserem wahren Glück entgegensteht. »Wer die Sünde liebt, hasst seine Seele,« *qui diligit iniqui-*

---

639 S. th. I–II, q. 87, a. 4.
640 Luc. 16, 13.
641 Joan. 8, 34.
642 Vgl. 2. Cor. 6, 14–16.

tatem odit animam suam.[643] Die Sünde, die das Gnadenleben in uns zerstört, macht uns unfähig, übernatürliche Verdienste zu sammeln. Eine nicht im Stande der Gnade befindliche Seele kann, wie die Theologie sagt, *de condigno,* nichts verdienen, d. h. kein Verdienst als ein ihr zustehendes Recht beanspruchen, wie etwa die mit der heiligmachenden Gnade geschmückte Seele, nicht einmal die Gnade der Rückkehr zu Gott. Wenn Gott ihr die Gnade der Reue gibt, so ist dies ein freies Geschenk seiner Barmherzigkeit, die sich zu dem gefallenen Geschöpf herabneigt. Alles Wirken einer Seele im Stande der Todsünde ist für den Himmel ganz unfruchtbar, mag es auch in den Augen der Menschen und in natürlicher Hinsicht noch so glänzend sein. Durch eigene Schuld vom lebenspendenden Stamme losgerissen, ist sie nach dem Vergleiche Jesu Christi selbst nur mehr wie dürres Holz, das zu nichts taugt, als ins Feuer geworfen zu werden. *In ignem mittent et ardet.*[644]

3

Der göttliche Heiland bittet beständig den Vater für die Seinen, damit die Gnade in ihnen überfließe: *Semper vivens ad interpellandum pro nobis:* »Er lebt als ständiger Fürsprecher für uns.«[645] Eine Seele, die in der Sünde verharrt, gehört Christo nicht mehr an; sie gehört dem Teufel. Satan behauptet in einer solchen Seele den Platz Christi: gegen Christus macht der Teufel sich vor Gott zum Ankläger einer solchen Seele: »Sie ist mein,« ruft er Gott zu. Tag und Nacht erhebt er Anspruch auf sie, die ja in der Tat ihm gehört. *Accusator fratrum nostrorum qui accusabat illos ante conspectum Dei nostri die ac nocte,* »der Ankläger unserer Brüder, der sie vor unserm Gott verklagt Tag und Nacht.«[646]

Wie aber, wenn eine solche Seele vom Tode überrascht würde, ohne dass sie sich bekehrt hätte? Wie leicht könnte das geschehen; sagt doch der göttliche Heiland selbst, dass er kommen werde, »gleich dem Diebe zu einer Zeit, wo wir es nicht vermuten«.[647] In diesem Fal-

---

643 Ps. 10, 6.
644 Joan. 15, 6.
645 Hebr. 7, 25.
646 Apoc. 12, 10.
647 Apoe. 3, 3.

le wäre die Abkehr von Gott unabänderlich geworden. Die Seele ist auf ewig in der verkehrten Willensrichtung befestigt und kann sich nie mehr dem höchsten Gute zuwenden. Die Ewigkeit kann den Zustand übernatürlichen Todes nur bestärken und bestätigen, nachdem die Seele selbst ihn frei gewählt hat, da sie sich von Gott abwandte. Die Zeit der Prüfung und der Barmherzigkeit ist vorbei, jetzt ist das Ende da und die Stunde des Gerichtes: *Deus ultionum Dominus*, »ein rächender Gott ist der Herr«.[648]

Und furchtbar ist diese Gerechtigkeit, denn nun tritt Gott machtvoll ein für seine Rechte, die bisher von der Seele verkannt und in hartnäckiger Bosheit verachtet wurden, trotz seiner göttlichen Einladungen, trotz aller Anregungen seiner Gnade: *Quia fortis ultor Dominus*, »Der Herr ist ein mächtiger Rächer«.[649] Jesus Christus hat zum Heile unserer Seele uns offenbaren wollen, dass Gott alle Dinge in ihrem tiefsten Wesensgrunde kennt und daher alles und jedes mit unfehlbarer Genauigkeit beurteilt, ohne dass der geringste Irrtum sich darein mischen könne: *Pondus et statera iudicia Domini*, »Gewichte und Maße unterliegen dem Gerichte des Herrn«;[650] »Er richtet alles in Sanftmut«: *cum tranquilitate iudicas*.[651] Gott ist die ewige Weisheit, er ordnet alles mit Maß und Gewicht; er ist die unendliche Güte; er hat die überfließende Genugtuung für alle Sünden der Welt, die Jesus am Kreuze, ihm dargebracht, angenommen. – Und dennoch, wenn die Ewigkeit anbricht, verfolgt Gott die Sünde mit seinem Hass[652] bis in die ewigen Höllenqualen, in die Finsternis, wo nach den Worten unseres Herrn selbst nur »Heulen und Zähneknirschen sein wird«;[653] in jene Hölle, »wo das Feuer nicht erlischt«[654] und in welcher uns Christus »den sündhaften Reichen mit dem harten

---

648 Ps. 93.
649 Jer. 51, 56.
650 Sprichw. 16, 11.
651 Sap. 12, 18.
652 Das Wort »Hass« soll nicht ein Gefühl besagen, das Gott empfände, sondern den moralischen Zustand, der aus der Gegenwart Gottes in einer Seele entsteht, die für immer im Stande der Sünde im Aufruhr gegen Gottes Gesetz befestigt ist. Der Hass Gottes besteht hier in der Ausübung seiner Gerechtigkeit. Es ist das Wirken der ewigen Gesetze, die sich nun frei betätigen.
653 Matth. 22, 13.
654 Marc. 9, 43.

Herzen zeigt, der denjenigen, den er als armen Lazarus gekannt hatte, nun so inständig bittet, dass er doch nur seinen Finger in Wasser tauchen und auf seine brennenden Lippen legen möge. Er litt schreckliche Pein.«[655] Das freiwillige und überlegte »Nein«, das ein armseliges Geschöpf dem Gesetze des höchsten Herrn entgegenwirft, flößt dem heiligen und gerechten Gott unendlichen Abscheu ein. Eine solche »Seele«, sagt der Heiland selbst, wird eingehen in die ewige Pein: *Ibunt in supplicium aeternum.*[656]

Dieses Feuer, das nie erlischt, ist gewiss etwas Schreckliches, aber was ist es gegenüber der Strafe, für immer von Gott und von Christus getrennt zu sein? Was ist es, verglichen mit der unaussprechlichen Qual, ewig mit aller der Seele innewohnenden Kraft nach der Anschauung Gottes verlangen und doch auf immer sich von ihm zurückgestoßen zu sehen? Das Wesen der Höllenpein besteht ja eben in jenem unauslöschlichen Durst nach Gott, der die von Gott und für Gott erschaffene Seele peinigt in Ewigkeit. Auf Erden kann der Sünder sich von Gott abwenden und mit den Geschöpfen sich zerstreuen, aber in der Ewigkeit, da steht er nur mehr Gott gegenüber, und ihn soll er für immer verloren haben! Nur eine von Gottesliebe entflammte Seele kann in etwa begreifen, was es heißt, das unendliche Gut auf ewig zu verlieren. Ewig hungern und dürsten nach unaussprechlicher Seligkeit und sie doch niemals erlangen! *Discedite a me maledicti*: »Weichet von mir, ihr Verfluchten«[657] spricht Gott der Herr, »ich kenne euch nicht«, *nescio vos.*[658] Ich hatte euch berufen, an meiner ewigen Verherrlichung und Seligkeit teilzunehmen, ich wollte euch »mit aller geistigen Segnung erfüllen«;[659] deswegen habe ich euch meinen Sohn gegeben; ich habe ihn erfüllt mit der Fülle aller Gnade, damit sie auf euch überfließe. Er war der Weg, der euch zur Wahrheit und zum Leben führen sollte; er hat den Tod für euch angenommen, hat euch seine Verdienste und Genugtuungen geschenkt; er hat euch die Kirche und seinen Hl. Geist gegeben, in ihm habt ihr alles, dessen ihr bedürfet, um einmal am ewigen Mahle teilzunehmen, das ich zur Verherrlichung meines eingeborenen Sohnes berei-

---

655 Luc. 16, 2–4.
656 Matth. 25, 46.
657 Matth. 25, 41.
658 Matth. 25, 41.
659 Eph. 1, 1–3.

218

tet habe. Während der Jahre eures Erdenlebens habt ihr Zeit gehabt, euch vorzubereiten, aber ihr habt nicht gewollt. Nun ist es zu spät; weichet von mir, ihr Verfluchten, die ihr nicht das Bild meines Sohnes in euch traget; ich kenne euch nicht. In seinem Reiche ist nur Platz für seine Brüder, die durch die Gnade ihm ähnlich sind; weichet von mir, in das ewige Feuer, das dem Teufel und seinem Anhang bereitet ist! Ihr habt den Teufel mir vorgezogen. »Durch die Sünde tragt ihr das Bild eures Vaters, des Teufels, an euch«.[660] – *Nescio vos!* ich kenne euch nicht, welch ein Wort! Welch unnennbare Qual, aus dem Munde des ewigen Gottes dieses Wort zu vernehmen: Ihr Verfluchten! ich kenne euch nicht! Und der Heiland sagt: »Dann werden die Sünder voll Verzweiflung aufschreien: Ihr Berge fallet über uns und ihr Hügel bedecket uns.«[661] Aber alle diese Verdammten, welche sich durch die Sünde für immer von Gott getrennt haben, fallen nun als lebendige Beute dem nagenden Gewissenswurm anheim, der nicht stirbt, dem Feuer, das nie erlischt, der Macht der bösen Geister, die sich rückhaltlos und voller Wut auf ihr Opfer stürzen, der bittersten und traurigsten Verzweiflung. Wider Willen müssen sie ständig das Wort der Hl. Schrift, dessen furchtbare Wahrheit ihnen nun im Lichte der Ewigkeit klar geworden, wiederholen: *Iustus es Domine et rectum iudicium tuum;*[662] *iudicia tua vera, iustificata in semetipsa,*[663] »gerecht bist du, o Herr, und gerecht ist dein Gericht; deine Gerichte sind wahr und gerecht befunden insgesamt.« Die Verdammung, die nun ewig auf uns liegt, ist unser Werk, das Werk unsers freien Willens: *ergo erravimus,* »wir sind also im Irrtum gewesen«.[664]

Welch großes Übel ist doch die Sünde, die das göttliche Leben in der Seele tötet und sie dadurch in äußerstes, in ewiges Elend stößt! Hätten wir nur eine einzige schwere Sünde begangen, würden wir eigentlich schon verdient haben, dass unsere Wahl für alle Ewigkeit gelte. Unaufhörlich sollten wir daher Gott preisen; denn der Barmherzigkeit des Herrn ist es zu danken, dass wir nicht ganz vernichtet wurden. *Misericordiae Domini quia non sumus consumpti.*[665]

---

660 Joan. 8, 44 und 1. Joan. 3, 8.
661 Luc. 23, 30.
662 Ps. 118, 137.
663 Ps. 18, 10.
664 Sap. 5, 6.
665 Thron. 3, 22.

Die Sünde ist also sozusagen ein Gott zugefügtes Leid, und weil Gott heilig ist, muss er sie auf ewig verdammen. Wenn wir Gott wahrhaft liebten, würden wir der Sünde gegenüber gesinnt sein wie Gott: *Qui diligitis Dominum, odite malum,* »die ihr den Herrn liebt, hasset das Böse«.[666] Vom Erlöser sagt die Hl. Schrift: »Du liebst die Gerechtigkeit und hassest das Unrecht«, *dilexisti iustitiam et odisti iniquitatem.*[667] O, wie sollten wir ihn im Gebet, zu Füßen seines Kreuzes bitten, dass er uns seinen Abscheu vor dem einzig wahren Übel unserer Seele, vor der Sünde, mitteile.

Damit soll aber keineswegs gesagt sein, dass wir unser geistliches Leben auf die Furcht vor der ewigen Strafe aufbauen müssten. Der hl. Paulus schreibt: »Wir haben nicht den Geist knechtischer Furcht erhalten, den Sklavengeist, der sich vor Strafe fürchtet, sondern den Geist der Gotteskindschaft. Danach dürfen wir nicht vergessen, dass der Erlöser – dessen Worte, wie er selbst sagt, für unsere Seelen Geist und Leben sind: *Verba quae ego locutus sum vobis, spiritus et vita sunt,*[668] – uns ermahnt, nicht so zwar die Strafe, wohl aber den Allmächtigen zu fürchten, der Leib und Seele in die ewige Hölle stürzen kann«. Und dabei ist wohl zu beachten, dass der Erlöser seine Jünger zu solcher Furcht des Herrn ermahnt, »weil sie seine Freunde sind«, *dico autem vobis amicis meis.*[669] Ein Beweis seiner Liebe ist es, wenn er in ihnen solch heilsame Furcht erweckt.

Die Hl. Schrift preist jene glücklich, die den Herrn fürchten: *Beatus vir, qui timet Dominum.*[670] Das gleiche Lob finden wir an vielen anderen Stellen der heiligen Bücher. Gott verlangt von uns die Huldigung einer heiligen, kindlich ehrerbietigen Furcht. Und da gibt es Gottlose, deren Gotteshass an Raserei grenzt, so dass sie Gott trotzen möchten, wie jener Gottesleugner, der sich erfrechte zu sagen: »Und wenn es einen Gott gibt, so will ich lieber eine Ewigkeit lang seine Hölle ertragen, als vor ihm mich beugen.« Verblendeter, der du es nicht einmal aushalten würdest, deinen Finger in eine schwache Kerzenflamme zu halten, ohne ihn zurückzuziehen!

---

666 Ps. 96, 10.
667 Ps. 44, 8.
668 Joan. 6, 64.
669 Luc. 12, 4.
670 Ps. 111, 1.

Wie warnt der hl. Paulus die Christen seiner Zeit so eindringlich vor der Sünde! Er kennt die »unemesslichen Reichtümer der Barmherzigkeit, die Gott in Christo Jesu uns gegeben hat«. *Dives in misericordia.*[671] Keiner hat sie so gepriesen wie er, keiner mit solchem Feuer heiliger Begeisterung sie gefeiert. Keiner hat gleich ihm unserer Schwäche die Macht und Siegkraft der Gnade Jesu entgegengestellt. Keiner weiß auch gleich ihm die Seele mit unbegrenztem Vertrauen auf die überfließenden Verdienste und Genugtuungen Christi zu erfüllen. – Und doch schreibt derselbe hl. Paulus von dem »Schrecken«, der eine Seele befällt, die Gottes Gesetz hartnäckig übertreten hat und beim Gerichte in die Hände des lebendigen Gottes fällt.[672]

4

Doch wozu dies alles? Ist unsere Seele nicht erfüllt vom Hass der Sünde? – Hegen wir nicht die frohe Zuversicht, dass wir uns nicht in diesem Zustande schrecklicher Gottentfremdung befinden? Gewiss! Und da unser Gewissen tiefinnerlich uns dieses Zeugnis gibt, so wollen wir nicht aufhören, Dank zu sagen dem Vater, der uns »aus der Gewalt der Finsternis befreit und in das Reich des Sohnes seiner Liebe versetzt hat«.[673] »Der uns würdig gemacht hat, teilzunehmen am Erbe der Heiligen im Lichte.«[674] »Wir wollen uns freuen, dass Jesus uns vom kommenden Zorne befreit hat,«[675] »denn durch die Gnade sind wir der Hoffnung nach schon gerettet,« sagt der hl. Paulus,[676] »ja wir tragen schon in uns das Unterpfand des ewigen Lebens.«[677]

Einstweilen jedoch, bis das Wort des Herrn ertönt: »Kommet, ihr Gesegneten meines Vaters«, jenes glückselige Wort, das uns für immer Wohnung gibt im Hause Gottes, müssen wir eingedenk sein, dass wir den Schatz der Gnade in zerbrechlichem Gefäße tragen. Der Heiland selbst mahnt uns, zu wachen und zu beten; denn »der Geist ist zwar willig, aber das Fleisch ist schwach«.[678] Nicht nur die Tod-

671 Eph. 2, 4.
672 Hebr. 10, 31.
673 Col. 1, 13.
674 Col. 1, 12.
675 1. Thess. 1, 10.
676 Rom. 8, 24.
677 Rom. 8, 1.
678 Matth. 26, 41.

sünden – hier komme ich zu einem wichtigen Punkte – auch die lässlichen Sünden sind eine große Gefahr für uns. Es ist zwar Glaubenssatz, dass die lässlichen, selbst häufig wiederholten Sünden die tiefinnerliche wesentliche Verbindung mit Gott nicht aufheben. Sie schwächen aber den Liebeseifer dieser Vereinigung, indem sie die allmähliche Abkehr von Gott einleiten, die aus dem ungeordneten Gefallen an den Geschöpfen, aus der Schwäche des Willens und aus der verminderten Innigkeit unserer Gottesliebe entsteht.

Wir müssen hier eine wichtige Unterscheidung machen. Es gibt lässliche Sünden, die uns sozusagen unbemerkt überraschen. Sie rühren von unserem Temperamente her, tun uns herzlich leid, und wir sind bestrebt, sie zu vermeiden. Es sind diese menschlichen Armseligkeiten, die unsere Seele keineswegs an einem hohen Grade der Gottesvereinigung hindern. Durch ein Liebeswerk, eine gute hl. Kommunion werden sie getilgt;[679] zudem erhalten sie uns in der Demut.

Weit mehr jedoch als solche Schwachheitsfehler sind die ganz freiwilligen und die gewohnheitsmäßigen lässlichen Sünden zu beklagen. Sie bilden eine wirkliche Gefahr für unsere Seele, ja sie sind nur zu oft ein wirklicher Schritt zum vollständigen Bruche mit Gott.

Wenn eine Seele sich daran gewöhnt, zwar nicht ausdrücklich, aber doch durch die Tat, in einer geringfügigen Sache – denn es handelt sich hier um lässliche Sünden – dem Willen Gottes ein überlegtes »Nein« entgegenzusetzen, so darf sie nicht erwarten, dass sie die Verbindung mit Gott lange Zeit erhalten könne. Das ist leicht begreiflich. Aus Fehlern, die man gleichgültig zulässt und sorglos begeht, die aus unbekämpfter Gewohnheit hervorgegangen, der Seele nicht einmal Gewissensbisse verursachen, erfolgt notwendig eine Minderung der übernatürlichen Lenksamkeit, geringere Wachsamkeit und Widerstandskraft in Versuchungen.[680] Die Erfahrung zeigt,

---

679 Man darf nicht zweifeln, dass durch die heilige Kommunion die leichteren, sog. lässlichen Sünden nachgelassen und vergeben werden. Denn was immer die Seele durch die Glut der Begierlichkeit verloren hat, indem sie in einer geringen Sache sich nur wenig verging, das ersetzt die heilige Kommunion vollkommen, indem sie eben diese geringeren Schulden tilgt ... Dies darf aber nur von jenen Sünden verstanden werden, durch deren Empfindung und Lust die Seele sich nicht mit fortreißen lässt. (Cat. Rom. II, c. 4, n. 41.)

680 Wir sagen nicht eine Minderung der Gnade selbst; denn sonst müsste letztere mit der wachsenden Zahl der lässlichen Sünden allmählich ganz

222

dass wir durch freiwillige Nachlässigkeit in kleinen Dingen unmerklich aber sicher in große Sünden fallen.[681]

Wir dürfen noch weiter gehen. Nehmen wir an, eine Seele, die Gott in allem aufrichtig sucht, ihn wirklich innig liebt, begeht aus Schwäche eine freiwillige schwere Sünde. Das kommt vor; im Reiche der Seelen gibt es Abgründe von Schwäche. Ein solcher Fall wäre für die Seele allerdings ein großes Unglück; denn ihre Verbindung mit Gott ist zerrissen. Und doch ist diese seltene, sozusagen vorübergehende schwere Sünde jener Seele viel weniger gefährlich und verhängnisvoll, als vielleicht für eine andere Seele die lässlichen, ganz freiwilligen Gewohnheitssünden. – Die erstere Seele wird sich demütigen, sich von ihrem Falle erheben und nun in der Erinnerung an den begangenen Fehler einen neuen Beweggrund finden, sich in der Demut zu bewahren und zu festigen und eine kräftige Anregung schöpfen, sich in der Liebe und Treue großmütiger zu bewähren als je zuvor.[682] In letzterem Falle hingegen erzeugen die häufigen und gleichgültig begangenen lässlichen Sünden einen Zustand, der alle übernatürliche Wirksamkeit Gottes in der Seele lähmt. Eine solche Seele darf nicht glauben, dass sie je zu einer hohen Stufe der Vereinigung mit Gott gelangen werde. Im Gegenteil! Die Einwirkung Gottes wird mehr und mehr in ihr abnehmen. Der Hl. Geist hält zurück mit seinen Einsprechungen, und so wird die Seele unfehlbar sehr bald in größere Sünden fallen. Gewiss wird auch sie gleich der ersteren versuchen, die Gnade Gottes zurückzugewinnen, weniger jedoch aus

---

verschwinden; aber wir sagen, dass der Liebeseifer vermindert wird. Diese Minderung kann indessen in der Seele einen solchen Grad geistiger Lauheit hervorrufen, dass die Seele bei einer schweren Versuchung sich wehrlos findet und der Sünde erliegt.

681 S. th. I–II, q. 88, a. 3. Utrum peccatum veniale sit dispositio ad mortale.

682 Die Heiligen Gottes, so schreibt der hl. Ambrosius mit Bezug auf das Beispiel des Königs David, brennen vor Verlangen, aus diesem schmerzlichen Kampfe herauszukommen und zum Heile zu gelangen. Wenn sie mehr aus Schwäche ihrer Natur als aus Gelüste zur Sünde zu Fall kommen gleich allen Menschen, dann erheben sie sich um so eifriger zum Fortschritt im Guten und unter dem Stachel der Beschämung schreiten sie nur vor zu größeren Kämpfen. Weit entfernt, dass ihr Fall ihnen zum Hindernis geworden wäre, kann ihre Niederlage im Gegenteil ein Mittel sein, das ihren Eifer mehrt. Ut non solum nullum attulisse aestimetur lapsus impedimentum, sed etiam velocitatis incentiva cumulasse. De apologia David I. 1, c. 2.

Liebe zu Gott denn aus Furcht vor der Strafe. Auch wird die Erinnerung an ihre Sünde nicht wie in jener andern Seele einen neuen Aufschwung zu Gott begründen. Sie, die keine wahrhaft tiefe Liebe in sich trägt, fährt fort, sich im übernatürlichen Leben mit der Mittelmäßigkeit zu begnügen, und setzt sich unvorsichtig jedem Angriff des Feindes und damit einem neuen Falle aus. Wer möchte bürgen für das Heil oder gar für Erreichung der Vollkommenheit einer solchen Seele, die dem Wirken Gottes beständig Hindernisse entgegensetzt und sich niemals Mühe gibt, ihre Lauheit zu überwinden.[683]

Es kann zwar vorkommen, dass wir aus Schwäche, aus Menschenfurcht oder Unüberlegtheit schwer sündigen. Bringen wir aber doch nie dem Willen Gottes ein freiwilliges, überlegtes »Nein« entgegen. Wir sollten nie und nimmer, auch nicht durch unsere bloße Handlungsweise sagen: »Ich weiß, o Gott, dass dies oder jenes, und sei es eine unbedeutende Kleinigkeit, dir missfällt, aber ich will es trotzdem tun.« Möge Gott von uns, was auch immer und sei es unser Herzblut, verlangen, wir müssen sagen: »Hier bin ich, Herr!« Andernfalls bleiben wir stehen auf dem Wege der Vereinigung mit Gott, und Stillstand heißt oft Rückgang, heißt fast immer, sich schwerem Falle aussetzen.

5

Die Gewohnheit, freiwillige, wenn auch nur lässliche Sünden zu begehen, bildet sich wie die Erfahrung lehrt, nicht auf einmal, sondern nach und nach. »Wachet und betet,« sagt darum der Herr, »damit ihr nicht in Versuchung fallet.«[684] Versuchungen müssen kommen. – Wir sind von Feinden umringt. Der Versucher schleicht beständig um uns herum.[685] Die Welt sucht uns mit ihren verführerischen Reizen zu umschlingen, uns ihren Geist einzuflößen, der dem übernatürlichen Leben so entgegengesetzt ist. Es steht daher nicht in unserer Gewalt, jede Versuchung zu meiden. Sie ist sehr oft von unserem Willen ganz unabhängig. Sie ist darum eine oft sehr schmerzliche Prüfung, zumal

---

683 Licet frigidus sit peior tepido, tamen peior est status tepidi; quia tepidus est in maiori periculo ruendi sine spe resurgendi. ornel a Lapide in Apoc. 3, 16.

684 Matth. 26, 41.

685 I. Petr. 5, 8.

wenn sie von geistiger Finsternis begleitet ist. Wir wären dann leicht geneigt, nur jene Seelen glücklich zu preisen, die nie versucht werden. Gott der Herr aber preist im Gegenteil durch den Mund seines Apostels jene »glücklich«, die ohne Schuld Versuchung leiden: *Beatus vir qui suffert tentationem*: »Glücklich der Mann, der die Anfechtung erträgt«.[686] Warum wohl? Weil »dieser Mann, wenn er bewährt worden«, spricht der Herr, »die Krone des Lebens erhalten wird«. Wir sollten darum nie auf Grund häufiger oder lang dauernder Versuchungen den Mut verlieren. Gewiss müssen wir den Schatz der Gnade mit größter Sorgfalt hüten und alle Gelegenheiten der Sünde meiden, aber wir sollen bei allem zuversichtliches Vertrauen bewahren. Auch die heftigste und langwierigste Versuchung ist noch keine Sünde; ihre Wasser können gleich einem unheimlich düsteren Meeresgrund die Seele erfüllen: *intraverunt aquae usque ad animam meam*;[687] aber solange auch nur der höchste Punkt der Seele, nämlich der Wille, über die düstern Wasser emporragt, ist es ganz gewiss eben nur dieser Gipfel der Seele, *apex mentis*, auf dem das Auge Gottes ruht.

»Übrigens lässt uns Gott,« wie der hl. Paulus versichert, »nicht über unsere Kraft hinaus versucht werden, sondern er wird der Versuchung einen solchen Verlauf geben, dass wir bestehen können.«[688] Der große Apostel liefert selbst den Beweis hierfür. Er erzählt uns, dass ihm Gott, damit er sich seiner Offenbarung wegen nicht überhebe, »einen Stachel in das Fleisch« gegeben habe und deutet damit bildlich seine Versuchungen an; »Gott hat ihm einen Engel Satans gegeben, damit er ihm Faustschläge versetze.«[689] »Dreimal«, so bekennt der Apostel weiter, »habe ich den Herrn gebeten, dass er mich davon befreie; der Herr aber erwiderte mir: es genügt dir meine Gnade; denn in der Schwäche des Menschen – wenn sie siegreich ist durch meine Gnade – vollendet sich meine Macht.«

Die Gnade Gottes hilft uns die Versuchungen überwinden; aber wir müssen sie im Gebete erflehen: *Et orate.* – Der Heiland hat jenem Gebete, das er uns selbst gelehrt, die Bitten eingefügt: »Führe uns nicht in Versuchung, sondern erlöse uns von dem Übel.« Wenn der

---

686 Jac. 1, 12.
687 Ps. 68, 2.
688 1. Cor. 10, 13.
689 2. Cor. 12, 7.

225

göttliche Heiland selbst uns diese Bitte auf die Lippen legt, tun wir gewiss gut daran, sie oft und oft vertrauensvoll zu wiederholen, indem wir uns stützen auf das Leiden und die Verdienste Christi.

Es gibt kein wirksameres Mittel gegen die Versuchung, als die Erinnerung an das Kreuz des Herrn. Jesus Christus ist ja nur deshalb auf die Erde herabgekommen, »um das Werk des Teufels zu zerstören.«[690] Wodurch aber hat er es zerstört und »Satan hinausgeworfen«, wie er selbst sagt,[691] wenn nicht durch seinen Tod am Kreuze? Während seines Erdenlebens hat der Heiland die Teufel aus den Leibern der Besessenen ausgetrieben. – Auch aus den Seelen hat er sie vertrieben, wenn er einer Magdalena, einem Gelähmten und so vielen andern die Sünde nachließ. In erster Linie aber ist es sein gebenedeites Leiden, durch welches das Reich des Teufels zerstört wurde. Als Satan für immer zu siegen glaubte, weil er durch seine Werkzeuge, die gottesräuberischen Juden, den Kreuzestod des Herrn veranlasst hatte, in eben diesem Augenblicke erhielt er selbst den tödlichen Schlag. Denn Christi Tod vernichtete die Sünde und erwarb allen Getauften die Gnade, der Sünde abzusterben.

Klammern wir uns darum in festem Glauben an das Kreuz des Herrn! Seine Kraft ist nicht versiegt. Als Kinder Gottes und durch die Taufe Geheiligte dürfen wir uns darauf stützen. Was könnten wir fürchten, nachdem wir in der Taufe mit dem Siegel des Kreuzes bezeichnet, von Christi Licht erleuchtet worden sind und als Glieder seines Leibes teilnehmen an seinem Leben, am Heile, das er uns gebracht hat. *Dominus illuminatio mea et salus mea, quem timebo?* »Der Herr ist mein Licht und mein Heil, wen soll ich fürchten?«[692] Wir dürfen getrost auf uns selbst anwenden: Der Herr hat seinen Engeln befohlen, dass sie dich auf allen deinen Wegen behüten, damit du nicht fallest und deinen Fuß an einem Stein stoßest – Tausend Feinde werden fallen zu deiner Linken und Zehntausend zu deiner Rechten; dir aber wird kein Feind schaden, – weil er auf mich vertraut hat, spricht der Herr, darum werde ich ihn befreien, ich will ihn schützen, weil er hofft auf meinen Namen; er ruft mich, und ich werde ihn erhören; ich will ihm beistehen in der Not, ihn erretten und

---

690   1. Joan. 3, 8.
691   Joan. 12, 31.
692   Ps. 26, 1.

226

erheben; mit glücklichen Tagen will ich ihn sättigen und ihn schauen lassen mein Heil.[693]

Bitten wir doch den Heiland, er möge unser Helfer sein im Kampfe gegen den Teufel, gegen die mit ihm verbündete Welt und gegen die eigene Begierlichkeit. Wie einst die Apostel beim Sturm auf dem Meere, wollen auch wir rufen: »Herr, rette uns, wir gehen zugrunde!«[694] Und der Herr wird seine Hand ausstrecken und uns zu Hilfe kommen. Wie er, der versucht werden wollte uns zum Vorbild und um uns die Gnade siegreichen Kampfes gegen alle Versuchungen zu verdienen – wenn auch an ihn, den Gottessohn, die Versuchung nur von außen herantreten konnte, – so wollen auch wir Satan zwingen, sich zurückzuziehen, indem wir ihm sofort entgegnen: »Ich will nur einen Herrn anbeten und ihm allein dienen. Am Tage der Taufe habe ich den Heiland erwählt, ihn allein will ich hören.«[695]

Mit Jesu Christo, unserm Herrn und Haupte, werden wir siegen über die Mächte der Finsternis. Durch die Taufe ist Christus in uns; »er aber ist«, wie der hl. Johannes sagt, unvergleichlich »größer als der in der Welt ist, das ist der Teufel«.[696] Satan hat Christum nicht besiegt. »Der Fürst dieser Welt hat keinen Teil an mir,« sagte der Herr.[697] Darum kann er auch uns nicht besiegen, er kann uns nie und nimmer in die Sünde stürzen, wenn wir nur mit Jesu vereint bleiben, über uns selbst sorgsam wachen und auf Christi Wort und seine Verdienste uns stützen: *Confidite, ego vici mundum*, »habet Vertrauen, ich habe die Welt überwunden«.[698] Eine Seele, die im Glauben mit Jesus vereint bleiben will, wird siegen über ihre Leidenschaften, über Welt und Hölle, mag auch in ihr und um sie herum alles toben und

---

693 Ps. 90, 11–12; 14–16.
694 Matth. 8, 25.
695 Die folgenden herrlichen Worte voll übernatürlichen Vertrauens legt der hl. Gregor von Nazianz jedem Getauften in den Mund, um den Teufel abzuweisen: »Gewappnet mit dem Kreuze, mit dem du bezeichnet bist, sprich zum Teufel. Ich trage das Ebenbild Gottes in mir und bin nicht wie du wegen meines Hochmutes vom Himmel herabgestürzt worden. Ich bin mit Christus angetan; durch die Taufe ist Christus mein eigen geworden. Du musst also vor mir das Knie beugen.« (Greg. v. Naz. Orat. 40 in sanct. lum. c. 10.)
696 1. Joan. 4, 4.
697 Joan. 14, 30.
698 Joan. 16, 33.

wüten. Der Heiland wird mit göttlicher Kraft sie schützen gegen alle Angriffe.

In der Geheimen Offenbarung wird Christus »der siegreiche Löwe« genannt, »der als Sieger auszieht, um nochmals zu siegen«,[699] um anzudeuten, dass er durch seinen Sieg auch seinen Jüngern die Macht verliehen hat, ihrerseits zu siegen. Darum erinnert der hl. Paulus daran, dass Jesus Christus den Tod, die Frucht der Sünde, überwunden und uns Unsterblichkeit erworben hat, und ruft dann jubelnd aus: »Dank sei Gott, der uns den Sieg über Satan, den Vater der Sünde, verliehen hat; den Sieg über die Sünde, die Ursache des Todes; den Sieg endlich über den Tod selbst durch Jesum Christum unsern Herrn.« *Stimulus mortis peccatum est . . . Deo autem gratias qui dedit nobis victoriam – per Dominum Nostrum Iesum Christum.*[700]

---

699   Apoc. 5, 5.
700   1. Cor. 15, 56–57.

DAS SAKRAMENT UND DIE TUGEND DER BUSSE

ÜBERSICHT: *I. Im Sündenvergeben offenbart Gott seine Barmherzigkeit. – II. Das Sakrament der Buße und seine Bestandteile: Die Reue und ihre besondere Wirksamkeit im Sakramente; das Bekenntnis der Sünden, ein besonderer Akt der Huldigung an die Menschheit Christi; die Genugtuung schöpft ihren Wert nur aus der Verbindung mit der Genugtuung Christi. – III. Die Tugend der Buße ist notwendig, um in uns die Früchte des Sakramentes zu bewahren; Natur dieser Tugend. – IV. Ihr Zweck: Sie stellt die von Gott gewollte Ordnung wieder her und macht uns dem gekreuzigten Heiland ähnlich. Grundsatz und verschiedene Anwendungen desselben. – V. Aus Jesus Christus schöpfen wir Kraft und Trost bei unseren Bußwerken. – VI. Nach der Absicht der Kirche sollen wir unsere Bußwerke an das Bußsakrament anschließen.*

Im Anschluss an die Erklärung der geheimnisvollen Taufhandlung ermahnt der hl. Paulus die ersten Christen, nie mehr durch die Sünde das Gnadenleben, das sie von Jesus Christus erhalten haben, in sich zu töten *Ultra non serviamus peccato.* »Wir wollen nun nicht mehr der Sünde dienen.«[701] Das Konzil von Trient sagt: »Unsere Dankbarkeit gegen Gott, der uns in der Taufe zu seinen Kindern gemacht hat, sollte so groß sein, dass wir die in diesem ersten Sakramente empfangene Gnade unverletzt und rein in uns bewahren.«[702] Es gibt bevorzugte, auserwählte Seelen, die jenes göttliche Leben stets unversehrt in sich erhalten. Gibt es nun für alle andern, die gesündigt haben, kein Mittel, die Gnade wiederzuerlangen und aufs Neue zum Leben, das Christus uns geschenkt hat, aufzuerstehen? Doch, es gibt ein solches Mittel. Der Gottmensch Jesus Christus hat zu diesem Zwecke eigens ein Sakrament der Buße eingesetzt. Dies ist ein wunderbares Denkmal göttlicher Weisheit und Barmherzigkeit zugleich, in dem Gott die Wiederherstellung seiner Ehre und die Verzeihung unserer Sünden in herrlichster Weise zu vereinen wusste.

I

Wir alle kennen das schöne Gebet, welches die Kirche vom Hl. Geiste geleitet am 10. Sonntag nach Pfingsten beten lässt: »O Gott, der du

701 Rom. 6, 6.
702 Concil. Trid. Sess. 14, cap. 1.

229

deine Allmacht vor allem im Verzeihen und Erbarmen offenbarest, vermehre über uns deine Barmherzigkeit.« *Deus qui omnipotentiam tuam parcendo maxime et miserando manifestas, multiplica super nos misericordiam tuam.* Das ist eine Offenbarung, die Gott uns durch den Mund der Kirche mitteilt: im Verzeihen, *parcendo*, im Erbarmen, *miserando* offenbart Gott vor allem, *maxime*, seine Macht. In einem anderen Gebete sagt die Kirche, dass es »Gott eigen ist immer sich zu erbarmen und zu verzeihen«. *Deus cui proprium est misereri semper et parcere.*[703]

Die Verzeihung setzt eine Beleidigung voraus, eine Schuld, die verziehen werden soll. Mitleid und Barmherzigkeit sind nur dort zu finden, wo es Elend gibt; denn was heißt barmherzig sein? Es heißt in irgendeiner Weise das Elend eines andern im eigenen Herzen tragen.[704] Gott ist die unendliche Güte und Liebe selbst:

Deus caritas est[705], unserem Elende gegenüber wird seine Güte und Liebe zur Barmherzigkeit: darum rufen wir zu Gott: *Deus meus, misericordia mea.* »Mein Gott, du meine Barmherzigkeit.«[706] Die Kirche bittet Gott in ihrem Gebete: »Mehre über uns deine Barmherzigkeit!« *Multiplica super nos misericordiam tuam.* Und warum dies? Nun, weil wir in unermesslichem Elend seufzen, so dass man sagen könnte: *Abyssus abyssum invocat.* Der Abgrund unseres Elends, unserer Schuld und Sündhaftigkeit ruft hinauf zum Abgrund göttlicher Barmherzigkeit. Wahrlich, wir alle sind arme, elende Sünder, die einen mehr, die andern weniger. Unsere Sündhaftigkeit mag dem Grade nach verschieden sein, aber, »wir alle fehlen in vielem,« sagt der hl. Jakobus, *in multis offendimus omnes.*[707] Und der hl. Johannes schreibt: »Wenn wir uns ohne Sünde wähnen, so betrügen wir uns selbst, und die Wahrheit ist nicht in uns.«[708] Ja, er geht noch weiter und fügt hinzu: »Wer so sagt, der macht Gott zum Lügner«: *si*

---

703 Gebet am Schluss der Allerheiligenlitanei: »O Gott, dem es eigen ist, sich allzeit zu erbarmen und zu verzeihen, nimm an unser Gebet, damit uns und alle deine Diener, die mit den Ketten der Sünde gefesselt sind, deine huldreiche Erbarmung gnädiglich befreie.«
704 Misericors dicitur aliquis quasi habens miserum cor. S. th. 1. q. 21, a. 3.
705 1. Joan. 4, 8.
706 Ps. 58, 18.
707 Jac. 3, 2.
708 1. Joan. 1, 8.

dixerimus quoniam non peccavimus mendacem facimus eum.[709] Das ist leicht verständlich; denn Gott selbst gebietet uns, zu beten: *Dimitte nobis debita nostra,* »vergib uns unsere Schuld.« Gott würde das aber nicht tun, wenn wir keine *debita,* keine Schuld hätten. Wir alle sind Sünder; das ist so wahr, dass das Konzil von Trient jeden verurteilt, der da sagen wollte: man könne alle Sünden, auch die lässlichen, vermeiden, ohne besonderen Gnadenvorzug, wie ihn Gott der allerseligsten Jungfrau Maria erwiesen hat.[710] – Das ist unser Elend.

Doch darf uns dies Elend nicht entmutigen. Gott kennt es und darum hat er Mitleid mit uns und »erbarmt sich unser, wie ein Vater sich seiner Kinder erbarmt«. *Quomodo miseretur pater filiorum misertus est Dominus.*[711] Er weiß ja, dass wir nicht nur aus dem Nichts hervorgegangen, sondern auch »aus Lehm gebildet sind«. *Quoniam ipse cognovit figmentum nostrum.*[712] Er kennt dieses Gebilde von Fleisch und Blut, von Muskeln und Nerven, von Elend und Schwäche, aus denen das Menschenwesen sich zusammensetzt und die es erklärlich machen, dass wir nicht einmal, sondern wie der Herr sagt, »siebzig siebenmal«,[713] d. h. unzählbar oft in Sünden fallen und zu Gott zurückkehren.

Gott setzt seine Ehre darein, unserem Elend abzuhelfen, uns unsere Sünden zu vergeben; er sucht seine Verherrlichung darin, dass er uns seine Barmherzigkeit erzeigt um der Verdienste seines geliebten Sohnes willen. In der ewigen Seligkeit, sagt der hl. Johannes, werden wir Gott und dem Lamme ein Loblied singen. Und wie wird dieser Lobgesang lauten? Ist es das *Sanctus* der Engel? Gott hat einen Teil dieser reinen Geister verstoßen; bei der ersten Empörung hat er sie für immer durch seine Zornesblitze herabgeschleudert, weil sie, eben nicht mit jenem Elend, jener Schwäche behaftet waren, die unser Anteil sind. Die treugebliebenen Engel singen nun auf ewig das Loblied der Heiligkeit Gottes, jener Heiligkeit, die auch nicht einen Augenblick die Unreinheit der Empörer ertragen konnte. – Welchen Lobgesang aber werden wir anstimmen? Das Loblied der Barmherzigkeit, *Misericordias Domini in aeternum cantabo.* »Der Barmherzigkeit

---

709   1. Joan. 1, 10.
710   Concil. Trid, Sess. 6, can. 22.
711   Ps. 102, 13.
712   Ps. 102, 14.
713   Matth. 18, 22.

Gottes will ich in Ewigkeit lobsingen.«[714] Dieses Wort des Psalmisten bildet den seligen Grundton in jenem Loblied der Liebe, das wir Gott zu Ehren in alle Ewigkeit singen werden. Auch dem Lamme erklingt das gleiche Lied; denn »du, o Herr, hast uns erlöst in deinem Blut«, *redemisti nos Domine, in sanguine tuo.*[715] Durch dein kostbares Blut, o Herr Jesu Christe, hast du uns erlöst. Du hattest ein solches Erbarmen mit uns, dass du dein Blut vergossen hast, um uns dem Elende zu entreißen, um uns von unsern Sünden zu befreien, wie wir hienieden jeden Tag in deinem Namen bei der hl. Messe beten: »Das ist der Kelch meines Blutes, der zur Vergebung der Sünden vergossen wird«: *Effundetur in remissionem peccatorum.*

Durch seine Barmherzigkeit gegen die Sünder, die sich auf die Genugtuung seines Sohnes Jesus Christus berufen, erhält Gott der Herr eine unaussprechliche Verherrlichung. Daher ist es eine der größten Beleidigungen Gottes, an seiner Barmherzigkeit und an der Sündenvergebung, die er uns im Namen Christi gewährt, zu zweifeln.

Gleichwohl wird uns diese Verzeihung nach der hl. Taufe nur dann gewährt, wenn wir »würdige Früchte der Buße bringen«.[716] Es besteht hier, sagt das Konzil von Trient, zwischen Taufe und Buße ein großer Unterschied. Beim Erwachsenen erfordert die Taufe Abscheu vor der Sünde und den Vorsatz, sie zu fliehen; doch ist keine eigentliche Genugtuung, kein Schadenersatz erforderlich. Der Taufritus spricht nirgends von einem Bußwerk, das erfüllt werden soll. Die Taufe ist eine gänzliche und bedingungslose Vergebung jeder Sünde und Sündenstrafe, weil dieses Sakrament, das erste, das wir empfangen, für unsere Seele die Erstlingsfrucht des Blutes Jesu Christi bedeutet. Wenn wir aber nach der Taufe, so fährt das Konzil fort, nachdem wir in Jesum Christum eingepflanzt, von der Knechtschaft des Teufels und der Sünde befreit und Tempel des Hl. Geistes geworden sind, freiwillig in die Sünde zurückfallen, dann können wir Gnade und Leben nur wiedererlangen, wenn wir Buße tun. So ist es billigerweise von der göttlichen Gerechtigkeit angeordnet worden.[717] Es gibt nun das Sakrament der Buße und die Tugend der Buße, die sich in entsprechenden Übungen betätigt. Wir wollen auf beide etwas näher eingehen.

---

714 Ps. 88, 2.
715 Apoc, 5, 9.
716 Luc. 3, 8.
717 Concil. Trid. Sess. 14, cap. 2 und 8.

2

Das Sakrament der Buße ist von Jesus Christus eingesetzt worden zur Nachlassung der Sünden, und um uns das Leben der Gnade, sollten wir es nach der Taufe verloren haben, wiederzugeben. Es trägt in sich eine unbegrenzte Verzeihungsgnade; aber damit diese in einer Seele wirksam werde, müssen alle Hindernisse entfernt werden, die ihr im Wege stehen. Und welches sind diese Hindernisse: – die Sünde und die Anhänglichkeit an die Sünde.

Der Sünder muss seine Sünden bekennen, wenigstens alle Todsünden, sodann muss er durch die Reue und die ihm auferlegte Genugtuung jede Anhänglichkeit an die Sünde lösen.

Von allen wesentlichen Bestandteilen der Buße, soweit sie den Sünder betreffen, ist der wichtigste die Reue. Selbst wenn das Bekenntnis der Sünde aus irgendeinem Grunde unmöglich wäre, bliebe doch die Notwendigkeit der Reue bestehen. Der Grund ist begreiflich. Durch die Sünde hat sich die Seele von Gott abgewendet und am Geschöpfe Gefallen gesucht; will sie nun, dass Gott sich ihr wiederum mitteile und ihr das Leben wiederschenke, so muss sie die ungeordnete Neigung zum Geschöpfe verabscheuen und sich zu Gott hinwenden; das schließt den Abscheu gegen die Sünde und den ernsten Willen, sie nicht mehr zu begehen, in sich, da ohne sie die Abkehr nicht aufrichtig wäre. Das nennen wir aber Reue.[718] Die Reue ist ein Schmerz der Seele, die in übernatürlichem Lichte ihren unglücklichen Zustand und die große Beleidigung Gottes erkennt und dadurch veranlasst wird, zu Gott zurückzukehren. Die Reue ist vollkommen, wenn die Seele zerknirscht ist, weil sie den höchsten Herrn, das liebenswürdigste Gut beleidigt hat: Solche Reue ist deshalb vollkommen, weil ihr Beweggrund der höchste ist, den es gibt, nämlich die göttliche Majestät. – Doch ist es selbstverständlich, dass die vollkommene Reue in Bezug auf ihre innere Stärke eine Reihe von Stufen hat, da diese innere Stärke verschieden sein kann, je nach dem Grade des Eifers der einzelnen Seelen. Aber wie groß diese nun immer sein mag, die Reue, wenn sie in ihrem Beweggrunde vollkommen ist, tilgt die Todsünde in dem Augenblicke, in welchem die Seele sie erweckt;

---

718 Contritio animi dolor ac detestatio est de peccato commisso, cum proposito non peccandi de cetero. Concil. Trid. Sess. 14, cap. 4.

233

dabei bleibt jedoch bestehen, dass die Seele kraft des ausdrücklichen Gebotes Christi diese Sünden sobald als möglich noch beichten muss.

Die unvollkommene Reue, die aus dem Abscheu über die Hässlichkeit der Sünde, aus der durch sie verdienten Strafe und aus dem Verluste der ewigen Seligkeit entspringt, vermag nicht aus sich allein die Todsünde zu tilgen, aber sie genügt dazu, wenn sie mit der priesterlichen Lossprechung verbunden ist.

Das sind Wahrheiten, an die ich hier nur kurz erinnern wollte, um auf einen wichtigen Punkt etwas näher einzugehen.

Außerhalb des Bußsakramentes bewirkt die Reue in der Seele einen heilsamen Widerwillen gegen die Sünde; der Hass gegen das Böse, den sie erzeugt, ist dem lieben Gott sehr wohlgefällig und bedeutet den Anfang der Sündentilgung. Im Sakrament der Buße aber erhält die Reue gleich den anderen Bußakten (Sündenbekenntnis und Genugtuung) einen sakramentalen Charakter. Was heißt das? In jedem einzelnen Sakramente werden die unendlichen Verdienste, die Jesus Christus für uns erworben hat, der Seele mitgeteilt, um in ihr jene Gnade hervorzubringen, die dem betreffenden Sakramente eigen ist. Die Gnade des Bußsakramentes besteht in der Sündentilgung, in der Schwächung böser Begierlichkeit, in der Wiederherstellung des übernatürlichen Lebens, oder wo es sich nur um lässliche Sünden handelt, in Vergebung derselben und Vermehrung der Gnade. In diesem Sakramente geht der Abscheu vor der Sünde, den der Heiland in seiner Todesangst und am Kreuze empfunden hat, gemäß dem Psalmworte: *Dilexisti iustitiam et odisti iniquitatem*, »du liebst die Gerechtigkeit und hassest das Unrecht«[719] auf unsere Seele über, um die Sünde zu vernichten. Der Tod der Sünde, den Jesus Christus bewirkt hat, da er in seinem Leiden unsere Stelle einnahm, vollzieht sich neuerdings im Sünder. Auch außerhalb des Bußsakramentes bleibt die Reue ein wirksames Mittel zur Tilgung der Sünde. Im Sakramente aber erheben die Verdienste Christi sie zu einem Werkzeug von unendlichem Werte und unbegrenzter Wirksamkeit. Im eigenen Blute wäscht nämlich der Heiland in diesem Augenblicke unsere Seele: *Christus lavit nos a peccatis nostris in sanguine suo.*[720]

Wir dürfen es nie vergessen: jedesmal, wenn wir würdig und andächtig dieses Sakrament empfangen, auch wenn wir nur lässliche

---

719 Ps. 44, 8.
720 Apoc. 1, 5.

234

Sünden zu beichten haben, fließt Christi Blut überreich auf unsere Seele, um sie neu zu beleben, sie zu stärken gegen die Versuchungen, sie mit Standhaftigkeit zu rüsten zum Kampfe gegen die Lockungen des Bösen und endlich, um in der Seele die Wurzeln und Wirkungen der Sünde zu zerstören. In diesem Sakramente empfängt die Seele eine besondere Gnade, ihre Leidenschaften auszurotten und sich immer mehr und mehr zu reinigen, um das Leben der Gnade wiederzuerlangen oder es in sich zu vermehren.

Wir sollten vor der hl. Beichte jedesmal unsern Glauben an den unendlichen Wert des Versöhnungsopfers Christi neu beleben. Er hat die Last all unserer Sünden getragen: *Iniquitates nostras ipse portavit.*[721] Er hat sich hingegeben für einen jeden von uns: *Dilexit me et tradidit semetipsum pro me;*[722] seine Genugtuung ist mehr als überreich. Er besitzt das Recht, uns Verzeihung zu gewähren, und es gibt keine Sünde, die in seinem Blute nicht getilgt werden könnte. Wir sollten unsern Glauben und unser Vertrauen auf seine unerschöpflichen Verdienste, die Früchte seines Leidens, immer neu entflammen. Als der Heiland durch Judäa zog und die Besessenen heilte, verlangte er, wie schon erwähnt wurde, den Glauben an seine Gottheit. Nur dem Glauben gewährt er Heilung und Sündennachlass. »Geh hin, dein Glaube hat dir geholfen, deine Sünden sind dir vergeben.« Darum muss uns auch vor allem der Glaube hinbegleiten zum Richterstuhl der Barmherzigkeit, der Glaube an die sakramentale Kraft aller einzelnen Handlungen bei der hl. Beichte, besonders der Glaube an die überfließende Fülle der Genugtuungen, die Christus für uns seinem Vater geleistet hat. Gewiss bringen unsere Akte bei der hl. Beichte (die Reue, die Beicht, die Genugtuung) die Gnade des Sakramentes nicht hervor, aber abgesehen davon, dass unsere Mitwirkung, die unerlässliche Vorbedingung ist für die Mitteilung der Gnade, da es gleichsam die »Materie« des Sakramentes bildet,[723] – auch

---

721 Is. 53, 11.
722 Gal. 2, 20; cf. Eph. 5, 2.
723 Das Konzil von Trient bezeichnet unsere Handlungen in der Beichte als »quasi materia«, d. h. gleichsam die Materie des Sakramentes. Dazu erklärt der römische Katechismus (P. 2, c. 5, n. 13): »Da nun den Gläubigen nichts bekannter sein muss, als die Materie dieses Sakramentes, so ist zu lehren, dass dieses Sakrament sich von den übrigen vorzüglich dadurch unterscheidet, dass die Materie der andern Sakramente irgendetwas Natürliches oder künstlich Gemachtes ist, die Materie des Bußsakramentes

der Grad der verliehenen Gnade bemisst sich nach unserer Seelenverfassung.

Deswegen ist es eine hervorragend fruchtbare Gewohnheit, am
Beichttage dem hl. Messopfer in der Absicht beizuwohnen, dadurch
von Gott die Gnade wahrer Reue zu erlangen. Auf dem Altare wird
ja das Kreuzopfer Jesu Christi erneuert. »Durch dieses Opfer versöhnt,« sagt das Konzil von Trient, »gibt Gott uns die Gnade wahrer
Reue und verzeiht uns um seinetwillen alle Sünden und Verbrechen,
mögen sie auch noch so groß gewesen sein.«[724]

Kann man nun sagen, dass das hl. Messopfer Sündennachlass gewährt? Nein, denn das ist nur der vollkommenen Reue und dem Bußsakramente eigen. Wenn wir jedoch andächtig der hl. Messe beiwohnen, in welcher das hehre Kreuzesopfer erneuert wird, wenn wir uns
aufs innigste mit dem sich opfernden Gottessohne vereinigen, dann
verleiht uns Gott, wenn wir ihn gläubig darum bitten, die Gesinnungen reuevoller Zerknirschung und guten Vorsatzes, der Demut und
des Vertrauens, die uns zu wahrer Reue führen und uns befähigen,
die Nachlassung der Sünden, die Christus um den Preis seines Blutes
uns erworben hat, mit reicher Frucht zu empfangen.

Auf die Reue muss das S ü n d e n b e k e n n t n i s folgen. Das Sakrament der Buße ist in Form eines Gerichtes eingesetzt worden:
»Alles, was ihr auf Erden binden oder lösen werdet, soll auch im
Himmel gebunden oder gelöst sein; – welchen ihr die Sünden nachlasset, denen sind sie nachgelassen.« Aber der Sünder muss selbst seine Sünden vor dem Richter, der das Urteil fällen soll, bekennen. Wer
ist dieser Richter? Das Bekenntnis meiner Sünden bin ich nur Gott

---

hingegen gleichsam in den Akten des Büßers besteht, nämlich in Reue,
Beichte und Genugtuung, wie vom tridentinischen Kirchenrat erklärt
wurde, welche insofern Teile der Buße heißen, als sie in dem Büßer zur
Vollständigkeit des Sakramentes und zur vollen und vollendeten Nachlassung der Sünde infolge göttlicher Anordnung erfordert werden. Es
werden aber diese Akte von der hl. Synode nicht deswegen »gleichsam
die Materie« genannt, als ob sie die Bedeutung einer wahren sakramentalen Materie nicht hätten, sondern weil sie nicht derartige »Materie«
sind, welche sich äußerlich anwenden lässt, wie z. B. das Wasser in der
Taufe und das Chrisma in der Firmung.«

724 Huius sacrificii oblatione placatus Dominus gratiam et donum poenitentiae concedens, crimina et peccata etiam ingentia dimittit. Concil. Trid.
Sess. 22, cap. 2.

236

schuldig. Niemand weder Engel, noch Mensch, noch Teufel hat das Recht, in das Heiligtum des Gewissens, in das Geheimnis der Seele einzudringen. Gott allein gebührt diese Huldigung, und er verlangt sie in diesem hl. Sakramente, um seinen göttlichen Sohn zu ehren.

In der Abhandlung von der Kirche haben wir gesehen, dass Gott seit der Menschwerdung nach dem gewöhnlichen Heilsplane seiner Vorsehung uns durch Menschen, die seines Sohnes Stelle an uns vertreten, zum Heile führen will. Es ist dieses gleichsam eine Erweiterung der Menschwerdung und eine Huldigung an die allerheiligste Menschheit Jesu.

Jesus Christus, das menschgewordene Wort Gottes, ist in Abgründe der Erniedrigung hinabgestiegen, um uns von der Sünde zu befreien und das Leben der Gnade uns wiederzugeben. Nur als Mensch aber konnte er sich erniedrigen, konnte er leiden und sterben, konnte er Sühne leisten für uns. Weil er sich also erniedrigte, um die Welt zu erlösen, wurde er vom Vater erhöht. *Exinanivit semetipsum ... usque ad mortem crucis: p r o p t e r q u o d et Deus exaltavit illum.*[725] Der Vater im Himmel will seinen Sohn als Mensch erhöhen und verherrlichen. *Clarificavi et adhuc clarificabo,* »ich habe verherrlicht, und wieder werde ich verherrlichen«.[726] Und welches ist diese Verherrlichung? Er erhebt ihn auf den Thron zu seiner Rechten im Himmel; er will, dass »vor ihm alle Knie sich beugen und alle Lippen verkünden, dass Jesus Christus allein der Erlöser ist.«[727] »Der Vater, hat ihm alle Macht gegeben im Himmel und auf Erden.«[728] Zu diesen Machtbefugnissen gehört das Recht, alle Menschen zu richten. Jesus Christus selbst hat gesagt:

»Der Vater hat alles Gericht dem Sohne übergeben, damit alle den Sohn ehren, weil der Sohn in seiner Menschheit das Recht erworben hat, der Erlöser des Menschengeschlechtes zu sein.« *Neque Pater iudicat quemquam sed omne iudicium dedit Filio ut omnes honorificent Filium*[729] *q u i a Filius hominis est.*[730] Jesus Christus ist von seinem Vater zum Richter über Himmel und Erde gesetzt; hier unten

---

725 Phil. 2, 7–9.
726 Joan. I2, 28.
727 Phil. 2, 10–11.
728 Matth. 28, 18.
729 Joan. 5, 22.
730 Joan. 5, 27.

ist er der barmherzige Richter; am Tage des Gerichtes aber, so hat es unser Heiland selbst in seiner Leidensstunde vorhergesagt, »wird der Menschensohn wiederkommen auf den Wolken mit großer Macht und Herrlichkeit,«[731] um die Lebenden und Toten zu richten.

Das ist die Verherrlichung, die der ewige Vater seinem Sohne geben will, und die auch wir ihm geben sollen im Sakramente der Buße. Da hat z. B. ein Mensch schwer gesündigt. Er tritt hin vor Gott, bereut seine Sünde, züchtigt seinen Leib mit Bußübungen und ist bereit, jegliche Sühne zu übernehmen. Gott sagt zu ihm: »Das ist alles gut, ich will aber, du die Macht meines Sohnes anerkennst und sie verherrlichst, indem du dich ihm unterwirfst in der Person dessen, der seine Stelle bei den Menschen vertritt. Und das ist jeder, der in heiliger Weihe die richterliche Gewalt meines Sohnes mitgeteilt erhielt.« Will der Sünder der heiligen Menschheit Christi diese Verherrlichung nicht geben, so verweigert Gott ihm das Gehör; unterwirft er sich aber im Glauben dieser Bedingung, dann gibt es keine Schuld, keine Sünde, die so groß wäre, dass Gott sie ihm nicht verzihe und immer wieder verzihe, so oft der Sünder voll Reue und Zerknirschung darum bittet.

Das Sündenbekenntnis muss aus einem reuigen Herzen kommen. Es soll nicht eine Erzählung sein, sondern eine Anklage. Als Schuldbewusste müssen wir zum Richter kommen. Zwei Hindernisse stellen sich dem demütigen, offenen Geständnis entgegen: die Gewohnheit und die Ängstlichkeit. Durch Gewohnheit wird die Beichte leicht zum Gewohnheitsmäßigen. Das beste Mittel dagegen besteht darin, den Glauben an die Größe dieses Sakramentes immer neu zu beleben. Wir müssen uns immer wieder daran erinnern, dass jedesmal, wenn wir beichten, und hätten wir auch nur lässliche Sünden zu bekennen, das Blut des Herrn dem ewigen Vater aufgeopfert wird zur Sühne für uns. – Die Ängstlichkeit hält Nebensächliches für wichtig, bleibt ohne Grund bei Kleinigkeiten oder Umständen stehen, die für das Wesentliche der Sünde ohne Bedeutung sind, wenn es sich überhaupt um eine Sünde handelt. In der Beichte muss man den Willen haben, alles zu sagen, was das Gewissen beunruhigt; das ist leicht, wenn man die löbliche Gewohnheit hat, jeden Abend die Handlungen des Tages vor Gott zu überdenken. Wenn uns trotzdem Zweifel kommen und Beunruhigung uns ängstigt, so sollen wir diese als Teil der uns gebüh-

731 Marc. 13, 26.

238

renden Buße hinnehmen und im übrigen uns beruhigen, wenn wir gebeichtet haben, wie wir es wissen. Gott will nicht, dass die Beichte den Seelen zur Qual gereiche; sie soll uns im Gegenteil den Frieden wiederbringen.[732] Unser Vorbild sei der verlorene Sohn. Bei seiner Rückkehr zum Vater hält er sich nicht in endlosen Erzählungen und Berichtigungen auf. So könnte man ihn sich gar nicht verstellen. Nein, er wirft sich dem Vater zu Füßen und gesteht: »Ich Elender bin nicht wert, mit dir zu reden, ich will dir nur meine Schuld gestehen.« Und sogleich hebt der Vater ihn auf, umarmt ihn; er verzeiht alles, vergisst alles und lässt ein Festmahl bereiten, um die Rückkehr seines Sohnes zu feiern. Ebenso verfährt unser Vater im Himmel mit uns. Gott setzt seinen Ruhm darein uns zu verzeihen; denn alle Verzeihung geschieht in Kraft der Verdienste seines geliebten Sohnes Jesus Christus. Das kostbare Blut Jesu wurde bis zum letzten Tropfen vergossen zur Vergebung der Sünden. Die Sühne, die Jesus Christus der Gerechtigkeit, Heiligkeit und Größe seines Vaters geleistet hat, ist von unendlichem Werte. Jedesmal nun, wenn Gott uns verzeiht, wenn der Priester uns die Lossprechung erteilt, so ist es, als ob alle Leiden und Verdienste Christi, all seine Liebe und sein göttliches Blut dem Vater für unsere Seele dargebracht würden, um ihr das Leben wiederzugeben oder es zu vermehren, wenn sie nur lässliche Schulden hatte. *Sacramentum poenitentiae (instituit) quo lapsis post baptismum beneficium mortis Christi applicatur.*[733] »Unser Herr Jesus Christus,« so betet der Priester, »spreche dich los, und kraft seiner Gewalt spreche auch ich dich los von deinen Sünden.« Kann man eine Beleidigung Verzeihen, die gegen einen anderen begangen wurde? Nein, und doch erklärt der Priester: »Ich spreche dich los.« Warum kann er also sagen? Weil durch seinen Mund Christus spricht.

Bei jeder hl. Beichte ist es, als ob wir den Heiland hörten, wie er zum Vater spricht: »Siehe Vater, für diese Seele hier opfere ich dir alle Genugtuungen und Verdienste meines Leidens auf; ich opfere dir auf den Kelch meines Blutes, das vergossen worden ist zur Vergebung

---

732 Sane vero res et effectus huius sacramenti; quantum ad eius vim et efficaciam pertinet, reconciliatio est cum Deo, quam interdum in viris piis et cum devotione hoc sacramentum percipientibus, conscientiae pax et serenitas, cum vehementi spiritus consolatione consequi solet. Concil. Trid. Sess. 14, cap. 3.

733 Concil. Trid. Sess. 14, cap. 1.

der Sünden.« Und gleichwie Christus das Urteil und die Verzeihung, die der Priester gibt, selbst gewährt, so bestätigt der ewige Vater seinerseits das Urteil und die Verzeihung, die sein Sohn gegeben hat. Er spricht zu uns: »Auch ich verzeihe dir.«

Das ist ein Wort, das der Seele Frieden bringt. Wir sollten bedenken, was es heißt, von Gott die Versicherung seiner Verzeihung zu erhalten. Wenn ich meinen Nebenmenschen, einen rechtschaffenen Mann, beleidigt habe, und dieser reicht mir die Hand mit den Worten: »Alles soll vergessen sein«, so zweifle ich nicht an seiner Verzeihung. Im Bußsakramente aber spricht Christus, der Gottmensch, die ewige Wahrheit: »Ich verzeihe dir,« und wir sollten an seinem Worte zweifeln? Nein, da ist jeder Zweifel ausgeschlossen. Diese Verzeihung gilt bedingungslos und unwiderruflich. Gott erklärt uns: »Wenn eure Sünden rot wären wie Purpur, sie sollen weiß werden wie Schnee.«[734] Und wiederum: »Ich will eure Vergehen und Sünden tilgen, gleichwie die Wolken und Nebel verziehen, spricht der Herr.«[735] Die Verzeihung, die Gott gewährt, ist seiner würdig; der König handelt königlich und Gott göttlich: Wenn wir nur an seine Liebe, an sein Wort, an seine Verzeihung glauben wollten! – Ein solcher Akt des Glaubens und Vertrauerns ist dem lieben Heiland und seinem himmlischen Vater äußerst wohlgefällig; denn es liegt darin die Anerkennung des unendlichen Wertes der Verdienste Christi. Wir huldigen damit unserem Erlöser, indem wir bekennen, dass die Fülle und Größe der Verzeihung, die Gott den Menschen auf Erden gewährt, ein Triumph des Erlöserblutes ist.

Auf die Reue im Herzen und das Bekenntnis der Lippen muss endlich die demütige Annahme der Genugtuung folgen. – Diese Genugtuung bildet einen wesentlichen Teil des Sakramentes. Früher war das zu leistende Bußwerk bedeutend. Gegenwärtig beschränkt sich die Genugtuung, die der Priester für die begangenen Sünden auferlegt, auf einige Gebete, ein Almosen oder eine Abtötung. Wohl hat der Heiland überreiche Genugtuung für uns geleistet. Billigkeit und Gerechtigkeit aber verlangen, wie das Konzil von Trient[736] erklärt, dass jeder, der nach der Taufe gesündigt hat, auch seinen Teil zur Sühne beitrage, um für die Sündenschuld zu büßen.

---

734 Is. 1,18.
735 Is. 32, 28.
736 Concil. Trid. Sess. 14, cap. 8.

240

Da diese Genugtuung sakramentale Kraft hat, vereinigt Jesus Christus durch den Mund seines stellvertretenden Priesters sie mit seinen eigenen Verdiensten. Aus ihnen schöpft sie ihre große Wirksamkeit, um in der Seele »den Tod der Sünde« zu erzeugen. Indem wir die für unsere Sünden auferlegte Buße verrichten, werden wir nach den Worten des Konzils von Trient Christo ähnlich, der seinem Vater für unsere Sünden unendliche Sühne geleistet hat. Das Konzil fügt hinzu, dass diese Bußwerke, obgleich von uns verrichtet, ihren Wert nur aus unserer Vereinigung mit Jesus Christus erlangen; denn ohne ihn, aus uns selbst, können wir nichts tun; durch seine Gnade gestärkt aber können wir alles. Daher besteht all unser Ruhm darin, Christo anzugehören, in dem wir leben, in dem wir Genugtuung leisten, wenn wir zur Sühnung unserer Sünden würdige Früchte der Buße bringen. Aus Christus schöpfen diese Akte der Genugtuung ihre Verdienstlichkeit, durch ihn werden sie dem ewigen Vater dargebracht, und im Hinblick auf ihn nimmt der himmlische Vater sie mit Wohlgefallen an.[737]

Welch wunderbares Sakrament hat Gottes Weisheit, Macht und Güte zu unserem Heile erdacht! Hier findet Gott seine und seines Sohnes Ehre; denn um Christi unendlicher Verdienste willen wird uns hier Verzeihung gewährt, wird das übernatürliche Leben uns zurückgegeben oder vermehrt. Schon jetzt sollten wir mit den Auserwählten das Loblied des Lammes anstimmen: »O Herr Jesus Christus, geopfert für uns, du hast uns durch dein kostbares Blut erlöst; dir sei Lob und Macht, Ehre und Herrlichkeit, jetzt und immer und in alle Ewigkeit.«

---

737 Der Wortlaut des Konzils sagt: Dum satisfaciendo patimur pro peccatis, Christo Iesu qui pro peccatis nostris satisfecit, ex quo omnis sufficientia nostra est, conformes efficimur, certissimam quoque inde arrham habentes, quod si compatimur et conglorificabimur. Neque vero ita nostra est satisfactio haec, quam pro peccatis nostris exsolvimus, ut non sit per Christum Iesum; nam qui ex nobis tanquam ex nobis nihil possumus, eo cooperante, qui nos confortat, omnia possumus. Ita non habet homo unde glorietur; sed omnis gloriatio nostra in Christo est, in quo vivimus, in quo movemur, in quo satisfacimus, facientes fructus dignos poenitentiae, qui ex illo vim habent, ab illo offeruntur Patri et per illum acceptantur a Patre. Concil. Trid. Sess. 14, cap. 8.

3

Auch wenn Gott uns verziehen hat, bleiben in uns noch Reste der Sünden, bösartige Wurzeln, die jederzeit wieder schlechte Früchte hervorbringen können. Weder Taufe noch Buße befreien uns gänzlich von der Begierlichkeit. Wenn wir daher zu inniger Vereinigung mit Gott gelangen, eine reichliche Entfaltung des göttlichen Lebens in unserer Seele erreichen wollen, so müssen wir beständig daran arbeiten, diese Reste der Sünde zu vermindern und die Wurzeln des Bösen in uns zu entfernen, weil sie unsere Seele in den Augen Gottes entstellen.

Es gibt nun auch außerhalb des Bußsakramentes ein wirksames Mittel, um diese Reste der Sünden, die dem ungehinderten Wirken Gottes in unserer Seele entgegenstehen, zu beseitigen.

Dieses Mittel ist die Tugend der Buße. Was versteht man darunter? Eine Fähigkeit, die unsere Seele, wenn sie in ihr einmal tief eingewurzelt und lebendig ist, ständig geneigt macht, für die Sünde zu büßen und ihre traurigen Folgen zu vernichten. Diese Tugend muss zwar, wie wir sehen werden, durch entsprechende, ihr eigene Akte sich kundtun; sie besteht aber zuerst in einer beständigen Geneigtheit der Seele zur inneren Zerknirschung über alle dem lieben Gott zugefügten Beleidigungen, verbunden mit dem innigen Verlangen, die Sünden wiedergutzumachen. Von dieser Zerknirschung müssen alle unsere Bußwerke getragen und belebt sein. Dadurch sucht der reuige Sünder die Rechte Gottes, die er mit Füßen getreten hat, zu rächen. Durch seine Sünden hat er sich gegen Gott aufgelehnt, hat seinen Willen dem allerheiligsten Willen Gottes entgegengestellt. Durch Übung der Buße aber stellt er sich auf Seite Gottes im Hass gegen die Sünde und in der sühneheischenden Gerechtigkeit. Die zerknirschte Seele betrachtet die Sünde mit den Augen des Glaubens, mit den Augen Gottes und bekennt: »Ich habe gesündigt, ich habe einen unermesslichen Frevel begangen; eine Missetat, die durch ihre erschreckende Bosheit die Rechte Gottes, die Forderungen seiner Gerechtigkeit, Heiligkeit und Liebe derart verletzt, dass nur der Kreuzestod eines Gottmenschen dafür Sühne leisten konnte.« Von solchen Gedanken erschüttert, betet die Seele: »O mein Gott, ich verabscheue alle meine Sünden, ich will durch reuige Buße dir Genugtuung leisten, ich will lieber sterben, als dich nochmals beleidigen.«

Solcher Bußgeist führt die Seele zu Bußübungen. Er ist jedem notwendig, der nicht in vollkommener Unschuld des Lebens gewandelt ist. Wird die Gesinnung durch die Furcht vor der Hölle hervorgerufen, so erklärt das Konzil von Trient[738] sie für gut und Gott wohlgefällig. Geht sie aber aus der Liebe hervor, so ist sie vorzüglich und vollkommen. Je inniger unsere Liebe zu Gott ist, um so mehr drängt es uns, Gott das Opfer eines zerknirschten und gedemütigten Herzens darzubringen: *Cor contritum et humiliatum Deus non despicies,*[739] ihn immer wieder mit dem Zöllner im Evangelium zu bitten: »Herr, sei mir armen Sünder gnädig!«[740] Eine Seele, die sich solche Bußgesinnung zu eigen macht, findet darin tiefen Frieden, ständigen Anlass zur Demut und ein mächtiges Hilfsmittel, um sich zu reinigen und die ungeordneten Neigungen, die verkehrten Triebe, mit einem Worte alles, was zu neuen Sünden führen könnte; zu bekämpfen. Im Besitz dieser Tugend ist die Seele bestrebt, alle ihr gebotenen Mittel anzuwenden, um ihre Fehltritte zu sühnen.

Die Tugend der Buße bietet uns auch die sicherste Gewähr für die Beharrlichkeit im Streben nach Vollkommenheit, weil sie eine der reinsten Ausdrucksformen der Liebe ist. Wir lieben Gott so sehr, bedauern so tief, ihn beleidigt zu haben, dass wir bereit sind, alles zu tun, um gutzumachen und zu sühnen; das ist eine lebendige Quelle edelster Selbstlosigkeit. «Die Heiligkeit,« sagt P. Faber, »entbehrt der Grundlage ihres Wachstums, wenn sie nicht dauernd von tiefem Schmerze über ihre Sündhaftigkeit begleitet ist. Die Grundbedingung des geistlichen Fortschrittes besteht nicht in der Liebe allein, sondern in der Liebe, die aus dem Bewusstsein erhaltener Verzeihung entspringt.«[741]

Manche, sogar fromme Seelen, empfinden beim Worte »Buße« – ähnlich wie bei dem gleichbedeutenden Worte »Abtötung« – leicht ein Gefühl des Widerwillens. Das darf uns nicht wundern. Dieser Widerwillen hat einen leicht erklärlichen, psychologischen Grund.

Unser Wille strebt naturnotwendig nach dem Guten im Allgemeinen, nach Glückseligkeit und allem, was ihm so entgegenkommt. Da scheint es nun, als ob die Abtötung, die sich gegen die sinnlichen Nei-

---

738 Concil. Trid. Sess. 14, cap. 4.
739 Ps. 30; 19. (Das Zitat entstammt Ps. 50; 19.)
740 Luc. 18, 13.
741 Fortschritt der Seele, Kap. 19.

gungen, gegen manche ganz verständliche Wünsche unserer Natur richtet, diesem Glücksverlangen entgegen sei. Daher kommt der instinktive Widerwille gegen alles, was Selbstüberwindung heißt.

Dazu kommt, dass man nur zu oft die Abtötung als den Zweck des geistlichen Lebens betrachtet, während sie doch nur ein gewiss notwendiges, ja unentbehrliches Mittel, aber eben doch nur ein Mittel ist. Wir nehmen dem Christentum gar nichts von seinem Wesen, wenn wir die Selbstverleugnung auf die Rolle eines Mittels beschränken.

Der christliche Glaube ist ein Geheimnis von Tod und Leben; aber der Tod ist ihm nur Mittel, um das übernatürliche Leben in uns zu bewahren: *Non est Deus mortuorum sed viventium*, »Gott ist nicht ein Gott der Toten, sondern der Lebendigen.«[742] Jesus Christus hat »durch seinen Tod unsern Tod überwunden und durch seine Auferstehung uns das Leben wiedergegeben«, wie die Präfation der Osterzeit so schön singt: *Mortem nostram moriendo destruxit et vitam resurgendo reparavit.*

Die wesentliche Aufgabe des Christentums und sein Endziel, dem es naturnotwendig zustrebt, dient dem Leben. Das Christentum soll in unserer Seele das Leben Jesu Christi nachbilden. Man könnte, wie schon bemerkt, das Leben Jesu Christi in die zwei Gedanken fassen: »Unserer Sünden wegen ist er geopfert worden und unserer Rechtfertigung wegen ist er auferstanden.« *Traditus est propter delicta nostra et resurrexit propter iustificationem nostram.*[743] Der Christ soll allem absterben, was Sünde heißt, aber nur, damit er dann um so mehr lebe vom Leben Gottes. – Die Buße dient also in erster Linie nur als Mittel, um dieses Ziel, das Leben, zu gewinnen.

Das will auch der hl. Paulus sagen mit den Worten: »Wir tragen immerdar das Sterben Jesu an unserem Leibe, damit auch das Leben Jesu an unserem Leibe offenbar werde.«[744] Das Leben Christi, das aus der Gnade entspringt und in der Liebe sich vollendet, ist unser Ziel, ein anderes gibt es nicht. Aber um dieses Ziel zu erreichen, ist Abtötung vonnöten. Darum schreibt der hl. Paulus: »Die Christo angehören« – und wir gehören durch die Taufe Christo an – »haben ihr Fleisch gekreuzigt samt ihren Lastern und Gelüsten,« *qui sunt Chri-*

---

742 Matth. 22, 32.
743 Rom. 4, 25.
744 2. Cor. 4, 10.

sti, crucifixerunt carnem suam cum vitiis et concupiscentiis suis.[745] Und noch deutlicher sagt er an einer anderen Stelle: »Wenn ihr nach dem Fleische lebt, werdet ihr sterben, wenn ihr aber durch den Geist die Werke des Fleisches ertötet, werdet ihr leben.«[746]

4

Wir wollen nun sehen, wie wir dieses Ziel erreichen können, wie und warum wir sterben müssen, um »zu leben«, wie und warum wir unser Leben »verlieren« müssen, um es zu »gewinnen«, wie der göttliche Heiland selbst gesagt hat.[747]

Gott hat den ersten Menschen recht erschaffen. *Deus fecit hominem rectum.*[748] In Adam war die Begierlichkeit der Vernunft und die Vernunft vollkommen Gott unterworfen. Mit der Sünde ward diese harmonische Ordnung zerstört. Die Sinnlichkeit hat sich empört, und das Fleisch streitet wider den Geist. »Nicht, was ich will, das Gute, tue ich,« klagt der hl. Paulus, »sondern was ich nicht will, das Böse, vollbringe ich.«[749] Die Sinnlichkeit, die dem niederen Begehrungsvermögen entspringt, verleitet uns zu dieser Unordnung und reizt uns zur Sünde. »Augenlust, Fleischeslust und Hoffart des Lebens«[750] suchen ihr Reich in uns zu erweitern, und ihre Früchte sind Sünde und Seelentod. – Damit nun das Leben der Seele sich erhalte und entfalte, müssen wir zwar nicht unsere Natur, wohl aber alles, was in unserer Natur zu Unordnung und Sünde Anlass gibt, ertöten, d. h. unschädlich machen, nämlich die ungeregelte Begierlichkeit unserer Sinne, die Auswüchse unserer Einbildungskraft, die verkehrten Neigungen unseres Herzens.

Die erste Notwendigkeit zur Buße ergibt sich somit aus der Pflicht, die innere Ordnung wiederherzustellen, die Gott unterworfene Vernunft zur Herrschaft zu bringen und das niedere Begehrungsvermögen zu beherrschen, damit der Wille sich ungehindert Gott zuwende; darin besteht das wahre Leben. Wir dürfen nicht außer Acht lassen, dass die christliche Religion zunächst deshalb Bußübung verlangt, da-

---

745 Gal. 5, 24.
746 Rom. 8, 13.
747 Joan. 12, 25.
748 Eccl. 7, 30.
749 Rom. 7, 19.
750 1. Joan: 2, 16.

mit wir in uns abtöten was sich dem Leben entgegensetzt. Der Christ ist bemüht, durch Selbstüberwindung aus seiner Seele alles auszuscheiden was sie zum geistigen Tode führen könnte, damit das göttliche Leben der Gnade sich um so freier, leichter und voller in ihr entfalte.

Solcherweise aufgefasst, ist die Abtötung eine unabweisbare Folgerung aus der Taufe, der Grundlage des christlichen Lebens. Der hl. Paulus sagt uns, dass der Täufling, wenn er in das lebenspendende Wasser getaucht wird, der Sünde abstirbt und für Gott zu leben beginnt; diese zwei Gedanken umschließen, wie wir gesehen haben, den Inhalt des ganzen Christentums; man kann nicht Christ sein, ohne zuvor durch Abkehr von der Sünde den Tod Christi in sich darzustellen. *Ita et vos existimate: vos mortuos esse peccato*: »Denkt daran, dass auch ihr der Sünde abgestorben seid.« Man wird nun fragen, worin besteht nun dieses der »Sünde Abgestorbensein«, wie weit erstreckt es sich, wie müssen wir das Absterben in uns durchführen? Es gibt da ungezählte Möglichkeiten der Ausführung. Nicht alle Seelen befinden sich in gleichem Zustande, und selbst jede einzelne Seele muss verschiedene Entwicklungsstufen durchmachen.

Der hl. Gregor der Große[751] stellt als Grundsatz auf, dass die Abtötung um so ausdauernder geübt werden müsse, je mehr die übernatürliche Ordnung durch die vorwiegende Herrschaft der Sinnlichkeit gestört worden ist. Manche Seelen waren tiefer in die Sünde verstrickt. In ihnen hat die Sünde tiefe Wurzeln geschlagen; der Quell der bösen Begierlichkeit sprudelt reichlich, und das Leben der Gnade ist ständig in Gefahr. Solche Seelen müssen sich einer besonders wachsamen, strengen und fortwährenden Abtötung befleißigen Bei anderen Seelen, besonders bei jenen, die schon geübter sind im geistlichen Leben, finden sich die Wurzeln der Sünde mehr gelockert und geschwächt, so dass sich der Gnade ein besser vorbereitetes Feld bietet. Für solche Seelen ist die Abtötung, i n s o f e r n s i e d e n T o d d e r S ü n d e z u m Z w e c k h a t , weniger notwendig, die Verpflichtung zum Verzicht weniger umfangreich. – Für diese treuen Seelen aber, in denen die Gnade überfließt, ergibt sich ein anderer Grund zur Abtötung, von dem weiter unten die Rede sein wird, die Pflicht nämlich, Christo möglichst ähnlich zu werden, unserem Herrn und Heiland und dem Haupte des geheimnisvollen Leibes, dessen Glieder alle füreinander eintreten müssen. Hier eröffnet sich für edelmütige See-

---

751 Homil. 20 in evang. c. 3, siehe auch Reg. pastor. P. 3, c. 29.

246

len ein unbegrenztes Feld. Es ist da ein ganz allgemeiner Grundsatz; aber mag auch seine Anwendung sehr verschieden sein, es gibt Werke, die jeder Christ verrichten muss, so die genaue Beobachtung der Gebote Gottes und der Kirche (Fast- und Abstinenztage), die Treue in der Erfüllung der Berufs- und Standespflichten, die Wachsamkeit, um so vielfältige Gefahren zur Sünde zu fliehen. All dieses verlangt viel Verzicht und viele Opfer, die der Natur schwer fallen.

Es gilt ferner, den Hauptfehler, die vorherrschende Leidenschaft zu bekämpfen, die der freien Entfaltung des übernatürlichen Lebens hindernd im Wege steht. In einer Seele ist es die Eigenliebe, in einer anderen der Leichtsinn, in dieser herrscht Eifersucht und Zorn, in jener Sinnlichkeit und Trägheit. Werden diese nicht bekämpft, so sind sie Anlass zu ungezählten mehr oder weniger freiwilligen Fehlern und Treulosigkeiten, die Gottes Wirksamkeit in uns erschweren. Mögen sie auch noch so selten sich zeigen, der Heiland erwartet dennoch von uns, dass wir sie beachten, dass wir durch beständige Wachsamkeit, durch gewissenhafte Selbstprüfung, durch äußere Abtötung und innere Überwindung großmütig an ihrer Ausrottung arbeiten. Wir dürfen uns keine Ruhe gönnen, bis wir sie beschnitten haben, dass sie keine bösen Früchte mehr hervorbringen können. Je mehr ihre Wurzel geschwächt sind, desto mehr wird das übernatürliche Leben in uns erstarken, weil es sich um so freier und ungehinderter entwickeln kann.

Endlich gibt es noch Verzichtleistungen und Opfer, die das tägliche Leben nach Gottes heiliger Vorsehung mit sich bringt, und die wir als wahre Jünger Christi annehmen müssen. Dies sind Leiden, Krankheiten, Todesfälle im Kreise der Lieben, Schicksalsschläge und Unglücksfälle, Unannehmlichkeiten und Widersprüche, die sich unseren Plänen entgegenstellen, Misserfolge und Enttäuschungen, Überdruss und Traurigkeit, die »Last eines jeden Tages« wie sie einst den hl. Paulus. so sehr niederdrückte,[752] dass er, nach seinem eigenen Geständnisse, »sogar des Lebens überdrüssig wurde«, *ut etiam taederet vivere*[753] – kurz all die Armseligkeiten des menschlichen Lebens, die uns allmählich von uns selbst und von den Geschöpfen losreißen, und dabei unsere Natur ertöten, so dass wir nach und nach uns selbst absterben: *quotidie morior.*[754]

---

752 Rom. 9, 2.
753 2. Cor. 1, 8.
754 1. Cor. 15, 31.

5

Dies letzte Wort ist vom hl. Paulus; aber er »starb täglich,« um täglich mehr und mehr zu leben vom Leben Christi. Er schrieb diese Worte in Anbetracht seiner Leiden und gebraucht Ausdrücke, die auf den ersten Blick befremden, die aber von tiefer Bedeutung sind: »Durch meine Leiden ersetze ich an meinem Fleische das, was an dem Leiden Christi noch mangelt für seinen Leib, welcher die Kirche ist.«[755] Fehlt denn noch etwas am Leiden, an den Genugtuungen Christi? Gewiss nicht. Sie sind ja von unendlichem Werte. Die Leiden Christi sind Leiden des Gottmenschen, der für uns eingetreten ist, darum fehlt ihnen nichts an Vollkommenheit und Fülle. Sie waren überreich, uns alle zu erlösen: *Ipse est propitiatio pro peccatis totius mundi*: »Er ist die Sühne für die Sünden der ganzen Welt.«[756] Warum aber redet denn der hl. Paulus noch vom Ergänzen dieser Leiden seinerseits? Augustin gibt uns eine unvergleichlich schöne Antwort auf diese Frage. Wir können uns Christus nicht vollständig denken ohne die Kirche, die seinen mystischen Leib darstellt, gebildet aus uns, den Gliedern, in Verbindung mit Christus, dem Haupte. Das Haupt dieses mystischen Leibes, Christus, hat gelitten, und das große Sühnopfer ist sein Werk. Die Glieder aber müssen, wenn sie des Hauptes würdig sein sollen, auch ihren Teil an Leiden und Entsagungen mittragen: *Impletae erant omnes passiones sed in capite; restabant adhuc Christi passiones in corpore; vos autem estis corpus et membra.*[757]

Schaut Christum an, wie er das schwere Kreuz auf Kalvaria trägt; er fällt unter seiner Last zu Boden. Und doch würde, wenn er es so gewollt, seine Gottheit die Menschheit unterstützen. Er aber will dies nicht. Er will ja zur Tilgung der Sünde an seinem allerheiligsten, sündelosen Fleische die Last der Sünde spüren. Die Juden aber fürchten, dass er zum Orte der Kreuzigung nicht mehr gelangen werde, und zwingen Simon von Cyrene, ihm das Kreuz tragen zu helfen. Der Heiland nimmt diese Hilfe an.

Simon war unser aller Stellvertreter. Als Glieder des Leibes Christi müssen wir Jesus das Kreuz tragen helfen. Wenn wir uns selbst

---

755 Col. 1, 24.
756 1. Joan. 2, 2.
757 Enarrat. in Ps. 87, c. 5.

248

verleugnen und freudig unser Kreuz tragen, so ist das ein sicheres Kennzeichen unserer Zugehörigkeit zu Christus. »Wer mir nachfolgen will, verleugne sich selbst, nehme sein Kreuz auf sich und folge mir nach!«[758] Dieses Wort löst uns das Geheimnis all der Abtötungen, welche die treuen und heiligmäßigen Seelen oft freiwillig auf sich nehmen, sowohl der körperlichen Kasteiungen, als auch der unerbittlichen Beschneidung aller, selbst der berechtigtsten seelische Begehrungen. Solche Seelen haben sicherlich schon für ihre eigenen Sünden genuggetan, aber die Gewalt der Liebe treibt sie an; zu sühnen für jene Glieder am Leibe Christi, die ihr Haupt betrüben, damit die Kraft und Schönheit göttlichen Lebens ungehindert am mystischen Leibe des Herrn erstrahle. Wenn wir Christum in Wahrheit lieben, so werden auch wir – jedoch immer nur nach dem Rate eines erfahrenen Führers – unsern Teil zu diesem Sühnungswerke beitragen, damit wir unserem gekreuzigten Haupte nicht ganz unähnlich seien. Darnach verlangte auch der hl. Paulus, als er schrieb: »Um Christi willen habe ich auf alles verzichtet, um ihn zu erkennen und die Gemeinschaft seiner Leiden, indem ich gleichgestaltet bin seinem Tode.« *Ad cognoscendum illum et societatem passionum illius configuratus morti eius.*[759]

Wenn unsere Natur sich sträubt und Widerwillen empfindet, so wollen wir den Herrn bitten, uns Kraft zu geben, damit wir ihm bis zum Kalvarienberg nachfolgen können: Einem schönen Gedanken des heiligen Augustin zufolge hat der unschuldige Heiland, gleich einem mitleidigen Arzte, die Hefe des Leidenskelches und der Bitterkeit selbst geleert und uns einige Tropfen zurückgelassen: *Sanari non potes nisi amarum calicem biberis; prior bibit medicus samus ut bibere non dubitaret aegrotus.*[760] Christus weiß, was das Opfer ist, sagt der hl. Paulus; denn er hat es selbst erfahren: »Wir haben nicht einen Hohenpriester, der nicht Mitleid haben könnte mit unsern Schwachheiten, vielmehr einen, der in allen Stücken in gleicher Weise versucht worden ist.«[761] Wir haben schon gesehen, wie groß der Anteil des Heilandes an Leiden und Demütigungen war. Wir dürfen aber nicht vergessen, dass Christus all unsere Leiden, Armseligkeiten und

---

758 Luc. 9, 23.
759 Phil. 3, 8, 10.
760 De verbis Domini, Serm. 18, c. 7 und 8.
761 Hebr. 4, 15.

Genugtuungen, soweit sie mit seiner Gottheit sich vereinen ließen, auf sich nahm und geheiligt, uns aber auch die Kraft verdient hat, sie unserseits zu ertragen und vor Gott verdienstlich zu gestalten. Zu diesem Zwecke müssen wir uns im Glauben und in der Liebe mit dem Heiland verbinden und in seiner Nachfolge unser Kreuz tragen. Auf diesen Anschluss an Christo gründet sich der Wert all unserer Leiden und Opfer; aus sich selbst sind sie wertlos; für den Himmel aber, mit Christi Leiden vereint, werden sie Gott ungemein wohlgefällig und äußerst heilsam für unsere Seelen sein.[762]

Wir finden in dieser Vereinigung mit dem Heiland auch eine Quelle reichsten Trostes im Leiden. Wenn wir leiden, wenn wir betrübt, traurig, überdrüssig sind, wenn Unglück und Schwierigkeiten uns niederwerfen, dann sollen wir zum Herrn eilen, und wir werden, wenn auch nicht befreit – »denn der Jünger ist nicht über dem Meister«[763] – so doch getröstet sein. Das hat uns der Heiland selbst versprochen, er will zwar, dass wir unser Kreuz tragen; denn das ist Vorbedingung für seine Jüngerschaft; aber er verspricht auch Hilfe allen, die zu ihm kommen, um Trost in ihrem Leid zu finden. Er lädt uns selbst dazu ein: »Kommet alle zu mir, die ihr mühselig und beladen seid, ich will euch erquicken.«[764] Sein Wort täuscht nicht; wenn wir mit Vertrauen zu ihm kommen, dürfen wir sicher sein, dass er sich zu uns herabneigt, denn er wird nach den Worten des Evangeliums »von Mitleid gerührt« sein: *Misericordia motus.*[765]

War er doch selbst so von Leid niedergebeugt, dass er ausrief: »Vater, nimm diesen Kelch von mir!« Der hl. Paulus sagt ausdrücklich, dass Christus die Erfahrung des Leidens machen wollte, damit er jene trösten könne, die zu ihm kommen.[766] Er ist der barmherzige Samariter, der sich zur leidenden Menschheit herabneigt und ihr mit dem Heile zugleich die Tröstung des Geistes der Liebe bringt. Von ihm kommt jeder wahre Seelentrost, wie wir wiederum vom hl. Paulus hören: »Wie die Leiden Christi uns reichlich zuteil werden, so wird uns auch durch Christus reicher Trost gewährt.«[767] Als Glied des my-

---

762 S. den Text d. Konzils von Trient oben S. 313.
763 Luc. 6, 40.
764 Matth. 11, 28.
765 Luc. 7, 13.
766 Hebr. 4, 15 u. 2, 16–18: Debuit fratribus similari ut misericors fieret.
767 2. Cor. 1, 5.

250

stischen Leibes Christi hält Paulus Christi Leiden für seine eigenen und umgekehrt; von Christo auch wird ihm die Tröstung zuteil. Wie oft haben sich diese Worte an ihm erfüllt! Groß war sein Anteil an Christi Leiden! Er selbst entwirft uns ein Bild davon in der ergreifenden Schilderung all der Schwierigkeiten, die dem großen Apostel auf seinen Missionsreisen begegneten: »Oftmals war ich in Todesgefahren; fünfmal bin ich gegeißelt worden, dreimal mit Ruten geschlagen, einmal gesteinigt, dreimal litt ich Schiffbruch, einen Tag und eine Nacht war ich in der Meerestiefe, oft auf Reisen, in Gefahr auf Flüssen, in Gefahr vor Räubern, in Gefahr bei meinem Volke, in Gefahr bei Heiden, in Gefahr in der Stadt, in Gefahr in der Wüste, in Gefahr auf dem Meere, in Gefahr vor falschen Brüdern, in Mühseligkeiten und Arbeit, in vielem Wachen, in Hunger und Durst, in vielem Fasten, in Kälte und Blöße, ohne das, was außerdem kommt, der tägliche Zudrang zu mir, die Sorge für alle Gemeinden.«[768]

Welch ein Gemälde! Wie oft mag das Herz des großen Apostels gebebt haben bei all dem sich stets neu aufdrängenden Leide! – Und doch ist er überreich an Freude bei all seiner Trübsal! *superabundo gaudio in omni tribulatione nostra.*[769] Wo liegt das Geheimnis einer solchen Freude? In »der Liebe Jesu Christi, die ihn drängt«. *Caritas Christi urget nos.*[770] »Durch Christum wird ihm auch reicher Trost gewährt.« *Ita et per Christum abundat consolatio nostra.*[771] Weil er in der Liebe mit Christo vereinigt ist, darum bleibt er unerschüttert inmitten all des Leides und all der Widerwärtigkeiten, die ihn befallen. »Wer wird mich trennen von der Liebe Christi? Trübsal oder Bedrängnis oder Hunger oder Blöße oder Gefahr oder Verfolgung oder Schwert? Wie geschrieben steht: Und deinetwillen werden wir getötet den ganzen Tag; wir werden wie Schlachtschafe angesehen;« und er fügt bei: »Aber in all diesem überwinden wir um dessentwillen, der uns geliebt hat.«[772]

So ruft eine Seele aus, die Christi unermessliche Liebe am Kreuze verstanden hat und die nun als wahre Schülerin ihm bis zum Kalvarienberge nachgehen und in Liebe an seinem Leiden Anteil nehmen

---

768 2. Cor. 11, 25–29.
769 2. Cor. 7, 4.
770 2. Cor. 5, 14.
771 2. Cor. 1, 5.
772 Rom. 8, 35–38.

will. Nur vom Kreuze und vom bitteren Leiden des Herrn kommt, wie schon erwähnt, all unsern Leiden und Opfern, all unsern Werken der Abtötung und Selbstverleugnung ihre übernatürliche Kraft, die Sünde zu tilgen und dem göttlichen Leben der Gnade die Seele zu öffnen. Wir sollen daher all diese Werke an das Bußsakrament anschließen, weil uns in diesem die Verdienste des Leidens Christi zugewendet werden, um der Sünde abzusterben. Auf diese Weise erstreckt sich sozusagen die Wirksamkeit des Sakramentes der Buße auf all unsere Bußwerke und vermehrt ihre Fruchtbarkeit.

6

Dies ist übrigens auch der Gedanke der Kirche. Wenn der Priester als Stellvertreter Jesu Christi uns die Buße auferlegt und durch die Lossprechung unsere Seele im Blute Christi gewaschen hat, spricht er folgendes Gebet über das Beichtkind: »Was du Gutes tun und Leid ertragen wirst, gereiche dir zur Nachlassung deiner Sünden, zur Vermehrung der Gnade und zur Belohnung mit der ewigen Seligkeit.«[773] Dieses Gebet ist zwar zur Gültigkeit der Beichte nicht notwendig, aber als ein von der Kirche angeordnetes Gebet hat es außer der Belehrung, die es enthält und deren praktische Verwirklichung, die die Kirche uns ans Herz legen will, auch sakramentale Kraft und Wirksamkeit.

In diesem Gebete gibt der Priester unseren Leiden und Werken der Buße, Sühne und Abtötung durch innige Verbindung mit dem Sakramente besondere Kraft, an die wir uns immer wieder gläubig erinnern sollen.

»Zur Nachlassung deiner Sünden.« Das Konzil von Trient lehrt uns diesbezüglich eine recht tröstliche Wahrheit: »So groß ist die Freigebigkeit Gottes, dass wir nicht bloß durch freiwillige Bußwerke, die wir für unsere Sünden übernehmen oder die der Priester nach Maßgabe unserer Sünden uns auferlegt, sondern auch (was ein Beweis seiner übergroßen Liebe ist) durch jene zeitlichen Strafen, die er selbst uns schickt, im gläubigen Anschluss an die Verdienste Christi genug zu tun vermögen, wenn wir sie mit Geduld ertragen.«[774]

---

773 Quidquid boni feceris et mali sustinueris sit tibi in remissionem peccatorum, augmentum gratiae et praemium vitae aeternae.

774 Docet praeterea sancta synodus tantam esse divinae munificentiae largi-

Es kann daher nicht genug daran erinnert werden, wie ungemein ersprießlich für unser Gnadenleben es ist, in der Beichte, wenn wir dem Priester oder vielmehr Jesu Christo selbst unsere Sünden bekennen, alle Widrigkeiten, Leiden und Mühseligkeiten, die in Zukunft über uns kommen können, schon im voraus zur Sühne für unsere Sünden anzunehmen; vielleicht auch gleich irgendein, wenn auch noch so geringes Bußwerk uns vorzusetzen, das wir bis zur nächsten Beichte verrichten wollen.

Diese Übung, die so sehr dem Geist der Kirche entspricht, ist überaus fruchtbar für die Seelen. Zunächst wird dadurch die Gefahr der gewohnheitsmäßigen Beichten vermieden. Wenn eine Seele in die geheimnisvolle Tiefe dieses hl. Sakramentes sich versenkt und wenn sie dann in liebeerfüllter Gesinnung sich bereit erklärt, in Vereinigung mit dem leidenden Heiland all das Schwere, Harte und Mühevolle, das über sie kommen mag, geduldig anzunehmen, dann ist sie gewiss gefeit vor den Gefahren einer gewohnheitsmäßigen Beichte, die sich bei häufigem Gebrauch leicht einstellen. Eine solche Übung ist zugleich als Akt der Liebe dem Herrn äußerst wohlgefällig, weil durch sie unser Wille sich bereit erklärt, am Leiden Christi, dem heiligsten seiner Geheimnisse, teilzunehmen. Beharrlich erneuert, hilft sie nach und nach uns jenen echten Bußgeist anzueignen, der so notwendig ist, um Christo unserm Haupte und Meister ähnlich zu werden.

Der Priester fügt hinzu: »Was du Gutes tun und Leides ertragen wirst, gereiche dir zur Vermehrung der Gnade«: *Augmentum gratiae*. Der Tod bedeutet für uns, wie schon erwähnt wurde, den Eingang zum Leben. Zuvor muss »das Samenkorn in der Erde sterben«, sagt der Heiland selbst, »dann erst kann es Frucht bringen,«[775] die der Hausvater für seine Scheune einsammelt. Dieses Leben wird aber um so fruchtbarer, und die Gnade fließt um so reicher, als wir durch Abtötung die Hindernisse ihrer freien Entfaltung beseitigt oder wenigstens geschwächt und gemildert haben. Es handelt sich hier um eine Grundwahrheit: Unsere Heiligkeit ist ihrem Wesen nach über-

---

tatem ut non solum poenis sponte a nobis pro vindicando peccato susceptis, aut sacerdotis arbitrio pro mensura delicti impositis, sed etiam (quod maximum amoris argumentum est) temporalibus flagellis a Deo inflictis et a nobis patienter toleratis, apud Deum Patrem, per Iesum Christum, satisfacere valeamus. Concil. Trid. Sess. 14. cap. 9.

775   Joan. 12, 24 f.

natürlich, und Gott allein ist ihre Ursache. Je mehr nun die Seele durch Bußübung und Abtötung sich lostrennt von der Sünde, von sich selbst und aller Kreatur, desto freier kann Gott in ihr wirken. So hat der Herr selbst uns versichert: er sagt sogar, dass sein Vater das Leiden dazu verwendet, das Leben in der Seele zu befruchten. »Ich bin der Weinstock, und mein Vater ist der Weingärtner; jede Rebe an mir, die Frucht bringt, wird er reinigen, damit sie mehr Frucht trage. Darin ist mein Vater verherrlicht, dass ihr viele Frucht bringt.« *Omnem palmitem qui fert fructum purgabit eum ut fructum plus afferat. In hoc clarificatus est Pater meus ut fructum plurimum afferatis.*[776] Wenn der himmlische Vater sieht, dass eine schon durch die Gnade mit seinem Sohne verbundene Seele ernstlich entschlossen ist, sich Christo ganz hinzugeben, dann will er ihr das Leben in überreichem Maße geben und ihre Aufnahmefähigkeit mehren. Darum legt er selbst Hand an zum Werke der Entsagung und Losschälung, der Vorbedingung aller geistigen Fruchtbarkeit. Er schneidet alles weg, was das Leben Jesu in seiner Entfaltung oder die Tätigkeit der göttlichen Gnade in uns behindern könnte. Unsere verdorbene Natur birgt Wurzeln, aus denen schlechte Früchte hervorsprießen könnten; durch mannigfaltige und schwere Leiden, die Gott zulässt oder selbst schickt, durch Demütigungen und Widerwärtigkeiten reinigt nun Gott die Seele, bearbeitet und durchgräbt sozusagen ihr Inneres, löst sie von der Kreatur und von sich selbst, damit sie dann um so reichlichere Früchte des Lebens und der Heiligkeit hervorbringen könne: *Purgabit eum ut fructum plus afferat.*

Endlich schließt der Priester mit den Worten: *Et praemium vitae aeternae,* »es gereiche dir alles zum Lohne für das ewige Leben.« Nachdem unsere Leiden, unsere Genugtuungswerke und Mühen hienieden die rechte Ordnung für das Wachstum des übernatürlichen Lebens in unserer Seele hergestellt haben, sichern diese Bestrebungen zum Guten unserer Seele auch ihren Anteil an der ewigen Glückseligkeit. Erinnern wir uns hier an das Gespräch der zwei Jünger, die am Ostermontag nach Emmaus gingen. Ganz niedergeschlagen vom Tode des göttlichen Meisters, durch den all ihre Hoffnungen auf ein glorreiches Messiasreich vernichtet schienen, und ohne noch von der Auferstehung des Herrn zu wissen, teilen sie sich gegenseitig ihre Enttäuschung mit. Der Heiland schließt sich ihnen als Unbe-

---

776 Joan. 15, 1–8.

254

kannter an und fragt nach dem Gegenstand ihrer Unterhaltung. Und nachdem er den Ausdruck ihrer Enttäuschung, das Wörtlein *sperabamus*, »wir hofften« gehört hat, wirft er ihnen allsogleich ihren Kleinmut vor: »O ihr Unverständigen und Kleingläubigen: musste denn nicht Christus all dieses leiden und so in seine Herrlichkeit eingehen.« *Nonne haec o p o r t u i t pati Christum et ita intrare in gloriam suam.*[777] Das gilt auch von uns; wir müssen an Christi Leiden teilnehmen, damit wir auch an seiner Herrlichkeit teilhaben können.

Die Seligkeit der Himmelswonnen wird unendlich sein. »Verlieren wir den Mut nicht,« sagt der hl. Paulus, »wenn auch unser äußerer Mensch aufgerieben wird, so wird doch der innere von Tag zu Tag erneuert; denn unsere gegenwärtige Trübsal, die augenblicklich und erträglich ist, bewirkt eine überschwängliche, ewige, alles überragende Herrlichkeit in uns,« *id enim quod in praesenti est momentaneum et leve tribulationis nostrae, supra modum in sublimitate aeternum gloriae pondus operatur in nobis.*[778] Desgleichen schreibt derselbe Apostel: »Sind wir Kinder Gottes, dann sind wir auch Erben, Miterben Jesu Christi, wenn anders wir auch mit ihm leiden, damit wir auch mit ihm verherrlicht werden.« Und er fügt bei: »Ich halte nämlich dafür, dass die Leiden dieser Welt nicht zu vergleichen sind mit der zukünftigen Herrlichkeit, die an uns offenbar werden wird.«[779] »Wir sollen uns daher freuen, wenn wir an den Leiden Christi teilnehmen dürfen, damit wir auch dereinst bei der Offenbarung seiner Herrlichkeit jubeln und frohlocken können«. *Communicantes Christi passionibus gaudete ut et in revelatione gloriae eius gaudeatis exultantes.*[780]

»Darum habet Mut!« so rufe ich mit dem hl. Paulus euch zu. »Wisset ihr nicht«, sagt er mit Anspielung auf die Wettspiele seiner Zeit, »dass jeder, der im Wettkampfspiele ringt, sich von allem enthält, um nur eine vergängliche Krone zu erlangen.«[781] Uns aber winkt eine unvergängliche Krone – die ewige Teilnahme an der Glorie und Herrlichkeit unseres göttlichen Erlösers.

---

777 Luc. 24, 26. Der hl. Paulus wiederholt dieses Wort seines göttlichen Meisters, wenn er im Hebräerbrief schreibt: 2. 9. Videmus Iesum propter passionem mortis gloria et honore coronatum. Cf. Phil. 2, 7–9.
778 2. Cor. 4, 16, 17.
779 Rom. 8, 17 und 13.
780 1. Petr. 4, 13.
781 1. Cor. 9, 25.

»Wahrlich, wahrlich, ich sage euch,« spricht der Herr, »ihr werdet weinen und wehklagen, die Welt aber, die mich nicht kennt, lebt im Taumel der Freude. Ihr werdet vom Lichte des Glaubens erleuchtet, die Kreuzeslast mit mir teilen, aber eure Traurigkeit wird in Freude verwandelt werden; denn wiederum werde ich euch sehen, und euer Herz wird sich freuen, und eure Freude wird niemand von euch nehmen.« *Plorabitis et flebitis vos, mundus autem gaudebit; vos autem contristabimini, sed tristitia vestra convertetur in gaudium. – Iterum videbo vos et gaudebit cor vestrum – et gaudium vestrum nemo tollet a vobis.*[782]

---

782   Joan. 16, 20–22.

DAS LEBEN FÜR GOTT

WAHR SEIN AUS LIEBE

ÜBERSICHT: *Das Christentum, eine Religion des Lebens. – I. Erstes Kennzeichen unserer Werke: Wahrheit; Werke, entsprechend unserer Natur als vernünftige Wesen; Zusammenarbeit von Natur und Gnade, entsprechend unserer individuellen Persönlichkeit und unserer Berufsstellung. – II. Verrichtung unserer Werke aus Liebe, im Stande der Gnade; Notwendigkeit und Fruchtbarkeit der Gnade für das übernatürliche Leben. – III. Wunderbar vielgestaltige Gnadenfrüchte in den Seelen; sie stammen alle aus einer einzigen Quelle.*

Der christliche Glaube ist ein Geheimnis von Tod und Leben, vor allem aber ein Geheimnis des Lebens. Der Tod stand anfangs nicht im göttlichen Heilsplane. Die Sünde des Menschen erst hat ihn auf die Welt gebracht. Die Absage von Gott, die das Wesen der Sünde ausmacht, führte auch die Absage vom Leben, d. h. den Tod, mit sich.[783] Wenn das Christentum Verzicht verlangt, so soll dadurch in uns nur das ertötet werden, was dem Leben entgegen ist. Wir sollen Hindernisse entfernen, die dem ungehinderten Wachstum des Gnadenlebens entgegenstehen, das Christus uns gebracht. Christus ist der große Lebensspender. Ohne ihn können wir nichts tun. Wir dürfen also die Abtötung nicht um ihrer selbst willen suchen und üben, sondern zunächst um die Entfaltung jenes göttlichen Keimes zu erleichtern, der in der Taufe uns eingepflanzt wurde.

Wenn der hl. Paulus dem Neugetauften zuruft, dass er nun »der Sünde absterben« muss, so will er mit diesem Gedanken nicht den ganzen Inhalt des christlichen Lebens erschöpft haben, sondern der Christ muss auch, wie der hl. Paulus selbst beifügt »für Gott leben in Jesus Christus«.[784] Dieses Wort voll tiefster Bedeutung, wie wir im folgenden sehen werden, umfasst den zweiten Teil unserer Lebensaufgaben.

Wie alles Leben, so untersteht auch das übernatürliche Leben bestimmten, ihm eigenen Gesetzen, die es zu seiner Erhaltung beob-

---

783 Per unum hominem peccatum in hunc mundum intravit et per peccatum mors et ita in omnes homines mors pertransiit. Rom. 5, 12.
784 Rom. 6, 11.

achten muss. In den beiden vorausgehenden Betrachtungen wurde gezeigt, worin »der Tod der Sünde« besteht; nun wollen wir darlegen, wie, »das Leben für Gott in Jesus Christus« sich offenbart.

Zunächst müssen wir den Grundgedanken festlegen, der alle christliche Lebenstätigkeit beherrschen muss und der ihr in den Augen Gottes allen Wert verleiht. Wir wollen also jenes wesentliche und allgemeine Gebot uns vor Augen stellen, das auf dem Gebiete der Gnade die mannigfaltigen Handlungen unseres täglichen geistlichen Lebens beherrschen muss.

I

Bekannt ist das Wort des hl. Paulus an die Epheser: *Veritatem facientes in caritate,* »die Wahrheit in Liebe betätigen.«[785] Bei diesem Gedanken wollen wir kurz verweilen. Wir werden sehen, dass der Apostel mit diesen Worten den Grundgedanken ausspricht, der unser geistliches Leben durchziehen muss.

»Die Wahrheit in Liebe betätigen«, das will sagen, dass unser übernatürliches Leben auf menschlichen Handlungen aufbaut, die durch die heiligmachende Gnade belebt und von Liebe zu Gott getragen sind. Der Ausdruck »betätigen« besagt, dass Werke notwendig sind. Es ist kaum nötig, das eigens zu betonen. Jedes Leben muss sich in Tätigkeit äußern. Ohne Werke ist der Glaube, die Grundlage des übernatürlichen Lebens, nur ein toter Glaube: *Fides si non habeat opera, mortua est in semetipsa,* »der Glaube, wenn er keine Werke hat, ist in sich selbst tot,«[786] so schreibt der hl. Jakobus. Und der hl. Paulus, der nicht müde wird, uns die Schätze zu schildern, die wir in Jesus Christus haben, scheut sich nicht, es offen auszusprechen, dass Christus nur denen, »die ihm gehorchen, Urheber des ewigen Heiles geworden ist«, *Factus est omnibus obtemperantibus sibi causa salutis aeternae.*[787] Wenn es uns ernst ist mit unserem Streben, Gott zu gefallen, dann müssen wir tun, was der Heiland sagt: Wenn ihr mich liebet, so haltet meine Gebote,[788] »denn nicht ein jeder, der zu mir sagt, Herr, Herr, wird in das Himmelreich eingehen, sondern wer den Wil-

---

785 Eph. 4, 15.
786 Jac. 2, 17.
787 Hebr. 5, 9.
788 Joan. 14, 15.

258

len meines Vaters tut.«[789] Dazu will Christus uns anleiten. Er reinigt und heiligt uns, damit wir lebend von seinem Leben und in seinem Geiste Früchte bringen, die seiner und des Vaters würdig seien.[790]

Und welche Werke sollen wir verrichten? Wie sollen sie beschaffen sein? *Veritatem facientes*, »wahre Werke«, sagt Paulus. – Was versteht er damit? Die Wahrheit sagen, heißt so reden wie man denkt. Wahr ist ein Ding, wenn es so ist, wie es sein soll: Gold nennen wir w a h r oder echt, wenn es alle Eigenschaften besitzt, die diesem Edelmetalle seiner Natur nach zukommen: f a l s c h oder unecht ist es, wenn es wie Gold erscheint, aber nicht die Wesenseigenschaften des Goldes hat; es besteht dann zwischen dem, was es zu sein scheint, und dem, was es sein soll, der Unterschied, dass es, jene Wesenseigenschaften nicht hat, die wir vom wahren Golde kennen. – Eine menschliche Handlung ist w a h r, wenn sie unserer geschöpflichen, mit Verstand und freiem Willen begabten Natur entspricht. Wir müssen, wie der hl. Paulus sagt, wahre Werke verrichten, das heißt solche, die mit der menschlichen Natur in Einklang stehen. Jede Handlung, die mit unserer vernünftigen Natur nicht in Einklang steht, ihr entgegen ist, bedeutet eine unwahre, eine f a l s c h e Handlung. Wir sind keine leblosen Statuen; wir sind keine Maschinen; wir sind aber auch keine Engel. Wir sind Menschen; darum ist das erste, was sich an unseren Handlungen offenbaren soll und was Gott an ihnen erkennen will, dass sie eines Menschen würdige Handlungen seien, ausgeführt von einem mit Verstand und freiem Willen begabten Geschöpfe.

Betrachten wir die Schöpfung. In jedem seiner Geschöpfe findet Gott die ihm gebührende Ehre nur, insoweit es den Gesetzen seiner Natur entspricht.

Die Sterne am Himmel singen ihrem Schöpfer ein schweigendes Loblied, wenn sie in harmonischem Laufe die unermesslichen Räume durchziehen: *Caeli enarrant gloriam Dei*, »Die Himmel rühmen des Ewigen Ehre«;[791] die Wasser des Meeres, indem sie ihm huldigen und die Grenzen einhalten, die Gott ihnen gewiesen hat: *Terminum posuisti quem non transgredientur.*[792] Die Erde durch Wahrung der

---

789 Matth. 7, 21.
790 Dedit semetipsum pro nobis ut nos redimeret ab omni iniquitate et mundaret sibi populum acceptabilem, sectatorem bonorum operum. Tit. 2, 14.
791 Ps. 18, 2.
792 Ps. 103, 9. Dieser ganze Psalm 103, ein Lobeshymnus auf den Schöpfer,

Gesetze, auf die sie gegründet ward: *Fundasti terram et permanet.*[793] Die Pflanzen bringen Blüten und Früchte nach ihrer Art und zu ihrer Zeit hervor; die Tiere folgen den Trieben, die der Schöpfer in sie gelegt hat. Jede Seinsordnung hat ihre eigenen Gesetze, die ihr Wesen beherrschen und Gottes Macht und Weisheit kundtun und damit einen ununterbrochenen Lobgesang zu seiner Ehre erklingen lassen: *Domine, Dominus noster quam admirabile est nomen tuum in universa terra!* »O Herr, wie wunderbar ist dein Name auf dem ganzen Erdkreis!«[794] So untersteht auch der Mensch, den der Herr zum König der Schöpfung gemacht und dem »er alles zu Füßen gelegt hat«, *omnia subiecisti sub pedibus eius,* bestimmten Gesetzen, die der Natur und der Tätigkeit eines vernunftbegabten Geschöpfes entsprechen. Wie die ganze übrige Schöpfung, so ist auch der Mensch erschaffen, um Gott zu verherrlichen. Er kann aber nur dann Gott verherrlichen, wenn er den Gesetzen seiner Natur entsprechend lebt. Denn nur so gleicht er dem Bilde, das sich Gott vorsetzte, da er ihn schuf. Nur damit verherrlicht er Gott und ist ihm wohlgefällig.

Der Mensch ist seiner Natur nach ein vernünftiges Wesen. Er darf nicht gleich dem unvernünftigen Tiere nur seinen Trieben folgen. Was ihn von allen Geschöpfen der Erde unterscheidet, ist sein Verstand und freier Wille. Dem Verstande gebührt die Oberherrschaft im Menschen. Doch muss auch dieser als geschöpfliches Wesen dem Willen Gottes sich unterwerfen, von dem er abhängig ist und der sich ihm durch das Naturgesetz und durch seine Offenbarungen kundgegeben hat.

Um also »wahr« zu sein – und das ist die erste Bedingung, um Gott zu gefallen – muss jede unserer Handlungen unserer geschöpflichen und vernünftig freien Natur in Unterwerfung unter Gottes heiligen Willen entsprechen. Andernfalls steht sie nicht in Einklang mit unserer Natur, mit deren Eigenschaften und Gesetzen. Sie ist f a l s c h .

Wir dürfen nicht vergessen, dass das Naturgesetz einen wesentlichen Bestandteil der Religion ausmacht. Gott musste mich nicht erschaffen. Nachdem ich aber einmal geschaffen wurde, bin und bleibe ich Geschöpf, und die Verpflichtungen, die sich aus dieser Eigenschaft

---

schildert die Wirkungsweise, die dem Mineral-, Pflanzen- und Tierreich je nach ihrer verschiedenen Natur zukommt.
793   Ps. 118, 90.
794   Ps. 8, 10.

ergeben, sind unabänderlich. Wer könnte sich z. B. einen Menschen, ein von Gott geschaffenes Wesen denken, dem es erlaubt wäre, seinen Schöpfer zu lästern?

Unsere Handlungen müssen daher in den Augen Gottes menschlich freie, in Übereinstimmung mit unserer Natur und unserem letzten Ziele gesetzte Handlungen, sie müssen moralisch gut sein: *Qui dicit se nosse Deum et mandata eius non custodit, mendax est et in hoc veritas non est,* »Wer sagt, er habe Gott erkannt, und hält seine Gebote nicht, der ist ein Lügner, und in ihm ist die Wahrheit nicht.«[795]

Um christlich leben zu können, müssen wir zunächst unserer menschlichen Würde entsprechend leben. Es ist wichtig, das zu betonen. Ein guter Christ wird zweifellos auch seine Pflichten als Mensch erfüllen. Das Gesetz des Evangeliums umschließt und vervollkommnet das Naturgesetz. Gleichwohl gibt es Christen – nicht nur in der Welt, sondern auch unter den Klosterleuten und Priestern, die, genau bis zur Ängstlichkeit, bei ihren selbstgewählten frommen Übungen sich sorglos über manche Forderungen des Naturgesetzes hinwegsetzen. Sie halten sich gewissenhaft an ihre Andachtsübungen, das ist lobenswert; dabei aber scheuen sie sich nicht, die Ehre des Nächsten anzugreifen, eine Lüge zu sagen, das gegebene Wort nicht zu halten, die Gesetze über literarisches oder künstlerisches Eigentumsrecht nicht zu berücksichtigen, die Bezahlung der Schulden selbst bis zur Verletzung der Gerechtigkeit hinauszuschieben, einen eingegangenen Vertrag nicht genau einzuhalten.

Solche Seelen, bei denen nach den Worten des berühmten englischen Staatsmanns Gladstone die Religion um die Moral herumgeht,[796]

---

795 1. Joan. 2, 4.

796 John Morley, Life of Gladstone, II, 185. Man möge sich hier an die Worte Bossuets erinnern: »Eine solche Seele ist beunruhigt, wenn sie ihren Rosenkranz und ihre sonstigen gewohnten Gebete nicht verrichtet hat, oder wenn an ihrem Rosenkranzgesetz ein ›Ave‹ fehlt; ich will sie nicht tadeln, aber Gott dürfte das kaum gefallen. In geistlichen Übungen soll gewiss Genauigkeit herrschen. Aber wer wird es loben, dass man täglich ohne Bedenken vier bis fünf Gebote Gottes übertritt und die heiligsten christlichen Verpflichtungen mit Füßen tritt? Das ist eine arge Täuschung, die uns der böse Feind bereitet! Er kann aus dem Menschenherzen die allzu tief eingegrabenen Grundlagen der Religion nicht herausreißen; darum lenkt er es von seinen notwendigen Aufgaben ab und gibt ihm gefährliche Spielereien, damit wir uns täuschen lassen und nun glauben, dass wir durch unsere kleinlichen Übungen den strengen Verpflichtun-

haben das Wort des hl. Paulus nicht verstanden: *Veritatem facientes,* »nach der Wahrheit leben«. In ihrem geistigen Leben herrscht keine Folgerichtigkeit, sondern »Falschheit«; wohl mag diese bei manchen unfreiwillig sein, aber deswegen ist sie nicht weniger schädlich, weil sie die von Gott selbst bei der Schöpfung in alle Dinge gelegte Ordnung verleugnet.

Wir müssen »w a h r« sein. Das ist die erste Bedingung für das Wirken der Gnade. Die Gnade baut auf der Natur auf, ohne sie zu vernichten. Wenn wir auch die Gnade, Quelle und Urgrund unserer übernatürlichen Tätigkeit, wie eine Neuschöpfung, *nova creatura,* durch Annahme an Kindes Statt von Gott erhalten haben, so setzt diese Gnade doch die Natur mit den ihr eigenen Tätigkeiten voraus. Weit entfernt, sich gegenseitig zu beengen, stehen Gnade und Natur, letztere allerdings nur Ihren guten, unverdorbenen Eigenschaften nach, miteinander in harmonischem Einklang, während beide ihren eigenen Charakter und ihre eigene Schönheit bewahren.

Zur Erklärung dessen wollen wir wiederum unseren Herrn und Heiland Jesum Christum betrachten. Er ist in allem unser Vorbild – Er ist Gott und Mensch. Aus seiner Eigenschaft als Sohn Gottes fließt der unendliche Wert all seiner gottmenschlichen Handlungen; aber er ist auch Mensch, *perfectus homo.* Seine menschliche Natur hat durch ihre unaussprechliche Vereinigung mit der göttlichen Person des Wortes ihre eigene menschliche Tätigkeit und Handlungsweise nicht eingebüßt. Sie war die Quelle aller menschlichen Handlungen des Herrn. Der Heiland betete, arbeitete, aß, litt und ruhte: lauter menschliche Handlungen, die zeigten, dass der Herr in Wahrheit ein Mensch war; ja ich möchte fast sagen: nie war ein Mensch so sehr Mensch wie er; denn seine Natur war die denkbar vollkommenste Menschennatur. Ihr allein war es gegeben, von der Gottheit innegehabt zu sein. Wir erleben das in entfernter Ähnlichkeit bei uns selbst. Durch die Gnade werden weder das Wesen noch die guten Eigenschaften unserer Natur vernichtet. Wohl erzeugt sie in uns einen neuen Zustand, unendlich erhaben über unsere Natur; eine tief einschneidende Veränderung hat sich in uns vollzogen, sowohl in Bezug

---

gen des Christentums nachgekommen seien: gebt Obacht, Christen ... vergesst das Notwendige nicht über dem Freiwilligen.« (Sermon pour la fête de la conception de la Vierge, 1669. Oeuvres oratoires, éd. Lebarq, t. 5, p. 623 et suiv.) Man lese den ganzen Schluss der Predigt.

auf das übernatürliche Ziel, das uns nun gesetzt ist, als auch in Bezug auf die Kräfte, die uns helfen sollen, dasselbe zu erreichen. Unsere Natur aber ist nicht zerstört oder entwertet worden.[797] Unsere natürlichen Fähigkeiten, Verstand, Wille, Gemüt, Gefühl und Einbildungskraft müssen sich betätigen, damit unsere menschliche Natur, auch wenn sie zum Gnadenstand erhoben ist, handeln könne. Aber diese von der Natur ausgehenden Handlungen sind durch die Gnade so hoch erhoben, dass sie Gott wohlgefällig sind.

Wir müssen also bleiben, was wir sind. Die erste Bedingung für die »Wahrheit« unserer Handlungen ist: leben, wie es einem mit Vernunft und freiem Willen begabten Geschöpfe zukommt. Ich möchte aber noch hinzufügen: wir müssen leben, wie es unserem i n d i - v i d u e l l e n , p e r s ö n l i c h e n W e s e n z u k o m m t . Wir müssen auch im übernatürlichen Leben unsere persönliche Eigenart wahren, soweit sie gut ist. Das gehört auch zu jener »Wahrheit«, jener »Aufrichtigkeit«, die Voraussetzung für das Leben der Gnade ist. Die Heiligkeit ist durchaus nicht eine Einheitsform, in der alle natürlichen persönlichen Eigenschaften verschwinden müssen, so dass alle Heiligen gleich seien. Weit entfernt: Gott hat einem jeden bei der Geburt bestimmte Gaben, Talente und Vorzüge gegeben. Jede Seele hat ihre besondere natürliche Schönheit. Die eine glänzt durch Tiefe des Wissens, eine andere zeichnet sich aus durch Festigkeit des Willens, während eine dritte durch ihre Güte bezaubert. Die Gnade macht sich diese natürlichen Vorzüge zunutze, wie die Natur selbst, aus der dieselben hervorgehen. Nur fügt sie diesem natürlichen Glanze einen Schönheitsfunken hinzu, der ihn erhöht und verklärt. Der allweise Gott nimmt bei seinem Werke der Heiligung auf seinen Schöpfungsgedanken Rücksicht; denn von ihm stammt all diese Mannigfaltigkeit. Jede Seele ist die Ausdrucksform eines göttlichen Gedankens und hat als solche ihren eigenen Platz im Herzen Gottes.

Endlich müssen wir »wahr« sein, indem wir dem b e s o n d e r e n R u f e G o t t e s a n u n s F o l g e l e i s t e n , u n s e r e m B e r u -

---

797 Selbstverständlich sucht der übernatürliche Gnadenstand das auszumerzen, was in unserer Natur infolge der Erbsünde verdorben wurde: all das, was die geistlichen Schriftsteller das »natürliche« Leben nennen, im Gegensatz zum »übernatürlichen«. Wir haben früher schon gezeigt, dass gerade die Bußübung dazu dienen soll, dieses »natürliche« Leben in uns zu vernichten.

fe entsprechen. Wir sind nicht Einzelwesen, nur auf uns allein gestellt, sondern gehören als Glieder einer Gesellschaft an, die sich aus den verschiedensten Ständen zusammensetzt. Daher ist es klar, dass wir, um »wahr zu sein«, auch jene bestimmten Pflichten erfüllen müssen, die der besondere Lebenslauf, in den uns Gottes Vorsehung gestellt hat, verlangt. Die Gnade kann hier nichts anderes wollen. Es wäre eine »Unwahrheit«, wenn eine Mutter lange Stunden in der Kirche zubrächte, während ihre Anwesenheit zu Hause für die Familie notwendig ist.[798] Es wäre eine »Unwahrheit«, wenn eine Ordensperson aus persönlichem Antrieb eine Gebets- und Andachtsstunde an Stelle der Arbeit setzen würde, die der Gehorsam erheischt, wäre auch diese Arbeit an sich noch so geringfügig und unbedeutend. Derartige Handlungen wären nicht durchaus »wahr«.

2

Genügt es nun, dass unsere Handlungen »wahr«, d. h. in Einklang mit unserer von Gott abhängigen geschöpflichen Natur von unserem freien Willen geleitet und unserem Stande entsprechend seien, um aus übernatürlichen Werken Ewigkeitswerte darzustellen?

Nein, das genügt nicht. Sie müssen auch – und das ist der Kernpunkt – aus der Gnade hervorgehen, sie müssen im Stande der heiligmachenden Gnade verrichtet werden. Der hl. Paulus drückt dies mit dem Worte aus: *In caritate,* »aus Liebe«.

»Aus Liebe«, damit ist zunächst jene grundlegende, wesentliche Liebe gemeint, die uns im Bewusstsein unserer Abhängigkeit von Gott antreibt, ihn als das höchste Gut allem übrigen vorzuziehen. Dies ist jene Frucht der Gnade, die uns Gott so wohlgefällig macht, dass wir seine Kinder sind. Die übernatürliche Liebe ist allerdings nicht dasselbe wie die Gnade; beide aber werden uns zugleich gegeben. *Caritas diffusa est in cordibus nostris per Spiritum Sanctum qui datus est nobis,* »Die Liebe Gottes ist ausgegossen in unsere Herzen durch den Hl. Geist, der uns gegeben ist.«[799] Die Gnade gestaltet unser Wesen um, die

---

798 Vgl. 1. Tim. 5, 4 und 8.
799 Rom. 5, 5. Die heiligmachende Gnade und die Liebe Gottes werden uns durch den Heiligen Geist gegeben ... Denn die heiligmachende Gnade und die übernatürliche Gabe der Liebe unterscheiden sich voneinander nur wie die Sonne und ihre Strahlen. Die heiligmachende Gnade ist

Liebe unsere T ä t i g k e i t. Gnade und Liebe sind immer vereint. Der Grad der Gnade bezeichnet den Grad der Liebe. Jede schwere Sünde, sie heiße, wie sie wolle, ertötet in uns zugleich die Gnade und die Liebe. Die heiligmachende Gnade soll die Quelle sein, von der unsere natürliche Tätigkeit sich nährt. Ohne sie können wir keine übernatürliche Handlung vollbringen, die irgendwie verdienstlich wäre für das ewige Leben – durch die Gnade schafft Gott uns eigentlich um. Das ist von grundlegender Wichtigkeit. Jedes Ding kann nur die seiner Natur entsprechende Tätigkeit ausüben. Wir können menschliche Handlungen nur durch die menschliche Natur vollbringen. So können wir auch Akte des übernatürlichen Lebens nur verrichten, wenn wir zuvor durch die Gnade gleichsam eine neue Natur erhalten haben: *Nova creatura.*

Da liegt vor uns ein Mensch am Boden. Er kann eingeschlafen, kann aber auch tot sein. Wenn er nur schläft, wird er bald wieder aufwachen; sein Körper wird sich bewegen, seine natürlichen Kräfte sich zeigen; es lebt ja in ihm noch die Quelle, aus der alle Tätigkeit hervorgeht, die Seele. Ist aber die Seele geschieden, dann wird der Körper unbeweglich bleiben. Schüttle ihn, er bleibt ein kalter, toter Leichnam, von dem keine Tätigkeit mehr ausgehen kann. Das Lebensprinzip, aus dem er alle Kraft herleitete, hat ihn verlassen.

So auch beim übernatürlichen Leben. Hier ist die heiligmachende Gnade jenes innere Lebensprinzip, dem alle übernatürliche Tätigkeit entstammt. Besitzt eine Seele diese Gnade, so kann sie verdienstliche, übernatürliche Werke verrichten; andernfalls ist sie tot in den Augen Gottes.[800]

Der Heiland hat einen Vergleich gewählt, der die Aufgabe der Gnade aufs Beste veranschaulicht. Der Herr bediente sich gerne eines Bildes, um das Verständnis der Wahrheit zu erleichtern. Das letz-

---

das Leben der Seele; die Liebe ist jene lebendige Kraft, die uns antreibt zu übernatürlichen Handlungen, vor allem zu Akten der Liebe, die da Quelle alles Lebens und aller Schönheit ist. Hedley, Retraite pp. 321–322.

800 Wohlgemerkt ist dies aber nur ein Vergleich, der uns die Notwendigkeit der Gnade für das übernatürliche Leben zeigen soll; denn die Seele kann im Stande der Todsünde durch das Bußsakrament zum Leben auferstehen und die Gnade wiedererlangen. Zudem muss sie sich darauf vorbereiten und durch freie, übernatürliche (d. h. mit Hilfe der übernatürlichen, von Gott gegebenen Beistandsgnade vollbrachte) Akte des Glaubens, der Hoffnung, Liebe und Reue mitwirken.

te Abendmahl ist vorüber. Eben verlässt der Herr mit seinen Jüngern den Saal, um auf den Ölberg zu gehen. Vor der Stadt führt der Weg an einem Weinberg vorbei. Dieser Anblick gibt ihm den Gegenstand ein für seine letzte Rede: »Seht ihr diesen Weinstock?« mag er seinen Jüngern einleitend gesagt haben; nun wohl, »ich bin der wahre Weinstock; ihr seid die Reben; wer in mir bleibt und ich in ihm, der bringt viele Frucht; denn ohne mich könnet ihr nichts tun. Gleichwie die Rebe keine Frucht bringen kann aus sich selbst, wenn sie nicht am Weinstock bleibt, so auch ihr nicht, wenn ihr nicht in mir bleibet« (durch die Gnade). Die Gnade ist der Saft, der von der Wurzel zu den Zweigen emporsteigt. Nicht die Wurzel trägt die Frucht und nicht der Stamm, die Zweige sind es, und zwar die Zweige, die durch den Stamm mit der Wurzel verbunden sind und aus ihr die lebenspendende Nahrung erhalten. Bricht man den Zweig und trennt ihn vom Stamme, so dass er keinen Saft mehr aus ihm erhält, so vertrocknet er und wird zum dürren Holz, das keine Frucht mehr bringen kann.

Gerade so steht es mit einer Seele ohne die Gnade: sie ist nicht mit Christus verbunden, bekommt von ihm nicht die Nahrung der Gnade, die sie übernatürlich lebendig und fruchtbar machen könnte. Wir dürfen es nie außer Acht lassen, dass Christus selbst die Quelle des übernatürlichen Lebens ist; all unser Tun und Leben hat nur dann Wert für die Ewigkeit, wenn wir durch die Gnade mit Christus verbunden sind. Andernfalls mag man sich mühen und plagen und in den Augen der Menschen die ruhmvollsten Taten vollbringen, vor Gott ist dieses Arbeiten ohne übernatürliche Fruchtbarkeit ohne Verdienst für das ewige Leben.

Man könnte vielleicht einwenden: Sind denn diese Werke schlecht? – Das ist nicht immer notwendig. Wenn sie sittlich gut sind, sieht Gott auch auf sie mit Wohlgefallen und belohnt sie wohl mit irdischen Gaben. Sie verschaffen jenem, der sie verrichtet, einen Anspruch auf Verdienst, aber nur im weitesten Sinne des Wortes, besser gesagt, es gefällt dem Herrn, sie nicht ganz ohne Lohn zu lassen. – Wo jedoch die heiligmachende Gnade fehlt, gibt es keine Beziehung dieser rein natürlichen Handlungen zu dem ewigen Erbe, das nur den Kindern der Gnade verheißen ist: *si filii et haeredes,* »wenn wir Kinder Gottes sind, dann sind wir auch Erben.« Solchen Handlungen fehlt das übernatürliche Merkmal, an welches allein die ewige Belohnung geknüpft ist.

Zwei Menschen geben einem Armen Almosen. Der eine ist im Stande der heiligmachenden Gnade, also in heiliger Gottesfreundschaft und gibt aus übernatürlicher Liebe Almosen. Der andere lebt im Zustande der schweren Sünde; beide vollbringen äußerlich die gleiche Tat, aber welcher Unterschied in den Augen Gottes! – Dem einen gereicht das Almosen zur Vermehrung seiner einstmaligen ewigen Seligkeit; bei ihm gilt das Wort des Herrn: »ein Becher Wasser in meinem Namen wird seines Lohnes nicht verlustig gehen.«[801] Das Almosen des zweiten hingegen ist ohne Verdienst für das ewige Leben, wenn es auch ein Haufen Goldes wäre. Caro non prodest quidquam, »Das Fleisch nützt nichts«, das, was unserer Natur allein entstammt, hat keinen Wert für das ewige Leben. Gott, die Güte selbst, wird gewiss auch die Werke des Sünders, wenn sie natürlicherweise gut sind, wohlgefällig ansehen, besonders wenn es sich um Akte der Nächstenliebe handelt, die nicht aus menschlicher Großtuerei, sondern aus Mitleid mit dem Notleidenden erfolgt sind; oft sogar (und das ist recht tröstlich) macht solche Barmherzigkeit Gott geneigt, jenen, die sie üben, die Gnade der Bekehrung und damit das höchste Gut, Gottes Freundschaft, zu schenken. Aber die heiligmachende Gnade einzig und allein gibt unserm Leben seinen wahren Sinn und seinen tiefen Wert.

Und selbst wenn der Sünder zum Gnadenstande gelangt, bleiben jene Werke, die er einst ohne den Stand der Gnade vollbracht hat, mögen sie an sich noch so zahlreich und lobwürdig sein, ohne Verdienst für das übernatürliche Leben, sie sind unwiederbringlich verloren. – Der hl. Paulus hat diese Wahrheit stark betont; hören wir, was er schreibt: »Wenn ich mit Menschen- und Engelzungen rede, es fehlt mir aber die Liebe, so bin ich nur ein tönendes Erz und eine klingende Schelle. Und wenn ich die Gabe gotterleuchteter Rede habe und alle Geheimnisse weiß samt aller Erkenntnis und wenn ich allen Glauben habe, so dass ich Berge versetzen kann, fehlt mir aber die Liebe, so bin ich nichts. Und wenn ich all meine Habe zu Almosen mache und meinen Leib zum Verbrennen hingebe, fehlt mir aber die Liebe, so nützt es mir nichts.«[802] Mit anderen Worten, die außerordentlichsten Gaben, die seltensten Vorzüge, die heldenmütigsten Bestrebungen, die herrlichsten Taten, die größten Erfolge und die furchtbarsten Leiden sind ohne Wert für das ewige Leben, wenn sie nicht aus Liebe gesche-

---

801 Matth. 10, 42.
802 1. Cor. 13, 1–3.

267

hen, d. h. aus jener höchsten Liebe, die sich auf Gott selbst bezieht, aus der übernatürlichen Liebe, die aus der heiligmachenden Gnade hervorwächst, wie die Blume aus dem Stängel.

Wir müssen also unser ganzes Leben zu Gott, als unserm letzten Ziel und ewigem Glück; in Beziehung bringen: und die Liebe zu Gott, die wir zugleich mit der heiligmachenden Gnade in uns tragen, soll die Triebfeder all unseres Handelns sein. Wenn wir die Gnade Gottes in uns haben, erfüllen wir den Wunsch des Heilandes, wir »wohnen in ihm«: *Manete in me*, und »er wohnt in uns«, *et ego in vobis*; und er bleibt in uns mit dem Vater und dem Hl. Geiste: *Ad eum veniemus et mansionem apud eum faciemus.*[803] Die allerheiligste Dreifaltigkeit, die in uns wie in einem Tempel wohnt, bleibt nicht tatenlos; sie wohnt in uns und belebt uns, damit unsere Seele ihre übernatürliche Wirksamkeit betätige: *Pater meus usque modo operatur, et ego operor*, »Mein Vater wirkt bis zu dieser Stunde, und so wirke auch ich.«[804]

Schon in der natürlichen Ordnung erhält Gottes Einwirkung uns im Dasein und ermöglicht uns die Betätigung unserer Fähigkeiten: es ist dieses die sogenannte göttliche Mitwirkung, der *concursus divinus*. Diese göttliche Mitwirkung gilt auch in der übernatürlichen Ordnung. Wir können keine einzige übernatürliche Handlung verrichten, wenn uns Gott nicht seine Gnade dazu gibt. Das ist die a k - t u e l l e oder vorübergehende Gnade, so genannt wegen ihrer vorübergehenden Wirkung (im Gegensatz zur heiligmachenden Gnade, die wegen ihres an sich bleibenden Charakters auch habituelle oder bleibende Gnade genannt wird). Mit der heiligmachenden Gnade, den eingegossenen Tugenden und den Gaben des Hl. Geistes bildet sie die wunderbare Welt der übernatürlichen Heilsordnung. Sie entspricht im übernatürlichen Leben der göttlichen Mitwirkung in der natürlichen Ordnung. Bei besonderen Gelegenheiten aber, die in unserem durch die Erbsünde veränderten Seelenzustand bedingt sind – Verdunklung unseres Verstandes, Schwächung des Willens, der sich durch die eigene Begierlichkeit, Hölle und Welt vom Streben nach dem unendlichen, wahren Gute abziehen lässt – betätigt sich auch diese göttliche Mitwirkung in besonderer Weise durch Erleuchtung unseres Verstandes und stärkere Kräftigung unseres Willens im Kampfe gegen die Versuchung oder in Ausübung irgendeines schwe-

803 Joan. 14, 23.
804 Joan. 5, 17.

268

ren geistlichen Werkes. Ohne diesen besonderen Gnadenbeistand, den Gott auf unser Gebet hin uns verleiht, könnten wir unser ewiges Ziel nicht erreichen; wir könnten, wie das Konzil von Trient sagt, »nicht in der Gerechtigkeit beharren«.[805]

Das ist in kurzen Zügen das Grundgesetz unseres übernatürlichen Lebens. Ohne irgendetwas von dem zu verändern, was unserer Natur wesentlich eigen ist, von den guten Eigenschaften ihrer Individualität, von den Erfordernissen unseres besonderen Lebensstandes, sollen wir leben von der Gnade Christi und durch die Liebe all unser Tun auf die Ehre seines Vaters beziehen. Die Gnade baut auf die Natur auf, veredelt ihre angeborenen Fähigkeiten und ihre eigene Wirksamkeit. Das ist die nächste Ursache jener Vielgestaltigkeit des geistlichen Lebens, die uns bei den Heiligen begegnet.

3

Auch der Grad der Gnade selbst ist in den Seelen verschieden – Gewiss gibt es, wie wir schon gesehen, nur ein einziges Vorbild für alle Heiligkeit, wie nur eine Quelle aller Gnade und alles Lebens: Jesus Christus. Die Rechtfertigung und die ewige Seligkeit sind ihrem Ursprung und ihrem Inhalt nach wesentlich gleich für alle: »Ein Herr, ein Glaube und eine Taufe,« sagt der hl. Paulus.[806]

Aber wie die Menschen, obwohl sie alle Träger der gleichen menschlichen Natur sind, sich in ihren Eigenscharfen unterscheiden, so verteilt Gott nach den heiligsten Absichten und Plänen seiner Weisheit in voller Freiheit auch die übernatürlichen Gaben. »Einem jeden einzelnen von uns ist die Gnade verliehen, nach dem Maße, wie Christus sie gegeben;«[807] *Unicuique nostrum data est gratia secundum mensuram donationis Christi.* In der Herde Christi trägt jedes Schäflein seinen eigenen Gnadennamen: »Der gute Hirte,« so sprach der

---

805 Concil. Trid. Sess. 6, can. 18. – Allerdings kann die Seele im Stande der Todsünde übernatürliche Beistandsgnaden empfangen, die den Verstand erleuchten und den Willen zur Bekehrung bewegen; aber hier sind sie nicht wie bei der Seele im Gnadenstande mit jener »göttlichen Mitwirkung« verbunden, von der wir eben sprachen, welche die heiligmachende Gnade in der Seele des Gerechten bewahrt. Der Hl. Geist regt den Sünder an; aber er wohnt nicht im Sünder.

806 Eph. 4, 5.

807 Eph. 4, 7.

Herr, »kennt seine Schäflein und ruft sie mit Namen:« *Proprias oves vocat nominatim*,[808] wie der Schöpfer auch die unzählige Schar seiner Sterne kennt und sie alle mit Namen nennt; denn jeder hat seine eigene Form und Vollendung: *Qui numerat multitudinem stellarum et omnibus eis nomina vocat.*[809] Jede Seele erhält »verschiedene Gnadengaben, aber es ist ein und derselbe Geist,« wie der hl. Paulus scheibt: »Es gibt verschiedene Wunderkräfte, aber es ist ein und derselbe Gott, der alles in allen wirkt. Dem einen wird durch den Geist das Wort der Weisheit verliehen, einem andern das Wort der Erkenntnis nach demselben Geiste; einem dritten der Glaube durch denselben Geist; einem andern die Gabe wunderbarer Heilungen durch den nämlichen Geist; diesem die Gabe, Wunder zu wirken, jenem die Gabe gotterleuchteter Rede, einem anderen die Unterscheidung der Geister, diesem die Sprachengabe, jenem die Auslegung der Sprachen. All das bewirkt ein und derselbe Geist, der jedem seine Gaben zuteilt, wie er will.«[810]

Jede Seele entspricht dem göttlichen Plane in der ihr eigenen Weise. Jeder von uns arbeite mit den Fähigkeiten, die ihm zur freien Entfaltung gegeben wurden, und bringe das Bild Christi auf die seiner Eigenart entsprechende Weise zum Ausdruck.

So soll jede einzelne Seele, dem unendlich zarten und ihrer Eigenart sich anpassenden Wirken des Hl. Geistes hingegeben, mit ihrer eigenen, durch die Gnade veredelten und umgewandelten Kraft das göttliche Vorbild nachzugestalten suchen. Dann kommt jene harmonische Vielgestaltigkeit zustande, in welcher »Gott sich wunderbar zeigt in seinen Heiligen«, *mirabilis Deus in sanctis suis.*[811] In allen findet Gott seine Verherrlichung, von jedem einzelnen aber kann man mit der Kirche[812] sagen: »Keiner bewahrte wie er das Gesetz des Allerhöchsten.« *Non est inventus similis illi ... qui conservavit legem Excelsi.*[813] Die Heiligkeit eines hl. Franz von Sales erstrahlt anders als jene des hl. Franz von Assisi; der Glorienschein einer hl. Ger-

---

808 Joan. 10, 3.
809 Ps. 146, 4.
810 1. Cor. 12, 4; 6–11.
811 Ps. 67, 36.
812 Kirchliches Offizium am Feste eines hl. Bekenners.
813 Eccl. 44, 20.

trudis oder Theresia ist auch im Himmel ganz verschieden von dem der hl. Maria Magdalena.

In jedem Heiligen achtet der Hl. Geist die Natur mit allen besonderen Eigenschaften, wie der Schöpfer sie einem jedem zugeteilt. Die Gnade verklärt diese Gaben der Natur und fügt jene der Übernatur hinzu. Wenn eine Seele unter Führung dessen, den die Kirche *digitus paternae dexterae*,[814] »den Finger der Rechten Gottes«, nennt, diesen Gaben entsprochen hat, ist sie zur Heiligkeit gelangt. Sicherlich wird es im Himmel einmal unsere Wonne sein, die Wunder zu betrachten, welche die Gnade Christi in der so mannigfach verschiedenen menschlichen Natur gewirkt hat.

Mögen aber die Heiligen im Himmel noch so groß, ihre Gottvereinigung noch so einzig sein, die Wurzel und der Urgrund all ihrer Heiligkeit ist die Gnade der Gotteskindschaft. Das oft Gesagte sei hier nochmals wiederholt: den ersten Ring in jener Kette von Gnaden und Gaben, die Gott uns schenkt, bildet jener huldvolle Gnadenblick Gottes, in dem er uns durch die Gnade Jesu Christi vorausbestimmt hat zu seinen Kindern. Dieses war die Morgenröte aller uns bevorstehenden Erbarmungen Gottes. An die Gnade der Gotteskindschaft, die uns der Heiland gebracht und die wir in der Taufe erhalten haben, knüpfen alle Gnadenanregungen, alle Mitteilungen Gottes an jede einzelne Menschenseele an. O, wenn wir doch die Gabe Gottes besser erkennen würden! *Si scires donum Dei!* Wenn wir verstünden, welch unschätzbaren Wert diese Gnade hat, die uns, ohne die menschliche Natur zu zerstören, zu Kindern Gottes macht und in Erwartung des ewigen Erbes uns schon hienieden ein Leben als Gotteskinder ermöglicht. Ohne sie ist das an natürlichen Gaben reichste Leben, die großartigste Wirksamkeit, die bewundernswerteste Geistesgröße wertlos für das ewige Leben. Darum konnte ein heiliger Thomas schreiben: »eine Gnade ist für die Seele besser, als wenn sie das ganze Weltall geschenkt bekäme.«[815] Hat nicht der göttliche Heiland dasselbe erklärt, wenn er sagt: »Was nützt es dem Menschen, wenn er die ganze Welt gewinnt, aber an seiner Seele Schaden leidet?«[816] Die Gnade ist der

---

814 Hymnus: Veni Creator.
815 Bonum gratiae unius maius est quam bonum totius universi S. th. I–II, q. 113, a. 9, ad 2.
816 Matth. 16, 26.

Anfang des wahren Lebens, der Keim zukünftiger Herrlichkeit, der Same ewiger Seligkeit.

Daraus können wir ersehen, welch unaussprechliches Kleinod die heiligmachende Gnade für eine Seele ist: sie ist die kostbare Perle, schimmernd im Glanze des Erlöserblutes Christi. Nun verstehen wir auch, dass unser göttlicher Erlöser solch furchtbaren Fluch ausgesprochen hat gegen jene, die durch Ärgernis eine Seele verführen und ihr das Leben der Gnade rauben: »Es wäre besser für sie, wenn ein Mühlstein an ihren Hals gehängt und sie in die Tiefe des Meeres versenkt würden.«[817] Wir verstehen, warum jene heiligen Seelen, die ein Leben der Arbeit, des Gebetes und der Sühne führen, um die Bekehrung der Sünder zu erlangen und ihnen die Gnade wieder zu erflehen, dem Herrn so teuer sind. Der hl. Katharina von Siena zeigte der göttliche Meister einmal eine Seele, die sie durch ihr Gebet und Opfer gerettet hatte: »Diese Seele war von solch wunderbarer Schönheit«, bekannte die Heilige dem seligen Raymund, ihrem Beichtvater, »dass man sie mit Worten nicht beschreiben kann.« Und doch hatte diese Seele das Glück der Gottesanschauung noch nicht erlangt; sie strahlte nur im Glanze der Taufgnade. »Schau!« sagte der Herr zur Heiligen; »durch dich habe ich diese schon verlorene Seele wiedergefunden« und dann fügte er bei: »Ist sie nicht wunderbar schön? Sollte man nicht alles auf sich nehmen, um ein solch wunderbares Geschöpf zu gewinnen ? … Ich habe es dir gezeigt, um deinen Eifer für die Rettung der Seelen zu mehren und damit du mit Hilfe der Gnade wieder andere zu gleichem Werk gewinnst«.[818]

Wir sollten die Gnade Gottes in uns ängstlich behüten und alles zu beseitigen trachten, was sie schwächen oder gar den tödlichen Streichen des Teufels gegenüber wehrlos machen möchte: die freiwilligen Widersetzlichkeiten gegen das Wirken des Hl. Geistes, der in uns wohnt und unaufhörlich bemüht ist, all unser Wirken auf Gott zu richten. Unsere Seele sollte, wie der heilige Paulus sagt, *radicata in caritate*, d. h. »in der Liebe festgewurzelt sein«,[819] indem sie die göttliche »Wurzel« der heiligmachenden Gnade und Liebe in sich trägt, so dass ihre Früchte Früchte des ewigen Lebens seien. Wir

---

817 Luc. 17, 2.
818 Siehe das Leben der hl. Katharina von Siena vom seligen Raymund von Kapua.
819 Eph. 3, 17.

272

müssen durch die Gnade und Liebe mit Christus vereinigt sein, wie die Rebe mit dem Weinstock: *Sitis in Christo radicati,* sagt der hl. Paulus ein andermal,[820] »wurzelt fest in Christo!« Die hl. Taufe hat uns Christo eingepflanzt, und seitdem fließt der Saft seiner Gnade in unsere Seelen und befähigt uns zu göttlichem Handeln, weil all unsere Werke aus göttlicher Quelle fließen. Und wenn dieses göttliche Prinzip so mächtig in uns wird, dass es unser ganzes Sein beherrscht, dass all unsere Lebenstätigkeit von ihm ausgeht, dann wird das Wort des hl. Paulus wahr: *Vivo ego, iam non, vivit vero in me Christus;*[821] »Ich lebe,« d. h. ich betätige mich meiner menschlichen und persönlichen Natur gemäß, »doch nicht ich, sondern Christus lebt in mir.« Christus lebt in mir; denn der Urgrund all meiner eigenen Tätigkeit, mein ganzes persönliches Leben ist die Gnade Christi. Alles kommt mir von Christus durch die Gnade und kehrt durch die Liebe zum Vater zurück: »Wir leben Gott in Christo Jesu«: *Viventes autem Christo Iesu.*[822]

ANMERKUNG

Können wir wissen, ob wir im Stande der Gnade, ob wir der Freundschaft Gottes würdig sind? – Mit absoluter Sicherheit, die jeden Zweifel ausschließt, nein. Aber wir dürfen, wir müssen sogar hoffen, dass wir die Gnade Gottes in uns tragen, wenn wir uns keiner schweren Sünde bewusst und bestrebt sind, Gott mit aufrichtigem, gutem Willen zu dienen. Von diesen letzteren Zeichen spricht die hl. Magdalena von Pazzi in ihren Schriften. Den großmütigen Seelen, die seinen göttlichen Einsprechungen treulich Folge leisten, gibt der Hl. Geist oft selbst diese innere Gewissheit: Ipse Spiritus testimonium reddit spiritui nostro quod sumus filii Dei. Es gibt also eine Erfahrungsgewissheit, die zwar die Furcht nicht ausschließt, uns aber genügen muss, um vertrauensvoll jenes göttliche lieben zu leben, zu dem Gott uns beruft und um uns jene tiefinnere Freude empfinden zu lassen, die dem Bewusstsein entspringt, dass wir in und durch Jesus Gegenstand des göttlichen Wohlgefallens sind.

---

820 Col. 2, 7.
821 Gal. 2, 20.
822 Rom. 6, 11

WACHSTUM IN CHRISTUS

ÜBERSICHT: *Das übernatürliche Leben ist einem Gesetz des Fortschritts unterworfen. – I. Abgesehen von den hl. Sakramenten vervollkommnet sich das übernatürliche Leben durch die Übung der Tugenden. – II. Die göttlichen Tugenden. Ihre Natur. Inwiefern sie den Kindern Gottes besonders eigen sind. – III. Warum die Liebe den ersten Rang unter ihnen einnimmt. – IV. Notwendigkeit der eingegossenen und erworbenen sittlichen Tugenden. – V. Sie schützen die Liebe, wie sie hinwiederum von der Liebe beherrscht und gekrönt werden. – VI. Streben nach vollkommener Liebe durch die reine Meinung. – VII. Die Liebe kann alle menschlichen Handlungen umfassen. Größe und Einfachheit des christlichen Lebens. – VIII. Frucht der Liebe und der von ihr belebten Tugenden: Wachstum in Christus zur Vollendung seines mystischen Leibes. – IX. Unser übernatürlicher Fortschritt soll bis zum Tode dauern: donec occurramus omnes in mensuram aetatis plenitudinis Christi.*

Jedes Leben will nicht bloß seiner Art und dem Drange seines inneren Lebensgrundes nach sich betätigen; es will auch wachsen, zunehmen, sich entfalten und vollkommener werden. Das Kind bleibt nicht immer Kind; es soll dem Naturgesetz entsprechend zum Manne werden.

Auch das übernatürliche Leben unterliegt diesem Gesetze. Gott hätte, wenn er gewollt, in einem Augenblick, auf einen einzigen Akt der Willenshingabe hin uns jenen Grad der Heiligkeit und Herrlichkeit geben können, den er für uns bestimmt hat. So war es bei den Engeln. Für uns aber hat Gott dieses nicht gewollt. Wenn auch Christi Verdienste die Ursache all unserer Heiligkeit sind und seine Gnade die Quelle alles übernatürlichen Lebens, so hat er doch bestimmt, dass wir in steter Mitarbeit zu unserer Vervollkommnung und geistigen Entfaltung beitragen. Dazu soll die Lebenszeit, die wir im Glauben hienieden verbringen, uns dienen. Wir müssen, wie schon gesagt, vor allem die Hindernisse beseitigen, die sich dem göttlichen Leben in uns entgegenstellen, und zugleich die Akte setzen, die geeignet sind, das geistige Leben in uns zu entwickeln, damit wir im Augenblick unseres Todes den uns bestimmten Grad der Heiligkeit erreicht haben. Der hl. Paulus nennt dieses »zum Vollalter Christi gelangen«.

Der gleiche Apostel belehrt uns über die Notwendigkeit dieses geistigen Wachstums, sowie über die Mittel des Fortschritts im übernatürlichen Leben. Nachdem er uns aufgefordert, »die Wahrheit in Liebe zu üben«, fügt er sogleich hinzu, »wir wollen nach jeder Hinsicht in den hineinwachsen, der das Haupt ist, Christus. *Veritatem facientes in caritate, crescamus in illo per omnia qui est caput Christus.*«[823]

Im vorhergehenden Kapitel haben wir gesehen, was der hl. Paulus darunter versteht, wenn er sagt, »in der Wahrheit und in der Liebe leben«; wir haben gesehen, dass in diesen Worten der Grundgedanke unseres ganzen übernatürlichen Lebens gegeben ist: durch die heiligmachende Gnade mit Christo vereinigt bleiben und all unser menschliches Tun durch die Liebe auf die Verherrlichung seines Vaters zu beziehen. Das ist das Grundgesetz, von dem das göttliche Leben in uns abhängt.

Wir wollen nun sehen, wie dieses Leben, das uns in der Taufe eingepflanzt wurde, insoweit es auf unsere Mitwirkung ankommt, sich weiter entwickeln und entfalten soll.

Das ist sehr wichtig. Betrachten wir unsern göttlichen Heiland. Sein ganzes Leben ist der Verherrlichung des Vaters geweiht. Er will nur dessen Willen tun. *Non quaero voluntatem meam, sed voluntatem eius qui misit me, (patris)* »ich suche nicht meinen Willen, sondern den Willen dessen, der mich gesandt hat.«[824] Nichts anderes hat er gesucht, und am Ende seines Lebens kann er dem Vater sagen, dass er seine Aufgabe erfüllt und ihn verherrlicht habe *ego te clarificavi super terram.*[825] Der Wunsch seines göttlichen Herzens ist, dass auch wir nach seinem Beispiel den Vater verherrlichen. Wie ist das zu verstehen?

Der Heiland sagt es uns: »Wir sollen viele Früchte hervorbringen, unser Streben nach Vollkommenheit soll stetig zunehmen, *in hoc clarificatus est pater meus, ut fructum plurimum afferatis*, darin wird mein Vater verherrlicht, dass ihr viele Frucht bringet.«[826] Und ist nicht gerade deswegen der Heiland gekommen, hat sein Blut vergossen und uns seine unendlichen Verdienste mitgeteilt? Er ist gekommen, damit wir das göttliche Leben haben und es im Überfluss besitzen: *Ego veni ut vitam habeant et abundantius habeant.*[827] Bitten wir ihn wie die Samariterin, der einst die Größe des »Gottesgeschenkes« enthüllte, er möge

---

823 Eph. 4, 15.
824 Joan. 5, 30 und 6, 38.
825 Joan. 17, 4.
826 Joan. 15, 8.
827 Joan. 10, 10.

auch uns von dem »lebendigen Wasser« geben, bitten wir ihn, er möge durch seine Kirche uns zeigen, wo wir schöpfen müssen, um jene überreichen Gewässer zu finden, aus denen alle Früchte des Lebens und der Heiligkeit, wie sie seinem Vater wohlgefällig sind, hervorquellen, jene Wasser, die unseren Durst löschen bis zum ewigen Leben.

Die Hauptquellen unseres geistigen Wachstums sind die Sakramente. Sie wirken in uns durch die ihnen innewohnende Kraft, *ex opere operato*, ähnlich wie die Sonne von selbst Licht und Wärme spendet; nur dürfen wir ihrer Wirksamkeit kein Hindernis entgegenstellen. Vor allen anderen Sakramenten ist es die heilige Eucharistie, die in besonderer Weise das göttliche Leben in uns fördert. Wir empfangen hier ja Christum selbst und trinken an der Quelle lebendigen Wassers. Deswegen werden wir weiter unten das Wasser der hl. Kommunion und die Bedingungen für ihre fruchtbare Wirkung in uns in einem eigenen Kapitel näher besprechen.

Hier sollen die allgemeinen Gesetze angegeben werden, kraft deren wir, abgesehen vom Empfang der hl. Sakramente, das Leben der Gnade in uns vermehren können.

1

Das Konzil von Trient lehrt über diesen Gegenstand: »Wenn wir von der Sünde gereinigt, Freunde und Hausgenossen Gottes (durch die heilige Gnade) geworden sind, so müssen wir uns Tag für Tag erneuern, wie der hl. Paulus schreibt, und von Tugend zu Tugend fortschreiten ... durch Beobachtung der Gebote Gottes und der Kirche in der Rechtfertigung, die wir von Christus empfangen haben, wachsen. Der Glaube muss unsere guten Werke begleiten, auf dass wir zunehmen an Gnade und immer gerechter werden vor Gott, wie geschrieben steht: Wer gerecht ist (d.h. wer durch die heiligmachende Gnade Gottes Freundschaft besitzt), werde noch gerechter, und wiederum: Scheue dich nicht, bis zum Tode dich der Gerechtigkeit zu befleißigen Dieses Wachstum in der Gnade erfleht die Kirche, wenn sie am 13. Sonntag nach Pfingsten betet: »Gib uns, o Herr, Vermehrung des Glaubens, der Hoffnung und der Liebe.«[828]

Neben den guten Werken empfiehlt das hl. Konzil uns also vor allem die Übung der göttlichen Tugenden als Quelle unseres Fortschrit-

---

828 Sess. 6, cap. 10.

tes und Wachstums im geistlichen Leben, dessen Grundlage die Gnade ist.

Wie verwirklicht sich nun dieser Fortschritt? – Zunächst durch die guten Werke. Wir haben schon gesagt, dass jedes im Stande der Gnade und aus Liebe zu Gott verrichtete gute Werk verdienstlich ist für den Himmel, durch jede verdienstliche Handlung gewinnt die Seele eine Vermehrung der Gnade. »Quolibet actu meritorio meretur homo augmentum gratiae.«[829] Die guten Werke, die eine Seele im Stande der Gnade verrichtet, sind nicht bloß Früchte oder Kennzeichen unserer Eigenschaft als Kinder Gottes, sie mehren auch, wie das Konzil von Trient ausführt, jene Gerechtigkeit, die uns vor Gott angenehm macht. Je mehr wir unsere guten Werke vervielfältigen,[830] um so mehr wächst die Gnade in uns. Sie wird immer stärker und wirksamer, und mit ihr wächst die Liebe, zugleich damit aber auch die einstige ewige Seligkeit, die ja nichts anderes ist als die himmlische Entfaltung unseres Gnadenstandes hienieden.[831] Darum wiederholt das Konzil die Worte des hl. Paulus: »Seid fest und unerschütterlich, allezeit voll Eifer im Werke des Herrn, überzeugt, dass eure Mühe nicht vergeblich ist im Herrn.«[832]

Vor allem aber wächst das Leben der Gnade durch Übung der Tugenden.

Aus der Natur des Menschen entspringen bekanntlich bestimmte Fähigkeiten – Verstand, freier Wille, Gefühlsvermögen und Einbildungskraft – Grundlagen unserer Tätigkeit, wirkende Kräfte, die uns zu vollwertigen, menschlichen Handlungen befähigen; ohne sie wäre ein Mensch nicht vollkommener Mensch in der nun einmal gegebenen Wirklichkeit: Mensch.

Ähnlich verhält es sich im übernatürlichen Leben. Die heiligmachende Gnade ist die übernatürliche Lebensform unserer Seele, die ihr

---

829 S. th. I–II, q. 114, a. 8.

830 Si quis dixerit iustitiam acceptam non conservari atque etiam augeri coram Deo per bona opera, sed opera ipsa fructus solum modo et signa esse iustificationis acceptae, non autem ipsius augendae causam, anathema sit. Sess. 6, can. 24.

831 Si quis dixerit ... ipsum (hominem) iustificatum bonis operibus quae ab eo per Dei gratiam et Iesu Christi meritum cuius vivum membrum est, fiunt, non vere mereri augmentum gratiae, vitam aeternam et ipsius vitae aeternae, si tamen in gratia decesserit, consecutionem atque etiam gloriae augmentum, anathema sit. Concil. Trid. Sess. 6, can. 32.

832 1. Cor. 15, 58, Sess. 6, c. 16.

gleichsam ein neues Sein – *nova creatura* – verleiht und uns dadurch zu Kindern Gottes macht. – Gott aber, der alles mit Weisheit vollbringt und seine Gaben in überreichem Maße austeilt, hat diese Übernatur mit Kräften ausgestattet, die ihrer neuen Verfassung entsprechend, den Menschen befähigen, seinem übernatürlichen Ziele gemäß zu handeln, d. h. als Kind Gottes, das Christi ewiges Erbe im Himmel erwartet. Diese Kräfte sind die eingegossenen, übernatürlichen Tugenden.

Man nennt sie Tugenden (lateinisch *virtutes* von *virtus* Kraft), d. h. Kräfte, Fähigkeiten, weil sie uns zum Handeln befähigen – Tätigkeitsprinzipien, Kraftquellen sind, die in uns bleiben als ständige Fertigkeiten und jeden Augenblick in Tätigkeit treten können, um uns rasch, leicht und freudig Gott wohlgefällige Werke hervorbringen zu lassen.

Diese Kraftquellen heißen ü b e r n a t ü r l i c h, weil sie nicht aus unserer Natur entspringen und weil sie uns zu einem Ziele hinführen, das unsere Fähigkeiten und die Kräfte unserer Natur übersteigt. – Das Wort e i n g e g o s s e n endlich besagt, dass Gott selbst bei der hl. Taufe zugleich mit der heiligmachenden Gnade unserer Seele diese übernatürlichen Kräfte eingesenkt hat.

Durch die Gnade sind wir Kinder Gottes; die eingegossenen, übernatürlichen Tugenden befähigen uns, als Kinder Gottes zu h a n d e l n und Werke zu verrichten, die unseres übernatürlichen Zieles würdig sind.

Wir müssen aber die eingegossenen Tugenden von den n a t ü r - l i c h e n Tugenden unterscheiden. – Letztere sind Eigenschaften oder Fähigkeiten, die jeder Mensch, auch der Ungläubige, durch persönliche Anstrengungen und häufig wiederholte Handlungen sich erwirbt und entwickelt, wie Mut, Stärke, Klugheit, Gerechtigkeit, Milde, Redlichkeit und Aufrichtigkeit. Es sind diese natürlichen Anlagen, die durch Übung und Pflege zu erworbenen Gewohnheiten werden. Sie vervollkommnen und verschönern unser natürliches Sein auf dem Gebiete des Wissens oder der Sittlichkeit.[833]

Ein Vergleich wird uns das Verständnis der erworbenen natürlichen Tugenden näher bringen. Wenn jemand Kenntnis mehrerer fremder Sprachen besitzt, so ist ihm diese gewiss nicht von Geburt an eigen, er hat sie durch Übung und wiederholte Bemühungen erworben, besitzt sie nun aber als gewohnheitsmäßige Fertigkeit, die ihm auf den leisesten Wink des Willens zur Verfügung steht. Ohne Schwierigkeit kann er sich dieser Sprache bedienen, wenn er will. Ähnlich verhält

---

833 Cf. S. th. I–II, q. 110, a. 3.

es sich mit jenem, der musikalische Fertigkeiten erworben hat. Wohl mag er behindert sein, diese Kunst zu jeder beliebigen Zeit auszuüben, die Fertigkeit aber bleibt ihm eigen. Der Künstler nimmt seinen Bogen oder setzt sich ans Klavier und spielt mit dergleichen Leichtigkeit, mit der andere die Augenlider oder den Fuß bewegen. Es versteht sich aber von selbst, dass jede erworbene natürliche Tugend gleich anderen erworbenen Fertigkeiten beständig geübt und gepflegt werden muss, damit sie nicht verloren gehe. Durch Übung ward sie erworben, durch Übung muss sie auch erhalten werden.

Wesentlich anders verhält es sich mit den eingegossenen, übernatürlichen Tugenden. Zunächst erheben sie uns über unsere Natur. Wir üben sie allerdings mit jenen Vermögen, die uns von Natur aus eigen sind (Verstand und Wille), aber diese Vermögen werden erhöht, emporgehoben, wenn ich so sagen darf, zu göttlichem Niveau, so dass die Akte dieser Tugenden nun die gewollte Beziehung zu unserem übernatürlichen Ziele erlangen. – Dann ist zu bedenken, dass wir diese Tugenden nicht durch persönliche Bemühungen erwerben. Gottes unbegrenzte Freigebigkeit legt sie im Keime in unsere Seele nieder zugleich mit der heiligmachenden Gnade, deren Ehrengeleite sie bilden: *simul infunduntur.*

2

Was sind also diese übernatürlichen Tugenden? Es sind, wie gesagt, Kräfte die uns befähigen, übernatürlich zu handeln, als Kinder Gottes zu leben und unsere ewige Bestimmung zu erreichen.

In der Abhandlung über das Wachstum des göttlichen Lebens in uns, nennt das Konzil von Trient vor allem die Tugenden des Glaubens, der Hoffnung und der Liebe. Sie heißen göttliche Tugenden, weil Gott ihr unmittelbares Ziel ist;[834] durch sie gelangen wir zur Erkenntnis Gottes, hoffen auf ihn und lieben ihn auf übernatürliche Weise, wie es unserm Stand als Kinder Gottes und unserer Berufung zur ewigen Seligkeit entspricht. Sie sind darum die eigentlichen Tugenden der übernatürlichen Ordnung: hierin liegt ihr Vorzug und ihre Würde.

---

834 Der hl. Thomas (S. th. I–II, q. 62, a. 1) nennt zwei weitere Gründe für die Bezeichnung »göttliche« Tugenden: weil sie von Gott selbst unserer Seele eingegossen sind und weil wir nur durch göttliche Offenbarung Kenntnis von ihnen erlangt haben.

Und wie sehr entsprechen sie unserer übernatürlichen Berufung! Was ist erfordert, um Gott zu besitzen?

Zunächst muss man ihn erkennen. Im Himmel werden wir ihn schauen von Angesicht zu Angesicht, »wir werden ihm ähnlich sein, denn wir werden ihn sehen, wie er ist: *Similes ei erimus quoniam videbimus eum sicut est«;*[835] hienieden sehen wir ihn nicht, aber durch den G l a u b e n an ihn und an seinen Sohn, durch den Glauben an sein Wort erkennen wir ihn, wenn es auch nur ein Erkennen im Dunkel ist. Aber was er uns von sich selbst, von seinem Wesen, seinem Leben, seinen Erlösungsabsichten durch seinen Sohn geoffenbart hat, wissen wir mit aller Bestimmtheit. »Der Sohn hat es uns gesagt, er, der allezeit im Schoße des Vaters ist«, und wir wissen es, weil wir an sein Wort glauben: *»Deum nemo vidit unquam. Unigenitus Filius qui est in sinu patris, ipse enarravit.«*[836] Diese Erkenntnis aus dem Glauben ist darum ein göttliches Wissen, ein Wissen, das, wie der Heiland sagt, das ewige Leben vermittelt: *»Haec est vita aeterna, ut c o g n o s c a n t te solum Deum verum et quem misisti Iesum Christum.* Das aber ist das ewige Leben: dich erkennen, den Einen wahren Gott und den du gesandt hast Jesum Christum.«[837]

Im Lichte dieses Glaubens erkennen wir, worin unsere ewige Seligkeit besteht, das »was kein Auge geschaut, kein Ohr gehört, was in keines Menschen Herz je gedrungen ist«, nämlich die Schönheit und Größe der Herrlichkeit, »die Gott jenen bereitet hat, die ihn lieben.«[838] Diese unaussprechliche Seligkeit geht über unsere natürlichen Kräfte hinaus, dennoch können wir sie erreichen. Gott selbst legt in unsere Seele das Bewusstsein, dass wir mit seiner Gnade, die uns als Frucht der Verdienste Christi geschenkt wird, trotz aller Hindernisse dieses hohe Ziel erreichen werden. Mit dem hl. Petrus können, wir beten: »Gepriesen sei Gott, der Vater unseres Herrn Jesus Christus, der uns in seiner großen Barmherzigkeit … wiedergeboren hat (durch die Taufe) zu lebendiger H o f f n u n g auf das unvergängliche Erbe, das uns im Himmel bereitet ist.«[839]

---

835 1. Joan. 3, 2.
836 Joan. 1, 18.
837 Joan. 17, 3.
838 1. Cor. 2, 9.
839 1. Petr. 1, 3; cf. 2. Cor. 1, 3.

280

Die L i e b e endlich führt uns hienieden zur Vereinigung mit Gott, in Erwartung des ewigen Besitzes im Himmel: darum ist es die Liebe, die Glaube und Hoffnung vollendet und krönt. Sie gibt uns Freude an Gott, so dass wir ihn allem anderen vorziehen und danach streben, unsere Freude und Hingebung durch Erfüllung seines Willens kund zu tun. »Die Hoffnung,« sagt der heilige Augustin, »ist die Gefährtin des Glaubens, sie ist uns deshalb vonnöten, weil wir noch nicht sehen, was wir glauben, und sie hilft uns, des Wartens nicht müde zu werden. Die Liebe endlich lässt unser Herz hungern und dürsten nach Gott und gibt unserer Seele die Flüger der Sehnsucht;«[840] denn der Hl. Geist hat in unsere Seele die Liebe ausgegossen, in der wir zu Gott rufen: *Abba*, Vater! Sie ist eine übernatürliche Fähigkeit, die uns Gott anhangen lässt als der unendlichen, über alles liebenswürdigen Güte: *Quis nos separabit a caritate Christi,* »wer wird uns scheiden von der Liebe Christi?«[841]

Dieses also sind die göttlichen Tugenden: wunderbare Fähigkeiten, staunenswerte Kräfte für das übernatürliche Leben hier auf Erden. Sie lassen uns Gott erkennen, so wie er sich uns durch seinen Sohn geoffenbart hat, lassen uns hoffen auf ihn und auf jene Seligkeit, die er uns um der Verdienste seines Sohnes willen verheißen hat; sie lehren uns ihn lieben über alles: das aber ist unsere edelste Aufgabe, als Kinder Gottes und Erben jenes Reiches, das wir einmal mit Jesus Christus, unserem erstgeborenen Bruder teilen dürfen.

Gottes freigebige Güte hat uns diese Fähigkeiten verliehen. Wir dürfen aber nicht außer Acht lassen, dass sie uns zwar ohne unser Zutun gegeben wurden, uns aber nicht erhalten bleiben, noch sich entwickeln ohne unsere Mitwirkung.

Naturgemäß muss jede Fähigkeit ihre entsprechende Betätigung finden;[842] eine Kraft, die untätig bleibt, z. B. ein Verstand, der nicht denken würde, wäre ihres Zweckes und somit auch der ihr bestimmten Vollkommenheit verlustig. Die Fähigkeiten sind uns nur dazu gegeben, dass wir sie betätigen.

Auch die unserer Seele eingegossenen, göttlichen Tugenden unterliegen diesem Naturgesetz der Vervollkommnung; es würde der Vollkommenheit unseres übernatürlichen Lebens von größ-

---

840 Serm. 53.
841 Rom. 8, 35.
842 S. th. II–II, q. 56, a. 2. cf. I–II, q. 55, a. 2.

tem Nachteil sein, wenn wir sie unbenutzt ließen. Sie können durch Übung nicht erworben werden, sonst wären sie ja nicht eingegossen. Aus dem gleichen Grunde kann auch Gott allein sie in uns vermehren. Das Konzil von Trient[843] ermahnt uns darum, Gott um Vermehrung dieser Tugenden zu bitten. So haben auch die Apostel den Heiland um Vermehrung des Glaubens gebeten,[844] und der hl. Paulus schreibt an die Römer, er bete zu Gott, dass er ihnen überfließende Hoffnung verleihe[845] und bittet desgleichen um Vermehrung der Liebe in den Herzen seiner teuren Philipper.[846]

Zu diesem Gebet und dem Empfange der hl. Sakramente muss sich die Übung der Tugend gesellen. – Gott b e w i r k t in uns die Vermehrung dieser Tugenden, aber unsere im Stande der Gnade vollzogene Mitwirkung ist deren v e r d i e n e n d e Ursache. Durch unsere Werke verdienen wir, dass Gott diese dem übernatürlichen Leben unentbehrlichen Tugenden in uns vermehre. – Übung der Tugend verschafft uns fernerhin L e i c h t i g k e i t in deren Betätigung. Und das ist von großer Wichtigkeit; denn hier handelt es sich um unsere eigentlichen Standestugenden als Gotteskinder.

Bitten wir daher den lieben Gott recht oft um Vermehrung dieser Tugenden, bitten wir ihn bei der hl. Kommunion, in der Betrachtung, zur Zeit der Versuchung: »O Herr, ich glaube, aber mehre meinen Glauben; auf dich allein hoffe ich, o stärke meine Hoffnung; dich liebe ich über alles, aber ich bitte dich, entzünde meine Liebe, damit ich nichts anderes suche und verlange als die Erfüllung deines heiligsten Willens.«

3

Vor allem aber müssen wir die Liebe üben. Im Himmel werden Glaube und Hoffnung aufhören. Der Glaube wird übergehen in Schauen, die Hoffnung in den Besitz; und aus dieser vollkommenen Anschauung, aus dem gesicherten Besitze Gottes wird die Liebe erstrahlen, die kein Ende kennt. Darum bezeichnet der hl. Paulus die Liebe als

---

843 Sess. 10, cap. 10.
844 Luc. 17, 5.
845 Rom. 15, 13.
846 Phil. 1, 9.

die größte unter den drei göttlichen Tugenden: sie allein hört nie auf, *maior autem horum est caritas.*[847]

Dieser Ehrenplatz aber gebührt der Liebe schon hienieden. Bei diesem wichtigen Gedanken müssen wir etwas verweilen.

Wenn die Liebe sich den anderen Tugenden zugesellt, verleiht sie ihnen besonderen Wert, gibt ihnen neue Kraft und ist Quelle neuen Verdienstes. Gesetzt, wir nehmen bereitwillig und freudig eine Demütigung auf uns, so wäre das ein Tugendakt der Demut; wir verzichteten freiwillig auf eine erlaubte Freude, so übten wir die Tugend der Mäßigkeit; wir sängen Gottes Lob in Ausübung der Gottesverehrung: eine jede dieser Tugendübungen, im Stande der Gnade verrichtet, hat ihren eigenen Wert, ihr besonderes Verdienst, die ihr eigene Schönheit. Wird aber ein solcher Akt noch außerdem mit der ausdrücklichen Meinung der Liebe zu Gott verrichtet, so ist er, wenn ich so sagen darf, von der Liebe vergoldet und gewinnt zu dem eigenen Verdienste noch jenes des höheren Beweggrundes.[848]

Daraus folgt die hervorragende Bedeutung der Liebe für unser übernatürliches Leben und unsere Heiligkeit, die zunehmen nach dem Maß der Liebe, mit der wir unsere Handlungen verrichten. Je reiner und vollkommener unsere Liebe zu Gott bei irgendeiner Tugendübung ist, sei es der Frömmigkeit, Gerechtigkeit, Gottesverehrung, Demut, des Gehorsams oder der Geduld (vorausgesetzt natürlich, dass, wie schon gesagt, diese Tugenden übernatürlich sind und im Stande der Gnade verrichtet werden), um so verdienstlicher ist eine solche Handlung und um so mehr wächst in uns die Gnade und das übernatürliche Leben. Hören wir, was der hl. Franz von Sales, dieser gottbegnadete Lehrer des christlichen Lebens, darüber schreibt: »Wenn die Liebe in einer Seele glühend, mächtig und erhaben ist, so wird sie auch alle anderen Tugendwerke, die aus derselben hervorgehen, in weit höherem Grade veredeln und vervollkommnen. Man kann für Gott den Tod, ja den Tod im Feuer erleiden, ohne die wahre Liebe zu haben, wie der hl. Paulus voraussetzt, wie sollte man ihn dann nicht mit solch wahrer, wenn auch geringer Liebe leiden können? Es kann sehr wohl der Fall sein, meint Theotimus, dass eine an sich geringe Tugend weit mehr Kraft in einer Seele habe, wo die Liebe mächtig und glühend herrscht, als selbst das Martyrium in ei-

847 1. Cor. 13,13.
848 S. th. II–II, q. 23, a. 8.

ner anderen Seele, deren Liebe matt, schwächlich und langsam ist ... Darum sind auch die kleinen Einfältigkeiten, Selbsterniedrigungen und Demütigungen, deren sich die Heiligen so gut gegen die ungeordnete Eigenliebe und die Gefahren der Selbstgefälligkeit zu bedienen wussten, in den Augen Gottes viel herrlicher und wertvoller als große und berühmte Taten mancher anderer, die mit geringer Liebe und wenig Eifer verrichtet wurden, denn diese Heiligen vollbrachten solche Werke mit dem Eifer und dem Feuer einer brennenden Gottesliebe.«[849]

An der gleichen Stelle führt der hl. Franz v. Sales den Heiland selbst als Beispiel an, und das mit vollem Recht.

Betrachten wir für einen Augenblick den göttlichen Heiland in seiner Werkstätte zu Nazareth. Bis zum 30. Lebensjahre hat er in schlichter Arbeit und solcher Verborgenheit gelebt, dass seine Landsleute zu Anfang seiner öffentlichen Tätigkeit, als er die ersten Wunder wirkte, so überrascht waren, dass sie an ihm Anstoß nahmen: *Nonne hic est fabri filius.* »Ist das nicht des Zimmermanns Sohn,« den wir kennen? Woher hat er denn diese Weisheit und Wunderkraft?[850] In all diesen Jahren hatte der Heiland eben nichts Außergewöhnliches getan, das die Augen auf ihn hätte lenken können, er war nur bei seiner einfachen Arbeit gewesen. Und doch war diese Arbeit in den Augen des himmlischen Vaters von unendlichem Werte aus zwei Gründen: Zunächst weil jener, der hier arbeitete, der Sohn Gottes selbst war, so dass von diesem verborgenen Leben jeden Augenblick das Wort des Vaters galt: »Dies ist mein geliebter Sohn, an dem ich mein Wohlgefallen habe.« Dann aber verrichtete Jesus Christus seine Arbeit nicht bloß mit der größtmöglichen Vollendung; sie geschah auch ganz und gar nur zur Ehre seines Vaters: *Non quaero voluntatem meam, sed eius qui misit me (patris),* »ich suche nicht meinen Willen zu tun, sondern den Willen dessen, der mich gesandt hat.«[851] Dies ist die einzige Triebfeder aller Handlungen seines Lebens: »Ich tue nur das, was ihm wohlgefällig ist,« *quae placita sunt ei facio semper.*[852] Alles, was der Heiland getan hat, geschah mit unvergleichlicher Vollkommenheit innerer Liebe zum Vater.

---

849 Theotimus. Buch 11, Kap. 5.
850 Matth. 13, 55.
851 Joan. 5, 30; cf. 6, 38.
852 Joan. 8, 29.

284

Aus diesen beiden Gründen waren alle Handlungen Jesu Christi, mochten sie auch äußerlich noch so unscheinbar sein, wohlgefällig vor Gott und von unendlichem Werte für die Erlösung der Welt. Können wir Christo hierin nachfolgen? Ohne Zweifel. Der hypostatischen Vereinigung, die den Gottmenschen zum wahren und wirklichen Sohne Gottes macht, entspricht bei uns der Stand der Gnade. Die Gnade macht uns zu Kindern Gottes; von allen, die im Besitze der heiligmachenden Gnade sind, kann der Vater im Himmel sagen: *hic est filius meus dilectus*, dies ist mein geliebtes Kind. Der Heiland hat es gesagt: *Nonne scriptum est . . . Ego dixi: Dii estis ...* »Steht nicht geschrieben: Ich sprach: Ihr seid Götter? ... «[853] obwohl natürlich Jesus allein der wahre und wesentliche Sohn Gottes ist, wir hingegen nur angenommene Kinder sind. – Der zweite Grund für den Wert unserer guten Handlungen liegt wie bei Christus nicht allein darin, dass ihr Beweggrund die Liebe ist, sondern in der i n n e r e n V o l l k o m m e n h e i t dieser Liebe, in dem höheren Grade der Liebe, die unser Tun beseelt und unser Wachstum im übernatürlichen Leben bedingt. Das ist äußerst wichtig für uns, wenn wir uns nicht mit dem begnügen wollen, was als Mindestmaß notwendig ist, um unsere Werke vor Gott verdienstlich zu gestalten, sondern wenn wir den Grad dieser Verdienstlichkeit erhöhen und rascher zur Vereinigung mit Gott gelangen wollen. Um das durch ein Beispiel aus dem Leben verständlicher zu machen, denken wir uns zwei Personen, die im Stande der Gnade nebeneinander ein scheinbar ganz gleiches Leben führen. Beide vollbringen, rein äußerlich genommen, die gleichen Werke, und doch besteht in den Augen Gottes gar oft ein großer Unterschied zwischen ihnen. Die eine Seele macht keine Fortschritte, die andere hingegen schreitet rasch voran auf dem Wege der Gnade, der Vollkommenheit und Heiligkeit. Woher dieser Unterschied? Vom Gnadenstande? Nein, denn wir setzten bei beiden Personen den Besitz der heiligmachenden Gnade voraus. Von der besseren oder minderen Beschaffenheit der Handlungen? Auch nicht, denn beide verrichten ja die ganz gleichen. Oder liegt es an der größeren Sorgfalt, mit der das Werk der einen geschah? Nein, denn auch sie ist bei beiden Personen als die gleiche angenommen worden. Woher also der Unterschied? Er kommt von der inneren Vollkommenheit; vom Grade der Liebe, von der Innigkeit der guten Meinung, mit der die Wer-

---

853 Joan. 10, 34.

ke geschehen. Die eine Seele, ganz Gott zugewandt, tut alles getragen von großer, hingebender Liebe, ihr Streben geht einzig darauf, Gott zu gefallen; sie verharrt innerlich sozusagen in tiefster Ehrfurcht vor Gott niedergeworfen, all ihre Handlungen wurzeln in Gott und darum führt eine jede derselben sie näher zu ihm, rasch schreitet sie voran auf dem Wege der Vereinigung mit Gott. – Die andere Seele hingegen verrichtet zwar das gleiche Werk, aber sie ist lau im Glauben, sie denkt nicht an die Interessen Gottes und seines Reiches auf Erden; ihrer Liebe fehlt das Feuer, sie begnügt sich mit dem Mittelmäßigen und Alltäglichen. Das Verdienst ihrer Handlungen ist gering und kann durch Unachtsamkeit, Eigenliebe, Eitelkeit und tausend andere menschliche Beweggründe, die sich infolge der Nachlässigkeit oder des Leichtsinns einer solchen Seele ihren Werken beimischen, noch vermindert werden.

Das ist das Geheimnis des großen Unterschiedes in den Augen Gottes[854] zwischen Seelen, die nebeneinander leben und äußerlich ganz das gleiche Dasein führen.

Daraus ersehen wir die hervorragende Bedeutung der göttlichen Tugend der Liebe. Sie ist der eigentliche Maßstab für das übernatürliche Leben in uns. Möchten wir doch in allem den Heiland im Vorbild nehmen, in all unserm Tun die Verherrlichung Gottes vor Augen haben! Bitten wir recht oft den Herrn im vertrauten Verkehre mit ihm, dass all unser Handeln gleich dem seinen von Liebe getragen sein möge, dass er uns mitteile von jener Liebe zum Vater, die ihn beseelte und ihn alles so vollkommen verrichten ließ, weil er den Vater liebte: *quia diligo patrem.*[855] Ein solches Gebet wird der Heiland ganz gewiss erhören.

4

Da wird man nun vielleicht einwenden: Genügt es dann nicht, nach der Liebe allein zu streben? Sind alle anderen Tugenden nicht überflüssig? Das wäre ein großer Irrtum, denn die Liebe ist ein kostbarer Schatz, den wir sorgfältig umhegen müssen, um ihn nicht zu verlieren.

854 Hier ist mit Absicht gesagt worden »in den Augen Gottes«, denn das menschliche Auge kann diesen Unterschied nicht immer wahrnehmen. Ja, es kann sein, dass jemand äußerlich vorwurfsfreier, »korrekter« vor den Menschen dasteht, als ein anderer, dessen Vereinigung mit Gott viel inniger ist, bei dem aber die Entfaltung der Gnade nach außen hin durch unverschuldete Eigenheiten des Charakters behindert ist.

855 Joan. 14, 31.

Glaube und Hoffnung gehen uns nur dann verloren, wenn wir uns mit einer schweren Sünde unmittelbar gegen diese Tugenden selbst verfehlen, wie etwa durch Irrglauben oder Verzweiflung. Die Liebe aber geht uns, wie ihre Wurzel, die Gnade, durch jede schwere Sünde, welcher Art sie auch sei, verloren. Jede schwere Sünde ist ein Todfeind der Liebe. Durch die schwere Sünde nämlich wendet die Seele sich voll und ganz von Gott weg und dem Geschöpfe zu, und das steht in schroffstem Gegensatz zur übernatürlichen Liebe. Die Liebe ist eine kostbare Perle, ein unschätzbares Gut, kann aber durch jede schwere Sünde verloren gehen. Darum muss sie allseitig geschützt werden, und das ist die Aufgabe der sittlichen Tugenden. Sie sind die Wächterinnen der Liebe, denn sie helfen der Seele, die freiwilligen lässlichen Sünden zu vermeiden und sich vor schweren Sünden zu hüten.

Darum sollen hier auch den sittlichen Tugenden noch einige Worte gewidmet werden. Der Rahmen und Charakter dieser Abhandlung gestattet kein allzu langes Verweilen; trotzdem hoffe ich, die Wichtigkeit dieser Tugenden und ihre Aufgabe im übernatürlichen Leben genügend dartun zu können.

Die sittlichen Tugenden sind, wie schon der Name besagt, jene Tugenden, die unser sittliches Verhalten, d. h. solche Handlungen regeln, die unser Leben mit dem Gesetze Gottes (den Geboten Gottes und der Kirche, den Pflichten unseres Standes) in Einklang bringen, so dass wir unser letztes Ziel erreichen. Daraus ist ersichtlich, dass diese Tugenden nicht wie die göttlichen Tugenden Gott selbst zum unmittelbaren Gegenstand haben. Die Zahl der sittlichen Tugenden ist sehr groß: Geduld, Gehorsam, Demut, Abtötung, Selbstverleugnung, Frömmigkeit und wie sie alle heißen; sie lassen sich aber insgesamt auf vier hauptsächliche sogenannte Kardinaltugenden[856] zurückführen, nämlich Klugheit, Gerechtigkeit, Mäßigkeit und Starkmut. Diese Kardinaltugenden sind sowohl natürliche (erworbene) als übernatürliche (eingegossene) Tugenden, die zueinander in Beziehung stehen; es gibt also eine erworbene und eine eingegossene Mäßigkeit, einen erworbenen und einen eingegossenen Starkmut usw. Worin aber besteht deren gegenseitige Beziehung zueinander? Darin dass die Tätigkeit beider sich auf das gleiche Gebiet erstreckt und dass die Mit-

---

856 Das Wort kommt vom lateinischen cardo, »Angel«; die vier Kardinaltugenden bilden nämlich die Angel, um die unser ganzes geistliches Leben sich dreht und worauf es sich stützt.

hilfe der erworbenen sittlichen Tugenden zur vollen Entfaltung der eingegossenen Tugenden erforderlich ist. Inwiefern?

Seit der Erbsünde ist unsere Natur verdorben; wir tragen in uns böse Neigungen, die teils aus Vererbung, teils aus unserer besonderen Charakteranlage, teils auch von angenommenen schlechten Gewohnheiten herrühren, eben so viele Hindernisse, die sich der vollkommenen Erfüllung des göttlichen Willens entgegenstellen. Wer wird diese Hindernisse beseitigen? Etwa die eingegossenen sittlichen Tugenden, die Gott mit der Gnade in uns niederlegt? Nein, sie haben an und für sich nicht dieses Vorrecht. Gewiss bedeuten sie für uns kostbare Tätigkeitsprinzipien, aber nach einem psychologischen Gesetze können schlechte Gewohnheiten und böse Neigungen nur durch die entgegengesetzten Gewohnheiten beseitigt oder gebessert werden; die guten Gewohnheiten selbst aber erwirbt man nur durch Übung und häufige Wiederholung entsprechender Handlungen; daher die erworbenen, sittlichen Tugenden. Ihre Aufgabe ist es, unsere schlechten Gewohnheiten zu vernichten und uns Leichtigkeit im Guten zu erwerben. In dieser Leichtigkeit im Guten besteht die Mithilfe, welche die erworbenen sittlichen Tugenden den eingegossenen Tugenden entgegenbringen. Letztere machen Gebrauch von dieser zwar sehr bescheidenen, aber notwendigen Hilfe und erheben dafür ihrerseits die betreffenden Tugendakte auf übernatürliche Höhe und verleihen ihnen Verdienstlichkeit. Wir dürfen in der Tat niemals vergessen, dass es keine natürlichen Tugend, mag sie noch so groß und herrlich sein, möglich ist, sich selbst auf übernatürliche Höhe zu erschwingen, das ist das Vorrecht der eingegossenen Tugenden und darin liegt ihre unvergleichlich höhere Würde und Größe.

Ein Beispiel mag dies klarer dartun. Seit dem Sündenfalle tragen wir in uns die Neigung zu sinnlicher Freude. Nun kann aber ein Mensch aus rein natürlichen Gründen, der Unordnung und des Mißbrauches dieser Freude sich zu enthalten suchen; durch oftmalige Übung der Enthaltsamkeit erwirbt er sich eine gewisse Leichtigkeit und Gewohnheit, die bis zu förmlicher Widerstandskraft (*virtus*) gegen die Sinnlichkeit gedeiht. Diese durch Übung erworbene Leichtigkeit gehört jedoch lediglich der natürlichen Ordnung an und ist für jemand, der sich nicht im Stande der Gnade befindet, ohne Verdienst für den Himmel. – Nun aber denken wir uns die Gnade hinzu mit den eingegossenen Tugenden. Wenn der Mensch nicht schon aus natürlich e r w o r b e n e r

288

Tugend jene Leichtigkeit in Übung der Enthaltsamkeit erreicht hätte, würde die e i n g e g o s s e n e sittliche Tugend der Enthaltsamkeit sich nur sehr schwer entfalten, weil ihr aus den vorhandenen bösen Neigungen, die noch nicht durch entgegengesetzte gute Übungen beseitigt sind, viele Hindernisse erwachsen; wenn sie aber schon eine erworbene Fertigkeit in der Tugendübung vorfindet, macht sie sich dieselbe zu ihrer eigenen Entfaltung nutzbar. – Und nun wird die eingegossene Tugend die Seele zu immer höherem Tugendgrad emporführen, so dass sie selbst die erlaubten Freuden verachten lernt, um dadurch Jesu Christo, dem Gekreuzigten, ähnlicher zu werden. Auch verleiht die Gnade, ohne welche keine eingegossene Tugend denkbar ist, den Übungen der erworbenen sittlichen Tugend übernatürlichen Wert und ein Verdienst, das sie aus sich selbst niemals erwerben könnte.

Beide Tugenden, die erworbene und die eingegossene, gehen also ineinander über; die natürliche oder erworbene Tugend beseitigt die Hindernisse und schafft Leichtigkeit im Guten; die eingegossene oder übernatürliche Tugend bemächtigt sich dieser Leichtigkeit zur eigenen freien Entfaltung, aber um gleichzeitig dieser natürlichen, guten Gewohnheit höheren Wert und einen Zuwachs innerer Kraft zu vermitteln, das Feld ihrer Tätigkeit zu erweitern und sie der ewigen Seligkeit würdig zu machen.

5

Ein ähnlicher Austausch von Hilfeleistungen besteht zwischen den sittlichen (eingegossenen und erworbenen) Tugenden und der Liebe.

Wir sagten schon, dass die Liebe immer der Gefahr ausgesetzt ist, durch eine schwere Sünde verloren zu gehen und daher durch die sittlichen Tugenden geschützt werden muss. Sie sind die Hüterinnen der Liebe, indem sie ihr helfen, sich vor ihrer Todfeindin, der schweren Sünde, zu schützen und auch die lässlichen Sünden, die zur schweren Sünde führen, zu meiden.

Das gilt vor allem von Seelen, die im inneren Leben noch nicht vorangeschritten sind und deren Liebe noch nicht jenen höheren Grad erreicht hat, der sie stark und beständig macht. Eine solche Seele empfängt mit frommem Eifer den göttlichen Heiland in der heiligen Kommunion und ist in diesem Augenblick voller Liebesglut. Tritt jedoch im Laufe des Tages etwa eine sinnliche Versuchung an sie heran, so muss die Tugend der Mäßigkeit ihre Widerstandskraft anregen, damit sie nicht einwillige und an der Liebe Schaden leide. Ähnlich muss bei einer Versuchung zum Zorne die sittliche Tugend der Geduld und Sanftmut die Seele aufmuntern, eine Verdemütigung zu übernehmen, damit der Zorn oder die Rachsucht sie nicht übermanne und dadurch die heiligmachende Gnade und mit ihr die Liebe in Gefahr bringt.

Doch nicht nur die schwere Sünde bedeutet eine Gefahr für die Liebe, sondern auch die nicht bekämpften lässlichen Gewohnheitssünden,[857] weil diese nur zu leicht zu schweren Verfehlungen führen.

Um nun solch freiwillige gewohnheitsmäßige lässliche Sünden zu bekämpfen, müssen wir die sittlichen Tugenden üben, die uns gegen die mannigfachen Anreize der Begierlichkeit widerstandsfähig machen. Seit der Erbsünde ist unser Wille geschwächt, er lässt sich leicht umstimmen und neigt nur zu sehr zum Bösen, bedarf dagegen einer besonderen Kraftanstrengung, um sich dem Guten zuzuwenden. Diese Kraft ist die Tugend, eine »Gewohnheit«, die unsere Seele beständig zum Guten geneigt macht. Die Erfahrung lehrt, dass wir, wenn nicht immer, so doch fast immer unseren Gewohnheiten gemäß handeln; aus unseren Gewohnheiten, zumal den nicht bekämpften, entspringen sozusagen wie aus einem Feuerherd unaufhörlich Funken. Eine vom Laster des Stolzes beherrschte Seele wird, wenn sie nicht großmütig kämpft, beständig ehrgeizige und eitle Handlungen begehen. Ebenso ist es mit den Tugenden; sie sind gute Gewohnheiten, aus denen immer wieder die entsprechenden guten Handlungen hervorgehen. Die sittlichen Tugenden, sowohl die erworbenen wie die eingegossenen, sollen darum in erster Linie aus der Seele alle Hindernisse entfernen, die uns auf unserem Wege zu Gott aufhalten, sie sollen uns ferner unterstützen im Gebrauch der Mittel, die uns notwendig sind, um den mannigfachen Pflichten des sittlichen Lebens zu genügen, und dadurch die Liebe in uns schützen und erhalten. Das sind die Dienste, welche die sittlichen Tugenden der Liebe leisten müssen.

Umgekehrt aber setzt die Liebe, besonders da, wo sie recht groß und glühend ist, allen anderen Tugenden die Krone auf, indem sie ihnen besonderen Glanz und neues Verdienst verleiht.

Der Einfluss der Liebe geht aber noch weiter; sie kann unsere ganze Tätigkeit derart beherrschen, dass sie die Seele sogar veranlassen kann, die natürlichen, sittlichen Tugenden hervorzurufen; von der

857 Siehe Seite 221–224.

290

Liebe getrieben, vollbringt die Seele immer häufiger jene Handlungen, die in ihrer Wiederholung zu erworbenen, sittlichen Tugenden werden. Der Beweggrund dazu stammt dann von der Liebe; sie kann aber nicht selbst, nur von sich aus, die Akte aller Tugenden setzen; das obliegt den betreffenden einzelnen Vermögen, deren jedes seine eigene Aufgabe und Betätigung hat.

Das ist das Leben der fortgeschrittenen Seelen. Bei ihnen ist die Liebe zu großer Vollkommenheit gelangt. Sie lieben nicht bloß in Worten und im Herzen, sie lieben in der Tat. »Wenn wir Gott wahrhaft lieben, so werden wir seine Gebote halten«, *Si diligitis me, mandata mea servate.*[858]

Zur Vollkommenheit der übernatürlichen Liebe ist auch die völlige Hingabe unseres Gemütes erforderlich. Wenn wir jemand lieben, werden wir ihn loben, ehren und uns freuen über seine Vorzüge; so gefällt sich auch die gottliebende Seele an Gottes unendlichen Vollkommenheiten, sie ruft gleichsam beständig mit dem Psalmisten: »Wer ist dir gleich, o Gott, wie wunderbar, o Herr, ist dein Name auf der ganzen Welt!«[859] Mit Eifer obliegt sie dem Lobe Gottes und vom Herzen steigt ihr Lied hinauf zu den Lippen; denn der Liebende will singen: *cantare amantis est.*[860] Die Liebe entlockte dem hl. Franziskus seine wunderbaren Gesänge und der hl. Theresia ihre Seufzer.

Das aber genügt noch nicht. Zur Vollkommenheit der Liebe gehört deren Betätigung; die Hingabe des Herzens muss zur Hingabe der Tat werden, die das Wohlgefallen Gottes sucht und sich ihm ganz schenkt, das ist das Kennzeichen der wahren Liebe.[861] Wenn solch glühende, tief wurzelnde Liebe von einer Seele Besitz nimmt, entlockt sie ihr unablässig Akte aller Tugenden. Die Seele ist vollständig beherrscht von der Allgewalt der Liebe, die sie beständig zum Guten, zu Gott hinlenkt.[862] In unverbrüchlicher Treue sucht sie dem heilig-

---

858 Joan. 14, 15.
859 Ps, 76, 14. und Ps. 8, 2.
860 S. Aug. Sermo 336, c. 1.
861 Es gibt für uns hauptsächlich zwei Arten der Liebesbetätigungen gegen Gott: Die Liebe des Herzens und die Liebe der Tat, oder die affektive und effektive Liebe Durch die erstere lieben wir Gott und das, was Gott liebt; durch die letztere dienen wir Gott und vollbringen das, was er verlangt; die eine gibt uns Freude an Gott; die andere gibt Gott Freude an uns. (Hl. Franz von Sales, Theotimus, 4, c. 1.)
862 Cf. ibid. 11, c. 8.

sten Willen Gottes und den Eingebungen des Heiligen Geistes Folge zu leisten. Solch liebentflammten Seelen konnte der hl. Augustin zurufen: *Dilige et quod vis fac,* »liebe und tu, was du willst«;[863] denn diese Seelen tun eben nur, was Gott wohlgefällt. Nach dem Beispiel Christi können auch sie sagen: *Quae placita sunt ei facio semper,* »ich tue beständig das, was dem Vater wohlgefällig ist« – Und hierin beruht die Vollkommenheit.

6

Wie aber können wir zu solcher Liebe gelangen? Wie können wir unsere Liebe so vermehren, dass wir nur mehr in ihr und durch sie leben? Die wahre Liebe enthält ja im Keime alle Tugenden, setzt sie alle zur gegebenen Zeit in Bewegung, und alle folgen ihr wie die Soldaten ihrem Führer.[864]

Caritas omnia credit, omnia sperat, omnia suffert, omnia sustinet. »Alles glaubt, alles hofft, alles erträgt die Liebe, und alles hält sie aus.«[865] Jeder Schritt aus Liebe ist ein Schritt weiter in die Heiligkeit und in der Vereinigung mit Gott. Wie können wir zu dieser vollendeten Heiligkeit gelangen? Wie das Feuer inniger Gottesliebe beständig in uns erhalten?

Vor allem durch das allerheiligste Altarssakrament, das Sakrament der Vereinigung, wird die Liebe in uns vermehrt; wir werden dieses noch später eingehender behandeln. Hier sehen wir vorläufig ab von den Wirkungen der Sakramente und ziehen nur unsere Mitwirkung in Betracht.

Die Liebe wird in unserer Seele erhalten und vermehrt vor allem durch die immer wieder erneuerte gute Meinung, mit der wir unse-

---

863 In epist. Joan. Tract. 7, c. 4.
864 Hl. Franz von Sales, Philothea 3, 1. Die hl. Johanna Frémyot von Chantal schreibt über den hl. Franz von Sales: Die Güte Gottes hatte in das Herz dieses Heiligen eine unvergleichliche Liebe gesenkt und mit ihr auch das Gefolge aller Tugenden, die nach den eigenen Worten des Heiligen mit der Liebe einziehen. In seinem Herzen waren sie in wunderbarer Ordnung vereint. Jede hatte den ihr zukommenden Platz und ihre Ehrenrechte; eine half der andern, denn er kannte ihre Stärke und ihre Aufgabe; und alle wirkten nach Bedarf, wie es die Gelegenheit ergab und die Liebe sie antrieb, ganz still und ohne Aufsehen. (Brief an den Pater Jean de S. François.)
865 1. Cor. 13, 7.

re Handlungen verrichten. Diese ist, wie die heiligen Väter in Anlehnung an ein Wort des Heilandes sagen, jenes Auge der Seele, das den Blick einzig und allein auf Gott hinlenkt.[866] Wenn dieses Auge rein und durch kein irdisches, geschöpfliches Hindernis abgelenkt ist, dann bezieht die Seele all ihre Tätigkeit auf Gott.

Muss nun diese gute Meinung, alles aus Liebe zu Gott tun zu wollen, d. h. um durch Erfüllung seines Willens ihn zu verherrlichen, immer ausdrücklich geübt werden? Nein, das ist nicht erforderlich und auch kaum möglich. Aber die Erfahrung und die Lebensweisheit der Heiligen haben gezeigt, wie nützlich und bedeutungsvoll die häufige Erneuerung der guten Meinung für das geistliche Leben für den Fortschritt in der Liebe und in der Gnade Gottes ist.[867] Die Reinheit unserer guten Meinung bewahrt nämlich unsere Seele in der Gegenwart Gottes und ermuntert sie, bei allem ihn allein zu suchen. Sie verhütet, dass Neugierde und Leichtsinn, Eitelkeit, Selbstsucht, Hochmut und Ehrgeiz sich all unseren Werken beimischen und deren Verdienstlichkeit vermindern. Die häufige gute Meinung übergibt die Seele in ihrem Sein und Handeln Gott, belebt und unterhält ständig in ihr das Feuer der Gottesliebe und mehrt durch jedes gute Werk, das im Hinblick auf Gott verrichtet wird, das Leben der Gnade. »Um im geistlichen Leben recht rasche Fortschritte zu machen,« sagt der hl. Franz von Sales, »müssen wir jeden Tag all unsere Handlungen Gott aufopfern; durch diese tägliche Erneuerung unserer Hinga-

---

866 Oculum hic accipere debemus ipsam intentionem qua facimus quidquid facimus: quae si munda fuerit et recta et illud aspiciens quod aspiciendum est, omnia bona nostra, quae secundum eam operamur, necesse est bona sint. S. aug. lib. 2, in posterior, partem sermonis Domini in monte, c. 13 n. 45. – Quid enim per oculum exprimitur nisi opus suum praeveniens cordis intentio? Quae priusquam se in actione exerceat, hoc iam quod appetit contemplatur. Et quia appellatione corporis designatur nisi unaquaeque actio quae intentionem suam quasi intuentem oculum sequitur? Lucerna itaque corporis est oculus quia per bonae intentionis radium, merita illustrantur actionis. S. Gregor. Moralia, lib. 28, c. 11 n. 30. Cf. Ven. Beda, In Lucae Evang. Expositio, lib. 4, c. 11. – S. th. I–II q. 12, a. 1. et 2.

867 Wir reden hier nicht von dem, was überhaupt notwendig ist, damit unsere Handlungen verdienstlich sind, sondern vom Fortschritt in der Vollkommenheit. »Unsere guten Absichten,« sagt einmal Bossuet, »hören ganz naturnotwendig auf, wenn wir sie nicht erneuern.« Praktisch erneuert man die gute Meinung durch ein hl. Kreuzzeichen, ein Stoßgebet, einen Herzensseufzer.

be erhalten all unsere Handlungen neue Liebeskraft und Stärke, da unser Herz durch neue Vereinigung mit der göttlichen Güte immer mehr geheiligt wird. Überdies sollen wir jeden Tag unser Leben oft und oft durch feurige Stoßgebete, durch Erhebung unseres Herzens und innerliche Einsamkeit desselben der göttlichen Liebe widmen; denn da solche heilige Übungen unser Gemüt unablässig auf Gott hinlenken, heben sie auch alle unsere Handlungen zu ihm empor. Und wie sollte sich's auch nur denken lassen, dass eine Seele, die mit jedem Augenblicke zur göttlichen Güte aufseufzt und unaufhörlich in Worte der Liebe ausbricht, um ihr Herz beständig in dem Herzen des himmlischen Vaters zu erhalten, nicht all ihre guten Werke in Gott und für Gott verrichtete.«[868]

Wir müssen uns also bemühen, dahin zu gelangen, dass wir alles nur zur Ehre Gottes tun, um ihm zu gefallen und ihm Freude zu bereiten, auf dass nach den Worten des Herrn »der Name des Vaters im Himmel geheiligt werde, dass sein Reich zu uns komme und sein Wille geschehe«. Eine Seele, die solcherart ganz auf Gott gerichtet ist, wird immer mehr entflammt von Liebe; denn mit jedem Schritt dringt sie tiefer in die göttliche Liebe ein, weil sie nur aus Liebe handelt. Die Liebe wird dann zum Schwergewicht, das die Seele mit ständig wachsender Gewalt zur selbstlosen Treue im Dienste Gottes fortreißt. *Amor meus pondus meum.*[869] Durch diese Bereitwilligkeit im Dienste und in der Hingabe an Gott, an seine Ehre und seine Interessen gelangen wir zur wahren Frömmigkeit. Was heißt fromm sein? Das lateinische Verbum *devovere*, das diesen Gedanken ausdrückt, bedeutet »dem Dienste Gottes geweiht, hingegeben sein und ihn gern erfüllen«. Fromm sein heißt nicht bloß etwa, durch die Taufe Christo angehören, sondern es heißt, seinem Dienste mit Eifer und Bereitwilligkeit alle Kraft und alle Werke weihen.[870] Das meint die hl. Kirche, wenn sie betet: »Verleihe uns, o Herr, dass wir dir stets mit frommem, d. h. willfährigem und aufrichtigem Herzen dienen.« *Fac nos tibi semper et d e v o t a m gerere voluntatem et maiestati tuae sincero corde servire.*[871] Ein andermal bittet sie, dass ihre Kinder durch

---

868 Theotimus 12, 6.
869 S. Aug. conf. 13, c. 9.
870 Devotio est quidam voluntatis actus ad hoc quod homo prompte se tradat ad divinum obsequium. S. Thom. S. th. II–II, q. 82, a. 3.
871 Kirchengebet am Sonntag in der Himmelfahrtsoktav.

294

gute Werke dem heiligen Dienste Gottes geweiht sein mögen. *In bonis actibus nomini tuo sit devota.*[872]

Wenn wir bei unseren Handlungen nur die Gnade wirken lassen und kein anderes Ziel haben, als den heiligsten Willen Gottes, der uns zu seinen Kindern gemacht hat, zu erfüllen, wenn unser letzter Beweggrund bei allem Handeln die Liebe zu Gott und seine Ehre ist, dann »wandeln wir«, nach den Worten des heiligen Paulus, »Gottes würdig und ihm wohlgefällig in allem, indem wir an jeglichen guten Werken Frucht bringen und in der Erkenntnis Gottes wachsen«. *Ambuletis digne Deo per omnia placentes; in omni opere bono fructificantes et crescentes in scientia Dei.*[873]

Durch unablässiges Streben nach diesem Ziele verwirklichen wir jenes erste und größte Gebot des Herrn, in dem das ganze geistliche Leben enthalten ist, nämlich »Gott lieben von ganzem Herzen, von ganzer Seele, aus ganzem Gemüte und aus allen Kräften«.[874]

7

Der hl. Paulus hat uns belehrt, dass wir, um jenes Gebot zu erfüllen, Gott in allem wohlgefällig sein müssen: *p e r   o m n i a   placentes;* den gleichen Ausdruck gebrauchte er, um die Zunahme des geistlichen Lebens in uns auszudrücken: *Crescamus per o m n i a .* Dieses Wort kehrt beim Apostel oft wieder und ist sehr inhaltsreich. Was will er denn damit sagen: in allem zunehmen? Dass keine Handlung, sobald sie im oben genannten Sinne »wahr« ist, d. h. unserer Natur entspricht, aus dem Reiche der Gnade, der Liebe und des Verdienstes ausgeschlossen ist; jede kann uns dienen zur Vermehrung des göttlichen Lebens in uns. Der hl. Paulus selbst hat dieses Wort: *per omnia,* »in allem«, in seinem ersten Korintherbrief näher erklärt: »Ihr möget essen, oder trinken, oder sonst etwas tun, tut alles zur Ehre Gottes,«[875] und an die Kolosser schreibt er: »Was ihr auch tun möget in Wort oder Werk, das tut im Namen des Herrn Jesus und dankt Gott dem Vater durch ihn.«[876]

---

872 Kirchengebet am 21. Sonntag nach Pfingsten.
873 Col. 1, 10.
874 Marc. 12, 30.
875 1. Cor. 10, 31.
876 1. Cor. 3, 17.

Daraus ist ersichtlich, dass nicht bloß jene Handlungen, die sich ihrer Natur nach von selbst auf Gott beziehen, wie die Übungen der Frömmigkeit, das Anhören der hl. Messe, der Empfang der hl. Kommunion und der übrigen Sakramente, die geistlichen und leiblichen Werke der Barmherzigkeit, sondern auch die alltäglichsten und gewöhnlichsten Handlungen, die kleinsten Begebenheiten unseres täglichen Lebens, wie z. B. das Essen, die Geschäfte und Arbeiten, die verschiedenen gesellschaftlichen, notwendigen oder nützlichen Obliegenheiten als Mensch oder als Staatsbürger, die Ruhe und Erholung, alle diese unwichtigen Begebenheiten, die jeden Tag wiederkehren und in ihrer eintönigen gewohnten Aufeinanderfolge den Hauptinhalt unseres ganzen Lebens durch die Gnade und Liebe zu gottwohlgefälligen und verdienstlichen Handlungen umgewandelt werden können. Es ist hier ähnlich wie beim Weihrauchkrönlein, das an sich nur ein kleines unbedeutendes Stäubchen ist, ins Feuer geworfen aber zum angenehmen Wohlgeruch umgestaltet wird. Wenn die Gnade und Liebe unser ganzes Leben ergreift, dann wird unser Dasein ein ununterbrochenes Loblied zu des himmlischen Vaters Ehre; durch unsere Vereinigung mit Christus wird es vor ihm gleich einem Weihrauchgefäß, aus dem der ihm wohlgefällige Weihrauch empor steigt: *Christi bonus odor sumus Deo*, »wir sind vor Gott ein Wohlgeruch Christi.«[877] Jeder Tugendakt gereicht dem Herzen Gottes zur unermesslichen Freude, denn er ist Blüte und Frucht der Gnade, die uns durch Christi Verdienst erworben ward: *In laudem gloriae gratiae suae*: »zum Lobpreis der Herrlichkeit seiner Gnade«.[878]

Es ist also nichts ausgenommen: keine Mühe, keine Arbeit, kein Werk, kein Verzicht, kein Leid, kein Opfer, keine Träne ist dem heiligenden Einfluss der Gnade und Liebe entzogen, wenn wir nur wollen. – Wie ist das christliche Leben so einfach und erhaben! Erhaben,

---

877 2. Cor. 2, 15.
878 Eph. 1, 6. Der hl. Franz von Sales schreibt: All die täglichen kleinen Armseligkeiten, die Geduldsübungen der Liebe, das Kopf- und Zahnweh, die Nervosität, ja das Zerbrechen irgendeines Gegenstandes, eine kleine Verachtung oder ein Tadel, all diese kleinen, in Liebe angenommenen und ertragenen Leiden erfreuen die göttliche Güte, die für ein Glas Wasser den Gläubigen ein Meer von Seligkeit versprochen hat ... Große Gelegenheiten, etwas für Gott zu tun, sind selten, kleine aber bieten sich ständig ... tuet also alles im Namen Gottes und alles ist gut. (Philothea 3, 35.)

weil es das Leben Gottes ist, das von Gott ausgeht, durch die Gnade Christi zu uns kommt und wieder zu Gott zurückkehrt. *Agnosce, o Christiane, dignitatem tuam.*[879] Erkenne deine Würde, o Christ! Einfach, weil sich dieses göttliche Leben selbstverständlich auf dem menschlichen Leben aufbaut, mag dieses an sich noch so klein und unscheinbar, noch so schwach, arm und alltäglich sein. Gott will uns nicht auf Grund von vielerlei heroischen Werken zu seinen Kindern und Miterben Christi machen; er verlangt nicht, dass wir »Meere überschreiten und bis zum Himmel emporsteigen«.[880] Nein, wir finden das Reich Gottes in uns, in uns baut es sich auf, entwickelt und vollendet es sich: *Regnum Dei intra vos est,* »das Reich Gottes ist in euch;«[881] das übernatürliche Leben ist ein innerliches Leben, dessen Kraft »mit Christus verborgen ist in Gott« und in der Seele: *vita vestra abscondita est cum Christo in Deo.*[882]

Wir müssen unsere Natur nicht ändern, sondern nur das, was in ihr fehlerhaft ist, verbessern; es braucht dazu keine langen Redewendungen, in einem einzigen, herzlichen Aufblick kann die ganze Innigkeit der Liebe liegen. Wenn wir im Stande der Gnade sind, genügt es, dass wir in reiner Meinung alles auf Gott und seine Ehre beziehen und dann gleich allen anderen Menschen an dem Platze, wo die Vorsehung uns hingestellt hat, den Willen Gottes in den augenblicklichen Pflichten erfüllen; und das sollen wir tun einfach, still, ohne Übereilung und ohne Aufregung mit tiefinnerem Vertrauen, mit Freiheit des Geistes und innerer Freude, gleich einem Kinde, das sich in der Liebe seines Vaters geborgen weiß und ihm nun nach Maßgabe der eigenen Schwäche Gegenliebe zeigen will.

Ein solches Leben, von der Gnade getragen und von Liebe ausgefüllt, mag nach außen hin vor der Welt gering erscheinen. Der göttliche Heiland sagt zwar, dass man den Baum an seinen Früchten erkenne,[883] und der Hl. Geist, der in der Seele wohnt, lässt die köstlichen Früchte der Liebe und Barmherzigkeit hervorbringen, die deren Wirkkraft auch nach außen hin verraten; aber die Wirkursache selbst ist ganz verborgen, ihr eigentlicher Glanz ist ganz innerlich, *omnis*

---

879 S. Leo. Sermo 1, de Nativitate Domini.
880 Deuter. 30, 12–13.
881 Luc. 17, 21.
882 Col. 3, 3.
883 Matth. 12, 33.

gloria filiae regis ab intus,[884] ihre übernatürliche Schönheit ist gar oft versteckt unter der groben, äußeren Schale des täglichen Lebens.

Wie können wir doch oft so ganz unbegreiflich sorglos und nachlässig versäumen, uns jene Schätze zunutze zu machen, die uns tagtäglich angeboten werden, und stattdessen uns »vergänglichen Schein« hängen: *Fascinatio nugacitatis*.[885] Was würden wir von jenen Armen sagen, denen ein freigebiger Königssohn seine Reichtümer erschließt, die aber statt mit vollen Händen daraus zu schöpfen und sich zu bereichern, gleichgültig davor stehen bleiben? Wir würden sie Toren nennen. Hüten wir uns, nicht selbst solche Toren zu sein. Wir wissen ja, dass wir aus uns selbst nichts können, der Heiland will, dass wir dessen eingedenk seien: *Sine me nihil potestis facere*,[886] seine Gnade aber soll durch die Liebe die Grundlage eines ganz neuen göttlichen Lebens in uns werden.

Mit der Gnade Christi sollen wir in allem, was wir tun, Gott zu gefallen suchen: »Ich vermag alles in dem, der mich stärkt,« sagt der hl. Paulus: *Omnia possum in eo qui me confortat*.[887] Möchten doch all unsere Werke, die geringsten wie die wichtigsten, die unscheinbarsten wie die größten, aus einer große Liebe hervorgehen, dann würden wir mit raschen und sicheren Schritten voranschreiten im geistlichen Leben, dann wird auch Gott mit Wohlgefallen auf uns blicken, weil er in uns das Bild seines Sohnes wiederfindet, das sich von Tag zu Tag vollkommener in uns entwickelt. Mit dem Wachstum der Gnade, der Liebe und der übrigen Tugenden prägt sich ja das Bild Christi in uns immer getreuer aus, Gott zur Ehre und uns zur tiefsten Seelenfreude.

8

Um Christo ähnlich zu werden, müssen wir in allem nach der Liebe streben: *Crescamus per omnia i n i l l o qui est caput Christus*, »Lasset uns durch alles wachsen in ihm, der unser Haupt ist, Christus.« Das Ziel aller Vervollkommnung und Entwicklung des übernatürlichen Lebens ist, »zum Vollalter Jesu Christi zu gelangen«.

---

884   Ps. 44, 14.
885   Sap. 4, 12.
886   Joan. 15, 5.
887   Phil. 4, 13.

Wir haben (oben. S. 126) bei der Abhandlung über die Kirche gesehen, dass Jesus Christus seiner natürlichen Person, seiner physischen Wesenheit nach vollkommen ist; aber seinem mystischen Leibe nach, den er mit der Kirche bildet; hat er seine letzte Vollkommenheit noch nicht erreicht. Diese Vollkommenheit verwirklicht sich nach und nach im Laufe der Jahrhunderte »nach dem Gnadenmaße Christi, das Gott einem jeden zugeteilt«;[888] denn in dem einen Körper sind viele Glieder, die nicht alle die gleiche Aufgabe und die gleiche Stellung haben. Es ist nur ein Leib von dem Christus das Haupt ist; wir alle sind durch die Gnade Glieder desselben; aber wir müssen vollkommene Glieder werden, die ihres Hauptes würdig sind. Das ist das Ziel unseres geistlichen Lebens.

Christus, als unser Haupt, ist aber auch die Quelle dieses geistlichen Fortschrittes. Wir dürfen es nicht vergessen, dass Jesus Christus mit Annahme unserer menschlichen Natur all unsere inneren und äußeren Werke geheiligt hat; sein menschliches Leben war dem unsern gleich, und sein göttliches Herz ist der Mittelpunkt aller Tugenden, Jesus Christus hat alle Arten menschlichen Tuns selbst geübt. Wir dürfen durchaus nicht glauben, dass der Herr unbeweglich in Entzückung geweilt habe; nein, er schöpfte vielmehr aus der beglückenden Anschauung Gottes und seiner Vollkommenheit die Triebkraft seiner Tätigkeit; er wollte den Vater dadurch verherrlichen, dass er in seiner Person die vielfachen uns obliegenden menschlichen Tätigkeiten heiligte. Wir beten: er hat Nächte betend durchwacht; wir arbeiten: er hat sich gemüht in harter Arbeit bis zum 30. Lebensjahre; wir essen: er hat mit seinen Jüngern zu Tische gesessen; wir müssen Widersprüche und Angriffe von Seiten der Menschen erfahren: auch er hat sie gekannt, oder haben die Pharisäer ihm jemals Ruhe gelassen? Wir müssen leiden: er hat geweint, hat für uns und vor uns an Leib und Seele gelitten, wie kein anderer Mensch je zu leiden hatte; wir erleben freudige Stunden: seine heilige Seele hat in unaussprechlichem Jubel frohlockt; wir ruhen, auch ihm hat der Schlummer die Lider geschlossen. Mit einem Worte: er hat getan, was wir tun. Und wozu dies alles? Nicht bloß um als unser Haupt uns ein Beispiel zu geben, sondern um durch diese Handlungen uns die Gnade zu verdienen, dass wir all unsere Handlungen heiligen können, um uns die Gnade zu erwerben, die unser Tun gottwohlgefällig macht. Diese

---

888 Eph. 4, 7.

Gnade verbindet uns mit ihm, macht uns zu lebendigen Gliedern seines Leibes; um zu wachsen in ihm und zur Vollkommenheit der Glieder Christi zu gelangen, müssen, wir diese Gnade nicht nur in unsere Seele, sondern in unser ganzes Leben und Tun eindringen lassen.

Jesus Christus wohnt in uns mit all seinen Verdiensten, um all unser Handeln zu beleben; wenn wir nun durch eine oftmalige, gerade und reine Meinung all unsere täglichen Handlungen mit den Handlungen vereinigen, die Jesus Christus auf Erden verrichtete, dann fließt Gottes Gnadenkraft in ununterbrochenem Strome auf uns herab. Wenn wir all unsere Handlungen in Liebe mit ihm vereint verrichten, werden wir sicher und rasch vorwärts schreiten. Hören wir nur die herrlichen Heilandsworte: *Pater non reliquit me solum quia quae placita sunt ei facio semper,* »Der Vater lässt mich nicht allein; denn ich tue allezeit, was ihm wohlgefällig ist.«[889] So müssen auch wir sprechen: O, himmlischer Vater, ich tue dieses jetzt allein, um dir zu gefallen, zu deiner und deines Sohnes Ehre. Herr Jesu Christe, ich will jetzt handeln in Vereinigung mit dir, damit du durch deine unendlichen Verdienste all mein Tun heiligest.

Die Liebe zum Vater, die Jesu Herz erfüllte, muss auch der Beweggrund aller Handlungen seiner Glieder sein. Die Ehre seines Vaters war der erste und letzte Gedanke Christi bei all seinem Tun; so soll es auch bei uns sein, infolge unserer Vereinigung mit Christus durch die Gnade und Liebe. Darum lässt die hl. Kirche uns beten, dass Gott unser Tun und Handeln nach seinem Wohlgefallen gestalten möge, damit wir in Vereinigung mit seinem »geliebten Sohne« fruchtbar werden an guten Werken.[890] »Wandelt in der Liebe nach dem Vorbild Christi!«, so ruft uns der hl. Paulus zu,[891] und ihr werdet eurem Haupte gleichförmig, von seinen Gesinnungen beseelt sein. *Hoc enim sentite in vobis quod et in Christo Iesu.*[892] Dann werden wir fortschreiten von Tugend zu Tugend: *ibunt de virtute in virtutem*[893] und durch ununterbrochenes Wachstum der Vollkommenheit unseres Vorbildes nachstreben, weil Christus in uns wohnt mit dem Vater,

889 Joan. 8, 29.
890 Omnipotens sempiterne Deus, dirige actus nostros in beneplacito tuo ut in nomine dilecti Filii tui mereamur bonis operibus abundare (Sonntag in der Weihnachtsoktav).
891 Eph. 5, 2.
892 Phil. 2, 5.
893 Ps. 83, 8.

der uns liebt: *Pater diliget eum*,[894] und dem Hl. Geiste, der uns durch seine Eingebungen leitet; das ist für uns die Quelle ununterbrochenen, für den Himmel fruchtbaren Fortschrittes. Und damit erlangen wir jene Vollkommenheit, die das Ergebnis beständiger Erfüllung des göttlichen Willens ist: *U t stetis p e r f e c t i et p l e n i in omni voluntate Dei*, »Dass ihr vollkommen und erfüllt mit allem Willen Gottes feststeht.«[895]

9

Solange wir auf Erden sind, können wir in der Gnade ständig zunehmen. Bei der hl. Taufe entsprang in uns der Quell des übernatürlichen Lebensstromes, seitdem kann er ununterbrochen zunehmen zur Freude unserer Seele, die er erquickt und befruchtet, bis er einmal einmündet in die Unendlichkeit Gottes. *Fluminis impetus laetificat civitatem Die*, »Die Wogen des Stromes erfreuten die Stadt Gottes.«[896]

Man möge nun ja nicht denken, das sei zu lohnsüchtig gedacht. Gewiss ist es zu unserem Vorteile, wenn sich das übernatürliche Leben in uns entwickelt; denn je mehr wir in der Gnade und Liebe wachsen, desto größer wird unser Verdienst und damit auch unsere zukünftige Herrlichkeit und Seligkeit. – Aber Gott selbst in seiner Freigebigkeit hat das so gewollt; und wenn es sich hier um unsere ewige Freude im Himmel handelt, so handelt es sich zugleich auch um den Willen Gottes, um die Herrlichkeit, die unserem Vater im Himmel aus der Erfüllung dieses Willens erwächst.[897] Der hl. Paulus ist uns dafür ein wunderbares Vorbild. Er steht am Schlusse seines Lebens, es bleibt ihm nur mehr kurze Frist; denn er erwartet im Gefängnisse zu Rom seinen Tod; mit unermüdlichem Eifer hat er Christum gepredigt, hat sich bemüht, Christum, den er so sehr liebte, in sich nachzubilden. Und nach all seinen Arbeiten für Jesus, nach allen Kämpfen zu seiner Verherrlichung, nach allen Verfolgungen, die er mit brennender,

---

894 Joan. 14, 23.
895 Col. 4, 12.
896 Ps. 45, 5.
897 »Eine gottliebende Seele muss aufrichtig sich bemühen, alle Vollkommenheiten, an denen Gott sein Wohlgefallen hat, in sich zu vereinigen und sie zu besitzen in dem Maße, wie Gott es von ihr will.« Die hl. Magdalena von Pazzi. (Ihr Leben von Cepari, 2. Bd.)

durch nichts zu überwindender Liebe ertragen hat, schreibt er an seine geliebten Philipper: »Ich sage nicht, dass ich das Ziel schon erreicht habe und bereits vollkommen bin. Aber ich jage ihm nach und möchte es erreichen, da ich auch von Christus Jesus erreicht worden bin. Meine Brüder, ich bilde mir nicht ein, es schon erreicht zu haben, aber eines tue ich: Ich vergesse, was hinter mir liegt, und strecke mich aus nach dem, was vor mir liegt; das Ziel im Auge jage ich den Kampfpreis nach, zu dem mich Gott dort oben durch Christus Jesus berufen hat.«[898] Warum strebt der hl. Paulus mit der ganzen Energie seiner großen Seele zum Ziele? Ohne Zweifel, »damit er den Preis erlange«, aber jenen Preis, zu dem ihn »Gott dort oben durch Christus Jesus berufen hat.« Davon sind wir ja ausgegangen, »dass es dem Vater zur Ehre gereicht, wenn wir viele Früchte bringen«. Der göttliche Heiland selbst hat uns versichert, dass der Vater uns seinen Sohn gab, damit wir das göttliche Leben im Überfluss hätten, der Sohn aber gab uns die Kirche, seinen Hl. Geist und alle seine Verdienste.

Darum ermahnte der hl. Paulus die Christen seiner Zeit so sehr zum Fortschritt im christlichen Leben. »So wie ihr Jesus Christus, den Herrn, kennen gelernt habt,« schreibt er an die Kolosser:[899] »so wandelt in ihm festgewurzelt und auferbaut in ihm und fest im Glauben, so wie ihr belehrt seid, und strömet über von Dankbarkeit.« Von seinem Gefängnis aus schreibt er den Philippern:[900] »Das ist mein Gebet, dass eure Liebe mehr und mehr zunehme … , damit ihr lauter und fehlerlos seid für den Tag Christi, reich an Frucht der Gerechtigkeit durch Jesus Christus, zur Ehre und zum Lobe Gottes.« Und mit noch größerem Nachdruck schreibt er: »Der Herr festige eure Herzen, dass sie untadelig und heilig seien vor Gott, unserem Vater, bei der Wiederkunft unseres Herrn Jesus Christus mit all seinen Heiligen: Brüder! wir bitten und ermahnen euch im Herrn Jesus, dass ihr so, wie ihr von uns vernommen habet, wie ihr wandeln und Gott wohlgefallen sollt, so auch wirklich wandelt, damit ihr immer mehr zunehmet. Ihr wisset ja, welche Vorschriften wir euch in Kraft des Herrn Jesus gegeben haben; denn das ist der Wille Gottes, eure Heiligung: *haec est voluntas Dei sanctificatio vestra.*«[901]

---

898 Phil. 3, 12–14.
899 Col. 2, 6–7.
900 Phil. 1, 9–11.
901 1. Thess. 3, 13; 4, 1–3.

Suchen wir doch diesen Willen Gottes zu erfüllen! Der Heiland will, dass unsere Werke vor den Menschen leuchten, damit alle, die sie sehen, den Vater im Himmel preisen.[902] Fürchten wir uns auch nicht vor der Versuchung; wenn wir Widerstand leisten, wird Gott sie uns zum Heile gereichen lassen. *Cum tentatione faciet proventum*, »in der Versuchung wird Gott den rechten Ausgang geben,«[903] sie wird der Anlass eines Sieges sein, der uns in der Liebe stärkt. Fürchten wir auch keine Prüfungen; wohl gibt es große Hindernisse zu überwinden, schwere Kämpfe zu bestehen, bittere Leiden zu ertragen; aber von dem Augenblicke an, wo wir Gott mit Liebe dienen, helfen uns diese Hindernisse, Kämpfe und Leiden zu einer größeren Liebe. Auch wenn man Gott liebt, fühlt man das Kreuz, ja Gott selbst wird es uns fühlbarer werden lassen nach dem Maß unseres geistlichen Fortschrittes, weil wir eben durch das Kreuz Christo ähnlicher werden. Aber wir lieben nun, wenn auch nicht das Kreuz selbst, so doch die Hand, die es auferlegt; und diese Hand gibt uns auch die nötige Gnadenkraft, damit wir unsere Last tragen können; die Liebe ist eine mächtige Waffe gegen alle Anfechtungen und in Widerwärtigkeiten eine unüberwindliche Macht. – Lassen wir uns auch nicht niederdrücken durch unser Elend, unsere beklagenswerte Schwäche; sie hemmen keineswegs die Entfaltung der Gnade. Der Herr weiß ja, »aus welchem Stoff wir gebildet sind,« *cognovit figmentum nostrum*,[904] sie sind das Lösegeld unserer menschlichen Armseligkeit, ein fruchtbarer Nährboden der Demut. Wir müssen immer wieder Geduld haben mit uns selbst in diesem rastlosen Streben nach Vollkommenheit; denn das christliche Leben will nichts wissen von Hast und Unruhe, es passt sich in seiner Entwicklung all unseren Armseligkeiten, Unfreiheiten und Schwächen an, ja gerade inmitten dieser Schwächen fühlen wir in uns die siegreiche Kraft Christi: *ut inhabitet in me virtus Christi*.[905] Gott ist die erste und vornehmste Ursache unseres Heiles und unserer Heiligkeit.[906] Wir dürfen daher, wie das

---

902 Matth. 5, 16.
903 1. Cor. 10, 13.
904 Ps. 102, 14.
905 2. Cor. 12, 9.
906 Der Gott des Friedens möge euch geschickt machen zu jedem guten Werke, auf dass ihr seinen Willen tuet, indem er in euch wirkt, was ihm wohlgefällig ist, durch Jesus Christus, dem die Ehre ist von Ewigkeit zu Ewigkeit. Amen. (Hebr. 13, 21.)

Konzil von Trient sagt; uns nicht rühmen, als könnten wir etwas aus uns selbst, wir dürfen uns nur in Gott rühmen; er ist aber so gut gegen uns Menschen, dass er uns gleichwohl als Verdienst anrechnet; was doch seine Gabe und Gnade ist.[907] »Was ich bin, das bin ich durch die Gnade Gottes,« sagt der hl. Paulus: *gratia Dei sum id quod sum,* fügt aber dann hinzu: *et gratia eius in me vacua non fuit,* »doch seine Gnade ist in mir nicht wirksam gewesen, ich habe reichlicher gearbeitet als alle, doch nicht ich, sondern die Gnade Gottes in mir.«[908] Damit Gott das Wachstum gebe, muss man selbst, wie er an einer anderen Stelle sagt, pflanzen und begießen: *Ego plantavi ... Deus autem incrementum dedit.*[909]

Wir müssen daher all unsere Kraft daransetzen, dass durch die verdienstliche Übung aller Tugenden, besonders der göttlichen Tugenden, und durch unsere stete tiefsinnigste Bereitwilligkeit alles, was wir tun, zur Ehre Gottes zu tun, das Wirken Gottes und des Hl. Geistes in vollster Freiheit sich in uns entfalten könne; denn dadurch »nehmen wir zu in Christo unserem Haupte«. Jesus Christus hat uns gerufen, zu ihm müssen wir eilen: *In quo et comprehensus sum a Christo Iesu.*[910] Ein Stillstand im geistlichen Leben bedeutet für die Seele einen Rückschritt. – Andernteils können wir zeitlebens fortschreiten, wie auch der Heiland von sich selbst sagte: »Ich muss die Werke dessen tun, der mich gesandt hat, solange es Tag ist; denn es kommt die Nacht, in der niemand mehr wirken kann.«[911] Der Tod allein setzt jenen Aufstiegen des Herzens in diesem Tale der Tränen ein Ziel.[912]

Möchten wir dann gelangt sein zum Vollalter Christi, zu jener Fülle des Lebens und der Heiligkeit, die Gott für einen jeden von uns

---

907 Absit ut Christianus homo in seipso vel confidat vel glorietur et non in Domino cuius tanta est erga homines bonitas ut eorum velit esse merita quae sut ipsius dona. Sess. 6, c. 16. Ein Gebet in der Liturgie des Karsamstags (nach der 12. Prophetie) sagt dies so schön: Omnipotens sempiterne Deus, spes unica mundi ... auge populi tui vota placatus, quia in nullo fidelium, nisi ex tua inspiratione proveniunt quarumlibet incrementa virtutum.
908 1. Cor. 15, 10.
909 1. Cor. 3, 6.
910 Phil. 3, 12.
911 Joan. 9, 4 f.
912 Ps. 83, 6 f.

wollte, da er uns vorherbestimmte in seinem Sohne. *Donec occurramus omnes ... in virum perfectum, in mensuram aetatis plenitudinis Christi.*[913]

BEMERKUNG

Es mag angezeigt sein, am Schlusse dieser Betrachtung einen kurzen Blick auf den Gesamtaufbau des übernatürlichen Lebens zu werfen; diese Zusammenfassung wird in großen Zügen die verschiedenen Elemente, aus denen sich das Leben eines Gotteskindes zusammensetzt, darlegen. Zu diesem Zweck können wir sicher nichts Besseres tun, als unseren Blick hinlenken auf die göttliche Person unseres Herrn Jesu Christi; er ist ja unser Vorbild. Jesus Christus ist durch die hypostatische Union, d.h. die Vereinigung der göttlichen und menschlichen Natur in der zweiten göttlichen Person, von Natur aus der wahre Sohn Gottes (s. Seite 63),[914] wir werden durch die Gnade angenommene Kinder Gottes (s. Seite 32). In Christus wohnt die Fülle der heiligmachenden Gnade (s. Seite 142), wir nehmen an seiner Fülle in größerem oder geringerem Maße teil, so wie es uns Jesus Christus zuteilt: secundum mensurum donationis Christi (s. Seite 34). Zugleich mit der heiligmachenden Gnade werden unserer Seele die göttlichen und sittlichen Tugenden eingegossen. Der Heiland konnte die Tugend des Glaubens im eigentlichen Sinne nicht besitzen, die Hoffnung trug er bis zu einem gewissen Grade in sich; die Tugend der Liebe aber hatte er in denkbar höchstem Grade (s. Seite 64); in uns sind, solange wir auf Erden leben, Glaube, Hoffnung und Liebe in größerem oder geringerem Grade vorhanden. – Jesus Christus besaß die eingegossenen Kardinaltugenden und die übrigen sittlichen Tugenden, soweit sie mit seiner Gottheit vereinbar waren (s. Seite 64), in ihm konnten sie sich frei und ungehindert entfalten, da die menschliche Natur des Heilandes vollkommen sündenfrei und deswegen ungeschwächt war und der Tugendentfaltung kein Hindernis entgegenstellte. Bei uns hingegen stößt infolge der Erbsünde und ihrer Begleiterscheinungen die freie Entfaltung der eingegossenen sittlichen Tugenden auf Hindernisse und benötigt die Beihilfe der erworbenen sittlichen Tugenden (s. Seite 286 f.). Endlich hat der Hl. Geist in die Seele Jesu die Fülle seiner Gaben ausgegossen (s. Seite 143 f.); uns lässt er Anteil nehmen an dieser Gnadenfülle, wenn auch in beschränktem Maße, so doch hinreichend, um die wunderbarsten Früchte hervorzurufen (s. S. 151 f.).

---

913 Eph. 4, 13.
914 Die Zahlen in Klammern weisen auf frühere nähere Ausführungen in diesem Buche hin.

Beigefügt sei noch, dass die göttlichen Tugenden und die Gaben des Hl. Geistes uns auf ein Gebiet führen, wo die natürlichen Tugenden an und für sich nicht mehr mithelfen können (s. Seite 151); die eingegossenen, sittlichen Tugenden dagegen brauchen zu ihrer vollen Entwicklung die entsprechende Beihilfe der natürlichen, sittlichen Tugenden, verwerten dieselbe aber in einer höheren, übernatürlichen Betätigung. Die Liebe allein hat den Vorrang, allen anderen Tugenden das übernatürliche Leben zu vermitteln.

Das ist in Kürze die wunderbare, übernatürliche Ordnung, die Gottes unendliche Güte und allumfassende Weisheit zu unserer Heiligung bestimmt hat.

DAS HL. MESSOPFER

ÜBERSICHT: *Die hl. Eucharistie, Quelle des übernatürlichen Lebens. – I. Die Eucharistie als Opfer; das allumfassende Priestertum Christi. – II. Wesen des Opfers; die Opfer des Alten Bundes waren nur Vorbilder; das einzig wirkliche Opfer ist das Kreuzesopfer; der unendliche Wert dieses Opfers. – III. Das hl. Messopfer, Erneuerung und Darstellung des Kreuzesopfers. – IV. Die unerschöpflichen Reichtümer des hl. Messopfers: Akt der tiefsten Anbetung; vollgültiges Sühnopfer; einzige Gottes würdige Dankesgabe; durchdringendes Bittopfer. – V. Innige Anteilnahme am hl. Messopfer durch die Hingabe unser selbst an Jesus Christus als Hoherpriester und Opfer zugleich.*

Im Vorhergehenden haben wir zu zeigen versucht, wie Gott uns teilnehmen lässt an seinem Leben, wie die Gnade Christi uns zu Gotteskindern macht und die Quelle des göttlichen Lebens in uns ist. In der Taufe haben wir diese Gnade empfangen. Sie war das Morgenrot unseres übernatürlichen Lebens, die Quelle des göttlichen Lebensstromes. Der Entfaltung dieses Lebens, dem Werden dieses Stromes stellen sich Hindernisse entgegen. Wir haben schon gesehen, wie ihnen zu begegnen ist. Die zwei letzten Betrachtungen haben uns belehrt über die allgemeinen Regeln, die zur Erhaltung und zum Wachstum des geistlichen Lebens beobachtet werden müssen: wir müssen durch die heiligmachende Gnade mit Christo vereinigt bleiben und alle unsere Handlungen, in reiner Meinung und von inniger Liebe zu Gott getragen, auf die Ehre Gottes beziehen. Dies gilt von all unserm Tun, umfasst all unsere Werke, welcher Art sie auch seien.

Hat einmal eine Seele die Erhabenheit dieses Lebens erfasst und verstanden, dass es einzig und allein auf der Vereinigung mit Jesu Christo durch Glauben und Liebe beruht, dann wird sie die vollkommenste Vereinigung erstreben, sie wird nach der ganzen Fülle jenes Lebens verlangen, das sie nach Gottes gnadenvollem Ratschluss besitzen soll. Aber ist solche Vereinigung nicht bloß ein Traum? Mag die Seele zagend fragen. Nein, sie ist kein leerer Wahn. Eine solche Vereinigung ist erreichbar, trotz ihrer Erhabenheit; denn was Menschen unmöglich ist, für Gott ist es leicht: *apud homines hoc impossibile est, apud Deum autem omnia sunt possibilia.*[915]

Unsere menschliche Kraft auf sich allein angewiesen und von Christus getrennt, kann zwar nicht das geringste tun, um diese Vereinigung zu verwirklichen, um jenes Leben zu erzeugen oder zu vermehren, das dieser Vereinigung entspringt. Gott allein kann hier Anfang und Wachstum geben. Wir müssen nach den Worten des hl. Paulus[916] pflanzen und gießen. Früchte des Lebens aber können nur gedeihen, wenn Gott den Tau seiner Gnade auf uns herabsendet.

Gott stellt uns unvergleichliche Hilfsmittel zur Verfügung, um diese Gnade in uns zu erhalten. Er ist die unendliche Güte, die unbeschränkt in ihrer Macht, uns zur Teilnahme an seiner Natur und seiner eigenen Seligkeit berufen hat. Er ist aber auch die ewige Weisheit, die mit ebensoviel Kraft als Milde die Mittel dem Ziele anpasst: *Attingit a fine usque ad fortiter et disponit omnia suaviter.*[917]

Wenn wir nun, nachdem wir gesehen haben, wie Gott in der Taufe dem Keim dieses Lebens, die Erstlingsgabe dieser Vereinigung uns geschenkt hat und welch allgemeinem Gesetze ihr Wachstum unterworfen ist, im Einzelnen die Mittel kennen wollen, die uns Gott an die Hand gibt, so werden wir finden, dass sie sich auf zwei zurückführen lassen; das Gebet und den Empfang der hl. Eucharistie.

Eine Seele, die sich betend an Gott wendet, hat die Versicherung des Heilandes: »Um was immer ihr den Vater in meinem Namen bitten werdet, das wird er euch geben«. Darum fügt er bei: »Bittet und ihr werdet empfangen, damit eure Freude vollkommen sei.«[918] Diese Freude ist die Freude des Herrn selbst: *ut habeant gaudium meum impletum in semetipsis,* sie sollen seine Freude wollkommen in sich haben,[919] die Freude seiner Gnade, die Freude seines Lebens, die wie ein Gottesstorm von ihm auf uns überfließt, um uns zu beglücken: *Fluminis impetus laetificat civitatem Dei.*[920]

Ein anderes, weit mächtigeres Mittel ist die Eucharistie. An das Gebet knüpft der Herr seine Gaben unter bestimmten Bedingungen.

---

915 Matth. 19, 26.
916 1. Cor. 3, 6.
917 Sap. 8, 1.
918 Joan. I6, 23 f.
919 Joan. 17, 13.
920 Ps. 45, 5.

308

Im Sakrament aber gibt Christus, Gott selbst, sich uns. Die Eucharistie ist wesentlich das Sakrament der Vereinigung. Sie nährt und unterhält das göttliche Leben in uns. Mit Rücksicht auf dieses hl. Sakrament hat der Heiland in erster Linie sagen können: »Ich bin gekommen, damit sie das Leben haben und damit sie es im Überfluss haben.« *Ego veni ut vitam habeant et abundantius habeant.*[921] Wenn wir in der hl. Kommunion Christum in unser Herz aufnehmen, vereinigen wir uns mit dem Spender alles Lebens, mit dem Leben selbst. Christus aber muss hingeopfert werden, ehe er sich unsern Seelen zur Nahrung gibt. Nur durch das hl. Messopfer wird der Herr gegenwärtig unter den Gestalten von Brot und Wein. Wir müssen daher zunächst vom Opfer des Altares reden, um im nächsten Kapitel von der hl. Kommunion zu handeln.

Was ist das hl. Messopfer? Welche Kraft birgt es, um unsere Seele in Christo umzugestalten? Menschenwort kann dies Geheimnis nicht ausdrücken. Auch der Priester, dem das eucharistische Opfer der Mittelpunkt und die Sonne seines ganzen Lebens ist, vermag die Wunder der Liebe, die Jesus Christus hier angehäuft hat, nicht in Worte zu fassen. Alles, was der Mensch von diesem Geheimnis, das dem Herzen Gottes entspringt, sagen kann, bleibt so tief unter der Wirklichkeit, dass man eigentlich nichts gesagt hat, hätte man auch alle Redekünste erschöpft. Es kann keinen Gegenstand geben, den ein Priester mit mehr Liebe und doch zugleich mit mehr heiliger Scheu behandelt, als dies hohe und hehre Geheimnis.

Wir wollen um einen Strahl heiliger Glaubenserleuchtung bitten: Das eucharistische Opfer ist vor allem ein Geheimnis des Glaubens: *Mysterium fidei.* Um ein wenig in seine Tiefe einzudringen, müssen wir zum Herrn selbst gehen und wiederholen, was einst Petrus zum Heiland sprach, nachdem er den Juden dieses Geheimnis verkündet hatte, worauf selbst einige von seinen Jüngern ihn verließen: »Herr, zu wem sollen wir gehen? Du allein hast Worte des ewigen Lebens«: *Domine, ad quem ibimus. Verba vitae aeternae habes.*[922] Hier vor allem wollen wir, wie Johannes sagt, der Liebe glauben: *et nos credidimus caritati.*[923] Der Herr hat dieses Sakrament in dem Augenblicke eingesetzt, als er willens war, uns durch sein Leiden, den größten Be-

---

921 Joan. 10, 10.
922 Joan. 6, 69.
923 1. Joan. 4, 16.

weis seiner Liebe zu geben, und er hat gewollt, dass es von uns ständig erneuert werde »zu seinem Andenken«. Es ist gleichsam sein letzter Gedanke, das Testament seines heiligsten Herzens. *Hoc facite in meam commemorationem.*[924]

1

Das Konzil von Trient erklärt, dass die Messe ein wahres Opfer ist, welches das Opfer Christi am Kreuze darstellt und erneuert. Die Messe wird als ein wahres und eigentliches Opfer dargebracht.[925] Im Opfer der hl. Messe ist unblutigerweise enthalten und wird geopfert derselbe Christus, der sich am Kreuze blutigerweise dargebracht hat. Es ist das nämliche Opfer. Derselbe Christus, der sich am Kreuze geopfert hat, opfert sich jetzt durch die Hände des Priesters. Ein Unterschied besteht nur in der Art der Darbringung.[926] Das Opfer des Altares ist also wesentlich eine Erneuerung des Kreuzesopfers. Verschieden ist nur die Weise zu opfern. *Sola offerendi ratione diversa.* Wollen wir daher die Größe jenes Opfers erfassen, das auf dem Altare dargebracht wird, so müssen wir erwägen, was den Wert des Kreuzesopfers ausmacht. Dieser Wert beruht auf der Würde des opfernden Priesters und jenem des Opfers selbst. Ein Wort also über das Priestertum und das Opfer Christi.

Jedes wahre Opfer setzt das Priestertum voraus: die öffentlich anerkannte Befugnis, im Namen aller ein Opfer darzubringen. Im Alten Bunde ward der Priester von Gott selbst aus dem Geschlechte Aarons erwählt und durch eine besondere Salbung zum Dienste im Tempel geweiht. Das Priestertum Christi aber ist in ganz anderer Weise überragend und allumfassend. In einzigartiger Salbung ist er zum Hohenpriester geweiht, durch jene Gnade der Vereinigung nämlich, genannt *gratia unionis*, die im Augenblick der Menschwerdung die menschliche Natur mit dem Sohne Gottes vereinigte. Das menschgewordene Wort ist »Christus«, d.h. der Gesalbte, nicht gesalbt in äußerlicher Salbung, wie die Könige, Propheten und Hohenpriester des Alten Bundes, sondern gesalbt mit der Gottheit selbst, die sich über die Menschheit des Herrn ergoß gleich einem »Freudenöl« nach den

---

924 1. Cor. 11, 24.
925 Sess. 22, can. 1.
926 Sess. 22, cap. 2.

310

Worten des Psalmisten: *Unxit te Deus, Deus tuus, oleo laetitiae prae consortibus tuis.*[927] »Der Herr, dein Gott, hat dich mit Freudenöl gesalbt vor deinen Genossen,« durch die Gnade, die ihn zum Gottmenschen, zum Sohne Gottes macht, und in eben dem Augenblicke dieser Vereinigung ist Jesus gesalbt, geweiht und zum Hohenpriester bestellt, zum Mittler zwischen Gott und den Menschen. Sein Vater selbst ist es, der ihn zum Hohenpriester aufstellt. Jesus Christus hat sich nicht selbst verherrlicht, dass er Hoherpriester wurde, sondern der, welcher zu ihm sprach (bei der Menschwerdung): »Mein Sohn, heute habe ich dich gezeugt!«[928]

Weil er der wahre Sohn Gottes ist, darum kann Christus allein das Gott würdige Opfer darbringen. Und diese Stellung und Würde als Hoherpriester hat Gott selbst durch einen Eid bestätigt. »Der Herr hat geschworen, und es wird ihn nie gereuen. Du bist Priester in Ewigkeit nach der Ordnung des Melchisedech.«[929] Warum ist Christus ewiger Priester? Weil die Vereinigung der göttlichen und menschlichen Natur durch die Menschwerdung, die ihn zum Hohenpriester weiht, unlösbar ist. »Christus,« sagt der hl. Paulus, »besitzt ein immerwährendes Hohespriestertum; denn es bleibt auf ewig.«[930]

Und dieses Priestertum ist nach der Ordnung, d.h. nach Ähnlichkeit des Melchisedech. Der hl. Paulus erinnert uns an diese geheimnisvolle Persönlichkeit des Alten Bundes, den Gönner Abrahams, der durch Name und Opfer das Priestertum und Opfer Jesu Christi versinnbildet. Melchisedech bedeutet »König der Gerechtigkeit,« und die Hl. Schrift sagt, dass er »König von Salem« war,[931] d.h. König des Friedens. Auch Jesus ist König. Vor Pilatus in seiner Leidensstunde hat er sein Königtum beteuert: *Tu dicis.*[932] Er ist König der Gerechtigkeit; denn er wird alle Gerechtigkeit erfüllen; er ist Friedenskönig: *Princeps pacis,*[933] gekommen, um den Frieden zwischen Gott und den Menschen wiederherzustellen. Durch sein Opfer ward die göttliche Gerechtigkeit versöhnt, der Friede wieder gewonnen, so dass Gerech-

---

927 Ps. 44, 8.
928 Hebr. 5, 5.
929 Ps. 109, 4.
930 Hebr. 7, 3.
931 Gen. 14, 18; Hebr. 7, 1.
932 Joan. 18, 37.
933 Is. 9, 6.

tigkeit und Friede sich den Versöhnungskuss gaben: *iustitia et pax osculatae sunt.*[934]

Jesus Christus, der im Augenblicke seines Menschwerdung Sohn Gottes und durch die Menschwerdung höchster und ewiger Hoherpriester ward, ist zum einzigen Mittler zwischen seinem Vater und den Menschen aufgestellt. Er ist Christus, der Gesalbte, der einzig wahre Hohepriester: *Unxit te Deus ... prae consortibus tuis.* Darum ist auch sein Opfer gleich seinem Hohenpriestertum von einzigartiger Vollendung und von unendlichem Wert.

2

Mit der Menschwerdung hat das hochpriesterliche Amt Christi seinen Anfang genommen. »Jeder Priester ist bestellt, um Gaben und Opfer darzubringen.«[935] So musste auch Jesus Christus als höchster Hoherpriester eine Gabe zum Opfer bringen. Welches wird diese Gabe sein? Was wird er opfern? Sehen wir zunächst, was vor ihm geopfert wurde. – Das Opfer ist ein wesentliches Erfordernis jeder Gottesverehrung, so alt wie diese selbst.

Es ist eine Forderung der Gerechtigkeit und Billigkeit, dass das Geschöpf von Anbeginn die Oberhoheit Gottes anerkenne. Dies ist der erste Grundbegriff der Gottesverehrung, der Tugend der Religion, die selbst nur eine Ausdrucksform der Tugend der Gerechtigkeit ist. Gott, der Unerschaffene, hat den Grund seines Daseins in sich selbst. Sein Wesen besteht naturnotwendig unabhängig von jedem anderen Wesen. Das Geschöpf hingegen ist durchaus und seinem Wesen nach von Gott abhängig. Es bedarf der Mithilfe Gottes, damit es sei, damit es aus dem Nichts hervorgezogen und im Sein erhalten werde, damit es seine Tätigkeit entfalten könne. Um seiner Natur getreu zu bleiben, muss das Geschöpf diese Abhängigkeit anerkennen und eingestehen. Dies geschieht durch den Akt der Anbetung. Anbeten heißt Gottes höchste Majestät und Oberhoheit anerkennen durch eigene Erniedrigung. *Venite adoremus et procidamus ante Deum ... quoniam ipse fecit nos et non ipsi nos.* »Kommt, lasset uns niederfallen und Gott anbeten ..., denn er ist unser Schöpfer, nicht wir selbst

---

934 Ps. 84, 11.
935 Hebr. 5, 1.

312

haben uns gemacht.«[936] Vor Gott sollten wir uns erniedrigen bis zur Selbstvernichtung; das wäre die höchste Huldigung, ohne jedoch die Kleinheit des bloßen Geschöpfes, der unendlichen Erhabenheit des göttlichen Wesens gegenüber zum Ausdruck zu bringen. Da Gott uns aber das Leben gegeben hat, haben wir nicht das Recht, es durch eigene Hinopferung zu zerstören, selbst unser Leben zum Opfer zu bringen. Darum setzt der Mensch an seine Stelle andere Geschöpfe, vor allem jene, die ihm zum eigenen Lebensbedarf dienen, wie Brot, Wein, Früchte, Tiere.[937] Durch deren Hingabe, Opferung oder Vernichtung anerkennt der Mensch die Oberhoheit Gottes und darin besteht das Wesen des Opfers. Seit dem Sündenfalle ist zu diesen Merkmalen des Opfers noch der Gedanke der Sühne hinzugetreten. Die ersten Menschen opferten Früchte und schlachteten die besten Tiere ihrer Herden, um der Majestät Gottes zu huldigen. Später hat Gott selbst im mosaischen Gesetze die verschiedenen Opfer bestimmt. Da gab es zunächst Brandopfer, Opfer der Anbetung, in denen das Opfer ganz und gar vom Feuer verzehrt wurde. Sodann Friedensopfer, »hostias pacificas«, als Dank- oder Bittopfer, in denen nur ein Teil des Opfers verbrannt wurde, ein anderer gehörte den Priestern und ein dritter jenem, für den das Opfer dargebracht wurde. Die wichtigste, alttestamentliche Feier aber waren die Sühnopfer für die Sünden.

All diese Opfer waren nach den Worten des hl. Paulus nur Vorbilder: Omnia in figura contingebant illis.[938] Sie waren nur schwache und dürftige Anfangsgründe: egena elementa;[939] Gott wohlgefällig nur als Hinweis auf das kommende große, seiner allein würdige Opfer: das Opfer des Gottmenschen am Kreuze.[940]

Das ausdrucksvollste unter all diesen vorbildlichen Opfern war das Sühnopfer, das alljährlich einmal am großen Versöhnungstag im

---

936 Ps. 94, 6 und Ps. 99, 3.
937 Domine Deus noster, qui in his potius creaturis quas ad fragilitatis nostrae subsidium condidisti, tuo quoque nomini munera iussisti dicanda constitui, tribue quaesumus ut et vitae nobis praesentis auxilium et aeternitatis efficiant sacramentum (Sekret am Donnerstag nach dem Passionssonntag).
938 1. Cor. 10, 11.
939 Gal. 4, 9.
940 Deus ... legalium differentiam hostiarum unius sacrificii perfection sanxisti. (Sekret vom 7. Sonntag nach Pfingsten.)

Namen und an Stelle des ganzen Volkes Israel[941] vom Hohenpriester dargebracht wurde. Der Hohepriester, mit den festlichen Gewändern bekleidet, legte dem Opfertiere die Hand auf, während die versammelte Menge anbetend auf den Knien lag. Dieser symbolische Ritus sollte bedeuten, dass das Opfertier an die Stelle des Volkes getreten sei, um das mit Sünden beladene Volk vor Gott darzustellen.[942] Darauf wurde das Opfer vom Hohenpriester geschlachtet, und der Schlag dieser Hinopferung trifft eigentlich die Menge, die unterdessen vor Gott, dem Herrn über Leben und Tod, ihre Schuld bekennt und beweint. Dann wird das Opfer auf dem Brandopferaltar im Feuer verzehrt, und der Opfergeruch steigt zu Gottes Thron empor, »*in odorem suavitatis*«, als Sinnbild der Hingabe, die das Volk selbst jenem schuldet, der es ins Dasein gerufen hat und dem es als Endziel zustrebt. Der Hohepriester besprengt die Hörner des Altares mit dem Blute des Opfertieres und betritt dann das Allerheiligste, um das Blut vor der Bundeslade auszugießen. – Infolge dieses Sühnopfers erneuerte Gott seinen Freundschaftsbund mit Israel.

All dieses war von symbolischer Bedeutung. Welches ist nun deren Erfüllung? Sie liegt im Kreuzesopfer des Herrn auf dem Kalvarienberg. »Christus selbst hat sich für uns hingeopfert,« sagt der hl. Paulus, »Gott zur Gabe und zum Opfer voll lieblichen Wohlgeruches.« *Christus tradidit semetipsum pro nobis oblationem et hostiam Deo in odorem suavitatis.*[943] Christus, das wahre Versöhnugsopfer, wurde uns von Gott gezeigt: *Quem proposuit Deus propitiationem per fidem, in sanguine ipsius.*[944] Christus aber hat sein Opfer am Kreuze vollbracht. Mit seiner Menschwerdung war es eingeleitet, da er kam, um für das Menschengeschlecht sich zu opfern. Wohl hätte das geringste Leiden Christi an und für sich zur Erlösung der Menschheit genügt. Da Jesus Christus Gott ist, war auch die geringste seiner Handlungen, infolge seiner hohen Würde als göttliche Person, von unendlichem Werte. Der ewige Vater aber hatte bestimmt, dass Christus durch seinen blutigen Kreuztod uns erlösen sollte.[945] Und die-

---

941 Lev. 16, 9 und 16.
942 Gott selbst hat im Buche Leviticus erklärt, dass er der Urheber dieser Stellvertretung sei. (Lev. 17, 11.)
943 Eph. 5, 2.
944 Rom. 3, 25.
945 Siehe weiter S. 79.

sem anbetungswürdigen Ratschluss Gottes hat Christus, wie der hl. Paulus ausdrücklich erwähnt, bei seinem Eintritt in die Welt sich unterworfen. Im Augenblick der Menschwerdung hat er das ganze Erlösungswerk überblickt und umfasst, von der Krippe bis zum Kreuz, und in völliger Hingabe dem göttlichen Willen des Vaters sich anheimgestellt. Er hat seinen Leib freiwillig zum Opfer angeboten. Bei seinem Eintritt in die Welt sprach er: »Opfer und Gaben hast du nicht gewollt, einen Leib aber hast du mir bereitet. An Brandopfern für die Sünden hattest du kein Wohlgefallen. Da sprach ich: Sieh, ich komme, o Gott, deinen Willen zu erfüllen!«[946] Mit der bereitwilligen Annahme des väterlichen Ratschlusses und der gänzlichen Hingabe seiner selbst hat Christus sein hochpriesterliches Werk begonnen, mit dem blutigen Opfertode am Kreuze es vollendet. Zu Beginn seines Leidens hat er wie einstens bei der Menschwerdung sich wiederum rückhaltlos dem Willen des Vaters hingegeben. »Vater,« so betet er, als der bittere Leidenskelch ihm gereicht wird, »nicht mein Wille geschehe, sondern der deine,« und das letzte Wort vor seinem Tode lautet: *Consummatum est,* »es ist vollbracht.«[947]

Wenn wir dieses heilige Opfer betrachtend erwägen, werden wir erkennen, dass der Heiland damit das erhabenste Werk vollbracht und seinem ewigen Vater die höchste Huldigung geleistet hat. Er selbst ist hier der Hohepriester, er, der Gottmensch, der vielgeliebte Sohn des Vaters. Wohl hat er sein Opfer der menschlichen Natur nach dargebracht, nur der Mensch konnte sterben. Auch war dieses sein Opfer als historische Tatsache an eine bestimmte Zeitdauer gebunden. Der Hohepriester aber, der das Opfer darbrachte, ist eine göttliche Person und das verleiht seinem Opfer unendlichen Wert. – Das Opfer ist heilig, rein, unbefleckt, Christus selbst, das fehlerlose Lamm, das mit seinem eigenen bis zum letzten Tröpflein vergossenen Blute die Sünden der Welt getilgt hat. An unser Statt ist Jesus Christus geopfert worden, als unser Stellvertreter, mit unsern Sünden beladen, ist er zum Schlachtopfer geworden für uns Sünder. *Posuit in eo Deus iniquitatem omnium nostrum.*[948] Endlich hat Christus sein Opfer in aller Freiheit, nur aus Liebe angenommen und dargebracht.

946 Hebr. 10, 5 ff.
947 Joan. 19, 30.
948 Is. 53, 6.

»Niemand nimmt ihm das Leben, er gibt es freiwillig hin.«[949] Und das tat er, »weil er den Vater liebte«: *ut cognoscat mundus quia diligo Patrem, sic facio.*[950]

Diese Hinopferung des Gottessohnes, diese freiwillige Hingabe aus Liebe, hat der ganzen Welt das Heil gebracht. Der Tod Jesu erlöst uns von der Sünde, versöhnt uns mit Gott, schenkt uns die Gnade Gottes wieder, die für uns der Inbegriff aller Güter ist; er öffnet uns die Tore des Himmels und gibt uns die Erbschaft des ewigen Lebens. Dieses hl. Opfer leistet Genüge für alles. Darum zerreißt beim Tode des Herrn der Vorhang im Tempel zum Zeichen dessen, dass die Opfer des Alten Bundes für immer aufgehoben sind und an ihre Stelle ein einziges, Gottes allein würdiges Opfer getreten ist. Es gibt fortan kein Heil, keine Rechtfertigung mehr außerhalb des Kreuzopfers, dessen Früchte unerschöpflich sind. »Mit einem einzigen Opfer,« sagt der hl. Paulus, »hat er auf ewig die, welche geheiligt werden, zur Vollendung gebracht.«[951]

3

Nicht ohne Grund verweilten wir so lange bei dem Kreuzopfer. Das gleiche Opfer erneuert sich auf unseren Altären. Das Messopfer ist das gleiche Opfer wie jenes am Kreuze. Es kann ja kein anderes Opfer sein. Der hl. Paulus bezeichnet, wie wir oben gesehen, das Kreuzopfer als das einzige Opfer. Einmal und allein genügte es voll und ganz. Aber der Heiland hat gewollt, dass es hienieden ständig erneuert werde, um allen Seelen die Früchte desselben zuzuwenden.

Wie aber hat Christus, da er doch in den Himmel aufgefahren ist, diesen seinen Entschluss zur Ausführung gebracht? Wohl bleibt er in Ewigkeit der einzige Hohepriester. Aber er wählt Menschen, denen er durch das Sakrament der Priesterweihe Anteil an seinem Priestertum gibt. Wenn der Bischof bei der Priesterweihe die Hände über die zu weihenden Priester ausbreitet, singen die Engel über einen jeden von ihnen das Wort: »Du bist Priester in Ewigkeit. Das Merkmal des Priestertums, das du nun trägst, wird von dir nicht mehr genommen werden. Aber du erhälst es aus Christi Händen, sein Geist erfüllt dich

---

949 Joan. 10, 18.
950 Joan. 14, 31.
951 Hebr. 10, 14.

und macht dich zu seinem Diener.« Jesus Christus will durch Vermittlung von Menschen sein Opfer erneuern.

Betrachten wir, was auf dem Altar vorgeht. – Nach kurzen Einleitungsgebeten und Lesungen bringt der Priester Brot und Wein dar, das ist die Opferung. Die geopferten Gaben sollen bald in des Herrn Leib und Blut verwandelt werden. Nun lädt der Priester die Gläubigen und die himmlischen Chöre ein, den Altar als neuen Kalvarienberg zu umgeben und mit ihren Lob- und Huldigungsgebeten die hl. Handlung zu begleiten. Sodann tritt der Priester in schweigende, hl. Gottesnähe. Der Augenblick der Wandlung ist da. Der Priester breitet seine Hände über die Gaben aus, wie einst der Hohepriester über das Opfertier. Dabei wiederholt er die Worte Jesu bei der Einsetzung des letzten Abendmahles. *Qui pridie quam pateretur.* Er tritt ganz an die Stelle Christi, während er die vorgeschriebenen Worte spricht: »Das ist mein Leib. Das ist mein Blut.« Diese Worte vollbringen die Verwandlung von Brot und Wein in den wahren Leib und das wahre Blut Jesu Christi.

Seinem eigenen göttlichen Willen, seiner formellen Anordnung gemäß wird Jesus Christus wirklich und wahrhaft, mit Gottheit und Menschheit gegenwärtig unter den äußerlich bleibenden Gestalten von Brot und Wein, die ihn unseren Blicken verdecken.

Doch diese geheimnisvollen Worte bringen noch eine weitere Wirkung hervor. Durch sie ist auch zugleich das Opfer vollbracht, In Kraft der priesterlichen Worte: »Das ist mein Leib« verhüllt der Heiland sein Fleisch unter der Brotgestalt und sein Blut unter der Gestalt des Weines durch die Worte: »Das ist mein Blut.« Hier werden also in geheimnisvoller Weise Fleisch und Blut voneinander getrennt, wie sie einst am Kreuz wirklich voneinander geschieden wurden, wodurch der Tod eintrat. Seit seiner Auferstehung kann Christus nicht mehr sterben. *Mors illi ultra non dominabitur.*[952] Darum findet auf dem Altar keine wirkliche, physische, sondern nur eine geheimnisvolle, sinnbildliche Trennung von Fleisch und Blut statt. »Ein und derselbe Christus, der am Kreuze sich geopfert hat, wird auch auf dem Altar geopfert, wenn auch auf andere Weise.« Die hl. Messe ist darum ein wirkliches Opfer: *In hoc divino sacrificio quod in missa peragitur, idem ille Christus continetur et immolatur, qui in ara crucis*

---

952 Rom. 6, 9.

317

seipsum cruentum obtulit.[953] Mit der Kommunion schließt das Opfer. Es ist der letzte Hauptteil der Messe. – Das Opfermahl vollendet den Gedanken der Stellvertretung und vor allem der Vereinigung, der die ganze Opferhandlung begleitet. Durch diese innigste Vereinigung mit dem Opferlamme, das an seine Stelle getreten ist; opfert der Mensch sich sozusagen noch vollständiger. Die Hostie ist heilig, ja vergöttlicht worden. Indem der Mensch sie genießt, macht er sich die göttliche Kraft zu eigen, welche durch die hl. Wandlung in der Opfergabe wohnt.

In der hl. Messe ist Christus, der Gottmensch, selbst das Opfer. Darum ist die hl. Kommunion die tiefste und wahrste Verbindung mit Gott, die vollkommenste Anteilnahme an den Früchten innerer Vereinigung und göttlichen Lebens, die uns aus dem Opfer Christi erwachsen. Die hl. Messe ist also nicht nur eine einfache Darstellung des Kreuzopfers; sie hat nicht nur den Wert einer bloßen Gedächtnisfeier. Sie ist ein wirkliches Opfer, das gleiche Opfer wie jenes auf Kalvaria, das es darstellt, fortsetzt und dessen Früchte es uns zuwendet.

4

Die Früchte des hl. Messopfers sind unerschöpflich; es sind die gleichen wie die Früchte des Kreuzopfers.

Es ist derselbe Heiland, der sich für uns seinem Vater aufopfert. Seit seiner Auferstehung kann er zwar keine neuen Verdienste mehr erwerben. Aber er opfert wiederum die unendlichen Verdienste, die er durch sein Leiden erworben. Diese Verdienste, ja alle Genugtuungen Christi behalten ihren gleichen Wert, wie Christus, als ewiger Hoherpriester und Mittler bei Gott, alle Rechte seines göttlichen Priestertums bewahrt. Nach den hl. Sakramenten aber ist es, wie das Konzil von Trient erklärt, gerade die hl. Messe, durch die uns in besonderer und überreicher Weise die Verdienste Christi zugewendet werden: *Oblationis cruentae fructus per hanc incruentam u b e r r i - m e percipiuntur.*[954] Darum muss jeder Priester die hl. Messe darbringen nicht bloß für sich allein, sondern für alle, »die zugegen sind, für alle Gläubigen, Lebende und Verstorbene«.[955] Denn groß und un-

---

953 Concil. Trid. Sess. 22, cap. 2.
954 Concil. Trid. Sess. 22, cap. 2.
955 Suscipe Sancte Pater omnipotens ... hanc immaculatam hostiam ... pro

318

ermesslich sind die Früchte des hl. Messopfers, und höchste Ehre erhält Gott aus jeder hl. Messe.

Wenn wir also Gott preisen wollen ob seiner unendlichen Majestät, wenn wir ihm trotz unserer geschöpflichen Armut eine Huldigung anbieten wollen, wie sie seiner Majestät geziemt, und wie er sie gewiss mit Wohlgefallen annimmt, dann sollten wir ihm nur eine heilige Messe darbringen oder ihr beiwohnen. Durch dieses Opfer des Gotteslammes empfängt der ewige Vater, wie einst durch das blutige Opfer auf Kalvaria, eine unendliche Huldigung, eine Huldigung, die seiner erhabenen Vollkommenheit entspricht.

Durch Jesum Christum, den Gottmenschen, den vielgeliebten Sohn, der sich auf dem Altare opfert, wird dem Vater alle Ehre und Herrlichkeit zuteil: *Per ipsum et cum ipso et in ipso est tibi Deo Patri omnipotenti ... omnis honor et gloria.*[956] Keine gottesdienstliche Handlung unserer hl. Religion ist so geeignet, die Seele zu beruhigen, wenn sie, vom Abgrund des eigenen Nichts erschüttert, sich sehnt, Gott eine seiner würdige Huldigung zu erweisen. Die vereinten Lobeserhebungen der gesamten Schöpfung und der Auserwählten im Himmel, sind nicht zu vergleichen mit der Verherrlichung, die dem ewigen Vater durch das Opfer seines Sohnes zuteil wird. Um in etwa den Wert der hl. Messe zu verstehen, bedarf die Seele des Lichtes, das nur der Glaube geben kann, weil er sozusagen eine Anteilnahme an der göttlichen Erkenntnis ist, die Gott selbst von sich und den göttlichen Dingen hat. In diesem Lichte können wir den Altar betrachten, ähnlich wie Gott selbst ihn schaut. Was sieht Gott auf dem Altare, wenn das hl. Opfer dargebracht wird? Er sieht den »Sohn, den er lieb hat«, *filium dilectionis suae,*[957] den Sohn, an dem er sein Wohlgefallen hat. Wahrhaft und wirklich, *vere et realiter*, sein Kreuzesopfer erneuern. Gott bewertet alle Dinge nach der Ehre, die sie ihm bereiten. Im hl. Messopfer aber gibt ihm sein innigstgeliebter Sohn, wie einst auf Kalvaria, unendliche Verherrlichung. Eine vollkommenere Huldigung Gottes gibt es nicht. Das hl. Messopfer schließt alle Huldigungen ein und übertrifft sie in unendlichem Maße.

---

omnibus circumstantibus, sed et pro omnibus fidelibus christianis, vivis atque defunctis: ut mihi et illis proficiat ad salutem in vitam aeternam (Offertorium der hl. Messe).
956 Kanon der hl. Messe.
957 Col. 1, 13.

Die hl. Messe ist ferner eine Quelle von Vertrauen und Verzeihung.

Wenn die Erinnerung an unsere Sündenschuld uns zu Boden drückt und wir uns angstvoll fragen, wie wir sühnen und der göttlichen Gerechtigkeit möglichst vollgültige Genugtuung leisten können, damit die Sündenstrafe uns geschenkt werde, so gibt es kein wirksameres und tröstlicheres Mittel als die hl. Messe. Das Konzil von Trient sagt: »Durch diese Opfergabe versöhnt, gibt der Herr uns Gnade und Bußgesinnung und verzeiht uns unsere Vergehen, ja selbst die schwersten Sünden«: *peccata etiam ingentia dimittit.*[958] Finden wir denn in der hl. Messe unmittelbaren Sündennachlass? Nein, dieser ist der hl. Beichte oder der vollkommmenen Reue vorbehalten. Aber die hl. Messe birgt überfließende wirksame Gnaden in sich, die den Sünder erleuchten und zu Akten der Reue und Buße bewegen, ihn somit dem Sakrament der Buße zur Wiederversöhnung und Freundschaft mit Gott zuführen.[959] Gilt dies schon vom Sünder, der noch nicht durch die Lossprechung des Priesters von seinen Banden befreit ist, so vor allem von den Gerechtfertigten, die für ihre Sünden möglichst vollgültige Sühne leisten, ihr Verlangen nach Genugtuung stillen möchten. Die hl. Messe ist nicht nur ein Lobopfer, oder ein bloßes Gedächtnis des Kreuzopfer, sie ist auch ein wirkliches Sühnopfer, von Christus eingesetzt, »damit uns die heilbringende Kraft des Kreuzopfers zur Sühne für unsere täglichen Sünden zugewendet werde«: *Ut illius cruenti sacrificii crucis salutaris virtus in remissionem eorum, quae a nobis quotidie committuntur, peccatorum applicaretur.*[960] Darum bringt auch der Priester, der schon im Stande der heiligmachenden Gnade stehen muss, dies Opfer dar »für seine zahllosen Sünden, Beleidigungen und Nachlässigkeiten«. Das göttliche Opfer v e r s ö h n t u n s m i t G o t t u n d g i b t u n s s e i n e G n a d e wieder. Wenn die Erinnerung an unsere Schuld uns drückt, bedenken wir, dass im hl. Messopfer Christus für uns geopfert wird, »das Lamm Gottes, das hinwegnimmt die Sünden der Welt«, und

958 Concil. Trid. Sess. 22, cap. 2.
959 Man könnte sagen, dass die hl. Eucharistie als Sakrament direkt (in erster Linie, zunächst: in recto) die Gnade bringt oder bezweckt, in zweiter Linie: (in obliquo) die Ehre Gottes; das hl. Messopfer aber in erster Linie die Ehre Gottes, in zweiter die Gnade der Buße und Reue bezweckt, durch die Bußgesinnung, die es in der Seele hervorruft.
960 Concil. Trid. Sess. 22, cap. 1.

dass er jedesmal, »wenn er sich opfert, das Werk unserer Erlösung erneuert«: *Quoties huius hostiae commemoratio celebratur, opus nostrae redemptionis exercetur.*[961]

Welch großes Vertrauen sollte dies unendliche Versöhnungsopfer uns einflößen! Mögen unsere Sünden und unsere Undankbarkeit auch noch so groß sein, eine einzige hl. Messe gibt Gott weit mehr Ehre, als wir mit all unseren Sünden ihm rauben können. »O Vater im Himmel, schau auf diesen Altar, schau hin auf deinen Sohn, der mich geliebt und sich für mich am Kalvarienberg dahingegeben hat. Für mich bietet er dir seine unendliche Sühne an: *Respice in faciem Christi tui*,[962] vergiss, was ich gegen deine Güte gefehlt habe. Zur Sühne für alle Beleidigungen, die ich gegen deine heiligste Majestät begangen habe, opfere ich dir diese Gabe, an der du dein Wohlgefallen hast.« Ein solches Gebet muss Gott erhören, weil es sich stützt auf die Verdienste des eingeborenen Sohnes, der durch sein Leiden alles gesühnt hat.[963]

Ein andermal sind wir zu tiefst ergriffen von der Erinnerung an Gottes überfließende Barmherzigkeit. Sie schenkte uns die unschätzbare Wohltat unseres heiligen Glaubens, der uns den Weg zum Ziele weist, uns Anteil gibt an den Geheimnissen Christi und Hoffnung auf das Erbe der ewigen Seligkeit. Sie bestreute unseren Lebensweg mit einer Fülle von Gnaden, seit jener ersten grundlegenden, der hl. Taufe. Beim Anblick dieser unzähligen Gnadenerweisungen muss die Seele, ganz überwältigt vor Glück, sich als Kind solch göttlicher Liebe zu sehen, bekennen: »O mein Herr und Gott, wie kann ich arme Kreatur, dir für deine vielen Wohltaten danken? Was kann ich dir geben, das deiner würdig ist? Wenn du auch meiner Güter nicht bedarfst: *bonorum meorum non eges*,[964] so wäre es doch billig, dass ich deine unendliche Güte gegen mich in etwa vergelte. Das fühle ich aus tiefster Seele, aber was soll ich geben, das sowohl deiner Größe als auch deiner Freigebigkeit entspricht?« *Quid retribuam Domino pro omnibus quae retribuit mihi?*[965] so betet der Priester nach dem Genusse des Gottesbrotes. Und die Kirche legt ihm auch die Antwort in

---

961 Sekret vom 9. Sonntag nach Pfingsten.
962 Ps. 83, 10.
963 Cf. Rom. 5, 8–9.
964 Ps. 15, 2.
965 Ps. 115, 12.

den Mund: *Calicem salutaris accipiam,* »den Kelch des Heiles will ich ergreifen.« Die hl. Messe ist die eigentliche, höchste und Gottes allein würdige Danksagung, die wir bringen können. Im Evangelium lesen wir, dass der Herr vor der Einsetzung dieses Opfers seinem Vater »dankte«, εὐχαριστήσας. Der hl. Paulus gebraucht das gleiche Wort und die Kirche bevorzugt diesen Ausdruck vor jedem anderen, ohne jedoch die anderen Zwecke der heiligen Messe ausschließen zu wollen. Sie nennt das Opfer des Altares das »eucharistische Opfer«, d.h. das Dankopfer. Bei jeder hl. Messe singt der Priester, ehe er nach der Opferung zur Wandlung schreitet, nach Jesu Vorbild einen Dankhymnus: »Wahrhaft würdig und recht ist es, billig und heilsam, dir heiliger Herr, allmächtiger Gott, immer und überall Dank zu sagen ... durch Christum unsern Herrn.« *Per Christum Dominum nostrum.*[966] Dann opfert er das Gotteslamm, das an unser Statt danksagt als einzig würdige Gegengabe – denn Christus ist Gott – für alle Wohltaten, die »uns von oben kommen, vom Vater des Lichtes«, *omne donum perfectum desursum est descendens a Patre luminum.*[967] Durch Jesum Christum sind uns alle Gaben zugekommen, durch ihn allein steigt jede Danksagung unserer Seelen bis zu Gottes Thron empor.

Die hl. Messe ist endlich auch ein B i t t o p f e r . Wir sind unendlich armselig und bedürften ständig der Erleuchtung, der Kraft und Stärke. In der hl. Messe finden wir all dieses. Hier ist ja jener zugegen, der einst gesagt: »Ich bin das Licht der Welt. Ich bin der Weg, die Wahrheit und das Leben. Kommet alle zu mir, die ihr mühselig und beladen seid, ich will euch erquicken. Wer zu mir kommt den werde ich nicht von mir stoßen.« *Et eum qui venit ad me non eiiciam foras.*[968] Hier ist Jesus, der »umherging, Wohltaten spendend«, *pertransiit benefaciendo.*[969] Er hat der Samariterin, Magdalena und noch zuletzt dem Schächer am Kreuze verziehen. Er hat die Besessenen befreit, die Kranken geheilt, den Blinden die Sehkraft und den Lahmen Bewegung wiedergegeben. Hier ist derselbe Jesus, der einst den Liebesjünger Johannes an seiner Brust ruhen ließ. Und auf dem Altar ist er zugegen in der Eigenschaft als heiliges Schlachtopfer, das sich in diesem Augenblick seinem ewigen Vater darbringt für uns. Er ist da

---

966 Präfation der hl. Messe.
967 Jac. 1, 17.
968 Joan. 6, 37.
969 Act. 10, 38.

zugegen, geopfert, und dennoch lebt er und betet für uns: *semper vivens ad interpellandum pro nobis*.[970] Er opfert seine unendlichen Verdienste auf, um uns alle notwendigen Gnaden zu erlangen. Er vereinigt auch unsere demütigen Bitten mit seinen Verdiensten. In eben diesem Augenblick haben wir die sicherste Gewähr, alle Gnaden zu erlangen, deren wir bedürfen. Der Altar, auf dem Christus geopfert wird und sich hingibt, ist in Wahrheit »der Thron der Gnade, zu dem wir mit Zuversicht hinzutreten dürfen, damit wir Barmherzigkeit erlangen und Gnade finden zur rechten Zeit.«[971] So sagt Paulus, da er von dem erhabenen Hohenpriester spricht, der für uns die Himmel durchdrungen hat und voll Erbarmen ist für jene, die er so gütig seine Brüder nennt.

»Mit Zuversicht,« *cum fiducia*, dieses Wort des hl. Paulus dürfen wir nicht übersehen. Es ist dies eine Grundbedingung der Erhörung. Mit Vertrauen und Zuversicht müssen wir die hl. Messe feiern oder ihr beiwohnen. Das hl. Opfer wirkt nicht wie die hl. Sakramente *ex opere operato*. Wohl birgt es unerschöpfliche Reichtümer in sich, aber sie werden uns großenteils nur nach dem Maße unserer eigenen, inneren Vorbereitung zuteil. Jede hl. Messe bietet uns unzählige Mittel, um besser und heiliger zu werden, aber wir erhalten diese Gnade nur nach dem Maße unseres Glaubens und unserer Liebe. Wenn der Priester vor der Wandlung all jener gedenkt, die er in besonderer Weise Gott empfehlen will, nennt er zuletzt auch alle Umstehenden, mit dem Hinweis jedoch auf die Vorbereitung ihres Herzens: *et omnium circumstantium quorum tibi fides cognita est et nota devotio*, »Gedenke auch, o Herr, aller Gläubigen, die hier zugegen sind, und deren Glaube und Andacht dir bekannt ist.« Aus diesen Worten ersehen wir, dass die Gnaden des hl. Messopfers uns nach dem Maße unserer Glaubensinnigkeit und Herzensandacht verliehen werden. Was der Glaube ist, haben wir weiter oben gesehen. Worin aber besteht die *nota devotio*, die Herzensandacht? Sie ist die bereitwillige und völlige Hingabe, *devotio*, unseres Selbst an Gottes heiligen Willen und zu seinem Dienste. Gott, der in der Tiefe unseres Herzens liest, kennt unser Verlangen und weiß, ob unsere Bereitwilligkeit ihm allein anzugehören und ihm treu zu sein, aufrichtig ist. Wenn das der Fall ist, dann gehören wir zu jenen, *quorum tibi fides cognita est et*

---

970 Hebr. 7, 25.
971 Hebr. 4, 16.

nota devotio, für welche der Priester in besonderer Weise betet und die überreich schöpfen aus dem unendlichen Schatze der Verdienste Christi, der sich eben hier für sie opfert.

Wenn wir fest überzeugt sind, dass wir von unserem Vater im Himmel durch Jesus Christus alles empfangen, dass Gott alle Schätze der Heiligkeit, nach denen wir Menschen verlangen, in Jesus Christus niedergelegt hat, und dass Jesus Christus mit all seinen Reichtümern nicht bloß auf dem Altar zugegen ist, sondern auch zur Verherrlichung des Vaters für uns sie darbringt, dass er ihm durch sein Opfer die höchst mögliche Huldigung erweist und zugleich das Opfer am Kreuze ständig erneuert, um uns dessen unendliche Verdienste zuzuwenden. Wenn wir bei der Feier der hl. Messe von diesem Gedanken durchdrungen sind, dann kann es keine Gnade geben, die wir hier nicht erlangen könnten, um die wir nicht bitten dürften. Wir stehen ja in diesem Augenblicke sozusagen mit der heiligsten Jungfrau, mit Johannes und Magdalena unter dem Kreuze, am Borne alles Heiles, aller Erlösung. O, dass wir diese Gottesgabe erkännten: *Si scires donum Dei!* ... Wenn wir die Reichtümer ahnten, aus denen wir schöpfen dürfen für uns und für die ganze Kirche Gottes.

5

Doch dürfen wir uns damit nicht begnügen, wenn wir ganz und voll in die heiligsten Absichten eindringen wollen, die den Herrn zur Einsetzung des hl. Messopfers bewogen haben, und die unsere hl. Kirche, seine Braut, in ihren Zeremonien und Gebeten bei Darbringung desselben ausdrückt. Durch die hl. Messe können wir, wie schon gesagt, das höchste Lobopfer Gott darbringen, vollkommene Sündenvergebung erbitten, für alle Wohltaten Gottes gebührend Danksagung leisten und alle Gnaden erlangen, deren wir auf unserem Lebenswege bedürfen. Aber all diese Gesinnungen und frommen Wünsche sind vielleicht oft nichts weiteres als die Anteilnahme eines bloßen Zuschauers, der zwar gesammelt, aber doch nur mehr oder minder äußerlich bei der hl. Handlung zugegen ist. Wir müssen eine innigere Anteilnahme zu verwirklichen suchen, soweit als möglich uns vereinigen mit Jesus Christus in seiner hohen Doppelaufgabe als Priester und Opfer zugleich, so dass wir ganz in ihn umgewandelt werden. Können wir das erreichen?

Jesus Christus wurde, wie schon gesagt, im Augenblicke seiner Menschwerdung zum Hohenpriester gesalbt. Nur als Menschensohn konnte er sich Gott zum Opfer darbieten. Bei seiner Menschwerdung aber hat Christus das ganze Menschengeschlecht in geheimnisvoll mystischer Vereinigung seiner Person und seinen Geheimnissen zugesellt. – Dieser tiefgründigen Wahrheit sollten wir immer eingedenk sein. Die ganze Menschheit bildet einen mystischen Leib, dessen Haupt Christus, dessen Glieder wir sind. Die Glieder können im Grunde genommen nicht vom Haupte getrennt, nicht von dessen Tätigkeit ausgeschlossen sein. Christi Großtat aber, die sein ganzes Leben umfasst und zur Vollendung führt, ist sein Opfer. Und wie er unsere volle Menschennatur, abgesehen von der Sünde, in sich aufgenommen hat, will er uns auch am Hauptgeheimnis seines Lebens teilnehmen lassen. Wohl waren wir nicht körperlich zugegen, als er sich am Kalvarienberge an unserer Stelle opferte, aber er wollte, wie das Konzil von Trient sagt, dass die unerschöpfliche Kraft seines Opfers durch das Priestertum in der Kirche fortdauernd wirken solle: *Seipsum ab Ecclesia per sacerdotes sub signis sensibilibus immolandum.*[972]

Nur den Priestern, die durch das Sakrament der Priesterweihe Anteil erhalten am Priestertum Christi, steht das Recht zu, den Leib und das Blut Christi im hl. Opfer darzubringen. – Gleichwohl könnten alle Gläubigen in Wahrheit, wenn auch in anderer Weise, das hl. Opfer mitdarbringen. Durch die hl. Taufe nämlich erhalten wir alle in gewissem Sinne Anteil am Priestertum Jesu, weil wir Anteil haben an seiner Gotteskindschaft, an seinen Vorzügen und Geheimnissen. Christus ist König. Wir sind es mit ihm. Er ist Priester und wir auch, Hören wir, was der hl. Petrus den Getauften zuruft: »Ihr seid ein auserwähltes Geschlecht, ein königliches Priestertum, ein heiliges Volk, ein Volk des Eigentums!« (Gottes.) *Vos autem genus electum, regale sacerdotium, gens sancta, populus acquisitionis.*[973] Darum können auch die Gläubigen zugleich mit dem Priester das hl. Opfer darbringen.

Die Kirchengebete, die das hl. Messopfer begleiten, zeigen deut-

---

972 Sess. 22, cap. 1.
973 1. Petr. 2, 9. Vgl. Apoc. I, 6. »Der uns zu einem Königtum und zu Priestern für Gott, seinen Vater, gemacht hat, ihm die Ehre und die Herrschaft von Ewigkeit zu Ewigkeit.«

lich, dass die Gläubigen mitopfern sollen. – Wie betet z.B. der Priester nach der Opferung, wenn er vor Absingung der Präfation sich zum letzten Male dem Volke zuwendet? *Orate, fratres, ut meum ac vestrum sacrificium acceptabile fiat apud Deum Patrem omnipotentem,* »Betet, Brüder, dass mein und euer Opfer wohlgefällig werde bei Gott, dem Allmächtigen« Desgleichen betet der Priester vor der Wandlung zu Gott, er möge der Gläubigen eingedenk sein, die zugegen sind, »jener, für die wir dies Lobopfer darbringen oder die es dir für sich und die Ihrigen dar bringen«. *Memento, Domine, famulorum tuorum ... pro quibus tibi offerimus vel qui tibi offerunt hoc sacrificium laudis, pro se suisque omnibus.* Und dann breitet er die Hände über die Opfergaben aus und bittet Gott, sie anzunehmen »als Opfer seiner ganzen Familie«. *Hanc igitur oblationem servitutis nostrae sed et cunctae familiae tuae, quaesumus. Domine, ut placatus accipias.* Die Gläubigen also sind es, die mit dem Priester und durch ihn Christo geeint, dieses Opfer darbringen: Christus ist der Hohepriester, der Priester sein von ihm erwählter Diener, die Gläubigen endlich haben stufenweise Anteil an dem hl. Priestertum und allen Handlungen Christi.

»Lasst uns andächtig dem Priester folgen, wenn er in unserm Namen das Opfer darbringt, wenn er statt unser zu Gott spricht! Denken wir an die alte, heilige Sitte, wo jeder sein Brot und seinen Wein als Opfer herbeibrachte und so die Materie für das göttliche Opfer verschaffte! Der Gebrauch ist verschwunden, der Geist soll bleiben: wir alle sollen mit dem Priester opfern, all seinen Worten und Handlungen uns anschließen ... Wir opfern mit ihm ... opfern Jesus Christus, opfern uns selbst mit der ganzen weltumfassenden hl. katholischen Kirche.«[974]

Damit aber hat unsere Ähnlickeit mit Christus noch nicht ihr Ende erreicht. Jesus Christus ist nicht bloß Opferpriester, er ist auch Opfergabe, und auch darin sollen wir dem Wunsche seines göttlichen Herzens gemäß ihm ähnlich sein. Hierdurch vor allem wird unsere Seele umgestaltet zur Heiligkeit.

Brot und Wein bilden die Materie des hl. Opfers, sie sollen umgewandelt werden in Christi Leib und Blut. Die Väter heben gerne die symbolische Bedeutung dieser beiden Opferbestandteile hervor: Das Brot ist gebildet aus vielen gemahlenen Getreidekörnern, die nun zur

---

974 Bossuet, Meditations sur l'Évangile, la Cène. 63e jour.

Einheit verschmolzen. sind, der Wein gleichfalls aus zahlreichen, in der Kelter zerdrückten Weinbeeren, die zu einheitlichem Trank zusammenfließen, ein schönes Bild der Vereinigung, wie sie zwischen Christus und seinen Gliedern und den Gliedern unter sich besteht.

Im griechischen Ritus ist die Vereinigung zwischen Christus und seinen Gläubigen im hl. Messopfer mit der den Orientalen eigenen Anschaulichkeit zum Ausdruck gebracht. Am Anfang der hl. Messe spaltet der Priester mit einer kleinen Goldlanze das Brot in mehrere Teile und weist in einem besonderen Gebete auf die Bestimmung jedes einzelnen Teilchens hin: sie sollen jene Personen oder Gattungen von Personen darstellen, denen zu Ehren oder für die das hl. Opfer gefeiert wird. Das erste Teilchen bedeutet Jesus Christus, ein anderes Maria, die Miterlöserin, andere wieder die Apostel, die Martyrer, die Jungfrauen, den Tagesheiligen, die ganze Himmelschar der Heiligen. Dann kommen jene Teilchen, die der leidenden Kirche vorbehalten sind, zuletzt die der streitenden Kirche zugedachten, dem Papste, den Bischöfen und den anwesenden Gläubigen. Nach dieser heiligen Handlung legt der Priester all diese Fragmente auf die Patene und opfert sie Gott auf; denn sie sollen allsogleich in den Leib Christi umgewandelt werden. Diese hl. Zeremonie drückt in herrlichster Weise aus, wie innig wir mit Christo im hl. Opfer vereinigt sein sollen.

Die lateinische Liturgie ist nüchterner, aber nicht weniger klar. Sie besitzt eine ehrwürdige Zeremonie aus den ältesten Riten, die der Priester nicht ohne schwere Sünde auslassen darf. In ihr kommt der Gedanke, dass wir mit Christus bei seinem hl. Opfer unzertrennlich vereinigt sein müssen, deutlich zum Ausdruck. Bei der Opferung mischt der Priester ein klein wenig Wasser zum Wein im Kelche. Was bedeutet diese Zeremonie? Das sie begleitende Gebet sagt es uns: »O Gott, der du die Würde der menschliehen Natur wunderbar erschaffen und noch wunderbarer erneuert hast, verleihe uns, dass wir durch das Geheimnis dieses Wassers und Weines teilhaben an der Gottheit desjenigen, der sich gewürdigt hat, an unserer Menschheit teilzunehmen, Jesus Christus, dein Sohn, unser Herr, der mit dir lebt und regiert in Einigkeit des Hl. Heistes Gott von Ewigkeit zu Ewigkeit.«

Darauf opfert der Priester den Kelch, damit er Gott wohlgefällig sei: *in odorem suavitatis.* Durch diese Mischung von Wasser und

Wein soll zuerst die geheimnisvolle Verbindung ausgedrückt werden, die zwischen den beiden Naturen Christi, der göttlichen und menschlichen, besteht. Es soll aber auch, wie das Gebet besagt, ein anderes Geheimnis eingeschlossen sein: unsere Vereinigung mit Christo im hl. Opfer. Der Wein bedeutet Christus, das Wasser die gläubigen Volksscharen, wie schon der hl. Johannes in der Geheimen Offenbarung sagt und das Konzil von Trient es bestätigt: *Aquae populi sunt.*[975]

Wir müssen uns mit Christo in seinem hl. Opfer vereinigen, uns mit ihm aufopfern; dann nimmt er uns zu sich auf, opfert uns mit sich und trägt uns zum Vater empor, zum Wohlgefallen Gottes: *in odorem suavitatis.* Aber wir selbst müssen uns mit dem Opfer Christi vereinigen. Wenn die Gläubigen durch die Taufe am Priestertume Jesu Christi teilhaben, so müssen sie nach dem Gedanken des hl. Petrus geistige Gaben opfern, die Gott wohlgefällig sind in Christo Jesu. *Sacerdotium sanctum, offerre spirituales hostias acceptabiles Deo per Iesum Christum.*[976] Das ist so wahr, dass die Kirche in ihren Gebeten zwischen Opferung und Wandlung mehr als einmal auf diese Vereinigung im Opfer zurückkommt »Heilige gnädig, o Herr, wir bitten dich, diese Gaben, nimm sie als geistige Opfergaben und mach uns selbst zu einer ewigen Gabe für dich durch Jesus Christus unsern Herrn. *Propitius Domine, quaesumus, haec dona sanctifica et hostiae spiritualis obiatione suscepta, nosmetipsos tibi perfice munus aeternum.*«[977]

Damit wir jedoch Gott in solcher Weise wohlgefällig seien, müssen wir unsere eigene Hingabe mit dem Opfer Christi am Kreuze vereinen, das sich auf unsern Altären erneuert. Der Heiland hat sich für uns und an unser Statt dahingegeben, in ihm hat der Todesstreich uns moralisch mitgetroffen: *Si unus pro omnibus mortuus est, ergo omnes mortui sunt.*[978] Wir können aber mit ihm nur sterben, wenn wir uns mit seiner Opferung am Altare vereinigen. Wie aber müssen wir diese Vereinigung mit Christus als Opfer zur Tat werden lassen? Dadurch, dass wir uns gleich ihm ganz und gar dem göttlichen Willen hingeben.

---

975 Apoc. 17, 15. Hac mixtione ipsius populi fidelis, cum capite Christo unio repraesentatur. Sess. 22, cap. 7.
976 1. Petr. 2, 5.
977 Messe am Montag in der Pfingstwoche und ähnlich am Dreifaltigkeitsfeste (Sekret). 2. Cor. 5,14.
978 2. Cor. 5, 14.

Gott muss über das ihm geweihte Opfer voll und frei verfügen können. Unsere Hingabe setzt daher die unbedingte Bereitwilligkeit voraus, Gott alles zu schenken, alle Akte des Verzichtes und der Abtötung, alle Leiden, Kämpfe und Mühen eines jeden Tages aus Liebe zu ihm auf uns zu nehmen, so dass wir mit dem Heiland vor Beginn seines Leidens sagen können: *Ut cognoscat mundus quia diligo Patrem, sic facio,* »damit die Welt erkenne, dass ich den Vater liebe, darum tue ich so.« Das heißt, sich mit Jesus opfern. Wenn wir dem ewigen Vater seinen göttlichen Sohn opfern und mit dieser »hl. Opfergabe« auch uns selbst in der gleichen Gesinnung, die das Herz Jesu am Kreuze erfüllte, die unerschöpfliche Liebe zum Vater und zu uns, seinen Brüdern, das brennende Verlangen nach dem Heile der Seelen, die volle Hingabe an den Willen Gottes in allem, besonders in dem, was unserer Natur widerstreitet, wenn wir in dieser Weise mitopfern, dann bringen wir Gott die höchste und wohlgefälligste Huldigung dar, die wir ihm bieten können.

In dieser Hingabe haben wir aber auch das sicherste Mittel, uns in Jesus Christus umzugestalten, zumal wenn wir uns in der hl. Kommunion mit ihm vereinigen, denn das ist die fruchtbarste Anteilnahme am hl. Opfer. Da wir mit ihm aufs innigste vereinigt sind, opfert Christus mit sich auch uns und macht uns dem Vater wohlgefällig und durch seine Gnade sich selbst immer ähnlicher.

Diese Wahrheit ist in einem geheimnisvollen Gebete ausgedrückt, das der Priester nach der Wandlung betet: »Demütig flehen wir zu dir, allmächtiger Gott, dass dieses Opfer durch die Hände deines hl. Engels zu deinem erhabenen Altare vor das Angesicht deiner göttlichen Majestät emporgetragen werde, damit wir alle, die durch Teilnahme an diesem Opfer den hochheiligen Leib und das Blut deines Sohnes genießen, mit allem Segen des Himmels und mit aller Gnade erfüllt werden.«

Es ist daher eine sehr empfehlenswerte Art und Weise, dem hochheiligen Opfer beizuwohnen, dass man mit Auge, Geist und Herz dem folge, was auf dem Altare geschieht, sich dem anschließe, was die Kirche in diesem hochfeierlichen Augenblick ihre Diener, die Priester, beten lässt. Wenn wir uns in tiefster Ehrfurcht mit lebendigem Glauben, inniger Liebe und tiefstem Sündenschmerz[979] Chri-

---

979 Docet Sancta synodus… per istud sacrificium fieri ut si cum vero corde et recta fide, cum metu et reverentia, contriti ac poenitentes, ad Deum ac-

sto anschließen, der zugleich Priester und Opfer ist, dann wird er, der auch in uns lebt, all unser Denken und Wünschen in sich aufnehmen und seinem ewigen Vater für uns vollwertige Huldigung und Sühne, das allein würdige Dankopfer darbringen, und seine Bitte vermag alles. Alle Handlungen des ewigen göttlichen Hohenpriesters, der auf dem Altare sein Kreuzesopfer erneuert, werden unser Eigentum. Und während wir Gott durch Christus alle Ehre und Verherrlichung darbringen: *omnis honor et gloria*, ergießen sich über uns und die Kirche Gnadenströme von Licht und Leben: *fructus uberrime percipiuntur.*[980] Jede Messe birgt alle Früchte des hl. Kreuzopfers in sich. – Doch muss unsere Seele, um ihrer teilhaftig zu werden, in die hl. Opfergesinnung eindringen, die Jesus auf Kalvaria trug. *Hoc enim sentite ... quod et in Christo Iesu.*[981] Dann wird der ewige Hohepriester mit sich auch uns einführen in das Allerheiligste, hin zum Throne der ewigen Majestät, zur Quelle aller Gnade, alles Lebens und aller Seligkeit.

cedamus, misericordiam consequamur et gratiam inveniamus in auxilio opportuno. Concil. Trid. Sess. 22, cap. 2.
980 Concil. Trid. Sess. 22, cap. 2.
981 Phil. 2, 5.

DAS BROT DES LEBENS

ÜBERSICHT: *Die hl. Kommunion sicherstes Mittel, das übernatürliche Leben in uns zu erhalten. — I. Die hl. Kommunion jenes Mahl, in dem Christus als Brot des Lebens sich uns schenkt. — II. Durch die hl. Kommunion bleibt Christus in uns und wir in ihm. — III. Unterschied zwischen der gewöhnlichen Speise und der hl. Kommunion; Christus gestaltet uns in sich um; Wirkung dieser geheimnisvollen Nahrung auf den Leib. — IV. Notwendigkeit der Vorbereitung, um die Früchte der hl. Kommunion zu erfahren. — V. Entferntere Vorbereitung völlige Hingabe an Christus; Hinbeziehung aller unserer Handlungen zur hl. Kommunion. — VI. Nähere Vorbereitung: Glaube, Hoffnung und Liebe; der Heiland belohnt diese Vorbereitungen: die hl. Kommunion vermittelt uns den innigsten Anteil an der Gottessohnschaft Jesu Christi. Verschiedenheit in den Gebetsformeln und Andachtsübungen der allernächsten Vorbereitung. — VII. Danksagung nach der hl. Kommunion: Mea omnia tua sunt et tua mea.*

»Gib, o Herr, dass wir alle, die an diesem Opfer teilnehmen und den hochheiligen Leib und das Blut deines Sohnes genießen, mit Himmelssegen und Gnade erfüllt werden«: *ut quotquot ex hac altaris participatione, sacrosanctum Filii tui corpus et sanguinem sumpserimus, omni benedictione coelesti et gratia repleamur.* Mit diesen Worten schließt eines der Gebete nach der hl. Wandlung. Der Heiland wird auf dem Altar gegenwärtig, nicht bloß um durch die geheimnisvolle Erneuerung seines heiligen Kreuzopfers seinem ewigen Vater die höchste Huldigung zu erweisen, sondern auch um unter den hl. sakramentalen Gestalten die Speise unserer Seele zu werden.

Diese Absicht seines göttlichen Herzens hat uns der Herr selbst bei Einsetzung der hl. Eucharistie geoffenbart: »Nehmet hin und esset, denn dieses ist mein Leib« *accipie et manducate, hoc est enim corpus meum.*[982] »Nehmet hin und trinket alle daraus; denn das ist der Kelch meines Blutes« *accipie et bibite ex eo omnes: hic est enim calix sanguinis mei.*[983] Der Heiland hat sich unter den Gestalten von Brot und Wein verborgen, um unsere Speise zu werden. – Wenn wir nun nach den Gründen forschen, warum der Herr dieses Sakrament in Form einer Speise einsetzen wollte, so geschah dies zunächst, um

---

982   1. Cor. II, 24.
983   Cf. Luc. 22, cap. 4 n 47.

das übernatürliche Leben in uns zu nähren; dann aber auch, damit wir in Kraft dieses von ihm empfangenen Lebens mit ihm vereinigt blieben. Die hl. Kommunion, die Frucht des hl. Messopfers, bildet für die Seele das sicherste Mittel der bleibenden Vereinigung mit Christus. In dieser Vereinigung aber besteht, wie wir schon gesehen, das wahre Leben unserer Seelen, die übernatürliche Heiligkeit. Jesus Christus ist der Weinstock, wir die Reben, die Gnade der Saft, der in die Reben steigt, auf dass sie Frucht bringen können. Diese Gnade aber ergießt sich in reichster Fülle in unsere Seelen, wenn in der hl. Kommunion der Herr sich selbst uns schenkt.

Mit Glaube und Vertrauen, Ehrfurcht und Liebe wollen wir dieses Geheimnis des Lebens betrachten, das uns mit jenem eint, der uns zugleich göttliches Vorbild, unendliche Genugtuung und Quelle aller Heiligkeit ist.[984]

Wir werden sodann erwägen, mit welchen Gesinnungen Wir zu diesem heiligsten Sakramente hinzu treten müssen, um jene vollkommene Vereinigung zu verwirklichen, zu der Christus der Herr durch dieses Geschenk seiner selbst uns führen will.

1

Wenn wir im Gebete den Herrn fragen, warum er in seiner ewigen Weisheit dieses unbegreifliche, heilige Sakrament einsetzen wollte, was wird er uns antworten? Er wird uns zunächst das gleiche Wort sagen, mit welchem er einst die Einsetzung dieses hl. Sakramentes verhieß: »Wie mich der lebendige Vater gesandt hat und ich lebe um des Vaters willen, so wird auch, wer mich isst, leben um meinetwillen« *Sicut misit me vivens Pater et ego vivo propter Patrem, et qui manducat me et ipse vivet propter me.*[985] Gleichsam als ob er sagte: Mein Verlangen geht dahin, euch mein göttliches Leben mitzuteilen. Ich aber habe alles, mein ganzes Sein und Leben vom Vater und weil ich nur von ihm alles habe, lebe ich nur für ihn. Mit sehnlichem Verlangen nun wünsche ich, dass ihr, die ihr alles von mir habt, auch nur für mich lebt. Gleichwie euer natürliches Leben durch Speise erhalten und genährt wird, so will ich die Speise eurer

---

984   Cat. Rom. p. 2, cap. 4 n 47.
985   Joan. 6, 58.

Seelen werden, um deren Leben, das ich selbst bin, zu erhalten und zu nähren.[986]

Wer mich isst, lebt von meinem Leben; ich besitze die Fülle der Gnade und teile jenen davon mit, denen ich mich zur Speise gebe. Der Vater hat das Leben in sich selbst, aber er gab auch dem Sohne, dass er das Leben in sich selbst habe: *Sicut enim Pater habet vitam in semetipso, sic dedit et Filio habere vitam in semetipso.*[987] Und da ich dieses Leben besitze, so bin ich gekommen, um es in seiner ganzen Fülle euch zu geben: *Ego veni ut vitam habeant et abundantius habeant.*[988] Ich gebe euch das Leben, weil ich mich selbst zur Speise gebe. Ich bin das lebendige Brot, das Brot des Lebens, das vom Himmel herabgestiegen ist, um euch göttliches Leben zu bringen, dieses Brot, das euch himmlisches Dasein verleiht, ewiges Leben, dessen Morgenröte die Gnade ist. *Ego sum panis vitae, panis vivus qui de coelo descendi.*[989] Die Juden haben einst in der Wüste das Manna gegessen, eine vergängliche Speise, ich aber bin das lebendige, euren Seelen unentbehrliche Brot; denn wenn ihr das Fleisch des Menschensohmes nicht esset ... werdet ihr das Leben nicht in euch haben.« *Nisi manducaveritis carnem filii hominis non habebitis vitan in vobis.*[990]

Das sind Jesu Worte. Christus wird auf dem Altar gegenwärtig, nicht bloß, damit wir ihn anbeten und ihn seinem Vater als unendliches Sühnopfer darbringen, nicht bloß um unter uns zu wohnen, sondern damit wir ihn als Speise genießen und dadurch das Leben haben, hienieden das Leben der Gnade und einst im Himmel die ewige Seligkeit.

»Der Sohn Gottes ist das wahre und wesentliche Leben, nur er allein kann das Leben verheißen und geben. Seine heiligste Menschheit, die er in der Zeitenfülle angenommen, ist so innig mit diesem Leben vereinigt und von seiner Gotteskraft erfüllt, dass sie eine unerschöpfliche Quelle lebendigen Wassers bildet ... Und wir, essen wir nicht das Brot des Lebens oder vielmehr das lebendige Brot, um das Leben zu erlangen? Dieses göttliche Brot ist Jesu heiliges Fleisch, sein lebendiges

986 Sumi autem voluit sacramentum hoc tamquam spiritualem animarum cibum quo alantur et confortentur viventes vita illius qui dixit: et qui manducat me et ipse vivet propter me. Concil. Trid. Sess. 8, cap. 2.
987 Joan. 5, 26.
988 Joan. 10, 10.
989 Joan. 6, 35, 48, 51.
990 Joan. 6, 54.

Fleisch, jenes Fleisch, das mit dem Leben selbst verbunden, ganz und gar erfüllt und durchdrungen ist vom Geiste des Lebens. Wenn das natürliche Brot, das kein Leben in sich hat, gleichwohl unser irdisches Dasein erhält, welch wunderbares Leben werden wir erhalten, wenn; wir lebendiges Brot essen, wenn wir am Tische des lebendigen Gottes, das Leben selbst genießen? Wer hat je derartiges gehört, dass man das Leben essen kann? Nur der Gottmensch Jesus Christus hat uns solche Speise geben können. Er ist das Leben selbst, wer ihn isst, der isst das Leben. O köstliches Gastmahl der Gotteskinder!«[991] Darum spricht der Priester bei der Austeilung der hl. Kommunion: »Der Leib unseres Herrn Jesu Christi bewahre deine Seele zum ewigen Leben.« *Corpus Domini nostri Iesu Christi custodiat animam tuam in vitam aeternam.*

Die hl. Sakramente bewirken die Gnade, die sie andeuten. In der natürlichen Ordnung dient die Speise dazu, das Leben zu erhalten, zu vermehren, zu erneuern und zu entfalten.[992] So ist es auch mit dem Himmelsbrot.

Es ist die Speise unserer Seele, die das Leben der Gnade in ihr erhält, erneuert, vermehrt und entfaltet, weil sie in ihr den Urheber der Gnade selbst empfängt. Das übernatürliche Leben kann uns auch auf andere Weise zugeführt werden, durch die hl. Kommunion aber strömt es in unsere Seele »gleich einem überfließenden Strome«. Die hl. Kommunion ist so wahrhaft ein Sakrament des Lebens, dass sie von selbst die unfreiwilligen lässlichen Sünden nachlässt und tilgt.[993]

Sie bewirkt ferner, dass dieses Leben in unserer Seele zu Kraft und Schönheit erblühe, sich entfalte und reiche Früchte bringe. »O heiliges Gastmahl, in welchem Christus genossen... die Seele mit Gnade erfüllt wird«: *O sacrum convivium in quo Christus sumitur... mens impletur gratia.*[994] »Herr Jesu Christe, du menschgewordenes Wort Gottes, in dem die Fülle der Gottheit körperlich wohnt«,[995] o komm zu mir und lass mich teilnehmen an dieser Fülle. Dies ist mein Leben; »denn wer dich aufnimmt, nimmt das Leben in sich auf, er wird ein Kind Gottes«[996] und erhält Anteil an dem Leben, das du von deinem Vater

---

991 Bossuet, Predigt am Karsamstag.
992 Das sind nach Thomas (S. th III, q 79, a. I) die vier Wirkungen der Speise, der hl. Gottesgelehrte wendet sie dann auf die hl. Kommunion an.
993 Siehe oben Seite 222 den Text aus röm. Katechismus.
994 Antiphon zum Magnifikat der 2. Vesper an Fronleichnam.
995 Col. 2, 9.
996 Joan. I, 12.

erhältst und kraft dessen du für den Vater lebst, dieses Leben strömt von deiner heiligsten Menschheit durch die Gnade auf alle deine Brüder über; o komm, ich verlange dich zu genießen, damit ich lebe von deinem Leben: *Et qui manducat me et ipse vivit propter me.*

2

Bei Einsetzung des allerheiligsten Altarssakramentes hatte der göttliche Heiland die Absicht, unser Himmelsbrot zu sein, um das Leben der Gnade in uns zu erhalten und zu vermehren. Aber der Herr hatte noch einen anderen Zweck im Auge, der, zu dem ersteren gesellt, diesen vervollständigt: *Qui manducat meam carnem et bibit meum sanguinem in me manet et ego in eo.* »Wer mein Fleisch isst und mein Blut trinkt, der bleibt in mir und ich in ihm.«[997] Was will dieses Wort *manere*, »bleiben«, sagen?

Diesem Ausdruck begegnen wir immer wieder in dem Evangelium des hl. Johannes, wenn der Heiland von seiner innigen Verbindung mit dem Vater spricht. Wenn wir das Evangelium des hl. Johannes, das uns jenes Heilandswort übermittelt, lesen, begegnen wir fast immer diesem Ausdruck, der die vollkommene Einheit ausdrücken soll. Eine größere Einheit als zwischen Vater und Sohn in der allerheiligsten Dreifaltigkeit gibt es nicht, da beide mit dem Heiligen Geiste eine und dieselbe Natur besitzen. Der hl. Johannes sagt: »Der Vater bleibt im Sohn.«[998]

»In Christo bleiben« heißt zunächst durch die Gnade an der göttlichen Kindschaft des Sohnes teilnehmen, es heißt eins sein mit ihm und Kind Gottes sein wie er, wenn auch auf andere Weise. Hierauf gründet unsere tiefinnerste Einheit mit ihm, von der Jesus selbst im Gleichnis vom Weinstock sagt: »Ich bin der Weinstock, ihr seid die Reben; wer in mir bleibt und ich in ihm, der bringt viele Frucht!«

Das ist aber nicht die einzige Art der Vereinigung. In Christo »bleiben« heißt auch eins sein mit ihm in allem, was unser Denken, Wollen und Tun betrifft. Wir bleiben in Christo mit unserem Verstande, wenn wir durch einen einfachen, reinen, vollen Glaubensakt alles annehmen, was Christus uns lehrt. Das Wort Gottes ist immer im Schoße des Vaters, sieht alle Geheimnisse Gottes und teilt davon auch uns mit: *Unigenitus Filius qui est in sinu Patris, ipse en-*

---

997   Joan. 6, 55.
998   Joan. 14, 10.

arravit.[999] Der Glaube läßt uns »ja«, »Amen« sagen zu allem, was das menschgewordene Wort uns lehrt; durch ihn nehmen wir seine Worte an und werden so eins mit Christo in unserem Denken. Die hl. Kommunion lässt uns in Christo bleiben durch den Glauben. Wir können ihn nur dann wahrhaft empfangen, wenn wir ihn selbst und alles, was er lehrt, gläubig aufnehmen. Als der Heiland den Juden dieses hl. Sakrament verhieß, sprach er: »Ich bin das Brot des Lebens; wer zu mir kommt, der wird nicht mehr hungern, und wer an mich glaubt, den wird nicht mehr dürsten;«[1000] und als die Juden in ihrem Unglauben darüber murrten, wiederholte er: »Wahrlich, wahrlich, ich sage euch, wer an mich glaubt, der hat das ewige Leben.«[1001] Der Heiland also gibt sich zur Speise dem, der glaubt; und sich mit ihm vereinigen heißt, mit gläubiger Hingabe des Verstandes an seinWort alles annehmen, was er geoffenbart hat. Er kommt zu uns als die ewige Wahrheit und nährt unsern Verstand.

In ihm bleiben heißt aber auch unsern Willen dem seinigen unterwerfen, heißt unser ganzes, übernatürliches Handeln unter den Einfluss seiner Gnade stellen. – Wir müssen in seiner Liebe bleiben, indem wir uns bemühen, seinen Willen zu erfüllen: *Si praecepta mea servaveritis, manebitis in dilectione mea, sicut et ego Patris mei praecepta servavi et maneo in eius dilectione.*[1002] »Wenn ihr meine Gebote haltet, so werdet ihr in meiner Liebe bleiben, wie auch ich die Gebote meines Vaters halte und in seiner Liebe bleibe.« Wir müssen also seinen Willen dem unsern vorziehen, müssen uns ihm ganz überlassen ohne Vorbehalt, denn man kann nicht bleiben, wenn man nicht fest und standhaft ist in jenem Vertrauen, wie es die Braut dem Bräutigam entgegenbringt. Die Braut aber ist ihrem Geliebten am wohlgefälligsten, wenn sie sich ganz allein auf ihn stützt, auf sein Wissen und Können, auf seine Stärke und Liebe.

Die hl. Kommunion stärkt unsern Willen zum Guten, weil sie unsere Liebe nährt. Hierin besteht das Reich Gottes, das Jesus Christus in der Seele, die ihn aufnimmt, errichten will; er kommt zu ihr, »damit sie in ihm bleibe«, d.h. damit sie voll und ganz seinem Wort vertraue, sich ihm überlasse zur Erfüllung seines Willens und sich in

---

999 Joan. 1, 18.
1000 Joan. 6, 35.
1001 Joan. 6, 47.
1002 Joan. 15, 10.

allem Tun und Lassen von nichts anderem leiten lasse als von dem Wirken seines Geistes: *Qui adhaeret Domino unus Spiritus est,* »wer Gott anhängt, ist ein Geist mit ihm.«[1003] Aber auch Jesus Christus selbst bleibt in der Seele: *Et ego in eo.*[1004] Betrachten wir das menschgewordene Wort Gottes. Christus besaß wie wir eine natürliche, menschliche Tätigkeit. Aber das ewige Wort, mit der menschlichen Natur Christi unlöslich vereinigt, bildete den Glutherd, von dem alle seine Tätigkeit ausstrahlte und genährt ward.

Ähnliches will Christus in der Seele erzeugen, der er sich schenkt. Kann auch die Verschmelzung nicht so innig sein, wie sie zwischen dem ewigen Worte und seiner heiligsten Menschheit besteht, so will Christus doch, indem er sich der Seele schenkt, durch die Gnade und das Wirken seines Hl. Geistes die Quelle all ihrer Tätigkeit werden. *Et ego in eo*; er wohnt in der Seele und bleibt in ihr, aber nicht um untätig zu sein, er wirkt in ihr,[1005] und wenn die Seele sich seinem Wirken, seinen heiligsten Absichten ganz überlässt, dann wird Christi Tätigkeit so mächtig in ihr, dass sie jene Seele unfehlbar zur höchsten Vollkommenheit emporträgt, so wie Gott es ihr bestimmt hat. Christus kommt ja zu ihr mit seiner Gottheit, seinen Verdiensten und Reichtümern und will ihr Licht, ihr Leben, ihre Wahrheit, Weisheit, Gerechtigkeit und Erlösung sein: *Qui factus est nobis sapientia a Deo, et iustitia et sanctificatio et redemptio;*[1006] kurz, er will das Leben der Seele sein, er selbst will in der Seele leben. *Vivo autem iam non ego, vivit vero in me Christus.*[1007] Die, Seele sehnt sich nur danach, eins zu werden mit dem Geliebten. Die hl. Kommunion aber, in der Jesus Christus die Speise unserer Seele ist, verwirklicht dieses Ideal, indem sie die Seele immer mehr in Christus umgestaltet.

3

Die Kirchenväter haben jedoch zwischen der Wirkung der leiblichen Nahrung und jener der hl. Kommunion eine tiefinnere Verschiedenheit hervorgehoben.

1003 1. Cor. 6, 17.
1004 Joan. 15, 5.
1005 Usque modo operor (Joan. 5, 17).
1006 1. Cor. I, 30.
1007 Gal. 2, 20.

Wenn wir eine leibliche Nahrung zu uns nehmen, so wird diese in unsere eigene Substanz umgewandelt. Christus aber gibt sich uns zur Speise, um uns in sich umzugestalten. – Der hl. Leo schreibt die beherzigenswerten Worte: »Die Mitteilung des Leibes und Blutes des Herrn bezweckt nichts Geringeres als uns in das, was wir genießen, umzuwandeln.« *Nihil aliud agit participatio corporis et sanguinis Christi, quam ut in id quod sumimus transeamus.*[1008] Der hl. Augustin sagt dieses noch deutlicher; er lässt den Herrn sprechen: »Ich bin das Brot der Starken; glaube und genieße mich! Aber nicht du wirst mich in dich umgestalten, sondern du wirst in mich umgewandelt werden.«[1009] Und der hl. Thomas hat mit der ihm eigenen Klarheit diese Lehre kurz zusammengefasst: »Will man die Wirkung eines Sakramentes erkennen,« sagt er, »so muss man dieselbe aus analogischen Wirkungen der Materie desselben herauszuschälen suchen ... Die Materie der hl. Eucharistie aber ist eine Speise; sie muss also ähnliche Wirkungen in uns hervorbringen wie die Speise. Wer Speise zu sich nimmt, der wandelt sie in sich um; dadurch erneuert er die Verluste, die sein körperlicher Organismus erleidet, und befördert sein Wachstum. Die eucharistische Speise nun wird nicht von jenem umgewandelt, der sie isst, sondern umgekehrt, sie wandelt jenen selbst um. Die diesem Sakramente eigene Wirkung besteht also darin, eine derartige Umwandlung des Menschen in Christus zu erzeugen, dass er in Wahrheit sagen könne: »ich lebe, doch nicht ich, sondern Christus in mir.«[1010]

Wie aber vollzieht sich diese innere Umwandlung? Wenn wir Jesus Christus in uns aufnehmen, nehmen wir ihn auf mit Fleisch und Blut, Leib und Seele, Gottheit und Menschheit. Christus lässt uns an seinen Gedanken teilnehmen, gibt uns Anteil an seinen Gefühlen; er teilt uns seine Tugenden mit, vor allem aber »zündet er in uns das Feuer an, das er auf die Erde zu bringen gekommen ist«[1011], das Feuer der Liebe; und diese Umgestaltung will die hl. Kommunion in uns hervorbringen. »Die Wirkung dieses hl. Sakramentes,« schreibt der hl. Thomas, »besteht darin, mit Hilfe der Liebe die Seele in Christo umzugestalten. Das ist die ihm eigene Frucht, ... der Liebe ist es ei-

---

1008 Sermo 63 de Passione 12, c. 7.
1009 Confess. 7, c. 10.
1010 In 4. Sent. Dist. 12, q. 2, a. 1.
1011 Luc. 12, 49.

338

gen, den Liebenden in den Gegenstand der Liebe umzugestalten.« – Dieses besagt, dass Christus zu uns kommt, um zwischen seinem und unserm Denken, seinen· und unsern Gefühlen, seinem und unserem Wollen einen so innigen Austausch und Einklang, eine solch innige Gleichheit herzustellen, dass wir so denken, fühlen und wollen wie er: *Hoc enim sentite in vobis quod et in Christo Iesu.*[1012] Und dies alles aus Liebe. Die Liebe bewegt uns, unsern Willen und damit unser ganzes Wesen, all unsere Fähigkeiten dem Herrn zu Füßen zu legen. Die Liebe ist daher das Mittel unserer inneren Umgestaltung, unseres übernatürlichen Wachstums. Der hl. Johannes schreibt so schön: »Wer in der Liebe bleibt, der bleibt in Gott und Gott in ihm.«[1013]

Ohne diese Liebesvereinigung keine wahre »Kommunion«; denn ohne sie empfangen wir Christus nur mit den Lippen, während wir doch mit Geist, Herz und Willen, mit ganzer Seele uns ihm vereinen sollten, um teilzunehmen an seinem göttlichen Leben, soweit dies auf Erden möglich ist, so dass durch den Glauben und die Liebe, sein Leben und nicht mehr das eigene »ich« uns erfülle und beherrsche. Die hl. Kirche drückt diesen Gedanken treffend aus in einem Gebete, das sie den Priester nach der hl. Kommunion beten lässt. »Wir bitten dich, o Herr, dass das Wirken der himmlischen Gabe Seele und Leib beherrsche, auf dass nicht unser Sinn in uns, sondern stets ihre Wirkung zuvorkomme.«[1014] Dieses Kirchengebet deutet an, dass die Wirksamkeit der hl. Kommunion von der Seele auch auf den Leib übergeht. Jesus Christus verbindet sich in erster Linie mit unserer Seele, sie soll zur Gottähnlichkeit geführt und darin befestigt werden. Wir sind dessen, der uns nährt mit seinem Fleisch und Blut: *Ut inter eius membra numeremur cuius corpori communicavimus et sanguini.*[1015] Aber Leib und Seele sind so innig und von Grund auf eins, dass die hl. Eucharistie nicht nur das übernatürliche Leben der Seele vermehrt und sie zu himmlischen Begierden entflammt, sondern gleichzeitig auch das Feuer der Leidenschaften vermindert und das ganze Wesen des Menschen in Frieden taucht.

1012 Phil. 2, 5.
1013 Joan. 4, 16.
1014 Mentes nostras et corpora possideat. Quaesumus Domine, doni coelestis operatio ut non noster sensus in nobis, sed iugiter eius praeveniat effectus. (Postkommunion am 15. Sonntag nach Pfingsten).
1015 Postkommunion am Samstag in der dritten Fastenwoche.

Die hl. Väter[1016] kennen aber auch noch einen anderen mehr unmittelbaren Einfluss. Wer könnte sich darob wundern? Als der Herr auf Erden wandelte, genügte eine Berührung seiner heiligsten Menschheit, um leibliche Krankheiten zu heilen. Sollte diese heilende Kraft erloschen sein, weil Christus sich jetzt unter den sakramentalen Gestalten verbirgt? »Glaubet ihr denn nicht,« sagte die hl. Theresia zu ihren Töchtern, »dass diese hochheilige Speise auch ein Heilmittel für körperliche Leiden sei? Was mich betrifft, so habe ich diese Heilkraft schon erfahren. Ich kenne eine Person (die Heilige spricht hier ohne Zweifel von sich selbst), die beim Hinzutreten zur hl. Kommunion, außer großen Schwächezuständen, oft heftige Schmerzen empfand. Kaum aber hatte sie das Brot des Lebens empfangen, so verschwanden alle Schmerzen so vollständig, als seien sie nie gewesen ... Unser anbetungswürdiger Herr zahlt es der Seele gewiss reichlich zurück, wenn sie ihm freudig Aufnahme gewährt.«[1017] Der Priester betet vor der hl. Kommunion: »Der Empfang deines Leibes, o Herr Jesu Christe ... gereiche mir zum Schutze des Leibes und der Seele«: *Perceptio corporis tui, Domine Iesu Christe ... prosit mihi ad tutamentum mentis et corporis.* Die gleiche Bitte findet sich häufig in den kirchlichen Gebeten nach der hl. Kommunion. »Dein hl. Geheimnis, o Herr, gereiche uns zur Erquickung für Leib und Seele,« oder »Läutere, wir bitten, o Herr, gnädig unsere Seelen und erneuere sie durch die himmlischen Geheimnisse, auf dass wir infolge derselben auch für den Leib jetzt und künftig Schutz erhalten.«[1018]

Wir dürfen nie außer Acht lassen, dass Christus ewig lebt in ununterbrochener Tätigkeit. Wenn er zu uns kommt, vereinigt er unsern Leib mit seinem allerheiligsten Leibe; er reinigt, erhebt und heiligt, ja er verklärt gewissermaßen all unsere Fähigkeiten, so dass wir, um mit den Worten eines alten, geistlichen Schriftstellers zu reden, Gott mit dem Herzen Christi lieben, ihn loben mit den Lippen Christi

---

1016 S. Justin. Apolog. Pium. N. 66; S. Iren. Contra haer. 5, c. 2; S. Cyrill. Hieros. Catech. 22 (Mystag. IV) n. 3; Catech. 23 (Mystag. V) n. 15.

1017 Weg der Vollkommenheit c. 34; besonders aber im 30. C. ihrer Selbstbiographie.

1018 Sit nobis, Domine, reparatio mentis et corporis coeleste mysterium (Postkommunion am 8. Sonntag nach Pfingsten). Purifica, quaesumus, Domine, mentes nostras et renova coelestibus sacramentis: ut consequenter et corporum praesens pariter et futurum capiamus auxilium (Postkommunion am 16. Sonntag nach Pfingsten).

und leben mit seinem Leben. Die göttliche Anwesenheit Jesu Christi und seine heiligende Kraft durchdringen unser ganzes Wesen, Leib und Seele und alle ihre Fähigkeiten so tief, dass wir sozusagen ein zweiter Christus werden.

Dieses also ist das unsagbar hohe Ziel der hl. Kommunion, das wir durch jede hl. Kommunion, die wir empfangen, immer vollkommener erstreben sollen. Wenn wir doch die Gaben Gottes besser erkennten!

»Wer von dieser Lebensquelle trinkt, dessen Durst ist gelöscht, ihn wird nicht mehr dürsten in Ewigkeit.« *Qui autem biberit ex aqua quam ego dabo ei, non sitiet in aeternum.*[1019] Hier findet er alle wahren Güter des Lebens. *Quomodo non etiam cum illo omnia nobis donavit?*[1020] Vom Altar fließt uns aller Segen des Himmels, alle Gnade zu: *Omni benedictione coelesti et gratia repleamur.*

4

Solch wunderbare Gnadenwirkungen aber können sich nur in eine Seele ergießen, die zu deren Empfange sich bereitet hat. Die hl. Sakramente wirken allerdings, wie schon erwähnt, von selbst, *ex opere operato*, jene Früchte, wozu sie eingesetzt wurden, aber nur in jenen, die kein Hindernis entgegensetzen: *non ponentibus obicem.* – Welche Hindernisse kommen hier in Frage?

Natürlich kann es deren keine geben von seiten Jesu Christi: »bei ihm sind alle Schätze der Gottheit« und er verlangt sehnlichst danach, durch die hl. Kommunion sie uns mitzuteilen. Er setzt seiner Freigebigkeit keine Grenzen; denn er will uns das Leben im Überfluss geben: *Ut abundantius habeant*; jedem von uns sagt er, was er am Tage der Einsetzung dieses heiligsten Sakramentes zu seinen Aposteln sprach: »Mit Sehnsucht habe ich verlangt, dieses Osterlamm mit euch zu essen.« *Desiderio desideravi hoc pascha manducare vobiscum.*[1021]

Wir dürfen nie außer Acht lassen, dass die hl. Kommunion keine menschliche Erfindung ist, sondern ein Sakrament, das Gottes Weisheit erdacht. Gottes Weisheit aber zeigt sich eben darin, dass sie die Mittel dem Zwecke so harmonisch anzupassen weiß. Da nun der Heiland die hl. Kommunion eingesetzt hat, um sich mit uns zu vereini-

---

1019 Joan. 4, 13.
1020 Rom. 8, 32.
1021 Luc. 22, 15.

gen und uns an seinem göttlichen Leben teilnehmen zu lassen, dürfen wir sicher sein, dass dieses hl. Sakrament alles enthält, was zu dieser Vereinigung und ihrer vollkommensten Entfaltung notwendig ist. Diese wunderbare Erfindung eines Gottes birgt Kraftquellen von unvergleichlicher Wirksamkeit, die in uns eine göttliche Umgestaltung vollziehen. Die Hindernisse liegen also nur auf unserer Seite. Und welcher Art sind sie?

Um sie zu finden, müssen wir das Wesen dieses hl. Sakramentes näher in Betracht ziehen. Es ist eine Speise zur Erhaltung des Lebens unserer Seele und zur Befestigung ihrer Vereinigung mit Christo. Was immer dem übernatürlichen Leben und unserer Verbindung mit Christus entgegensteht, bildet ein Hindernis für den fruchtbringenden Empfang der hl. Kommunion. Das absolute Hindernis ist die schwere Sünde, die den Tod der Seele bedeutet. Wie die Nahrung nur für Lebende, so ist auch die hl. Kommunion nur für jene, die das Leben der Gnade besitzen. Das ist die erste Bedingung; sie genügt für jeden Gläubigen nebst »der rechten Meinung«, um das Brot des Lebens zu empfangen. Der große Papst Pius X.[1022] hat dieses in einem denkwürdigen Rundschreiben klar und deutlich ausgesprochen. Das heiligste Sakrament wirkt von selbst, *ex opere operato*, es nährt die Seele und mehrt die Gnade und den Grad ihrer Gottesliebe. Das ist die erste und wesentliche Frucht dieses heiligsten Sakramentes.

Die hl. Kommunion bringt noch andere Früchte hervor, die, wenn auch nicht gleich erhaben, doch so groß sind, dass wir sie nicht übersehen dürfen; es sind die aktuellen Vereinigungsgnaden, jene Gnaden des Beistandes, die unsere Liebe entflammen[1023] und unser Herz anregen, dass es Liebe mit Liebe erwidere, nach dem Wohlgefallen Gottes strebe und die Sünde meide. Sie erfüllen die Seele mit himmlischer Freude, »die Süßigkeit dieses Himmelsbrotes, das allen Wohlgeschmack in sich enthält«, bestärkt sie in der liebenden Hingabe an

---

1022 Dekret vom 20. Dezember 1905: Der Papst erklärt die »rechte Meinung« folgendermaßen: Sie besteht darin, dass man sich dem Tische des Herrn nicht gewohnheitsmäßig nähert oder aus Gefallsucht und anderen menschlichen Erwägungen, sondern weil Gott es will, um sich mit ihm aufs innigste in Liebe zu vereinen und um mit Hilfe dieser göttlichen Arznei alle Schwächen und Fehler zu bekämpfen.

1023 »Das heiligste Sakrament des Altares erweckt in uns vor allem die Liebe, und zwar sowohl die habituelle wie auch die aktuelle Liebe.« (S. Thom. S. th. III, q. 79, a. 4).

342

den Dienst Gottes und verleiht ihr Kraft im Kampfe gegen Sünde und Versuchung.[1024] Die mehr oder minder reichen Früchte der hl. Kommunion hängen großenteils von unserer Vorbereitung ab,[1025] je nachdem besonders die Liebe als Grundlage unserer Vereinigung mit dem Heiland uns bewegt, dem Herrn eine seiner Gottheit weniger unwürdige Wohnung zu bereiten und ihm voll glühenden Eifers alle Huldigungen zu erweisen, die dem höchsten Herrn geziemen, der sich würdigt, sein armes Geschöpf heimzusuchen.

In seiner göttlichen Güte und Freiheit teilt der Herr seine Gnaden aus, wie und wem er will; aber seine unendliche Majestät – denn auch in der tiefsten Herablassung bleibt er unser Herr und Gott – verlangt, dass wir uns bemühen, ihm nach Maßgabe unserer Armseligkeit eine würdige Wohnung im Herzen zu bereiten.

Und wer könnte zweifeln, dass unser gütiger Heiland mit besonderem Wohlgefallen sich jenen Seelen zuneigt, die voll Glauben und liebenden Vertrauens nach seinem Empfange sich sehnen.[1026]

Wie hat er doch im Evangelium das Sehnen und die Bemühungen des Zachäus belohnt! Dieser oberste der Zöllner wollte nur den Herrn sehen, und der Heiland kommt seinem Verlangen zuvor und kündigt ihm an, dass er Einkehr halten wird bei ihm. Und dieser Besuch bedeutet für Zachäus Verzeihung und Rettung. Ähnlich ergeht es Magdalena im Hause des Simon, als der Herr bei ihm zu Gast ist. Während des Mahles tritt Magdalena in den Saal, nähert sich dem Herrn und beginnt seine Füße zu salben und zu küssen. Die Anwesenden erkennen alsbald in dieser Frau eine große Sünderin. Simon selbst ist ungehalten darüber.»Wenn der Herr doch wüsste, wer dieses Weib ist!« Der Heiland aber kennt seine Gedanken und nimmt Magdalena in Schutz. Er stellt das, was sie aus Liebe zu ihm getan hat, dem gegenüber, was der Pharisäer als Gastgeber ihm gegenüber unterlassen hat.»Siehe da, diese Frau,« so wendet er sich an Simon, »ich bin in dein Haus gekommen, und du hast mir kein Wasser ge-

---

1024 Siehe Cat. Rom. P. 2, cap. 4, n. 51.
1025 D. Coghlan de SS. Eucharistia, p. 368.
1026 Obwohl die Sakramente des Neuen Bundes von selbst (ex opere operato) wirken, so sind doch ihre Wirkungen um so größer, je mehr man sich zu ihrem Empfange vorbereitet. Darum soll der hl. Kommunion eine sorgsame Vorbereitung vorausgehen und eine würdige Danksagung nachfolgen. (Pius X. im Dekret über die tägliche hl. Kommunion vom 20. Dezember 1905).

geben, meine Füße zu waschen, sie aber hat sie mit ihren Tränen benetzt und mit ihren Haaren getrocknet. Du hast mich nicht mit einem Kuss empfangen, sie aber hört nicht auf, meine Füße zu küssen. Du hast kein Salböl über mein Haupt ausgegossen, sie aber hat meine Füße gesalbt. Darum sage ich dir: ihr wird viel vergeben, weil sie viel geliebt hat ...« Zu Magdalena aber sprach er: »Deine Sünden sind dir vergeben, dein Glaube hat dir geholfen, gehe hin im Frieden.«[1027]

Der Herr schaut also auf die Vorbereitung und auf die Beweise der Liebe, mit denen wir ihn empfangen. Die hl. Eucharistie ist das Sakrament der Vereinigung, und je weniger Hindernisse gegen die vollkommene Vereinigung der liebe Heiland in uns findet, desto wirksamer kann die Gnade dieses Sakramentes sich in uns ergießen. Der römische Katechismus sagt: Wenn wir mit gut vorbereitetem Herzen kommen, empfangen wir in der hl. Kommunion die Fülle der göttlichen Gnadengaben.[1028]

5

Da gibt es zunächst eine äußerst **wichtige** allgemeine Vorbereitung, die aus der Natur der Vereinigung sich von selbst ergibt und vor allem geeignet ist, als ständige Vorbereitung zu dienen für die Vereinigung, zumal die möglichst vollkommene Vereinigung mit unserem Herrn und Heiland. Es ist das die oft und oft erneuerte gänzliche Hingabe seiner selbst an Jesus Christus.

Diese Selbsthingabe hat schon mit der Taufe begonnen. Damals hat Jesus zum ersten Male Besitz genommen von unserer Seele, und wir fingen an, durch die Gnade Gott immer mehr ähnlich zu werden und in lebendiger Vereinigung mit ihm zu leben. Je mehr wir dieser durch die Taufe grundgelegten Seelenverfassung treu bleiben und vom Tod der Sünde zum Leben für Gott auferstehen, desto besser ist diese entferntere Vorbereitung auf den Empfang der Fülle eucharistischer Gnaden. Anhänglichkeit an die lässliche Sünde hingegen, an freiwillige Unvollkommenheiten und Nachlässigkeiten, an bewusste Treulosigkeiten sind Dinge, die dem Herrn missfallen, ihm sozusagen »wehtun«, wenn er zu uns kommt. Wollen wir zur vollkommenen Vereinigung mit Christus gelangen, so dürfen wir nicht »feilschen« in der Hinga-

---

1027 Luc. 7, 36–39; 44–50.
1028 Cat. Rom. P. 2, cap. 4, n. 56.

be des Herzens. Wir dürfen in unserem Herzen auch nicht das kleinste Plätzchen dulden, das dem Geschöpf allein, ohne Gott, gehören sollte. Wir müssen uns freimachen von uns selbst und von aller Kreatur, und mit Sehnsucht nach dem vollkommenen Reiche Christi in uns verlangen, so dass unser ganzes Sein und Wesen dem Worte Jesu und dem Wirken seines Heiligen Geistes rückhaltlos hingegeben sei.

Das ist eine ausgezeichnete Vorbereitung auf die hl. Kommunion. Was ist es denn, das unseren Heiland hindert, uns vollkommen mit sich zu vereinigen, wenn er zu uns kommt? Sind es etwa unsere leiblichen oder geistigen Armseligkeiten, die Schwächen, die uns armen Erdenpilgern von Natur aus anhaften und vom menschlichen Elend unzertrennlich sind? – O nein, gewiss nicht; diese Unvollkommenheiten, ja sogar Fehler, die wir unbewusst begehen, die wir aber selbst beklagen und auszurotten uns bemühen, bilden dem Herrn kein Hindernis. Im Gegenteil, er kommt ja gerade, um uns zu helfen, diese Fehler abzulegen und diese Schwachheiten in Geduld zu ertragen; denn er ist ein Hohepriester voller Mitleid, der »weiß, aus welchem Lehme wir gebildet sind«,[1029] und der all »unser Elend auf sich genommen hat«: *vere languores nostros ipse tulit.*[1030]

Was die vollkommene Vereinigung mit Jesus hindert, das sind unsere bösen Neigungen, die wir kennen und doch nicht bekämpfen, die wir aus Mangel an Großmut nicht tapfer ausreißen, die freiwillige Anhänglichkeit an uns selbst und an die Geschöpfe. Solange wir nicht durch Wachsamkeit über uns selbst und Abtötung uns bemühen, diese bösen Gewohnheiten zu bekämpfen und mit jeder Anhänglichkeit an dieselben zu brechen, kann und wird der Herr die Fülle seiner Gnaden uns nicht mitteilen.

Das gilt ganz besonders von den freiwilligen oder gewohnheitsmäßigen Fehlern gegen die Nächstenliebe. Wir werden das weiter unten im Kapitel über die Nächstenliebe näher betrachten. Gleichwohl soll auch hier schon ein Wort davon gesagt werden. Der Heiland bildet mit seinem mystischen Leibe eine geheimnisvolle Einheit; alle Christen sind durch die Gnade seine Glieder. Und wenn wir kommunizieren, müssen wir Christus empfangen ganz und ungeteilt. Wir müssen uns durch die Liebe vereinigen mit ihm, so wie er ist, d. h. mit ihm und seinen mystischen Gliedern, die wir von ihm nicht trennen können.

1029 Ps. 102, 14.
1030 Is. 53, 4.

Der Heiland hat uns, wie das Konzil von Trient sagt, dieses Sakrament hinterlassen als Sinnbild der innigen Einheit seines mystischen Leibes, dessen Haupt er ist.[1031] »Ein Brot,« sagt der hl. Paulus, »ein Leib sind viele, alle, die wir an dem einen Brote teilnehmen.«[1032] Hören wir auch die Worte des Herrn selbst: »Wenn du deine Gabe zum Altare bringst und dich erinnerst, dass dein Bruder etwas gegen dich habe, so gehe hin und versöhne dich zuerst mit ihm und dann komme und opfere deine Gabe.«[1033] Daraus ist ersichtlich, dass die kleinste, geflissentliche Kälte, die geringste, freiwillig unterhaltene Abneigung gegen den Nächsten ein Hindernis der vollkommenen Vereinigung bildet, die der Heiland in der hl. Kommunion mit uns anstrebt.

Wenn wir daher in unserem Herzen eine freiwillige Anhänglichkeit an das eigene Urteil oder an unsere Eigenliebe, überhaupt Neigungen hegen, die mit der Liebe in Widerspruch stehen, so können wir sicherlich, solange wir uns mit diesem Zustande begnügen, die überfließenden Reichtümer des heiligsten Altarssakramentes nur in begrenztem Maße empfangen. – Wenn aber eine Seele sich bemüht, ihre ungeordneten Neigungen zu bekämpfen, – wenn sie ernstlich an deren Ausrottung arbeitet, wenn sie zur hl. Kommunion hinzutritt, um hier die erforderliche Kraft zu schöpfen, dann darf sie gewiss sein, dass der Heiland sie wohlgefällig aufnimmt, ihre Bemühungen segnet und sie überreich dafür belohnt.

Unsere Vorbereitung, um es noch einmal zu sagen, erzeugt in uns nicht die Gnade des hl. Sakramentes, sie kann ihr nur den Weg freimachen und die Hindernisse beseitigen; aber wir müssen unser Herz so weit als möglich dem Strom der göttlichen Gaben öffnen. Die beste Vorbereitung besteht also darin, dass man sich bemühe, Christo nichts zu verweigern. Eine Seele, die beständig in dieser Gesinnung verharrt und alles zu vermeiden sucht, was den Blicken ihres himmlischen Gastes missfallen könnte, die stets bereit ist, seinen göttlichen Willen zu erfüllen, ist wunderbar empfänglich für die Wirkungen des heiligsten Sakramentes.

1031 (Sacramentum hoc voluit esse) symbolum unius illius corporis, cuius ipse caput existit, cuique nos, tamquam membra, arctissima fidei, spei et caritatis connenxione adstrictos esse voluit, ut idipsum omnes diceremus nec essent in nobis schismata. Sess. 13, cap. 2.
1032 1. Cor. 10, 17.
1033 Matth. 5, 23–24.

346

Der Grund ist leicht ersichtlich. Die hl. Eucharistie ist das Sakrament der Vereinigung, wie schon das Wort »communio« besagt: Der Heiland kommt, um sich mit uns zu vereinigen. Vereinigen heißt aber: aus zwei Dingen eins machen. Wir vereinigen uns mit Christo so, wie er ist. Jede hl. Kommunion aber geht auf das Opfer des Altares, die hl. Messe, und damit auf das Kreuzopfer zurück.

Im Messopfer nehmen wir Anteil am Hohenpriestertum Christi, in der hl. Kommunion an seiner Hinopferung. Die hl. Messe setzt, wie schon gesagt, jene volle innere Hingabe voraus, die der Heiland seinem Vater beim Eintritt in. die Welt entgegenbrachte und die er zeitlebens unaufhörlich erneuerte, bis sie im blutigen Kreuzopfer vollendet ward. Diese Hinopferung soll, wie der hl. Paulus sagt, bei jeder hl. Kommunion in Erinnerung gebracht werden. »So oft ihr dieses Brot esset und diesen Kelch trinket, sollt ihr den Tod des Herrn verkünden«, d. h. daran erinnern: *quotiescumque enim manducabitis panem hunc et calicem bibetis, mortem Domini annuntiabitis done viniat.*[1034] Jesus Christus schenkt sich uns, aber nachdem er zuvor für uns gestorben ist. Er gibt sich uns zur Speise, nachdem er sich zuvor geopfert hat. Opferlamm und Speise als Opferhandlung und Seelennahrung sind die beiden unzertrennlichen Merkmale der hl. Eucharistie. Darum ist auch die stete Gesinnung gänzlicher Selbsthingabe so wesentlich als Vorbereitung auf die hl. Kommunion. Jesus Christus schenkt sich uns in dem Maße, wie wir uns ihm, seinem Vater und unseren Brüdern als den Gliedern seines mystischen Leibes hingeben. Durch diese Opfergesinnung werden wir Christo ähnlich, wir treten in innige Beziehung zu ihm dem Opferlamm.

Wenn der liebe Heiland eine Seele so vorbereitet, ohne Vorbehalt seinem Willen hingegeben findet, dann wirkt er in ihr mit göttlicher Kraft, bringt, weil sie keine Hindernisse entgegenstellt, Wunder der Heiligkeit in ihr hervor. Die geringen Fortschritte so mancher Seelen trotz der häufigen hl. Kommunionen erklären sich oft daraus, dass diese notwendige Vorbereitung und Grundlage inniger Vereinigung fehlt. In solchen Seelen findet der Herr die erforderliche, übernatürliche Anpassungsfähigkeit nicht, um frei und unumschränkt über sie zu verfügen. Sie sind geteilt durch freiwillige Anhänglichkeiten, die sie an die Geschöpfe, an ihre Eitelkeit und Eigenliebe, an ihre Empfindlichkeit und Selbstsucht, an ihre Eifersucht und Sinnlichkeit fesseln und ver-

---

1034 1. Cor. 11, 26.

347

hindern, dass die Vereinigung Christo stark und innig genug werde, um eine vollständige Umwandlung der Seele zu bewirken.

Bitten wir den Herrn, er selbst möge uns helfen, nach und nach diese grundlegende Herzensgesinnung zu erwerben: sie ist von größtem Werte; denn sie macht unsere Seele den Wirkungen für das Sakrament der Gottesvereinigung wunderbar zugänglich. Diesem Streben nach Vereinigung, das in besonderer Weise als Vorbereitungsgesinnung dient, sollen wir eine andere gleichfalls entferntere, aber mehr aktuelle Vorbereitung zugesellen, die darin besteht, jeden Tag ausdrücklich all unsere Handlungen auf die hl. Kommunion hinzubeziehen, so dass unsere Vereinigung mit Jesus im heiligsten Sakramente wahrhaft die Sonne unseres Lebens bilde. Der hl. Franz von Sales hatte bei Gelegenheit seiner Priesterweihe den Entschluss gefasst, jeden Augenblick des Tages zur Vorbereitung für die hl. Messe des folgenden Tages zu benutzen, so dass er auf jede Frage nach seiner augenblicklichen Beschäftigung wahrheitsgetreu antworten konnte: »Ich bereite mich auf die hl. Messe vor.« Eine herrliche Gewohnheit!

Wenn es aber wahr ist, »dass wir ohne Beistand des Herrn nichts tun können«, wieviel mehr gilt dieses in bezug auf die heiligste Handlung eines jeden Tages! Die Vereinigung mit Jesus Christus in der hl. Kommunion ist für ein Geschöpf die denkbar erhabenste Tat, jede, auch die höchste menschliche Weisheit ist nichts im Vergleich zu ihr. Aus uns selbst, ohne den Beistand des Herrn sind wir ganz unfähig, uns geziemend darauf vorzubereiten. Wir können durch unsere Gebetsübungen unsere Ehrfurcht bezeigen, er selbst aber muss sich die Wohnung in uns bereiten, wie der Psalmist sagt: »Der Allerhöchste heiligt sein Gezelt« *sanctificavit tabernaculum suum Altissimus.*[1035] Wenn wir im Laufe des Tages den Herrn im Tabernakel besuchen, bitten wir ihn: »O Jesus Christus, du ewige Weisheit, ich möchte dir in meinem Herzen eine Wohnung bereiten, aber ich bin dazu außerstande; so wolle denn du selbst, o menschgewordenes Wort Gottes, durch deine unendlichen Verdienste meine Seele würdig machen, dein Tempel zu sein. Lass mich dir allein gehören. Ich opfere dir all mein Tun und Leiden des heutigen Tages auf, damit es dir wohlgefällig sei, so lass mich denn morgen nicht leer vor dir erscheinen.« Solches Gebet ist sehr gut und nützlich, weil es das ganze Tageswerk auf die Liebesvereinigung mit Christus hinlenkt. Liebessehnsucht begleitet dann all unsere Werke, liebend und

---

1035 Ps. 45, 5.

348

ohne Klage opfern wir dem Herrn alles Unangenehme und Leidvolle, das uns begegnen mag, und so ist die Seele immer ganz selbstverständlich gut vorbereitet für den Augenblick der hl. Kommunion.

6

Es erübrigt dann nur noch, wenn der Augenblick der hl. Kommunion gekommen ist, die entsprechende, nächste Vorbereitung zu treffen, wie sie der unendlichen Würde desjenigen gebührt, der sich herablässt, zu uns zu kommen. Wenn auch diese letztere Vorbereitung ihren Wert und ihre Kraft aus der grundlegenden, entfernteren Vorbereitung schöpft, so ist es doch angezeigt, auch davon einiges zu sagen.

Die wichtigste unmittelbare Vorbereitung ist ein lebendiger Glaube. – Die hl. Kommunion ist wesentlich ein Geheimnis des Glaubens, »*mysterium fidei*«.[1036] Aber sind denn nicht alle Geheimnisse Christi Mysterien des Glaubens? Gewiss. Keines aber stellt so hohe Anforderungen an unsern Glauben als dieses heiligste Geheimnis, von dem Verstand und Sinne nichts erkennen. – In der Krippe ist Christus zwar ein kleines Kind, aber die Engel verkünden seine Ankunft, offenbaren seine Gottheit und seine Sendung zur Erlösung der Welt; während seines öffentlichen Lebens geben seine Wunder und die Erhabenheit seiner Lehre Zeugnis von seiner Gottheit; auf Tabor wird seine Menschheit durch die Gottheit verklärt; selbst am Kreuze verschwindet seine Gottheit nicht vollständig. Die Natur verkündet durch die Umwälzung, die sie erfährt, dass hier der Schöpfer der Welt gekreuzigt ward.[1037] Aber im Tabernakel zeigt sich weder Gottheit noch Menschheit: *latet simul et humanitas*.[1038] Die Sinne, Auge, Geschmack, Gefühl finden hier nur Brot und Wein. Nur das Auge des Glaubens vermag den Schein der Gestalten zu durchdringen und durch deren verhüllende Schleier die verborgene, göttliche Wirklichkeit zu schauen. Vor allem ist Glaube erforderlich.

Das erhellt besonders klar, wenn wir im Evangelium die Worte lesen, mit denen der Herr den Juden die hl. Eucharistie verheißen hat.[1039] Tags zuvor hatte der Heiland den Beweis seiner Güte und Macht ge-

---

1036 Aus den Wandlungsworten der hl. Messe.
1037 Luc. 23, 44.
1038 Hymnus: Adoro te.
1039 Joan. 6, 30–70.

geben, indem er Tausende von Menschen mit einigen Broten speiste. Infolge dieses Wunders hatten die Juden erstaunt ausgerufen: »Das ist wahrhaft der Prophet, der da kommen soll.« Von der Verwunderung gehen sie zur Tat über, sie wollen ihn wegführen und zum König machen. Jesus aber enthüllt ihnen ein noch wunderbareres Geheimnis als das Wunder der Brotvermehrung: »Ich bin das Brot des Lebens, das vom Himmel herabgekommen ist.« Bei diesen Worten erhebt sich ein Murren unter den Juden: »Ist das nicht Josephs Sohn? Wir kennen doch seinen Vater und seine Mutter wie kann er sagen, ich bin vom Himmel gekommen?« – Und Jesus antwortet ihnen: »Murret nicht untereinander! Ich bin das Brot des Lebens. Eure Väter in der Wüste haben das Manna gegessen und sind gestorben. Hier ist das Brot, das vom Himmel herabgekommen ist, damit keiner, der davon isst, sterbe. Wer von diesem Brote isst, wird ewig leben, denn das Brot, das ich ihm geben werde, ist mein Fleisch für das Leben der Welt.« Da werden die Juden noch ungläubiger; sie beginnen untereinander zu streiten: »Wie kann uns dieser sein Fleisch zu essen geben?« Doch der Herr nimmt nichts zurück von dem, was er gesagt hat. Im Gegenteil, er spricht noch deutlicher: »Wahrlich, wahrlich, sage ich euch, wenn ihr das Fleisch des Menschensohnes nicht esset und sein Blut nicht trinket, werdet ihr das Leben nicht in euch haben. Wer mein Fleisch isst und mein Blut trinkt, der hat das ewige Leben; denn mein Fleisch ist wahrhaftig eine Speise und mein Blut wahrhaftig ein Trank.« Aber nun ergreift die Ungläubigkeit sogar seine Jünger. Mehrere von ihnen erklären: »Diese Worte sind hart, wer kann sie hören?« Und Johannes fügt bei: »Von da an verließen ihn viele seiner Jünger, weil sie nicht mehr an ihn glaubten, und sie gingen nicht mehr mit ihm.« – Als diese fortgegangen, wendet der Heiland sich zu den Zwölfen und fragt sie: »Wollt nicht auch ihr gehen?« Da ergreift Petrus das Wort und spricht: »Herr, wohin sollen wir gehen? Du hast Worte des ewigen Lebens. Und wir haben geglaubt und erkannt, dass du bist Christus, des Sohn Gottes.«

Auch wir wollen mit Petrus und den treugebliebenen Aposteln glauben; unser Glaube muss die Sinne ergänzen: *Praestat fides supplementum sensuum defectui.*[1040] Jesus Christus hat gesagt: »Das ist mein Leib, das ist mein Blut: nehmet hin, esset, damit ihr das Leben in euch habet!« »Du hast es gesagt, o Herr, und das genügt mir, ich glaube: das Brot, das du uns gibst, bist du selbst, Jesus Christus, ein-

1040 Hymnus: Pange lingua.

350

geborener Sohn des Vaters. Du bist es, der Mensch geworden und gestorben ist für mich; du bist es, der zu Bethlehem geboren ward, der in Nazareth lebte, der die Kranken heilte, den Blinden das Gesicht wiedergab, der einstens Magdalena und dem Schächer am Kreuze verzieh, derselbe, der beim letzten Abendmahle den Johannes an seiner Brust ruhen ließ; du bist es, der Weg, die Wahrheit und das Leben, der aus Liebe zu mir gestorben ist, der nun in den Himmel aufgefahren ist und dort sitzet zur Rechten des Vaters und für uns Fürbitte einlegt ohne Unterlass. O, ewige Wahrheit, mein Jesus, du hast uns versichert, dass du auf dem Altare wirklich und wesentlich zugegen bist mit deiner Menschheit und allen Schätzen deiner Gottheit. Ich glaube es, und weil ich es glaube, werfe ich mich nieder vor dir und bete dich an. Mein Gott und mein Alles, nimm diese Huldigung meiner Anbetung gnädig an!« – Ein solcher Akt ist das erhabenste Bekenntnis unseres Glaubens, die vollkommenste Huldigung unseres Verstandes, die wir unserm göttlichen Erlöser darbringen können.

Es ist zugleich ein Akt des Vertrauens. Jesus Christus, so sagt uns der Glaube, kommt zu uns als unser Haupt und unser erstgeborener Bruder. Wir müssen ein lebhaftes Verlangen nach ihm tragen. Mit dem Priester vor der hl. Kommunion müssen wir beten:

»O Herr Jesu, sieh nicht auf meine Sünden, die ich verabscheue, sondern auf den Glauben deiner Kirche, die mir sagt, dass du dort unter Brotsgestalten zugegen bist, um zu mir zu kommen. Du kannst mich ganz an dich ziehen, um mich in dich umzugestalten. Ich übergebe mich dir ganz und gar, damit du Besitz ergreifest von meinem ganzen Wesen und von all meinem Tun, so dass ich nur noch von dir, durch dich und für dich lebe.« Wenn wir um diese Gnade bitten, dürfen wir sicher sein, dass der liebe Heiland sie uns gewährt. Wir dürfen ihn daher mit Bitten bestürmen, ohne fürchten zu müssen, dass wir ihm lästig seien, und können unsern hl. Begierden freien Lauf lassen. Wenn wir die unendlichen Reichtümer dieses hochheiligen Sakramentes,[1041] die herrlichen Früchte, welche die Gegenwart Christi in uns hervorbringen kann, ein wenig besser erkennten, wir

---

1041 Utilitas huius sacramenti magna est et universalis … nam cum hoc sacramentum sit dominicae passionis, continet in se Christum passum: unde quidquid est effectus dominicae passionis, totum est etiam effectus huius sacramenti. S. Thom. In Joan. Evang. C. VI lect. 6. Effectus quem passio Christi fecit in mundo, hoc sacramentum facit in homine. S. th. III. Q. 79, a 1.

würden ein unstillbares Verlangen hegen, sie in uns verwirklicht zu sehen. Hier sind alle Früchte der Erlösung eingeschlossen, und zwar um unser zu sein: *Ut redemptionis tuae fructum in nobis iugiter sentiamus.*[1042] Der liebe Heiland sehnt sich mit innigstem Verlangen, uns Anteil daran zu geben, aber er verlangt, dass wir ihm ein weites Herz entgegenbringen, voll Liebe und Vertrauen. »Gott weiß, wessen wir bedürfen,« sagt der hl. Augustin,[1043] »aber er will, dass unser Verlangen in heißem Gebete sich steigere, damit wir um so empfänglicher seien für das, was er uns geben will. Wir werden um so fähiger sein, das Brot des Lebens zu empfangen, je größer unser Glaube an dieses Leben, je fester unser Vertrauen, je heißer unser Verlangen ist.« »Öffne dein Herz, und ich will es erfüllen,« so spricht der Herr zu uns, wie einst zum Psalmisten: *Dilata os tuum et implebo illud,*[1044] »Tue dich auf im Glauben, in der Hoffnung, in der Liebe, in heiligem Verlangen, in Hingabe an mich, und ich werde dich mit Reichtümern ersättigen.« »Was willst du mir geben, Herr?« – Ich schenke mich dir ganz und gar, mit Gottheit und Menschheit, mit den Heilsfrüchten meiner Geheimnisse, mit den Verdiensten und Genugtuungen meiner Arbeiten und Leiden, mit dem unermesslichen Werte meines Todesopfers. Ich komme zu dir, wie ich einst auf die Erde herabstieg, um in dir »das Werk des Teufels zu zerstören«[1045], um meinem Vater eine göttliche Huldigung zu erweisen; ich gebe dir Anteil an den Reichtümern meiner Gottheit, an dem ewigen Leben, das ich vom Vater habe und das ich nach seinem Willen dir gebe, damit du mir ähnlich werdest. Ich will dich mit Gnaden überhäufen, ich selbst will deine Weisheit, deine Heiligkeit, dein Weg, deine Wahrheit und dein Leben sein. Du sollst werden wie ich, gleich mir und durch mich, ein Gegenstand des Wohlgefallen für meinen Vater... Öffne dein, Herz, und ich will es anfüllen mit Gütern: *Dilata os tuum et implebo illud.*

Bedarf es noch mehr als solcher Worte, damit wir uns dem Heiland hingeben, auf dass er uns erfülle mit seiner Gnade und seine heiligsten

---

1042 Kirchengebet am Fronleichnamsfest.
1043 Sumemus capacius quanto id et fidelius credimus, et speramus firmius et desideramus ardentius. Epist. 130 c. 8. Der hl. Augustin spricht hier vom ewigen Leben, man kann aber voll und ganz auf die Eucharistie anwenden, die ja das Unterpfand dieses Lebens ist: Et futurae gloriae nobis pignus datur.
1044 Ps. 80, 11
1045 1. Joan. 3, 8.

Absichten an uns vollbringe? Und wie überreich gibt Jesus Christus uns alles wieder, was wir ihm geben, wie mehrt er in uns Glaube, Hoffnung und Liebe, die wir zum Empfang mitgebracht haben! – Er ist das ewige Wort Gottes, das in der Tiefe unseres Herzens die Geheimnisse Gottes uns lehrt und uns mit seinem Lichte erfüllt. Ist er ja das Licht, das jeden Menschen erleuchtet, der in diese Welt kommt. – Er ist es, der auf die Erde gekommen ist, um uns zu erlösen, und der nun durch die Vereinigung in der hl. Kommunion die unendlichen Früchte seines Todes uns zuwenden will. Welch unbesiegbare Heilssicherheit, welchen Frieden bringt er der Seele, die er heimsucht! Er gibt ihr ja nicht bloß seine Verdienste, er gibt ihr auch das Unterpfand der kommenden Herrlichkeit: *et futurae gloriae nobis pignus datur.*[1046] Endlich belebt er unsere Liebe; die Liebe lebt von der Vereinigung. Hier ist wahrhaft das Sakrament des übernatürlichen Lebens und Wachstums. Jede würdige hl. Kommunion nähert uns mehr und mehr unserem Vorbilde. Sie führt uns vor allem tiefer in die Erkenntnis, Liebe und Betätigung der Geheimnisse unserer Vorherbestimmung und unserer übernatürlichen Gotteskindschaft in Jesus Christus, unserem erstgebornen Bruder, ein; sie vervollkommnet in uns die Gnade der Gotteskindschaft. Diesen äußerst wichtigen Gedanken müssen wir noch besonders hervorheben. All unsere Heiligkeit gipfelt in der Teilhabe an der Gottessohnschaft Jesu Christi durch die Gnade, darin, dass wir aus Gnade seien, was Jesus Christus von Natur ist. Je inniger diese Teilhabe, desto größer unsere Heiligkeit. Wie aber wird uns diese Teilhabe vermittelt? Wer macht uns zu Kindern Gottes? Der hl. Johannes sagt: es ist der Glaube, mit dem wir Christus, den Urheber und die Quelle aller Gnade, in uns aufnehmen: *Quotquot autem receperunt eum, dedit eis potestatem filios Dei fieri, his qui credunt in nomine eius.*[1047]

Je tiefer unser Glaube ist, wenn wir Christum aufnehmen, desto reichlicher unser Anteil an seinem erhabensten Vorrechte, an seiner Würde als Gottessohn, um so inniger unsere Anteilnahme an der Gotteskindschaft.

Es gibt keine Handlung, in der wir unseren Glauben inniger betätigen können, als die hl. Kommunion. Es gibt keinen höheren Glaubensakt, als an die unter den heiligen Gestalten verborgene Gottheit und Menschheit Christi glauben. – Wenn die Juden den

1046 Antiphon zur Vesper an Fronleichnam.
1047 Joan. 1, 12.

353

Heiland auffallende Wunder wirken sahen, wie z. B. die Brotvermehrung in der Wüste, waren sie eher bereit; an seine Gottheit zu glauben. Es war dies zwar ein Glaubensakt, aber nur gewöhnlichen Grades. – Wenn der Heiland zu den Juden spricht: »Ich bin das Brot des Lebens, das Brot, das vom Himmel herabgekommen ist,« so verlangte er schon einen höheren Grad des Glaubens, und wir sehen, dass viele seiner Zuhörer dazu nicht imstande waren und den Herrn für immer verließen. – Wenn aber Jesus Christus ein wenig Brot und Wein uns zeigt und erklärt, »das ist mein Leib, das ist mein Blut«, und unser Verstand siegreich gegen alle Sinneseindrücke diese Worte Christi gläubig annimmt, so dass wir bereitwillig zum hl. Gastmahle hinzutreten, um diesen Glauben in die Tat umzusetzen, dann vollziehen wir den höchsten und unumschränktesten Akt des Glaubens.

Kommunizieren heißt also, den größten Glaubensakt üben und damit im höchstmöglichen Grad an der Gottessohnschaft Jesu Christi teilnehmen. Darum ist jede würdige hl. Kommunion für uns von solch lebendiger, fruchtbringender Bedeutung nicht allein, weil wir Christum selbst empfangen, sondern weil der Glaube, ohne den wir Christus nicht aufnehmen können, sich nirgends so lebhaft und unumschränkt offenbaren kann als gerade hier; denn hier tritt nicht nur unser Verstand, sondern unser ganzes Wesen für das gläubige Bekenntnis der Gottheit Christi ein. Die hl. Kommunion ist also die vollkommenste Betätigung unserer Gotteskindschaft. – In keinem Augenblick können wir mit mehr Berechtigung zum himmlischen Vater sagen: »Vater im Himmel, dein Sohn Jesus ist in mir, ich ihm vereint. Dein Sohn, der aus dir hervorgeht, empfängt in aller Fülle dein göttliches Leben. Ich habe im Glauben deinen Sohn empfangen. Der Glaube sagt mir, dass ich jetzt mit ihm vereint bin. Da ich nun an seinem Leben Anteil habe, so schau mich an in ihm, durch ihn und mit ihm als dein dir wohlgefälliges Kind.« Welchen Reichtum an Gnade, Licht und Kraft muss ein solches Gebet dem Gotteskinde geben! Welche Überfülle göttlichen Lebens, welch innige Vereinigung, welche Vertiefung unserer Gotteskindschaft wird solcher Glaube uns bringen! ... Wir berühren damit die höchste Stufe der Gotteskindschaft, die hier auf Erden möglich ist.

Was nun die »Gebete« betrifft, die uns zur unmittelbaren Vorbereitung auf die hl. Kommunion dienen sollen, so kann man hier keine unbedingten Vorschriften geben. Bedürfnis und individuelle Anlage sind zu verschieden.

Die einen bemühen sich, den Gebeten und Handlungen des Priesters bei der hl. Messe zu folgen, und sie kommunizieren während der hl. Messe. Das ist wohl die beste Art der unmittelbaren Vorbereitung auf die hl. Kommunion. Warum auch sollten die Gebete, welche unsere hl. Mutter, die Kirche, dem Priester zur Vorbereitung auf hie hl. Kommunion auf die Lippen legt, für den gewöhnlichen Christen nicht entsprechend sein? Bei dieser Art der Vorbereitung kann man sich viel unmittelbarer mit dem Opfer Christi und den Absichten seines heiligsten Herzens vereinen. Zudem enthält das Messbuch wunderbare Gebete des Glaubens, des Vertrauens und der Liebe, so z.B. im Gloria: »Wir preisen dich, wir beten dich an, wir verherrlichen dich, wir danken dir, Herr Jesus Christus! ... O du Lamm Gottes, das du hinwegnimmst die Sünden der Welt, erbarme dich unser... nimm unser Flehen auf; der du sitzest zur Rechten des Vaters, erbarme dich unser!« Sind das nicht herrliche Akte des Glaubens? Diese Brotsgestalt, die ich nun empfange, birgt jenen in sich, der im Himmel zur Rechten des Vaters sitzt, ihn, der allein Herr, allein heilig, allein der Allerhöchste ist und mit dem Vater und dem Hl. Geiste in ewiger Herrlichkeit thront: *quoniam tu solus... altissimus, Iesu Christe, cum Sancto Spiritu, in gloria Dei Patris...* Andere bereiten sich vor, indem sie unter Akten des Glaubens, der Hoffnung und Liebe das 6. Kapitel des Johannesevangeliums lesen, das die Verheißung dieses hl. Sakramentes enthält. Man kann auch aus dem 4. Buche der Nachfolge Christi, das vor allem dem heiligsten Altarssakramente gewidmet ist, Gedanken für eine andächtige Vorbereitung schöpfen, oder man bete aus einem kirchlich gutgeheißenen Gebetbuche.

Jeder mag hier seiner eigenen Neigung folgen, wenn nur Geist und Herz bei den Gebeten sind, welche die Lippen aussprechen, wenn nur besonders die Seele sich weit auftut für eine innige Vereinigung durch lebendigen Glauben, tiefe Ehrfurcht, unbeschränktes Vertrauen, durch glühende Sehnsucht und Liebe, vor allem aber durch edelmütige Hingabe an die hl. Absichten Jesu; dann ist die Vorbereitung immer gut; dann gehe hin und empfange das Himmelsbrot.

Für die Danksagung nach der hl. Kommunion gilt die gleiche Freiheit. – Da kann man still den Sohn Gottes im Herzen anbeten. Das Fleisch und Blut, das wir empfingen, ist die Menschheit des ewigen Wortes. Wir verbinden uns mit jenem Worte, das vom Schoße des Vaters, *in sinu Patris*, zu uns gekommen ist. Das Wort Gottes ist ganz und gar wesenseins mit dem Vater. Es hat alles vom Vater und ist trotzdem nicht geringer als der Vater. Aber Jesus will, dass alles von ihm wieder emporsteige zum Vater. *Ego vivo propter Patrem*; sein Wesen ist, dass er nur durch den Vater lebt. Wenn wir uns nun mit ihm in der hl. Kommunion vereinigen und uns ihm überlassen, dann trägt er uns durch den Glauben an ihn empor zum Allerheiligsten: *usque ad interiora velaminis*.[1048] Dort können wir uns mit den Anbetungsakten der allerheiligsten Menschheit Jesu Christi selbst vereinen, um dem Vater und dem Heil. Geiste den höchsten Grad der Huldigung darzubringen. So wird Jesus selbst unser Dankopfer, unsere Eucharistie. Er ist ja, wir dürfen dies nie vergessen, die Ergänzung all unserer Schwächen, Fehler und Armseligkeiten. Welch unermessliches Vertrauen sollte doch die Gegenwart Christi in unserer Seele erwecken!

Ein andermal können wir uns mit dem Lobgesang der Schöpfung vereinen, die im Worte Gottes ihren Anfang genommen hat, damit alle, die durch das Wort erschaffen sind – *omnia per ipsum facta sunt et sine ipso factum est nihil quod factum est* – auch in ihm und durch dasselbe die Ehre Gottes preisen: so macht es der Priester, wenn er den Altar verlässt. Die hl. Kirche, Christi Braut, die wie niemand anders die Geheimnisse ihres göttlichen Bräutigams kennt, lässt den Priester im Heiligtume seiner Seele, wo der Herr nun thront, dieses Danklied der Schöpfung singen. Die Seele ruft alle Kreatur herbei zu den Füßen ihres Herrn und Gottes, damit er von allem, was lebt und sich regt, Huldigung empfange: *Benedicite omnia opera Domini Domino*, »Preiset den Herrn, alle Werke des Herrn! lobet und rühmet ihn in Ewigkeit; ihr Engel Gottes, preiset den Herrn; ihr Himmel, preiset ihn. Sonne, Mond und Sterne des Himmels, preiset ihn; Regen und Tautröpflein, Wind und Sturm, Feuer und Hitze, Kälte und Wärme, Tau und Reif, Frost und Kälte, Eis und Schnee, preiset den Herrn! Tag und Nacht, Licht und Dunkel, Blitze und Wolken, prei-

1048 Hebr. 6, 19.

set ihn.«[1049] Und darauf ruft der Priester die Erde, Berge und Hügel, Pflanzen, Meere und Flüsse; Fische, Vögel und alles Getier und endlich die Menschen, die Priester und Diener Gottes, die Heiligen auf, dass sie alle die heiligste Dreifaltigkeit lobpreisen, wie ihr auch von der heiligsten Menschheit Jesu Christi gehuldigt wird. Welch erhabener Lobgesang, den die ganze Schöpfung durch den Mund des Priesters anstimmt in dem Augenblick, da er eins geworden ist mit dem höchsten Hohenpriester, dem einzigen Mittler, dem ewigen Worte, durch das alles geschaffen ist.

Andere ruhen, wie Magdalena, zu den Füßen des Herrn, sprechen vertraulich mit ihm, hören, was er in ihrem Herzen spricht, willig, ihm alles zu geben, was er verlangt; denn in solchen Augenblicken, wo das göttliche Licht uns durchflutet, zeigt der Heiland einer großmütigen Seele gern, was er von ihr verlangt. »Die Stunde nach der hl. Kommunion ist eine unvergleichlich kostbare Zeit,« sagt die hl. Theresia, »da gefällt es dem göttlichen Meister, uns zu belehren. O, seien wir aufmerksam auf seine Worte, und zum Danke für seine heiligen Unterweisungen küssen wir seine hl. Füße, und beschwören wir ihn, dass er sich nicht von uns entfernen wolle.«[1050]

Man kann auch langsam, als höre man den Heiland selbst, die Worte sagen, die aus seinem hl. Munde hervorgingen, jene herrliche Abschiedsrede lesen, die der Herr beim letzten Abendmahl hielt, da er das heiligste Sakrament einsetzte: »Glaubet mir, dass ich im Vater bin und der Vater in mir ist ... Wer meine Gebote hält, der ist es, der mich liebt, und wer mich liebt, den wird auch mein Vater lieben, und ich werde ihn lieben und mich ihm offenbaren ... Wie mich der Vater geliebt hat, so habe ich euch geliebt, bleibet in meiner Liebe ... Dieses habe ich zu euch gesagt, damit meine Freude in euch sei und eure Freude vollkommen werde... ich habe euch Freunde genannt; denn alles, was ich von meinem Vater gehört, habe ich euch kundgetan ... Der Vater selbst liebt euch, weil ihr mich geliebt und weil ihr geglaubt habt, dass ich vom Vater angegangen bin ... dies habe ich zu euch geredet, damit ihr Frieden habet in mir; in der Welt werdet ihr Trübsal haben, aber vertraut, ich habe die Welt überwunden.«[1051]

1049 Dan. 3, 57 ff.
1050 Weg der Vollkommenheit, Kap. 25.
1051 Joan. 14 u. 15.

357

Wir können uns ferner mit dem Herrn in betrachtendem Gebete unterhalten, etwa im Geiste zu Füßen des Kreuzes niederknien – wir können mündlich beten und dabei z. B. die Psalmen verwenden, die auf die hl. Eucharistie Bezug haben: »Der Herr ist mein Hirte, und mir wird nichts mangeln; auf fettem Weideplatz lässt er mich lagern; an Wasser der Erquickung führt er mich; er labt meine Seele, und ob ich auch in Todesschatten wandle, nicht fürchte ich Unheil, weil du bei nur bist.«[1052] All diese Andachtsübungen sind ausgezeichnet. Der Hl. Geist selbst regt die Seelen auf die verschiedenste Art an: wichtig ist nur, dass wir die Größe des Gottesgeschenkes, das der hl. Paulus »unaussprechlich« nennt,[1053] dankbar anerkennen, und dass wir für uns und unsere Brüder, für die ganze hl. Kirche aus den Reichtümern dieses unendlichen Gutes schöpfen. »Der Vater liebt ja den Sohn und hat ihm alles gegeben«, damit er es uns mitteile: *Pater diligit Filium et omnia dedit in manu eius,*[1054] Jesus gibt uns alles, wenn er sich selbst gibt. Auch wir müssen ihm alles geben, indem wir aus ganzem Herzen mit ihm sprechen: *Quae placita sunt ei facto semper,*[1055] »ich will immer das tun, was dir wohlgefällig ist«, oder auch jenes Wort, das Jesus beim letzten Abendmahl zum Vater sprach und das die vollkommenste Einheit ausdrückt: »Alles, was mein ist, ist dein, und was dein ist, ist mein« *et mea omnia tua sunt et tua mea sunt.*[1056]

Die eigentliche Frucht der hl. Kommunion besteht also darin, dass wir durch den Glauben und die Liebe eins werden mit Christus. »Wenn ihr den Leib Christi würdig empfanget,« sagt so schön der hl. Augustin, »dann seid ihr das, was ihr empfangt.«[1057] Gewiss, der Augenblick der hl. Kommunion geht vorüber, aber die Wirkung derselben, die Vereinigung mit Christus, dem Leben der Seele, soll dauernd bleiben, und sie bleibt so lange und so wirksam, als wir wollen. Die hl. Eucharistie ist das Sakrament des Lebens, nur weil sie das Sakra-

---

1052 3. Cor. 9, 15.
1053 Ps. 22, 1–4.
1054 Joan. 3, 35.
1055 Joan. 8, 29.
1056 2 Joan. 17, 10.
1057 »Die eigentliche Kraft dieser Speise besteht darin, Einheit zu erzeugen, d. h. uns so eng mit Christi Leib zu verbinden, dass wir seine Glieder werden und nun das sind, was wir empfangen«: Virtus ipsa quae ibi intelligitur unitas est, ut redacti in corpus eius, effecti membra eius, simus quod accipimus. Serm. 57, a.

358

ment der Vereinigung ist. Wir müssen darum »in Jesus b l e i b e n und Jesus in uns«. Hüten wir uns, die Frucht der hl. Kommunion und der sakramentalen Vereinigung im Laufe des Tages durch unsere Gleichgültigkeit und Zerstreuung, unsere Neugierde, Ausgegossenheit, Eigenliebe und Selbstsucht zu vermindern. Ein lebendiges Brot, ein Lebensbrot, das Leben gibt, haben wir empfangen. Werke des Lebens, Werke eines Gotteskindes müssen wir vollbringen, nachdem wir dieses Brot genossen haben, um in dasselbe umgewandelt zu werden. »Wer sagt, dass er in Christus bleibe, muss wandeln, wie Christus selbst gewandelt ist.«[1058]

Sagen wir nicht aus Mangel an Großmut, um unsere Trägheit und Feigheit zu entschuldigen, dass wir schwach sind. Das ist wahr, sogar wahrer, als wir denken. Aber neben diesem Abgrund (es ist gewiss ein solcher) unserer Schwäche, die übrigens mit einem guten Willen sehr wohl vereinbar ist, und die der Heiland viel besser kennt als wir selbst, tut sich ein anderer Abgrund auf, es ist der Abgrund der Reichtümer und Verdienste Christi, und Christus selbst wohnt durch die hl. Kommunion in uns.

1058 1. Joan. 2, 6. Darum lässt uns die Kirche in der hl. Messe am 2. Sonntag nach Pfingsten beten: »Mach, o Herr, dass das Opfer deines Sohnes uns immer mehr zur Betätigung eines ganz und gar himmlischen Lebens erhebe«.

VOX SPONSAE

INHALTSÜBERSICHT: *Das feierliche Gotteslob bildet einen wesentlichen Teil der von Christus seiner Kirche anvertrauten Aufgabe, die Seelen zu heiligen. — I. Das ewige Wort ist gleichsam der Gesang der Gottheit; durch die Menschwerdung nimmt die Menschheit Anteil an diesem göttlichen Gesang. — II. Der Kirche obliegt es, unter Leitung des Hl. Geistes den öffentlichen Gottesdienst zu regeln. Wie sie dabei die Psalmen verwendet. Wie diese inspirierten Gesänge die göttlichen Vollkommenheiten preisen, unsere Wünsche und Nöte zum Ausdruck bringen, uns von Christus erzählen. — III. Von der fürbittenden Macht dieses Gotteslobes auf den Lippen der Braut Christi. — IV. Dieses Gebet bringt zahlreiche Früchte der Heiligkeit hervor. Es ist eine Quelle übernatürlichen Lichtes, lässt uns teilnehmen an dem Seelenleben Christi. — V. Das Gebet der Kirche lässt uns ferner teilnehmen an allen Geheimnissen des Lebens Jesu und ist ein sicheres und unfehlbares Mittel, uns ihm gleichförmig zu machen. — VI. Warum und in welcher Weise die Kirche ihre Heiligen feiert.*

Das hl. Messopfer, an dem die Seele durch die sakramentale Kommunion teilnimmt, bildet, wie wir gesehen haben, den Mittelpunkt unserer hl. Religion. Es umfasst in ein und demselben Akte das Andenken, die Erneuerung und die Zuwendung der Früchte des Todesopfers Christi auf Kalvaria.

Aber die hl. Messe allein schließt nicht alle Übungen der Gottesverehrung, die uns obliegen, in sich. Wohl ist sie die vollkommenste Huldigung, die wir Gott darbringen können, eine Huldigung, die in sich das Wesen und die heiligende Kraft jeder Art von Gottesverehrung begreift; aber sie ist nicht die einzige Huldigung, die Gott von uns verlangt. Was schulden wir ihm außerdem? Die Huldigung des Gebetes, des öffentlichen wie des privaten. Das letztere als betrachtendes Gebet gefasst, werden wir im nächsten Vortrag behandeln.

Hier wollen wir erwägen, worin die Huldigung des öffentlichen Gebetes besteht.

Zu diesem ermahnt uns der hl. Paulus in seinen Briefen. Den Kolossern schreibt er: »Lehret und ermahnet einander in aller Weisheit mit Psalmen, Lobgesängen und geistlichen Liedern, singet in der Gnade Gott in euren Herzen.«[1059] Und den Ephesern: »Redet zueinander

---

1059 Col 3, 16.

360

mit Psalmen, Lobgesängen und geistlichen Liedern, singet und preiset in eurem Herzen den Herrn, danket immerdar Gott dem Vater für alles im Namen unseres Herrn Jesu Christi.«[1060] Von Paulus selbst wissen wir, dass er mit seinem Gefährten Silas im Gefängnis die Nachtruhe unterbrach,»um freudigen Herzens dem Herrn ein Lobopfer für seine Qualen und Dankeshymnen für seine Wunden darzubringen.«[1061] *Media autem nocte Paulus et Silas orantes laudabant Deum.*[1062]

Dieses Gotteslob steht im innigsten Zusammenhang mit dem hl. Messopfer. Das hat der göttliche Heiland durch sein Beispiel uns lehren wollen. Die Evangelisten berichten uns in der Tat, dass Jesus nach der Einsetzung des allerheiligsten Altarssakramentes den Abendmahlssaal nicht verließ, ohne den Lobgesang verrichtet zu haben: *Hymno dicto.*[1063] Das liturgische Gebet der Kirche umrahmt den Opferaltar. Von diesem kommt ihm die wirksame Kraft, wie auch sein höchster Wert in den Augen Gottes zu. Die Kirche bringt es ihm dar im Namen ihres himmlischen Bräutigams, des ewigen Hohenpriesters, durch dessen unaufhörlich erneutes Opfer dem Vater in Einigkeit des Hl. Geistes alle Ehre und Herrlichkeit zuteil wird: *Per ipsum et cum ipso et in ipso est tibi ... omnis honor et gloria.*[1064] Erwägen wir nun, worin die Huldigung des offiziellen Gebetes der Kirche besteht, und wie sie vor den Augen Gottes ein sehr wohlgefälliges Werk, für uns aber eine reine und überreiche Quelle der Vereinigung mit Christus ist, die hinübersprudelt ins ewige Leben.

1

Bevor Christus in den Himmel aufstieg, hat er der Kirche sein wertvollstes Kleinod übergeben: die Aufgabe, sein Werk hienieden fortzusetzen. (Siehe weiter oben den Vortrag über die Kirche.) Dieses Werk umschließt, wie wir wissen, ein Zweifaches: die Verherrlichung des himmlischen Vaters und die Erlösung des Menschengeschlechtes. Für uns ist das Wort Fleisch geworden? *Propter nos et propter nostram salutem descendit de coelis?*[1065] Für uns; das ist wahr. Aber auch dieses

1060 Eph. 5, 19–20.
1061 Bossuet, Panégyrique de St. Paul.
1062 Act. 16, 25.
1063 Matth. 26, 30; Marc. 14, 26.
1064 Kanon der hl. Messe.
1065 Nizänisches Glaubensbekenntnis.

Werk unserer Erlösung hat Christus nur deshalb vollbracht, weil er den Vater liebt: *Ut cognoscat mundus quia diligo Patrem ... sic facio.*[1066] Eben diese Aufgabe erhält die Kirche von Christus. Er anvertraut ihr die hl. Sakramente und das Vorrecht der Unfehlbarkeit zur Heiligung der Menschheit, aber sie übernimmt auch die Pflicht, das Lob- und Dankopfer, das Christus in seiner hl. Menschheit dem Vater darbrachte, hienieden fortzusetzen.

Hierin ist Christus, wie in allem, unser Vorbild. Betrachten wir einen Augenblick das menschgewordene Wort: Jesus ist zunächst der eingeborene Sohn des Vaters, das ewige Wort. Im Geheimnis der allerheiligsten Dreifaltigkeit ist er das Wort, durch welches der Vater von Ewigkeit her alles ausdrückt, was er ist. Das Wort ist der lebendige Ausdruck aller Vollkommenheit des Vaters, der »Abdruck seines Wesens«, sagt der heilige Paulus und »der Abglanz seiner Herrlichkeit«.[1067] Der Vater betrachtet sein *Verbum*, seinen Sohn; er sieht in ihm das vollkommene, wesensgleiche Abbild seiner selbst: Darin besteht die wesentliche Ehre des Vaters. Wenn Gott nichts erschaffen, wenn er alle Dinge nur im Zustande des möglichen Seins belassen hätte, so wäre ihm nichtsdestoweniger seine wesentliche und unendliche Huldigung geblieben. Ewiges Wort im Schoße des Vaters ist das Wort durch sein bloßes Sein, sozusagen der Lobgesang der Gottheit, ein lebendiges Loblied, das die Ehre des Vaters besingt, indem es die Fülle seiner Vollkommenheit wesensgleich zum Ausdruck bringt. Das ist der nie endende Lobeshymnus, der unaufhörlich ertönt *in sinu Patris.*

Das Wort Gottes bleibt, was es ist, auch nachdem es die menschliche Natur angenommen hat: *quod fuit permansit.* Es hört nicht auf, der eingeborene Sohn, das vollendete Abbild aller Vollkommenheit des ewigen Vaters, und eben dadurch dessen lebendiges Loblied zu sein. Und dieser von Ewigkeit her in den Himmelshöhen erschallende Lobgesang ist auch auf Erden erklungen, da das Wort Fleisch geworden. Durch die Menschwerdung nimmt die hl. Menschheit Christi teil an der Huldigung, die das ewige Wort dem Vater darbringt, und stimmt hienieden das Loblied an, das dem geheimnisvollen Schoße der Gottheit entstammt.

Auf den Lippen Christi, des Gottmenschen, nimmt dieser Lobgesang menschlichen Ausdruck, menschliche Laute und damit zugleich

---

1066 Joan. 14, 31.
1067 Hebr. 1, 3.

362

einen anbetenden Charakter an, wie ihm das dem Vater wesensgleiche Wort als solches nicht geben konnte. Doch verliert er dadurch nichts von seiner himmlischen Vollkommenheit, seinem unendlichen, göttlichen Werte. Wer von uns könnte die Größe der Gottesverehrung ermessen, die Christus seinem Vater darbrachte? Wer vermöchte uns etwas zu sagen von dem Lobgesang, der aus der allerheiligsten Seele Jesu emporklang zu Ehren seines Vaters: Die Seele Christi betrachtete in ununterbrochener Anschauung die göttlichen Vollkommenheiten, und die Frucht dieser Betrachtung war ein unvergleichlicher Gottesdienst, vollkommenste Anbetung, erhabenster Lobgesang. Am Ende seines Lebens bezeugt Jesus, dass er nur die Verherrlichung seines Vaters gesucht, sie zum Hauptzweck seines Lebens gemacht und diesen vollkommen erfüllt habe: *Ego te clarificavi super terram: opus consummavi, quod dedisti mihi ut faciam,* »Vater, ich habe dich verherrlicht auf Erden, ich habe das Werk vollbracht, das du mir aufgetragen.«[1068]

Hier dürfen wir nicht übersehen, dass das ewige Wort durch Annahme einer menschlichen Natur gewissermaßen das ganze Menschengeschlecht in sich verkörperte. In ihm und durch ihn hat die ganze Menschheit berechtigten Anteil an dem unendlich vollkommenen Lobe, das er dem Vater darbringt. Wir haben auch hier von seiner Fülle empfangen. Jede christliche Seele, die durch die Gnade Christo geeint ist, muss in ihm und durch ihn dem Vater lobsingen. Christus ist unser Haupt, alle Gläubigen sind Glieder seines mystischen Leibes und sollen in ihm und durch ihn Gott alle Ehre und Verherrlichung darbringen.

Wie an Christi Leiden, so sollen wir auch teilnehmen an seinem Werke des Lobes. Kann denn unsere Anbetung, unser Lob den Verdiensten oder der Vollkommenheit der Werke Christi irgendwie etwas hinzufügen? Gewiss nicht. Aber Christus hat gewollt, dass vermittels seiner Menschwerdung das ganze Menschengeschlecht, dessen Stellvertreter er war, mit vollem Rechte unauflöslich verbunden sei mit allen Geheimnissen seines Lebens und Wirkens. Vergessen wir es nie: wir sind eins mit ihm. Er hat dem Vater seine Anbetung, sein Lob dargebracht zu unseren Gunsten, aber auch an unser Statt. Und deshalb muß die Kirche, sein mystischer Leib, sich hienieden der Anbetung und dem Lobe anschließen, das die allerheiligste Menschheit

---

1068 Joan. 17, 4.

363

Jesu schon jetzt im Himmel *in splendoribus sanctorum*[1069] seinem Vater darbringt. Die Kirche muss nach dem Beispiele ihres himmlischen Bräutigams Gott allzeit jenes »Lobopfer«[1070] darbieten, das den unendlichen Vollkommenheiten des ewigen Vaters gebührt.

2

Wir wollen nun sehen, wie die Kirche unter Leitung des Hl. Geistes ihre Aufgabe erfüllt.

Den Mittelpunkt ihres Gottesdienstes bildet das hl. Messopfer, diese wahre und wirkliche Opferhandlung, die das Erlösungsopfer auf Kalvaria erneuert und uns dessen Früchte zuwendet. Die hl. Kirche umgibt diese Opferhandlung mit einer Reihe von hl. Riten, die auf das sorgfältigste angeordnet, sozusagen das Hofzeremoniell des Königs der Könige bilden. In reicher Abwechslung folgen die Gebete, die hl. Lesungen, Gesänge, Hymnen und Psalmen, die entweder auf das eucharistische Opfer vorbereiten oder zur Danksagung dienen sollen.

Die Gesamtheit dieser liturgischen Gebete bildet das kirchliche Breviergebet, dessen tägliche Verrichtung die hl. Kirche all jenen zur Pflicht macht, die durch das Sakrament der Priesterweihe zu offiziellen Teilnehmern am Priestertume Christi erhoben worden sind. Was die Bestandteile der einzelnen »Formeln« dieses Gebetes betrifft, so ist ein Teil derselben, wie z. B. die Hymnen und Homilien, von den hervorragendsten Söhnen der hl. Kirche, von den Kirchenlehrern, die zugleich große Heilige waren, wie ein hl. Ambrosius, Gregorius u. a. verfasst worden. Zum weitaus größten Teil aber hat die Kirche sie den Büchern der Hl. Schrift entlehnt, die unter Inspiration des Hl. Geistes geschrieben wurden. Der hl. Paulus sagt, dass wir nicht wissen, wie wir beten sollen, aber, fügt er hinzu, der Hl. Geist betet für uns. *Sed ipse Spiritus postulat pro nobis gemitibus inenarrabilibus.*[1071] Das will sagen, dass Gott allein weiß, wie wir zu ihm beten sollen. Und dieses gilt nicht nur vom Bittgebet, sondern vor allem vom Lob- und Dankgebet. Gott allein weiß, welches Lob ihm gebührt. Unsere erhabensten Gedanken über Gott sind doch immer nur menschlich eng und be-

---

1069 Ps. 109, 3.
1070 Hebr. 13, 15.
1071 Rom. 8, 26.

grenzt, weil sie dem Menschengeiste entstammen. Ein würdiges Lob Gottes wird nur jenes sein, das Gott selbst uns in den Mund legt. Darum lehrt uns die Kirche das Psalmengebet als das vorzüglichste Lobopfer, das wir nächst der hl. Messe Gott darbringen können.[1072]

Lesen wir doch dieses göttliche Buch! Diese vom Hl. Geiste eingegebenen Lieder verkünden und verherrlichen in unvergleichlicher Weise alle Vollkommenheiten Gottes. Der Gesang des ewigen Wortes, der alle Ewigkeit hindurch im Schoße der allerheiligsten Dreifaltigkeit erklingt, ist einfach und dennoch unendlich. Auf den Lippen armseliger Geschöpfe aber, die Unendliches zu fassen nicht imstande sind, wird dieser Gesang ein auf mannigfachste Weise sich wiederholendes Loblied. In wunderbar reichem Wechsel des Ausdrucks preisen die Psalmen jetzt die Macht und Herrlichkeit Gottes, dann seine Heiligkeit und Gerechtigkeit oder auch seine Güte, Barmherzigkeit und Schönheit.[1073] »Was er nur will, das alles schafft der Herr; er sprach, und alle Dinge waren; was immer da ist, durch seinen Willen ward es … O Herr, wie wunderbar ist dein Name auf der ganzen Erde: in Weisheit hast du alle Dinge geschaffen … Der Herr ist hoch erhaben über alle Völker, … sie sind vor ihm, als wären sie nicht; seine Herrlichkeit ist höher als die Himmel; wer ist ihm gleich? … Wie Wachs zerschmelzen Berge vor dem Herrn; die Himmel verkünden seine Gerechtigkeit, und alle Völker schauen seine Herrlichkeit. Gepriesen sei der Herr in all seinen Werken; er blickt die Erde an, macht sie erzittern, berührt die Berge, und sie rauchen vor ihm …«

Und wie ergreifend schildern uns die Psalmen die Güte und Barmherzigkeit des Herrn! »Treu ist der Herr in allen seinen Worten; überaus huldreich ist er und voll der Erbarmung. Der Herr ist liebreich gegen alle und sein Erbarmen über all seine Werke. Der Herr ist nah allen, die ihn rufen, allen, die ihn anrufen in Wahrheit. Er erfüllt die Wünsche derer, die ihn fürchten, erhört ihr Flehen und errettet sie. Der Herr behütet alle, die ihn lieben. … Alles in mir lobe den Herrn und preise seinen heiligen Namen, denn ewig währet sein Erbarmen«, *quoniam in aeternum misericordia eius.*

1072 Ut bene laudetur Deus, laudavit seipsum Deus; et ideo quia dignatus est laudare se invenit homo quemadmodum laudet eum. S. Aug. Enarr. in Ps. 144.

1073 Alle hier folgenden Schriftstellen sind den Psalmen entnommen. Der großen Zahl wegen ist nicht jede Stelle im Einzelnen angegeben.

Das sind nur einige Proben aus den Lobgesängen, die der Hl. Geist selbst uns auf die Lippen legt. Lassen wir es uns angelegen sein, auf solche Weise Gott zu loben und mit dem Psalmisten zu singen: »Solang ich lebe, will den Herrn ich preisen, will singen meinem Gott, solang ich bin.« Eine wahrhaft gottliebende Seele verlangt danach, ihn zu loben und zu preisen, seine Vollkommenheit zu besingen; sie gefällt sich darin, sie möchte dem Herrn ein würdiges Lob darbringen.[1074] Es schmerzt sie, dass sie dessen so wenig fähig ist, und mit dem Psalmisten lädt sie alle Geschöpfe ein zum Lobe Gottes: »Mögen die Himmel Gottes Herrlichkeit erzählen und seiner Hände Werke verkünden seinen Ruhm. Preiset den Herrn, ihr Völker, lobsinget ihm; denn er ist der Herr, er allein!« All diese Rufe sind ebenso viele Akte vollkommener Liebe, reinster Hingabe, an denen der Herr sein Wohlgefallen hat.

Während die Psalmen das Lob Gottes singen, drücken sie gleichzeitig in bewundernswerter Weise die Wünsche und Nöte der Menschenseele aus. Mit uns jubelt oder weint der Psalm; er verleiht dem Sehnen unseres Herzens Ausdruck und seinen Bitten.[1075] Es gibt keine Seelenstimmung, für die er nicht Worte hätte. Die hl. Kirche kennt unsere Bedürfnisse; als sorgsame Mutter legt sie uns daher diese, vom Hl. Geiste selbst eingegebenen, tiefsinnigen und glühenden Anmutungen in den Mund, die in unnachahmlicher Weise unsere Gefühle der Reue, des Vertrauens, der Freude, der Liebe, des Wohlgefallens zum Ausdruck bringen. »Erbarme dich meiner, o Herr, nach der Größe deiner Erbarmung; denn gegen dich allein habe ich gesündigt. … Auf dich, o Herr, will ich hoffen, denn überreich ist deine Erlösung. … Merke auf meine Hilfe, Herr, o eile mir zu helfen: zuschanden sollen werden und verstummen meine Feinde … Du bist meine Zuflucht und meine Stärke: im Schatten deiner Flügel wirst du mich behüten, und wenn ich wandle auch in Todesschatten, ich fürchte nichts, weil du mit mir bist«, *quoniam tu mecum es,* »weil du bei mir bist«, welch inniges Vertrauen! – Zuweilen auch drängt es uns, dem Herrn zu sagen, wie sehr wir uns sehnen nach ihm, und dass wir nichts suchen wollen außer ihm. Wieder bieten die Psalmen unseren Gefühlen den geeigneten Ausdruck. »Du bist mein Ruhm, o Herr, und die Hoffnung meines Heiles; was habe ich im Himmel, und was suche ich auf

---

1074 Vgl. Franz von Sales, Theotimus, 5. Buch, 7, 8, 9.
1075 S. Augustin. Enarr. in Ps. 30; sermo 3, n. 1.

366

Erden außer dir? Du bist der Gott meines Herzens und mein Erbteil in Ewigkeit … Von ganzem Herzen lieb ich dich, du meine Zuflucht und meine Stärke. Dein Antlitz wird mir Freude in Fülle geben, denn ewige Wonnen birgst du mir … Wie der Hirsch sich sehnt nach Wasserquellen, so dürstet meine Seele nach dir, o mein Gott! Wann werde ich kommen und erscheinen vor deinem Angesicht? … Gesättigt werde ich sein, wenn ich schauen werde deine Herrlichkeit«, *satiabor cum apparuerit gloria tua!*

Wer könnte innigere Seufzer erdenken, um das Sehnen der Menschenseele nach Gott zum Ausdruck zu bringen?

Endlich wählt die Kirche das Psalmengebet, weil diese, wie die ganze Hl. Schrift, mit uns von Christus reden. Das Gesetz, d. h. das Alte Testament, »trug Christus in seinem Schoße«, wie ein Schriftsteller der ersten christlichen Jahrhunderte so schön sich ausdrückt, »*lex Christo gravida erat.*«[1076] Wie ich schon in dem Vortrag über die Eucharistie dargetan habe, war nach den Worten des hl. Paulus im Alten Bunde alles nur bildliches Geschehen. Die von den Propheten verkündete, in den Opfern vorbedeutete und in so vielen Riten und Gebräuchen sinnbildlich dargestellte Wahrheit und Wirklichkeit war das menschgewordene Wort und sein Erlösungswerk. Dies gilt vor allem von den Psalmen. David, auf den viele dieser hl. Gesänge sich unmittelbar beziehen, war ein Vorbild des Messias, gerade wie Jerusalem, das in den Psalmen so oft genannt wird, ein Bild der Kirche ist. Der Heiland sagte zu seinen Aposteln: »Alles, was in den Psalmen von mir geschrieben steht, muss erfüllt werden.«[1077] Unzählige Psalmenstellen sprechen uns von Christo: seine Gottheit, seine Menschheit, alle einzelnen Umstände seines Lebens und Leidens sind dort bezeichnet. »Es sprach der Herr zu mir: Du bist mein Sohn, vor dem Morgensterne hab ich dich gezeugt … Er wird herrschen in seiner Schönheit und Anmut, seiner Milde und Gerechtigkeit. Die Könige Arabiens werden kommen, ihn anzubeten und ihm Geschenke darzubringen … Es hat ihn Gott gesalbt mit Freudenöl vor allen seinen Gefährten: er ist Priester ewiglich nach der Ordnung Melchisedechs

---

1076 Diese Worte finden sich in einer dem hl. Augustin irrtümlicherweise zugeschriebenen Predigt, die zum großen Teile von Faustus von Riez stammt. Die Kirche verwendet einen Auszug daraus im Offizium der Vigil des hl. Johannes des Täufers.
1077 Luc. 24, 44.

... Er wird sich erbarmen des Gebeugten und Elenden, ihn befreien von Bedrückung und Gewalt ...«. Ja, wir hören in diesen Seufzern die Stimme Christi selbst, schmerzlich klagend in seinen Leiden und Demütigungen: »Herr, mein Gott, der Eifer für dein Haus verzehrt mich, und die Schmähungen derer, die dich beleidigen, fallen auf mich. Sie haben meine Hände und Füße durchbohrt; zur Speise gaben sie mir Galle und tränkten mich in meinem Durste mit Essig. Sie haben meine Kleider unter sich geteilt und über meinen Rock das Los geworfen ...« Dann wieder jubelt der Psalmist dem auferstandenen Erlöser zu: »Der Stein, den die Bauleute verworfen haben, ist zum Eckstein geworden ... Der Leib Christi wird der Verwesung nicht anheimfallen ... Siegreich wird er in den Himmel auffahren, gefolgt von der Schar Gefangener, die er der Haft entrissen ... Tuet auf, ihr Fürsten, euere Tore; erhebet euch, ewige Pforten, dass Einzug halte der König der Glorie, dass er throne zur Rechten des Allerhöchsten ewiglich ... Gepriesen sei sein Name in Ewigkeit, im Angesicht der Sonne währet sein Name fort, und in ihm werden alle Stämme der Erde gesegnet, die Völker alle werden ihn verherrlichen!« *Sit nomen eius benedictum in saecula! Ante solem permanet nomen eius; et benedicentur in ipso omnes tribus terrae; omnes gentes magnificabunt eum.*

Wir sehen, wie alle diese Züge sich wunderbar auf Jesus Christus beziehen. Ganz gewiss hat Christus während seines sterblichen Lebens die Psalmen gebetet oder gesungen. Er allein konnte ja mit voller Wahrheit all das beten, was über seine göttliche Person in den hl. Gesängen prophetisch enthalten ist.

Jetzt aber, nachdem Christus alles erfüllt hat und in seine Herrlichkeit eingegangen ist, bringt die Kirche tagtäglich das Lobopfer dieser Psalmen dar zum Preise ihres himmlischen Bräutigams und der allerheiligsten Dreifaltigkeit: *Te per orbem terrarum sancta confitetur Ecclesia.*[1078] Schließt sie doch jeden Psalm mit dem Lobpreis: *Gloria Patri et Filio et Spiritui Sancto*: Ehre sei dem Vater, dem Sohne und dem Hl. Geiste, oder nach einer anderen Lesart: »Ehre sei dem Vater durch den Sohn im Hl. Geiste, wie im Anfang, so jetzt und allezeit und in alle Ewigkeit.«[1079] Die hl. Kirche will damit alle Ehre und Verherrlichung zurückführen auf die allerheiligste Dreifaltigkeit, als

---

1078 Aus dem Te Deum.
1079 Cf. S. Leo. Sermo i de Nativitate Domini: »Agamus Deo gratias Patri per Filium eius in Spiritu Sancto.«

Ursprung und letztes Ziel aller Dinge. Im Glauben und in der Liebe vereinigt sie sich mit dem ewigen Lobpreis, den das Wort als Urbild (*causa exemplaris*) der Schöpfung dem Vater darbringen.

3

Hierin aber stützt sich die Kirche auf Christus. – Sie schließt alle ihre Gebete mit dem Hinweis auf die Verdienste ihres göttlichen Bräutigams: *Per Dominum nostrum Iesum Christum*. Die Kirche beruft sich auf Ihn, der jetzt zur Rechten des Vaters sitzt und regiert mit Ihm und dem Hl. Geiste; *Qui tecum vivit et regnat*. »Christus ist der Bräutigam, die Kirche die Braut«, sagt der hl. Paulus. Und welches ist die Mitgift der Braut? Ihr Elend, ihre Schwächen, aber auch ihr Herz zum Lieben und ihre Lippen zum Lobsingen. Und was bietet der Bräutigam? Seine Genugtuung, seine Verdienste, sein kostbares Blut, all seine Reichtümer. Durch die innige Vereinigung Christi mit seiner Kirche nimmt diese teil an seiner Anbetung, seinem Lobgesang. Sie schließt sich ihm aufs innigste an, stützt sich auf ihn. Bei ihrem Anblick fragen die himmlischen Scharen: *Quae est ista quae ascendit de deserto, deliciis affluens, innixa super dilectum suum*, »wer ist jene, die heraufsteigt aus der Wüste, überströmend von Wonne und gestützt auf ihren Vielgeliebten?«[1080]

Die Kirche ist es, die aus der Wüste ihrer irdischen Armseligkeit zu Gott emporsteigt als jungfräuliche Braut im Strahlenschmucke ihres himmlischen Bräutigams. Im Namen Christi und mit ihm bringt sie dem himmlischen Vater die Anbetung und das Lob all ihrer Kinder dar. Dieser Lobgesang ist die Stimme der Braut, *vox sponsae*, die den Bräutigam entzückt, *vox tua dulcis*. Wenn wir voll Glaube und Vertrauen unsere Stimme mit diesem mächtigen Gesang der Kirche vereinen, wird unser Lobopfer dem Herrn überaus wohlgefällig und in seinen Augen unvergleichlich wertvoller sein als alle unsere privaten Gebete. Wir sehen sie, diese königliche Braut, wie sie im Bewusstsein ihrer Vorrechte und der Erwartung des ewigen Erbes, das Christus ihr erworben, zuversichtlich eindringt in das Heiligtum der Gottheit, wo Christus, ihr Haupt und ihr göttlicher Bräutigam allzeit lebt, um für uns zu bitten, *semper vivens ad interpellandum pro nobis*.[1081] Zwischen ihm und uns

---

1080 Cant. 8, 5.
1081 Hebr. 7, 25.

liegt die Entfernung vom Himmel zur Erde, aber die Kirche überbrückt diese Entfernung durch den Glauben und eint ihre Stimme jener des Wortes *in sinu Patris*: es ist ein und das selbe Gebet, das Gebet Jesu, der in Vereinigung mit seinem mystischen Leibe der anbetungswürdigen Dreifaltigkeit ein ewig neues Loblied singt. Wie sollte ein solches Gebet, das Gebet Christi, dem Allerhöchsten nicht wohlgefällig sein? Und wie groß ist seine Macht über das Herz Gottes! Wie sollte dies Loblied nicht eine reiche Quelle von Gnaden für die Kirche und all ihre Kinder sein. Es ist ja Christus, der betet, und Christus hat Anspruch, immer erhört zu werden: *Pater, sciebam quia semper me audis*.[1082]

Erinnern wir uns, wie schon im Alten Bunde das Gebet Moses, des Führers der Israeliten, allmächtig war über das Herz Gottes: und doch war dieses auserwählte Volk Gottes nur ein Vorbild, ein Schatten der Kirche. – Es war zu einer großen Schlacht gekommen zwischen den Israeliten und den Amalekitern. Schon seit geraumer Zeit wogt der Kampf hin und her mit wechselndem Erfolge. Jetzt scheint Israel zu siegen, dann wieder weicht es zurück, endlich jedoch bleiben seine Waffen siegreich. Welches Ereignis aber hat diesen Sieg entschieden? Setzen wir einmal voraus, die beiderseitigen Lenker jener Schlacht hätten uns einen genauen Bericht über den ganzen Verlauf des Kampfes hinterlassen und man würde dieses Schriftstück einem Heerführer unserer Tage zur Kritik vorlegen. Sicher würde dieser bald den einen oder anderen taktischen Fehler, bald einen Mangel strategischer Gewandtheit oder eine ungeeignete Verteilung der Truppen herausfinden. Alle möglichen Gründe würde er anführen, nur den wahren nicht. Und welches ist dieser? Gott selbst gibt ihn uns zu erkennen. Während des Kampfes betete auf dem anstoßenden Berge Moses, der Führer Israels, mit erhobenen Händen für sein Volk. Jedesmal nun, wenn er ermattet die Arme sinken ließ, gewann Amalek die Oberhand, sobald aber Moses wiederum sein Arme flehend zum Herrn erhob, war Israel siegreich. Schließlich unterstützten Aaron und Hur die müden Arme des Beters, bis der endgültige Sieg Israels errungen war … Durch sein Gebet allein erlangte Moses vom Herrn der Heerscharen den Sieg seines Volkes. Welch erhebendes Schauspiel! Wäre es uns selbst eingefallen, eine solche Erklärung zu geben, so würde wohl mancher uns mitleidig belächeln. Aber es ist Gott selbst, der sie uns gegeben hat, der höchste Schlachtenlenker,

---

1082 Joan. 11, 42.

370

der Israel vor allen Völkern auserwählt und mit Moses geredet hat wie der Freund zum Freunde.[1083]

Diese Anwendung lässt sich auf jedes Gebet machen, vor allem aber auf das Gebet Jesu Christi. Betet er doch als Haupt der Kirche und mit ihrer Stimme für seinen mystischen Leib, die Kirche, die hienieden kämpft gegen den »Fürsten dieser Welt[1084] und der Finsternis[1085]« Jeden Tag erneuert Christus, unser Heiland, auf dem Altare das Gebet, das er auf dem Kalvarienberge mit ausgespannten Armen für uns verrichtet hat, und bringt seinem Vater die unendlichen Verdienste seines Leidens und Sterbens dar, und der Vater erhört sein Gebet, *exauditus est pro sua reverentia.*[1086]

4

Das Lobgebet, das die Kirche im hl. Messopfer und den es umrahmenden kanonischen Tagzeiten zu Gott emporsendet, besitzt nicht nur fürbittende K r a f t, sondern auch großen H e i l i g u n g s w e r t. Inwiefern?

Durch die Anordnung, welche die hl. Kirche ihrem liturgischen Jahre gegeben, wird das kirchliche Gebet für unsere Seele eine Quelle des Lichtes und ein wirksames Mittel zur Vereinigung mit den Seelenstimmungen Chrisi und seinen Geheimnissen. Beachten wir, wie die Kirche den Kreislauf ihrer Feste geordnet hat, um auf würdige Weise Gott zu loben und ihm ihre Huldigungen darzubringen.

Im liturgischen Festkreis lassen sich zwei Teile unterscheiden: Der erste geht vom Advent, der Vorbereitungszeit auf Weihnachten bis Pfingsten; der andere umfasst die Reihe der Sonntage nach Pfingsten.

Der erste Teil setzt sich wesentlich zusammen aus der Erinnerungsfeier aller Geheimnisse Christi. In gedrängter Kürze führt die Kirche uns die hauptsächlichsten Begebenheiten des irdischen Lebens Jesu vor Augen, so im Advent dessen Vorbereitung im Alten Bunde, zu Weihnachten die Geburt Christi in Bethlehem. Am Feste der Erscheinung des Herrn feiert die Kirche die Offenbarung Christi den

---

1083 »Die zu Gott erhobenen Hände besiegen mehr Feinde als die kämpfenden.« Bousset, Grabrede auf Maria Theresia von Österreich.
1084 Joan. 12, 31.
1085 Eph. 6, 12.
1086 Hebr. 5, 7.

Heiden gegenüber in der Person der hl. drei Könige. Dann folgt die Darstellung im Tempel und während der hl. Fastenzeit das 40-tägige Fasten Jesu in der Wüste und sein öffentliches Leben. In der Karwoche gedenkt die Kirche in besonderer Weise des Leidens und Todes ihres göttlichen Bräutigams und jubelt am hl. Osterfest über seine glorreiche Auferstehung. Nach der Himmelfahrt erwartet sie mit den Aposteln die Sendung des Hl. Geistes am Pfingstfeste, dem Tage, da ihre Gründung bestätigt wurde.

Einer liebenden Braut gleich, der nichts teurer ist als ihr Bräutigam, entrollt die Kirche vor den Augen ihrer Kinder der Reihe nach alle Ereignisse des Lebens Jesu, ja zuweilen mit genauester Wiedergabe der wirklichen Zeitfolge, wie von der Karwoche bis Pfingsten.

Wenn unsere Seele sich dieser Wiedergabe des Lebens Jesu betrachtend hingibt, wird sie ihr eine überreiche Quelle innerlicher Erleuchtung sein. Schöpfen wir doch aus dieser alljährlich sich erneuernden, lebensvollen Darstellung eine genaue und tiefe Kenntnis aller Geheimnisse Christi.

Diese Darstellung ist zudem nicht einfach eine bloße Wiedergabe des einmal Geschehenen. Durch die Auswahl und Anordnung der Texte und der den hl. Büchern entlehnten Stellen lässt die hl. Kirche uns eindringen in die Gedanken und Empfindungen, welche das Herz des Gottmenschen selbst bewegten.

Selbst in den Berichten über die wichtigsten Ereignisse des Lebens Jesu geben die Evangelisten meist nur das historische Geschehnis einfach wieder, ohne auf die Seelenstimmung Jesu näher einzugehen. So erzählt der Evangelist in der Leidensgeschichte die Kreuzigung Jesu: *Eduxerunt Iesum in Calvariae locum, ubi crucifixerunt eum,* »die Soldaten führten Jesum auf den Kalvarienberg, wo sie ihn kreuzigten.«[1087] Es ist das einfach eine Feststellung der Tatsache und nichts weiter. Wer aber wird uns die Gefühle sagen, welche die Seele des leidenden Erlösers bewegten? Wir stehen hier allerdings auf der Schwelle eines Heiligtums, dessen geheimnisvolle Tiefen niemand kennt als Gott allein. Dennoch möchten wir ein weniges wissen von diesen heiligsten Gefühlen, würde doch diese Kenntnis uns unserem göttlichen Vorbilde näher bringen. Unsere Mutter, die Kirche, wird ein klein wenig den Schleier des Geheimnisses heben. Als Christus am Kreuze hing, rief er aus: »Gott, mein Gott, warum hast

---

1087 Joh. 19, 16.

372

du mich verlassen?« Diese Worte bilden den Anfang eines messianischen Psalmes, der sich nur auf Christus beziehen kann, und in welchem nicht nur alle Umstände seiner Kreuzigung, sondern auch alle Gefühle, die in dieser Stunde seine allerheiligste Seele erfüllen mussten, auf wunderbare Weise ausgedrückt sind.[1088] Der hl. Augustin sagt ausdrücklich, dass Christus am Kreuze diesen Psalm gebetet hat, der ein »prophetisches Evangelium« ist.[1089] Wer könnte ihn lesen, ohne die Stimme des göttlichen Heilandes zu vernehmen, wie er niedergebeugt unter den Schlägen der göttlichen Gerechtigkeit seiner Todesangst, seinen innersten Gefühlen Ausdruck gibt. »Ich bin ein Wurm und kein Mensch, der Leute Spott und die Verachtung des Volkes Die mich sehen, spotten mein; sie höhnen mit den Lippen und schütteln den Kopf: Er hat auf Gott vertraut, der rette ihn, der helfe ihm, da er sein Wohlgefallen an ihm hat! ... Wütende Stiere umringen mich ... Wie Wasser bin ich ausgegossen, all mein Gebein ist ausgerenkt. Mein Herz ist worden wie zerschmelzend Wachs inmitten meines Leibes ... Du aber, o Herr, entferne deine Hilfe nicht von mir, hab Acht auf meinen Schutz! Errette mich aus des Löwen Rachen ...!« Diese Worte sind eine Offenbarung der Gefühle, die das heiligste Herz des Erlösers während seines Leidens bewegten. Das weiß die hl. Kirche und geleitet vom Hl. Geiste, lässt sie uns in den Kartagen diesen Psalm beten, um unsere Seelen teilnehmen zu lassen an den Gefühlen des Herzens Jesu.

So auch in bezug auf die anderen Geheimnisse. Während die hl. Kirche ihren Kindern diese Geheimnisse erzählt und sie vor ihren Augen darstellt, umgibt sie die Geschichte des Geheimnisses mit Stellen aus den Propheten und den Briefen des hl. Paulus, in denen die Gefühle Jesu ausgedrückt sind.

So bietet uns die Kirche alljährlich nicht nur eine lebendige, seelenvolle Darstellung des Lebens Christi, sie vermittelt uns auch, soweit dies uns armen Geschöpfen gestattet ist, einen Einblick in seine Seelenstimmungen, damit wir sie teilen und somit unserem göttlichen Haupte um so inniger geeint seien. Mit bewundernswürdigem Geschick und vollendetem Zartsinn hilft sie uns das Gebot Pauli verwirklichen: »Habt in Euch die Gesinnung, die auch in Christus Jesus

---

1088 Ps. 21.
1089 Verba Psalmi voluit esse sua, in cruce pendens. Enarr. in Ps. 85, c. 1. – Passio Christi tam evidenter quasi Evangelium recitatur. Enarr. in Ps. 21.

373

war«, *hoc enim sentite in vobis quod et in Christo Iesu.*[1090] – Heißt das nicht schon unsere Vorherbestimmung verwirklichen?

5

Das ist noch nicht alles. Diese Geheimnisse Christi, welche die Kirche uns jedes Jahr wieder feiern lässt, sind auch jetzt noch lebendige Geheimnisse.

Zeigen wir einmal einem Gläubigen und einem Ungläubigen das Passionsspiel, wie es etwa in Oberammergau oder Nancy aufgeführt wird. Der Ungläubige mag empfänglich sein für die kunstvolle Anordnung des Schauspiels, für das wechselreiche Spiel; er wird ästhetischen Genuss darin finden. Auf den Gläubigen wird der Eindruck von tieferer Wirkung sein. Warum? Weil ihm das Schauspiel vor seinen Augen, ganz abgesehen von der künstlerischen Seite, die ihn vielleicht sogar gleichgültig lassen kann, Ereignisse vorführt, die aufs innigste mit seinem Glauben verknüpft sind, und doch wird auch bei ihm dieser Eindruck nur durch eine äußere Ursache hervorgerufen. Das Schauspiel, dem er beiwohnt, trägt keine innere, selbstwirkende Kraft in sich, die seine Seele in übernatürlicher Weise beeinflussen könnte. Das ist aber den von der Kirche gefeierten Geheimnissen Christi eigen, nicht etwa weil sie die Gnade in sich enthalten, wie die Sakramente, sondern weil es lebendige Geheimnisse sind, Quellen des Lebens für die Seele.

Jedes Geheimnis Christi ist nicht nur ein Gegenstand der Betrachtung für unsern Geist, eine Erinnerung, die wir wachrufen, um Gott zu loben und ihm zu danken für das, was er für uns getan. Es ist mehr als dieses. Jedes dieser Geheimnisse bedeutet für die gläubige Seele eine Anteilnahme an den verschiedenen Lebensphasen des menschgewordenen Wortes.

Das ist von großer Wichtigkeit. Christus hat zuerst diese Geheimnisse durchlebt, aber nur damit wir sie, ihm innigst vereint, nachleben. Das geschieht, indem wir uns von ihrem Geist durchdringen, ihre Kraft uns aneignen und so aus ihnen lebend, Christo gleichförmig werden.

Unser göttlicher Heiland thront allerdings jetzt in seiner Glorie im Himmel; sein irdisches Leben hat der zeitlichen Dauer und sichtbaren Gestalt nach nur 33 Jahre gewährt. Die Lebenskraft jedes einzelnen dieser Geheimnisse aber ist unbegrenzt und unerschöpflich.

1090 Phil. 2, 5.

374

– Wenn wir diese Geheimnisse in der hl. Liturgie feiern, so werden wir, nach Maßgabe unseres Glaubens, der gleichen Gnaden teilhaftig, als hätten wir damals zur Zeit Christi gelebt und allen Geheimnissen beigewohnt.[1091] Urheber all dieser Geheimnisse ist das menschgewordene Wort. Christus hat, wie ich schon oben bemerkte, dem ganzen Menschengeschlechte Anteil gegeben an seinen göttlichen Geheimnissen und für alle seine Brüder die Gnade verdient, die er an jedes derselben knüpfen wollte. Und wenn die Kirche, deren Aufgabe es ist, Christi Werk hienieden fortzusetzen, die Gedächtnisfeier dieser Geheimnisse begeht, lässt der Herr den gläubigen Seelen die damit verbundenen Gnadenwirkungen zuteil werden. Enthalten doch diese Geheimnisse, wie Augustinus sagt,[1092] das lebendige Vorbild des christlichen Lebens, das wir als Jünger Christi führen sollen.

Nehmen wir z. B. das Weihnachtsfest. »In der Geburt des Heilandes«, sagt der hl. Leo, »feiern wir auch die unsrige. Ist doch die Geburt Christi in der Zeit der Ursprung des christlichen Volkes; denn mit dem Haupte ward zugleich dessen mystischer Leib geboren. Für jeden Menschen bedeutet dies Geheimnis die eigene Wiedergeburt in Christo Jesu.«[1093] Der Glaube und die eucharistische hl. Kommunion sind unsere Berührungspunkte mit den Geheimnissen Christi. Daher bringt das hl. Weihnachtsfest der Seele, die gläubig das Geheimnis der Geburt Jesu feiert, eine Gnade innerer Erneuerung, einen höheren Grad ihrer Anteilnahme an der Gotteskindschaft in Jesus Christus.

Ebenso verhält es sich mit den anderen Geheimnissen.

Die Fastenzeit, das Gedächtnis des Leidens und Sterbens Jesu in der Karwoche teilt uns die Gnade mit, der Sünde abzusterben, und hilft uns mehr die Sünde, die Anhänglichkeit an die Sünde und an die Geschöpfe in uns zu ertöten. Denn wir sind mit Christus gestorben, sagt ausdrücklich der hl. Paulus, und sind mit ihm begraben worden. *Si unus mortuus est, ergo omnes mortui sunt … Consepulti enim sumus cum illo.*[1094] Das gilt tatsächlich für immer und für alle. Die Zuwendung der darin enthaltenen Gnade an die einzelnen

---

1091 Siehe oben Vortrag 4.
1092 Quidquid gestum est in cruce Christi, in sepultura, in resurrectione tertia die, in ascensione in coelum, in sede ad dexteram Patris, ita gestum est, ut his rebus, non mystice tantum dictis sed etiam gestis, configuraretur vita christiana quae hic geritur. S Aug. Enchiridion, c. 53.
1093 Sermo IV In nativitate Domini.
1094 Rom. 6, 4.

Seelen vollzieht sich im Laufe der Jahrhunderte durch deren Anteilnahme am Tode Jesu, vor allem zu der Zeit, wo die Kirche alljährlich dessen Gedächtnis begeht.

So schöpfen wir aber auch zu Ostern, da wir dem glorreich aus dem Grabe erstandenen Sieger über Tod und Hölle zujubeln, aus der Teilnahme an diesem Geheimnis die Gnade neuen Lebens und geistiger Freiheit. Gott hat uns mit auferweckt in Christo Jesu, sagt Paulus, *conresuscitavit nos*,[1095] und ferner sagt er, da er von der dem Auferstehungsgeheimnis eigenen Gnade spricht: *Si consurrexistis cum Christo, quae sursum sunt quaerite ... non quae super terram*[1096] »wenn ihr mit Christus auferstanden seid, so suchet und sinnet, nicht was auf Erden, nicht was geschaffen und darum der Verwesung und dem Tod anheimgegeben ist, sondern suchet, was droben ist, was hinaufführt zum ewigen Leben«: *Ut quomodo Christus surrexit a mortuis per gloriam Patris ita et nos in novitate vitae ambulemus.*[1097]

Wie an seinem Leben als Auferstandener, so lässt Christus uns auch am Geheimnis seiner Himmelfahrt teilnehmen. Und welches die besondere Gnade dieses Geheimnisses ist, sagt uns wieder der hl. Paulus: *Deus ... consedere fecit nos in coelestibus in Christo Iesu.*[1098] Der große Apostel – der durch all diese Belege die ihm so teuere Lehre unserer Einheit mit Christus als Glieder seines mystischen Leibes herrlich beleuchtet und erklärt – sagt uns in klaren Worten, dass »Gott uns in Jesus Christus mit auferweckt und mit versetzt hat in den Himmel.« So schreibt auch ein altchristlicher Schriftsteller: »Lasset uns jetzt schon, da wir noch hienieden weilen, mit dem Herzen Christum in den Himmel begleiten, damit wir, wenn der von ihm verheißene Tag erscheint, ihm auch körperlich nachfolgen können.«[1099] Erbittet die hl. Kirche in der Festkollekte nicht das

---

1095 Eph. 2, 6.
1096 Col. 3, 1–2.
1097 Rom. 6, 4.
1098 Eph. 2, 4–6.
1099 Ascendamus cum Christo interim corde, cum dies eius promissus advenerit sequemur et corpore. Si ergo recte, si fideliter, si sancte, si pie ascensionem Domini celebramus, ascendamus cum illo et sursum corda habeamus. Dieser Sermon, der im römischen Brevier teilweise in der zweiten Nokturn des Sonntags in der Oktav von Christi Himmelfahrt gelesen wird, ist zu Unrecht dem hl. Augustin zugeschrieben. Nur die Hauptzüge sind den Werken des großen Kirchenlehrers entlehnt.

gleiche? *Ut qui Redemptorem nostrum in coelos ascendisse credimus ipsi quoque mente in coelestibus habitemus,* »möchten auch wir, die gläubig bekennen, dass unser Haupt und Erlöser zum Himmel aufgefahren ist, mit Herz und Sinn in himmlischen Dingen weilen.«

So führt uns die Kirche Jahr um Jahr der Reihe nach alle jene Ereignisse, die das irdische Dasein ihres göttlichen Bräutigams bezeichnet haben, vor Augen. Durch die Betrachtung dieser Geheimnisse vermittelt sie uns alljährlich einen Zuwachs innerer Erleuchtung. Sie enthüllt uns die innersten Gefühle des heiligsten Herzens Jesu, und jedes Jahr dringen wir tiefer ein in die Seelenstimmungen Christi. Sie lässt in uns alle Geheimnisse unseres göttlichen Hauptes wieder aufleben. Sie unterstützt unsere Bitten, damit wir die besondere Gnade erlangen, die jedem einzelnen der von Christus durchlebten Geheimnisse eigen ist. Durch Nachahmung unseres göttlichen Vorbildes, das uns auf diese Weise beständig vor Augen schwebt, schreiten wir in Glaube und Liebe stetig voran zu jener übernatürlichen Umwandlung, welche die Vollendung unserer Vereinigung mit Jesus ist: *Vivo ego, iam non ego, vivit vero in me Christus.*[1100] Dem vielgeliebten Sohne Gottes so ähnlich zu sein, dass sein Leben das unsere wird, begreift das nicht in sich alle Heiligkeit und somit unsere ganze göttliche Vorherbestimmung?

Lassen wir uns daher von unserer Mutter, der hl. Kirche, leiten in dieser grundlegenden Andacht, die uns Anteil gibt an dem Gebete und Verehrung Christi gegen seinen Vater. Christus hat die Sorge für die Feier seiner Geheimnisse seiner Braut anvertraut. Somit ist das von der Kirche angeordnete Gebet der wahre und eigentliche Ausdruck der Gott geziemenden Huldigung. Wenn die Kirche, die die Gedanken des heiligsten Herzens Jesu kennt, im Begriffe steht, mit uns die Geheimnisse Christi zu feiern, so mag im Himmel das Wort erklingen: *Sonet vox tua in auribus meis; vox enim tua dulcis et facies tua decora:* »deine Stimme erklingt in meinen Ohren, denn deine Stimme ist süß und dein Antlitz hold.«[1101] Die Kirche mit den Kleinodien ihres göttlichen Bräutigams geschmückt, hat das Recht, in seinem Namen zu sprechen. Daher ist die Huldigung des Lobes und der Anbetung, die sie ihren Kindern auf die Lippen legt, Christo und seinem himmlischen Vater überaus wohlgefällig.

1100 Gal. 2, 20.
1101 Cant. 2, 14.

Auch stellt dieses Gebet der Kirche für uns einen durchaus sicheren Weg dar; kein anderer führt uns schneller zu Christus, zur Umbildung unseres Lebens nach dem seinen. Die Kirche führt uns gleichsam an der Hand geradewegs zum Herrn. Wenn es ein Akt der Demut und des Gehorsams ist, sich von ihr führen zu lassen, die von Christo alles empfangen hat, *Qui vos audit, me audit, qui vos spernit, me spernit,*[1102] so ist es auch für uns ein unfehlbares Mittel, Christum kennen zu lernen, seine Geheimnisse in uns zu vertiefen und mit Ihm vereinigt zu bleiben, damit er nicht nur unser Vorbild· sei, sondern die Qelle ewigen Lebens, die der Überfülle seiner Verdienste entspricht: *Sacrificium laudis honorificabit me, et illic iter quo ostendam illi salutare Dei.*[1103]

6

Außer den Geheimnissen des Herrn feiert die Kirche auch die Feste der Heiligen.

Was hat die Kirche veranlasst, Heiligenfeste zu begehen? Der immerfort fruchtbare Gedanke von der seit der Menschwerdung bestehenden Einheit Christi und seiner Glieder. – Die Heiligen sind die glorreichen Glieder des mystischen Leibes Christi. In ihnen ist Christus schon »gebildet«, sie haben »ihre Vollendung schon erreicht«, und wenn wir sie loben, verherrlichen wir Christum in ihnen. »Preise mich« sagte der Heiland zur hl. Mechtildis, »weil ich die Krone aller Heiligen bin.« Und die Selige sah, wie die Schönheit aller Auserwählten dem Blute Christi entsprang, wie die Tugenden des Erlösers in den verklärten Seelen erstrahlten. Der göttlichen Weisung gemäß, lobte sie aus allen Kräften die allerheiligsten und glückseligsten Dreifaltigkeit, »die sich würdigt, der Heiligen Krone und wunderbare Herrlichkeit zu sein.«[1104]

Die Kirche singt also das Lob der allerheiligsten Dreifaltigkeit, wenn sie die Heiligen feiert. Jeder einzelne Heilige ist eine Offenbarung Christi; er trägt in der ihm eigenen und unterscheidenden Weise den einen oder anderen Zug des göttlichen Vorbildes an sich. Er ist eine Frucht der Gnade Christi, und die Kirche freut sich, im Lobpreis

---

1102 Luc. 10, 16.
1103 Ps. 49, 23.
1104 Buch der besonderen Gnade, 1. Teil, 31. Kap.

378

ihrer Heiligen diese Gnade zu verherrlichen: *In laudem gloriae gratiae suae.*[1105]

Die kirchliche Heiligenverehrung ist getragen von dem Gedanken der Liebe des Wohlgefallens. Die Kirche ist stolz auf diese Scharen von Auserwählten, die als Frucht ihrer bräutlichen Vereinigung mit Christo in des Himmels Herrlichkeit das Reich des Erlösers bilden. In ihnen preist sie den Herrn selbst: »Wie wunderbar, o Herr, ist dein Name ... mit Ehre und Herrlichkeit hast du deine Heiligen gekrönt.« *Domine, Dominus noster, quam admirabile est nomen tuum in universa terra ... Gloria et honore coronasti eum*[1106] ... Sie erinnert die Verklärten an die Freude, die beim triumphierenden Einzug in den Himmel ihre Seelen durchdrang: »Du guter und getreuer Knecht, gehe ein in die Freude deines Herrn ... Komm, o Braut Christi, empfange die Krone, die der Herr von Ewigkeit her dir bereitet hat ...« Sie rühmt die Tugenden und Verdienste ihrer Apostel und Martyrer, ihrer Bischöfe und Bekenner, ihrer keuschen Jungfrauen. Sie freut sich ihrer Herrlichkeit und stellt deren Beispiel ihren noch hienieden kämpfenden Kindern vor zur Nachahmung oder wenigstens zur Bewunderung: *Si martyres sequi non vales actu, sequere affectu; si non gloria, certe laetitia; si non meritis, votis; si non excellentia, connexione.*[1107]

Nachdem die Kirche das Lob der Heiligen gesungen, empfiehlt sie sich ihrer Fürbitte. Lässt sie dabei die unbegrenzte Macht Jesu Christi außer Acht, der gesagt hat: »Ohne mich könnt ihr nichts tun?« Gewiss nicht. Es gereicht unserm göttlichen Erlöser zur Freude und, weit entfernt ihr Eintrag zu tun, erhöht es seine Macht, die Bitten der lieben Heiligen, dieser glorreichen Fürsten seines himmlischen Hofes, zu erhören und uns durch ihre Vermittlung die erbetenen Gnaden zu gewähren.[1108] Auf diese Weise bildet sich ein übernatürlicher Wechselverkehr zwischen allen Gliedern des mystischen Leibes Christi.

Da aber die hl. Kirche das Fest jedes einzelnen Heiligen nicht im besondern feiern kann, vereinigt sie am Schlusse des liturgischen Jahres das Gedächtnis aller in einer gemeinsamen Feierlichkeit, dem

---

1105 Eph. 1, 6.
1106 Ps. 8, 2–6.
1107 S. Aug. Sermo 280, c. 6.
1108 Haec vero nostra et sanctorum cohaerentia est, ut nos congratulemur eis, ipsi compatiantur nobis, militent pia intercessione. S. Bern. Sermo V in festo Omnium Sanctorum.

Feste Allerheiligen, an welchem sie ihre siegreichsten Lobgesänge anstimmt. Wie einst dem hl. Johannes, so enthüllen sich uns die Geheimnisse des Himmels. Die hl. Kirche versetzt uns sozusagen inmitten des Gottesreiches, um uns ihre schon verklärten Kinder zu zeigen, die »große Schar der Auserwählten, die niemand zählen kann« und die, mit weißschimmernden Gewändern bekleidet, Siegespalmen in den Händen, vor Gottes Throne stehen und in machtvollem Chore jubeln: »Heil unserm Gotte und dem Lamme, das für uns geopfert ward und durch sein Blut uns erkaufte aus allen Völkern und Geschlechtern und Stämmen und Zungen.«[1109] Beim Anblick dieses wunderbaren Triumphes erbebt die hl. Kirche in freudigem Schauer und ruft ihren glorreichen Kindern zu: »Lobpreiset den Herrn, ihr seine Auserwählten, jubelt ohne Unterlass und bekennt seine Güte, denn das ist das Vorrecht seiner Heiligen, all jener, die seine Huld erwählt zu Fürsten seines Reiches«: *Benedicite Domino omnes electi eius; agite dies laetitiae et confitemini illi... ; hymnus omnibus sanctis eius ... gloria haec est omnibus sanctis eius.*[1110]

Auch wir sind berufen, diesen Triumph mitzufeiern, den Hof des Erlöserkönigs zu bilden *in splendoribus sanctorum«* teilzunehmen an der Verherrlichung des Sohnes *in sinu Patris,* nachdem wir hienieden an den Geheimnissen Christi teilgenommen. Wenn wir jetzt im Wechsel der Zeiten, in lebendigem Glauben und inniger Liebe dem Gebete der Kirche als der Braut Christi und unserer Mutter möglichst eng uns anschließen, so dürfen wir schon hienieden den Vorgeschmack jenes himmlischen Lobgesanges genießen, der als nie endendes *Alleluia* vor dem Throne des Ewigen erklingt.

1109 Apoc. 7, 9–10; 5, 9.
1110 Antiphonen zur Vesper am Allerheiligenfeste. Cf. Tob. 13, 10; Ps. 148, 14; Ps. 149, 9.

VOM GEBETE

GESAMTÜBERSICHT: *Wichtigkeit des betrachtenden Gebetes. Das Gebetsleben bewirkt eine innere Umgestaltung: I. Wesen dieses Gebetes: Unter Einwirkung des Hl. Geistes spricht das Gotteskind mit seinem himmlischen Vater. — II. Zwei wesentliche Merkmale wirken bestimmend auf den Gang dieser Unterredung: das Gnadenmaß Christi; hier ist kluge Unterscheidung vonnöten; Auffassung der angesehensten Geisteslehrer; das Gebet besteht nicht in der Methode. — III. Zweites Merkmal: der Seelenzustand. Die jeweilige Stufe der Vollkommenheit drückt dem Gebetsleben den Charakter auf. — IV. Auf dem Wege der Erleuchtung ist die Betrachtung der Geheimnisse Christi von großer Wichtigkeit. Das Gebet wird ein Seelenzustand. — V. Das Gebet des Glaubens. Das außergewöhnliche Gebet.— VI. Voraussetzungen für ein fruchtbringendes Gebet: Herzensreinheit, Geistessammlung, Hingabe, Demut und Ehrfurcht. — VII. Nur die Vereinigung mit Jesus Christus im Glauben vermag das Gebetsleben fruchtbar zu gestalten. Freude, die die Seele aus dem Gebete schöpft.*

Unser lieber Herr und Heiland wünscht so sehr, sich uns zu schenken, dass er die Mittel dazu vervielfältigt und neben den hl. Sakramenten uns auch das Gebet als Gnadenmittel gegeben hat. Wir haben wiederholt betont, dass die Sakramente aus sich selbst in der Seele, die kein Hindernis entgegenstellt, die Gnade bewirken.

Diese innerliche Wirkungskraft besitzt das Gebet nicht. Dennoch ist es nicht weniger wichtig zur Erlangung der göttlichen Gnade. Durch Gebet ließ sich der Heiland während seines öffentlichen Lebens bestimmen, Wunder zu wirken. Ein Aussätziger kommt zu ihm und betet: »Herr, erbarme dich meiner« und Jesus heilt ihn. Man führt einen Blinden zu ihm: »Herr,« betet er, »mach mich sehend!« Der Herr schenkt ihm das Augenlicht. Maria und Martha beten: »Herr, wärest du hier gewesen, so wäre unser Bruder nicht gestorben!« Der Heiland beantwortet ihr Bittgebet mit der Auferweckung des Lazarus. – Nicht nur zeitliche Güter, wie die angeführten, auch die Verleihung der Gnade ist an das Gebet geknüpft. »Herr,« sagt ihm die Samariterin, »gib mir dieses lebendige Wasser, das ewiges Leben verleiht und dessen Quelle du bist!« Und der Heiland offenbart sich ihr als Messias, bewegt sie zum Bekenntnis ihrer Sünden und gewährt ihr Verzeihung. Dem guten Schächer am Kreuze, der ihn um ein Gedenken bittet, schenkt er volle Vergebung. »Heute noch wirst du mit mir im Paradiese sein!« Der Heiland hat uns außerdem zu dieser Art Bittgebet aufgefordert: »Bittet, und ihr werdet empfangen; klopfet an, und es wird euch aufgetan ... suchet, und ihr werdet finden.«[1111] »Was immer ihr Heilsames vom Vater in meinem Namen, d. h. euch auf mich berufend, erbitten werdet, das wird er euch geben.«[1112] Auch der hl. Paulus ermahnt uns, »bei allem Gebet und Flehen allezeit im Hl. Geist zu bitten«.[1113] Das mündliche Gebet ist also ein mächtiges Hilfsmittel, um die Gaben Gottes auf uns herabzuziehen.

Hier soll vor allem vom innerlichen Gebet die Rede sein. Der Gegenstand ist sehr wichtig.

Das Gebet ist eines der notwendigsten Mittel, um hienieden, soweit als möglich, unsere Vereinigung mit Gott und die Nachfolge Jesu Christi zu verwirklichen. Die öftere Fühlungnahme der Seele mit Gott im Glauben durch die Betrachtung und das Gebetsleben fördert die Umwandlung unserer Seele. Die gute Betrachtung, das wahre Gebetsleben, bewirken eine innere Umgestaltung.[1114]

Mehr noch. – Die Vereinigung mit Gott im Gebete macht uns fähig, mit weit größerer Frucht die anderen Mittel zu gebrauchen, die Christus gewählt hat, um sich uns mitzuteilen und uns sich ähnlich zu gestalten. – Warum dieses? – Sollte das betrachtende Gebet erhabener und wirksamer sein als das hl. Opfer, als der Empfang der Sakramente, die ja ohne Zweifel die unmittelbarsten Gnadenkanäle sind? Gewiss nicht. Jedesmal, wenn wir an diese Quellen herantreten, schöpfen wir aus ihnen eine Gnadenvermehrung, ein Wachstum göttlichen Lebens. Dieses Wachstum jedoch hängt, zum Teil wenigstens, von unserm Seelenzustande ab. Die häufige Betrachtung der göttlichen Wahrheiten, das Gebetsleben also, festigt, facht an, belebt und vervollkommnet die Gefühle von Glauben, Demut, Vertrauen und Liebe, deren Gesamtheit die beste Vorbereitung der Seele zum Empfang der göttlichen Gnadenfülle bildet. Eine mit dem Gebet ver-

1111 Matth. 7, 7.
1112 Joan. 16, 23.
1113 Eph. 6, 18.
1114 »Eine Seele, die nicht eine, wie man sagt, beschauliche Seele ist, kann sich nicht rühmen, das innere Abbild Jesu zu sein. Auf die Art und Weise kommt es wenig an, aber das Gebetsleben an sich ist unerlässlich.« Mgr. Gay, Unterweisungen in Form von Exerzitien, c. 13.

traute Seele zieht größeren Nutzen aus den Sakramenten und anderen Heilsmitteln als eine andere, deren Gebet häufig unterbrochen und darum ohne Zusammenhang und Kraft ist. Eine Seele, die das innerliche Gebet nicht gewissenhaft pflegt, kann wohl das göttliche Offizium beten, der hl. Messe beiwohnen, die Sakramente empfangen und das Wort Gottes anhören, ihre Fortschritte bleiben jedoch mittelmäßig. Warum dieses? Weil der Urheber unserer Vollkommenheit und Heiligkeit Gott selbst ist und das innerliche Gebet unsere Seele in häufige Berührung mit Gott bringt. Es erweckt und erhält in der Seele gleichsam einen Gluherd, in dem das Feuer der Liebe, wenn auch nicht immer lodert, so doch wenigstens immer glimmt. Wenn diese Seele nun in unmittelbare Verbindung mit dem göttlichen Leben tritt, wie in den Sakramenten, dann wird sie wie von einem mächtigen Windhauch entzündet, erhoben und mit wunderbarem Reichtum erfüllt. Das übernatürliche Leben einer Seele bemisst sich nach dem Grade ihrer Vereinigung mit Gott durch Christus im Glauben und in der Liebe. Diese Liebe aber muss sich in Anmutungen betätigen, und damit diese häufig und innig seien, bedürfen sie des Gebetslebens. Man kann behaupten, dass unsere Fortschritte in der göttlichen Liebe gewöhnlich vom Gebetsleben abhängen.

Stellen wir nun fest, was unter diesem innerlichen Gebet zu verstehen ist in bezug auf sein Wesen, seine Stufen und die Vorbedingungen, damit es Früchte bringe.

Dabei ist es nicht unsere Absicht, hier eine vollständige Abhandlung über das Gebet zu geben. Es gibt deren ohnehin genug und ausgezeichnete. Ich will ganz einfach von einigen wesentlichen Punkten handeln, die in Beziehung stehen zum Hauptgedanken dieser Vorträge: Unsere übernatürliche Annahme zur Gotteskindschaft in Christus Jesus, der uns Leben gibt durch seine Gnade und seinen Geist.

1

Was ist das innerliche Gebet? Wir wollen es eine Unterredung des Gotteskindes mit seinem himmlischen Vater nennen. Beachten wir die Worte »Unterredung des Gotteskindes«, die eigens unterstrichen sind. Es hat Menschen gegeben, die nicht an die Gottheit Christi glaubten, wie die Deisten des 18. Jahrhunderts, oder jene, die zur Zeit der Revolution den Kultus des »allerhöchsten Wesens« einführten und Gebete an die »Gottheit« erdachten, eitles Spiel ihres rein menschlichen Geistes, das Gott nicht wohlgefällig sein konnte.

Unser Gebet ist nicht dieser Art. Es ist nicht eine Unterhaltung des Menschen, des einfachen Geschöpfes, mir der Gottheit; es ist vielmehr die Unterredung des Gotteskindes mit seinem himmlischen Vater, um ihn anzubeten, zu loben, zu lieben, seinen Willen kennen zu lernen und von ihm alle Hilfe zu erlangen, die zur Erfüllung dieses Willens erforderlich ist.

Im Gebete treten wir vor Gott hin als seine Kinder, also in der Eigenschaft, durch welche unsere Seele wesentlich zum Übernatürlichen erhoben wird. Zwar dürfen wir niemals unsere Stellung als Geschöpf, d. h. unser Nichts, vergessen. Der Ausgangspunkt jedoch, oder besser gesagt, der Boden, auf den wir uns in unsern Unterredungen mit Gott stellen müssen, ist ein übernatürlicher. Unsere göttliche Abstammung, unsere Eigenschaft als Kinder Gottes durch die Gnade Christi muss den Grundton bilden, sozusagen als Leitfaden im Gebete dienen.

Der hl. Paulus beleuchtet diesen Punkt so gut: »Wir wissen nicht,« sagt er, »um was wir gebührend beten sollen: der Hl. Geist aber kommt unserer Schwachheit zu Hilfe und bittet selbst für uns mit unaussprechlichen Seufzern.«[1115]

»Jener Geist aber,« sagt der hl. Paulus an der gleichen Stelle, »der für uns und in uns bitten soll, ist der Geist der Kindschaft, der uns Zeugnis gibt, dass wir Kinder Gottes und seine Erben sind, der Geist, in dem wir rufen: *Abba!* Vater!«[1116] Dieser Geist ist uns gegeben worden, nachdem »die Fülle der Zeiten gekommen und Gott uns seinen Sohn gesandt, damit wir an Kindes Statt angenommen würden«.[1117] Da nun Christi Gnade uns zu seinen Kindern macht, »sandte Gott auch den Geist seines Sohnes in unsere Herzen«, der uns Gott wie einen Vater bitten lehrt: *Quoniam estis filii, misit Deus Spiritum filii sui in corda vestra.*[1118] So sind wir denn in der Tat »nicht mehr Fremdlinge und Gäste, die vorüberziehen, sondern Mitglieder der Familie Gottes und jenes Hauses, von dem der Haupteckstein Christus Jesus selbst ist«. *Ipso summo angulari lapide Christo Iesu.*[1119]

1115 Rom. 8, 26.
1116 Rom. 8, 15.
1117 Gal. 4, 4–5.
1118 Gal. 4, 6; Rom. 8, 15; 2. Cor. 1, 22.
1119 Eph. 2, 20.

Jener Geist also, den wir in der Taufe empfangen haben, im Sakramente unserer Annahme zur Gotteskindschaft, ist es, der uns zu Gott sprechen lehrt: »Du bist unser Vater.« Und was will dies anders sagen, als dass wir von nun an unserer göttlichen Abstammung zufolge vor Gott als seine Kinder erscheinen müssen? Hören wir unsern göttlichen Heiland. Er kam als das Licht der Welt; seine Worte weisen uns den Weg: *Ego sum lux mundi et via et veritas.*[1120]

Sitzend auf dem Rande des Jakobsbrunnens, unterhält er sich mit der Samariterin.[1121] Das Weib hat erkannt, dass derjenige, welcher zu ihr spricht, ein Prophet, ein Gottgesandter ist; sogleich bittet sie ihn um Aufschluss über die große Streitfrage zwischen ihren Mitbürgern und den Juden, ob man Gott auf den Bergen Samarias oder zu Jerusalem anbeten müsse? Und was antwortet ihr Christus? »Weib, glaube mir, die Stunde kommt, da ihr den Vater weder auf diesem Berge, noch zu Jerusalem anbeten werdet … Die Stunde kommt und sie ist schon da: *et nunc est*, wo die wahren Anbeter den Vater im Geist und in der Wahrheit anbeten werden; denn solche Anbeter will der Vater.« Seht, wie Christus gerade den Namen Vater hervorhebt. In Samaria betete man falsche Götter an und deshalb sagt der Heiland, dass man anbeten müsse »in der Wahrheit«, d. h. den wahren Gott. In Jerusalem betete man zwar den wahren Gott an, jedoch nicht im Geiste. Die Gottesverehrung der Juden war rein materiell geworden, sowohl in ihren Äußerungen als in ihrem Ziele. Das fleischgewordene Wort hat den Grund gelegt zur neuen Gottesverehrung, *et nunc est* – zur Religion des wahren Gottes, angebetet im Geiste, im Geiste einer göttlichen, übernatürlichen, geistigen Kindschaft, der uns zu Gotteskindern macht. Deshalb betont der Heiland dieses Wort mit solchem Nachdruck: »Die wahren Anbeter werden den Vater im Geist und in der Wahrheit anbeten.« Da wir angenommene Kinder sind und Gott, als er uns zu seinen Kindern machte, nichts von seiner göttlichen Majestät und unumschränkten Allmacht einbüßte, so müssen wir ihn anbeten, uns vor ihm vernichten; aber wir müssen ihn anbeten in der Wahrheit und im Geiste, d. h. in der Wahrheit und im Geiste jener übernatürlichen Ordnung, durch die wir seine Kinder sind.

Bei anderer Gelegenheit äußert sich der Heiland noch bestimmter. Im Gespräch mit der Samariterin betont er den Grundgedanken, sei-

---

1120 Joan. 8, 12; 14, 6.
1121 Joan. 4, 5 sq.

nen Jüngern gibt er das Beispiel, wie man beten soll. »Eines Tages,« so erzählt der hl. Lukas, »da der Herr gebetet hatte, sprach einer von seinen Jüngern zu im: Herr, lehre uns beten!«[1122] Und Jesus antwortete ihm: »Wenn ihr betet, so sprechet: Vater unser, der du bist im Himmel: Geheiligt werde dein Name ...« Vergessen wir nicht: Der Heiland ist Gott. Als ewiges Wort ist er immerwährend *in sinu Patris*, im Schoße des Vaters. Niemand kennt Gott als der Sohn. Daher weiß auch er am besten, wie wir mit Gott reden, was wir uns von ihm erbitten sollen, als jene wahren Anbeter, nach denen er verlangt. Er weiß auch am besten, wie unser Verhalten während des Gebetes sein soll, damit dieses Gott wohlgefällig sei. Christus offenbart, was er schaut. Er kann uns nichts anderes lehren: *Unigenitus Dei Filius ... ipse enarravit.*[1123] Darum können und müssen wir ihn hören. Er ist der Weg, dem wir ohne Furcht folgen sollen. Wer diesen Weg geht, wandelt nicht in der Finsternis.[1124] – Wie lehrt uns nun Jesus die Wissenschaft des Gebetes, die ihm so wichtig ist, dass wir uns ihrer immer befleißige sollten: *Oportet semper orare.*[1125] Zunächst sagt er uns, wie wir Gott anreden sollen, bevor wir ihm unsere Huldigung darbringen. Die Anrede ist richtunggebend. Sie bestimmt den Ton unserer Unterredung. Auf sie stützen wir unsere Bitten. Sie bestimmt die Haltung unserer Seele vor dem Angesichte Gottes. Und diese Anrede lautet: »Vater ...« Christus selbst, der eingeborene Sohn, an dem der Vater sein Wohlgefallen hat, lehrt uns, dass unser erstes und grundlegendes Verhältnis im Verkehr mit Gott das eines Kindes zum Vater ist.

Gewiss darf dieses Kind – und dieser Gedanke ist nicht minder wichtig – niemals seines ursprünglichen Zustandes vergessen. Es ist ein sündiges Geschöpf, das die Neigung zur Sünde in sich trägt – eine ständige Gefahr, von Gott getrennt zu werden. Denn der unser Vater ist, »wohnt im Himmel«, er ist ebenso unser Gott. So sagt der Herr zu seinen Aposteln: »Ich fahre auf zu meinem Vater und eurem Vater, zu meinem Gott und eurem Gott.«[1126] Dem Kinde Gottes geziemen daher tiefe Ehrfurcht und große Demut. Es bittet »um Verzeihung seiner Sünden, um Hilfe in der Versuchung, um Erlösung

---

1122 Luc. 11, 1 sq.
1123 Joan. 1, 18.
1124 Joan. 8, 12.
1125 Luc. 18, 1.
1126 Joan. 20, 17.

von dem Übel«. Aber Demut und Ehrfurcht sind getragen von einem unerschütterlichen Vertrauen – denn »jedes vollkommene Geschenk stammt von oben, herabsteigend vom Vater der Lichter«[1127] – und von der zärtlichsten Liebe, der Liebe eines Kindes zum Vater, von dem es sich geliebt weiß.[1128] Das Gebet ist also der Ausdruck des innersten Lebens eines Gotteskindes, die Frucht unserer Gotteskindschaft in Cnristus, die unmittelbare Entfaltung der Gaben des Hl. Geistes. Darum auch ist es so fruchtbar, bedeutet es eine solche Lebensfrage. Die Seele, die sich regelmäßig dem Gebete widmet, schöpft daraus unsagbar große Gnaden für ihre Heiligung, Gnaden, die sie allmählich nach dem Bilde Jesu, des eingeborenen Sohnes Gottes, umgestalten. »Das Eingangstor für die besonderen Gnaden, die Gott mir zuteil werden ließ,« sagt die hl. Theresia, »ist das Gebet. Wäre dieses Tor verschlossen, so wüßte ich nicht, wie Gott sie uns gewähren könnte.«[1129] – Auch Freude schöpft die Seele aus dem Gebete, einen Vorgeschmack künftigen Glückes im ewigen Erbteil. Denn, so sagt der Herr: »Wahrlich, wahrlich, ich sage euch, wenn ihr den Vater in meinem Namen um etwas bitten werdet, so wird er es euch geben, und eure Freude wird vollkommen sein.« *Ut gaudium vestrum sit plenum.*[1130]

Dies also ist das innerliche Gebet: ein inniger Gedankenaustausch zwischen Gott und der Seele, »eine Aussprache mit Gott, um demjenigen unsere Liebe zu sagen, von dem wir uns geliebt wissen«.[1131]

Das Gespräch des Gotteskindes mit seinem himmlischen Vater vollzieht sich unter Einwirkung des Hl. Geistes. – Schon durch den Mund des Propheten Zacharias hat Gott versprochen, im Neuen Bunde den Geist der Gnade und des Gebetes in die Seelen zu gießen: *Effundam super habitatores Ierusalem Spiritum gratiae et pre-*

1127 Jac. 1, 17.
1128 »Auf (den) zwei Flügeln (des Glaubens und der Hoffnung) schwingt sich die Seele zum Himmel empor, erhebt sie sich bis zur Nähe Gottes … In glühender Andacht und tiefster Ehrfurcht spricht sie wie ein einzig geliebtes Kind vertrauensvoll zum teuren Vater von allen ihren Bedürfnissen.« (Katechismus des Konzils von Trient, p. 4. c. 3. 2.) »Gott will nicht, dass wir gezwungen und zitternd zu ihm kommen, wie Sklaven zu ihrem Herrn. Wie Kinder sollen wir zum Vater flüchten in aller Freiheit und mit großem Vertrauen.« (Katechismus des Konzils von Trient. p. 4. c. 2. 6.)
1129 Leben der hl. Theresia, Kap. 8.
1130 Joan. 16, 24.
1131 Leben der hl. Theresia, Kap. 8.

cum.[1132] Dieser Geist ist der Hl. Geist, der Geist der Gotteskindschaft, den Gott all jenen verleiht, die nach seinem ewigen Ratschluss seine Kinder sind in Christo Jesu. In der hl. Taufe gießt der Hl. Geist seine Gnade in unsere Seele und mit ihr alle Gaben, deren wir als Kinder Gottes bedürfen. Die Gabe der Furcht erfüllt uns mit Ehrfurcht vor der göttlichen Majestät. Die Gabe der Frömmigkeit bringt diese Ehrfurcht in Einklang mit der Zärtlichkeit eines Kindes zu seinem Vater. Die Gabe der Wissenschaft zeigt der Seele die natürlichen Wahrheiten in neuem Lichte. Die Gabe des Verstandes lässt sie in die verborgenen Tiefen der Glaubensgeheimnisse eindringen, während die Gabe der Weisheit ihr die Seligkeit und den Trost der Gotteserkenntnis vermittelt. Die Gaben des Hl. Geistes bedeuten für unsere Seele Fähigkeiten, mit deren tatsächlichem Vorhandensein wir mehr rechnen sollten. Der Hl. Geist, der in der Seele des Getauften wie in seinem Tempel wohnt, leitet und führt ihn in dieser Unterredung mit dem himmlischen Vater: *Spiritus adiuvat infirmitatem nostram ... Ipse postulat pro nobis gemitibus inenarrabilibus* – »Der Hl. Geist kommt unserer Schwachheit zu Hilfe ... er selbst tritt für uns ein mit unaussprechlichen Seufzern.«[1133]

Der wichtigste Bestandteil des Gebetes ist die übernatürliche Fühlungnahme der Seele mit Gott. Aus ihr schöpft die Seele jenes göttliche Leben, das die Quelle aller Heiligkeit ist. Nur der gläubigen und liebenden Seele, die gestützt auf Jesus Christus unter dem Antrieb des Hl. Geistes sich ganz dem göttlichen Willen hingibt, gelingt diese Fühlungnahme: *Sapiens cor suum tradidit ad vigilandum diluculo ad Dominum qui fecit illum et in conspectu Altissimi deprecabitur,* »Der Weise richtet sein Herz vom frühen Morgen an eifrig zu dem Herrn, seinem Schöpfer und vor dem Allerhöchsten fleht er.«[1134] Kein Bemühen unseres Verstandes, überhaupt keine rein natürliche Anstrengung vermag diese Verbindung herzustellen: *Nemo potest dicere: Dominus Iesus, nisi in Spiritu Sancto.*[1135] Sie vollzieht sich im Dunkel des Glaubens, erfüllt jedoch die Seele mit dem Lichte des Lebens.

1132 Zach. 12, 10.
1133 Rom. 8, 26. »Der Hl. Geist ist die Seele unserer Gebete; er gibt sie uns ein und macht sie allezeit genehm.« (Katechismus des Konzils von Trient, p. 4. c. 2. 2.)
1134 Eccli. 39, 6.
1135 Cor. 12, 3.

Das Gebet ist also die unter dem Einfluss des Hl. Geistes bewirkte Entfaltung all jener Gefühle, die unsere Gotteskindschaft in Jesus Christus mit sich bringt. Darum muss es jedem Getauften, der guten Willens ist, möglich sein, zu beten. Der Heiland lädt ja auch alle seine Jünger ein, nach Vollkommenheit zu streben und zwar, damit sie würdige Kinder des himmlischen Vaters seien: *Estote ergo vos perfecti sicut et Pater vester coelestis perfectus est.*[1136] Eine Vollkommenheit ohne Gebet ist jedoch praktisch unmöglich. Christus hat daher nicht gewollt, dass das Gebet schwierig sei und das Vermögen so vieler ihn in Einfalt und Aufrichtigkeit suchenden Seelen übersteige. Man kann also das Gebet mit vollem Rechte bezeichnen als die Unterredung des Gotteskindes mit seinem himmlischen Vater: *Sic orabitis: Pater noster, qui es in coelis.*

2

Bei einer Unterredung hört und spricht man. Die Seele gibt sich Gott hin und Gott teilt sich der Seele mit.

Wir hören Gottes Stimme, wir empfangen sein Licht, wenn unser Herz erfüllt ist von Ehrfurcht, Demut, starkem Vertrauen und großmütiger Liebe.

Um mit Gott sprechen zu können, müssen wir ihm etwas zu sagen haben. Wovon werden wir reden? Dies hängt vor allem von zwei Bedingungen ab: von dem Maß der Gnade, das Jesus Christus unserer Seele mitteilt, und vom Zustand unserer Seele.

Als Erstes ist zu berücksichtigen, wieviel Gnaden Christus der Seele mitgeteilt hat: *Secundum mensuram donationis Christi.*[1137] Jesus Christus ist Gott und daher unbeschränkter Herr seiner Gaben. Nach freiem Ermessen teilt er seine Gnaden aus, ergießt sein Licht, wie es seiner höchsten Majestät gefällt. Durch seinen Hl. Geist leitet und führt uns Christus zu seinem Vater. In den Schriften der Meister des geistlichen Lebens finden wir stets eine heilige Ehrfurcht vor der souveränen Freiheit Christi im Spenden seiner Gnaden und Erleuchtungen. Dies erklärt uns auch ihre große Zurückhaltung in der Führung der Seelen.

Der hl. Benedikt, der ein Meister der Beschaulichkeit und durch außerordentliche Gebetsgnaden ausgezeichnet war, ermahnt seine Jünger, sich fleißig dem Gebete zu widmen: *Orationi frequenter incumbe-*

1136 Matth. 5, 48.
1137 Eph. 4, 7.

re.[1138] Denn dieser große Seelenkenner weiß und sagt es deutlich, dass inständiges Gebet unerlässlich ist, um zur Vereinigung mit Gott zu gelangen. – Wie auffallend zurückhaltend ist er jedoch in seinen Angaben über die Übung des Gebetes. Er setzt voraus, dass seine Mönche durch eifrige Lesung der Hl. Schrift und der Kirchenväter sich schon einige Kenntnis der göttlichen Dinge erworben haben. Im übrigen begnügt er sich zunächst mit dem Hinweis, wie wir uns Gott im Gebete nähern sollen: in tiefster Ehrfurcht und Demut: in tiefster Ehrfurcht und Demut.[1139] Er will, dass die Seele in Gegenwart Gottes voll Zerknirschung und heiliger Einfalt sei, denn in solcher Verfassung vernimmt sie am wirksamsten die Stimme des Herrn. Das persönliche Gebet, das der Hl. Vater an das Chorgebet anknüpft, ist ihm gleichsam das innere Weiterklingen der Psalmen und äußert sich in kurzen glühenden Anmutungen der Seele zu Gott. Wie Christus[1140], will auch er, dass die Seele die vielen Worte vermeide und ihr Gebet nur unter besonderem Antrieb der göttlichen Gnade verlängere.

Weitere ausdrückliche Anweisungen für das Gebet finden wir beim Gesetzgeber des monastischen Lebens nicht. Beim hl. Ignatius von Loyola, dem hochbegnadeten und erleuchteten Meister des geistlichen Lebens, der selbst eine hohe Stufe der Beschaulichkeit erreichte, finden wir in bezug auf unseren Gegenstand ein wohl zu beherzigendes Wort voll tiefer Weisheit. »Die beste Betrachtungsweise,« schreibt er an den hl. Franz Borgia, »ist jene, in der die Seele am innigsten mit Gott verkehrt. Da Gott am besten sieht und weiß, wessen wir bedürfen, gibt er selbst uns den Weg an, dem wir folgen sollen. Zunächst aber müssen wir tastend suchen, bis wir den Weg finden, der uns zum Leben, zum immerwährenden Genuss der heiligsten Gaben Gottes führt.«[1141] Der Heilige lehrt also, dass man Gott anheimstellen müsse, jeder einzelnen Seele die beste Art und Weise zu zeigen, wie sie mit ihm verkehren soll.

Auch die hl. Theresia äußert sich mehrfach in gleicher Weise. »Mag eine Seele sich viel oder wenig dem Gebete widmen, die

---

1138 Hl. Regel, c. 4.
1139 Beachtenswert ist, dass der Gesetzgeber der Mönche das Kapitel über das Gebet überschreibt: De reventia orationis »Von der Ehrfurcht beim Gebet« Hl. Regel, c. 20.
1140 Matth. 6, 7.
1141 Études 1905, 1.

390

Hauptsache ist, dass ihr nicht Gewalt angetan und sie nicht in Fesseln gehalten werde.«[1142]

Die gleiche Zurückhaltung finden wir beim hl. Franz v. Sales. Die etwas ausführliche Textstelle bezeichnet treffend das Wesen des Gebetes als Frucht der Gaben des Hl. Geistes und zeigt, mit welcher Maßhaltung es geregelt werden soll. »Glauben Sie ja nicht, meine Töchter, dass das Gebet ein Werk des menschlichen Geistes sei. Es ist eine ganz besondere Gabe des Hl. Geistes, der die Seele weit über ihre natürlichen Kräfte hinaushebt, damit sie sich mit Gott vereine in Gefühlen und Mitteilungen, die menschliche Worte und Weisheit allein niemals hervorbringen können. Wunderbar in ihrer Mannigfaltigkeit sind die Wege, auf denen Gott die Heiligen im Gebete – dieser göttlichsten Beschäftigung des vernünftigen Geschöpfes – führt. Wir müssen all diese Wege ehrfurchtsvoll beachten, denn alle führen zu Gott und unterstehen seiner Leitung, aber glauben wir deshalb ja nicht, dass wir allen folgen müssten. Wir sollten uns nicht einmal selbst einen bestimmten auswählen; denn das einzig Wichtige ist, den Zug der Gnade in uns zu erkennen und ihm getreu zu folgen.«[1143]

Die angeführten Zeugnisse, die sich leicht mehren ließen, mögen genügen, um zu zeigen, dass die Meister des geistlichen Lebens die Seelen zum Gebet, dem Lebenselement innerer Vollkommenheit, ebenso eifrig auffordern, als sie sich anderseits hüten, allen Seelen unterschiedslos den gleichen Weg als den allein richtigen vorzuschreiben. Wohl äußern sie sich lobend und empfehlend über diesen oder jenen Weg, bringen diese oder jene Methoden in Vorschlag, deren jede ihren Wert und Nutzen hat, die man kennen und erproben muss. Aber allen Seelen unterschiedslos eine ausschließliche Methode vorschreiben, dass Jesus mit göttlicher Freiheit seine Gnade austeilt und dass sein Geist die Seelen auf verschiedene Weise anregt.

Eine Methode, die einer Seele förderlich ist, kann einer anderen hemmend sein. – Die Erfahrung lehrt, dass viele Seelen, die eine große Leichtigkeit im kindlich einfachen Umgang mit Gott haben und daraus viele Früchte ziehen, behindert würden, wollte man sie zu die-

---

1142 Seelenburg, 1. Wohnung, Kap. 2 Vgl. ferner Leben der hl Theresia. Kap. 12 und 13. In Kap. 22 schreibt sie: Gott führt die Seelen gar viele und mannigfaltige Wege. Vgl. auch Kap. 18 und 27.

1143 »Abrégé de l'esprit intérieur des religieuses de la visitation«, par Msgr. Maupas. Rouen, Cabut, 1744, pp. 68–69.

ser oder jener Methode zwingen. Jede Seele muss sich klar werden über ihren inneren Zug, ehe sie sich für die ihr am besten scheinende Methode des Umganges mit Gott entscheidet: Sie muss zunächst ihren Anlagen und Fähigkeiten, ihren Neigungen und Wünschen, ihren Lebensverhältnissen Rechnung tragen, den Zug des Hl. Geistes in ihrem Herzen zu erkennen suchen und sich Rechenschaft geben über ihre Fortschritte im geistlichen Leben, und dann in großmütigem Gehorsam der Gnade und der Wirkung des Hl. Geistes folgen. Hat sie aber einmal nach dem unvermeidlichen, anfänglichen Tasten den für sie geeignetsten Weg gefunden, dann muss sie getreulich auf ihm verharren, bis der Zug des Hl. Geistes sie auf einen anderen Weg führt: nur so wird die Seele im inneren Leben voranschreiten.

Ein anderer sehr wichtiger Punkt, der eng mit dem vorhergehenden zusammenhängt, ist, dass man das Wesen des Gebetes nicht mit dieser oder jener Gebetsmethode, wie immer sie auch heißen möge, verwechsle. – Manche Seelen glauben nicht gebetet zu haben, wenn sie nicht diese oder jene Methode anwenden, eine Verwechslung, die verhängnisvolle Folgen haben kann. Weil solche Seelen glauben, dass das Wesen des Gebetes an eine bestimmte Gebetsweise gebunden sei, wagen sie nicht, diese zu ändern, selbst dann nicht, wenn sie ihnen längst überflüssig oder sogar hinderlich geworden ist. Oder aber – ein Fehler, der sehr häufig vorkommt – sie ermüden bei dieser Gebetsweise und geben darum zu ihrem sehr großen Schaden mit der Methode auch das Gebet selber auf. Etwas anderes ist die Methode, etwas anderes das Gebet. Die Methode muss wechseln je nach den Fähigkeiten und den Bedürfnissen der Seelen, das Gebet jedoch – ich spreche hier von den gewöhnlichen Gebetswegen – bleibt seinem Wesen nach für alle Seelen das gleiche: ein Gespräch, in welchem das Gotteskind sein Herz vor dem himmlischen Vater ergießt und seinem Worte lauscht, um ihm wohlzugefallen. Die Methode regt die Tätigkeit des Geistes an und fördert dadurch die Vereinigung der Seele mit Gott, ist also ein Hilfsmittel, das nicht zum Hemmnis werden darf. Eine Methode ist gut, wenn sie unseren Verstand erleuchtet, unseren Willen anregt und ihn bestimmt, sich ganz der göttlichen Führung zu überlassen, sich Gott aufs innigste hinzugeben. Sie muss aber aufgegeben werden, sobald sie den Schwung der Seele hemmt, sie einzwängt, den Fortschritt im inneren Leben behindert oder für eine zu höherer Stufe gelangten Seele wertlos geworden ist.

3

Unser Gebet wird ferner bestimmt durch den Zustand unserer Seele.

Dieser ist nicht immer der gleiche. Die asketische Überlieferung unterscheidet bekanntlich drei Stufen auf dem Wege zur Vollkommenheit: den Weg der Reinigung, mit dem die Anfänger beginnen, den Weg der Erleuchtung für die in der Frömmigkeit Fortgeschritteneren und endlich den Weg der Vereinigung für die vollkommenen Seelen. Diese Wege oder Stufen sind benannt nach dem, was jedem einzelnen vorwiegend, wenn auch nicht ausschließlich eigen ist zuerst die mühevolle Reinigung, dann die innere Erleuchtung und endlich die Vereinigung der Seele mit Gott. Es ist klar, dass sich je nach unserem Seelenzustand auch der Umgang mit Gott verschieden gestaltet.[1144]

Unter Berücksichtigung der Gnadenwirkung des Hl. Geistes[1145] und der natürlichen Fähigkeiten der Seele wird man sich zu Beginn des geistlichen Lebens bemühen müssen, das seinige zu tun, um die Gewohnheit des Gebetes zu erlangen. Die Wirksamkeit des Heiligen Geistes, die unseren Verkehr mit Gott so mächtig fördert, setzt immerhin gewisse Vorbedingungen voraus.

Der Hl. Geist richtet sich in seiner Führung nach unserer Natur, die mit Verstand und Willen begabt, uns nur das Gute wollen lässt, das wir erkennen. Unsere Liebe erstreckt sich nur auf das, was uns die Vernunft als gut darstellt. Wir müssen also, um uns voll und ganz Gott hinzugeben – und ist dieses nicht die schönste Frucht des Gebetes? – ihn so vollkommen als möglich zu erkennen suchen. Darum sagt der hl. Thomas: »Alles, was den Glauben stärkt, fördert die Liebe.«[1146]

Eine Seele, die Gott sucht, muss sich also zunächst die erforderlichen Kenntnisse in den Wahrheiten des Glaubens zu erwerben suchen, weil sie sonst im Gebete Gott nichts zu sagen weiß, so dass ihr Gebet infolgedessen ein unbestimmtes, oberflächliches und fruchtlo-

---

1144 In der Fortsetzung dieses Werkes (2. Bd.) werden wir ausführlicher auf diesen Punkt zurückkommen. Das wenige, was hier gesagt ist, genügt jedoch, den Gedanken verständlich zu machen.

1145 Im Leben der hl. Theresia wird erzählt, dass eine junge Novizin unter der Wirkung der zuvorkommenden Gnade vom ersten Tag ihres Klosterlebens an die Gabe des Gebetes besass. (Geschichte der hl. Theresia nach den Bollandisten. Bd. II. p. 70.)

1146 In Epist. 1. S. Pauli ad Timoth. cap. 1, lect. 2a.

ses Träumen, oder zu einer Übung ausartet, die ermüdet und darum bald aufgegeben wird.

Die Kenntnisse müssen zunächst erworben, dann aber auch befestigt, erneuert und vermehrt werden. Dies geschieht, indem man je nach Bedürfnis während einer längeren oder kürzeren Zeit unter Zuhilfenahme eines Buches sich in eingehenden Betrachtungen der verschiedenen Glaubenswahrheiten übt, um sich auf diese Weise in ihre Einzelheiten zu vertiefen und aus dieser Übung die zum Gebet nötigen Kenntnisse zu schöpfen.

Diese rein verstandesmäßige Tätigkeit darf nicht mit dem Gebete selber verwechselt werden. Sie ist nur dessen zwar nützliche und notwendige Vorbereitung, um unsern Verstand zu erleuchten und zu kräftigen, zu führen und geschmeidig zu machen, aber immerhin bleibt sie nur Vorbereitung. – Das eigentliche Gebet beginnt erst dann, wenn der durch die Gnade angeregte Wille sich zu Gott erhebt und in Liebesergüssen sich ihm hingibt, um ihm zu gefallen und seinen Willen zu tun. Das Gebet ist in der Hauptsache Sprache des Herzens. Von der Jungfrau Maria heißt es, dass sie alle Worte Jesu *in corde suo*,[1147] »in ihrem Herzen bewahrt«. Vergessen wir es niemals, dass das Herz das Kämmerlein ist, in dem das Gebet wohnt. Als unser Herr seine Apostel beten lehrte, sagte er nicht: »Denkt über dies oder jenes nach«, sondern: »Sprecht, wie liebende Kinder sprechen« *Sic orabitis: Pater noster ... sanctificetur nomen tuum.* Die Bitten, die der Heiland uns in den Mund legt, sagt der hl. Augustinus, sind vorbildlich für die Wünsche unseres Herzens.[1148] Eine Seele, deren ganze Tätigkeit sich regelmäßig auf rein verstandesmäßiges Nachdenken beschränkt, betet nicht, selbst wenn dies Nachdenken sich auf Glaubenswahrheiten bezieht.[1149]

1147 Luc. 2, 51.

1148 Verba quae Dominus Noster Iesus Christus in iratione docuit forma est desideriorum. S. Aug. Sermo 56, c. 3.

1149 Saudreau: Das geistliche Leben in seinen Entwicklungsstufen. Übersetzt von Schwabe S. J. Bd. I, 1; Bd. II, c. Art.·2 S. 157 sagt hierzu folgendes: »Merken wir uns wohl, die Bitte ist der Hauptteil des Gebetes oder besser gesagt, das Gebet beginnt erst mit der Bitte. Solange die Seele sich nicht zu Gott hinwendet, um mit ihm zu sprechen« – (ihn zu loben, zu preisen und zu verherrlichen, um sich an seinen Vollkommenheiten zu erfreuen, ihn zu bitten und sich seinen Führungen zu überlassen – Erläuterung des Verfassers) »kann sie allerdings betrachten, aber sie betet nicht. Manche

Daher gibt es, selbst unter Anfängern, Seelen, die aus einer einfachen Lektüre, wenn sie Herz und Willen erregt, mehr Nutzen ziehen als aus einer Übung, in der sich der Verstand fast ausschließlich betätigt. Tastende Versuche sind hier anfangs unvermeidlich; daher ist es notwendig, sich der Leitung eines erfahrenen Seelenführers anzuvertrauen, um nicht den Täuschungen der Trägheit zu verfallen.

4

Die Erfahrung lehrt, dass die rein verstandesmäßige Betätigung beim Gebet um so mehr abnimmt, je weiter die Seele im geistlichen Leben voranschreitet. Sie ist nun erfüllt und durchdrungen vor der christlichen Wahrheit und muss sich nicht erst bemühen, Kenntnisse vom hl. Glauben zu sammeln, die sie bereits besitzt, und es gilt nur, sie festzuhalten und durch geistliche Lesung aufzufrischen.

Eine Seele, die ganz von der göttlichen Wahrheit durchdrungen und erfüllt ist, bedarf darum nicht langer Erwägungen. Sie trägt den Stoff für ihr Gebet in sich und kann mit Gott Fühlung nehmen ohne vorherige Verstandesarbeit, wie sie denen unerlässlich ist, die solche Kenntnisse nicht besitzen. Selbstverständlich lässt dieser Erfahrungsgrundsatz auch Ausnahmen zu, die wohl zu beachten sind. Es gibt Seelen, die im geistlichen Leben fortgeschritten sind, die aber nur mit Hilfe eines sie anregenden Buches ihr Gebet beginnen können und zu ihrem großen Schaden darauf verzichten würden. Andere wieder gibt es, die nur im mündlichen Gebete Gott verkehren können. Wollte man diese auf einen anderen Weg drängen, so würde das für sie ein Hemmnis bedeuten. – Dennoch bleibt es im allgemeinen wahr, dass die Tätigkeit des Hl. Geistes in der Seele um so mehr zunimmt, je mehr diese im Lichte des Glaubens und in der Treue fortschreitet. Eine solche Seele bedarf immer weniger der Verstandesarbeit, um Gott zu finden.

---

greifen hier fehl. In einem halbstündigen Gebete verbringen sie die ganze Zeit mit Nachdenken, ohne etwas zu Gott zu sprechen. Selbst wenn sie ihren Erwägungen heilige Begierden und großmütige Entschließungen hinzufügen, so ist das noch kein Beten. Gewiss, der Verstand ist nicht allein tätig gewesen, auch das Herz hat sich erwärmt und für das Gute begeistert, aber man hat es nicht vor Gott ausgeschüttet. Derartige Betrachtungen sind fast fruchtlos, verursachen Ermüdung und Überdruss, oft auch Entmutigung und Aufgeben dieser heiligen Übung.«

Dies bewahrheitet sich, wie ebenfalls die Erfahrung zeigt, besonders bei jenen Seelen, die eingehender und tiefer in die Geheimnisse Christi eingedrungen sind.

Der hl. Paulus schreibt an die ersten Christen: »Lasst das Wort Christi in all seinem Reichtum unter euch wohnen« *Verbum Christi habitet abundanter in cordibus vestris.*[1150] Er wünscht dies, damit die Gläubigen sich einander »belehren und ermuntern in aller Weisheit«. Diese Ermahnung aber gilt auch uns für unseren Verkehr mit Gott. Wie ist das zu verstehen?

Das Wort Christi ist in den Evangelien enthalten. Diese, sowie die Briefe der Apostel Paulus und Johannes tragen als inspirierte Berichte der Geheimnisse Christi vor allen anderen den Stempel des Übernatürlichen. In ihnen findet das Kind Gottes die Bestätigung seiner Gotteskindschaft und das unmittelbarste Vorbild für sein Verhalten. Sie zeigen uns Jesum in seinem irdischen Dasein, sie sprechen von seiner Lehre und seiner Liebe. Sie sind für uns die reichste Quelle der Erkenntnis Gottes, seiner Natur, seiner Vollkommenheiten, seiner Werke: *Illuxit in cordibus nostris, in facie Christi Iesu.*[1151] Christus ist es, der in unserem Herzen aufleuchtet, er ist die große Offenbarung Gottes an die Welt. Gott sprach: »Dieser ist mein vielgeliebter Sohn, ihn sollt ihr hören,« *Ipsum audite*, als wollte er sagen: Wenn ihr mir zu gefallen sucht, so schaut auf meinen Sohn und ahmt ihn nach. Nichts anderes verlange ich von euch; denn dazu seid ihr berufen, dass ihr meinem Sohne gleichförmig seid.

Die Betrachtung des Lebens und Wirkens unseres Heilandes führt unmittelbar zur Kenntnis Gottes. Wer Jesum sieht, sieht seinen Vater. Er ist eins mit dem Vater, tut nur, was dem Vater angenehm ist, jede seiner Handlungen ist Gegenstand des Wohlgefallens für den Vater und verdient Gegenstand unserer Betrachtung zu sein.

»Wären Sie auf dem Gipfel der Beschauung angelangt,« schreibt die hl. Theresia, »so suchen Sie doch keinen anderen Weg als den der Betrachtung der hlst. Menschheit Jesu. Auf diesem Wege wandelt man in voller Sicherheit. Unser Herr ist für uns die Quelle aller Güter. Er selbst wird Sie unterweisen. Betrachten Sie sein Leben, denn in ihm haben Sie das allerbeste Vorbild.« Und die Heilige fügt bei: »Ich kann es nur missbilligen, dass man sich absichtlich und mit Fleiß

1150 Col. 3, 16.
1151 2. Cor. 4, 6.

396

von der hlst. Menschheit des Herrn entfernt und nicht vielmehr aus allen Kräften trachtet, dieselbe immer, ja, gebe Gott, immer vor Augen zu haben. Wer so handelt, schlägt, wie man sagt, in die Luft. So sehr auch die Seele von Gott erfüllt zu sein scheint, es fehlt ihr dennoch der erforderliche Stützpunkt: denn es ist unserer menschlichen Schwäche von großen Nutzen, solange wir in diesem sterblichen Leibe wandeln, stets den menschgewordenen Gott zu betrachten.«[1152]

Christus hat nicht nur im Werke, sondern auch mit Worten gelehrt. *Coepit facere et docere.*[1153] All seine Worte offenbaren uns göttliche Geheimnisse, denn er spricht nur von dem, was er sieht, und seine Worte sind für uns, wie er selbst sagt, »Geist und Leben«. Sie teilen den Seelen das Leben mit, nicht etwa nach Art der Sakramente, sondern weil sie ihnen das Licht bringen, das erleuchtet, und die Kraft, die sie stärkt. Aus den Handlungen und Worten Jesu schöpfen wir Vertrauen und Liebe und Grundsätze für unser Handeln.

Christi Worte sollen in uns wohnen, um uns zu Lebensgrundsätzen zu werden. Es ist daher für eine Seele, die ein Leben des Gebetes führen will, von größtem Nutzen, immer und immer wieder das Evangelium zu lesen, sich möglichst eng der Liturgie der Kirche anzuschließen, die uns im Laufe eines Jahres das Leben Jesu miterleben, seine Worte vernehmen lässt. Wenn wir an der Hand der Kirche die verschiedenen Zeitabschnitte des Lebens Jesu, ihres Bräutigams, unseres erstgeborenen Bruders, durchgehen, erschließt sich unserer Seele eine unerschöpfliche Quelle von Anregungen für ihr Gebetsleben. Schritt für Schritt folgt sie ihrem Heiland und gewinnt dadurch den von der Kirche selbst ihr dargereichten Betrachtungsstoff. Hier vor allem findet die treue Seele das Wort Gottes und bringt, indem sie es gläubig aufnimmt, reiche übernatürliche Früchte. Denn das geringste Wort Jesu Christi ist für unsere Seele eine Quelle des Lichtes, des Lebens und des Friedens.

Der Hl. Geist lehrt uns die Bedeutung dieser Worte und ihre Fruchtbarkeit für unsere Seelen erkennen. Sprach nicht Jesus vor seiner Himmelfahrt zu seinen Jüngern: »Ich werde euch den Hl. Geist senden, und er wird euch an alles erinnern, was immer ich euch gesagt habe« *Suggeret vobis omnia quaecumque dixero vobis.*[1154] Es ist

---

1152 Leben der hl. Theresia, cap. 22.
1153 Act. 1, 1.
1154 Joan. 14, 26.

dies nicht etwa ein Versprechen, das wirkungslos verhallt wäre. Die Worte Christi vergehen nicht. In der hl. Taufe hat das fleischgewordene Wort uns seinen Geist gegeben, zugleich mit dem Vater hat er ihn uns gesandt; denn die Taufe macht uns zu Kindern des himmlischen Vaters und zu Brüdern Jesu Christi. Dieser Geist wohnt in uns: *Apud vos manebit et in vobis erit.*[1155] Und welches ist die Wirkung dieses göttlichen Geistes? Der Heiland selbst sagt es uns: »Der Geist der Wahrheit wird uns an alles erinnern, was Jesus gesagt hat.« Was bedeuten diese Worte? Wenn wir das Leben Jesu und seine Geheimnisse betrachten, sei es an der Hand des Evangeliums oder eines Betrachtungsbuches oder auch im Anschluss an die Liturgie des Kirchenjahres, da erscheint uns plötzlich ein Wort, das wir vielleicht bis dahin schon oft gelesen haben, ohne in besonderer Weise davon berührt zu werden, in nie geahnter, übernatürlicher Klarheit, ein Lichtstrahl, den der Hl. Geist in unserer Seele aufleuchten lässt. Er erschließt uns einen bisher ungeahnten Quell des Lebens, öffnet den Augen unserer Seele einen neuen, erweiterten Gesichtskreis, – eine bisher verborgene Welt. Der Hl. Geist, den die Liturgie »Finger Gottes«, *Digitus Dei,*[1156] nennt, gräbt und meißelt dieses göttliche Wort in unsere Seele, so dass es in ihr bleibt als Licht und Richtschnur ihres Handelns. Sobald eine Seele dieses göttliche Wort aufmerksam und demütig annimmt, schafft es sein Werk in ihr, still aber stetig.

Wenn wir getreulich alle Tage, je nach unseren Bedürfnissen und unseren Berufspflichten längere oder kürzere Zeit dem Gebete, der Unterredung mit dem himmlischen Vater, widmen und den Eingebungen und Mahnworten des Hl. Geistes ein williges Gehör leihen, dann mehren sich die Worte Christi, die *verba Verbi,* wie der hl. Augustinus sie nennt, in unserer Seele, auf dass sie förmlich mit göttlichem Lichte überflutet werde und an Quellen des Lebens ihren Durst zu löschen vermöge. So erfüllt sich die Verheißung Christi: »Wer dürstet, der komme zu mir und trinke! Wer an mich glaubt, aus dem werden Ströme lebendigen Wassern fließen.« Und der hl. Johannes fügt bei: »Dieses aber sagte er von dem Geiste, den jene empfangen sollten, die an ihn glaubten.«[1157]

1155 Joan. 14, 17.
1156 Hymnus: Veni Creator.
1157 Joan. 7, 37–39.

398

Die Seele ihrerseits wird nicht müde, durch Akte des Glaubens, der Reue, der Zerknirschung, des Vertrauns, der Liebe, des Wohlgefallens und der Hingabe an den Willen des himmlischen Vaters die Anregungen des Herrn zu erwidern: all ihr ihr Sinnen und Trachten sterbet nach der Vereinigung mit Gott, und das Gebet wird sozusagen ihr Atemholen, ihr Leben; sie ist erfüllt vom Geist des Gebetes. Jetzt wird das Gebet ein fast unterbrochener Zustand, die Seele findet ihren Gott, wann sie will, selbst mitten in ihrer Arbeit.

Die Augenblicke des Tages, in denen sich die Seele ausschließlich der förmlichen Übung des Gebetes hingibt, sind nur eine Vertiefung dieses Zustandes, in welchem sie gewohnheitsmäßig sanft und innig mit Gott vereinigt bleibt, um Zwiesprache mit ihm zu halten und seiner Stimme zu lauschen.

Dieser Zustand ist mehr als die einfache Vergegenwärtigung Gottes, er ist eine innere, liebevolle Zwiesprache der Seele mit Gott, manchmal mündlich, meist bloß mit dem Herzen, und die ständige, innigste Vereinigung mit ihm trotz der mannigfaltigen Arbeiten und Beschäftigungen des Tages. Viele einfache und gerade Seelen, die treu dem Zuge des Hl. Geistes folgen, erreichen diesen erstrebenswerten Zustand.

»Herr, lehre uns beten!«

5

Je mehr die Seele strebt, sich Gott, dem höchsten Gute, zu nähern, um so mehr hat sie teil an der göttlichen Einfachheit. In der Betrachtung bilden wir uns mit Hilfe des Verstandes und der Offenbahrungstatsachen eine Vorstellung von Gott. Diese Vorstellungen vereinfachen sich um so mehr, je weiter wir im übernatürlichen Leben voranschreiten, aber all diese Vorstellungen sind nicht Gott. Wo finden wir Gott, so wie er ist? Im reinen Glauben. Der Glaube ist für unsere Seele hienieden, was die glückselige Anschauung im Himmel sein wird, wo wir Gott unverhüllt von Angesicht zu Angesicht schauen werden, so wie er ist.

Der Glaube offenbart uns die Unfassbarkeit Gottes. Wenn wir einmal einsehen, dass Gott unsere Vorstellungen unendlich überragt, dann fangen wir an, ihn zu verstehen. Aber wenn auch unsere Vorstellungen von Gott nur schwache Bilder sind, so offenbaren sie uns dennoch etwas von den göttlichen Vollkommenheiten und Eigenschaften. Im Gebete des Glaubens versteht die Seele, dass das eigentliche Wesen Gottes in seiner alles überragenden Einfachheit nichts mit dem hat, was die selbst durch die Offenbarung unterstützte Vernunft uns zeigt.[1158] Die Seele hat sich frei gemacht von allen Bildern, die ihr die Sinne, die Einbildungskraft und die Vernunft selbst in etwa von Gott zeigten, und sieht nun Gott im reinen Glauben. Sie ist fortgeschritten, hat der Reihe nach die Sphäre der Sinne und der Einbildungskraft, des verstandesmäßigen Erkennens und der Offenbarung durchschritten und steht nun vor dem Vorhang, der das Heilige vom Allerheiligsten trennt. Sie weiß, dass hinter diesem Vorhang wie in einem geheimnisvollen Dunkel sich Gott verbirgt, fast berührt sie ihn; aber sie sieht ihn nicht. Wenn die gläubige Seele diesen Gebetszustand erreicht hat, bleibt sie still in Gott gesammelt, mit dem sie sich eins fühlt, trotz der Dunkelheit, die nur das beseligende Licht der Ewigkeit dereinst zu zerreißen vermag. Ein Gefühl erfüllt sie fast unverändert: Das Glück bei Gott zu sein: *Sub umbra illius quem desideraveram sedi, et fructus eius dulcis gutturi meo.*[1159]

Dies ist der Anfang des Gebetes der Ruhe, zu dem viele Seelen, die treu der Gnade folgen, gelangen. – Wenn diese Art des Gebetes, die schlichte und innige Hingabe in Glaube und Liebe sich in der Seele festigt und stärkt, dann schöpft sie daraus den Mut, den inneren Schwung, die Herzensfreiheit, die Demut und Hingabe, deren sie so sehr bedarf auf der langen Pilgerfahrt zum hl. Berg, zum vollen Genusse Gottes: *Aliud est, sermo multus, aliud diuturnus affectus*[1160] *(Hl. Augustin).*

Und wenn es sodann Gott in seiner unermesslichen Güte gefällt, so führt er die Seele noch über die gewöhnlichen Grenzen des Übernatürlichen hinaus, um sich ihr zu schenken in geheimnisvollen Mitteilungen, wo die natürlichen Fähigkeiten unter göttlicher Einwirkung erhöht werden und die Seele unter Einfluss der Gaben des Hl. Geistes, vornehmlich der des Verstandes und der Weisheit, in eine höhere Art der Tätigkeit eintritt. Die Mystiker beschreiben die verschiedenen Stufen dieser göttlichen Einwirkung, die manchmal mit außerordentlichen Erscheinungen, wie der Ekstase, verbunden ist.

1158 S. th. 1, q. 8, a. 2, ad 3.
1159 Cant. 2, 3.
1160 Epist. 130, c. 19. »Ein anderes ist es, viele Worte machen, ein anderes, in beharrlicher Liebe Gott suchen«.

Durch eigene Anstrengung können wir solch hohe Grade des Gebetes und der Gottesvereinigung niemals erreichen. Sie sind freie Geschenke des höchsten Willens Gottes. Dürfen wir sie dennoch ersehnen?

Nein, wenn es sich um zufällige Begleiterscheinungen des Gebetes handelt wie Ekstase, Offenbarungen, Stigmata; denn das wäre Anmaßung und unbedachte Kühnheit. Handelt es sich aber um das Wesen des Gebetes, d. h. um das Erkennen Gottes und seiner Vollkommenheiten, um die starke Liebe, die aus dieser Erkenntnis in unser Herz überströmt, dann gilt es, sich mit allen Kräften nach einer hohen Gebetsstufe, nach vollkommener Beschauung zu sehnen. Denn Gott, der Urheber unserer Heiligkeit, wirkt mächtig in solchen Gnadenerweisen. Sie nicht wünschen, hieße darauf verzichten: »Gott aus ganzem Herzen, aus ganzer Seele, aus allen Kräften zu lieben.«[1161] Und was ist es auch, das unserm Leben den eigentlichen Wert gibt, das, abgesehen von der göttlichen Einwirkung, den Grad unserer Heiligkeit bestimmt? Es ist, wie schon gesagt wurde, die Reinheit und Größe der Liebe in unserem Leben, in all unserm Handeln. Diese Liebe aber schöpfen wir neben der unmittelbaren Wirkung der Sakramente in reichem Maße aus dem Gebete. Darum ist es uns von so großem Nutzen, darum auch dürfen wir berechtigterweise nach einer hohen Stufe des Gebetes· streben.

Selbstverständlich müssen wir diesen Wunsch dem Willen Gottes unterordnen; denn er allein weiß, was unserer Seele am zuträglichsten ist. Darum dürfen wir bei allen Bemühungen, der gegenwärtigen Gnade demütig und großmütig zu entsprechen, bei aller glühenden Sehnsucht nach hoher Vollkommenheit niemals den Frieden der Seele verlieren, wissen wir ja doch mit unumstößlicher Gewißheit, dass die Güte und Weisheit Gottes uns immer auf dem sichersten Wege zum Heile führen wird.

6

Wir kommen nun auf das gewöhnliche Gebet zurück, um zu erwägen, welche Gesinnungen erforderlich sind, um es fruchtbar zu gestalten. Das erste Erfordernis ist die Losschälung von den Geschöpfen. Solange diese unsern Geist und unser Herz besitzen, können wir

---

1161 Marc. 12, 30.

nicht in geziemender Weise mit unserem himmlischen Vater im Gebet verkehren. Die Reinheit der Seele ist eine unentbehrliche, wenn auch entferntere Vorbereitung zu Gebet.

Wichtig ist ferner die Sammlung. Eine leichtsinnige, ausgegossene, gewohnheitsmäßig zerstreute Seele, die sich ernstlich bemüht, den Seitensprüngen einer unsteten Phantasie Einhalt zu tun, wird niemals den Geist des Gebetes erlangen. Während des Gebetes selbst aber dürfen wir uns wegen etwaiger Zerstreuungen nicht beunruhigen, sondern treu ausharren und immer wieder unsern Geist ruhig und ohne Gewalttätigkeit, wenn nötig, unter Zuhilfenahme eines Buches auf den Gegenstand unseres Gebetes zurücklenken. Warum aber ist die äußere Einsamkeit und die innere Losschälung der Seele so durchaus erforderlich, um wahren Gebetsgeist zu erlangen? – Weil es der Hl. Geist ist, der in uns und für uns betet, wie schon weiter oben im Anschluss an den hl. Paulus gesagt wurde. Wir dürfen aber diese außerordentlich zarte Wirksamkeit des Hl. Geistes in unserer Seele in keiner Weise hindern, nicht »Gottes Hl. Geist betrüben«,[1162] wie der hl. Paulus sich ausdrückt, sonst würde seine Stimme in uns verstummen. Wir wollen vielmehr alles, was sich seinem ungehinderten Wirken entgegenstellt, beseitigen, und uns ihm völlig hingeben, ihn bitten: *Loquere, Domine, quia audit sevus tuus.*[1163] »Sprich, o du mein göttlicher Lehrmeister! Sprich zu meiner Seele und gib, dass meine Seele dich höre!« – Diese Stimme aber ist nur im Schweigen der Seele vernehmbar.

Jedem Gebete sollen wir vor allem die Seelenstimmung zugrunde legen, von der bereits bei der Vorbereitung auf die hl. Kommunion die Rede war: die Bereitschaft, Gott nichts zu versagen und nach dem Beispiel des Herrn alles zu tun, was seinem Vater wohlgefällt. *Quae placita sunt ei facio semper.*[1164] Es ist dies eine ausgezeichnete Verfassung, denn in ihr überlässt sich die Seele ganz der Erfüllung der Absichten Gottes. Wenn wir beten: »Mein Gott und Herr, du bist unendlich gut und vollkommen, du allein verdienst alle Liebe und alle Ehre. Ich schenke mich dir ganz und gar, und weil ich dich liebe, übergebe ich mich ganz deinem hl. Willen,« dann zeigt uns der Hl. Geist eine Unvollkommenheit, die zu bessern, ein Opfer, das zu bringen,

---

1162 Eph. 4, 30.
1163 1. Reg. 3, 10.
1164 Joan. 8, 29.

ein gutes Werk, das zu tun ist. Von Liebe durchdrungen suchen wir alles, was den Augen unseres himmlischen Vaters missfällt, auszurotten und uns ganz der Erfüllung seines heiligsten Willens hinzugeben.

Wir sollen ferner unser Gebet stets mit den Gesinnungen tiefster Ehrfurcht vor der Majestät Gottes beginnen: *Patrem immensae maiestatis.*[1165] Wir sind angenommene Kinder Gottes – bleiben aber immer unserm Wesen nach Geschöpfe. Gott aber bleibt Gott, d. h. das unendlich höchste Wesen, selbst wenn er sich aufs innigste der Seele mitteilt: *Dominus universorum.*[1166] Die Anbetung ist daher ein wesentliches Erfordernis im Verkehr unserer Seele mit Gott: *Pater tales quaerit qui adorent eum in spiritu et in veritate.*[1167] Beachten wir wohl die Verbindung der beiden Worte: *Pater ... adorent.* Wir werden Kinder Gottes, aber wir bleiben Geschöpfe.

Gott will ferner, dass wir durch diese demütige und tiefe Ehrfurcht unsere Schwäche und Unzulänglichkeit bekennen, und knüpft die Verleihung seiner Gnaden an dieses Geständnis, das gleichzeitig eine Huldigung seiner Allmacht und Güte ist: *Superbis resistit, humilibus autem dat gratiam.*[1168] »Er widersteht den Stolzen, den Demütigen aber gibt er Gnade.« Wie klar hat der Heiland im Gleichnis vom Pharisäer und Zöllner diese Wahrheit dargelegt!

Größer noch muss diese Demut sein in einer Seele, die Gott durch die Sünde beleidigt hat; durch ihre Haltung vor Gott muss sie der tiefen, inneren Zerknirschung Ausdruck verleihen, mit der sie ihre Fehler bereut und sich wie Maria Magdalena niederwirft zu den Füßen des Herrn.

Nichtsdestoweniger können wir trotz unserer vergangenen Sünden und unseres gegenwärtigen Elendes uns auf die innigste Weise Gott nähern. Dies geschieht durch die Vermittlung Jesu. »Gott ist so groß, so heilig, so vollkommen« möchten wir entgegnen, und das ist wahr; aus uns selbst sind wir Gott sehr ferne, aber Christus Jesus hat »uns ihm nahegebracht«: *Facti estis prope in sanguine Christi.*[1169] – »Ich bin armselig« sagst du. Gewiss, aber Christus gibt uns seine Reichtümer, auf dass wir, gestützt auf sie, uns dem Vater vorstellen. –

1165 Hymnus: Te Deum.
1166 2. Mach. 14, 35.
1167 Joan. 4, 23.
1168 Jac. 4, 6.
1169 Eph. 2, 13.

»Meine Seele ist so unrein!« Jesu Blut hat sie gereinigt und ihr alle Schönheit zurückgegeben. Jesus Christus ersetzt unsere Gottferne, unser Elend und unsere Unwürdigkeit. Auf ihn müssen wir uns daher im Gebete stützen. Durch seine Menschwerdung hat er den Abgrund überbrückt, der die Menschen von Gott trennte.

7

Dieser Gedanke ist von solcher Wichtigkeit für alle, die nach dem Gebetsleben streben, dass wir länger dabei verweilen müssen.

Wir wissen, dass zwischen Gott und uns, zwischen dem Geschöpf und dem Schöpfer ein unermesslicher Abgrund liegt. Gott allein kann sagen: »Ich bin das Sein, das aus sich selbst besteht«: Ego sum qui sum.[1170] Alles andere Sein ist aus dem Nichtsein gezogen. Wer kann diesen Abgrund überbrücken? Jesus Christus, der im wahrsten Sinne des Wortes unser Mittler und Hoherpriester ist. Nur durch ihn können wir uns zu Gott erheben, wie er selbst in unwiderleglicher Weise feststellt: Nemo venit ad Patrem nisi per me.[1171] »Niemand kommt zum Vater als durch mich,« als ob er sagte: »Nur durch meine Menschheit gelangt ihr zur Gottheit.« Vergessen wir niemals, dass er der Weg, der einzige Weg ist. Der Gottmensch allein führt uns zum Vater. Wie wichtig ist daher der lebendige Glaube an ihn. Wenn wir diesen Glauben an all die Allmacht seiner Menschheit, die Menschheit eines Gottes besitzen, dann dürfen wir versichert sein, dass Christus uns zu Gott führt. Das Wort Gottes hat, wie bereits gesagt wurde, durch seine Vereinigung mit der menschlichen Natur uns alle mit sich vereinigt. Nun trägt er uns, die wir durch die Gnade mit ihm vereint sind, in das Heiligtum der Gottheit, wo er, das Wort, von Ewigkeit her weilt: Et Verbum erat apud Deum.[1172] Er führt uns mit sich in Sancta,[1173] wie der heilige Paulus sagt, »in das Allerheiligste«.

Durch Christus sind wir Kinder Gottes geworden! Misit Deus Filium suum ut adoptionem filiorum reciperemus.[1174] Durch ihn und mit ihm handeln wir auch als Kinder Gottes, erfüllen die Aufgaben,

---

1170 Exod. 3, 14.
1171 Joan. 14, 6.
1172 Joan. 1, 1.
1173 Hebr. 9, 12.
1174 Gal. 4, 4–5.

die uns aus unserer Gotteskindschaft erwachsen. Wenn wir also im Gebet uns Gott nahen sollen als seine Kinder, so müssen wir dieses tun mit und durch Christus, Wir sollten daher niemals unser Gebet beginnen, ohne uns aufs innigste mit ihm vereint und ihn gebeten haben, er möge uns zum Vater führen. Vereinigen wir unsere Gebete mit denen, die er auf Erden verrichtete und die er als Mittler und Hoherpriester unaufhörlich für uns im Himmel fortsetzt: *Semper vivens ad interpellandum pro nobis.*[1175]

Auch durch sein Beispiel hat Christus unser Gebet geheiligt. *Erat pernoctans in oratione Dei.*[1176] Der heilige Paulus sagt darüber, dass er, der göttliche Hohepriester, »während seines Erdenlebens laut und unter Tränen betete und flehte«.[1177] *Species tibi datur, forma tibi praescribitur, quam debes aemulari.* »Schau hin, o Christ, auf dieses Beispiel, das dir zur Nachahmung gezeigt wird« sagt der hl. Ambrosius,[1178] da er vom Gebete Christi spricht. Jesus hat für sich selbst gebetet, als er seinen Vater bat, ihn zu verherrlichen: *Clarifica me, tu Pater,*[1179] er hat für seine Jünger gebetet »nicht, dass sie von der Welt hinweggenommen, aber dass sie vor dem Bösen bewahrt würden, denn durch ihn gehören sie dem Vater«, *Quia tui sunt.*[1180] Er hat gebetet für alle, die an ihn glauben. *Non pro eis tantum rogo, sed et pro eis qui credituri sunt in me.*[1181]

Außerdem hat Jesus uns ein wundervolles Gebet gelehrt, in dem alles enthalten ist, was ein Kind Gottes von seinem himmlischen Vater erbittemn kann. – »Vater, dein Name werde geheilingt, dass doch all mein Tun nur zu deiner Ehre gereicht, dass deine Verherrlichung der Beweggrund all meiner Handlungen sei!« – »Zu uns komme dein Reich! Zu mir, zu allen, die du erschaffen hast, sei du in Wahrheit der Herr und unumschränkte Gebieter meines Herzens, auf dass in allem, mag es mir lieb oder leid sein, dein Wille geschehe!« O, dass ich mit deinem Sohne sagen könnte: »Ich lebe ganz für dich.«

All unsere Gebete, sagt der hl. Augustinus, sollten wesentlich jene Akte der Liebe, der Sehnsucht und des reinen Verlangens entfalten,

1175 Hebr. 7, 25.
1176 Luc. 6, 12.
1177 Hebr. 5, 7.
1178 Exposit. Evang. in Luc. lib. 5, c. 6.
1179 Joan. 17, 5.
1180 Joan. 17, 9.
1181 Joan. 17, 20.

die Jesus Christus, der vielgeliebte Sohn Gottes uns auf die Lippen gelegt hat, und die sein Geist, der Geist der Gotteskindschaft, in uns wiederholt.[1182] Dies ist so recht eigentlich das Gebet des Gotteskindes.

Der göttliche Heiland hat unser Gebet nicht nur durch sein Beispiel geheiligt, er hat es uns nicht nur gelehrt, er unterstützt es auch mit seinem göttlichen und unfehlbaren Ansehen; denn er, unser Hoherpriester, hat jederzeit ein Anrecht auf Erhörung: *Exauditus est pro sua reverentia.*[1183]

Er selbst sagt uns, dass alles unserm Heile Dienliche, wenn wir es in in seinem Namen – d. h. auf ihn gestützt – vom Vater erbitten, uns gegeben werde. Wenn wir uns Gott im Gebete nahen wollen, sollten wir erfüllt sein von Misstrauen gegen uns selbst, aber gleichzeitig von einem um so festeren Glauben an die Allmacht Jesu, der, als unser Haupt und älterer Bruder, uns zu seinem Vater führt, der auch unser Vater ist: *Ascendo ad Patrem meum et Patrem vestrum.*[1184] Dieser lebendige Glaube vereinigt uns aufs innigste mit Christus, der durch den Glauben in unserm Herzen wohnt, *Christum inhabitare per fidem in cordibus vestris,*[1185] und uns mit sich trägt zum Vater. »Vater,« spricht er, »lass jene, die du mir gegeben hast, bei mir sein, da, wo ich bin.« *Volo Pater, ut ubi sum ego, et illi sint mecum.*[1186]

Und wo ist er? *In sinu Patris* – auch wir gelangen durch den Glauben dahin, wo Jesus in Wirklichkeit ist: in den Schoß des Vaters. »Auf ihn«, sagt der hl. Paulus, »vertrauen wir, und durch den Glauben an ihn können wir ihm zuversichtlich nahen.« *In Christo habemus fiduciam et accessum in confidentia per fidem eius.*[1187] Nun dürfen wir reden mit Gott; denn Christi Geist betet mit und für uns. *Semper*

1182 Verba quae Dominus noster Iesus Christus in oratione docuit, forma est desideriorum: non tibi licet petere aliud quam quod ibi scriptum est (S. Augustin. Sermo 56, c. 3). Nam quaelibet alia verba dicamus quae affectus orantis vel praecedendo format ut clareat, vel consequendo attendit ut crescat, nihil aliud dicimus quam quod in ista dominica oratione positum est, si recte et congruenter oramus. Liberum est aliis atque aliis verbis, eadem tamen, in orando dicere, sed non debet esse liberum alia dicere (Epist. 130, c. 12).
1183 Hebr. 5, 7.
1184 Joan. 20, 17.
1185 Eph. 3, 17.
1186 Joan. 17, 24.
1187 Eph. 3, 12.

vivens ad interpellandum pro nobis.[1188] – Mit welch unbegrenztem Vertrauen können wir also vor Gott erscheinen. Hingeführt durch Christum, der uns die Gotteskindschaft erworben hat, sind wir »nicht mehr Fremde und Beisassen, sondern Kinder«.[1189] Wir dürfen uns der zärtlichsten Liebe hingeben, die sich sehr wohl mit tiefer Ehrfurcht vereinen lässt, denn der Hl. Geist, der Geist Jesu, weiß durch die Gaben der Frucht und der Frömmigkeit, jene auf den ersten Blick unvereinbar scheinenden Gefühle grenzenloser Anbetung und unerschöpflichen Vertrauens, in vollkommensten Einklang zu bringen und dadurch den Regungen unserer Seele den passenden Ausdruck zu verleihen.

Wir müssen uns also auf Christus stützen. »Alles, um was ihr den Vater in meinem Namen bitten werdet,« sagt er, »das werde ich tun, damit der Vater im Sohne verherrlicht werde.«[1190] Und ein anderes Mal spricht er zu seinen Aposteln: »Bisher habt ihr um nichts in meinem Namen gebeten. Bittet, und ihr werdet empfangen, und eure Freude wird vollkommen sein.«[1191] Im Namen Jesu beten heißt: in innigster Vereinigung mit ihm durch Glaube und Liebe und als lebendige Glieder seines mystischen Leibes um das bitten, was uns zum Heile gereicht.

»Christus betet für uns, weil er unser Hoherpriester ist,« sagt der hl. Augustinus,[1192] »er betet in uns, weil er unser Haupt ist.« *Orat pro nobis ut sacerdos noster; orat in nobis ut caput nostrum.* »Darum,« fügt er bei, »kann uns der ewige Vater nicht« von Christus trennen, ebensowenig wie man den Körper vom Haupte trennt. Wenn er uns sieht, sieht er seinen Sohn, denn wir sind eins mit ihm.«

Indem er uns gewährt, um was sein Sohn in uns bittet, wird er »verherrlicht in seinem Sohne«; denn des Vaters Ruhm ist, seinen Sohn zu lieben und sein Wohlgefallen an ihm zu haben. Die hl. Theresia sagt: »Gott hat das größte Wohlgefallen an einer Seele, die in Demut seinen göttlichen Sohn als Mittler zwischen ihn und sich stellt.«[1193] Tut dies nicht auch die Kirche, die Braut Christi, die ihre

---

1188 Hebr. 7, 25.
1189 Eph. 2, 19.
1190 Joan. 14, 13.
1191 Joan. 16, 24.
1192 Enarr. in Ps. 85, c. 1.
1193 Werke der hl. Theresia, Bd. I.

Gebete schließt im Namen Jesu ihres göttlichen Bräutigams, »der mit dem Vater und dem Hl. Geiste als gleicher Gott lebt und regiert«?

Ein Leben des Gebetes vermittelt uns auch die vollkommene Freude. Wohl erreichen wir sie hienieden niemals in unbeschränktem Maße, dennoch heißt es kämpfen und auf vieles verzichten, was wir uns wünschen möchten. »Ein Mensch, der heute sät,« sagt der heilige Augustinus, »kann morgen nicht schon auf Ernte hoffen.«[1194] Die innere Freude jedoch, Kind Gottes zu sein, wird immer vollkommener, um einmal, so dürfen, wir vertrauen, in himmlische Glückseligkeit verwandelt zu werden. Eine dem Gebet treu ergebene Seele löst sich immer mehr von den Geschöpfen, um tiefer und immer tiefer in das Leben Gottes einzudringen.

Streben wir darum nach der Vereinigung mit Gott durch ein Leben des Gebetes. Bitten wir den Heiland um diese unendlich kostbare Gabe, die Quelle größter Gnaden. Bitten wir den Herrn, er möge uns diese Gabe in so reichem Maße verleihen, wie er sie einem jeden von uns im Ratschluss seiner göttlichen Weisheit zugedacht hat. Wenn wir beharrlich darum bitten, und soweit es unsere Schwachheit zulässt, den Gnaden, die Gott uns in Christus gibt, getreu entsprechen, dürfen wir sicher sein, dass wir den Geist der Gotteskindschaft immer mehr und mehr in unserm Leben verwirklichen und immer klarer und bestimmter das Bild des Gotteskindes und Bruders Jesu Christi zum Ausdruck bringen werden »zur Ehre unseres himmlischen Vaters und zu unserer Freude«: *Ut glorificetur Pater in Filio ... ut gaudium vestrum sit plenum.*

1194 Cf. Tract, in Joan. 73, n. 4.

408

LIEBET EINANDER

ÜBERSICHT: *I. Die Nächstenliebe, das neue Gebot und unterscheidende Merkmal der Seelen, die Christo zugehören; warum die Nächstenliebe die Kundgebung der Gottesliebe ist. – II. Worin diese Anordnung begründet ist Ausdehnung der Menschwerdung: Christus ist einer. Man kann sich nicht von seinem mystischen Leibe trennen, ohne sich von ihm selbst zu trennen. – III. Übung und verschiedene Formen der Nächstenliebe; sie muss sich nach der Liebe Jesu Christi bilden. Wie der hl. Paulus uns dazu ermahnt: Ut sint consummati in unum.*

Im Vorhergehenden sahen wir, wie der lebendige und tätige Christusglaube, der sich unter dem Einfluss der Liebe in Lebenswerke umsetzt und sich durch Eucharistie und Gebet nährt, uns allmählich zur innigen Vereinigung mit Christus führt, um uns schließlich ganz in ihn umzuwandeln.

Soll aber diese Umgestaltung unseres Lebens vollständig und wirklich, soll ihrer letzten Vollendung kein Hindernis im Wege sein, dann muss die Heilandsliebe aus unserem Innern ausstrahlen und sich über alle Menschen ergießen. Dies zeigt der hl. Johannes, indem er das ganze christliche Leben in das eine Wort zusammenfasst: »Dies ist das Gebot Gottes: dass wir an den Namen seines Sohnes Jesus Christus glauben und einander lieben.«[1195]

Nachdem gezeigt worden ist, wie sich der Glaube an unseren Herrn betätigt, erübrigt noch, klarzulegen, wie wir sein Gebot der gegenseitigen Liebe zu erfüllen haben. Wir wollen zu ergründen suchen, warum Christus unsere Liebe zu seiner anbetungswürdigen göttlichen Person gleichsam krönen wollte durch das Gebot der Nächstenliebe und welches die wahren Merkmale dieser Liebe sind.

1

Wann hat der hl. Johannes das Gebot gehört, das er uns übermittelt? Beim letzten Abendmahl. Der vom Herrn so heiß ersehnte Tag ist gekommen: *Desiderio desideravi*.[1196] Er hat mit seinen Jüngern das jüdische Paschamahl gehalten, die Vorbilder und Symbole aber durch

---

1195 1. Joan. 3, 23.
1196 Luc. 22, 15.

göttliche Wirklichkeit ersetzt. Soeben hat er das Sakrament der Vereinigung eingesetzt und seinen Aposteln die Vollmacht erteilt, es fortzusetzen. Und jetzt, im Begriffe, den Tod zu erleiden, öffnet er sein heiligstes Herz, offenbart seinen »Freunden« dessen Geheimnisse. Es ist Christ Vermächtnis: »Ein neues Gebot,« sagt er, »gebe ich euch, dass ihr einander liebet, wie ich euch geliebt habe.«[1197] Und vor Schluss seiner Rede erneuert er wiederum sein Gebot: »Dies ist mein Gebot, dass ihr einander liebet.«[1198]

Der Herr bezeichnet zunächst die Nächstenliebe als ein neues Gebot. Warum dieses? Weil vor Christus, vor der Menschwerdung, kein ähnliches Gebot den Menschen gegeben worden war. Da galt: »Du sollst deinen Nächsten lieben und deinen Feind hassen.«[1199] »Aug' um Auge, Zahn um Zahn.« Ich aber, spricht der Herr, sage euch, was niemand vor mir gesagt hat: »Liebet einander, das ist mein Gebot.« Soviel hält der Herr auf die Beobachtung dieses Gebotes, dass er seinen Vater bittet, diese gegenseitige Liebe in seinen Jüngern zu verwirklichen: »Heiliger Vater! bewahre sie in deinem Namen, die du mir gegeben hast, damit sie eins seien, so wie auch wir.« »Ich in ihnen und du in mir, damit sie vollkommen eins seien.«[1200] Es ist wohl zu beachten, dass Jesus dieses Gebet nicht nur für seine Apostel, sondern für uns alle gesprochen hat: »Nicht für sie allein bitte ich, sondern auch für diejenigen, welche durch ihr Wort an mich glauben werden, damit alle eins seien, wie du, Vater, in mir und ich in dir.«[1201]

Somit ist die Nächstenliebe Christi letzter Wunsch. So groß ist dieser Wunsch, dass er nicht etwa einen Rat, sondern ein Gebot daraus macht, sein Gebot, und dass die Erfüllung dieses Gebotes das untrügliche Erkennungszeichen seiner Jünger sein wird: *In hoc cognoscent omnes quia clicipuli met estis si dilectionem habueritis ad invicem.*[1202] Allen ist dies das untrügliche Zeichen: *cognoscent omnes*; die übernatürliche, gegenseitige Liebe ist der klare Beweis, dass ihr mir in Wahrheit angehört. In der Tat war dies das Zeichen, an dem die Heiden die Christen der ersten Jahrhunderte erkannten: »Sehet, wie

---

1197 Joan. 13, 34.
1198 Joan. 15, 12.
1199 Matth. 5, 38; 43–44.
1200 Joan. 17, 11 u. 23.
1201 Joan. 17, 20–21.
1202 Joan. 13, 35.

410

sie einander lieben.«[1203] Für den Herrn selber ist es das Zeichen, dessen er sich beim Jüngsten Gericht bedienen wird, die Auserwählten von den Verworfenen zu unterscheiden. Er selbst sagt es uns. Hören wir ihn; er ist die untrügliche Wahrheit.

Nach der Auferstehung der Toten wird der Menschensohn auf dem Throne seiner Herrlichkeit sitzen, und alle Völker werden vor ihm versammelt werden. Die Guten wird er zu seiner Rechten, die Bösen zu seiner Linken stellen. Sich zu den Guten wendend, wird er sprechen: »Kommet, ihr Gesegneten meines Vaters! Nehmet das Reich in Besitz, welches euch bereitet ist von Grundlegung der Welt an.« Und wie begründet er diese Worte? »Ich war hungrig, und ihr habt mich gespeist; ich war durstig, und ihr habt mich getränkt; ich war fremd, und ihr habt mich beherbergt; ich war nackt, und ihr habt mich bekleidet; ich war krank, und ihr habt mich besucht; ich war im Kerker, und ihr seid zu mir gekommen.« Und die Gerechten werden sich darüber wundern, denn niemals haben sie den Herrn in solcher Not gesehen. Er aber wird ihnen antworten: »Wahrlich, ich sage euch, soweit ihr es einem dieser meiner geringsten Brüder getan habt, habt ihr es mir getan.« *Mihi fecistis*.[1204] In seiner Rede fortfahrend, wird er sich hierauf an die Bösen wenden, sie für immer von sich stoßen und verfluchen. Warum? Weil sie im Nächsten ihn nicht geliebt haben.

So wissen wir aus des Heilands eigenem Mund, dass sich der über unser ewiges Schicksal entscheidende Urteilsspruch dereinst gründen wird auf die Liebe, die wir ihm in der Person unserer Brüder geschenkt haben. Beim letzten Gericht wird er uns nicht fragen, ob wir viel gefastet, strenge Buße geübt oder lange Stunden gebetet haben – nein. Aber ob wir unseren Bruder geliebt und ihm geholfen haben. Demnach würden die anderen Gebote unbeachtet bleiben? Wahrlich nicht. Aber ihre Erfüllung wird nichts nützen, wenn das eine außer Acht gelassen worden ist, das dem Heiland überaus teure, weil es sein Gebot ist: »Liebet einander«.

Anderseits ist eine vollkommene Nächstenliebe unmöglich ohne die Gottesliebe, die gleichzeitig den ganzen göttlichen Willen in sich schließt. Dies kommt daher, weil die Liebe, mag sie sich nun auf Gott oder auf den Nächsten beziehen, ein und dieselbe ist in ihrem übernatürlichen Beweggrund, der da ist: die unendliche Vollkommenheit

1203 Tertullian, Apolog. c. 39.
1204 Matth. 25, 40.

411

Gottes.[1205] Wer also Gott wirklich liebt, muss notwendig auch seinen Nächsten lieben.

»Die vollkommene Nächstenliebe,« sagte der ewige Vater in einer seiner Unterredungen mit der hl. Katharina von Siena, »hängt wesentlich von der vollkommenen Gottesliebe ab. Das gleiche Maß von Vollkommenheit oder Unvollkommenheit in der Liebe zu Gott findet sich wieder in der Liebe zum Geschöpf.«[1206] Anderseits gibt es so vieles, was uns dem Nächsten entfremdet: Selbstsucht, Interessenkonflikte, Charakterverschiedenheit, Beleidigungen, so dass eine wahrhafte und übernatürliche Nächstenliebe nicht bestehen kann ohne Gottesliebe und ohne alle die anderen Tugenden, die letztere in sich schließt. Ohne Gottesliebe wird die Nächstenliebe nicht lange den Schwierigkeiten standhalten, die sich ihrer Ausübung entgegenstellen.

Nicht ohne Grund also hat der Heiland die Nächstenliebe das untrügliche Erkennungszeichen seiner Jünger genannt: *In hoc cognoscent omnes.* Und der hl. Paulus sagt: »Jedes andere Gebot ist in dieser Vorschrift zusammengefasst: Du sollst deinen Nächsten lieben wie dich selbst.«[1207] Oder ausführlicher noch: »Das ganze Gesetz wird durch das eine Wort erfüllt: Du sollst deinen Nächsten lieben wie dich selbst.« *Omnis lex in uno sermone impletur: diliges proximum tuum sicut teipsum.*[1208]

Der heilige Johannes sagt dies so schön: »Wenn wir einander lieben, so bleibt Gott in uns, und seine Liebe ist in uns vollkommen.«[1209] Gleich dem Heiland, dessen letzte Worte er gehört, wiederholt der hl. Johannes, dass die Nächstenliebe das Kennzeichen der Kinder Gottes ist. »Wir wissen,« so sagt er, – wir müssen diese unumstößliche Sicherheit des Ausdrucks »wir wissen« bewundern – »dass wir aus dem Tode in das Leben (in das übernatürliche und göttliche) übergegangen sind, weil wir die Brüder lieben. Wer nicht liebt, bleibt im Tode.«[1210] Und der hl. Augustinus: »Wollt ihr wissen, ob ihr das Leben der Gnade lebt, ob Gott euch, seine Freundschaft schenkt, ob ihr

---

1205 Cf. S. th. II–II, q. 25, a. 1.
1206 Dialog. 2.
1207 Rom. 13, 9.10.
1208 Gal. 5, 14.
1209 1. Joan. 4, 12.
1210 1. Joan. 3, 14.

in Wahrheit teil habt an der Jüngerschaft Christi, ob ihr in seinem Geiste lebt? Fraget euch selber; prüft, ob ihr eueren Nächsten liebt, ob ihr alle Menschen liebt, ob ihr sie um Gottes willen liebt – und es wird euch Antwort zuteil. Und diese Antwort wird nicht trügen.«[1211] Auch die hl. Theresia äußert sich über den gleichen Gegenstand. Der Text ist etwas ausgedehnt, aber sehr klar. »Gott verlangt nur zwei Dinge, 1. dass wir ihn und 2. dass wir den Nächsten lieben.

Daran sollen wir also arbeiten. Indem wir dies getreulich tun, erfüllen wir seinen Willen und sind mit ihm vereint.« ... Dies ist unser Ziel. Wie werden wir es sicher erreichen? Die Heilige fährt fort: »Das sicherste Zeichen dafür ist nach meiner Ansicht dieses, dass wir eine aufrichtige und wahre Nächstenliebe haben. Denn über das Maß unserer Gottesliebe können wir nie sicher urteilen, selbst dann nicht, wenn wir große Beweise dafür zu haben glauben. Unsere Liebe zum Nächsten dagegen ist uns viel klarer. Es ist daher für uns von der größten Wichtigkeit, wohl zu prüfen, wie unsere Seelenstimmung und unser äußeres Verhalten dem Nächsten gegenüber sind. Ist beides gut, dann dürfen wir beruhigt sein; denn angesichts der Verderbtheit unserer Natur könnten wir ohne große Gottesliebe unsern Nächsten niemals vollkommen lieben.«[1212]

Die Lehre der großen Heiligen ist nur der Nachklang der Lehre des hl. Johannes. Dieser Apostelherold der Liebe nennt einen »Lügner« den, der da sagt; »ich liebe Gott«, und der dabei seinen Bruder hasst, »denn,« fährt er fort, »wer seinen Bruder, den er sieht, nicht liebt, wie vermag der Gott zu lieben, den er nicht sieht.«[1213] Was will er damit sagen?

Wir sollen Gott lieben *totaliter* und *totum. Totaliter*, »gänzlich«, sollen wir Gott lieben, d. h. ihn lieben mit unserer ganzen Seele, mit unserem ganzen Geiste, mit unserem ganzen Herzen, mit allen unse-

---

1211 Si vis nosse quia accepisti Spiritum (Sanctum) interroga cor tuum: si est ibi dilectio fratris, securus esto. Non potest esse dilectio sine Spiritu Dei. (In Epistol. Joan. Tract. 6, c. 3.) Virtus et sapientia fidei christianae, amor Dei est et amor proximi: neque ullo caret officio cui studium est colere Deum et iuvare conservum. Harum autem affectionum duplex Unitas omni quidem est tempore exercenda et proficienter augenda. (S. Leo, Sermo 45, de Quadragesima 7.)
1212 Die Seelenburg, 5. Wohnung, 3. Kap.
1213 1. Joan. 4, 20.

ren ganzen Kräften, d. h. in unsere Gottesliebe den hl. Willen Gottes in seinem ganzen Umfange einschließen.

Totum, »ganz«, sollen wir Gott lieben, d. h. ihn und alles, was zu ihm gehört. Was gehört zu Gott? Zunächst hat er sich in der Person des Wortes die Menschheit Christi beigesellt, und deshalb können wir nicht Gott lieben, ohne zugleich Jesum Christum zu lieben. Wenn wir zu Gott sagen, dass wir ihn lieben wollen, so verlangt er zunächst von uns, dass wir die mit dem Worte persönlich vereinte Menschheit anerkennen: *Hic est Filius meus, ipsum andite.* Aber indem das ewige Wort sich mit der menschlichen Natur vereinte, hat es sich im Prinzip auf mystische Weise mit der ganzen Menschheit vereint: Christus ist der älteste von vielen Brüdern, die Gott an seiner Natur teilhaben lässt, mit denen er sein göttliches Leben, seine eigene Glückseligkeit teilen will. So innig sind sie mit ihm vereint, dass nach des Heilands eigener Erklärung sie wie Götter, d. h. gottähnlich sind: *Ego dixi, dii estis.*[1214] Durch die Gnade sind sie, was Jesus von Natur ist: die vielgeliebten Kinder Gottes. Hieraus erkennen wir den tiefen Grund des Gebotes, das Jesus »sein Gebot« nennt, sowie dessen lebenspendende Kraft.

Seit der Menschwerdung und durch dieselbe sind alle Menschen, wenn nicht tatsächlich, so doch rechtlicherweise mit Christus vereint, so wie die Glieder eines Leibes mit dem Haupt vereint sind. Die Verdammten allein sind für immer von dieser Verbindung getrennt.

Es gibt Seelen, die Gott in Christo suchen, die seine Menschheit anerkennen, die aber dabei stehen bleiben. Und doch genügt dies nicht. Wir müssen die Menschwerdung mit allen ihren Folgerungen annehmen. Unsere Hingabe darf sich nicht nur auf die Menschheit Christi selber erstrecken, sondern muss dem ganzen mystischen Leib sich zuwenden. Deshalb ist auch einen der Ärmsten im Stiche lassen gleichbedeutend mit Christus selbst im Stiche lassen – und einem aus ihnen helfen Christus helfen. Dies sollte man nie vergessen, denn es hieße das, einen der wichtigsten Punkte des übernatürlichen Lebens außer Acht lassen. Schlägst du ein Glied des Menschen, sei es Auge oder Arm, so ist er selbst getroffen.

Wenn wir unseren Nächsten angreifen, greifen wir eines der Glieder Christi und damit Christum selbst an. Deswegen hat Christus gesagt, dass alles Gute oder Böse, was wir dem geringsten unserer Brü-

---

1214 Joan, 10, 34. Cf. Ps. 81, 6.

der tun, wir ihm selbst getan haben. Jesus ist die Wahrheit selber. Er kann uns nichts lehren, was nicht auf übernatürlicher Wirklichkeit beruht. Die übernatürliche Wirklichkeit aber, die uns der Glaube in diesem Heilandswort finden lässt, ist diese: Indem Christus Fleisch annahm, hat er geheimnisvollerweise die ganze Menschheit mit sich vereint. Es hieße Christum selber verwerfen und ihm unsere Liebe verweigern, wollten wir diejenigen abweisen oder nicht lieben, die Christo durch die Gnade angehören oder doch angehören könnten.

Eine wichtige Bestätigung dieser Wahrheit finden wir in dem Bericht von Pauli Bekehrung. Voller Hass gegen die Christen geht er nach Damaskus, um die Jünger Christi gefangen zu nehmen. Unterwegs wird er zu Boden geworfen, und eine Stimme ruft ihm zu: »Warum verfolgst du mich?« *Quid me persequeris?* »Wer bist du, Herr?« fragt Paulus. Und die Stimme antwortet: »Ich bin Jesus, den du verfolgst.« Christus sagt nicht: Warum verfolgst du meine Jünger? Er identifiziert sich mit ihnen, so dass Pauli Verfolgung der Christen Christum selbst trifft: »Ich bin Jesus, den du verfolgst.«

Das Leben der Heiligen ist reich an ähnlichen Zügen. Der hl. Martin begegnet, da er noch heidnischer Soldat ist, auf dem Wege einem Armen. Von Mitleid gerührt, teilt er seinen Mantel mit ihm. In der folgenden Nacht erscheint ihm Jesus Christus, bekleidet mit dem Stück des Mantels, das Martin dem Armen gegeben hatte, und entzückt hört Martin die Worte des Herrn: Du hast mich mit dem Mantel bekleidet. – Die hl. Elisabeth von Ungarn begegnet eines Tages in Abwesenheit ihres herzoglichen Gemahls einem von allen verlassenen Aussätzigen. Sie nimmt ihn zu sich und legt ihn auf ihr eigenes Ruhelager. Bei seiner Rückkehr erfährt der Landgraf diese Nachricht, und ergrimmt will er den armen Aussätzigen davonjagen. Aber da er sich dem Bette nähert, sieht er das Angesicht Christi.[1215] Ähnliches lesen wir im Leben der hl. Katharina von Siena. Eines Tages befand sie sich in der Kirche der Predigerbrüder. Da kam ein Armer zu ihr und bat um Gottes Willen um ein Almosen. Die Heilige konnte ihm nichts geben, da sie gewöhnlich kein Geld bei sich trug. Daher bat sie den Bettler, zu warten, bis sie nach Hause ginge und versprach, ihn nachher gern und reichlich zu beschenken. Aber der Arme drängte: »Wenn du über irgendetwas verfügst, gib es mir, ich bitte dich, denn ich kann nicht so lange warten.« Katharina suchte ängstlich, was

1215 Montalembert, Leben der hl. Elisabeth. 8. Kap.

sie ihm geben könnte, um seiner Not abzuhelfen, und fand schließlich ein kleines silbernes Kreuz. Sofort gab sie es dem Armen, der sich zufrieden entfernte. In der folgenden Nacht erschien Christus der Heiligen, in der Hand das kleine Kreuz, mit Edelsteinen verziert. »Kennst du dieses Kreuz, meine Tochter?«»Gewiss kenne ich es, aber als es noch mir gehörte, war es nicht so schön.« Der Herr erwiderte: »Du hast es mir gestern aus Nächstenliebe gegeben – die Edelsteine bedeuten diese Liebe. Ich verspreche dir, dass ich beim Jüngsten Gericht vor allen Engeln und Menschen dir dieses Kreuz geben werde, damit deine Freude vollkommen sei. An dem Tage, an dem ich feierlich die Barmherzigkeit und Gerechtigkeit meines Vaters offenbare, werde ich auch das Werk der Barmherzigkeit, das du mir getan hast, kundtun.«[1216]

Christus ist unser Nächster geworden, oder besser unser Nächster ist Christus, der sich uns in dieser oder jener Gestalt zeigt. Er zeigt sich uns leidend in den Kranken, bedürftig in den Elenden, gefangen in den Gefangenen, traurig in den Weinenden. Aber der Glaube ist es, der ihn uns in seinen Gliedern zeigt. Wenn wir ihn da nicht sehen, so kommt es daher, dass unser Glaube schwach, unsere Liebe unvollkommen ist. Deshalb sagt der hl. Johannes: »Wenn wir nicht unseren Nächsten lieben, den wir sehen, wie können wir denn Gott lieben, den wir nicht sehen?« Wenn wir Gott nicht lieben in der sichtbaren Form, in der er sich uns zeigt, d. h. im Nächsten, wie können wir sagen, dass wir ihn selbst in seiner Gottheit lieben?[1217]

2

In der Abhandlung über die Kirche wurde schon darauf hingewiesen, dass in der göttlichen Heilsordnung, so wie sie sich uns seit der Menschwerdung darstellt, eines wohl zu beachten ist: die bedeutende Rolle, die unseren Mitmenschen als Werkzeugen der Gnadenvermittlung zukommt. Wenn wir die (ureigene) Lehre Christi kennen lernen wollen, dürfen wir uns nicht unmittelbar an Gott wenden, oder sie auf eigenes Urteil hin in den inspirierten Büchern suchen. Wir müssen uns an die zur Regierung der Kirche eingesetzten Hirten wenden.

1216 Leben der hl. Katharina von Siena vom sel. Raimund von Kapua, 2. Buch, 3. Kap.
1217 Cf. S. th. II–II, q. 24, a. 2, ad I.

416

»Aber dies sind Menschen,« wird man sagen, »Menschen wie wir.« Und dennoch müssen wir zu ihnen gehen; sie sind die Stellvertreter Christi, Christum müssen wir in ihnen sehen. »Wer euch hört, der hört mich; wer euch verachtet, der verachtet mich.«[1218]

Ebenso verhält es sich bei Spendung der Sakramente. Wir empfangen sie aus der Hand von Menschen, die Christus dazu bestimmt hat. Christus selbst spendet uns die Taufe, die Sündenvergebung, alle Sakramentsgnaden, aber durch Vermittlung eines Menschen. – Ähnlich ist es mit der Nächstenliebe. Wollt ihr Gott, wollt ihr Jesum lieben – und ihr müsst ihn lieben, denn »dies ist das erste und größte Gebot« – so liebt vor allem euren Nächsten, liebt alle Menschen, mit denen ihr lebt. Liebt sie, weil sie alle mit euch zur gleichen, von Christus verdienten, ewigen Seligkeit berufen sind. Liebt sie, weil in ihnen Gott selbst hienieden sich uns zeigt.

Dieses ist so wahr, dass Gottes Verhalten uns gegenüber sich nach unserem Verhältnis zum Nächsten richtet. Gott handelt so an uns, wie wir an unseren Brüdern. Sagt er doch selbst: »Mit welchem Maße ihr messet, wird euch wieder gemessen werden.«[1219] Sogar auf Einzelheiten geht er ein: »Euer himmlischer Vater wird euch nur dann eure Sünden vergeben, wenn ihr einander verzeiht. Wenn ihr nicht barmherzig seid, harrt euer ein Gericht ohne Erbarmen. Wollt ihr nicht gerichtet und nicht verdammt werden, dann richtet und verdammt nicht. Und wenn Gott euch seine Güte zeigen soll, seid zunächst gütig gegen eure Nächsten. »Gebt,« spricht der Herr, »so wird euch gegeben, ein gutes, ein eingedrücktes, gerütteltes und aufgehäuftes Maß wird man euch in den Schoß geben.«[1220] Warum dieses beharrliche Drängen? Noch einmal sei es gesagt, weil Christus sich durch die Menschwerdung so innig mit der Menschheit vereinigt hat, dass alle übernatürliche Liebe, die wir den Menschen erweisen, auf ihn selbst übergeht.

Sicherlich finden viele Seelen in diesem Punkte die Ursache ihrer inneren Schwierigkeiten, der Traurigkeiten und der geringen Entfaltung ihres innerlichen Lebens. Sie geben sich nicht genügend Christo hin in der Person seiner Glieder. Sie halten sich zu sehr zurück. Mögen sie geben, damit auch ihnen gegeben werde, überreichlich ge-

---

1218 Luc. 10, 16.
1219 Matth. 7, 2.
1220 Luc. 6, 38.

geben; denn Jesus Christus lässt sich an Liebe nicht übertreffen. Mögen sie ihre Selbstsucht überwinden, sich großmütig, aus Liebe zu Gott dem Nächsten hingeben, und Christus wird sich ihnen in Fülle schenken. Weil sie sich vergessen, nimmt sich Christus ihrer an – und wer führt uns sicherer zur Glückseligkeit als er?

Es ist keine Kleinigkeit, unseren Nächsten immer und mit der gleichen ungeschwächten Liebe zu lieben. Dazu gehört eine starke und großmütige Liebe. Wenngleich die Liebe zu Gott wegen ihres überragenden Gegenstandes an sich vollkommener ist als die Liebe zum Nächsten, so erfordert dennoch ein Akt der Nächstenliebe oft mehr innere Kraft und sammelt mehr Verdienste, um so mehr als der Beweggrund für beide, für unsere Gottes- und Nächstenliebe, der gleiche ist.[1221]

Woher kommt dies? Gott, die Schönheit und Güte selbst, hat uns unendliche Liebe erwiesen, und so drängt uns die Gnade, ihn zu lieben. Was dagegen unseren Nächsten betrifft, so begegnen wir wegen der Verschiedenartigkeit seiner und unserer Interessen fortwährend Hindernissen, sei es in ihm oder in uns. Diese Schwierigkeiten erfordern von unserer Seele mehr Glut, mehr Großmut, größere Selbstvergessenheit, Verzicht auf die eigenen Stimmungen und Wünsche. Deshalb erfordert die Nächstenliebe auf die Dauer größere Anstrengungen. Es verhält sich hier ähnlich, wie wenn die Seele an innerer Trockenheit leidet. Auch da braucht die Seele, um treu zu bleiben, mehr Großmut, als wenn sie eine Überfülle inneren Trostes genießt. Ebenso in Leiden. Gott bedient sich ihrer öfters im geistlichen Leben zur Entfaltung unserer Liebe, denn in solchen Zeiten muss sich unsere Seele mehr überwinden und damit den Beweis ihrer Fertigkeit liefern. Betrachten wir unsern Herrn. Seinen größten Liebesakt vollbrachte er, als er in Todesangst den ihm dargereichten Kelch der Bitterkeit annahm und als er, von seinem Vater verlassen, sein Opfer auf dem Kreuze vollendete.

In ähnlicher Weise offenbart eine, trotz natürlichen Abscheues und Widerwillens betätigte, übernatürliche Nächstenliebe eine größere Kraft göttlichen Lebens in der Seele.

1221 »Gott ist die formale Ursache unserer Nächstenliebe, da wir den Nächsten ja nur um Gottes willen lieben sollen. Daraus folgt, dass ein Akt der Gottesliebe in seinem Wesen der gleiche ist wie ein Akt der Nächstenliebe.« S. th. II–II, q. 25, a. 1.

Man darf zweifellos behaupten, dass eine Seele, die sich in übernatürlicher Weise rückhaltlos Christo in der Person des Nächsten hingibt, Christum mit inniger Liebe liebt und unendlich von ihm geliebt wird; sie wird große Fortschritte machen in der Vereinigung mit unserm Herrn. Wenn dagegen eine Seele dem Gebete viele Zeit widmet, sich aber wissentlich den Bedürfnissen des Nächsten verschließt, so dürfte ein gut Teil ihres Gebetslebens Täuschung sein. Denn der Endzweck des Gebetes ist die Hingabe der Seele an den göttlichen Willen; indem sich diese Seele dem Nächsten verschließt, verschließt sie sich Christo Und seinem heiligsten Wunsche: *Ut unum sint, ut sint consunmati in unum.* Wahre Heiligkeit glänzt durch Nächstenliebe und rückhaltlose Hingabe seiner selbst.

Wenn wir also eine dauernde Vereinigung mit unserm Heiland suchen, so müssen wir uns vor allem prüfen, ob wir mit den Gliedern seines mystischen Leibes vereinigt sind. Achten wir darauf! Die geringste gewollte, freiwillige Kälte gegen unseren Nächsten ist ein je nach ihrem Grad mehr oder weniger großes Hindernis für unsere Vereinigung mit Christo. – Deshalb sagt Christus, wir sollten, wenn wir im Begriffe sind, unsere Gabe zum Altare zu bringen, und uns erinnern, dass unser Bruder etwas wider uns habe, »unsere Gabe dalassen und zuerst hingehen, uns mit unserem Bruder versöhnen, und dann kommen, unsere Gabe zu opfern.«[1222]

Bei der hl. Kommunion empfangen wir Christi natürlichen Leib. Wir sollen aber auch seinen mystischen Leib aufnehmen; denn es ist unmöglich, dass Christus bei uns einkehre und sich mit uns vereine, wenn wir Widerwillen in uns nähren gegen eines seiner Glieder. Der hl. Thomas bezeichnet die unwürdige Kommunion als eine Lüge. Das ist begreiflich. Indem wir uns dem Heiland nähern, ihn in der hl. Kommunion zu empfangen, bekennen wir durch unsere Handlung selbst, dass wir mit ihm vereinigt sind. Sich dem Heiland nähern in einem sündhaften, d.h. gottfernen Zustand, ist also eine Lüge.[1223] Desgleichen begehen wir eine Lüge, wenn wir uns Christo nähern, uns mit ihm vereinigen und auch nur ein einziges seiner Glieder von unserer Liebe ausschließen wollen. Das hieße Chri-

---

1222 Matth. 5, 23–24.

1223 Cum peccatores sumentes hoc sacramentum cum peccato mortali, significent se Christo per fidem formatam unitos esse, falsitatem in sacramehto committunt ... S. th. III. q. 80, a. 4. Conclusio.

stum teilen wollen. Wir sollen aber, wie der hl. Augustinus sagt, den »ganzen Christus«[1224] empfangen. Hört, wie der hl. Paulus sich dazu äußert: »Der Kelch der Segnung, welchen wir segnen, ist er nicht die Mitteilung des Blutes Christi? Und das Brot, das wir brechen, ist es nicht Teilhabe im Leibe des Herrn? Denn ein Brot, ein Leib sind wir viele, wir alle, die wir an dem einen Brote teilnehmen.«[1225] Und der große Apostel, der die Lehre vom mystischen Leib des Herrn so tief erfasst und so lebendig dargelegt hat, hasst alle Entzweiungen und Uneinigkeiten unter den Christen. »Ich bitte euch, Brüder,« sagt er, »bei dem Namen unseres Herrn Jesus Christus, dass ihr alle die nämliche Sprache führet und keine Spaltungen unter euch seien; dass ihr vielmehr vollkommen seiet in demselben Sinne und in derselben Meinung.«[1226] Und wie begründet er dies? »Wie nämlich der Leib einer ist und viele Glieder hat, alle Glieder des Leibes aber, obschon ihrer viele sind, dennoch einen Leib bilden, so auch Christus. Denn in einem Geiste sind wir alle zu einem Leibe getauft worden, gleichviel ob Juden oder Heiden, Knechte oder Freie; und alle sind wir in einem Geiste getränkt worden. Ihr aber seid Christi Leib, Glied um Glied.«[1227]

3

Aus diesem erhabenen Gesetz schöpft die Nächstenliebe ihre innerste Begründung. Auch die Art und Weise ihrer Betätigung lassen sich aus dem gleichen Gesetze ableiten.

Da wir alle nur einen Leib bilden, muss unsere Nächstenliebe allgemein sein. Die Nächstenliebe schließt grundsätzlich niemanden aus, denn Christus ist für alle gestorben und alle sind zur Teilnahme an seinem Reiche berufen. Sie umfasst selbst die Sünder; denn für sie besteht die Möglichkeit, wieder lebendige Glieder des Leibes Christi zu werden. Nur die Seelen, die Gottes Verdammungsurteil für immer vom mystischen Leibe getrennt hat, sind von der Nächstenliebe ausgeschlossen.

1224 Totus Christus caput et corpus est: caput Unigenitus Dei Filius, et corpus eius Ecclesia. S. Augustin. De Unitate Eccles. 4.
1225 1. Cor. 10, 16–17.
1226 1. Cor. 1, 10.
1227 1. Cor. 12, 12–14 und 27.

Aber diese Liebe muss verschiedene Formen annehmen, je nach dem Bedürfnis des Nächsten. Unsere Liebe darf keine platonische, rein theoretische, abstrakte Liebe sein, sie muss sich in entsprechende Akte umsetzen.

Die Seligen im Himmel sind die glorreichen Glieder an Christi Leib; sie sind zur höchsten Vereinigung mit Gott gelangt. Ihnen gegenüber nimmt unsere Liebe eine der vollkommensten Formen an: die des Wohlgefallens und der Dankbarkeit. Sie besteht darin, die Heiligen ob ihrer Glorie zu beglückwünschen, sich mit ihnen zu freuen, mit ihnen Gott zu danken für den Platz, den er ihnen in seines Sohnes Reich gewährt hat. – Den Seelen gegenüber, die ihre Läuterung im Fegefeuer vollenden, wird unsere Liebe zur Barmherzigkeit. Mitleid soll uns bestimmen, ihr Los durch unsere Fürbitten und besonders durch das hl. Messopfer zu erleichtern.

Hier auf Erden zeigt Christus sich uns im Nächsten unter den mannigfachsten Gestalten, woraus sich ebenso viele Betätigungsmöglichkeiten unserer Nächstenliebe ergeben. Ohne Zweifel sind dabei verschiedene Grade und eine gewisse Ordnung zu beachten.

Vor allem zählen zu unsern Nächsten diejenigen, die durch die Bande des Blutes uns am engsten verbunden sind; auch hier wird die Ordnung der Natur durch die Gnade nicht umgestürzt. Die Nächstenliebe eines Vorgesetzten wird eine andere Färbung haben als die eines Untergebenen. Auch muss die Nächstenliebe, soweit sie sich materiell betätigt, durch die übernatürliche Tugend der Klugheit geleitet sein: ein Familienvater kann nicht zugunsten der Armen, aber zum Schaden der eigenen Kinder sein ganzes Vermögen hergeben. – Ebenso muss die übernatürliche Tugend der Gerechtigkeit vom Sünder Reue und Sühne verlangen, ehe sie verzeiht. Unerlaubt ist nur der Hass, d. h. Böses des Bösen wegen wollen oder wünschen; unerlaubt ist, jemanden absichtlich aus dem Gebete auszuschalten, was unmittelbar gegen die Nächstenliebe ginge. Es gibt wohl kaum einen bessern Beweis aufrichtiger Verzeihung, als wenn wir für jene beten, die uns beleidigt haben. – Den Nächsten übernatürlich lieben heißt, ihn lieben vor Gott, um ihm Gottes Gnade, die ihn zur ewigen Glückseligkeit führt, zu verschaffen oder sie ihm zu erhalten.[1228] Lieben heißt

---

1228 Ratio diligendi proximum Deus est: hoc enim in proximo debemus diligere ut in Deo sit. S. th. II–II, q. 25, a. 1 und q. 26.

nach dem hl. Thomas, »Gutes wollen«;[1229] aber jedes besondere Gut ordnet sich dem höchsten Gut unter. Den Unwissenden durch Belehrung, Gott, das unendliche Gut, geben, ist darum ein Gott wohlgefälliges Werk. Ebenso das Gebet für die Bekehrung der Ungläubigen, der Sünder, damit sie zum Glauben gelangen oder die göttliche Gnade wiederfinden. Wenn wir im Gebet dem lieben Gott die Bedürfnisse der Seelen empfehlen oder in der hl. Messe das *Kyrie eleison* singen für alle jene, die des Glaubenslichtes oder der Gnadenstärke in Versuchungen harren, wenn wir für die Arbeit der Missionare beten, erfüllen wir jedesmal ein unserm Herrn überaus wohlgefälliges Werk echtester Nächstenliebe. Wenn der Heiland für ein einziges Glas Wasser, das in seinem Namen gereicht wird, eine Belohnung versprochen hat, was wird er erst geben für ein Leben des Gebetes und der Sühne, das der Ausbreitung seines Reiches gewiss ist! Es gibt jedoch noch andere Bedürfnisse. Da ist ein Armer, dem geholfen, ein Kranker, dem Erleichterung gebracht, der gepflegt, besucht werden soll. Da ist eine von Traurigkeit niedergedrückte Seele, die durch gute Worte gestärkt werden kann; eine andere, vor Glück überströmend, wünscht, dass jemand ihre Freude mit ihr teile: *Gaudere cum gaudentibus, flere cum flentibus;*[1230] »die Liebe,« sagt der hl. Paulus, »wird allen alles.«[1231]

Betrachten wir nun, wie Jesus Christus diese Nächstenliebe verwirklicht hat, und nehmen wir ihn zum Vorbild.

Unser Heiland machte gern andern Freude. Das erste Wunder seines öffentlichen Lebens war die Verwandlung von Wasser in Wein bei der Hochzeit zu Kana, um seinen Gastgebern, denen der Wein ausgegangen war, aus der Verlegenheit zu helfen.[1232] Wir hören auch, wie er verspricht, alle zu erquicken, die mühselig und beladen sind und Hilfe bei ihm suchen.[1233] Und wie hat er dies Versprechen gehalten? Die Evangelisten betonen des öfteren, dass er »von Mitleid gerührt«, *Misericordia motus,*[1234] seine Wunder wirkte: darum heilt er den Aussätzigen, darum erweckt er den Sohn der Witwe von Naim. Aus Mitleid mit der Menge, die ihm seit drei Tagen unermüdlich

---

1229 Amare nihil aliud est quam velle bonum alicui. S. th. I q. 20. a. 2. Cf. auch I–II, q. 28, a. 1.
1230 Rom. 12, 15.
1231 1. Cor. 9, 22.
1232 Joan. 2, 1–11.
1233 Matth. 11, 28.
1234 Luc. 7, 13.

folgt und nun vom Hunger geplagt ist, vermehrt er die Brote: *Misereor super turbam.*[1235] Zachäus, ein Hauptmann der Zöllner, dieser von den Pharisäern als Sünder verachteten Judenklasse, wünscht sehnlichst den Heiland zu sehen. Aber wegen seiner kleinen Gestalt will ihm dies nicht gelingen, denn die Menge umgibt Jesum von allen Seiten. Darum steigt er auf einen Baum am Wege, wo Jesus vorbeigehen soll. Und unser Heiland kommt dem Wunsche des Zöllners zuvor. Er ruft ihm zu, vom Baum herabzusteigen, da er sein Gast sein will. Und voller Freude über die Erfüllung seiner Wünsche empfängt ihn Zachäus in seinem Hause.[1236] Auch seine Macht stellt er in den Dienst der Liebe zu seinen Freunden. Martha und Maria Magdalena weinen vor ihm wegen ihres durch den Tod entrissenen Bruders. Da wird der Heiland gerührt, und Tränen, wirkliche menschliche Tränen, die aber zugleich Gottestränen sind, entströmen seinen Augen. *Iesus infremuit spiritu et turbavit seipsum ... et lacrymatus est.*

»Wo habt ihr ihn hingelegt,« fragt er sogleich; denn seine Liebe kann nicht untätig bleiben. Und er erweckt seinen Freund von den Toten. Die Juden, die Zeugen dieses Schauspiels waren, sprachen: »Sehet, wie lieb er ihn hat!« *Ecce quomodo amabat eum!*[1237]

Der hl. Paulus nennt Christum »die auf Erden erschienene Güte und Menschenfreundlichkeit Gottes«.[1238] Er ist ein König, aber ein König »voller Sanftmut«,[1239] der befiehlt, zu verzeihen, und der diejenigen glücklich preist, die nach seinem Beispiel Barmherzigkeit üben.[1240] Und der hl. Petrus, der drei Jahre in innigstem Verkehr mit dem Heiland lebte, sagt von ihm, dass er »umherging, Wohltaten spendend«: *Pertransiit benefaciendo.*[1241] Gleich dem barmherzigen Samaritan, dessen Wohltat er so ergreifend geschildert, hat Christus die Menschen in seine Arme, ihre Schmerzen in sein heiligstes Herz geschlossen: *Vere languores nostros ipse tulit, et dolores nostros ipse portavit.*[1242] Er kommt, das größte und einzige Übel, die Sünde, hin-

---

1235 Marc. 8, 2.
1236 Luc. 19, 5–6.
1237 Joan. 11, 36.
1238 Tit. 3, 4.
1239 Matth. 21, 5.
1240 Matth. 5, 7.
1241 Act. 10, 38.
1242 Is. 53, 4.

wegzunehmen.[1243] Er treibt Teufel aus den Leibern der Besessenen, aber noch mehr aus den Seelen, indem er sein Leben für einen jeden aus uns dahingibt: *Dilexit me, et tradidit semetipsum pro me.*[1244] Einen größeren Beweis der Liebe gibt es sicherlich nicht: *Maiorem hac dilectionem nemo habet, ut animam suam ponat quis pro amicis suis.*[1245].

Jesu Liebe zu den Menschen sei uns also Vorbild für die unsrige. »Liebet einander, wie ich euch geliebt habe.« *Sicut dilexi vos.*[1246] Welche tiefere Ursache bewog den Heiland, seine Jünger und in ihnen uns zu lieben?

Sie gehören seinem Vater an: *Rogo ... pro his, quos dedisti mihi, quia tui sunt.*[1247] Weil die Seelen Gott und Christo gehören, darum sollen wir sie lieben. Unsere Liebe muss übernatürlich sein. Die wahre Nächstenliebe ist Gottesliebe, die gleichzeitig Gott und alles, was mit ihm vereinigt ist, umfängt. Wie Christus, so sollen auch wir alle Seelen mit äußerster Selbstaufopferung lieben: *in finem.*

Der hl. Paulus, belebt durch Christi Geist, war durch und durch erfüllt von Nächstenliebe: »Wer wird schwach, und ich werde nicht schwach? Wer nimmt Ärgernis, und es brennt mich nicht?«[1248] Welche Nächstenliebe besitzt der, der sagen kann: »Überaus gern will ich alles aufopfern, ja mich selbst will ich opfern für eure Seelen.« *Libentissime impendam et superimpendar!*[1249] Sogar die Verdammung wünscht er sich, wenn anders er dadurch seinen Brüdern helfen kann.[1250] Auf seinen unermüdlichen Reisen arbeitet er für seinen Lebensunterhalt, damit er den Christengemeinden, die ihn aufnehmen, nicht zur Last falle.[1251] Bekannt ist auch der kurze, rührende Brief an seinen Freund Philemon, worin er für den Sklaven Onesimus Fürbitte einlegt. Um einer Strafe zu entgehen, war der heidnische Sklave Onesimus seinem Herrn entflohen. Er hatte sich zum hl. Paulus geflüchtet, der ihn bekehrte, und dem er später große Dienste erwies. Um aber Philemons Rechte nicht zu verletzen, schickt der gro-

---

1243 Hebr. 9, 26.
1244 Gal. 2, 20.
1245 Joan. 15, 13.
1246 Joan. 13, 34.
1247 Joan. 17, 9.
1248 2. Cor. 11, 29.
1249 2. Cor. 12, 15.
1250 Rom. 9, 3.
1251 2. Thess. 3, 8. Cf. 2. Cor. 12, 16.

ße Apostel den Sklaven, gemäß den damaligen Gesetzesvorschriften, wieder zu seinem Freunde zurück. Bei dieser Gelegenheit schreibt er einige Zeilen an Philemon, der das Recht über Leben und Tod des Flüchtigen hatte, um ihm dadurch einen guten Empfang zu sichern. Den Brief schrieb Paulus, wie er selbst sagt, mit eigener Hand im Gefängnis zu Rom. Er enthält alles, was die Nächstenliebe an bittendem Drängen und zartem Mitleid erfinden kann. »Ich, Paulus, alt wie ich bin, dazu jetzt noch um Christi Jesu willen Gefangener, bitte dich für meinen Sohn, den ich in meinen Banden das Leben gab ... den ich dir zurücksende. Du aber nimm ihn auf, als wäre es mein eigenes Herz. ... Hat er dir aber Schaden zugefügt, oder ist er dir etwas schuldig, so rechne dies mir an ... Ja, Bruder! ich möchte von dir Nutzen ziehen im Herrn, erquicke mein Herz im Herrn!«[1252] Nun verstehen wir auch des Apostels Loblied auf die Nächstenliebe: »Die Liebe ist langmütig, ist gütig; die Liebe eifert nicht, sie handelt nicht unbescheiden, sie bläht sich nicht auf, sie ist nicht ehrsüchtig, sucht nicht das Ihre, sie lässt sich nicht erbittern, sie rechnet das Böse nicht an, sie freut sich nicht der Ungerechtigkeit, sie freut sich aber mit der Wahrheit; alles erträgt sie, alles glaubt sie, alles hofft sie, alles übersteht sie.«[1253] Aber alle diese Handlungen, so verschieden sie auch sein mögen, entstammen der gleichen Quelle: Christus, durch den Glauben im Nächsten erkannt. Suchen wir also vor allem die Liebe Gottes in dauernder Vereinigung mit unserm Heiland. Dann wird unsere Gottesliebe gleich einem in tausend Strahlen Licht und Wärme aussendenden Feuerherd sein, von dem aus sich unsere Nächstenliebe verbreitet, um so weiter und wirksamer, je glühender der Feuerherd ist. Unsere Nächstenliebe sei der Abglanz unserer Gottesliebe. Hören wir, was der hl. Paulus uns sagt: »Seid einander mit brüderlicher Liebe zugetan, kommet einander mit Ehrerbietung zuvor. Freuet euch mit den Fröhlichen, weinet mit den Weinenden. Habet einerlei Gesinnungen gegeneinander. Wenn es möglich ist, so habet, soviel an euch liegt, mit allen Menschen Frieden.«[1254] Und seine Lehre zusammenfassend, sagt er: »Ich ermahne euch also, wandelt würdig des Berufes, zu dem ihr berufen seid, mit aller Demut und Sanftmut, mit Geduld, einander in Liebe ertragend, eifrig bemüht, die Einheit des Geistes zu be-

1252 Philem. 9 sq.
1253 1. Cor. 13, 4–7.
1254 Rom. 12, io, 16, 18.

wahren durch das Band des Friedens. Ein Leib und ein Geist, wie ihr ja auch berufen seid zu einer Hoffnung eures Berufes.«[1255]

Vergessen wir nie den Leitgedanken, der uns auf unserm Wege führen soll: wir sind alle eins in Christo. Die Nächstenliebe erhält diese Einheit. Nur durch Christum gelangen wir zum Vater. Aber wir müssen ihn ganz aufnehmen, ihn selbst und all seine Glieder. Dies ist das Geheimnis des wahrhaft göttlichen Lebens in uns.

Aus diesem Grund macht der Heiland die gegenseitige Liebe zu seinem Gebot und zum Gegenstand seines letzten Gebetes: *Ut sint consummati in unum.* – Suchen wir mit aller Kraft diesen letzten Wunsch unseres Erlösers nach Möglichkeit zu erfüllen. Die Liebe ist eine Lebensquelle. Wenn wir diese Liebe in Gott schöpfen, damit sie unversiegbar auf alle Glieder Christi sich ergieße, dann wird überreiches Leben unsern Seelen entströmen. Denn der Lohn für unsere Selbstvergessenheit wird nach unseres Meisters eigenen Worten sein ein »gutes, gerütteltes, geschütteltes und überfließendes« Maß von Gnaden.

1255 Eph. 4, 1–4.

DIE MUTTER DES MENSCHGEWORDENEN WORTES

INHALT: *Welche Stelle die Andacht zu Maria in unserem geistlichen Leben einnimmt. Wie Jesus, so soll auch der Jünger Christi Sohn Mariae sein. – I. Was Maria Jesus gegeben hat. Durch ihr »fiat« hat die allerseligste Jungfrau eingewilligt, dem ewigen Worte eine menschliche Natur zu geben, sie ist die Mutter Christi; in dieser Eigenschaft nimmt sie im Hauptgeheimnis des Christentums eine wesentliche Stelle ein. – II. Was Jesus seiner Mutter gegeben hat. Er hat sie vor allen andern Frauen auserwählt. Er hat sie geliebt und ist ihr gehorsam gewesen. Er hat ihr in innigster Weise Anteil gegeben an all seinen Geheimnissen, besonders an jenem der Erlösung. – III. Von der Verehrung, die wir Maria schulden: wir sollen die Vorrechte Mariens preisen, wie das Beispiel der hl. Kirche in ihrer Liturgie es uns lehrt. – IV. Von der Fruchtbarkeit, welche die Seele aus der Andacht zu Maria gewinnt. Im Plane Gottes gehört Maria untrennbar zu Jesus; ihre allvermögende Fürbitte, die Gnade ihrer geistlichen Mutterschaft. – Wir sollen Maria bitten, dass sie Jesum in uns gestalte.*

In den vorhergehenden Betrachtungen wurde immer wieder darauf hingewiesen, dass all unsere Heiligkeit einzig darin bestehe, Jesus Christus nachzufolgen, dem Sohne Gottes uns ganz und gar nachzubilden und an seiner Gotteskindschaft teilzunehmen. Dazu sind wir vorherbestimmt, und in dem Maße werden wir heilig, als wir durch die Gnade werden, was Jesus von Natur aus ist: *Quos praescivit et praedestinavit conformes fieri imaginis Filii sui.*[1256] Nun gibt es aber im Bilde unseres göttlichen Heilandes wesentliche und zufällige Züge. Christus wurde zu Bethlehem geboren, musste nach Ägypten fliehen, verlebte seine Kindheit in Nazareth, starb unter Pontius Pilatus; all diese verschiedenen Umstände von Zeit und Ort sind zufällige, unwesentliche Züge im Leben Jesu Christi. Andere hingegen sind ihm so wesentlich, dass ohne sie Christus nicht mehr Christus wäre. Christus ist Gott und Mensch, Sohn Gottes und Menschensohn, wahrer Gott und wahrer Mensch: das sind seine wesentlichen, unantastbaren Titel und Eigenschaften. Wir lesen in der Hl. Schrift ein staunenswertes, der ewigen Weisheit, dem *Verbum Dei* zugeteiltes Wort: »Meine Wonne ist es, bei den Menschenkindern zu sein,« *Deliciae meae esse cum filiis homi-*

1256 Rom. 8, 29.

427

num.[1257] Wer möchte das glauben? Das *Verbum* ist Gott: *Deus erat Verbum;* im Schoße des Vaters lebt es in unendlichem Lichte, alle Reichtümer der göttlichen Vollkommenheiten sind sein, sein ist die Fülle alles Lebens und aller Seligkeit. Und dennoch erklärt dieses ewige, unerschaffene Wort durch den Mund des heiligen Schriftstellers, dass es seine Freude sei, unter den Menschenkindern zu wohnen.

Und das Unglaubliche ward zur Wirklichkeit. »Das Wort ist Fleisch geworden und hat unter uns gewohnt,« *Et Verbum caro factum est et habitavit in nobis.* Der Sohn Gottes wollte sein wie einer aus uns. In unaussprechlicher Weise hat er diesen Plan verwirklicht und damit sozusagen sein göttliches Sehnen gestillt. Bei Lesung des hl. Evangeliums bemerken wir allerdings, dass Christus wiederholt seine göttliche Würde betont, wenn er z. B. von seiner ewigen Beziehung zum Vater erklärt: »Ich und der Vater sind eins«,[1258] oder wenn er das Glaubensbekenntnis seiner Zuhörer bestätigen will. »Selig bis du, Simon,« sprach er zu Petrus, der soeben die Gottheit seines Meisters feierlich verkündigt hatte, »selig bist du, denn mein Vater hat dir das geoffenbart.«[1259] Nirgends aber hören wir, dass er sich selbst unmittelbar den Titel »Sohn Gottes« beilegt. Wie oft hingegen nennt er sich den Menschensohn! Man möchte fast sagen, dass Christus stolz auf diesen Namen war, dass er mit Vorliebe diesen Titel führte. Stets aber verbindet er ihn mit seiner göttlichen Sohnschaft, mit den Vorrechten seiner Gottheit. Er sagt uns, »dass der Menschensohn die Gott allein zustehende Macht habe, Sünden nachzulassen.«[1260] Seine Jünger bekennen, dass er Christus, der Sohn Gottes, sei. Er aber verkündet ihnen, dass dieser Christus, »der Menschensohn«, leiden muss, dass er dem Tode überliefert werden, am dritten Tage aber auferstehen wird![1261] Zumal in den Tagen seines Leidens hat der göttliche Heiland klarer und deutlicher als je zuvor sich als Mensch und Gott zugleich bekannt. Vor den Richterstuhl des Hohenpriesters Kaiphas gestellt, wird Jesus aufgefordert vor der Versammlung zu erklären, ob er der Sohn Gottes sei. »Du hast es gesagt,« antwortet Jesus, »ich bin es, wahrlich ich sage euch, ihr werdet den Menschensohn zu Rechten der Kraft Gottes sitzen und in den Wolken des Him-

---

1257 Prov. 8, 31.
1258 Joan. 10, 30.
1259 Matth. 16,17.
1260 Marc. 2, 10.
1261 Marc. 8, 31.

428

mels kömmen sehen.«[1262] Hier ist wohl zu bemerken, dass Jesus, da er ja nur über seine Gottheit befragt war, nicht erwidert: »Ihr werdet den Sohn Gottes als ewigen und unumschränkten Richter auf den Wolken des Himmels kommen sehen,« sondern: »Ihr werdet den Menschensohn sehen.« Vor dem höchsten Gerichtshof fügt er diesen letzteren Titel seiner Gottheit hinzu. Diese beiden Benennungen sind für ihn untrennbar, wie die zwei Naturen, in denen sie gründen, unauflöslich und untrennbar vereinigt sind. Es wäre darum die gleiche schwere Sünde, Christi Menschheit zu verwerfen oder seine Gottheit zu leugnen.

Wie Jesus Christus durch seine unaussprechliche, ewige Geburt im Schoße des Vaters – *Filius meus es tu, ego hodie genui te*,[1263] »Du bist mein Sohn, heute habe ich dich gezeugt« – der Sohn Gottes ist, so ist er durch seine zeitliche Geburt im Schoße eines Weibes in Wahrheit der Menschensohn. *Misit Deus Filium suum, factum ex muliere.*[1264] Dieses Weib ist Maria, Mutter und Jungfrau. Von ihr, und nur von ihr allein, erhielt Christus seine menschliche Natur, ihr verdankt er seine Würde als Menschensohn; sie ist in Wahrheit die Mutter Gottes. Maria nimmt also tatsächlich in der christlichen Heilsordnung einen ganz eigenartigen, überragenden, wesentlichen Platz ein. Gleichwie der Menschensohn vom »Gottessohne« in Christus nicht getrennt werden kann, so ist auch Mariä unzertrennlich mit Jesus verbunden. Die allerseligste Jungfrau Maria nimmt im Geheimnis der Menschwerdung eine wesentliche Stelle ein. Wir müssen einige Augenblicke vor dem Wunder stehen bleiben, dass nach Gottes Anordnung ein sterbliches Geschöpf durch so überaus enge Bande mit dem Grundgeheimnisse des Christentums und damit auch mit unserem übernatürlichen Leben verbunden ist, jenem göttlichen Leben, das wir von Christus, dem Gottmenschen, empfangen und das Christus als Gott, aber wie wir weiter oben gesehen,[1265] vermittelst seiner heiligsten Menschheit uns verleiht. Auch wir müssen, wie Jesus, *Filius Dei* und *Filius Mariae*, Kind Gottes und Kind Mariä sein. Er ist das eine und das andere in vollkommenster Weise. Wollen wir sein Bild in uns gestalten, so müssen auch wir diese doppelte Eigenschaft in uns zum Ausdruck bringen. Eine Frömmigkeit, die der Mutter des menschgewordenen Wortes gegenüber die-

---

1262 Matth. 26, 64. Cf. Joan. 1, 51; 3, 13.
1263 Act. 13, 33. Cf. Ps. 2, 7.
1264 Gal. 4, 4.
1265 4. Betrachtung: Christus, der Urheber aller Gnade. S. 116q.

se Gesinnung verleugnen würde, wäre nicht wahrhaft christlich. Die Verehrung der allerseligsten Jungfrau ist nicht bloß wichtig, sondern notwendig, wenn wir aus der Fülle übernatürlichen Lebens schöpfen wollen. Es hieße Christus teilen, wollten wir in unserer Andacht ihn von seiner Mutter trennen. Es hieße die wesentliche Rolle, die Christus seiner heiligsten Menschheit in der Austeilung der göttlichen Gnade zugeteilt hat, gänzlich aus dem Auge verlieren. Wer die Mutter lässt, versteht den Sohn nicht. Ist das nicht das Schicksal der protestantischen Nationen geworden? Unter dem Vorwand, der Würde des einzigen Mittlers keinen Eintrag zu tun, verwarfen sie die Verehrung Mariä und gelangten schließlich dahin, den Glauben an die Gottheit Christi selbst zu verlieren. Jesus Christus ist unser Erlöser, unser Mittler, unser älterer Bruder, weil er sich mit der menschlichen Natur bekleidet hat. Wie könnten wir ihn wirklich lieben, ihm vollkommen ähnlich werden, wenn wir nicht eine besondere Andacht gegen jene, die ihm diese menschliche Natur gegeben hat, im Herzen trügen?

Unsere Marienverehrung aber muss erleuchtet sein.

Wir wollen daher kurz erwägen, was Maria Jesu gegeben und was Jesus für seine Mutter getan hat. Daraus werden wir ersehen, welcher Platz der allerseligsten Jungfrau in unserem Herzen gebührt und welch reiche Früchte übernatürlichen Lebens der Andacht zur Mutter Christi entsprossen.

I

Was hat Maria Jesu gegeben?

Als jungfräuliche Mutter gab sie ihm die menschliche Natur. – Das ist ein einzigartiges Vorrecht, das Maria mit niemandem teilt, *Nec primam similem visa est, nec habere sequentem.*[1266] Das göttliche Wort hätte hienieden

erscheinen und eine menschliche Natur annehmen können, die *ex nihilo*, aus dem Nichts geschaffen und von Anfang an vollkommen ausgestaltet gewesen wäre, wie es bei Adam im Paradiese der Fall war. Gottes unendliche Weisheit hat es nicht so gewollt. Das ewige Wort wollte, als es die Menschennatur annahm, alle Stufen menschlichen Wachstums durchleben, um sie zu heiligen. Der Erlöser wollte vom Weibe geboren werden. Wie erstaunlich aber ist es, dass das göttliche

---

1266 Antiphon zu den Laudes an Weihnachten.

430

Wort seine Menschwerdung noch dazu von der Einwilligung dieses Weibes sozusagen abhängig machen wollte!

Versetzen wir uns im Geiste nach Nazareth, um dieses unaussprechliche Geheimnis zu betrachten. Der himmlische Bote erscheint vor der zarten Jungfrau. Er grüßt sie ehrfurchtsvoll und teilt ihr seinen Auftrag mit: »Siehe, du wirst empfangen und einen Sohn gebären und du sollst ihm den Namen Jesus geben. Er wird groß sein und Sohn des Allerhöchsten genannt werden und seines Reiches wird kein Ende sein.« Maria aber fragt den Engel: »Wie wird das geschehen, da ich keinen Mann erkenne?«, *Quomodo fiet istud quoniam virum non cognosco?*[1267] Und Gabriel antwortet: »Der Hl. Geist wird über dich kommen, und die Kraft des Allerhöchsten wird dich überschatten; darum wird auch das Heilige, das aus dir geboren wird, Sohn Gottes genannt werden.« Und nachdem er auf Elisabeth hingewiesen, die trotz ihrer Unfruchtbarkeit empfangen habe, weil es also dem Herrn gefiel, fügt der Engel bei: »Denn bei Gott ist kein Ding unmöglich.« Der Herr der Natur kann, wenn er will, ihre Gesetze aufheben.

So leitet Gott das Geheimnis der Menschwerdung ein. Es wird sich jedoch in der Jungfrau erst vollziehen, nachdem sie ihre Einwilligung gegeben hat. Zur Verwirklichung des Geheimnisses bedarf es noch der freien Zustimmung Mariens. In diesem Augenblicke stellt sie nach den Worten des hl. Thomas uns alle in ihrer Person dar; es ist, als warte Gott auf die Antwort der Menschheit, mit welcher er sich vereinigen will: *Per annuntiationem expectabatur consensus virginis loco totius humanae naturae.*[1268] Welch feierlicher Augenblick! Er entscheidet über das Grundgeheimnis des Christentums. In einer seiner schönsten Homilien[1269] über die Verkündigung zeigt uns der hl. Bernhard, wie das seit Jahrtausenden nach der Erlösung seufzende Menschengeschlecht die Chöre der Engel, ja Gott selbst gleichsam in stummer Erwartung der Einwilligung Mariens harrten. Und Maria gibt die Antwort voll des Glaubens an die himmlische Botschaft. Dem göttlichen Willen, der ihr soeben kund geworden, vollkommen unterworfen, antwortet die heiligste Jungfrau durch eine vollständige und unbedingte Hingabe: »Siehe, ich bin die Magd des Herrn, mir geschehe nach deinem Worte.« *Ecce ancilla Domini; fiat mihi secundum*

1267 Luc. 1, 34.
1268 S. th, III, q. 30, a. 1.
1269 Homil. 4, super Missus est, c. 8.

verbum tuum.[1270] Dieses Fiat ist die Einwilligung der Jungfrau in den göttlichen Plan der Erlösung, der ihr dargelegt worden. Dieses Fiat ist gleichsam das Echo jenes anderen Fiat der Schöpfung. Eine neue, eine unendlich höhere Welt aber ist es, eine Welt der Gnade, die Gott selbst aus dieser Zustimmung entstehen lässt: denn in diesem Augenblicke nimmt das göttliche Wort, die zweite Person der allerheiligsten Dreifaltigkeit im Schoße Mariens die menschliche Natur an: *Et Verbum caro factum est.*[1271] »Und das Wort ist Fleisch geworden.«

Wie wir es soeben aus dem Munde des Engels gehört haben, wird dabei jede menschliche Mitwirkung ausgeschlossen; denn in der Empfängnis und Geburt Christi muss alles heilig sein. Maria empfängt durch Wirkung des Hl. Geistes aus ihrem reinsten Blute, und aus ihrem Schoße geht der Gottmensch hervor. Wenn Jesus zu Bethlehem geboren wird, wer ist es, der dort in der Krippe liegt? Es ist Gott als Kind, es ist das ewige Wort, welches, ohne sich der göttlichen Person zu entäußern, *Quod erat permansit.*[1272] im Schoße der allerseligsten Jungfrau eine menschliche Natur angenommen hat. In diesem Kinde sind zwei wohl unterschiedene Naturen, aber nur eine, die göttliche Person. Die jungfräuliche Geburt hat uns den Gottmenschen geschenkt. »Das Heilige, das aus dir geboren werden soll, wird Sohn Gottes genannt werden.«[1273] Dieser Gottmensch, dieser menschgewordene Gott ist der Sohn Mariä, wie ihr, vom Hl. Geist erfüllt, Elisabeth sagte: »Woher kommt mir die Gnade, dass die Mutter meines Herrn sich würdigt, zu mir zu kommen?«[1274] Maria ist die Mutter Christi; denn wie bei allen Menschenmüttern wurde der Leib des Jesukindleins aus ihrer reinsten Substanz gebildet und genährt. Christus wurde »aus dem Weibe gebildet«, sagt der hl. Paulus. Das ist Glaubenssatz. Wenn Christus durch seine ewige Geburt: *In splendoribus. Sanctorum.*[1275] »im Glanze der Heiligen«, wahrhaftig der Sohn Gottes ist, wie wir im Credo bekennen: *Deum verum de Deo vero* »wahrer Gott vom wahren Gott« – so ist er durch seine zeitliche Geburt in Wahrheit der Sohn Mariä. Der eingeborene Sohn Gottes ist auch der allerseligsten Jungfrau einziger Sohn.

1270 Luc. 1, 38.
1271 Joan. 1, 14.
1272 Antiphon vom Feste der Beschneidung.
1273 Luc. 1, 35.
1274 Luc. 1, 43.
1275 Ps. 109, 3.

Das ist also die unaussprechliche, innige Verbindung zwischen Jesus und Maria: sie ist seine Mutter, er ist ihr Sohn. Diese Verbindung ist unauflöslich; und da Jesus zugleich der Sohn Gottes ist, der die Menschheit zu erlösen kam, so ist Maria aufs innigste mit dem grundlegenden Geheimnisse des Christentums verbunden. Das wunderbare Vorrecht ihrer göttlichen Mutterschaft ist aber auch der Grund all ihrer eigenen Größe.

2

Dieses ist jedoch nicht ihr einziges Vorrecht. Die allerseligste Jungfrau ist geschmückt mit einer Krone außerordentlicher Gnaden, die aber alle aus ihrer göttlichen Mutterschaft hervorgehen. Als Mensch ist Jesus von Maria abhängig; als das ewige Wort des Vaters aber war er vor ihr. Wir wollen nun sehen, wie er für jene sorgte, von der er einst die menschliche Natur annehmen wollte. Als Gott, voll unendlicher Allmacht und Weisheit, zierte er dieses bevorzugte Geschöpf mit unschätzbarem Glanze. – Da hat er sie zunächst mit dem Vater und dem Hl. Geiste vor allen anderen ihres Geschlechtes auserwählt. – Um den hohen Vorzug dieser Auserwählung zu feiern, wendet die Kirche an den Festen der allerseligsten Jungfrau eine Stelle der hl. Schrift auf sie an, die in mancher Hinsicht nur von der ewigen Weisheit selbst gelten kann. »Der Herr besaß mich im Anfang seiner Wege, ehedem er etwas gemacht hat, von Anbeginn. Ich bin eingesetzt von Ewigkeit, von alters her, ehedem die Erde geworden. Die Tiefen waren noch nicht, und ich war schon empfangen; die Wasserquellen waren noch nicht hervorgebrochen; der Berge gewaltige Last stand noch nicht, und vor den Hügeln ward ich geboren.« *Ante colles ego parturiebar.*[1276] Was bedeuten diese Worte? Die besondere Vorherbestimmung der Jungfrau-Mutter im Heilsplane Gottes. In den ewigen Gedanken Gottes ist sie mit Christo unzertrennlich verbunden. Der himmlische Vater umfasst die Jungfrau, welche Mutter Christi werden soll, mit dem gleichen Akt der Liebe, in welchem er an der Menschheit des Sohnes sein Wohlgefallen hat.[1277] Diese ein-

---

1276 Prov. 8, 23–25.
1277 Ipsissima verba quibus divinae Scripturae de increata Sapientia loquuntur eiusque sempiternas origines repraesentant, consuevit Ecclesia … ad illius virginis primordia transferre quae uno eodemque decreto cum divi-

433

zigartige Auserwählung ist für Maria auch die Quelle ganz einzigartiger Gnaden.

Die seligste Jungfrau Maria ist unbefleckt. – Alle Kinder Adams treten mit der Erbschuld behaftet ins Leben, als Sklaven Satans, als Feinde Gottes. So lautet das von Gott über die gesamte Nachkommenschaft des sündigen Adam gefällte Urteil. Maria als einzige, von allen wird diesem Gesetze entzogen. Das ewige Wort wird eine Ausnahme von diesem allgemeinen Gesetz – eine einzige Ausnahme – machen, zugunsten jener, von der er geboren werden soll. Nicht einen einzigen Augenblick wird die Seele Mariens dem höllischen Feinde angehören. In unbefleckter Reinheit wird sie erstrahlen; daher hat Gott gleich nach dem Sündenfalle unserer Stammeltern unversöhnliche Feindschaft gesetzt zwischen Satan und der auserwählten Jungfrau; sie wird mit ihrer Ferse den Kopf der höllischen Schlänge zertreten.[1278] Mit der hl. Kirche sollten wir oft und oft Maria des unvergleichlichen Vorrechtes gemahnen, das sie allein besitzt. Sie ist die Makellose, es soll uns eine süße Freude sein, sie immer wieder als solche zu preisen: *Tota pulchra es, Maria, et macula originalis non est in te.* »Ganz schön bist du, Mariä, und die Makel der Erbsünde ist nicht in dir; dein Gewand ist weiß wie der Schnee, und dein Angesicht leuchtend wie die Sonne, darum verlangte der König der Herrlichkeit liebend nach dir.«[1279]

Maria ist nicht nur die unbefleckt Empfangene, sie ist auch ausgestattet mit einer Überfülle von Gnaden. Der Engel grüßt sie als die Jungfrau »voll der Gnade«, *Gratia plena*; denn Gott der Herr, die einzige Quelle aller Gnade, lebt in ihr: *Dominus tecum.* – In der Empfängnis und Geburt Jesu bewahrt Maria sodann ihre unversehrte Jungfräulichkeit. Sie bleibt Jungfrau in und nach der Geburt des göttlichen Kindes. Die hl. Kirche preist ihr hohes Vorrecht, dass »sie den Ruhm makelloser Jungfräulichkeit mit den Freuden mütterlicher Fruchtbarkeit vereinte.« *Gaudia matris habens cum virginitas honore.*[1280] Hinzu kommen noch die Gnaden, welche Maria während des verborgenen Lebens zu Nazareth aus dem täglichen Umgang mit Jesus schöpfte, aus der innigen Vereinigung mit ihrem göttlichen Soh-

---

nae Sapientiae Incarnatione fuerant praestituta. Pius' IX. Bulle: Ineffabilis.

1278 Gen. 3, 15.
1279 Antiphon zur Vesper am Feste der unbefleckten Empfängnis Mariä.
1280 Antiphon zu den Laudes au Weihnachten.

434

ne in den Geheimnissen seines öffentlichen Lebens und seines hl. Leidens, – schließlich, um das überreiche Maß der Gnaden voll zu machen, die Aufnahme Mariens in den Himmel. Der jungfräuliche Leib, dem Christus seine menschliche Natur entnahm, sollte die Verwesung nicht schauen. Mit unvergleichlicher Krone geschmückt, wird Maria als Königin zur Rechten ihres Sohnes herrschen, im Strahlengewande ewiger Herrlichkeit, das ihre einzigartigen Gnaden und Vorrechte ihr gewoben: *Astitit regina a dextris tuis in vestitu deaurato.*[1281]

Und was ist die Quelle all dieser ausgezeichneten Gnaden, all der herrlichen Vorrechte, die Maria weit über alle Geschöpfe erheben? *Benedicta tu in mulieribus*, »Du bist gebenedeit unter den Weibern.« Ihre ewige Auserwählung zur Mutter des Sohnes Gottes. Weil Maria zur Gottesmutter erkoren war, darum »ist sie gebenedeit unter allen Weibern«, darum hat Gott zu ihren Gunsten so viele seiner eigenen Gesetze ausgeschaltet. Wäre Maria dieser hohen Würde entkleidet, so würden all ihre Gnadenvorzüge keine Berechtigung, keine Bedeutung mehr haben; denn alle diese Vorrechte Mariens sind entweder die unerlässliche Vorbedingung oder die Frucht ihrer hohen Würde als Gottesmutter.

Das Unfassbarste aber ist die Liebe, in der das ewige Wort des Vaters diese reinste Jungfrau erkoren hat, um aus ihr die menschliche Natur anzunehmen.

Christus hat seine Mutter g e l i e b t. Nie hat Gott ein anderes Geschöpf gleicherweise, nie hat ein Sohn seine Mutter so sehr geliebt, wie Jesus Christus seine heiligste Mutter. Er selbst sagt uns, wie groß seine Liebe zu den Menschen war, so dass er für sie sterben wollte, weil er keinen größeren Beweis der Liebe geben konnte: *Maiorem hac dilectionem nemo habet ut animam suam ponat quis pro amicis suis.*[1282] »Niemand hat eine größere Liebe, als dass er sein Leben hingibt für seine Freunde.« Dabei dürfen wir aber nicht außer Acht lassen, dass Christus den Tod erleiden wollte vor allem für seine Mutter, um den Preis ihrer Vorrechte zu zahlen. Die der allerseligsten Jungfrau verliehenen außerordentlichen Gnaden sind ja die erste Frucht des Leidens Jesu gewesen. Nur den Verdiensten ihres göttlichen Sohnes hat Maria all ihre Vorrechte zu verdanken. Maria ist der größte Triumph Christi, weil sie weit mehr von ihm empfangen hat als alle anderen Menschenkinder.

1281 Ps. 44, 10.
1282 Joan. 15, 13.

435

Die hl. Kirche gibt diesem Glauben beredten Ausdruck, wenn sie die unbefleckte Empfängnis, die erste der Gnadengaben, welche der allerseligsten Jungfrau der Zeit nach zuteil wurde, feiert. Die Kollekte dieses Festes sagt ausdrücklich; dass dieses einzige Vorrecht der unbefleckten Jungfrau verliehen wurde, weil der in Gottes ewigen Ratschlüssen vorausgesehene Tod Jesu den Preis dafür im voraus bezahlt: *Deus qui per immaculatam Virginis Conceptionem dignum Filio tuo habitaculum praeparasti; concede quaesumus, ut qui ex morte eiusdem Filii tui praevisa, eam ab omni labe praeservasti...*[1283] Wir können sagen, dass unter allen Menschenkindern Maria der erste Gegenstand der Liebe Christi selbst noch in seinem Leiden war. Vor allem für seine Mutter hat Jesus Christus sein kostbares Blut vergossen, damit die Gnade in einzigartiger Fülle auf sie überströmen konnte.

Endlich war Jesus seiner heiligsten Mutter gehorsam. Die Evangelisten berichten uns vom verborgenen Leben Christi zu Nazareth nur das wenige, dass er »an Alter und Weisheit zunahm« und dass er »Maria und Joseph untertan war«.[1284] Ist dieser Gehorsam nicht unvereinbar mit seiner göttlichen Würde? Gewiss nicht. Das Wort ist Fleisch geworden. Der Gottessohn hat sich so tief erniedrigt, dass er unsere Natur annahm mit Ausnahme der Sünde. Er ist gekommen, um zu dienen, nicht um sich bedienen zu lassen,[1285] um gehorsam zu sein bis zum Tode.[1286] Deshalb wollte er seiner Mutter Gehorsam leisten. In Nazareth war Jesus den beiden begnadeten Geschöpfen, die Gott an seine Seite gestellt hatte, Maria und Joseph, untertan. Maria erhält gewissermaßen Anteil an der Autorität des ewigen Vaters über die heiligste Menschheit seines Sohnes. Jesus konnte in bezug auf seine Mutter ebenso wie von seinem himmlischen Vater sagen: *Quae placita sunt ei facio semper,*[1287] »Ich tue immer, was ihm wohlgefällt.«

Der Gottessohn hat aber die allerseligste Jungfrau nicht nur erwählt, seine menschliche Mutter zu sein, er hat sie nicht nur dieser

---

1283 »O Gott, du hast durch die unbefleckte Empfängnis der allerseligsten Jungfrau deinem Sohne eine würdige Wohnung bereitet. Im Hinblick auf den vorhergesehenen Tod dieses deines Sohnes hast du sie vor aller Makel bewahrt, so lass auch uns, wir bitten dich, durch ihre Fürbitte rein zu dir gelangen.«
1284 Luc. 3, 51–52.
1285 Matth. 20, 28.
1286 Phil, 3, 8.
1287 Joan. 8, 29.

Würde entsprechend mit Gnaden überhäuft, er hat sie auch aufs engste mit all seinen Geheimnissen verbunden. Aus dem hl. Evangelium ersehen wir, dass Jesus und Maria in den Geheimnissen Christi unzertrennlich vereinigt sind. Die Engel verkünden den Hirten, dass sie im Stalle zu Bethlehem »das Kind und seine Mutter finden werden«,[1288] von seiner Mutter wird das göttliche Kind im Tempel dargestellt und so das blutige Opfer des Kalvarienberges eingeleitet.[1289] Das Verborgene Leben Jesu zu Nazareth steht, wie wir soeben gesehen, durchaus unter dem Einfluss der mütterlichen Autorität Mariens. Auf ihre Bitte hin offenbart sich Jesus zu Beginn des öffentlichen Lebens durch sein erstes Wunder in Kana.[1290] Die Evangelisten erzählen auch wiederholt, dass Maria ihrem göttlichen Sohne auf seinen apostolischen Wanderungen folgte.

Es handelt sich bei alledem aber nicht um eine rein äußerliche Verbindung. Die allerseligste Jungfrau nimmt mit Herz und Seele lebendigsten Anteil an den Geheimnissen ihres Sohnes. »Die Mutter Jesu,« so sagt der hl. Lukas, »bewahrte alle Worte ihres Sohnes und erwog sie in ihrem Herzen,« *Maria autem conservabat omnia verba haect conferens in corde suo.*[1291] Ihr waren die Worte Jesu Quellen der Betrachtung. Gewiss dürfen wir das gleiche auch von seinen Geheimnissen sagen. Während Christus sie durchlebte, wird er sicher die Seele seiner heiligsten Mutter in ganz besonderer Weise über sie innerlich belehrt und erleuchtet haben. Und Maria erfasste sie alle und jedes einzelne mit tiefstem Verständnis und schloss sich ihnen aufs innigste an. Jedes Wort, jede Handlung Jesu war für seine Mutter, die er vor allen anderen Frauen liebte, eine Quelle reichster Gnaden. Jesus, der von seiner Mutter das menschliche Leben empfangen hatte, gab ihr dafür sozusagen das göttliche Leben, dessen Quelle er ist. Deshalb sind Jesus und Maria bei allen Geheimnissen Christi so untrennbar verbunden. Deshalb auch hat Maria in ihrem jungfräulichen Herzen uns alle zugleich mit ihrem göttlichen Sohne so innig umfangen. Das vorzüglichste Werk Jesu, das uns gleichsam in das innerste Heiligtum all seiner Geheimnisse führt, ist das bittere Leiden. Durch sein blutiges Opfer am Kreuze hat Christus den sündigen

---

1288 Luc. 2, 8–16.
1289 Luc. 2, 23–39.
1290 Joan. 2, 1–2.
1291 Luc. 2, 19.

Menschen das göttliche Leben wieder erworben, sie in ihre Rechte als Kinder Gottes wieder eingesetzt. An diesem Geheimnisse nun wollte Christus seine heiligste Mutter in besonders hervorragender Weise teilnehmen lassen. Maria hat sich dabei so vollkommen mit dem Willen ihres göttlichen Sohnes, des Welterlösers, vereint, dass sie, bei all ihrer Stellung als Geschöpf, doch in Wahrheit mit und in ihrem göttlichen Sohne uns zum Leben der Gnade wiedergeboren hat.

Versetzen wir uns im Geiste auf den Kalvarienberg. Es ist gerade der Augenblick, da Christus hienieden das Werk vollenden wird, das sein Vater ihm übertragen hatte. Der Heiland ist am Ziele seiner hohen Sendung auf Erden angelangt, bald wird er die Menschheit mit seinem Vater versöhnt haben. Wen aber sehen wir in jenem erhabensten Augenblick zu Füßen des Kreuzes? Maria, die Mutter Jesu. mit dem Liebesjünger Johannes und einigen Frauen. *Stabat mater eius*.[1292] Sie steht da aufrecht. Sie erneuert das Opfer ihres Sohnes, das sie einst bei der Darstellung im Tempel zum erstenmale Gott brachte. In diesem Augenblicke opfert sie dem ewigen Vater »die gebenedeite Frucht ihres Leibes« als Lösegeld für die sündige Welt. Nur wenige Augenblicke noch, und Jesus hat aufgehört zu leben. Sein Opfer wird vollendet und die Gnade Gottes den Menschen wieder geschenkt sein. Aber zuvor noch will Jesus seine eigene Mutter uns zur Mutter geben und damit die Wahrheit zum Ausdruck bringen, dass er in der Menschwerdung die ganze Menschheit aufs innigste mit sich vereinigt hat. Die Auserwählten sind als sein mystischer Leib unzertrennlich mit ihm verbunden. Und nun gibt er uns noch seine heiligste Mutter, damit sie auch unsere geistige Mutter sei. Maria wird uns nicht trennen von Jesus, ihrem Sohne, unserem Haupte.

Da Jesus in Todesnot am Kreuze hing und die Seelen vollends erwarb, damit er sich, wie der hl. Paulus sagt, die Kirche herrlich bilde ohne Makel,[1293] sah er am Fuße des Kreuzes seine schmerzgebeugte Mutter stehen und den Liebesjünger Johannes, der darum auch die letzten Worte gehört und uns berichtet hat. Und Jesus sprach zu seiner Mutter: »Weib, siehe deinen Sohn«, dann sprach er zum Jünger: »Siehe deine Mutter.«[1294] Der hl. Johannes vertritt hier unsere Stel-

---

1292 Joan. 19, 25.
1293 Dilexit Ecclesiam et seipsum tradidit pro ea … ut exhiberet ipse sibi gloriosam Ecclesiam non habentem maculam. (Eph. 5, 25–27.)
1294 Joan. 19, 25–27.

438

le: uns allen hat Jesus sterbend seine Mutter geschenkt. Ist er nicht unser »erstgeborener Bruder?« Sind wir nicht dazu berufen, ihm so ähnlich zu werden, dass er »der erste sei unter vielen Brüdern?«[1295] Wenn nun Christus unser Bruder sein wollte, indem er aus Maria die menschliche Natur annahm und so unseres Geschlechtes wurde, ist es dann zu verwundern, dass er sterbend zur Mutter der Gnade uns jene geben wollte, die seine leibliche Mutter war?

Und da Jesu Wort als Wort des ewigen Gottessohnes allmächtig und voll göttlicher Kraft ist, weckt es im Herzen des hl. Johannes gegen Maria eine Gesinnung, wie sie dem Sohne einer solchen Mutter geziemt, weckt aber auch im Herzen der allerseligsten Jungfrau eine wahrhaft mütterliche Zärtlichkeit und Liebe für alle jene, welche durch die Gnade zu Brüdern Jesu Christi geworden sind. Wer möchte zweifeln, dass die Jungfrau-Mutter ebenfalls wie einst zu Nazareth mit einem zwar schweigenden, aber nicht minder liebenden, demütigen und hingegebenen Fiat geantwortet habe, um den letzten Wunsch ihres Sohnes zu erfüllen, sie, die ganz eins war mit dem Willen Jesu?

Die hl. Gertrudis erzählt uns: Als eines Tages beim Gottesdienste die Worte gesungen wurden: *Primogenetus Mariae Virginis*, »Erstgeborner der jungfräulichen Mutter Maria«, dachte sie, dass der Herr passender der »Eingeborene« genannt würde als der »Erstgeborne«, weil die unversehrte Jungfrau keinen andern als ihn allein geboren hat, den sie vom Hl. Geiste zu empfangen verdiente. Hierauf antwortete ihr die seligste Jungfrau mit holder Freundlichkeit: »Nein, nicht Eingeborner, sondern am passendsten Erstgeborner wird mein süßester Jesus genannt, den ich zuerst geboren und nach dem oder vielmehr durch den ich euch alle als seine Brüder und meine Kinder in mütterlich liebendem Herzen geboren habe.«[1296]

3

Um die einzigartige Stellung, die Jesus seiner heiligsten Mutter in seinen Geheimnissen einräumen wollte und ihre mütterliche Liebe zu uns würdig zu ehren, schulden wir Maria Ehre, Liebe und Vertrauen, wie sie ihr als der Mutter Jesu und unserer Mutter gebühren.

1295 Rom. 3, 29.
1296 Gesandter der göttlichen Liebe. 4. Buch, 3. Kap.

Sollten wir sie nicht lieben? – Wenn Jesus Christus, wie wir weiter oben gesagt haben, will, dass wir alle Glieder seines mystischen Leibes in Liebe umfangen, wie sollten wir dann nicht zunächst und vor allem jene lieben, von der er die menschliche Natur angenommen hat, die ihn zum Haupte aller Erlösten macht, jene heiligste Menschheit, deren er sich als Werkzeug bedienen will, um uns seine Gnade mitzuteilen! Kein Zweifel, dass die Liebe, welche wir der Mutter Jesu bezeigen, ihm außerordentlich wohlgefällig ist. Wenn wir also Christum lieben, wenn wir wollen, dass er uns alles sei, so müssen wir eine besonders innige Liebe zu seiner Mutter hegen.

Und wie werden wir diese Liebe kundgeben? Jesus gab seiner Mutter göttliche Liebesbeweise, indem er sie mit den erhabensten Vorrechten überhäufte. Wir aber werden ihr unsere Liebe dadurch bezeigen, dass wir diese Vorrechte preisen. Wenn wir unserem göttlichen Heilande besonderes Wohlgefallen bereiten wollen, müssen wir uns erfreuen an den unvergleichlichen Vorzügen, die seine Gottesliebe der Seele seiner heiligsten Mutter verliehen hat. Er wünscht, dass wir mit ihr der allerheiligsten Dreifaltigkeit beständig Dank sagen und dass wir die allerseligste Jungfrau selbst loben und preisen, weil sie unter allen Geschöpfen auserwählt wurde, der Welt den Erlöser zu geben. Dadurch machen wir uns die Gesinnung Christi selbst zu eigen, die er gegen jene hegte, durch die er der Menschensohn wurde. »Du allein.« so können wir ihr zujubeln, »hast das Herz Gottes entzückt«: *Sola sine exemplo placuisti Domini*,[1297] sei gepriesen vor allen; denn selig bist du, weil du dem Worte Gottes geglaubt hast, weil in dir die ewigen Verheißungen erfüllt wurden.

Einen wichtigen Anhalt für unsere Andacht zu Maria bietet uns die hl. Kirche selbst. Wie mannigfaltig sind die Ehrenbezeugungen, mit denen sie der erhabenen Mutter ihres himmlischen Bräutigams huldigt! Sie gibt ihr eine Verehrung und einen Dienst, die sog. *Hyperdulia*[1298] welche in Form und Ausdruck die Verehrung aller andern Heiligen weit überragt. Die hl. Kirche feiert der lieben Mutter Gottes zu Ehren zahlreiche Feste. Das Kirchenjahr bringt uns der Reihe nach die Feste

---

1297 Antiphon zum Benedictus im Officium der seligsten Jungfrau in sabbato.
1298 Allen Heiligen schulden wir die Huldigung der sog. Dulia (ein griechisches Wort, das Dienst bedeutet); die Mutter des menschgewordenen Wortes verdient ihrer ausgezeichneten Würde wegen eine ganz besondere Huldigung, die durch das Wort hyperdulia ausgedrückt wird.

der unbefleckten Empfängnis, der Geburt, der Darstellung Mariä im Tempel, der Verkündigung, Heimsuchung, Reinigung, Himmelfahrt. In jedem Teile des Kirchenjahres hat die allerseligste Jungfrau eine besondere »Antiphon«, welche alle Priester täglich jeweils am Schlusse der kanonischen Tagzeiten zu beten haben. In jeder dieser Antiphonen gedenkt die hl. Kirche ausdrücklich der göttlichen Mutterschaft Mariä als der Grundlage all ihrer anderen Gnadenvorzüge. »Erhabene Mutter des Erlösers,« so singen wir in der Advents- und Weihnachtszeit. »Du hast, – o Wunder, das die Natur bestaunt – deinen Schöpfer geboren: Jungfrau in der Empfängnis, Jungfrau nach der Geburt! Mutter Gottes, bitte für uns!« In der hl. Fastenzeit begrüßen wir sie als die Wurzel, der die göttliche Blüte entsprosste, als die Pforte, durch welche aller Welt das Licht zugeströmt. Ein Freudenhymnus durchklingt die österliche Zeit. Wir beglückwünschen Maria zum Siege ihres göttlichen Sohnes, wir erinnern sie an die Freude ihres Herzens am seligfrohen Ostertage: »Freu dich, du Himmelskönigin, Alleluia: Er, den dein jungfräulicher Schoß getragen, erstand vom Tode als Sieger! Ja, freue dich und jauchze, o Jungfrau; denn der Herr ist wahrhaftig aus dem Grab erstanden!« Die Zeit nach Pfingsten versinnbildet unsere irdische Pilgerschaft. Darum legt uns die Kirche das vertrauensvolle *Salve Regina* in den Mund: »Gegrüßet seist du, Königin, Mutter der Barmherzigkeit, unser Leben, unsere Süßigkeit und Hoffnung, sei gegrüßt! Zu dir seufzen wir Trauernde und Weinende in diesem Tale der Tränen ... Nach diesem Elende zeige uns Jesum, die gebenedeite Frucht deines Leibes ... Bitte für uns, heilige Gottesgebärerin, auf dass wir würdig werden der Verheißungen Christi.« So erhebt die hl. Kirche jeden Tag ihre Stimme zum Lob der Gottesmutter, um sie an uns, ihre Kinder, zu erinnern. Doch das genügt ihr noch nicht. Jeden Tag lässt die hl. Kirche zur Vesper das *Magnificat* erklingen, um mit der allerseligsten Jungfrau selbst Gott zu loben für alle der Mutter seines Sohnes erwiesene Huld. Auch wir wollen uns dem Beispiel der hl. Kirche anschließen und oft und oft singen: »Hochpreiset meine Seele den Herren, und mein Geist frohlocket in Gott meinem Heilande! Denn er hat herabgesehen auf die Niedrigkeit seiner Magd ... Von nun an, o Maria, werden dich selig preisen alle Geschlechter; denn der Herr hat Großes getan an dir!« Diese Worte seien unser Dankeshymnus, den wir der allerheiligsten Dreifaltigkeit darbringen für alle Gnadenvorzüge Mariä, gleich als ob sie uns gehörten. Wir haben ferner die kleinen Tagzeiten der allerseligsten Jungfrau, das Rosenkranzgebet, das unserer himmlischen Mutter so wohlgefällig ist, weil wir sie hier stets in innigster Vereinigung mit ihrem göttlichen Sohne preisen, in steter, lieberglühter Wiederholung des Grußes, den der himmlische Bote am Tage der Menschwerdung an sie richtete: *Ave Maria, gratia plena.* »Gegrüßt seist du, Maria, voll der Gnade.« Es ist eine vortreffliche Übung, jeden Tag andächtig den Rosenkranz zu beten, wo wir Christus in seinen Geheimnissen betrachten und uns mit ihm vereinen, zugleich aber auch die heiligste Jungfrau preisen, die so innig dabei beteiligt war, und der aller heiligsten Dreifaltigkeit danken für alle Gnaden und Vorrechte Mariä. Wenn wir täglich so oft zur seligsten Jungfrau flehen: »Mutter Gottes, bitte für uns ... jetzt und in der Stunde unseres Todes,« mag dann auch einmal der Augenblick kommen, wo dieses »jetzt und die Stunde unseres Todes,« *nunc et in hora mortis nostrae,* dasselbe bedeutet, Maria, unsere Mutter, wird uns sicher alsdann nicht verlassen. – Außerdem haben wir noch die lauretanische Litanei, den Engel des Herrn, der im Herzen der allerseligsten Jungfrau die unaussprechliche Freude erneuert, welche im Augenblick der Menschwerdung ihr Herz erfüllte, und so viele andere Andachtsübungen und Gebete.

Man soll sich aber nicht mit »Gebetsübungen« überladen; sondern die eine oder andere wählen, nach getroffener Wahl jedoch treu daran festhalten. Diese eine seiner heiligsten Mutter täglich treu dargebrachte Huldigung ist unserem göttlichen Heilande überaus wohlgefällig.

4

Die Andacht zur allerseligsten Jungfrau ist aber nicht nur Christo sehr wohlgefällig, sie ist auch überaus fruchtbringend für uns. – Und zwar aus dreifachem Grunde, wie sich schon aus dem Gesagten ergeben hat. Zunächst einmal deshalb, weil im göttlichen Plane Maria mit Jesus unzertrennlich verbunden ist und unsere Heiligkeit gerade darin besteht, so gut als möglich den Plan Gottes zu verwirklichen. – Nach dem ewigen Ratschlusse gehört Maria wesentlich zum Mysterium Christi. Als Mutter Jesu ist sie die Mutter dessen, der für uns alles ist. Gott hat beschlossen, dass den Menschen alles übernatürliche Leben nur durch Christus, den Gottmenschen, zuteil werde: *Nemo venit, ad Patrem nisi per me.*[1299] »Niemand kommt zum Vater

---

1299 Joan. 14, 6.

442

außer durch mich.« Durch Maria aber wurde Christus der Welt geboren. *Propter nos homines et propter nostram salutem descendit de coelis et incarnatus est ... ex Maria Virgine.*[1300] »Wegen uns Menschen und um unseres Heiles willen ist er vom Himmel herabgestiegen und Fleisch geworden... aus Maria der Jungfrau.« So ist die göttliche Heilsordnung. Und so bleibt sie, denn sie hat nicht nur Geltung für den Tag, an dem das Geheimnis der Menschwerdung sich vollzogen hat, sondern auch jetzt noch, um den Seelen die Früchte dieser Menschwerdung zuzuwenden. Der Grund dafür ist: Christus, das menschgewordene Wort, ist die Quelle aller Gnade, aber seine Eigenschaft als Christus, als Mittler, ist unzertrennlich verknüpft mit der menschlichen Natur, die er von seiner jungfräulichen Mutter empfangen hat.[1301]

Der zweite Grund, der aus dem ersteren hervorgeht, liegt darin, dass niemand g r ö ß e r e G e w a l t ü b e r d a s H e r z G o t t e s h a t, um u n s G n a d e z u e r b i t t e n, als Maria. Infolge der Menschwerdung seines Sohnes nimmt Gott gern die Fürbitte jener an, die mit Jesu, dem Haupte des mystischen Leibes, vereinigt sind, nicht als ob damit der Mittlerschaft seines Sohnes Abbruch geschähe, sondern vielmehr, um sie zu erweitern und zu erhöhen. Diese Fürbittgewalt ist um so größer, je inniger eine Seele mit Christo vereint ist.

Der hl. Thomas sagt, dass »jedes Ding dem Einfluss seiner Wirkursache um so stärker ausgesetzt ist, je näher es dieser Wirkursache ist. Wir empfinden die Hitze eines Feuers um so mehr, je mehr

---

1300 Credo der hl. Messe.

1301 »Im Ratschlusse Gottes war es gelegen, uns Christum zu geben durch die heiligste Jungfrau. Gott aber zieht seine Gaben nicht zurück, und so bleibt diese Anordnung bestehen. Es ist und bleibt immer wahr, dass wir durch Vermittlung Mariens die in allen Wechselfällen des christlichen Lebens notwendigen Gnaden erhalten werden, nachdem ihre Liebe uns einst den Urheber aller Gnaden geschenkt hat. Ihre mütterliche Liebe hat an dem Geheimnisse der Menschwerdung, dem Urgrunde aller Gnade, so wesentlich mitgewirkt, darum wird sie auch immerdar mitwirken zu allen anderen Mitteilungen der Gnade, die alle der ersteren entspringen.« Bossuet, Predigt über das Fest der unbefleckten Empfängnis. Auch auf die Worte Leos XIII sei hingewiesen: »Nach dem ewigen Ratschlusse Gottes soll uns von dem herrlichen Schatze der Gnade, den Christus uns gebracht, nichts mitgeteilt werden, außer durch Maria. An sie müssen wir uns wenden, um zu Christus zu gelangen, ähnlich wie wir nur durch Christus zum himmlischen Vater kommen.« Enzykl. über den hl. Rosenkranz, 22. September 1891.

wir ihm nahen.« »Christus aber,« so fügt der hl. Lehrer hinzu, »ist die Wirkursache aller Gnade, weil er als Gott ihr Urheber und als Mensch ihr Spender ist. Da die allerseligste Jungfrau der heiligsten Menschheit Jesu zunächst steht, weil Christus aus ihr die menschliche Natur annahm, so hat sie von Christus eine viel reichere Fülle der Gnade erhalten als alle übrigen Geschöpfe.«

»Jeder erhält von Gott soviel Gnade (es sind immer noch die Worte des hl. Thomas), als er zu der ihm von der göttlichen Vorsehung zugeteilten Bestimmung bedarf. Christus, als Mensch, war vorherbestimmt und erwählt, dass er Sohn Gottes sei, um uns zu heiligen, *in virtute sanctificandi*. Er musste daher eine solche Fülle der Gnade in sich tragen, dass sie überreich auf alle Seelen überfließen konnte, wie es heißt: *De plenitudine eius omnes nos accepimus.* »Von seiner Fülle haben wir alle empfangen.«[1302] Die allerseligste Jungfrau erhielt jenen Reichtum an Gnade, der ihr nötig war, um dem Urheber der Gnade am nächsten zu kommen, so dass sie den »aller Gnaden vollen« in ihrem reinsten Schoße umschließen konnte, und durch seine Geburt der Welt sozusagen die Gnade an alle weiterleitete: *Ut eum, qui est plenus omni gratia, pariendo, quodammodo gratiam ad omnes derivaret.*[1303] In Jesus, ihrem Sohne, schenkte uns Maria den Urheber alles Lebens, wie die hl. Kirche im Gebete zur Weihnachtsantiphon ausspricht. *Per quam meruimus auctorem vitae suscipere.* »Durch die wir den Urheber des Lebens zu empfangen verdienten.« Sie ladet »alle Völker ein, das Leben zu preisen, das ihnen die jungfräuliche Mutter gebracht hat«.

Vitam datam per Virginem
Gentes redemptae plaudite.

Zu Maria müssen wir gehen, wenn wir aus der Quelle göttlichen Lebens reichlich schöpfen wollen. Wir müssen sie bitten, uns zu dieser Quelle zu geleiten. Ihr vor allen anderen Geschöpfen steht es zu, uns Jesu zuzuführen. Wir nennen sie daher mit vollem Rechte: *Mater divinae gratiae*, »die Mutter der göttlichen Gnade,« und die hl. Kirche wendet auf sie das Wort der Hl. Schrift an: »Wer mich findet, findet das Leben und schöpfet Heil vom Herrn.« *Qui me invenerit, inveniet vitam, et hauriet salutem a Domino.*[1304] Das Heil, das Leben unserer

---

1302 Joan. I, 16.
1303 S. th. III, q. 27, a. 5 in corp und ad I.
1304 Prov. 8, 35.

Seele kommt einzig von Jesus, *a Domino*. Er allein ist unser Mittler. – Wer aber kann uns sicherer zu ihm führen als Maria, wer ihn wirksamer uns gnädig stimmen als seine Mutter?

Sie hat übrigens von Jesus selbst für seinen mystischen Leib eine besondere mütterliche Gnade erhalten. Das ist noch ein Grund, warum die Andacht zu Maria für unser übernatürliches Leben so überaus fruchtbar ist. Weil Jesus aus der allerseligsten Jungfrau seine menschliche Natur angenommen, verband er sie, wie wiederholt schon betont wurde, aufs inniges mit all seinen Mysterien, von der Darstellung im Tempel bis zur Hinopferung auf Kalvaria. Alle Geheimnisse Christi aber bezwecken, ihn zum Vorbild unseres übernatürlichen Lebens, zum Kaufpreis unserer Huldigung und zur Quelle all unserer Heiligkeit aufzustellen ihm eine ewige, glorreiche Gemeinschaft von Brüdern, die ihm ähnlich seien, zu bilden. Darum ist dem neuen Adam Maria als neue Eva gegeben worden. Herrlicher und wahrer als Eva aber, die »Mutter aller Lebendigen«,[1305] ist Maria, die Mutter jener, die durch die Gnade ihres Sohnes leben.

Maria steht uns aber nicht bloß äußerlich nahe. Christus, der Sohn Gottes, das allmächtige Wort des Vaters, schuf in der Seele seiner heiligsten Mutter auch jene Gefühle, die sie denen gegenüber haben sollte, welche er durch seine Geburt aus ihr und durch alle Geheimnisse seines Lebens zu seinen Brüdern machte. Maria ihrerseits, erleuchtet durch die ihr überreich verliehene Gnade, entsprach dieser Absicht Jesu durch ein Fiat, in welchem ihre ganze Seele sich hingab in Unterwürfigkeit und vollkommener Übereinstimmung mit ihrem göttlichen Sohne. Durch ihre Zustimmung zum Plane der Menschwerdung hat sie auch eine ganz einzigartige Mitwirkung am Werke der Erlösung erhalten. Sie willigte nicht nur ein, Mutter Jesu zu werden, sondern trat auch zu seinem Erlösungswerke in besondere Beziehung. Bei jedem Geheimnisse im Leben Jesu musste sie von Herzen ihr Fiat erneuern, bis sie sagen konnte: »Es ist vollbracht!« nachdem sie ihren Sohn, ihr eigenes Fleisch und Blut, zum Heil der Welt auf Kalvaria geopfert hatte. In dieser ewig gesegneten Stunde war die Seele Mariä so sehr der Seele Jesu geeint, dass sie Miterlöserin genannt werden kann. Wie Jesus, so hat auch sie in jenem Augenblicke durch einen Akt der Liebe uns vollends wiedergeboren zum Leben der Gnade.[1306]

1305 Gen. 3, 20.
1306 Cooperata est caritate ut fideles in Ecclesia nascerentur. S. Augustin. De

Mutter unseres Hauptes (nach dem Gedanken des hl. Augustin), weil sie Christum dem Leibe nach geboren hatte, wurde sie der Seele, dem Willen, dem Herzen nach Mutter aller Glieder dieses göttlichen Hauptes: *Corpore mater capitis nostri, spiritu mater membrorum eius.*[1307] Und weil sie hienieden mit allen Mysterien unserer Erlösung so innig verbunden war, hat Christus sie nicht nur mit Herrlichkeit,, sondern auch mit Macht gekrönt. Er hat seine Mutter zu seiner Rechten gesetzt, damit sie über die Gnadenschätze des ewigen Lebens verfüge nach dem Rechte, das ihre einzigartige Würde als Gottesmutter ihr verleiht: *Astitit regina a dextris tuis.*[1308] Die christliche Frömmigkeit nennt sie darum die »fürbittende Allmacht«: *Omnipotentia supplex.*

Mit der hl. Kirche wollen wir uns vertrauensvoll an sie wenden: »Zeige, o Maria, dass du Mutter bist; Mutter Jesu, durch deine Macht über ihn, unsere Mutter, durch deine Barmherzigkeit gegen uns! Möge Christus durch dich unsere Gebete aufnehmen. Christus, der, um uns das Leben zu bringen, aus dir geboren, dein Sohn werden wollte.«

> *Monstra sic esse Matrem*
> *Sumat per te preces*
> *Qui pro nobis natus*
> *Tulit esse tuus.*[1309]

Wer kennt das Herz ihres Sohnes besser als sie? Im hl. Evangelium[1310] wird uns ein herrliches Beispiel ihres Vertrauens zu Jesus berichtet bei Gelegenheit der Hochzeit zu Kana. Jesus und seine Mutter sind dabei, und Maria merkt trotz ihrer tiefen Innerlichkeit gar wohl, was um sie her geschieht und dass der Wein ausgeht. Maria fühlt die Verlegenheit ihrer Gastgeber und macht Jesus aufmerksam: »Sie haben keinen Wein mehr.« *Vinum non habent.* Hier erkennen wir das Herz der Mutter. Wie viele sog. »mystische« Seelen hätten hier wohl an den Wein gedacht! Was aber sind sie im Vergleich zu Maria? Von ihrer Herzensgüte gedrängt, bittet sie ihren göttlichen Sohn, dem Mangel der Brautleute abzuhelfen. Der Heiland schaut sie an und scheint nicht auf ihre Bitte zu achten. *Quid mihi et tibi est, mutier?*

---

sancta Virginitate, n. 6.
1307 S. Augustin: De sancta Virginitate n. 6.
1308 Ps. 44, 10.
1309 Hymnus: Ave maris stella.
1310 Joan. 2, 1.

446

Sie aber kannte ihren Jesus; ihre Zuversicht ist so groß, dass sie sich sogleich zu den Dienern wendet: »Tuet alles, was er euch sagen wird.« *Quodcumque dixerit vobis, facite.* Und in der Tat! Christi Wort füllte die Krüge mit köstlichem Wein.

Was sollen wir von der Mutter Jesu erbitten? An erster Stelle, dass sie Jesum in uns bilde, indem sie uns von ihrem Glauben und ihrer Liebe mitteile.

Das christliche Leben besteht einzig darin, Christum in uns zu gestalten, so dass er lebe in uns. Das ist der Lieblingsgedanke des hl. Paulus.[1311] Zuerst aber wurde Christus durch Wirkung des Hl. Geistes im Schoße der Jungfrau gebildet. Die hl. Väter sagen, Maria habe durch den Glauben und die Liebe Jesum schon empfangen, ehe sie durch ihr *Fiat* die verlangte Einwilligung gab: *Prius concepit mente quam corpore.*[1312] Bitten wir sie, dass sie auch uns jenen Glauben erlange, durch den wir Jesum in uns empfangen: *Christum habitare per fidem in cordibus vestris*; jene Liebe, die da bewirkt, dass wir Jesu nachleben. Bitten wir sie, dass sie uns ihrem Sohne nachbilde. Wir könnten keine größere Gunst von ihr erflehen, keine, die sie uns lieber und bereitwilliger erlangen würde. Sie weiß ja, sie sieht, dass ihr Sohn und sein mystischer Leib sich nicht voneinander trennen lassen. Sie ist mit Herz und Seele so sehr ihrem göttlichen Sohne geeint, dass sie jetzt in der Herrlichkeit nur den einen Wunsch hegt: Die hl. Kirche, das Reich der Auserwählten, der Preis des Blutes Jesu, möge vor ihm sein, »glorreich, ohne Makel, ohne Runzel, ganz heilig und unbefleckt.«[1313]

Mit Jesus vereint, sollten wir uns an die heiligste Jungfrau wenden, wir sollten zu ihr sprechen: »O Mutter des menschgewordenen Wortes, dein Sohn hat gesagt: ›Alles, was ihr dem Geringsten der Meinen tuet, habt ihr mir getan‹ ich bin eines dieser Geringsten unter den Gliedern deines Sohnes Jesus, in seinem Namen stehe ich vor dir, um deine Hilfe anzuflehen.« Es hieße Jesu selbst eine Bitte abschlagen, wenn Maria ein solches Gebet unerhört ließe.

Gehen wir also zu ihr, aber gehen wir mit Vertrauen! Glücklich die Seelen, die zu ihr gehen als zu ihrer Mutter, ihr alle Anliegen anvertrauen, alle Leiden und Schwierigkeiten klagen, in Kämpfen und

---

1311 Gal. 4, 19.
1312 S. August. De Virg. c. 3; Sermo 215, n. 4; S. Leo. Sermo 1 de nativitate Domini, c. 1; S. Bernard. Sermo 1 de vigilia nativ.
1313 Eph. 5, 27.

Versuchungen zu ihr flüchten, weil »ewige Feindschaft besteht zwischen der heiligsten Jungfrau und der höllischen Schlange, der Maria den Kopf zertritt,«[1314] die immer und überall mit der seligsten Jungfrau verkehren wie das Kind mit der geliebten Mutter. Als Bittende knien sie vor ihrem Bilde, um ihr Herz auszuschütten und dort ihre Wünsche und Bitten niederzulegen. Es mag das manchem zu kindlich erscheinen, aber der Herr hat gesagt: »Wenn ihr nicht werdet wie die Kinder, werdet ihr nicht in das Himmelreich eingehen.«[1315]

Bitten wir die Mutter Gottes, dass von der heiligsten Menschheit ihres Sohnes, in der die Fülle aller Gnaden ruht, reichlich in uns überströme, damit wir dem vielgeliebten Sohne des Vaters, der auch ihr Sohn ist, durch die Liebe immer ähnlicher werden. Das ist die geeignetste Bitte, die wir an sie richten können. Beim letzten Abendmahle sprach Christus zu seinen Aposteln: »Mein Vater liebt euch, weil ihr mich geliebt und geglaubt habet, dass ich von ihm ausgegangen bin.«[1316] Er könnte auch uns von Maria sagen: »Meine Mutter liebt euch, weil ihr mich geliebt und geglaubt habet, dass ich von ihr geboren worden bin!« Nichts ehrt Maria mehr als das Bekenntnis, dass Jesus ihr Sohn sei, nichts macht ihr größere Freude, als ihn von allen Geschöpfen geliebt zu sehen.

Das hl. Evangelium hat uns nur sehr wenige Worte der Mutter Jesu aufbewahrt. Das an die Diener bei der Hochzeit zu Kana haben wir soeben erwähnt: »Alles, was mein Sohn euch sagen wird, das tuet.« *Quodcumque dixerit vobis, facite.*[1317] Es ist dieses gleichsam ein Echo jener Worte des ewigen Vaters: »Das ist mein geliebter Sohn, an dem ich mein Wohlgefallen habe, ihn sollt ihr hören« *Ipsum audite.*[1318] Wenden wir diesen Ausspruch Mariens auf uns an: »Tuet alles, was mein Sohn euch sagen wird.« Das wird die vorzüglichste Frucht dieser Betrachtung, die beste Art unserer Marienverehrung sein. Die Mutter Jesu hegt keinen innigeren Wunsch, als ihren göttlichen Sohn geliebt, verherrlicht und erhöht zu sehen: – wie dem ewigen Vater so ist Jesus auch der Gegenstand all ihres Wohlgefallens.

1314 Gen. 3, 13.
1315 Matth. 18, 3.
1316 Joan. 16, 27.
1317 Joan, 2, 5.
1318 Matth. 17, 5. Cf. 2. Petr. 1, 17.

COHEREDES CHRISTI

INHALT: *Letztes Ziel unserer Auserwählung als Gotteskinder ist das himmlische Erbe. — I. Die ewige Glückseligkeit besteht in der Anschauung Gottes von Angesicht zu Angesicht, in der unwandelbaren Liebe und der vollkommenen Freude. — II. Nach der Auferstehung sollen auch die Leiber der Gerechten an dieser Seligkeit teilnehmen. Herrlichkeit dieser Auferstehung, die in Christo, dem Haupte der Kirche, seines mystischen Leibes, bereits vollzogen ist. — III. Der Grad unserer Seligkeit wird hienieden festgesetzt durch das von uns erreichte Gnadenmaß. Ermahnung des hl. Paulus an die Gläubigen, in der Übung des übernatürlichen Lebens ständig voranzuschreiten »bis zum Tage Christi«.*

»Vater, ich habe dich auf Erden verherrlicht; ich habe das Werk vollbracht, das zu vollbringen du mir aufgetragen hast. Vater, verherrliche mich nun bei dir mit der Herrlichkeit, die ich bei dir hatte, ehe die Welt war …

Vater, laß jene, die du mir gegeben hast, bei mir sein an dem Orte, wo ich bin, damit sie die Herrlichkeit sehen, die du mir verliehen hast.«[1319]

Diese Worte bilden den Anfang und das Ende jenes unvergleichlichen Gebetes, welches Christus beim letzten Abendmahle an seinen Vater richtete, als er im Begriffe stand, sein Heilswerk hienieden durch das Erlösungsopfer zu krönen.

Jesus Christus erbittet zunächst, dass seine heiligste Menschheit teilhaftig werden möge jener Herrlichkeit, welche das Wort von Ewigkeit her besitzt. – Und da Christus sich niemals von seinem mystischen Leibe trennt, bittet er sodann, dass auch seinen Jüngern und all jenen, die durch ihr Wort an ihn glauben, die gleiche Herrlichkeit zuteil werden möge. Er will, dass wir »dort seien, wo er ist.« Und wo ist er? *In gloria Dei Patris.* »In der Herrlichkeit Gottes, seines Vaters.«[1320] Dort ist das Endziel unserer Vorherbestimmung, die endgültige Erfüllung unserer Annahme an Kindes Statt, die höchste Vollendung unserer Vollkommenheit, die Fülle unseres Lebens.

Der hl. Apostel Paulus wird uns diese Wahrheit darlegen. Er sagt uns, dass Gott, der unsere Heiligkeit will, uns vorherbestimmte, dem

---

1319 Joan. 17, 5, 24.
1320 Phil. 2, 11.

449

Bilde seines göttlichen Sohnes gleichförmig zu werden, damit sein Sohn der Erstgeborene sei unter vielen Brüdern, und fügt alsbald hinzu: »Welche er aber vorherbestimmt hat, die hat er auch berufen, und welche er berufen, die hat er auch gerechtfertigt; welche er aber gerechtfertigt, die hat er auch verherrlicht.«[1321] Diese Worte zeigen die nach Graden geordnete Abstufung im Werke unserer Heiligung an: unsere Vorherbestimmung und Berufung in Christo Jesu, unsere Rechtfertigung durch die Gnade, die uns zu Kindern Gottes macht, unsere höchste Verherrlichung, die uns das ewige Leben zusichert.

Wir haben gesehen, welches der Heilsplan Gottes für uns ist. Die Taufe ist das Zeichen unserer übernatürlichen Berufung, das Sakrament, das uns einführt ins christliche Leben. Wir sind gerechtfertigt, d. h. gerecht geworden, durch, die Gnade Christi. Diese Rechtfertigung kann beständig vervollkommnet werden nach dem Grade unserer Vereinigung mit Jesus Christus, bis sie in der ewigen Glorie ihren Endpunkt findet: *Quos iustificavit, illos et glorificavit.* »Welche er gerechtfertigt, die hat er auch verherrlicht.« Die ewige Verherrlichung ist das göttliche Erbe, das uns als Kindern Gottes zukommt. *Si filii, et heredes, heredes Dei.* »Wenn ihr Kinder seid, so seid ihr auch Erben, Erben Gottes.« Es ist dies jenes Erbe, welches Christus uns verdient hat, welches er selbst besitzt und mit uns teilen will: *Coheredes autem Christi.*[1322] »Miterben Christi«: das gleiche Erbe, das Christo zugehört, wird auch das unsere: das Leben, die Herrlichkeit und ewige Seligkeit im Besitze Gottes. Das Endziel des göttlichen Lebens in uns findet sich nicht hienieden: es ist, wie Jesus sagt, »beim Vater«, *Apud te, in gloria Patris.*

Es scheint daher angemessen, dass wir, nachdem wir das Leben Christi in uns betrachtet haben, Unsere Blicke auf jenes ewige Erbteil richten, das unser göttlicher Heiland von seinem Vater für uns erbeten hat. Wir sollen oft daran denken, denn es ist das letzte Ziel des Heilswerkes Christi.

Veni ut vitam habeant. »Ich bin in diese Welt gekommen, um das Leben zu geben«, aber wahres Leben kann es nur sein, wenn es ewig ist. All unsere Erkenntnis, all unsere Liebe des Vaters und seines Sohnes Jesus zielt hin auf die Ewigkeit jenes Lebens, das uns zu Kindern Gottes macht. *Haec est vita aeterna ut cognoscant te solum Deum*

1321 Rom. 8, 30.
1322 Rom. 8, 17.

450

verum et quem misisti Iesum Christum.[1323] »Das ist das ewige Leben, dass sie dich erkennen und den du gesandt hast, Jesum Christum.« Solange wir hienieden sind, können wir das uns durch die Gnade von Christo verliehene göttliche Leben immer noch verlieren. Nur der Tod »im Herrn« festigt und sichert dieses Leben in uns in unabänderlicher Weise. Die hl. Kirche deutet diese Wahrheit an, wenn sie den Tag, an welchem die Heiligen in den ewigen Besitz dieses Lebens eingehen, ihren »Geburtstag«, *Natalitia,*[1324] nennt. Das Leben Christi in uns durch die Gnade ist hienieden wie eine Morgenröte; es erreicht seinen vollen Mittag – einen Mittag ohne Untergang – erst dann, wenn es in der Glorie sich voll entfaltet. Die hl. Taufe ist die Quelle, der dieser göttliche Strom entspringt. Das Ziel und Ende dieses Stromes, der die Stadt der Seelen erfreut, ist das unbegrenzte Meer der Ewigkeit. Wir würden uns daher nur einen sehr unvollständigen Begriff vom Leben Christi in unserer Seele bilden, wenn wir nicht das Ziel betrachteten, dem es naturgemäß zustrebt. Wie inständig betete der hl. Paulus für die Gläubigen zu Ephesus, damit sie das Geheimnis Christi erkennen möchten. »Er wirft sich nieder vor dem ewigen Vater,« sagt er, »damit ihnen gegeben werde, die Erhabenheit und Tiefe dieses Geheimnisses zu begreifen.«[1325] Und der große Apostel trägt Sorge, ihnen zu zeigen, dass dieses Geheimnis erst in der Ewigkeit seine Vollendung finden werde. Darum wünscht er sehnlich, dass dieser Gedanke die Seelen seiner geliebten Christen erfüllen möge. »Ich lasse nicht nach,« so schreibt er ihnen, »in meinen Gebeten eurer zu gedenken. Möge der Gott unseres Herrn Jesu Christi, der Vater der Herrlichkeit, euch zu seiner Erkenntnis den Geist der Weisheit und Offenbarung verleihen. Möge er die Augen eures Herzens erleuchten, damit ihr einsehet, zu welcher Hoffnung ihr berufen seid, wie reich und herrlich sein Erbe für die Heiligen ist.« *Ut sciatis quae sit spes vocationis eius et quae divitiae gloriae hereditaiis eius in sanctis.*[1326]

Sehen wir also, welches die Hoffnung, welches jene Reichtümer sind, deren Kenntnis der hl. Paulus seinen Gläubigen so lebhaft wünscht. Aber hat er nicht selbst gesagt, dass wir nicht einmal ahnen können, was Gott denen bereitet hat, die ihn lieben, weil kein

---

1323 Joan. 17, 3.
1324 Z. B. im Kirchengebet der hl. Priska, 18. Jan.
1325 Eph 3, 14. 18.
1326 Eph. 1, 16–18.

menschliches Auge je diese Wunder geschaut, kein Ohr sie gehört und kein Herz sie je empfunden hat?[1327] Gewiss. Alles, was wir von »diesen Reichtümern der Herrlichkeit unseres ewigen Erbes« sagen können, bleibt unendlich weit von der Wirklichkeit entfernt. Dennoch wollen wir zu erforschen suchen, was die Offenbarung uns darüber sagt. Wenn wir den Geist Jesu haben, so können wir es verstehen, denn, sagt der hl. Paulus an derselben Stelle, »dieser Geist erforscht alles, auch die Tiefen der Gottheit ... Und wir haben (in der hl. Taufe) diesen Geist empfangen, der aus Gott ist, damit wir erkennen mögen, welche Wundergaben Gott durch seine Gnade uns geschenkt hat«,[1328] ist ja diese Gnade gleichsam die Morgenröte der ewigen Verherrlichung. Lauschen wir also der Offenbarung, aber im Glauben, nicht den Sinnen folgend; denn hier ist alles übernatürlich.

1

Paulus sagt von den theologischen Tugenden, die das Gefolge der heiligmachenden Gnade bilden und die Quelle aller übernatürlichen Tätigkeit des Gotteskindes sind, dass hienieden diese drei Tugenden bleiben: der Glaube, die Hoffnung und die Liebe, »aber,« fügt er bei, »die größte unter ihnen ist die Liebe.«[1329]

Aus welchem Grunde? Weil am himmlischen Ziele angelangt, unser Glaube der Anschauung Gottes weicht, die Hoffnung in den Besitz Gottes übergeht, die Liebe aber bleibt und uns auf ewig mit Gott vereinigt. Das ist die Verherrlichung, die uns erwartet: wir werden Gott schauen, wir werden Gott lieben, wir werden uns an Gott erfreuen. Darin besteht das ewige Leben, die gesicherte und volle Anteilnahme am Leben Gottes selbst; daraus entquillt die Seligkeit der Seele, eine Seligkeit, an welcher nach der Auferstehung auch der Leib teilnehmen soll.

Im Himmel werden wir Gott schauen. Dieses Gottschauen, wie er sich selbst schaut, ist das erste Element unserer Anteilnahme an der göttlichen Natur, in welcher das glückselige Leben besteht, die erste Betätigung unseres Lebens in der Glorie. Hienieden, sagt der hl. Paulus, kennen wir Gott nur durch den Schleier des Glaubens, dann aber werden wir ihn schauen von Angesicht zu Angesicht. »Jetzt er-

---

1327 1. Cor. 2, 9.
1328 1. Cor. 2, 10, 12.
1329 1. Cor. 13, 13.

452

kenne ich Gott nur unvollkommen, dann aber werde ich ihn erkennen, wie auch ich von ihm erkannt bin.«[1330] Jetzt können wir noch nicht wissen, was diese Anschauung in sich selbst ist. Dann aber wird die Seele gefestigt sein durch das Licht der Glorie, das nichts anderes ist, als die zu ihrer vollen Entfaltung im Himmel gelangte Gnade. Wir werden Gott schauen und all seine Vollkommenheiten; oder vielmehr, wir werden sehen, dass alle seine Vollkommenheiten in einer einzigen, unendlichen Vollkommenheit begriffen sind, in der Gottheit. Wir werden das innere Leben Gottes schauen, werden, wie der hl. Johannes sagt, »Gemeinschaft haben mit der allerheiligsten und seligsten Dreifaltigkeit, dem Vater, dem Sohne und dem Heiligen Geiste«.[1331] Wir werden schauen die Fülle des Seins, die Fülle aller Wahrheit, aller Heiligkeit, aller Schönheit, aller Güte. In alle Ewigkeit werden wir uns in die Betrachtung der allerheiligsten Menschheit des Gottessohnes versenken. Wir werden ihn schauen, Jesum Christum, an dem der Vater sein unendliches Wohlgefallen hat, ihn, der unser älterer Bruder werden wollte. Wir werden die göttlichen, nunmehr glorreichen Züge dessen betrachten, der uns durch sein blutiges Leiden vom Tode erlöste und ewiges Leben uns erwarb. Ihn werden wir in nie endenden Dankeshymnen preisen; »Du, o Herr, hast uns in deinem Blute erkauft und uns in dein Reich versetzt; dir sei Lob und Herrlichkeit!«[1332] Wir werden die allerseligste Jungfrau Maria sehen, die Chöre der Engel, die große, dem Seher auf Patmos gezeigte, unzählbare Schar der Auserwählten, die den Thron Gottes umgeben.

Diese unmittelbare Anschauung Gottes ohne Schleier und ohne Schatten ist unser zukünftiges Erbe, die Vollendung unserer Gotteskindschaft. »Diese Gotteskindschaft,« sagt der hl. Thomas,[1333] »vollzieht sich durch eine gewisse Gleichförmigkeit und Verähnlichung mit jenem, welcher von Natur der Sohn Gottes ist.«[1334] Dieses geschieht auf zweierlei Weise: hienieden durch die Gnade, *per gratiam viae*, das ist die unvollkommene Gleichförmigkeit, im Himmel durch die Glorie, *per gloriam patriae*, worin die vollkommene Gleichförmigkeit besteht. Daher sagt der hl. Johannes: »Geliebteste, jetzt sind

---

1330 1. Cor. 13, 12.
1331 1. Joan. 1, 3,
1332 Apoc. 5, 9–10 u. 13.
1333 S. th. III, q. 45, a. 4.
1334 Praedestinavit nos conformes fieri imaginis Filii sui. Rom 8, 29.

wir Kinder Gottes; was wir einst sein werden, ist noch nicht offenbar, doch wissen wir: Wenn es einmal offenbar wird, werden wir ihm ähnlich sein; denn wir werden ihn sehen, wie er ist.«[1335] Hienieden ist unsere Gottähnlichkeit noch nicht vollendet, im Himmel erst wird sie in ihrer ganzen Vollkommenheit erstrahlen. Hienieden müssen wir im verschleierten Lichte des Glaubens nach der Gottähnlichkeit streben, indem wir »den alten Menschen zerstören«, damit der neue Mensch, welcher nach dem Bilde Jesu Christi geschaffen ist, zur Entfaltung gelange.[1336] Wir müssen unaufhörlich nach innerer Erneuerung und Vervollkommnung streben, um dem göttlichen Vorbilde immer ähnlicher zu werden. Im Himmel wird unsere Gottähnlichkeit vollendet sein, wir werden erkennen, dass wir in Wahrheit Kinder Gottes sind.

Aber diese Anschauung Gottes in der Seligkeit wird uns keineswegs zu unbeweglichen, jeder Tätigkeit beraubten Wesen machen. Sie bedeutet durchaus nicht Vernichtung unserer Tätigkeit. Wird auch unsere Seele sich keinen Augenblick von der Betrachtung Gottes abwenden, so behält sie doch den freien Gebrauch all ihrer Fähigkeiten. Wir sehen das bei unserem Herrn Jesus Christus. Seine heiligste Seele genoss hienieden beständig der beseligenden Anschauung Gottes, doch war seine menschliche Tätigkeit durch diese stete Beschauung in keiner Weise behindert. Sie blieb völlig frei und gab sich kund durch die apostolischen Reisen, die Predigten und Wunder. Die vollkommene Seligkeit des Himmels wäre keine solche mehr, wenn sie die Auserwählten in der freien Betätigung ihrer Fähigkeiten behinderte.

Wir werden Gott schauen. Ist das alles? Nein; Gott schauen ist die erste Lebensbedingung der Ewigkeit, die erste Quelle der Seligkeit, Wenn nun der Verstand durch die Erkenntnis der ewigen Wahrheit gesättigt ist, muss da nicht auch der Wille beseligt sein durch Gottes unendliche Güte? Wir werden Gott lieben.[1337] – »Die Liebe,« sagt der hl. Paulus, »wird niemals auf hören.«[1338] Wir werden Gott lieben,

---

1335 1. Joan. 3, 2.

1336 Col. 3, 9–10; cf. Eph. 4, 22 u. 24.

1337 Nach dem hl. Thomas besteht die Seligkeit wesentlich im Besitze des von Angesicht zu Angesicht geschauten Gottes. Diese beseligende Anschauung ist vor allem ein Akt des Verstandes. Diesem Besitze Gottes durch den Verstand entfließt die Seligkeit des Willens, welche ihre Ersättigung und Ruhe im Besitze des durch den Verstand vergegenwärtigten geliebten Gegenstandes findet. S. th I–II, q. 3. a. 4.

1338 1. Cor. 13, 8.

nicht mit jener hienieden so schwachen, wankelmütigen, durch die Geschöpfe nur zu oft abgelenkten und untreuen Liebe, sondern mit starker und reiner, mit vollkommener und ewiger Liebe. Schon in diesem Tränentale, wo es so viele Leiden und Kämpfe kostet, um das Leben Christi in uns zu bewahren, flammt in manchen Seelen eine so starke Liebe, dass sie ihnen Ausrufe entlockt, die uns tief erschüttern: »Wer wird mich trennen von der Liebe Christi? Weder Verfolgung noch Tod, noch irgendein Geschöpf wird mich trennen von der Liebe Gottes.« Welche Gluten wird diese Liebe erzeugen im Besitze des unendlichen Gutes, das sie nie mehr verlieren kann! Welch begeistertes, unaufhörlich gesättigtes Streben zu Gott! Welch selige Umarmung, da der Liebende ewig ruht im Geliebten! Diese unendliche Liebe sucht ihr Genügen in unaufhörlichen Akten der Anbetung, des Wohlgefallens, der Danksagung. Der hl. Johannes zeigt uns die Heiligen, wie sie, niedergeworfen vor Gott, ihre Loblieder erschallen lassen: »Dir o Herr, sei Herrlichkeit, Ehre und Macht von Ewigkeit zu Ewigkeit.«[1339] Das ist der Ausdruck ihrer Liebe.

Endlich werden wir ruhen im Genusse Gottes. Im hl. Evangelium vergleicht unser göttlicher Heiland selbst das Himmelreich mit einem Mahle, das der himmlische Vater zur Ehre seines Sohnes bereitet hat. Er selbst wird sich umgürten und uns bedienen, nachdem er uns an seinem Tische Platz gegeben.[1340] Was soll dies bedeuten, wenn nicht, dass Gott selbst unsere Freude sein wird. »O Herr,« ruft der Psalmist aus, »du wirst deine Auserwählten sättigen vom Überflüsse deines Hauses, und mit dem Strome deiner Wonnen wirst du sie tränken, denn bei dir ist die Quelle des Lebens.« *Quoniam apud te est fons vitae.*[1341] Gott spricht zu der ihn suchenden Seele: »Ich selbst werde dein überaus größer Lohn sein.« *Ego ero merces tua magna nimis.*[1342] Als wollte er sagen: »Ich habe dich so sehr geliebt, dass es mir nicht genug war, dir bloß eine natürliche Seligkeit, ein natürliches Glück zu geben. Ich habe dich eingeführt in mein eigenes Haus, dich angenommen an Kindes Statt, auf dass du teilhabest an meiner Seligkeit. Ich will, dass du von meinem Leben lebest, dass meine Seligkeit die deine sei. Hienieden habe ich dir meinen Sohn gegeben, der, sterblich ge-

---

1339 Apoc. 7, 12.
1340 Luc. 12, 37.
1341 Ps. 35, 10.
1342 Gen. 15, 1.

worden in seiner Menschheit, sich hingab, damit dir die Gnade Werde, mein Kind zu sein und zu bleiben. Er selbst hat sich dir geschenkt, verhüllt vom Schleier des Glaubens im allerheiligsten Sakramente. Jetzt will ich mich dir schenken in der Glorie, dich meines Lebens teilhaftig machen, um deine unendliche Seligkeit zu sein.« *Seipsum dabit quia seipsum dedit; seipsum dabit immortalibus immortalem, qnia seipsum dedit mortalibus mortatem.* »Sich selbst wird er geben, der sich selbst schon gab. Er, der Unsterbliche, wird den Unsterblichen sich geben, weil er sterblich einst den Sterblichen sich gegeben hat.«[1343] Die Gnade hienieden, die Glorie dort oben, beides gibt uns der gleiche Gott. Ist ja die Glorie nur die Entfaltung der Gnade, das Geheimnis der Gotteskindschaft, hienieden verborgen und unvollkommen, dort oben enthüllt und vollendet. Daher die glühenden Sehnsuchtsseufzer des Psalmisten: »Gleichwie der Hirsch verlangt nach Wasserquellen, also verlangt meine Seele nach dir, o Gott; meine Seele dürstet nach Gott, dem lebendigen Gott.«[1344] *Sitivit anima mea ad Deum vivum.* »Denn ich werde ersättiget werden, wenn deine wonnevolle Herrlichkeit erscheint.« *Satiabor cum apparuerit gloria tua.*[1345]

Auch unser göttlicher Heiland sagt, da er von der ewigen Seligkeit spricht, dass Gott seinen treuen Diener eingehen lässt in die Freude seines Herrn.[1346] Diese Freude ist die Freude Gottes selbst, die Freude, welche Gott genießt in der Erkenntnis seiner unendlichen Vollkommenheiten; die Seligkeit, welche Gott findet in der unaussprechlichen Gemeinschaft der drei göttlichen Personen; die unendlich selige Ruhe und Wonne, in der Gott lebt: »Seine Freude wird unsere Freude sein.« *Ut habeant gaudium meum impletum in semetipsis.*[1347] »Damit sie meine Freude vollkommen in sich haben.« Seine Seligkeit und seine Ruhe ist dann unsere Seligkeit und unsere Ruhe, sein Leben unser Leben, das vollkommenste Leben, in welchem all unsere Fähigkeiten ihre überreiche Wonne, ihre seligste Entfaltung finden.

Dort »werden wir der vollkommenen Anteilnahme am unvergänglichen Gute genießen«, wie der hl. Augustin sich so treffend aus-

---

1343 S. Aug. Enarr. in Ps. 42.
1344 Ps. 41, 1–3.
1345 Ps. 16, 15.
1346 Matth. 25, 21.
1347 Joan. 17, 13.

drückt: *Plena participate incommutabilis boni.*[1348] So weit geht Gottes Liebe zu uns. O, wenn wir wüssten, was Gott jenen bereitet hat, die ihn lieben! ...

Diese Seligkeit und dieses Leben werden ewig sein, eben weil sie die Seligkeit und das Leben Gottes sind. – Sie werden keine Grenzen, kein Ende haben. »Der Tod wird nicht ferner sein,« sagt der hl. Johannes, »noch Trauer, noch Klage, noch Schmerz wird mehr sein; sondern Gott selbst wird die Tränen trocknen von den Augen derer, die in seine Freude eingehen.«[1349] Es wird keine Sünde mehr sein, noch der Tod und die Frucht des Todes; nichts wird uns diese Freude rauben; immer werden wir mit dem Herrn sein: *Semper cum Domino erimus.*[1350] Dort, wo er ist, werden auch wir sein. Mit großem Nachdruck hat Jesus diese Wahrheit betont: »Ich gebe meinen Schafen das ewige Leben, sie werden nicht verloren gehen, und niemand wird sie aus meiner Hand reißen. Mein Vater, der sie mir gegeben hat, ist größer als alles, und niemand kann sie der Hand meines Vaters entreißen. Ich und der Vater sind eins.«[1351] Welche Sicherheit in diesen Worten Jesu. Wir werden immer bei ihm sein, ohne dass irgendetwas von ihm uns scheiden könnte. In ihm werden wir eine unendliche Freude genießen, die niemand uns rauben kann, weil es die Freude Gottes, die Freude seines menschgewordenen Sohnes ist. »Jetzt,« sagte Jesus zu seinen Jüngern hienieden, »seid ihr in Trauer, aber ich werde euch Wiedersehen, und euer Herz wird sich freuen, und diese Freude wird niemand von euch nehmen.« *Et gaudium vestrum nemo tollet a vobis.*[1352] Mit der Samariterin wollen wir ihn bitten: »O Herr Jesus, göttlicher Meister, Erlöser unserer Seelen, du, unser Erstgeborener, gib uns dieses göttliche Wasser, das uns ewig sättigen wird,[1353] das ewige Leben uns verleiht: verleihe uns, dir hienieden durch die Gnade vereint zu bleiben, damit wir eines Tages , ,dort seien, wo du bist', damit wir die Herrlichkeit deiner heiligsten Menschheit schauen und uns in deinem Reiche ewig deiner freuen,[1354] wie du es von deinem himmlischen Vater für uns erbeten hast.«

1348 Epist. ad. Honorat. III 31.
1349 Apoc. 21, 4.
1350 1. Thess. 4, 16.
1351 Joan. 10, 88–30.
1352 Joan. 16, 22.
1353 Joan. 4, 13.
1354 Joan. 17, 24–26.

Dieses glückselige Leben wird jeder Seele zuteil, sobald sie diese Welt verlässt, wenn sie durch die heiligmachende Gnade ein Kind Gottes ist und keine Sündenstrafen mehr abzubüßen hat. Aber das ist nicht alles. Gott hat uns noch eine Ergänzung dieser Seligkeit vorbehalten. Wohl ist die Seele von vollkommenster Freude erfüllt, aber nach der Auferstehung am Ende der Zeiten will Gott auch den Leib an dieser Seligkeit teilnehmen lassen.

Die Auferstehung der Toten ist Glaubenslehre: *Credo ... carnis resurrectionem ... vitam aeternam.* »Ich glaube an die Auferstehung des Fleisches ... und ein ewiges Leben.« Unser göttlicher Heiland hat es versprochen: »Wer mein Fleisch isst und mein Blut trinkt, den werde ich auferwecken am Jüngsten Tage.«[1355]

Ja, Christus hat schon diese Auferweckung in sich verwirklicht, indem er lebend und siegreich dem Grabe entstieg. In dieser seiner Auferstehung aber hat Christus auch uns mitauferweckt. Wir haben wiederholt diese Wahrheit betont: Der Sohn Gottes hat durch seine Menschwerdung sich mit dem ganzen menschlichen Geschlechte mystisch vereint und bildet mit seinen Auserwählten einen Leib, dessen Haupt er ist. Da nun unser Haupt auferstanden ist, so werden auch wir nicht nur eines Tages mit ihm auferstehen, sondern am Tage seines Triumphes hat er in Wahrheit und dem Rechte nach all jene mit sich auferweckt, die an ihn glauben. Der hl. Paulus entwickelt diese Lehre mit größter Klarheit: »Gott, der reich ist an Erbarmung, hat um seiner überaus großen Liebe willen, womit er uns liebte, uns in Christus mitbelebt, uns mitauferweckt und mitversetzt in den Himmel in Christo Jesu«, weil er uns von ihm nicht trennt: *Deus ... conresuscitavit nos et consedere nos fecit in coelestibus in Christo Iesu.*[1356] Das ist Gottes übergroße Barmherzigkeit. In seinem Sohne Jesus liebt er uns so sehr, dass er uns von ihm nicht trennen will. Er will, dass wir ihm ähnlich werden, dass wir seine Herrlichkeit teilen, nicht nur der Seele, sondern auch dem Leibe nach.

Wie sehr hat der große Apostel recht, wenn er sagt, Gott sei reich an Barmherzigkeit, und er liebe uns mit unermesslicher Liebe! Dem großen Gotte genügt es nicht, unsere Seele mit ewigem Glücke zu

---

1355 Joan. 6, 55 u. 11, 25.
1356 Eph. a, 6.

sättigen er will, dass auch unser Leib gleich dem seines Sohnes teilnehme an dieser unendlichen Seligkeit. Er will ihn ausstatten mit jenen glorreichen Vorrechten, die an der heiligsten Menschheit Jesu nach seiner Auferstehung erstrahlten, mit Unsterblichkeit, Beweglichkeit (*agilitas*) und Geistigkeit. Ja, der Tag wird kommen, an dem wir alle auferstehen werden, »der Reihe nach«. Christus erstand als erster, als Haupt der Auserwählten, als Erstlingsfrucht reicher Ernte. Nach ihm werden alle jene auferstehen, die durch die Gnade Christo angehören.[1357] »Wie alle in Adam sterben, so werden in Christo alle auferstehen.« Dann ist das Ende, wenn Christus das mit seinem Blute erworbene Reich seinem Vater übergeben wird ... Er muss aber herrschen, bis alle Feinde ihm zu Füßen liegen. Der letzte Feind, der vernichtet wird, ist der Tod ... Wenn aber alles ihm unterworfen sein wird, dann wird auch der Sohn selbst dem unterworfen sein (in seiner heiligsten Menschheit ihm Huldigung darbringen), der ihm alles unterworfen hat, – damit Gott alles in allem sei.[1358] Am Tage seiner Auferstehung hat Christus den Tod überwunden: »O Tod, wo ist dein Sieg?«[1359] In seinen Auserwählten wird er ihn wiederum besiegen bei der allgemeinen Auferstehung am Jüngsten Tage.

Alsdann wird sein Werk als Führer und Haupt der Kirche vollendet sein. Christus wird diese Kirche in Besitz nehmen, die er geliebt und für die er sich dahingegeben hat, damit sie glorreich ohne Makel und Runzel, rein und unbefleckt sei.[1360] Der mystische Leib Christi wird die Fülle des Mannesalters Christi erreicht haben,[1361] und Christus wird die Schar der Auserwählten, deren ältester Bruder er ist, seinem Vater darstellen.

O, welch herrliches Schauspiel, jenes Christo unterworfene Reich, das Werk, seines Blutes und seiner Gnade zu betrachten, welches Jesus selbst, der König der Glorie, seinem Vater übergeben wird! ... Welch unaussprechliche Seligkeit, diesem Reiche anzugehören, zugleich mit der allerseligsten Jungfrau, den Engeln und allen Heiligen, mit den glückseligen Seelen jener, die wir hienieden gekannt,

---

1357 Auch die Verdammten werden auferstehen, ohne jedoch die glorreichen Vorrechte der Auserwählten zu genießen. Ihre Leiber werden für immer den ewigen Peinen unterworfen sein.
1358 1. Cor. 15, 28.
1359 1. Cor. 15, 55.
1360 Eph. 5, 27.
1361 Eph. 4, 13.

denen wir durch die Bande des Blutes oder einer hl. Liebe geeint waren. Dann wird Jesus in voller Wahrheit sagen können: »Vater, ich habe das Werk vollendet, das du mir aufgetragen!« Der sehnliche Wunsch seines heiligsten Herzens, den er beim letzten Abendmahle aussprach, wird verwirklicht sein: »Vater, ich bitte für jene, die du mir gegeben hast, damit sie meine Freude vollkommen in sich haben, auf dass auch sie dort seien, wo ich bin, und meine Herrlichkeit schauen ... und dass die Liebe, mit der du mich geliebt, in ihnen sei.«[1362] Die Wünsche Christi sind dann erfüllt. Die triumphierende Kirche wird die Herrlichkeit ihres Hauptes schauen. Sie selbst wird jauchzen in jener Fülle der Freude, die von ihrem Haupte auf sie überfließt. In all unsere Seelen wird das göttliche, ewige Leben einströmen, und ewig werden wir mit Christo herrschen.

In der Geheimen Offenbarung beschreibt uns der hl. Johannes in etwa die Herrlichkeiten jenes Reiches. »Ich höre etwas wie die Stimme vielen Volkes und wie das Rauschen vieler Wasser und wie das Rollen gewaltiger Donner, die riefen: Alleluia! Es regiert der Herr, unser Gott, der Allmächtige. Freuen wir uns, frohlocken wir und verherrlichen wir ihn; denn die Hochzeit des Lammes (des menschgewordenen Gottessohnes) ist gekommen, und seine Braut (die nunmehr triumphierende Kirche) hat sich bereitet, und es ward ihr gegeben, dass sie sich kleide in glänzend weißes Linnen.« »Das Linnen aber,« fügt der hl. Johannes bei, »ist die Gerechtigkeit der Heiligen.« »Und ein Engel sprach zu mir: Schreibe: Heil denen, die zum Hochzeitsmahle des Lammes berufen sind.«[1363]

Das ist nur ein schwacher Schatten der göttlichen Wirklichkeit, der unfassbaren Seligkeit, die unser wartet. In der heiligen Taufe ward der Keim dieser Seligkeit in unsere Seele gelegt. Aber dieser Keim soll wachsen, soll sich entfalten, soll vor allen Dornen und Steinen, die sein Wachstum hindern könnten, geschützt werden. Durch die Buße haben wir beseitigt, was ihn vernichten oder beeinträchtigen könnte. Wir haben ihn wachsen und erstarken lassen durch das Sakrament des Lebens, durch die Übung der Tugenden. Hienieden zwar bleibt dieses göttliche Leben, das Christus uns mitteilt, verborgen: *Vita vestra abscondita est cum Christo in Deo.*[1364] Im Himmel

---

1362 Joan. 17, 4. 9. 13. 24. 26.
1363 Apoc 19, 6–9.
1364 Col 3, 3.

460

aber wird es einst enthüllt, sein Glanz sichtbar, seine Schönheit offenbar werden. Aber vergessen wir es nicht: dieser Entfaltung kann im Himmel kein Zuwachs mehr werden. Ihr Glanz wird nicht mehr zunehmen, ihre Schönheit sich nicht vervollkommnen.

Hienieden, so sagt uns der Glaube, ist der Ort, wo wir arbeiten und uns Verdienste sammeln sollen. Der Himmel ist das Endziel, die Belohnung nach dem Kampfe. Dort ist kein Zunehmen der Verdienste mehr möglich. Solange wir noch im Glauben wandeln, können wir Verdienste sammeln. Zur Anschauung gelangt, wird uns der Lohn: *Credenti colligitur meritum, videnti redditur praemium*[1365]

3

Ein wichtiger Punkt muss hier berührt werden. Das Maß unseres Gottgenießens entspricht dem Gnadenmaße, das wir im Augenblicke unseres Todes erreicht haben werden.[1366]

Wir dürfen diese Wahrheit nicht außer Acht lassen. Der Grad unserer ewigen Seligkeit ist und bleibt für immer festgesetzt durch den Grad der Liebe, den wir mit der Gnade Christi in unserer Todesstunde erreicht haben werden. Jeder Augenblick unseres Lebens ist daher von unendlichem Werte, denn er genügt, um uns einen höheren Grad der Liebe Gottes, eine erhabenere Stufe der Seligkeit im ewigen Leben erreichen zu lassen.

Wir dürfen gewiss nicht sagen, dass ein Grad mehr oder weniger nicht viel zu bedeuten habe. Kann es denn von geringer Bedeutung sein, wo es sich um Gott, um die unendliche Seligkeit und das ewige Leben, dessen Quelle Gott ist, handelt. Wenn wir nach dem vom göttlichen Heilande selbst gewählten Gleichnisse fünf Talente erhalten haben, so geschah das nicht, damit wir sie vergraben, sondern um sie fruchtbringend zu machen.[1367] Und wenn Gott den Lohn bemisst nach den Anstrengungen, die wir gemacht haben, um in seiner Gnade zu leben und sie in uns zu vermehren, ist es dann nicht zu wenig, dem himmlischen Vater nur eine mittelmäßige Ernte zu bringen? Jesus selbst hat einst gesagt: »Mein Vater wird verherrlicht, wenn ihr

---

1365 S. Aug. in Joan. 68, 3.
1366 Unusquisque propriam mercedem accipiet secundum suum laborem. 1. Cor. 3, 8.
1367 Matth. 25, 14–30.

durch meine Gnade reichliche Früchte der Heiligkeit tragt«, die im Himmel Früchte der Seligkeit für euch sein werden. *In hoc clarificatus est Pater meus ut fructum plurimum afferatis.*[1368] Das ist so wahr, dass Christus seinen Vater mit einem Weingärtner vergleicht, der seine Rebe, unsere Seele, durch das Leiden reinigt, »damit sie mehr Früchte bringe.« *Ut fructum plus afferat.*[1369] Ist unsere Liebe zum Herrn so gering, dass es uns gleich dünkt, im himmlischen Jerusalem ein mehr oder minder glänzendes Glied seines mystischen Leibes zu sein? Je höher unsere Heiligkeit, um so größer die Verherrlichung, die wir die ganze Ewigkeit hindurch Gott geben werden, um so größer unser Anteil an jenem Dankeshymnus, den die Auserwählten Christo, dem Erlöser, singen: *Redemisti nos, Domine,* »Du hast uns erlöst, o Herr.«

Entfernen wir daher sorgsam alle Hindernisse, welche der Innigkeit unserer Vereinigung mit Jesus Christus im Wege stehen. Lassen wir uns von der göttlichen Wirksamkeit so tief durchdringen, die Gnade Jesu so frei in uns schalten, dass wir durch sie »zum Vollalter Christi gelangen«. Hören wir die dringenden Ermahnungen, welche der hl. Paulus, der in den dritten Himmel verzückt war, an seine geliebten Philipper richtet: »Für euch,« sagt er, »die ich im Herzen Jesu Christi liebe, erbitte ich von Gott, dass eure Liebe mehr und mehr zunehme ... auf dass ihr lauter und fehlerlos seid, für den Tag Christi, reich an Frucht der Gerechtigkeit durch Jesum Christum zur Ehre und zum Lobe Gottes«: *Et hoc oro ut cantas vestra magis ac magis abundet. .. ut sitis ... repleti fructu justitiae per Iesum Christum, in gloriam et laudem Dei.*[1370]

Beachten wir vor allem, wie er selbst sich als leuchtendes Beispiel erweist in der Erfüllung dieser Vorschrift.

Der große Apostel ist am Ende seiner Laufbahn angelangt. Seine Gefangenschaft in Rom hat den zahlreichen Reisen, die er zur Verbreitung des Evangeliums unternommen, ein Ziel gesetzt. Er ist dem Ende seiner Kämpfe und Arbeiten nahe. Ihm ist das Geheimnis Christi, das er so vielen Seelen enthüllt hatte, so sehr zu eigen geworden, dass er zu denselben Philippern sagen kann: »Christus ist mein Leben

---

1368 Joan. 13, 3.
1369 Joan. 15, 2.
1370 Phil. 1, 9–11.

462

und Sterben mein Gewinn.«[1371] »Wenn ich aber hienieden,« so fährt er fort, »länger lebend noch Früchte zeitigen könnte, so wird mir die Wahl schwer. Es zieht mich nach beiden Seiten: ich verlange aufgelöst zu werden und bei Christus zu sein, was weit besser ist. Im Fleische bleiben aber ist notwendig euretwegen, zu eurer Förderung und Freude im Glauben ...« Dann erinnert der Apostel daran, wie er die Vorteile des Judentums verschmäht habe, um einzig Jesu Christo anzuhangen, in dem er alles gefunden und von dem ihn fortan nichts mehr trennen kann. Trotzdem aber schreibt er: »Ich habe den Kampfpreis, die Siegeskrone noch nicht ergriffen, die Vollkommenheit noch nicht erreicht ... Dieses eine aber tue ich: ich vergesse, was hinter mir liegt, und strecke mich aus nach dem, was vor mir liegt; dem vorgesteckten Ziele eile ich zu, dem Preise der von oben erhaltenen Berufung Gottes in Christo Jesu.«[1372] So wollte der hl. Paulus alle Fortschritte seines vergangenen Lebens vergessen, um tatkräftiger als je dem ewigen Ziele zuzustreben. —

Dann ermahnt er seine Gläubigen, ihm zu folgen: »Auch ihr, Brüder, seid meine Nachfolger, wie ich Christi Nachfolger bin ... Unser Vaterland aber ist im Himmel, woher wir auch unserm Heiland Jesum Christum erwarten, welcher den Leib unserer Niedrigkeit umgestalten wird, dass er gleichgestaltet sei dem Leibe seiner Herrlichkeit nach der Kraft, mit der er sich alles unterwerfen kann.« Und der Apostel, trotz seiner Gefangenschaft so liebentflammt, schließt mit der bewegten und dringenden Abschiedsermahnung: »Demnach meine geliebtesten und ersehntesten Brüder, meine Freude und meine Krone, stehet fest im Herrn.«[1373]

Auch ihr, so möchte ich zum Schlusse sagen, bleibet fest im Glauben an Jesum Christum, bewahret eine unbesiegbare Hoffnung auf seine Verdienste, lebet in seiner Liebe. So lange ihr hienieden seid, »fern vom Herrn«,[1374] wie der hl. Paulus sagt, höret nicht auf, durch einen feurigen, eifrigen Glauben, durch heilige Sehnsucht, durch eine Liebe, die euch ohne Vorbehalt der großmütigen und getreuen Erfüllung des göttlichen Willens weiht, eure Fähigkeit zu erweitern, dereinstens Gott schauen und lieben und in der seligen Ewig-

---

1371 Phil, 1, 21.
1372 Phil. 3, 12–14.
1373 Phil. 3, 17. 20–21; cf. 1x. Cor. 11, 1 u. Phil. 4, 1.
1374 2. Cor. 5, 6.

keit sich seiner erfreuen zu können und von seinem eigenen Leben zu leben. Der Tag wird kommen, an dem der Glaube dem Schauen, die Hoffnung der glückseligen Wirklichkeit weichen und die Liebe sich in ewiger Vereinigung mit Gott entfalten wird. Es mag uns bisweilen scheinen, als ob die Seligkeit so weit entfernt sei. Aber jeder Tag, jede Stunde, jede Minute bringt uns ihr näher. »Suchet, was oben ist,« möchte ich daher mit dem hl. Paulus sagen, »wo Christus zur Rechten Gottes sitzet. Was droben ist, habet im Sinn und dieses liebet, nicht das, was auf Erden ist, Reichtum, Ehren und Freuden. Denn ihr seid abgestorben all diesen Dingen, die so vergänglich und flüchtig sind. Euer Leben, euer wahres Leben, jenes der Gnade, des Unterpfandes der ewigen Seligkeit, ist mit Christus verborgen in Gott. Wenn aber Christus, euer Haupt und Leben, triumphierend erscheinen wird am Jüngsten Tage, dann werdet auch ihr mit ihm erscheinen in jener Herrlichkeit, die ihr als seine Glieder mit ihm teilet.« *Cum Christus apparuerit vita vestra, tunc et vos apparebitis cum ipso in gloria.*[1375]

Kein Schmerz, kein Leid soll uns niederdrücken, »denn unsere gegenwärtige Trübsal, die kurz und leicht ist, bewirkt eine überschwängliche, ewige Fülle von Herrlichkeit in uns.«[1376] Keine Versuchung soll uns hindern, denn zur Zeit der Prüfung bewährt, werden wir die Krone des Lebens empfangen, welche Gott denen verheißen hat, die ihn lieben.[1377] Keine irdische Freude soll uns blenden; denn die sichtbaren Dinge sind vergänglich, die unsichtbaren aber ewig.[1378] Die Zeit ist kurz, und die Gestalt dieser Erde vergeht.[1379] Die Worte Jesu aber werden nicht vergehen. *Verba autem mea non transibunt.*[1380] »Diese Worte sind uns Quellen göttlichen Lebens.« *Spiritus et vita sunt.*[1381] »Sie sind Geist und Leben.«

Im Laufe dieser Betrachtungen haben wir versucht darzulegen, dass das göttliche Leben in uns nichts anderes ist als eine durch die Gnade bewirkte Teilhabe an jenem Leben, dessen Fülle in der historischen Menschheit Jesu Christi wohnt und die in jede einzelne Seele

1375 Col. 3, 1–4.
1376 2. Cor. 4, 17.
1377 Jac. 1, 12.
1378 2. Cor. 4, 18; cf. Rom. 8, 18.
1379 1. Cor. 7, 29, 31.
1380 Luc. 21, 33.
1381 Joan. 6, 64.

sich ergießt, um sie zum Gotteskinde zu machen: *De plenitudine eius nos omnes accepimus.*[1382] Hier ist die einzige Quelle unserer Heiligkeit. Diese Heiligkeit ist, wie schon gesagt wurde und hier nochmals betont werden soll, wesentlich übernatürlich. Wir werden sie nur in unserer Vereinigung mit Jesus Christus finden: *sine me nihil potestis facere.*[1383] »Ohne mich könnet ihr nichts tun.« Alle Schätze der Gnade und Heiligkeit, welche Gott den Seelen zuwenden will, finden sich in Jesus Christus. Er kam auf die Erde, um uns überreich an ihnen teilnehmen zu lassen: *Veni ut vitam... abundantius habeant.* Der ewige Vater gibt uns seinen Sohn, damit er unsere Erlösung, unsere Weisheit, unsere Heiligung, unsere Rechtfertigung,[1384] unser Leben sei. Wir, die ohne ihn nichts vermögen, werden reich in ihm, dass nichts uns fehle. *Ita ut nihil vobis desit in ulla gratia.*[1385] »Diese Reichtümer sind unermesslich,« sagt der hl. Paulus, weil sie göttlich sind. Wenn wir wollen, können wir sie uns aneignen, und sie werden unser. Wir müssen nur die Hindernisse entfernen, die der Wirksamkeit Christi und seines Hl. Geistes entgegenstehen, die Sünde, alle Anhänglichkeit an die Sünde, an die Geschöpfe und an uns selbst. Wir müssen uns mit aller Energie, mit allen Kräften des Leibes und der Seele Christo hingeben und gleich ihm durch die Liebe unserem himmlischen Vater zu gefallen suchen.[1386]

Dann wird unser Vater im Himmel die Züge seines vielgeliebten Sohnes in uns erkennen. Um Jesu willen wird er an uns sein Wohlgefallen haben und uns mit seinen Gaben bereichern, – bis jener dreifach gesegnete Tag erscheint, wo wir alle vereint ewig beim Herrn Jesus Christus, unserem Leben, sein werden. *Cum Christus apparuerit vita vestra, tunc et vos apparebitis cum ipso in gloria.*

O Jesu Christe, menschgewordenes Wort, Sohn Mariä, komm und wohne in uns, deinen Dienern, mit dem Geiste deiner Heiligkeit, der Fülle deiner Tugenden, der Vollkommenheit deiner Wege, durch die

---

1382 Joan, 1, 165.
1383 Joan. 15, 5.
1384 1. Cor. 1, 30.
1385 1. Cor. 1, 7.
1386 Christum comitamur, Christum sequimur, Christum habemus itineris ducem, lucis principem, salutis auctorem, coelum pariter et patrem quaerentibus et credentibus pollicentem. Quod est Christus erimus, christiani, si Christum fuerismus imitati. S. Cyprian. De idol, vanit. c. XV.

Mitteilung deiner Geheimnisse und vernichte alle feindliche Macht in uns durch deinen Hl. Geist zur Ehre des Vaters. Amen.

Deus Christus Patria est quo imus.
Homo Christus via est qua imus.

Gott-Christus ist die Heimat, der wir zustreben,
Der Mensch-Christus der Weg, auf dem wir dahin gehen.

St. Augustin. Sermo 123, c. 3.

INHALTSÜBERSICHT

I. Anordnung des göttlichen Heilsplanes

Die Kenntnis des göttlichen Heilsplanes ist wichtig für das geistliche Leben.
1. Grundgedanke dieses Heilsplanes: die Heiligkeit, zu der uns Gott durch übernatürliche Annahme an Kindes Statt beruft, ist eine Teilnahme an dem, von Jesus Christus uns gebrachten, göttlichen Leben.
2. Gott will uns seine Heiligkeit mitteilen · die Heiligkeit in Gott, das göttliche Leben der allerhlst. Dreifaltigkeit.
3. Unsere Heiligkeit, Teilnahme an der Heiligkeit Gottes.
4. Gott verwirklicht seinen Plan, indem er uns an Kindes Statt annimmt · die Gnade, Bedingung dieser Annahme · übernatürlicher Charakter unseres geistlichen Lebens.
5. Der Plan Gottes, durch die Sünde durchkreuzt, durch die Menschwerdung wiederhergestellt · Fülle der Gnade in Christus · wir alle müssen von dieser Fülle empfangen.
6. Die Annahme zur Gotteskindschaft ist eine allgemeine · sie offenbart eine unendliche Liebe · Zusammenfassung des Vorhergehenden.
7. Endziel des göttlichen Heilsplanes: in laudem gloriae gratiae suae · Gebet des Gotteskindes.

Die Aufgabe des hl. Paulus besteht darin, die Reichtümer des Geheimnisses Christi zu verkünden · die ersten Christen verstanden diese Lehre des Apostels · wie nutzbringend es ist, von dieser Lehre durchdrungen zu sein · Vielseitigkeit des Geheimnisses Christi.
1. Unsere Heiligkeit besteht in der Teilhabe und Nachahmung des göttlichen Lebens · wir müssen Gott kennen, um ihm nachahmen zu können · Gott offenbart sich uns in seinem menschgewordenen Sohne · Qui videt me, videt et patrem.
2. Christus ist unser Vorbild in doppelter Hinsicht: in seiner Person und in seinen Werken. In seiner Person, Christus ist Gott, perfectus Deus · er ist vollkommener Mensch, uns gleich in allem, die Sünde ausgenommen · die Gnade, Kennzeichen unserer Gotteskindschaft.
3. Christus, unser Vorbild in seinen Werken · Tugenden Christi · Christus, Gegenstand des Wohlgefallens seines himmlischen Vaters.
4. Wir müssen Christum nachahmen, indem wir all unser Sein und Wir-

ken auf die Verherrlichung des himmlischen Vaters beziehen · es ist keine Anmaßung, dies anzustreben · wir müssen versuchen, Christum immer mehr kennen zu lernen · Christianus alter Christus.

III. Jesus Christus, unser Erlöser,
der unerschöpfliche Born aller Gnaden 73–92

Das Geschöpf darf sich erkühnen, die Ähnlichkeit mit dem menschgewordenen Worte Gottes anzustreben · für alle Menschen hat Christus diese Gnade verdient.

1. Durch die Sünde Adams war das Menschengeschlecht von der ewigen Seligkeit ausgeschlossen · der Mensch, als bloßes Geschöpf, war unfähig, seine Rechte zurückzugewinnen · Gott löst diese Frage durch die Menschwerdung: das menschgewordene Wort Gottes nimmt stellvertretend die Sühne auf sich · nur der Gottmensch konnte vollwertige Sühne leisten.

2. In der Fülle der Zeiten ist Christus gekommen · Name und Aufgaben des Gottmenschen: Jesus, Erlöser · unendlicher Wert aller Werke Christi infolge der unio hypostatica · durch sein am Kreuze vergossenes Blut hat Christus uns erlöst

3. Christus erwirbt Verdienste nicht nur für sich, sondern auch für uns · dieses Verdienst gründet auf der Gnade Christi als Haupt des Menschengeschlechtes · auf der Freiwilligkeit und Liebe, mit der Christus gelitten hat · Christus ist für alle Menschen gestorben.

4. Unerschöpfliche Frucht seines Opfers · wir müssen unbegrenztes Vertrauen haben auf die Verdienste Christi.

5. Christus kann jetzt nicht mehr verdienen, opfert aber beständig seine Genugtuungen Gott auf · in ihm finden wir alles · wir verherrlichen Gott durch das Bekenntnis unserer Armseligkeit und das Vertrauen auf die Verdienste Christi · Beispiel des hl. Paulus · unbegrenztes Vertrauen auf die Reichtümer Christi.

IV. Jesus Christus, der Urheber aller Gnade (causa efficiens) 93–115

Die Betrachtung Christi ist heiligend · Christus, an dem der Vater sein Wohlgefallen hat, muss auch unser Alles sein · Fortschritt der Seelen, die in das Geheimnis Christi einzudringen suchen · Christus, Quelle der Heiligkeit für alle Seelen.

1. Während seines Erdenlebens war Christus Quelle des Lebens · die heiligste Menschheit instrumentum conjunction der Gottheit! · Christus, Lebensspender, besonders durch sein Leiden · vom Vater zum Austeiler aller Gnaden bestellt.

2. Wie Christus seit seiner Himmelfahrt diese Gnadenaussteigung betätigt · die hl. Sakramente · sie bringen aus sich, ex opere operato, die Gnade hervor · Notwendigkeit gewisser Bedingungen: Christus, erste Ursache der Sakramentsgnade.

468

3. Die Gnadenwirkung der Sakramente umfasst unser ganzes übernatürliches Leben · wir müssen großes Vertrauen in diese Gnadenmittel setzen · Haurietis aquas in gaudio de fontibus Salvatoris · Worte des hl. Augustin.
4. Heiligende Kraft der Menschheit Christi auch außerhalb der Sakramente, durch unsere Verbindung mit ihm im Glauben · Beispiele aus den Evangelien · Selig, die nicht sehen und doch glauben · durch den Glauben treten wir in Beziehung zu Christus · dieser Glaube, Grundlage des inneren Lebens · durch, den Glauben bleiben wir mit Christo vereint · Christi Wirken in der Seele des Gerechten.

V. Die Kirche, der mystische Leib Christi   116–133

Gott hat seinem Sohne alles unterworfen und ihn zum Haupte der ganzen Kirche bestimmt · die Kirche, untrennbar vom Geheimnis Christi.
1. Die Kirche als sichtbare Gemeinschaft · auf Petrus gegründet · wie sie das Erlösungswerk Christi fortsetzt · Schlüsselgewalt · Unterschied zwischen Katholiken und Protestanten · die Kirche, Spenderin der Sakramente · Gebet der Kirche · nur durch die Kirche gelangt man zu Christus.
2. Die Kirche, sichtbare Gemeinschaft · seit der Menschwerdung bedient sich Gott der Menschen, um mit uns in Verbindung zu treten · Gott will dadurch die heiligste Menschheit seines Sohnes verherrlichen · er will, dass unser Glaubensleben sich betätige · wir sind der Kirche Liebe, Vertrauen und Gehorsam schuldig.
3. Die Kirche, mystischer Leib Christi · Christus, das Haupt · innige Vereinigung Christi mit seinem mystischen Leibe · Christus und die Kirche eins in den Augen Gottes · hl. Augustin: Christus facti sumus · praktische Folgerung aus dieser Lehre · Verklärung des mystischen Leibes.

VI. Der Hl. Geist, der Geist Jesu Christi   134–164

Die Lehre über den Hl. Geist bildet den Abschluss der Ausführungen über den Heilsplan Gottes · Wichtigkeit dieses Gegenstandes nach dem hl. Paulus · Lehre Christi über den Hl. Geist.
1. Der Hl. Geist und seine Stellung in der allerheiligsten Dreifaltigkeit · er geht vom Vater und Sohn aus durch die Liebe · ihm wird das Werk der Heiligung zugeschrieben · Lehre von der Appropriatio.
2. Wirken des Hl. Geistes in Christo · Tugenden und Gaben, vom Hl. Geist der Seele Christi mitgeteilt · Text aus Jesaja · die ganze menschliche Tätigkeit Christi, vom Hl. Geist geleitet.
3. Tätigkeit des Hl. Geistes in der Kirche · Credo in Spiritum Sanctum.
4. Tätigkeit des Hl. Geistes in den Seelen · unsere Seele, Tempel des Hl. Geistes · Geist der Gotteskindschaft · die Gaben des Hl. Geistes.

5. Gabe der Weisheit · des Verstandes · des Rates · der Stärke · der Wissenschaft · der Frömmigkeit · der Furcht des Herrn.
6. Unsere Andacht zum Hl. Geiste · ihn anrufen · ihm danken, ihn nicht betrüben · uns ihm überlassen, damit er Christum in uns gestalte.

II. Grundlage und Doppelbetracht des christlichen Lebens

I. *Der Glaube an Jesus Christus,*
   die Grundlage des christlichen Lebens   *167–189*

Der Glaube, grundlegende Gesinnung der Seele im übernatürlichen Leben.
1. Während seines Erdenlebens verlangte Christus von denen, die sich ihm näherten, zunächst Glauben · Glaube, erste Bedingung seiner Nachfolge.
2. Worin besteht dieser Glaube? · Zeugnis Gott Vaters für seinen Sohn.
3. Die Gottheit Christi, Gegenstand unseres Glaubens · das Christentum ist die gläubige Annahme der Gottheit Christi und all ihrer Folgerungen · der Glaube, Teilnahme am göttlichen Leben.
4. Es ist notwendig und nützlich, häufig Akte des Glaubens an die Gottheit Christi zu erwecken · der Gerechte lebt aus dem Glauben.
5. Vertrauen auf die unendlichen Verdienste Jesu Christi · wir müssen dieses Vertrauen im Gebete und beim Sakramentenempfange betätigen · herrlicher Glaube des Blindgeborenen, Bild unserer Seele · warum der Glaube Freudenquelle ist.

II. *Die Taufe, das Sakrament der Annahme an Kindes Statt*
    und der Einweihung. Tod und Leben   *190–206*

Die Taufe das erste Sakrament.
1. Sakrament der Kindesannahme · Christus und Nikodemus · Gebete bei der Taufwasserweihe · die Taufe, Pforte zu allen Gnaden.
2. Sakrament der »Einweihung« · Taufritus der Urkirche · Symbolismus und Erklärung des hl. Paulus.
3. Doppelbetracht des Lebens Christi: Tod und Leben, durch die Taufe in uns erneuert · Darstellung des Todes und glorreichen Lebens Christi.
4. Das ganze christliche Leben nur eine Entfaltung der Taufgnade: der Sünde sterben, für Gott leben · Gott danken für die Taufgnade · im Verkehr mit Gott uns auf die in der Taufe erhaltene Gnade der Gotteskind Schaft stützen: Christum induistis.

A. Der Sünde absterben

Der Sünde absterben, ist die erste Frucht der Taufgnade · sie muss sich das ganze Leben hindurch auswirken.
1. Die Todsünde ist die tatsächliche Verachtung der Rechte Gottes · hat das Leiden Christi verschuldet.
2. Die Todsünde vernichtet das göttliche Leben in der Seele.
3. Strafen der Sünde · die Hölle besteht in der Trennung von Gott: Nutzen der Furcht Gottes.
4. Gefahr der lässlichen Sünde · Unterschied zwischen den Schwachheitsfehlern und den freiwilligen oder Gewohnheitssünden.
5. Die Versuchung als notwendige Prüfung · sie überwinden durch Wachsamkeit und Gebet · Sieger bleibt, wer sich auf den Herrn stützt.

Das Bußsakrament, Mittel, die nach der Taufe verlorene Gnade wiederzugewinnen.
1 Gott setzt seine Ehre darein, uns Barmherzigkeit zu erweisen, wegen der Verdienste Jesu Christi.
2. Wesentliche Bestandteile des Bußsakramentes · die Reue: ihr Wesen, ihre Eigenschaften, ihre Wirkung · beim hl. Messopfer Reue erbitten · Sündenbekenntnis vor dem Priester · Huldigung an die Menschheit Christi: Eigenschaften des Sündenbekenntnisses · Genugtuung.
3. Die Tugend der Buße ist notwendig, um die Früchte des Sakramentes in uns zu bewahren · Notwendigkeit der Abtötung.
4. Die Tugend der Buße, Mittel zur Wiederherstellung der durch die Sünde zerstörten Ordnung · Übung der Abtötung.
5. Durch die Buße nehmen wir teil am Leiden Christi · Pauli Beispiel.
6. Nach der Absicht der Kirche sollen wir unsere Bußwerke an das Bußsakrament anschließen · Bußwerke, Quellen innerer Freude.

B. Das Leben für Gott

Das Christentum, eine Religion des Lebens.
1. Worte Pauli: Wahr sein aus Liebe · Notwendigkeit der Werke. Die Werke müssen wahr sein · in Übereinstimmung mit unserer vernunftbegabten Natur · Notwendigkeit, zunächst das Naturgesetz zu beobachten · die Gnade zerstört nicht die Natur · wir handeln wahr, wenn wir unserer individuellen Persönlichkeit entsprechend handeln · und unserem Beruf gemäß.

2. Wir müssen im Stande der Gnade handeln · Gleichnis vom Weinstock · ohne die Gnade alle Werke verdienstlos · die aktuelle Gnade.
3. Vielgestaltige Gnadenfrüchte · Verschiedenartigkeit der Heiligen · die Gnade sorgfältig hüten.

VI. Wachstum in Christus 274–306

Das übernatürliche Leben ist dem Gesetz des Fortschrittes unterworfen · wir sollen viele Frucht bringen.
1. Das übernatürliche Leben vervollkommnet sich durch Übung der Tugend · Wesen der Tugend · eingegossene Tugend · erworbene Tugend.
2. Die göttlichen Tugenden · Glaube, Hoffnung · Liebe.
3. Die Liebe nimmt den ersten Rang ein · Christus, unser Vorbild · wir müssen nach der vollkommenen Liebe streben.
4. Die sittlichen Tugenden.
5. Wie die sittlichen Tugenden der Liebe dienen · Vollkommenheit der Liebe.
6. Die eine Absicht · worin die Frömmigkeit besteht.
7. Die gute Meinung muss alle Handlungen umfassen · Größe und Einfachheit des christlichen Lebens.
8. Frucht der Liebe: Wachstum in Christus: Christus, das Haupt seines mystischen Leibes, hat alle unsere Handlungen geheiligt · er wirkt in uns durch seinen Geist, damit wir wachsen im übernatürlichen Leben.
9. Unser übernatürlicher Fortschritt soll bis zum Tode dauern · Beispiel des hl. Paulus · Versuchungen, Prüfungen, menschliche Schwäche hindern keineswegs unser inneres Wachstum · der Tod allein setzt den Aufstiegen des Herzens ein Ziel · möchten wir dann zum Vollalter Christi gelangt sein.

VII. Das heilige Messopfer 307–330

Gottes Güte und Weisheit stellt uns unvergleichliche Mittel zur Verfügung, die Gnade in uns zu erhalten · die hauptsächlichsten sind Gebet und hl. Kommunion · letztere setzt das hl. Messopfer voraus.
1. Die hl. Messe, ein wahres Opfer, die Erneuerung des Kreuzesopfers Christi · jedes Opfer setzt ein Priestertum voraus · das allumfassende Priestertum Christi.
2. Das Opfer, wesentliches Erfordernis jeder Gottesverehrung · die Opfer des Alten Bundes waren nur Vorbilder · das einzig wirkliche Opfer ist das Kreuzesopfer · der unendliche Wert dieses Opfers mit Rücksicht auf den Hohenpriester und die Opfergabe · die Erlösung der Welt, Frucht des Opfers.
3. Das hl. Messopfer, Erneuerung und Darstellung des Kreuzesopfers.
4. Die unerschöpflichen Früchte des hl. Messopfers · die hl. Messe, ein

Akt tiefster Anbetung · vollgültiges Sühnopfer · einzige, Gottes würdige Dankesgabe · durchdringendes Bittopfer.

5. Innige Anteilnahme am hl. Messopfer durch Vereinigung unser selbst mit Jesus Christus dem Hohenpriester · die Anteilnahme ist nicht den Priestern allein vorbehalten · sie erstreckt sich auch auf die Gläubigen · Vereinigung mit Christus, als der Opfergabe · wie der griechische und der lateinische Ritus dies zum Ausdruck bringen · die Vereinigung unserer eigenen Hingabe mit dem Opfer Jesu Christi macht uns Gott wohlgefällig · vorzügliche Art und Weise, der hl. Messe beizuwohnen.

VIII. Das Brot des Lebens   331–359

Die hl. Kommunion, sicherstes Mittel das übernatürliche Leben in uns zu erhalten.

1. Die hl. Kommunion, Gastmahl, in dem Christus sich uns schenkt als Brot des Lebens.
2. Durch die hl. Kommunion bleibt Christus in uns und wir in ihm.
3. Unterschied zwischen der gewöhnlichen Speise und der hl. Kommunion · Christus gestaltet uns in sich um.
4. Notwendigkeit der Vorbereitung, um die Früchte der hl. Kommunion zu erlangen.
5. Entfernte Vorbereitung: völlige Hingabe an Christus und seine Glieder · Hinbeziehung all unserer Handlungen zur hl. Kommunion.
6. Nähere Vorbereitung · Glaube · Vertrauen · die hl. Kommunion vermittelt uns den innigsten Anteil an der Gottessohnschaft Christi · Verschiedenheit der Gebetsformeln bei der näheren Vorbereitung.
7. Danksagung nach der hl. Kommunion.

IX. Vox Sponsae   360–380

Das feierliche Gotteslob schließt sich eng dem hl. Messopfer an.

1. Christus hat seiner Kirche die Aufgabe hinterlassen, sein Erlösungswerk fortzusetzen · das Gotteslob bildet einen wesentlichen Teil dieser Aufgabe · Lobgesang des menschgewordenen Wortes · die ganze Menschheit nimmt teil an diesem Lobgesang.
2. Anordnung des Gotteslobes durch die Kirche · das Breviergebet · die Psalmen preisen die Herrlichkeiten Gottes · drücken die Gefühle und Nöte des Menschenherzens aus · reden uns von Christus.
3. Fürbittende Kraft dieses Gebetes von den Lippen der Kirche, die Braut Christi · Beispiel des Moses.
4. Dieses Gebet heiligt die Seelen · ist eine Quelle übernatürlichen Lichtes · lässt uns teilnehmen am Seelenleben Christi.
5. Das Gebet der Kirche lässt uns teilnehmen an den Geheimnissen Christi · seine Geburt · Leiden und Auferstehung · sicherer Weg zur Gleichförmigkeit mit Christo.

6. Warum und wie die Kirche die Feste der Heiligen feiert · das Fest Allerheiligen.

X. *Vom Gebete* *381–408*

Wichtigkeit des Gebetes.
1. Wesen des Gebetes: unter Einwirkung des Hl. Geistes spricht das Gotteskind mit seinem himmlischen Vater · Worte Jesu an die Samariterin · die »wahren Anbeter des Vaters« · wie Christus die Apostel beten lehrt: das Gebet · die Frucht unserer Gotteskindschaft in Jesus Christu · die Entfaltung der Gaben des Hl. Geistes.
2. Wesentliche Merkmale wirken bestimmend auf den Gang unserer Unterredung · erste Bedingung: Maß der Gnade · Lehre des hl. Benedikt · des hl. Ignatius · der hl. Theresia · des hl. Franz von Sales · die gleiche Methode gilt nicht für alle · etwas anderes ist die Methode, etwas anderes das Wesen des Gebetes.
3. Zweite Bedingung: Seelenzustand · im Gebetsleben Übung erforderlich.
4. Je mehr die Seele fortschreitet, um so einfacher wird das Gebet · Betrachtung des Lebens Christi · der allerheiligsten Menschheit · der Hl. Geist, Lehrmeister des Gebetes · Gebetsleben.
5. Gebet des Glaubens · außergewöhnliche Gebetsgnaden.
6. Voraussetzungen für ein fruchtbringendes Gebet: Herzensreinheit · Sammlung · Hingabe · Demut und Ehrfurcht.
7. Christus hat durch sein Beispiel unsere Gebete geheiligt · das Vaterunser · Christus betet für uns · das Gebet, eine Freudenquelle.

XI. *Liebet einander* *409–426*

Unsere Christusliebe muss sich auf alle Menschen erstrecken.
1. Das neue Gebot · die Nächstenliebe kennzeichnet den Christen – ausschlaggebend beim letzten Gericht · Zeichen unserer Gottesliebe · Gott lieben totaliter und totum · unser Nächster ist Christus.
2. Die göttliche Heilsordnung · seit der Menschwerdung · Gottes Verhalten gegen uns richtet sich nach unserem Verhältnis zum Nächsten · Nächstenliebe setzt große Gottesliebe voraus · Vereinigung mit Christo nach dem Maße unserer Vereinigung mit seinen Gliedern.
3. Praktische Folgerungen aus dieser Lehre · allen alles werden · Christus unser Vorbild · wir sind alle eins in Christo.

XII. *Die Mutter des menschgewordenen Wortes* *427–448*

Unsere Heiligkeit besteht darin, Christum nachzuahmen · wesentliche Stellung der Jungfrau Maria im Geheimnis der Menschwerdung · Wichtigkeit der Marien-Verehrung.

1. Was Maria Jesu gegeben hat · Verkündigung · das Fiat der Jungfrau · Maria, Mutter Gottes.
2. Was Jesus seiner Mutter gegeben hat · unbefleckte Empfängnis · Jesus hat seine Mutter geliebt · für sie gelitten · ihr gehorcht · sie mit all seinen Geheimnissen verbunden · Maria unter dem Kreuz · unsere Mutter.
3. Marienverehrung.
4. Fruchtbarkeit der Marienverehrung · fürbittende Gewalt Mariens · Mutter der Gnade · omnipotentia supplex · Maria bitten, das Bild ihres Sohnes in uns zu bilden.

Die himmlische Herrlichkeit, letztes Ziel unserer Äuserwählung · Natalitia der Heiligen · Herrlichkeit des Himmels.
1. Anschauung Gottes · die Liebe hört nie auf · Ruhe im Genuss Gottes · Gott selbst unser Lohn · Ewigkeit der Himmelsfreuden.
2. Verherrlichung des Leibes · die triumphierende Kirche.
3. Der Grad unserer Seligkeit, festgesetzt durch den Grad unserer Liebe beim Tode · Ermahnung Pauli, in der Liebe ständig zuzunehmen · ohne mich könnt ihr nichts tun · Christus, unsere Heimat.